禮

中華禮藏

禮術卷

堪輿之屬

第一册

浙江大學出版社
ZHEJIANG UNIVERSITY PRESS

中華禮藏編纂委員會

總　序

中華民族的禮義傳統積澱了人與人、人與社會、人與自然和諧相處的經驗與秩序，從而形成了一種“標誌着中國的特殊性”（錢穆語）的生存方式。《禮記·曲禮上》對此有概括的説明：“道德仁義，非禮不成；教訓正俗，非禮不備；分争辨訟，非禮不決；君臣上下，父子兄弟，非禮不定；宦學事師，非禮不親；班朝治軍，涖官行法，非禮威嚴不行；禱祠祭祀，供給鬼神，非禮不誠不莊。”千百年來，正因爲中華民族各個階層對“禮”的認同與踐行，不僅構建了中華民族的精神家園，彰顯了民族文化的獨特面貌，也爲人類社會樹立了一個“禮義之邦”的文化典範。實際上，對“禮”的認同，體現了對文化的認同，對民族的認同，對國家的認同。

在不同文化交流日益頻繁的今天，弘揚傳統文化，提升文化實力，强化精神歸屬，增强民族自信，已是社會各界的共識，也是刻不容緩的要務。温故籍以融新知，繼傳統而闡新夢，大型專業古籍叢書的整理與編纂，分科別脈，各有專擅，蔚然已成大觀。然而對於當今社會有重要意義的禮學文獻的整理與編纂，至今仍付之闕如。即使偶有禮學文獻被整理出版，因未形成規模而不成系統，在傳統觀念的影響下往往還被視爲經學典籍，既不能反映中華禮學幾千年的總體面貌與發展軌迹，也直接影響了在弘揚優秀傳統文化的前提下重建體現民族精神的禮儀規範。醪澄莫饗，孰慰饑渴。浙江大學古籍研究所全體同仁爲順應時代要求，發揮學科特色與優勢，在學校的大力支持下，願精心整理、編纂傳統禮學文獻，謹修《中華禮藏》。

自從歷史上分科治學以來，作爲傳統體用之學之致用部分的禮學就失去了學科的獨立性。漢代獨尊儒術，視記載禮制、禮典、禮義的《周禮》、《儀禮》、《禮記》爲儒家的經學典籍。《漢書・藝文志》著録禮學文獻十三家，隸屬於六藝，與《易》、《書》、《詩》、《樂》、《春秋》、《論語》、《孝經》相提並論。迄至清修《四庫全書》，采用經、史、子、集四分法，將禮學原典及歷代研究禮學原典的文獻悉數歸於經學，設《周禮》之屬、《儀禮》之屬、《禮記》之屬、三禮總義之屬、通禮之屬、雜禮之屬六個門類著録纂輯禮學文獻，又於史部政書類下設典禮之屬著録纂輯本屬於禮學範疇的文獻，至於記載區域、家族、個人禮儀實踐的文獻則又散見於多處。自《漢書・藝文志》至於《四庫全書》，著録纂輯浩如煙海的禮學文獻，不僅使禮學失去了學科的獨立性，而且還使禮學本身變得支離破碎。因此，編纂《中華禮藏》，既以專門之學爲標幟，除了裒輯、點校等方面的艱苦工作外，還面臨着如何在現代學術語境中界定禮學文獻範圍的難題。

《説文》云："禮，履也，所以事神致福也。"事神以禮，即履行種種威儀以表達敬畏之義而得百順之福。禮本是先民用來提撕終極關懷的生存方式，由此衍生出了在政治生活和社會生活中表達尊讓、孝悌、仁慈、敬畏等禮義的行爲規範。《禮記・禮器》云："禮器，是故大備。"以禮爲器而求成人至道，與儒學亞聖孟子的"禮門義路"之論頗相一致。然而踐履之禮、大備之禮的具體結構又是怎樣的呢？《禮記・樂記》云："簠簋俎豆、制度文章，禮之器也；升降上下、周還裼襲，禮之文也。故知禮樂之情者能作，識禮樂之文者能述。作者之謂聖，述者之謂明。明聖者，述作之謂也。"根據黄侃《禮學略説》及沈文倬《略論禮典的實行和〈儀禮〉書本的撰作》的論述,所謂"禮之文"、"禮之情"又被稱爲"禮儀"和"禮意"。禮器、禮儀用以呈現和表達禮意,此即所謂"器以藏禮,禮以行義"(《左傳·成公二年》)。三者之中,禮儀和禮意的内容相對明確,而禮器的内容則比較複雜,具目則可略依《樂記》所論分爲三種:物器(簠簋俎豆之類)、名器(制度之類)和文器(文章之類)。基於這樣的理解,參考歷代分門别類著録匯輯專業文獻的經驗,可以將歷史上遺留下來的全部傳統禮學文獻析分爲如下三個部分。

第一部分是作爲源頭的禮學原典和歷代研究禮學的論著。根據文獻的性質,又可細分爲兩類。

1. 禮經類。《四庫提要》經部總序所謂"經禀聖裁,垂型萬世",乃"天下之公理"之所,爲後世明體達用、返本開新的源頭活水。又經部禮類序云:"三《禮》並立,一從古本,無可疑也。鄭康成注,賈公彦、孔穎達疏,於名物度數特詳。宋儒攻擊,僅摭其好引讖緯一失,至其訓詁則弗能逾越。……本漢唐之注疏,而佐以宋儒之義理,亦無可疑也。"《周禮》是制度之書,《儀禮》主要記載了士大夫曾經踐行過的各種典禮儀式,《禮記》主要是七十子後學闡發禮義的匯編。雖然三《禮》被列爲儒家研習的典籍之後變成了經學,然而從禮學的角度來看,於《周禮》可考名物典章制度,於《儀禮》可見儀式典禮的主要儀節及揖讓周旋、坐興起跪的威儀,於《禮記》可知儀式典禮及日常行爲的種種威儀皆有意義可尋。若再從更加廣泛的禮學角度審視先秦兩漢的文獻,七十子後學闡釋禮義的文獻匯編還有《大戴禮記》,漢代出現的禮緯也蘊藏着不見於其他文獻記載的禮學内容。因此,禮經類除三

《禮》之外還應該包括《大戴禮記》與禮緯。至於後人綜合研究禮經原典而又不便歸入任何一部經典之下的文獻，宜倣《四庫全書》設通論之屬、雜論之屬分别纂輯。

2. 禮論類。此類文獻特指歷代綜合禮學原典與其他文獻，突破以禮學原典爲經學典籍的傳統觀念，自擬論題，自定體例，結合禮儀實踐、禮學原典與禮學理念等進行研究而撰作的文獻，如朱熹的《儀禮經傳通解》、任啓運的《天子肆獻祼饋食禮纂》、秦蕙田的《五禮通考》等都宜歸入禮論類。此類文獻與禮經類中綜論性質的文獻容易混淆，最大的區别就在於禮經類中綜論性質的文獻是對禮學原典的闡釋，而禮論類文獻則是對各類文獻所記禮儀實踐與理念的綜合探索，二者研究的問題、對象，特别是研究目的皆有所不同。

第二部分是基於對禮儀結構的觀察而針對某一方面進行獨立研究而撰作的文獻。根據文獻關注的焦點，又可分爲三類。

3. 禮器類。根據前引《禮記·樂記》的説明，禮器包括物器、名器和文器。物器爲禮器之代表形態，自來皆無疑議。名器所涉及之制度、樂舞、數術，因逐漸發展而略具專業特點，有相對的獨立性，固當别爲門類。就制度、樂舞、數術本屬於禮儀實踐活動而言，可分别以禮法、禮樂、禮術概之。又文器亦皆因器而顯，故宜附於禮器類中。因此，凡專門涉及輿服、宫室、器物的禮學文獻，如聶崇義的《新定三禮圖》、張惠言的《冕弁冠服圖》和《冕弁冠服表》、程瑶田的《釋宫小記》、俞樾的《玉佩考》等都屬禮器類文獻。

4. 禮樂類。據《禮記·樂記》所言"樂統同，禮辨異，禮樂之説，管乎人情矣"，可知禮與樂本是關乎人情的兩個方面。因此，禮之所至,樂必從之。考察歷代各個階層踐行過的許多儀式典禮,若不借助於禮樂則無以行禮。《通志·樂略第一》云:"禮樂相須以爲用,禮非樂不行,樂非禮不舉。"禮與樂既相將爲用,則凡涉及禮樂的文獻,皆當歸入禮樂類。然而歷史上因囿於經學爲學科正宗、樂有雅俗之分的觀念,故有將涉及禮樂的文獻一分爲二分别纂輯的方法。《四庫提要》樂類云:"大抵樂之綱目具於《禮》,其歌詞具於《詩》,其鏗鏘鼓舞則傳在伶官。漢初制氏所記,蓋其遺譜,非别有一經爲聖人手定也。特以宣豫導和,感神人而通天地,厥用至大,厥義至精,故尊其教得配於經。而後代鐘律之書亦遂得著録於經部,不與藝術同科。顧自漢代以來,兼陳雅俗,豔歌側調,並隸《雲》、《韶》。於是諸史所登,雖細至箏琶,亦附於經末。循是以往,將小説稗官未嘗不記言記事,亦附之《書》與《春秋》乎?悖理傷教,於斯爲甚。今區别諸書,惟以辨律吕、明雅樂者仍列於經,其謳歌末技,弦管繁聲,均退列雜藝、詞曲兩類中。用以見大樂元音,道侔天地,非鄭聲所得而奸也。"此乃傳統文獻學之舊旨,今則據行禮時禮樂相將的事實,凡涉及禮樂的文獻不分雅俗兼而存之,一並歸於禮樂類。

5. 禮術類。《禮記·表記》載孔子之語云:"昔三代明王,皆事天地之神明,無非卜筮之用。"卜筮之用在於"決嫌疑,定猶與"(《禮記·曲禮上》)。歷代踐行的各種儀式典禮,正式行禮之前往往都有卜筮的儀節,用於判斷時空、賓客、牲牢等的吉凶,本是整個儀式典禮的組成部分。《儀禮》於《士冠禮》、《士喪禮》、《既夕禮》、《特牲饋食禮》、《少牢饋食禮》皆記卜筮的儀節,而於其他儀式典禮如《士婚禮》等皆略而不具。沈文倬先生已指出,《儀禮》一書,互文見義,其實每一個儀式典禮都有卜筮的儀節。因儀式典禮所用數術方法有相對的獨立性,故歷代禮書多有專論。秦蕙田《五禮通考》立“觀象授時”之目,黄以周《禮書通故》設“卜筮通故”之卷。自《漢書·藝文志》數術略分數術爲六類:天文、曆譜、五行、蓍龜、雜占、形法,又於諸子略中收有與數術相關的陰陽家及兵陰陽文獻之目,至清修《四庫全書》子部術數類分爲六目:數學(三易及擬易書)、占候、相宅相墓、占卜、命書相書、陰陽五行(栻占曆數),分類著録纂輯數術文獻,各有錯綜,亦因時爲變以求其通耳。因此,就歷代各個階層踐行的儀式典禮皆有卜筮的儀節而言,凡涉及卜筮的文獻宜收入禮術類。

第三部分是基於對歷代禮儀實踐的規模、等級、性質的考察而撰作的文獻,又可以分爲如下四類。

6. 禮制類。《左傳·桓公二年》載晉大夫師服之語云:“禮以體政,政以正民,是以政成而民聽,易則生亂。”《國語·晉語四》記寧莊子之語云:“夫禮,國之紀也,……國無紀不可以終。”凡此皆説明禮在政治生活和社會生活中有重要的主導作用,故自春秋戰國之際禮崩樂壞之後,歷代皆有制禮作樂的舉措。《隋書·經籍志》云:“儀注之興,其所由來久矣。自君臣父子,六親九族,各有上下親疏之别,養生送死、弔恤賀慶則有進止威儀之數,唐虞已上分之爲三,在周因而爲五,《周官》宗伯所掌吉、凶、賓、軍、嘉,以佐王安邦國,親萬民,而太史執書以協事之類是也。是時典章皆具,可履而行。周衰,諸侯削除其籍;至秦,又焚而去之;漢興,叔孫通定朝儀,武帝時始祀汾陰后土,成帝時初定南北之郊,節文漸具;後漢又使曹褒定漢儀,是後相承,世有制作。”歷代踐行的禮,不僅僅是進止威儀之數,而是對文明制度的實踐。因此,歷代官方頒行的儀注典禮皆可稱爲禮制,是朝野實現認同的文化紐帶，涉及禮制的文獻世有撰作。漢代以後，此類文獻也往往被稱爲儀注，傳統目録學多歸入史部。今則正本清源，一並歸入禮制類。

7. 禮俗類。從人類學的角度來看，禮俗的産生先於禮制並成爲歷代制禮作樂的基礎。所謂"禮失而求諸野"，正説了俗先於禮、禮本於俗。實際上，歷代踐行的禮制，根基都在於風俗，長期流行於民間的風俗若得到官方認可並制度化就是禮制。因此，禮俗者，禮儀之於風俗也，特指在民間習慣上形成而具備禮儀特點的習俗，其特點是以民間生活爲基礎、以禮儀制度爲主導，在一定程度上兼具形式的自發性和内容的複雜性。早在先秦時代，荀子就曾説："儒者在本朝則美政，在下位則美俗。"又説："遇君則修臣下之義，遇鄉則修長幼之義，遇長則修子弟之義，遇友則修禮節辭讓之義，遇賤而少者則修告導寬容之義。無不愛也，無不敬也，無與人争也，恢然如天地之苞萬物。如是則賢者貴之，不肖者親之。"因此，自漢代應劭《風俗通義》以來，歷代有識之士往往述其所聞、條其所遇之禮俗，或筆記偶及，或著述專論，數量之多，可汗馬牛，以爲美俗、修義之資糧，故立禮俗類以集其精華，以見禮儀風俗具有强大的生命力且早已滲透到民族精神之中。此類文獻在傳統的文獻學中分佈較廣，史部的方志、譜牒，子部的儒家、農家、雜家乃至小説家，集部中的部分著作，皆有涉及禮俗的篇章，固當集腋成裘，匯編爲册，歸於禮俗類中。

8. 家禮類。《左傳・隱公十一年》云："禮，經國家、定社稷、序民人、利後嗣者也。"禮之於國，則爲國家禮制；禮之於家，則爲家禮。家禮一詞，最早見於先秦禮書。《周禮・春官》云："家宗人掌家祭祀之禮，凡祭祀致福。國有大故，則令禱祠，反命，祭亦如之。掌家禮，與其衣服、宫室、車旗之禁令。”自古以來，家禮就是卿大夫以下至於庶人修身、齊家的要器，上至孝悌謹信等倫理觀念，下至婚喪嫁娶之居家禮儀，無不涵蓋於其中。家禮包括家庭内部的禮儀規範和倫理觀念：禮儀規範主要涉及冠婚喪祭等吉凶禮儀以及居家雜儀；倫理觀念則包括父慈子孝、兄友弟恭、夫義婦順等綱常。涉及家禮的文獻源於《周禮》，經《孔子家語》、《顔氏家訓》的發展，定型於司馬光的《書儀》、《家範》和朱熹的《朱子家禮》，其中《朱子家禮》成了宋代以來傳統家禮的範本。因國家禮制的“宏闊”和民間禮俗的“偏狹”，故素負修身、齊家、治國、平天下之理想的有識之士，往往博稽文獻、出入民俗而備陳家禮儀節之曲目與要義，以爲齊家之據、易俗之本。家禮類文獻中以此種撰作爲代表形態，延伸則至於鄉約、學規之類的文獻。

9. 方外類。中華民族是一個多種文化相互融合的共同體，整理、編纂《中華禮藏》不能不涉及佛、道兩家有關儀軌的文獻。佛教儀軌是規範僧尼、居士日常生活與行爲之戒律清規以及用於各種節日與法事活動之科儀，雖然源於印度，與中華本土文化長期互動交融，固已成爲中華禮樂文明不可分割的一部分。佛教儀軌與儒家禮儀相互影響，在一定程度上改變、重塑了中華傳統的禮樂文明。道教是中國的本土宗教，深深根植於中國的現實社會，具有鮮明的中國特色與社會調節功能。魯迅曾指出：“中國根柢全在道教。”道教儀軌有其特定的從教規範，體現了道教的思想信仰，規範着教徒的生活方式，體現了儀式典禮的特點。另外，佛教儀軌和道教儀軌保存相對完整，也是重建中華禮樂文明制度的重要參考。因此，凡涉及佛教儀軌和道教儀軌的文獻分别歸入方外佛教類和方外道教類。

綜上所述，《中華禮藏》的編纂是因類設卷，卷内酌分子目，子目内的文獻依時代順序分册纂輯（其中同書異注者則以類相從），目的是爲了充分展示中華禮儀實踐和禮學研究的全貌以及發展變化的軌迹。

編纂《中華禮藏》不僅僅是爲了完成一項學術事業，更重要的現實意義是爲了通過整理、編纂傳統禮學文獻，從中提煉出滲透了民族精神的價值觀和價值體系，爲民族國家認同提供思想資源，爲制度文明建設提供借鑒，爲構建和諧社會提供禮儀典範。

《中華禮藏》編委會

二〇一六年

凡　例

一、整理工作包括題解、録文和校勘等項。

二、題解除揭示書名、卷數、内容及著者生平事迹、版本流變等情況外，亦須交代已有的重要校勘研究成果，其具有創見性的校勘意見則别於校記中加以采納。

三、底本原文中明確的錯誤（訛奪衍乙）一般皆直接改正，並用校記加以説明。其不影響文意表達的兩可之異文，則酌情忽略不校。至於文意不通或懷疑有誤之處，則適當以校記形式提出疑問或給出可能的詮釋理路。

四、録文一依底本，個别生僻的異體字、俗體字等改作通行字，然不甚生僻而爲古籍通用者，保留底本文字原樣。鑒於俗寫“扌”旁與“木”旁、“巾”旁與“忄”旁、“礻”旁與“衤”旁以及“己”與“已”“巳”、“瓜”與“爪”、“曰”與“日”之類相混無别，一般皆徑據文意録定，其不影響文意的則不别爲出校説明。

五、避諱字一律改爲通行繁體字，但須在題解或首見條下説明。

六、底本所用省代符等一律改爲相應的本字。

七、底本缺字用“□”號表示，缺幾字用幾個“□”號，不能確定者用長條形符號（長度爲三個空格字，其中原文一行的上部或前部殘缺用“＿＿＿＿]”，中部殘缺用“[＿＿＿＿]”，下部或後部殘缺用“[＿＿＿＿”）表示。模糊不清無法録出者用“▨”號表示，有幾個字不清楚就用幾個“▨”號。

八、文本的段落格式一依今日之文意理解重行設計，不必盡依原書之舊貌。

九、底本圖片如果可以重繪者，則自行改繪，以便觀覽。

總目録

黃帝宅經

（敦煌本）

關長龍　點校

【題解】

法藏 P. 3865 號寫卷(《黄帝宅經》敦煌本一)蓋抄於晚唐時代,其内容與傳世本《黄帝宅經》上卷略同而稍簡,且前後皆有殘泐。傳世本《黄帝宅經》則自明代後期始見刊行,最早者當爲《道藏》本(1445 年),其後常見的版本有《夷門廣牘》本(1597 年)、《津逮秘書》本(1630 年)及清代的《古今圖書集成》本、《四庫全書》本、《學津討原》本等,其中後四種題名皆改作《宅經》。

較之敦煌本宅經,知傳世本首段文字有殘泐,"夫宅者"二字顯爲傳抄者爲彌補文首缺憾而臆加之字。蓋正因此而致其書名初有失落,傳者或據舊聞而署作《黄帝宅經》,後之傳者以《黄帝宅經》一名不見於明以前公私目録,故删其"黄帝"二字。按是書卷首所存殘叙中列二十九家(加上敦煌本有而傳世本所無的三種則爲三十二家)宅典後,述其創作依據爲"今採諸家秘驗"云云,知其原作當是整合諸家已驗之宅法,而加以整理成書,只是其中蓋以《黄帝二宅書》爲基础,故列之於所參修的諸書之首。又敦煌本《諸雜推五姓陰陽等宅圖經》中也屢引《皇(黄)帝宅經》之文,則其書題中有"黄帝"二字,實亦由來有自。蓋以世傳"黄帝生陰陽"(《淮南子・説林訓》)之故,而《黄帝宅經》所論正爲陰陽宅法,遂託之以求傳世久遠。所謂陰陽二宅,即以八卦之乾帶三男坎艮震所在爲陽宅,坤帶三女巽離兑所在爲陰宅,分方位爲二十四向,結合堪輿選擇術之神煞而論其佈局與吉凶。

書中文字脱略及結構錯亂者不少,諸傳本雖或略有調整(如或於前段文字前補題"序"、"總論",或以"凡修宅次第法"爲篇題等),然於其文字之内容則不能有所擅易也。蓋數術之作多有薈撮叢抄,若未經學人寔正,則未免致此,觀敦煌本諸書可知之。

今以《四庫全書》本爲底本,并參考《黄帝宅經》(敦煌本一)、《黄帝宅經》(敦煌本二)加以配抄點校,而題名則仍舊傳改作《黄帝宅經》。

卷　上

(前缺)

賤,壽命短長,一代盛衰,百年榮辱。占宅者見形勢氣色革變遷移①,禍福交並,吉凶代謝②。占葬者辯山岡善惡③,營域征邪④,鬼神安危,子孫隆絶。占卜者逆知前事⑤,預測將來,審冥寞之幽微,決嫌疑之得失,如上五説⑥,乃是陰陽之樞紐,人倫之軌模,非夫博物明賢,無能悟斯道也⑦。就此五種,其最要者唯有宅法是真秘術⑧。

凡人所居,無不在宅,雖祗大小不等⑨,陰陽有殊,縱然客居一室之中,亦有善惡⑩。大者大説,小者小論,犯者有災⑪,鎮而禍

---

① 底本"形"皆俗借作"刑"字,後皆隨文徑改,不再一一出校説明。

② "代"字底本作"伐",不辭,按敦煌俗寫"弋"、"戈"二旁多混,兹徑校改。

③ "辯"字通"辨"。又"岡"字底本作俗字"崗",今皆徑改作正字,後同。

④ "征"爲"正"之借字。

⑤ "逆"字底本訛作"进",不辭,兹依文意校改。

⑥ 以上文字爲傳世本所無,然傳世本蓋因其此後所殘存部分以"乃是陰陽之樞紐"開頭有語意不完之感,遂於前補加"夫宅者"三字,而其下"此五種其最要者唯有宅法"句,讀者遂不能明其突然而出的"五種"云云所指爲何,是知傳世本固有脱誤,而底本雖仍缺五種占術中的前二種,但其所存的文字却正可釋傳世本此處的文意扞格之惑。今據配抄,并删傳世本後人臆補的"夫宅者"三字。

⑦ "無"字底本作"而",不辭,兹據《黄帝宅經》(敦煌本一)校改,底本形訛。

⑧ "是"字底本作"而",不辭,兹據《黄帝宅經》(敦煌本一)校改,《道藏》本作"爲",與"是"字義同。

⑨ "雖"字《黄帝宅經》(敦煌本一)作"唯",義長。

⑩ "亦"字《黄帝宅經》(敦煌本一)作"猶",義同。

⑪ "者"字《黄帝宅經》(敦煌本一)作"即",義長。

止，猶藥病之效也①。故宅者人之本，人以宅爲家，居若安即家代昌吉②，若不安即門族衰微，墳墓川岡，並同兹説。上之軍國，次及州郡縣邑，下之村坊署柵③，乃至山居，但人所處，皆其例焉。目見耳聞④，古制非一：

《黄帝二宅經》⑤、《地典宅經》、《三元宅經》、《文王宅經》⑥、《孔子宅經》、《宅錦》、《宅橈》⑦、《宅統》、《宅鏡》、《天老宅經》、《劉根宅經》、《玄女宅經》、《司馬天師宅經》、《淮南子宅經》、《王微宅經》、《司最宅經》⑧、《劉晉平宅經》、《張子毫宅經》、《九宫宅經》⑨、《八卦宅經》、《五兆宅經》、《玄悟宅經》、《六十四卦宅經》、《右盤龍宅經》、《李淳風宅經》、《五姓宅經》、《吕才宅經》、《飛陰亂伏宅經》、《子夏金門宅經》、《刁曇宅經》。

---

① 本句《黄帝宅經》（敦煌本一）作"亦猶藥病之義也"，義長。

② "吉"字《黄帝宅經》（敦煌本一）作"盛"。

③ "村坊署柵"《黄帝宅經》（敦煌本一）作"村薄堡柵"。按"村薄"當爲魏晉隋唐之際的一個常用詞，如北齊《標異鄉義慈惠石柱頌》有"殘害村薄，鄰伍哀不相及"句，後世不用，傳世本遂爲改作。

④ "見"字《黄帝宅經》（敦煌本一）作"覽"。

⑤ "黄"字《黄帝宅經》（敦煌本一）作"皇"，俗抄用借字。

⑥ 此下至《劉晉平宅經》間排序底本與《黄帝宅經》（敦煌本一）多有不同，敦煌本一作"《孔子宅經》、《宅錦》、《宅橈》、《文王宅經》、《王微宅經》、《王噉宅經》、《淮南子宅經》、《劉根宅經》、《玄女宅經》、《司馬天師宅經》"，書目亦各有多寡，底本缺者依序據補於後文相關位置。

⑦ "橈"字底本作"撓"，此據《黄帝宅經》（敦煌本一）校改，俗寫"木"、"扌"二旁多混而不分。

⑧ "司最"《黄帝宅經》（敦煌本一）作"王噉"，二字兩兩相似，疑相訛誤，未知孰是，俟考。

⑨ 此書底本原無，今據《黄帝宅經》（敦煌本一）校補。

已上諸家宅經[①],其皆大同小異,亦皆自言秘妙[②],互推短長,若不遍求,即用之不足。近來學者多攻五姓[③]、八宅、黄道、白方,例皆違犯大經,未免災咎。所以人犯修動,致令造者不居,却毁陰陽而無據效,豈不痛哉!況先賢垂籍[④],誠勗昭彰,人自冥蒙,日用而不識。其象者日月、乾坤、寒暑、雌雄、晝夜、陰陽等,所以包羅萬象,舉一千從,運變無形而能化物,大矣哉,陰陽之理也!《經》云[⑤]:"陰者,生化物情之母也;陽者,生化物情之父也。"作天地之祖,爲孕育之尊,順之則亨,逆之則否,何異公忠受爵、違命變殃者乎!

今採諸家秘驗[⑥],分爲二十四路,八卦九宫配女男之位,定陰陽之界[⑦],考尋休咎,並無出於陰陽二宅[⑧],此實養生靈之聖法也。

二十四路者[⑨],隨宅大小,中院分四面,作二十四路,十干、十二支、乾艮坤巽共爲二十四路是也。乾將三男震坎艮,悉屬於陽位;即從西北乾位之震爲陽明矣。坤將三女巽離兑,悉屬陰之位。即從東

① "家宅"二字底本原無,今據《黄帝宅經》(敦煌本一)校補。

② "皆"字《黄帝宅經》(敦煌本一)作"各",義長。

③ "近來學者"下至"豈不痛哉"間文字《黄帝宅經》(敦煌本一)作"智迷功淺,敗失尤多,遂空守白方,餘皆廢置",可參,唯敦煌本多有省簡,其省者則不一一出校贅陳。

④ "先賢"下至段末文字《黄帝宅經》(敦煌本一)作"著述,本爲救人,徵應無差,實非虚説"。

⑤ "云"字底本作"之",不辭,兹據《黄帝宅經》(敦煌本一)校改,底本形訛。

⑥ "家"字底本無,今據《黄帝宅經》(敦煌本一)校補。

⑦ "定"字底本作"宅",不辭,兹據《黄帝宅經》(敦煌本一)校改,底本形訛。

⑧ "於"字底本作"前",義有扞格,兹據《黄帝宅經》(敦煌本一)校改,底本形訛。又"陰陽"二字底本原無,今據《黄帝宅經》(敦煌本一)校補。

⑨ 本句下至"是以陽不獨王"間《黄帝宅經》(敦煌本一)作:"太陰者生化物情之母也,亦名老陰,踞西南之坤位,將三女巽離兑;即從巽至戌爲陰明矣。太陽者生化物情之父也,亦名老陽,踞西北之乾位,將三男震坎艮。即從亥至辰爲陽明矣。"

南巽角順之戌爲陰明矣。是以陽不獨王，以陰爲德①；陽宅爲宜修陰方。陰不獨王②，以陽爲德③。如上説。亦如冬以温暖爲德、夏以凉冷爲德，男以女爲德、女以男爲德之義。《易訣》云："陰得陽如暑得凉，五姓咸和，百事俱昌。"所以德位高壯藹密即吉，重陰重陽則凶。陽宅更招東方、北方，陰宅更招西方、南方，爲重也。是東面爲辰南、西面爲戌北之位，斜分一條爲陰陽之界④。凡之陽宅即有陽氣抱陰，陰宅即有陰氣抱陽。陰陽之宅者即龍也，陽宅龍頭在亥，尾在巳；陰宅龍頭在巳，尾在亥。其狀在龍者，陰龍青、陽龍赤，各有命坐，切忌犯也。凡從巽向乾、從午向子、從坤向艮、從酉向卯、從戌向辰移，已上移轉及上官所住，不計遠近悉入陽也。從乾向巽、從子向午、從艮向坤、從卯向酉、從辰向戌移，已上移轉及上官悉名入陰。故福德之方勤依天道，天德、月德生氣到其位即修，令清潔闊厚，即一家獲安，榮華富貴。天之福德者，宅之財命也。財命既壯，何愁不榮？故須勤修。再入陰入陽，是名無氣；三度重入陰陽，謂之無魂；四入，謂之無魄。魂魄既無，即家破逃散，子孫絶後也⑤。《經》云："連犯不止，滅門絶嗣。"此之謂也。若一陰一陽往來⑥，即合天道，自然吉昌之象也。設要重往，即須逐道住四十五日、七十五日⑦，往之无咎，仍宜生氣、福德之方始吉，更犯五鬼、絶命、刑禍者尤不利。《訣》云："行不得度，不

① "德"字底本作"得"，與後文諸例不合，兹據《黄帝宅經》（敦煌本一）校改。

② "王"字《黄帝宅經》（敦煌本一）作"榮"，義長。

③ "德"字底本作"得"，與後文諸例不合，兹據《黄帝宅經》（敦煌本一）校改。

④ 本條文字《黄帝宅經》（敦煌本一）作"是以辰南戌北斜分一條爲界也"，且作正文字號，義長。

⑤ "後"字《黄帝宅經》（敦煌本一）作"嗣"。

⑥ "陽"前"一"字底本原無，《黄帝宅經》（敦煌本一）有之，義長，底本脱抄，兹據校補。

⑦ "五"字《黄帝宅經》（敦煌本一）作"二"，未知孰是，俟考。

如復故。"斯之謂也。又云:"其宅乃窮,急翻故宫。"宜拆刑禍方舍,却益福德方也。又云:"翻宅平牆,可爲銷殃。"宅之行年不利或口舌疾病等,即宜翻刑禍添益福德,改移牆壁,即消災,致其大吉昌也。

夫辨宅者,皆取移來方位定之①,不以街北、街東爲陽,不妨是陽之位作陰宅,居之即吉。街南、街西爲陰。不妨作陽宅,居之吉。凡移來不勒遠近,一里與百里②、千里同③,十步與百步、千步同④。

又此二宅修造唯看天道,天德、月德生氣到即修之,不避將軍、太歲、豹尾、黄幡、黑方及音姓宜忌⑤,但隨順陰陽二氣爲正⑥,此諸神殺及五姓⑦、六十甲子皆從二氣而生,列在方隅,直一年公事,故不爲災。凡諸刑殺在刑禍方者,設天德、月德到,亦須避之;若神殺在宅福德方,即待天德、月德生氣到其位,便須修之,用功多即善,故不避也。若不明,陰陽之氣到其位,便須修之,用功多即善,故不避也。若不明氣中小數,故不能制其大綱。又云⑧:"刑禍之方缺復荒,福德之方連接長。"吉也。刑禍方牆舍位宜狹薄⑨,誡之高壯也;福德方及牆舍人家宜連接壯實也。又云:"刑禍之方縮復縮,猶恐災殃枉相逐;福德之方拓復拓,子子孫孫受榮樂。"刑禍之

---

① "定之"二字底本原無,此據《黄帝宅經》(敦煌本一)校補。又"方位"《黄帝宅經》(敦煌本一)作"相數"。

② "與"字底本原無,《黄帝宅經》(敦煌本一)有之,義長,底本脱抄,兹據校補。

③ "同"字底本原無,《黄帝宅經》(敦煌本一)有之,義長,底本脱抄,兹據校補。

④ "千步"二字底本原無,此據《黄帝宅經》(敦煌本一)校補。

⑤ "音"字《黄帝宅經》(敦煌本一)作"五",義長。

⑥ "但隨"二字底本原無,此據《黄帝宅經》(敦煌本一)校補。

⑦ "此諸神殺"下至"又云"間《黄帝宅經》(敦煌本一)作:"依陰陽而立,故不能若爲災,避之亦不妨。"

⑧ 此下兩句引文及注文情況《黄帝宅經》(敦煌本一)作:"刑禍之方缺復荒;即誡之重也,亦不全空之。福德之方連接長,吉也。即誡之缺薄也。又云:刑禍之方縮復縮,猶慮災殃枉相逐;即誡之侵拓也,亦不得太縮,太縮即氣不足,氣不足即損財禄。福德之方拓復拓,子子孫孫受榮樂。宜開拓也,然亦不得太過,太過即成禍,人命至微,不勝厚福所臨也。"

⑨ 句前底本有"又云"二字,當承正文誤衍,兹依文例徑删。

方誡侵拓也，不得太縮，縮即氣不足，不足則損財禄；福德之方宜侵拓也①，亦不得太過，太過即減福，人命至微②，不消厚福所臨也。凡事誡太過③，所侵拓之數過於本宅，名曰太過。又云："宅有五虚令人貧耗，五實令人富貴。宅大人少，一虚；宅門大内小，二虚；牆院不完，三虚；井竈不處，四虚；宅地多屋少、庭院廣，五虚。宅小人多，一實；宅大門小，二實；牆院完全，三實；宅小六畜多，四實；宅中水溝東南流④，五實。"又云："宅乃漸昌，勿棄宫堂。不衰莫移，故爲受殃。舍居就廣，未必有歡。計口半造，必得壽考。宅不宜廣。"又云："其田雖良，薅鋤乃芳。其宅雖善，修移乃昌。"

《宅統》云⑤："宅墓以象榮華之源，得利者所作遂心，失利者妄生反心。墓凶宅吉，子孫官禄。墓吉宅凶，子孫衣食不足。墓宅俱吉，子孫榮華。墓宅俱凶，子孫移鄉絶種。先靈譴責，地禍常併。七世亡魂，悲憂受苦；子孫不立，零落他鄉；流轉如蓬，客死河岸。"

《青烏子》云："其宅得墓，二神漸護，子孫禄位乃固。得地得墓，龍驤虎步。物業滋川，財集倉庫。子孫忠孝，天神祐助。"

《子夏》云："墓有四奇：商角二姓，丙壬乙辛；宫羽徵三姓，甲庚丁癸。得地得宫，刺史王公，朱衣紫綬，世貴名雄；得地失宫，有始無終，先人受苦，子孫當凶；失地得宫，子孫不窮，雖無基業，衣食過充。失地失宫，絶嗣無蹤，行求衣食，客死蒿蓬。"

---

① "誡"字底本作"戒戒"，兹據《黄帝宅經》(敦煌本一)及文例徑爲删改。

② "人命"二字底本原誤合作一"會"字，不辭，兹據《黄帝宅經》(敦煌本一)及文例校改。

③ "誡"字底本作"足"，不辭，兹據夷門廣牘本及前後文字例改録，敦煌本作"不得"，與"誡"義合。

④ "中"字底本原無，遂致義有不暢，兹據《黄帝宅經》(敦煌本一)校補。

⑤ "云"字底本作"之"，不辭，兹據《古今圖書集成》本校改。

《子夏》云:"人因宅而立,宅因人得存。人宅相扶,感通天地。"故不可獨信命也。

凡修宅次第法[①]:先修刑禍後修福德即吉,先修福德後修刑禍即凶。陰宅從巳起功[②],順轉;陽宅從亥起功[③],順轉,終而復初[④]。刑禍方用一百工,福德方用二百工以上壓之[⑤],即吉。陽宅多修於外,陰宅多修於内,或者取子午分陰陽之界[⑥],誤將甚也[⑦]。此是二氣潛通運回之數,不同八卦九宫分形列象、配男女之位也。冬至巳、夏至亥,是陰陽起盛之極處,不同聖人於地面上畫八卦、列女男之宫。宫者,宅也。巽爲長女,屬陰;乾爲天,天爲陽明矣。其有長才深智,愍物愛生[⑧],敬曉斯門,其利莫測。且大犯即家破逃散,小犯則失爵亡官,其餘雜犯即火光口舌[⑨]、跛蹇偏枯、衰殃疾病等,萬般皆有,豈得輕之哉!犯處遠而慢,即半年、一年、二年、三年始發;犯處近而緊,即七十五日[⑩]、四十五日或不出月即發。若見此圖者,自然悟會,不問愚智。福德自修,災殃不犯;官榮進達,財食豐盈;六畜獲安,人歸天壽[⑪]。金玉之獻未足爲珍,利濟之徒莫大於此。

---

① 本句底本原作獨立一行,以爲篇目,然較之敦煌本堪輿書諸文本,常有以"凡"字爲段落之起首標志者,而《黄帝宅經》(敦煌本一)正不作篇目抄録,故從改作。

② "陰"字前《黄帝宅經》(敦煌本一)有一"修"字。

③ "陽"字前《黄帝宅經》(敦煌本一)有一"修"字。

④ 此四字底本原無,今據《黄帝宅經》(敦煌本一)校補。

⑤ "以上"二字底本原無,此據《黄帝宅經》(敦煌本一)校補。

⑥ "子午"下《黄帝宅經》(敦煌本一)有"之位"二字。

⑦ "將"字《黄帝宅經》(敦煌本一)作"之",義長。

⑧ "愛"字《黄帝宅經》(敦煌本一)作"憂",義長。

⑨ "即"字底本原無,《黄帝宅經》(敦煌本一)有之,義長,底本誤脱,兹據校補。

⑩ "五"字《黄帝宅經》(敦煌本一)作"二",未知孰是,俟考。

⑪ "人"字底本作"又",不辭,兹據《黄帝宅經》(敦煌本一)校改,底本形訛。

可以家藏一本,用誡子孫,秘而寶之[①],可名《宅鏡》云耳[②]。

又《宅書》云:"拆故營新,爻卦相代[③]。移南徙北,陰陽交分。是知陰陽者氣也[④],逐人得變;吉凶者化也,隨事能興。故天地日月運轉無窮[⑤],人畜鬼神變化何準?《挍神記》云[⑥]:'精靈鬼魅皆化爲人,或有人自相感變爲妖怪。'亦如異性之木接續而生,根苗雖殊,果味相雜[⑦],形礙之物尚隨變通,陰陽虛無豈爲常定?是知宅非定氣[⑧],由移來相數以變之[⑨]。"又云:"宅以形勢爲骨體[⑩],以泉水爲血脈,以土地爲皮肉,以草木爲毛髮,以舍屋爲衣服,以門户爲冠帶。若得如斯,是事儼雅,乃爲上吉。"

《三元宅經》云[⑪]:"地善即苗茂,宅吉即人榮。"又云:"人之福者喻如美貌之人,宅之吉者如上好衣服[⑫],既有美質,更服羅紈,如有福之人居吉宅也;若薄命之人居其吉宅,猶如醜陋之子得好

① "而"字《黄帝宅經》(敦煌本一)作"之",義長。

② "云耳"二字底本原無,此據《黄帝宅經》(敦煌本一)校補。

③ "卦"字底本作"卜",不合常例,兹據《黄帝宅經》(敦煌本一)校改。又"代"字底本作"伏",不辭,亦據《黄帝宅經》(敦煌本一)校改,底本形訛。

④ "知"字底本作"和",《黄帝宅經》(敦煌本一)作"知",義長,兹據校改,底本形訛。

⑤ "日月"二字底本原無,此據《黄帝宅經》(敦煌本一)校補。

⑥ "挍"字《黄帝宅經》(敦煌本一)作"搜",二者爲古異體字。

⑦ "果"字底本作"異",《黄帝宅經》(敦煌本一)作"果",義長,兹據校改,底本形訛。

⑧ "定"字底本作"宅",《黄帝宅經》(敦煌本一)作"定",義長,兹據校改,底本形訛。

⑨ "相數"二字底本原無,致文意有不備之感,兹據《黄帝宅經》(敦煌本一)校補,底本誤脱。

⑩ "骨"字底本作"身",《黄帝宅經》(敦煌本一)作"骨",義長,兹據校改,底本形訛。

⑪ "宅"字底本原無,此據《黄帝宅經》(敦煌本一)校補。

⑫ "宅之吉者"下至"如醜陋之子得好衣裳"間文字據《黄帝宅經》(敦煌本一)校補。

衣裳[1],神彩尤添一半。若命薄宅惡,即如醜人更又衣弊,如何堪也! 故人之居宅,大須慎擇。”又云:“修來路即無不吉,犯抵路未嘗安假。如近從東來,入此宅住,後更修拓西方,名抵路;却修拓東方,名來路。餘方移轉及上官往來,不計遠近,準此爲例。凡人婚嫁、買莊田六畜、致塋域[2]、上官、求利等,悉宜向宅福德方往來,久久吉慶;若爲刑禍方往來,久久不利。又忌龜頭廳在午地向北衝堂,名曰凶亭。有稍高豎屋,亦不利。《訣》云:‘龜頭午,必易主。’亦云妨主,諸院有之亦不吉。凡宅午巳,東巽巳來有高樓大樹,皆不利,宜去之吉。”又云:“凡欲修造動治,須避四王神,亦名帝車、帝輅、帝舍。假如春三月,東方爲青帝,木王,寅爲車,卯爲輅,辰爲舍,即是正月、二月、三月不得東户,《經》曰:‘犯帝車殺父,犯帝輅殺母,犯帝舍殺子孫。’夏及秋冬三箇月倣此爲忌。”又云:“每年有十二月,每月有生氣、死氣之位,但修月生氣之位者福來集,月生氣與天道月德合其吉路,犯月死氣之位爲有凶災。正月生氣在子癸,死氣在午丁;二月生氣在丑艮,死氣在未坤;三月生氣在寅甲,死氣在申庚;四月生氣在卯乙,死氣在酉辛;五月生氣在辰巽,死氣在戌乾;六月生氣在巳丙,死氣在亥壬;七月生氣在午丁,死氣在子癸;八月生氣在未坤,死氣在丑艮;九月生氣在申庚,死氣在寅甲;十月生氣在酉辛,死氣在卯乙;十一月生氣在戌乾,死氣在辰巽;十二月生氣在亥壬,死氣在巳丙。”

① 《黄帝宅經》(敦煌本一)至“猶如醜陋之子”止,其下殘泐。

② “塋”字底本作“營”,兹據《道藏》本、《古今圖書集成》本校改。

卷　下

凡修築垣牆，建造宅宇，土氣所衝之方，人家即有災殃，宜依法禳之。正月土氣衝丁未方，二月坤，三月壬亥，四月辛戌，五月乾，六月寅甲，七月癸丑，八月艮，九月丙巳，十月辰乙，十一月巽，十二月申庚。已下圖無不精詳，但細看之，必有災咎。

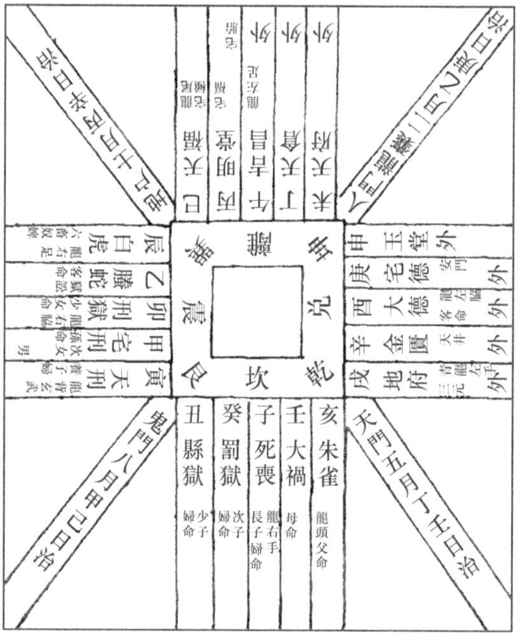

天門，陰極陽首①，宜平穩闊實②，不宜絶高壯，犯之損家長，大病頭項等災。五月丁壬日修吉，北方不用壬子、丁巳日。

---

① “陰極”二字底本原無，依後文陰宅圖載“天門”爲“陽極陰首”例，此處當爲誤脱，兹據校補。

② “闊”字底本原無，依後文陰宅圖載“天門”宜“高壯闊實”例，此處當爲誤脱，兹據校補。

亥爲朱雀、龍頭,父命座,犯者害命坐人。三月丁壬日修。

壬爲大禍,母命座[①],犯之害命坐人,有飛災、口舌。修己亥同[②]。

子爲死喪、龍右手,長子婦命座,犯之害命坐人,失魂、傷目、水災、口舌。修己壬同[③]。

癸爲罰獄、勾陳,次子婦命座,犯之害命坐人,口舌、鬬訟等災。七月丁壬日修,三月亦通,宫羽姓不宜三月,七月即吉日。

丑爲縣獄[④],少子婦命座,犯之鬼魅、盜賊、火光、怪異等災。修己癸同[⑤]。

鬼門,宅壅氣,缺薄、空荒吉,犯之偏枯、淋腫等災。八月甲己日修吉,東方不用甲子、己巳日。

寅爲天刑、龍背、玄武,庶養子婦、長女命座,犯之傷胎、繫獄、被盜、亡敗等災。六月甲己日修,角姓六月凶、十一月吉。

甲爲宅刑,次女、孫男等命座,犯之害命坐人,家長病頭項、諸傷折等災。修與寅同。

卯刑獄[⑥]、龍右脇,少女、孫命座,犯之害命坐人,火光、氣滿、刑傷、失魂。修與寅同。

乙螣蛇、訟獄,客命座[⑦],犯之害命坐人,妖怪、死喪、口舌。十月己日修吉,惟宜屋低小,仍不得重。

---

① "座"字底本原無,依文例當爲誤脱,兹據擬補。

② "己"字置此非例,疑爲"與"之俗字"与"形訛,俟考。

③ "己"字置此非例,疑爲"與"之俗字"与"形訛,俟考。

④ "縣"字底本原作"官",《道藏》本、《學津討原》本等作"縣"字,與《陰陽宅圖經》同,合於中古常例,兹據校正,底本誤改。

⑤ "己"字置此非例,疑爲"與"之俗字"与"形訛,俟考。

⑥ "刑獄"底本録於"龍右脇"後,與文例不合,兹參《陰陽宅圖經》乙正。

⑦ "命座"底本作"座命",與文例不合,兹爲乙正。

辰爲白虎、龍右足、訟獄[1]，奴婢、六畜命座，犯之驚傷、跛蹇、筋急等災，亦主驚恐。修與乙同。

風門，宜平缺，名福首，背枯向榮，二宅、五姓、八宅並不宜高壯、壅塞，亦陽極陰首。十一月丙辛日修吉，南方不用丙子至辛巳日。

巳天福，龍尾[2]，亦名宅極。《經》曰："欲得職，治宅極。"宜壯實，修改吉。九月丙辛修，唯用功多良。

丙明堂、宅福，安門、牛、倉等舍，《經》云："治明堂，加官益禄大吉祥，合家快活不可當。"修己巳同[3]。

午吉昌之地，龍左足，《經》云："治吉昌，奴婢成行六畜良。"宜平實，忌高及龜頭廳。修與巳同。

丁天倉，《經》云："財耗亡，治天倉。"宜倉庫、六畜，壯厚高拓吉。正月丙辛日修，用功多大吉。

未天府，高樓大舍，牛羊、奴婢居之大孳息，倉、廁利。修與丁同。

人門，龍腹[4]，宜置牛馬廐，其位欲開拓壅厚，亦名福囊，重而兼實大吉。二月乙庚日修。

申玉堂，置牛馬屋，主寶貝金玉之事，壯實開拓吉，《經》曰："治玉堂，財錢横來，六畜肥强。"

庚宅德，安門，宜置車屋、雞栖、碓磑吉，甚宜開拓，連接壯闊、浄潔吉。修與申同。

酉大德、龍左脇，客舍吉，《經》曰："治大德，富貴資財成萬

---

① "訟獄"前底本誤衍一"主"字，兹依文例删之。

② "宅尾"底本原作"宅屋"，不合文例，《陰陽宅圖經》作"龍尾"，於例爲安，且與圖例吻合，兹據校改，底本形訛。

③ "己"字置此非例，疑爲"與"之俗字"与"形訛，俟考。

④ "腹"字底本作"腸"，不合文例，兹據《陰陽宅圖經》校改，底本形訛。

億。”亦名宅德，宜宅主。修與申同。

辛金匱、天井，宜置門及高樓大屋，《經》曰：“治金匱，大富貴。”宜財，百事吉。四月乙庚日修大吉。

戌地府[①]、青龍左手，主三元，宜子孫，恒令清浄吉，《經》曰：“青龍壯高，富貴雄豪。”

外巽之位，宜作園池、竹簟，設有舍屋，宜平而薄。

外天德及玉堂之位，宜開拓侵修，令壯實大吉，《經》曰：“福德之方拓復拓，子子孫孫受榮樂。”唯不得高樓重舍。

外天倉與天府之位，不厭高壯樓舍，安門、倉庫、牛舍及奴婢、車屋並大吉。南方宜侵拓吉。

外龍腹之位，與内院並同，安牛馬牢厰，亦名福囊，宜廣厚實吉。

外坤，宜置馬廐吉，安重滯之物及高樓等，並大吉。

外玉堂之院，宜作崇堂及郎君、孫幼等院吉；客廳，即有公客來；若高壯侵拓及有大樹重屋等，招金玉寶帛，主印綬喜[②]。

外大德宅位，宜開拓，勤修泥，令新浄，吉；及作音樂飲會之事吉；宜子孫婦女等院，出貴人，增財富貴，德望遐振。

外金匱、青龍兩位，宜作庫藏倉窖吉；高樓大舍，宜財帛，又宜子孫，出豪貴，婚連帝戚，常令清浄，連接藂林，花木藹密。

乾天門，亦名陰極陽首[③]，背枯向榮，其位舍屋連接長遠、高壯闊實吉。五月丁壬日修吉，北方不用壬子丁巳日。

① “戌”字底本原無，不合文例，兹據《陰陽宅圖經》校補，底本誤脱。

② “喜”字依文例疑爲“吉”字形訛，或“喜”字下底本脱録“慶”字，俟考。

③ “亦名”二字底本置於句末“陽首”下，不辭，兹參後文巽風門“亦名陽極陰首”例乙正，此處誤倒。

亥爲天福、龍尾，宜置猪欄，亦名宅極，《經》云："欲得職，治宅極。"宜開拓吉①。亥東三月丁壬日修吉，宫羽姓即七月吉。

壬宅福、明堂，宜置高樓大舍，常令清浄及集學經史，亦名印綬宫，宜財禄，大吉②。修與亥同。

子吉昌、龍左足，宜置牛屋，《經》云："奴婢成行六畜良。"平實吉。修與亥同。

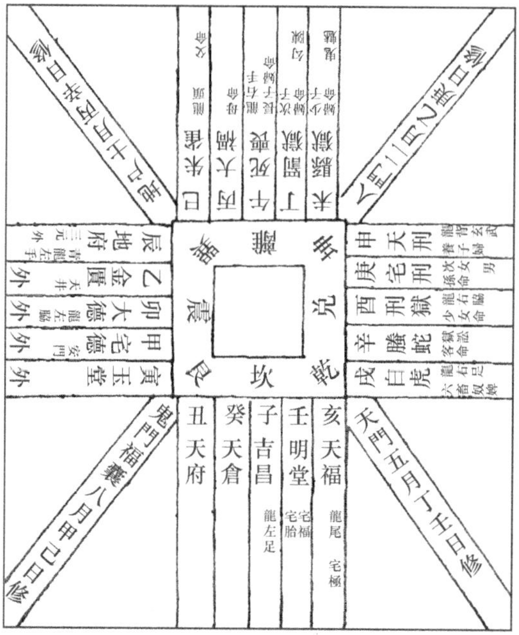

癸天倉，立門户、客舍、簟厠吉，《經》云："財耗亡，治天倉。"安六畜，開拓高厚③。七月丁壬日修吉。

丑天府，高樓大舍，牛羊、奴婢居之大孳息，倉厠並吉。修與癸同。

① "吉"字底本作"極"，《道藏》本、《學津討原》本等作"吉"，合於文例，兹據校改，底本音訛。

② "大吉"二字底本原作注文小字，《道藏》本、《夷門廣牘》本、《學津討原》本等同，《津逮秘書》本、《古今圖書集成》本無"大吉"二字，兹依文例改作正文大字。

③ "厚"字下疑蒙注文"吉"字而脱刻"吉"字。

艮鬼門、龍腹、福囊，宜厚實、重吉，缺薄即貧窮。八月甲己日修吉，東方不用甲子日。

寅玉堂，宜置車、牛舍，主寶貝金玉之事，宜開拓，《經》曰："治玉堂，錢財横至，六畜肥强。"大吉。六月甲己日修吉。

甲宅德[①]，安門，宜置碓磑，開拓、連接、壯觀吉，清浄災殃自消。修己寅同[②]。

卯大德、龍左脇[③]，客舍，《經》曰："治大德，富貴資財成萬億。"亦名宅德[④]，主有德望。修與寅同。

乙金匱、天井，宜置高樓大舍，常令清浄，勤修泥，尤增喜慶。卯巳南十月修。

辰地府、青龍左手，主三元[⑤]，宜子孫，當宜清浄，《經》曰："青龍壯高，富貴雄豪。"修己乙同[⑥]。

巽風門[⑦]，宜平穩，不宜壅塞，亦名陽極陰首[⑧]，背榮向枯，宜空缺通疎大吉。十一月丙辛日修吉，南方不用丙子吉。

巳朱雀、龍頭，父命座，不宜置井，犯之害命坐人[⑨]，口舌、飛禍、吐血、顛狂，虵畜作怪。巳酉九月丙辛日修吉，至午地徵音，並忌正、三、四月吉。

---

① "德"字底本作"得"，兹據《道藏》等本校改。

② "己"字置此非例，疑爲"與"之俗字"与"形訛，俟考。

③ "左"字底本原無，不合文例，兹参陽宅以大德爲"龍左脇"校補，底本此處誤脱。

④ "德"字底本原作"主"，不合文例，考前陽宅"酉"下"大德"載此"宅主"作"宅德"，是此處蓋蒙下句之"主"字而誤作，故據校改。

⑤ "主"字底本原無，考前陽宅"戌"下"地府"載此作"主三元"，義長，是此處誤脱，故據校補。

⑥ "己"字疑爲"與"之俗字"与"形訛。

⑦ "門"字底本原無，兹依前陽宅巽"風門"例校補，此處誤脱。

⑧ "首"字底本作"前"，不辭，兹據前陽宅巽下所載校改作"首"字，此處形訛。

⑨ "之"字底本原無，兹依文例校補，此處誤脱。

丙大禍，母命座[①]，不宜置門，犯之害命坐人，飛禍、口舌。修與巳同。

午爲死喪、龍右手[②]，長子婦命座，犯之害命坐人，失魂、傷目、心痛、火光、口舌、筋急。修與巳同。

丁罰獄、勾陳，次子婦命座[③]，犯之害命坐人[④]，口舌、鬭訟、瘡病等災。午日酉用正月丙辛日修吉，未地五姓並吉。

未爲官(縣)獄[⑤]，少子婦命座，犯之害命坐人，鬼魅、火瘡、霹靂、盜賊、刀兵、流血，六畜傷死，家破逃散。修與丁同。

坤人門、女命座，宜置馬廄[⑥]，犯之偏枯、淋腫等，此地宜荒缺低薄吉。二月乙庚日修。

申天刑、龍背，庶子婦、長女命座，犯之失魂、病脇、刑傷、牢獄、氣滿、火怪。申北十二月乙庚修，至酉吉，商姓十二月凶、四月吉。

庚宅刑，次女、長孫命座，不宜置門，犯之害命坐人，病右脇、口舌、傷殘、損墜。修與甲同。

酉刑獄，龍右脇，少女、孫命座，犯者害命坐人，失魂、刑獄、氣滿、火怪。修與申同。

辛爲騰蛇、訟獄，客命[座][⑦]，犯之害命坐人，口舌、妖怪、死喪、災起。酉北至戌四月乙庚日修。

---

① "座"字底本原無，兹依文例校補，此處誤脱。

② "龍右手"三字底本誤置於後文"口舌"下，兹參前陽宅"子"爲死喪條説解乙正。

③ "座"字底本原無，兹依文例校補，此處誤脱。

④ "害命"二字底本誤脱，遂致文意不通，兹依文例校補。

⑤ "縣"字底本原作"官"，《道藏》本、《學津討原》本等作"縣"字，合於中古常例，兹據校正，底本誤改。

⑥ "宜"字前底卷有一"不"字，與陽宅人門宜置馬廄説不合，《陰陽宅圖經》無"不"字，兹據徑删。

⑦ "命"下依文例底本脱録"座"字，兹據《陰陽宅圖經》校補。

戌白虎、訟獄[①]、龍右足，奴婢、六畜命座，犯之足跽跛蹇、偏枯、筋急。修與辛同，從乾順行至戌一周二十四路。

外乾院與同院，修造開拓，令壯實，高岡陵、大樹，並吉，宜家長延壽，子孫榮禄不絶，光映門族，乾地廣闊[②]。

外亥，天福與宅極之鄉，宜置大舍，位次重疊，深遠濃厚吉，與宅福、明堂相連接壯實，子孫聰明昌盛、科名印綬，大富貴。

外天倉宜高樓重舍，倉廩、庫藏、奴婢、六畜等舍，大孳息，宜財帛、五穀，其位高潔開拓吉。

外天府宜闊壯，子孫、婦女居之大吉，亦名富貴飽溢之地，遷職喜，萬般悉有矣，絶上。

外龍腹、福囊之位，宜壅實如山吉，遠近連接大樹、長岡，不厭開拓吉；若低缺無屋舍，即貧薄不安。

外玉堂宜子婦，即富貴榮華，子孫興達，其位雄壯，即官職昇騰，位至臺省，寶帛金玉不少；若陷缺荒殘，即受貧薄，流移他地。

外宅德宜作學[③]，習道藝功巧立成，亦得名聞千里，四方來慕，亦爲師統，子孫居之有信，懷才抱義，壯勇無雙。

外天德、金匱、青龍，此三神並宜濃厚實[④]、大舍高樓，或有客廳，卿相遊宴過往，一家富貴豪盛須賴三神，尤宜開拓；若冷薄、荒缺、敗陷，即貧窮也。

外青龍不厭清潔，焚香設座，延迓賓朋，高道奇人自然而至，安井及水瀆甚吉。

---

① “訟獄”底本作“獄訟”，與常用詞例不一，兹據陽宅白虎條乙正。又按：前“辰”下作“爲白虎、龍右足，主訟獄”，疑此衍“獄訟”二字。

② 此四字依文意疑當在“高岡陵”前，蓋原本初脱録而後補於段末者，俟考。

③ “學”字下依文例疑底本脱録一“舍”字，俟考。

④ “濃”字置此不辭，疑因“厚”字連類而及誤衍，俟考。

陰陽宅圖經

關長龍　點校

【題解】

《陰陽宅圖經》存有子目四，其中一目題名殘泐，然從其所存内容看，乃與《諸雜推五姓陰陽等宅圖經》"卜安宅要决(訣)"所載内容及《地理新書》卷二"宅居地形"多合，甚至部分内容全相吻合，故疑其目或即爲"宅居地形法第一"之類文字，其後所存三目分别爲"相土及輕重法第二"、"步阡陌法第三"、"陰陽宅第四"。又在第四目的陽宅圖説後的按語中有"法在《雜篇》"一語，則頗疑底卷之分篇或與《葬書》相似而作"内篇"、"外篇"和"雜篇"。

考《地理新書》述及"水藏之地"與"澤藏之地"的内容下皆云出自《照幽記》，其陰陽宅説及圖皆云出自《二宅書》，然《地理新書》所載陰陽宅圖僅爲附有十二地支的八卦宅圖，較底卷所述的二十四山説爲簡；又底本所存的前三部分内容與《諸雜推五姓陰陽等宅圖經》中所載幾全相合，然後者未載底卷的第四目内容，而底卷的第四目内容却與傳世本的《黄帝宅經》卷下所載多有相合，但細審其内容，則二者陰陽宅圖的基本格局雖同，但底卷重於述其修造之月日宜忌，而《黄帝宅經》重在述其修造物之形態宜忌，且於述宅内宜忌後又有宅外宜忌的内容。另外，其叙述風格多有引《經》説之例，亦與底卷不類。考《宋史・藝文志》載有佚名的《陰陽宅經圖》(疑"經圖"二字誤倒)一卷，其名目頗與底卷内容相合(底卷"陰陽宅第四"内容中提及有圖，蓋爲抄者所棄録)，唯底卷蓋以經爲主，而圖則爲副，此與《諸雜推五姓陰陽等宅圖經》的情形當同，故爲擬名作《陰陽宅圖經》。

底卷抄寫行款疏朗，書法謹飭，有顔體之風，内中有避唐世祖、太祖丙、虎二諱。底卷正面所拼接之文字中有漢文借契，爲子年二月廿三日悉董薩部百姓孫清於永壽寺借佛物所立契據。按敦煌陷蕃後(781－848間)乃有一段時期實行部落制統治，其間的漢文文書亦不用唐朝年號，而是使用與吐蕃十二生肖紀年相對應的十二地支紀年，故不能確定此"子年"在其統治的六十餘年間是具體的哪一年。然以底卷的書法形態看，則疑其非陷蕃間作品，而是其後歸義軍時代(851—1036)早期的作品。

今以《寶藏》P. 4686(P. T. 1297V)、李德範《敦煌西域文獻舊照片合校》中收録王重民所攝照片爲底本,并參考《諸雜推五姓陰陽等宅圖經》(簡稱《諸雜推》)、傳世本《黄帝宅經》、《地理新書》等加以校録。

（前缺）

□□□□高北下①，絶▨▨□□②□□□□▨流③，則名水藏之地④，宜□□□▨水居之⑤，□□□□□□□□□東流水⑥，居之北吉；南有丘，北有水東流⑦，居水之北亦吉。北有□⑧，居之吉⑨；若有污池自如。東南有澤，居之富；南有池，北有陂，居其内吉；若南有林木，居之凶。西南有高丘⑩，居之富，吉。若南有東流水，居之北大吉⑪；若西南有澤，居之□□⑫；西有流水通達江河，或有污

---

① 行首至"高"字間底卷殘泐，據空間，約可抄二十一字左右。按此下内容較諸《諸雜推五姓陰陽等宅圖經》（後簡稱《諸雜推》）所載"占傷敗法"及《地理新書》卷二"宅居地形"，相關内容多有相合甚至全同者，故疑後述文字即爲底卷標目序次中的"第一"之内容。

② 殘字前者漫漶，存似"土"形之大略，後者存左部似"厂"形左部筆畫。缺字居行末，殘泐。

③ 殘字存下部似"水"形下部筆畫，疑即"水"字。行首至殘字間底卷殘泐，據空間，約可抄十三字左右。

④ 水藏地説亦見於《地理新書》卷二地形吉凶目下，其文云："凡水藏地，水西南來，或百里或數里有通船，折東，北有山岡，居之有禄位。水東南來，辰巳上折北行，西北有山亦是，居之出三公，無山主富。水西南來折，北流數里，南有高山亦是，居南三公相，生貴子。"底卷後文所述多殘，此略可參之。

⑤ 缺字前者居底卷行末，後二者居次行行首，並殘泐。殘字存左及下部似"辶"旁筆畫，疑或爲"近"字。

⑥ 缺字底卷殘泐。又"東"字底卷殘存下部筆畫，兹參文意校補作"東"字。

⑦ "水"字居底卷行首，殘泐，兹依文意校補作"水"字。

⑧ 缺字底卷殘泐，依文意疑當爲"丘"字。

⑨ "居之"二字底卷皆殘存左側少許筆畫，兹參文例校補作"居之"二字。

⑩ "有"字底卷脱抄，兹依文例校補。

⑪ "居之北"原文作如是，然前句既謂"南有"云云，則已明其居水之北，而此復揭"居之北"，則贅感殊甚，唯下句雖有殘泐，觀其句法，疑或與此同，俟考。

⑫ 缺字居底卷行首，殘泐，依文意推之，疑爲"東凶"二字。

池，居之並凶。西有小陵方高，□□流水[1]，居之吉；東有南流水，居之弥吉。西北有山，南有東流水，名山藏之地[2]，居之者遠山近水[3]，出有禄位人。北方有高地[4]，或有▨□□南丘[5]，居之吉。西北有澤，居之凶。若澤南高地樹木茂好，名澤藏之地，居之其南，大富利；若居其北[6]，凶。有流水通達江河[7]，或有枯澗枯池，若去宅卌五步内，大凶[8]。東北有丘，居之吉。南有污池，居之大富。東北有澤，居之凶。四方有山，其内有水東南流，居水北大吉。

内高四方下，名曰天柱地，衆姓居之凶[9]。東西下，内獨高，名曰罪土之地，居者令人孤寡[10]。從南極北，如隴起高而直，兩邊下，名爲地軸，居其東曰陽，則富貴；居其西曰陰，則貧[11]；居其上，

---

① 缺字居底卷行首，殘泐（按王重民氏照片此處殘泐，膠片則有二倒寫的殘字，其中前者似“藏”字之殘，疑爲次三行“澤藏之地”的“藏之”二字之殘而誤粘於此者），依文意疑爲“東有”或“南有”二字。

② “名山藏”三字居底卷行首，殘泐，考《地理新書》卷二宅居地形目下有云：“西北有山，南有東流水，名山藏地，居近水，出禄位，子孫富貴。”其文當有脱誤者，然揣摩其義，則與底卷所論相合，故據補缺字作“名山藏”三字。

③ “遠”字前底卷有能抄一字大小的空位，疑原抄有誤而後用雌黄點去，是本無其字，參前引《地理新書》語，似亦當以無字爲是，故不爲具録。

④ “地”字底本脱抄，兹據《諸雜推》“澤藏之地”所作校補。

⑤ 殘字居底卷行末，存右下角少許似横或捺之殘畫；缺字居次行行首，殘泐。

⑥ “其”指樹林言，《諸雜推》所載相關文字無“其”字，《地理新書》卷二宅居地形條目下云：“宅在大澤之南，有高地及樹木茂好，謂之澤藏地，居其林南吉，居其北凶。”與此相合而表義更爲明白。

⑦ “有”字前《諸雜推》有一“北”，於文法爲安，疑底卷脱抄。

⑧ “凶”字底卷漫滅，兹據《諸雜推》所載相關文字校補。

⑨ “凶”字前底卷有一“吉”字，不辭，《諸雜推》所載本段文字只有“凶”字，故據删之。

⑩ 此句斷語《諸雜推》作“居之出刑杖死人，又出孤寡人”，明白易曉，疑底卷此處有脱誤。又“孤寡”二字底卷誤作“狐宣”，兹依文例校改，底卷形訛。

⑪ “貧”字下《諸雜推》有“寒”字，與前“富貴”對文，義長。

則有飛禍。

凡居水曲或近長原之曲[①]，曲内爲龍腹，居之富貴；曲外爲龍背，居之貧窮。居在兩山閒，川谷及巷衝之，曰當風門，子孫衰。宅南有道或□□□，□□之[②]；宅北有道或東有道，宜遠之；四面及四角有道，居之□。□□□，□辰戌丑未地高[③]，居之吉。宅居不欲近斷隄堰，出吊死。□□□□□流通達江河者凶[④]，逆流水者，謂西流北流是也。

□□□□□□□[⑤]：一曰故城墎、缺丘交錯之陰及壞城四角處[⑥]，二曰五穀場、葱韭地、丘墓、坑窨及陶冶故處，三曰祠神之所，并廟東社西及社南，四曰亭郵破侯故所并亭西及醫署處，五曰營壘、戰場并故獄處及獄北[⑦]，六曰官府故處及官南[⑧]，七曰星宿殞墜之所。八曰窮阡斷陌、耶徑及射堠東[⑨]。以前八所，居之

---

① "水曲"底卷誤作"水田"，兹據《諸雜推》校改，底卷形訛。

② 缺字居底卷行首，殘泐。又"之"字底卷殘存右下角一捺形筆畫，按此句式似當與下句同，疑其缺殘字當爲"西有道，宜近之"，《諸雜推》所載本段文字，此處作"或居南有道，宜近之善"，可參，故從校録殘字作"之"字。

③ 缺字居底卷行首，殘泐，考《諸雜推》所載本段文字，此處作"居之凶。凡地平坦内下，若辰戌丑未之地高，居之吉"，其相關文字較底卷爲多，疑底卷所缺文字當爲"凶。凡地平，若"五字。

④ 缺字居底卷行首，殘泐。"流"字底卷殘存下部似"水"之下部形筆畫，考《諸雜推》所載本段文字，此處作"凡居之地名上相之地，内有水逆流通達江河者，食(居)之凶"，兹據校録殘字作"流"，又其前之缺字疑可補作"居内有水逆"五字。

⑤ 缺字居底卷行首，殘泐，考此下文字與《諸雜推》所載内容略同，彼文前有云："凡居宅地有八不可居"之總括語，疑底卷所缺文字或亦爲"宅地八不可居"類内容。

⑥ "城"字底卷誤作"域"，不辭，兹據《諸雜推》校改，底卷形訛。

⑦ "戰"字底卷誤脱，兹據《諸雜推》校補。

⑧ "官南"疑有脱誤，此條《諸雜推》作"官府、舊寺、舊道場北或西，並不可居"，亦頗有不同。

⑨ 本條《諸雜推》作"窮阡陌、耶逕及射之所，或居北或居西，並不可居"，可相參證。

令人死亡，連遭縣官、盗賊、疾病，縱修福德，不能免咎。

相土及輕重法第二

凡所居之地，並欲得潤澤，居之大吉。欲知土虚實，掘地方深各一尺二寸，細粉之，還内坑裏，勿按，明日視之，盈者富貴，減者凶。

又法：先取土一斗秤之，重六斤、七斤，不可居，害人；重八斤、九斤，居之自如；重十斤、十一斤，宜仕宦①；重十二斤、十三斤，大吉。

又法：入地三尺，取實土方一寸秤②，重三兩，凶，貧；重五兩至七兩，居之自如；九兩以上，富貴長壽，吉。

阡陌步法第三

凡阡陌法，東西爲阡，南北爲陌③。或依山水，或約陂岸及故城、大道，爲阡陌之始④，四方起步⑤，皆十步爲建，假令從東阡，西入十步爲建，廿步爲除，卅步爲滿，卌步爲平⑥，五十步爲定，六十步爲執，七十步爲破，八十步爲危，九十步爲成，百步爲收，百一十步爲開，百廿步爲閉，還從建起，終而復始。若合滿平定成收開吉，合建除執破危閉者凶。

---

① “宜”字底卷因紙面褶皺而略有變形，兹參《諸雜推》録定。

② “寸”字下《諸雜推》有一“半”字，參彼校記。

③ “阡”、“南”二字底卷有漫漶，兹參《諸雜推》所載校録。

④ “岸”字下部底卷有漫滅，此參文意録定，《諸雜推》作“陂池及水岸”，可參。

⑤ “起步”《諸雜推》作“步起”，義長，疑底卷誤倒。

⑥ “卌步爲”三字底卷並有漫漶，僅存部分字形大略，考《諸雜推》載此作“卌步爲平”，《地理新書》卷十四阡陌取三合法作“四十步爲平”，兹從校補作“卌步爲”三字。

陰陽宅第四

凡地形高處爲陽，下者爲陰；見日多者爲陽，少者爲陰；官府曹司在宫門東爲陽，西爲陰，餘如圖①。

陽宅：禍在北，刑在東，福在南，德在西。

造治次第：先起北行，從亥向東；次造東行，從寅向南；次造南行，從巳向西；後造西行②，從申向北，大吉。

凡初造宅舍，若依天道③、月德者大吉，如不能依者亦無咎。

乾爲天門。若欲修造，宜用五月丁壬日吉，不依此法，家長病頭項瘡瘻，至十一月丙辛日倍功報治巽上吉④。

亥爲朱雀、龍頭，父命坐，宜置猪欄。若欲修造，宜用三月、七月丁壬日吉，不依此法，害命坐人，鬼魅所侵，灼爛生瘡，失火口舌，縣官繫獄，盜賊，六畜死傷，至正月、九月丙辛日倍功報治巳上吉。

壬爲大禍，母命坐，宜置門。若欲修造，宜用三月、七月丁壬日吉，不依此法，有飛禍口舌，害其命坐人，至正月、九月丙辛日倍功報治丙上吉。

子爲死喪、龍右手⑤，長子長婦命坐。若欲修造，宜用三月、七月丁壬日，不依此法，害其命坐人，失魂傷目心痛⑥，致火光恠，

① 名"圖"而底卷實未録圖，只是用文字叙述了陽宅的禍刑福德所在。

② "西"字底卷殘泐，兹依文例校補。

③ "天"字底卷殘存右下部之捺形筆畫，兹依文意校補。

④ "丙"字底卷皆作"景"，乃唐時爲避唐高祖李淵之父世祖李昺名而作，兹爲徑改，後同，不再一一出校説明。

⑤ "手"字底卷爲墨所漬，不能辨形，考傳世本《黄帝宅經》陽宅圖載此作"龍右手"，兹據校補缺字作"手"字。

⑥ "魂"字底卷有漫漶，此參傳世本《黄帝宅經》陽宅圖説録定。

有口舌官事，病右手筋急，至正月、九月丙辛日倍功報治午上吉①。

癸爲罸獄、勾陳，次子次婦命坐，宜置門。若欲修造，宜用三月、七月丁壬日，不依此法，害其命坐人，口舌鬬訟，至正月、九月丙辛日倍功報治丁上吉。

丑爲縣獄，少子少婦命坐，宜置臥。若欲修造，宜用三月、七月丁壬日，不依此法，害其命坐人，鬼魅所侵，灼爛生瘡，失火口舌，縣官繫獄，霹靂盜賊，刀兵流血，六畜死傷，家破逃散，至正月、九月丙辛日倍功報治未上吉。

艮爲鬼門。若欲修造，宜用八月甲己日吉，不依此法，患淋腫，至二月乙庚日倍功報治坤上吉。

寅爲天刑②、玄武、龍背，庶養子婦、長女命坐，宜置碓。若欲修造，宜用六月、十月甲己日吉，不依此法，害其命坐人，田蠶不收，傷胎口舌，疾病背痛，被賊，亡失財物，至四月、十二月乙庚日倍功報治申上吉③。

甲爲宅刑④，次女、男孫命坐，宜置門。若欲修造，宜用六月、十月甲己日吉，不依此法，害其命坐人，至四月、十二月乙庚日倍功報治庚上吉。

卯爲刑獄、龍右脇，少女、女孫命坐。若欲修造，宜用六月、十月甲己日吉，不如此法，害其命坐人，失魂病脇，刑傷牢獄，病腹氣滿，失火光恠，至四月、十二月乙庚日倍功報治酉上吉。

---

① “報”字底卷脱抄，兹依文例校補。

② “天刑”字底卷誤作“大形”，不合文例，兹據《黄帝宅經》陽宅圖校改，底卷形訛。

③ “報”字底卷脱抄，兹依文例校補。

④ “宅”字中部底卷有漫漶，兹參傳世本《黄帝宅經》陽宅圖説録定。

乙爲螣蛇、訟獄[①]，客命坐，宜置門。若欲修造，宜用六月、十月甲己日吉，不依此法，害其命坐人，口舌妖恠，死喪失火，至四月[②]、十二月乙庚日倍功報治辛上吉。

辰爲白虎[③]、訟獄、龍右足，奴婢、六畜命坐，乙南宜置竃，巽北宜開水瀆。若欲修造，宜用六月、十月甲己日吉[④]，不依此法，害其命坐人，足腫跛蹇，偏枯筋急，至四月、十二月乙庚日倍功報治戌上吉。

右以前所用月日並合天道、月德，此陽宅刑禍方屋，宜先造，又令卑下，屋間數宜少，其地不得開拓，若開拓則名背枯，然修造刑禍[⑤]，外院與内院同[⑥]，若犯外院之外，自從土命法。法在《雜篇》。

巳爲天福，宅尾，宜置井。若欲修造，宜用正月、九月丙辛日吉。

丙爲宅福[⑦]，宜置門、客舍，安牛倉吉[⑧]。若欲修造，宜用正月、九月丙辛日大吉。

午爲吉昌、龍左足。若欲修造，宜用正月、九月丙辛日吉。

---

① "訟獄"底卷誤作"詔獄"，兹據傳世本《黄帝宅經》陽宅圖説校改，底卷形訛。

② "至"字底卷脱抄，兹依文校補。

③ "白虎"底本作"白獸"，乃唐時爲避唐高祖李淵之祖父太祖李虎名而作，兹爲校改，後同，不再一一出校説明。

④ "吉"字底卷脱抄，兹依文例校補。

⑤ "刑"字底卷脱抄，兹依文例校補。

⑥ "同"字底卷補書於後句首字"若"之右側行間，蓋初脱抄而隨補者，兹依文意録如此。

⑦ "宅福"前傳世本《黄帝宅經》陽宅圖説有"明堂"二字，合於文例，疑底卷有脱抄。

⑧ "牛倉"傳世本《黄帝宅經》陽宅圖説同，不辭，疑"牛"字下脱抄一"欄"字，或"倉"字爲"屋"字之形訛。

丁爲天倉，亦宜立門户、客舍、倉簞[①]、廁吉[②]。若欲修造，宜用正月、九月丙辛日大吉。

未爲天府，宜安牛羊欄吉。若欲修造，宜用正月、九月丙辛日大吉。

坤爲人門[③]，龍腹，宜置馬廐。若欲修造[④]，宜用二月乙庚日大吉[⑤]。

申爲玉堂，宜置車牛屋。若欲修造，宜用四月、十二月乙庚日大吉。

庚爲天德[⑥]，宜安門，置倉、客舍、碾磑。若欲修造，宜用四月[⑦]、十二月乙庚日大吉。

酉爲宅德[⑧]，龍左脇[⑨]，宜置車舍、雞栖吉。若欲修造[⑩]，宜用四月[⑪]、十二月乙庚日大吉。

---

① “簞”字底卷誤作“蕈”，不辭，兹據傳世本《黄帝宅經》校改，底卷形訛。

② “廁”傳世本置於未下，與陰宅布局之廁在丑下似有呼應，然《諸雜推》所載五姓宅之廁法下明確指出廁置未下“多官事，貧”，且謂廁置於近坎水之處爲善，而《諸雜推》所載“五姓陰陽宅圖同看用之”圖中“丁”下亦有録“廁”字，俟考。

③ “人門”二字底卷脱録，不合文例，兹據傳世本《黄帝宅經》陽宅圖説校補。

④ “欲”字底卷脱録，兹依文例校補。

⑤ “用”字底卷脱録，兹依文例校補。

⑥ “天德”傳世本《黄帝宅經》陽宅圖説作“宅德”，與底卷下“酉”位之神名互易。

⑦ “用”字底卷脱録，兹依文例校補。

⑧ “宅德”傳世本《黄帝宅經》陽宅圖説作“大德”（即“天德”），與底卷前“庚”位之神名互易。

⑨ “脇”字居底卷行首，殘泐，此據傳世本《黄帝宅經》校補。

⑩ “欲”、“造”二字底卷脱抄，兹依文例校補。

⑪ “用”字底卷脱録，兹依文例校補。

辛爲金匱，天井，□門高樓庫[1]、奴婢屋舍、場垣，令洁浄吉。若欲修造，宜用四月、十二月乙庚日吉[2]，其辛戌地宜開拓使寬大吉。

戌爲青龍、地府，龍左手，其地宜清浄。若欲修造[3]，宜用四月[4]、十二月乙庚日大吉。

右前件所用月日並合天道、月德，此陽宅福德方屋，宜後造，又令高大，屋數宜多，其地開拓吉。雖是福德方，欲修造，須合天道、月德，▨逢王諸忌[5]，即宜停止。

陰宅[6]：禍在南，刑在西，福在北，德在東。

造治次第[7]：先造南行，從巳向西；次造西行，從申向北；次造北行，從亥向東[8]；次造東行，從寅向南，大吉。

巽爲地户。若欲修造，宜用十一月丙辛日吉[9]，不依此法[10]，家長病頭項瘖瘻，至五月丁壬日倍功報治乾上吉。

巳爲朱雀[11]、龍頭，父命坐，宜置井。若欲修造，宜用正月、九

---

① 缺字居底卷行首，殘泐；"門"字底卷殘存右下角一鈎形筆畫，考傳世本《黄帝宅經》陽宅圖説有云："辛，金匱，天井，宜置門及高樓大屋。"是殘字當爲"門"，姑據校補，其前之缺字當爲"置"，唯依文例，"置"前似少一"宜"字，若所缺爲"宜"字，則句義又别，俟考。

② "庚日"二字居底卷行首，殘泐，兹依文例校補作"庚日"二字。

③ "欲"字底卷脱抄，兹依文例校補。

④ "用"字底卷脱録，兹依文例校補。

⑤ 殘字居底卷行首，存左下部似"人"形筆畫，依文意疑或爲"如"字之殘形。

⑥ 此爲陰宅禍刑福德之序，依陽宅例，其前當標出"陰宅"二字，然底卷此處行首有殘泐，故爲校補"陰宅"二字。

⑦ "造"字居底卷行首，殘泐，兹依前陽宅例校補作"造"字。

⑧ "東"字居底卷行首，殘泐，兹依文意校補作"東"字。

⑨ "日吉"二字居底卷行首，殘泐，兹依文意校補作"日吉"二字。

⑩ "不"字底卷僅存下部少許筆畫，兹依文意校録作"不"字。

⑪ "巳爲朱"三字居底卷行首，殘泐，兹依文例校補作"巳爲朱"三字。

月丙日吉，不依此法，害其命坐人，口舌飛禍，蛇畜作恠，病頭被瘡，吐血癲狂，至三月、七月丁壬日倍功報治亥上吉①。

丙爲大禍，母命坐，宜置門。若欲修造，宜用正月、九月丙辛日吉，不依此法，有飛禍，害其命坐人，至三月、七月丁壬日倍功報治壬上吉。

午爲死喪、龍右手，長子長婦命坐。若欲修造，宜用正月、九月丙辛日吉，不依此法，害其命坐人，失魂傷目心痛，致火光恠，有口舌官事，病右手筋急，至三月、七月丁壬日倍功報治子上吉。

丁爲罰獄、勾陳，次子次婦命坐。若欲修造，宜用正月、九月丙辛日吉②，不依此法，害其命坐人，口舌鬬訟，至三月、七月丁壬日倍功報治癸上吉。

未爲縣獄，少子少婦命坐。若欲修造，宜用正月、九月丙辛日吉，不依此法，害其命坐人，鬼魅所侵，灼爛生瘡，失火口舌，縣官繫獄，霹靂盜賊，刀兵流血，六畜傷死，破家逃散，至三月、七月丁壬日倍功報治丑上吉③。

坤爲人門④，宜置馬廄。若欲修造，宜用二月乙庚日吉⑤，不依此法，害淋腫，至八月甲己日倍功報治艮上吉。

申爲天刑⑥、玄武、龍背，庶養子婦、長女命坐。若欲修造，宜

① “七月”二字初脱抄，後補於“丁”字右側行間。

② “丙辛”二字底卷誤作“丁壬”，按“丁壬”與忌日同，非是，底卷蓋因前後文之忌日干支而誤抄，兹參前後文之宜日干支校改作“丙辛”字。

③ “治”字底卷脱抄，兹依文例校補。

④ “坤”字居底卷行首，殘泐，兹依文例校補。又此句下傳世本《黄帝宅經》陰宅圖説有“女(母)命坐”三字，疑底卷脱抄。

⑤ “日”字底卷誤作“吉”，不合文例，兹依文例校改。

⑥ “天”字底卷誤作“大”，不合文例，兹據《黄帝宅經》(二)及傳世本《黄帝宅經》陰宅圖説校改。

用四月、十二月乙庚日吉，不依此法，害其命坐人，田蠶不收，傷胎，口舌繫獄，病背痛，被盜賊，亡失財物，至六月、十月甲己日倍功報治寅上吉。

庚爲宅刑，次女、男孫命坐。若欲修造，宜用四月、十二月乙庚日吉，不依此法，害其命坐人，至六月、十月甲己日倍功報治甲上吉①。

酉爲刑獄、龍右脇，少女、女孫命坐。若欲修造，宜用四月、十二月乙庚日吉，不依此法，害其命坐人，失魂病脇，刑傷牢獄，病腹氣滿，失火光恠，至六月、十月甲己日倍功報治卯上吉②。

辛爲螣蛇③、訟獄④，客命坐。若欲修造，宜用四月、十二月乙庚日吉，不依□□，□□□□□，□□□□□□火起⑤，至六月、十月甲己日倍功報治乙上吉⑥。

□□□□，□□，□□□，□□□□□□□，□□□造⑦，宜用四月⑧、十二月乙庚日吉，不□□□，□□□□□，□□□□，

① “己”字底卷作“庚”，蓋誤承前宜日“乙庚”而誤，兹依文例校改。

② “吉”字底卷漫滅，此依文例校補。

③ “辛爲”二字底卷有些漫漶，此參文例録定。

④ “訟獄”底卷作“詔獄”，《黄帝宅經》(二)及傳世本《黄帝宅經》陰宅圖説皆作“訟獄”，義長，底卷形訛，兹據校改。

⑤ “火”字底卷存下部少許筆畫，兹參陽宅宜忌之螣蛇條校録作“火”字。又“依”字下至殘字間底卷殘泐，據空間約可抄十二三字，考陽宅宜忌之螣蛇條相關内容作“不依此法，害其命坐人，口舌妖恠，死喪失火”，則疑底卷所缺文字當爲“此法害其命坐人口舌妖恠死喪”十三字，姑從擬補十三個缺字符。

⑥ “治”字底卷脱抄，兹依文例校補。

⑦ “造”字底卷僅存右下角二筆畫，其中最下者若捺形，兹參陽宅宜忌之白虎條校補作“造”字。又行首至殘字間底卷殘泐，據空間，約可抄十八字左右，考陽宅宜忌之白虎條相關内容作“辰爲白虎、訟獄、龍右足，奴婢、六畜命坐，乙南宜置竈，巽北宜開水瀆，若欲修造”云云，此處爲陰宅，乃以“戌”爲白虎，疑底卷所缺内容當作“戌爲白虎、訟獄、龍右足，奴婢、六畜命坐，若欲修造”，姑從擬補十八個缺字符。

⑧ “宜用”二字左部底卷有殘泐，此參文例録定。

□□□□,□□□、□月甲己日倍功報治辰□□[1]。

□□□□□□□□□□□□□□,□□□□□□□,□先造[2],又令卑下,間數

(後缺)

① 行首至"月"字間底卷殘泐,準前行例,此空間可抄二十二字左右,考陽宅宜忌白虎條相關内容作"不依此法,害其命坐人,足腫跛蹇,偏枯筋急",加上其下述忌日的"至六月、十月"的文字計可足二十字,姑從擬補二十個缺字符。又次行缺字居行首,其所在部分約殘泐二十字左右的空間,然依底卷文例及陽宅宜忌的抄寫行款,此行當只有"上吉"二字,故爲擬補二個缺字符。又"治"字底卷脱抄,兹依文例校補。

② 行首至"先"字間底卷殘泐,考前陽宅宜忌之刑德禍福説明文字的先修刑禍之内容作"右以前所用月日並合天道、月德,此陽宅刑禍方屋,宜先造",與底卷之殘泐空間合,故疑底卷所殘文字除"陽"字當作"陰"字外,其餘文字與陽宅相關内容全同,兹從擬補二十一個缺字符。

陰陽宅經

關長龍　點校

【題解】

《陰陽宅經》内容與《陰陽五姓宅圖經》"石鎮法第七"所載的五方鎮宅法雖有不同，但其用石亦取五色，而且選料更爲考究，又其咒語之一與《陰陽五姓宅經》(一)所載鎮宅法的呪語之一全同(僅有個别用字不同)。

今按底卷目下首載"準九宫、八宅及五姓宅、陰陽等宅同用之"語，似此鎮宅法是超越四種宅法而存在的，然《陰陽五姓宅圖經》、《陰陽五姓宅經》(一)二卷皆置此鎮宅法於五姓宅法前的陰陽宅法部分，因不能斷底卷"第十"以後是否有其他宅經如五姓宅經等之内容，姑據以歸入陰陽宅經類中，并擬名作《陰陽宅經》。

底卷卷首有二行雜寫恰處於白描頭像上下邊側，其字體與底卷宅經正文抄寫字體一致，當爲同一人所爲，故疑底卷當是在一張廢文書的背面作繪畫、練字時而抄録的一段風水文獻。又從其文字書寫不規範、筆畫多有誤作的情形看，疑底卷抄寫者與《諸雜推五姓陰陽等宅圖經》的"伎術子弟董文員"相似，皆爲歸義軍時期(851—1036)伎術院生徒們的習作。

今以《法藏》P. 4522V 爲底本，並參考陳于柱《敦煌寫本宅經校録研究》(民族出版社 2007 年版，簡稱"陳書")、金身佳《敦煌寫本宅經葬書校注》(民族出版社 2007 年版，簡稱"金書")及《陰陽五姓宅經》(一)等加以校録。

推鎮宅法第十[①]

凡人家虚耗，錢財失，家口不健，官職不遷，準九宫、八宅及五姓宅、陰陽等宅同用之，並得吉慶。

用雄黄五兩，武都者[②]。朱沙五兩，神門者。硿青五兩，不煉者。白石英五兩，紫石英五兩。右件等物石函盛之，置中庭，以五色絲隨埋之，深三尺。

令人宅家讀文曰：時加正陽，宿鎮天倉，五神和合，辟陰禍殃[③]，急急如律令。灑酒一盞。

又呪曰：今鎮之後[④]，安吾心、定吾意，金玉煌煌，財物滿房[⑤]，子子孫孫，世世吉昌，急急如律令。上酒一盞。

又呪曰：東西起土，宅神攘之[⑥]；南北起土，宅神辟之[⑦]；賊害

---

① 此前有一白描人頭像，其上下部抄有四行雜寫：上部爲一“槙”字，蓋“鎮宅法”之“鎮”字的一種異寫；下部爲“占鎮宅法”、“吾清公符”、“古腊君”三行，各行間相距較遠，不知是否亦是宅經如“第九”中的文字還是與其所繪人像之名稱有關的文字，今不别作具録，以存其下宅經文獻的完整性。

② “雄”字底卷抄作“碓”形，就單字言當録作“碓”字，然結合文義論，則必爲“雄”字無疑，底卷此類情況較多，蓋抄者爲與《諸雜推》類似的伎術子弟，唯其對字畫的理解和把握更差，若皆以字形校之，則不勝其繁，故今除有歧義者外，皆結合文義而以“同情之了解”爲録文原則，後同。

③ “辟”字底卷誤作“壁”，不辭，兹依文例校改。

④ “今”字《陰陽五姓宅經》(一)作“一”，亦通。

⑤ “房”字《陰陽五姓宅經》(一)作“堂”，義長。

⑥ “宅神”底卷作“五神”，按《陰陽五姓宅經》(一)作“宅神”，與下句“南北起土”合，當是，底卷蓋蒙後“五神”句致訛，姑爲校改。

⑦ “辟”字底卷誤作“壁”，不辭，兹依文例校改，底卷音訛。

發動①，五神訶之；伏龍起土，五神塞之；朱雀飛動，五神安之②；貴登三公，無有病衰。急急如律令。上酒一盞。

埋鎮之後，百日内不煞生，不行大③，不出惡語，慎之，大吉。

宅舍寅卯地有直街巷及開門衝者厭之法：鐵女七人，各長七寸，白石七兩，虎頭一具，用磚屋成之，用庚日埋於寅卯間，入土七尺，大吉。又法：取赤石一枚④，長五寸，錢五文，陽宅埋丑地，陰宅埋未地⑤，必遷官。

---

①　“發動”前底卷有“[illegible]之”（其中“[illegible]”字陳書録作“近”字，金書録作“匿”字，疑當作“遠”字）二字，考本句呪語《陰陽五姓宅經》（一）所載作“賊害发動，五神訶之”，與前後四字句呪語格式相協，疑“[illegible]之”二字爲抄者臆增，後旋補抄原字而未删者，兹據徑删。又“害”字底卷作“神”，疑涉前後句之“神”字而訛，兹據《陰陽五姓宅經》（一）校改作“害”字。

②　“五”字底卷脱抄，按本句《陰陽五姓宅經》（一）作“朱雀賊動，五神安之”，陳、金二書皆依文義補“五”字，兹從之。

③　“不行大”費解，高國藩《敦煌古俗與民俗流變》以義校改“大”作“淫”字，陳書從之；余欣《神道人心——唐宋之際民生宗教社會史研究》以爲“大”下當脱“姦”字，與句例較合，然“不行大姦”似乎暗寓行小姦無妨，恐亦於道德之净化有未安者，俟考。

④　“赤”前有一塗抹的似“朱”形字，蓋書“赤”致誤而隨删之字。又“枚”字底卷誤作“攸”，不辭，兹據文義校改，陳書徑録作“枚”，是而不確。

⑤　“地”字底卷脱抄，陳書據文例補，兹從之。

諸雜推五姓陰陽等宅圖經

關長龍　點校

【題解】

底卷首題"諸雜推五姓陰陽等宅圖經",次有"朝散大夫、太常卿博士吕才推卅六宅▨□□□并八宅陰陽等宅",其中殘缺文字疑當是"五姓陰陽"四字,從底卷所載内容看,約可以"土公、伏龍、太歲游日法"及"祭宅文"爲界分爲前、中、後三個部分,前面部分(包括土公、伏龍、太歲游日法等)爲八宅陰陽圖經,中間部分爲陰陽宅圖經(包括祭宅文),後面部分爲五姓陰陽圖經,因爲後面部分較前兩部分數量更多,故題名取"五姓陰陽"爲其代表。然從各部分的子目看,則多不够規範,此或因其爲雜抄的性質所致,或因其本即爲章節不甚規範之民間著作的特點所致,其題作吕才撰云云,恐亦僅是在《吕才宅經》(從史志不載其目看,疑即其主持之官修《陰陽書》地理八篇中的"地事"部分抽録本,《崇文總目》卷四載有吕才撰《大唐地理政經》十卷,蓋又有所增益者)基礎上參考流行的諸種宅書加以增删改竄,已非其本來面目矣。今定名底卷作《諸雜推五姓陰陽等宅圖經》。

吕才(606—665)《舊唐書》有傳,歷任直弘文館,累遷太常博士、太常丞,在太宗朝主持刊正舊《陰陽書》,歷時十五年,成五十三卷,詔頒行之。黄正建據此認爲底卷所署吕才的官職有問題,以爲"太常卿"雖可帶朝散大夫的散官階,但史書未載吕才曾任其職,而吕才所任的"太常博士"又不會帶此一散官階,故卷中所謂的"吕才"當是託名(《敦煌占卜文書與唐五代占卜研究》,學苑出版社 2001 年版,頁 72),嚴敦傑以爲"卿"或爲"丞"字傳訛(《敦煌學大辭典》"諸雜推五姓陰陽等宅圖經"條下,上海辭書出版社 1998 年版,頁 625),蓋亦有理。另外,抄者技(或作伎)術子弟董文員的生活年代,據敦煌傳世的兩幅供養圖題記:《觀世音菩薩毗沙門天王像》(現藏於中國歷史博物館)"時庚寅年七月十五日題,董文員",《十王經圖》(現藏於日本和泉市久保忽紀念美術館)"辛未年十二月十日書畫畢,年六十八,弟子董文員供養",從英藏 Ch. xxxviii. 005"二觀世音菩薩圖"造像下所載供養人中有"信弟子兼技術子弟董文員一心供養"看,此三個董文員與底卷抄寫者當爲同一人,《觀世音菩薩毗沙門天王像》的創作時間學界多繫於五代後唐天成五年(930),《十王經圖》的創作時間學界則有二説,後梁乾化元年(911)和北宋開寶四年(971),從董氏的年齡周期看,似乎把《十王經圖》的創作時間定在北宋開寶四年比較允妥,如此則董氏當生於唐昭宗天復四年(904),從底卷抄寫文字較草且稚拙的情況看,當爲董氏少年時代在州伎術院求學時期的作品,蓋可繫於後梁乾化(911—915)、貞明(915—921)之際,此時的敦煌仍處於張氏歸義軍統治時期。

今以《法藏》P. 2615a 爲底本,P. 2632V(《諸雜推五姓陰陽等宅圖經》,簡稱《諸雜推》二)爲配補本,P. 3492 爲參校甲卷、P. 3507 爲參校乙卷、P. 2962 爲參校丙卷,并參考陳于柱《敦煌寫本宅經校録研究》(民族出版社2007 年版,簡稱"陳書")、金身佳《敦煌寫本宅經葬書校注》(民族出版社2007 年版,簡稱"金書")及傳世本《地理新書》、《類編曆法通書大全》等加以校録。

諸雜推五姓陰陽等宅圖經一卷[①]□□子弟董文員寫記通覽[②]

朝散大夫太常卿博士吕才推卅六宅▨□□□并八宅陰陽等宅[③]

陽宅福在南[④]，德在西，刑在東[⑤]，禍在北[⑥]。

陰宅福在北[⑦]，德在東[⑧]，刑在西，禍在南。

里中東行北入門爲陽宅[⑨]，西行南入門爲陽宅[⑩]；東行南入門爲陰宅[⑪]，西行北入門爲陰宅[⑫]；南行東入門爲陽宅，西入門爲陰

---

① “諸雜”二字前者底卷殘泐，後者僅存下部筆畫，此據甲卷録定，又“一”字甲卷脱抄。

② “卷”字下至“子”字間底卷有殘泐，據空間，約可抄四個字，然參諸後文書例，“一卷”下當有二字空格，故爲擬補兩個缺字符。又考英藏 Ch. xxxviii. 005“二觀世音菩薩圖”(9 世紀中葉)造像下所載供養人中有“信弟子兼技術子弟董文員一心供養”字，疑此董文員與底卷所載爲同一人，如此則所缺當即爲“技術”二字。又“通覧”二字底卷有些漫漶，此從陳書録定。

③ “朝散”二字底卷殘泐，此從甲卷録定。又殘字底卷存上部筆畫，疑爲“五”字之殘形，其下至“并”字間底卷殘泐三個字的空間，姑據擬補三個缺字符，疑殘字及所缺三字爲“五姓陰陽”四字。

④ “在南”二字前者底卷殘泐，後者僅存下部少許筆畫，此據甲卷録定。

⑤ “東”字底卷作“北”，甲卷同，金書據《諸雜推》(二)所附陽宅吉圖及傳世本《黄帝宅經》所載陽宅圖校改“北”作“東”字，按底卷後所載陽宅圖及《陰陽宅圖經》所載陽宅圖説亦皆以東爲刑方、北爲禍方，刑德、禍福皆與陰宅正相對轉，兹從校改。

⑥ “北”字底卷作“東”，與前條“刑在北”之“北”字誤乙，詳參前條校記，兹爲校改。

⑦ “福”字底卷殘泐，甲卷此處亦不存，據底卷後附陰宅圖及《陰陽宅圖經》所載陰宅圖説作“福在北”，今從補“福”字。又“在北”二字底卷殘泐，此從甲卷録定。

⑧ “德”字上部底卷略有殘泐，此參底卷後附陰宅圖及《陰陽宅圖經》所載陰宅圖説録定。

⑨ “東”字上部筆畫底卷有殘泐，兹依文例録定。又“北”字底卷誤脱，金書據前後文例推作“北”字，今從補。

⑩ “門”字底卷脱抄，此從甲卷補録。

⑪ “東”字底卷殘泐，此據甲卷録定。又“門”字底卷脱抄，此亦據甲卷補録。

⑫ “陰”字底卷僅存下部少許筆畫，甲卷此處有殘泐，金書依文例推作“陰”字，按“陰”字下部與底卷殘存筆畫合，兹據校補。

宅；北行西入門爲陽宅[①]，東入門爲陰宅[②]。

凡是里中宅者及舍[③]，度巷過社祠客舍輒東數，從一起[④]，無過社亦從一起之[⑤]。法：街中諸弟一宅爲里獄[⑥]，及里底宅亦然[⑦]，並貧窮。凡里中城墎及阡陌皆然。

其山居無令極壑及水尾及被下處[⑧]，勿當其剈角。

入巷，南窮爲丙午，西窮爲辛酉，北窮爲壬子，東窮爲乙卯。里社城邑巷隨阡陌界之[⑨]。然假令南行巷[⑩]，東入弟一宅爲甲子，西入弟一宅爲甲午，盡宅輪甲子如此。東行巷[⑪]，東行北入門弟一宅爲甲寅，東行南入門弟一宅爲甲辰，盡宅貫甲子如此。西行巷，南入弟一宅爲甲申[⑫]，北面弟一宅爲甲戌，盡宅絡甲子如此[⑬]。北行巷内[⑭]，東面弟一宅爲甲午，西面弟一宅爲甲子，盡宅輪甲子

① "行西"、"陽宅"四字底卷脱抄（疑其所據抄之底本有殘泐，而抄者未作留空所致），甲卷此處殘泐，此據乙卷補録。

② "入"字底卷脱抄，乙卷同，此據甲卷補録。

③ "凡"字上部底卷有些殘泐，此據甲、乙二卷録定。又"宅者及舍"四字甲卷作"宅舍"，乙卷僅作一"舍"字，可參。

④ "起"字底卷脱抄，此據甲、乙二卷補録。

⑤ "起"字底卷作"去"，不辭，甲、乙二卷皆作"起"字，與前句例同，底卷音訛，兹據改録。

⑥ "爲"字乙卷作"名"，甲卷此處殘泐。

⑦ "底"字前底卷蓋因音訛而誤抄一"帝"字，旋又改抄"底"字，而前者未加塗改，不辭，甲卷此處殘泐，乙卷此處正無"帝"字，故徑據删之。

⑧ "令"字底卷作"合"，"被"字作"破"，並形訛，兹皆據甲、乙二卷改録。又"水"字前甲卷有一"谷"字，疑或因誤爲重録前"壑"（俗寫左上及右部皆似作"谷"形）字未成而誤衍。

⑨ "隨"字底卷作"墮"，甲、乙二卷同，費解，金書讀爲"隨"字，可從，底卷蓋形訛，兹據校改。

⑩ "行"字底卷誤作"入"，蓋蒙下句訛作，依後文例，此當作"行"字，兹據校改。

⑪ "行"字底卷誤脱，兹依文例校補。

⑫ "爲"字底卷脱抄，此據甲、乙二卷補録。

⑬ "絡"字甲卷作"終"，與前"輪"、"貫"字比較，似以底卷所作義長。

⑭ "行"字下底卷衍抄一"入"字，兹依文例徑删。

如此[①]。

推五姓以定吉凶八卦圖法[②]

依用八卦推之，其迴曲小巷，當從戊數至癸，止而輪之[③]。

凡市内爲陰，市外爲陽，陽從甲數，陰從癸數[④]，迴行曲折非爲八街八卦也[⑤]。

凡陽爲表，陰爲裏，表以從甲數，陰從癸數，陽窮於戊，陰窮於己，大小[⑥]。

凡宅陽絶害父[⑦]，陰絶害母；白虎在刑中，必有死亡，凶。

凡東南西北毋入第一宅，名害氣，亦名天獄，居之大惡，令人無後。

又城墎四角、火燒水衝、碱鹹之地及陶冶之處[⑧]、葱韮五穀之場皆不可居，令人滅門。諸隣田於宅刑上穿坑作舍[⑨]，妨當家，宜福德地修[⑩]，吉。

---

① “此”字甲、乙二卷皆作“之”，義同。

② 本目底卷作“推五姓以定八街吉凶圖法”，甲卷作“推五姓以定吉凶八卦圖法”，乙卷作“推五姓以定吉凶八街圖法”，從内容看，當以甲卷所作爲是，蓋“卦”字或借“掛”爲之，俗寫因誤作“街”字，底卷又進而改乙其序，誤滋甚矣，兹據甲卷改録。

③ “輪”字前底卷有“甲子”二字，甲、乙二卷皆無，義長，兹從徑删。

④ “癸”字底卷漫滅，此據甲卷、乙卷録定。

⑤ “八街八卦”甲、乙二卷並同，疑其所據底本並誤抄“八卦”爲“八街”，而旋補抄“八卦”二字，却未删前誤抄之“八街”，俟考。

⑥ “大小”二字甲、乙二卷同，不辭，疑“小”爲“凶”字形訛，俟考。

⑦ “父”字前底卷衍抄一“母”字，甲、乙二卷並無，合於文例，兹據徑删。

⑧ “碱”字底卷作“減”，甲、乙二卷同，不辭，依文意當爲“碱”字，兹爲校改，底卷音訛。

⑨ “作”字前甲卷有“及”字，疑底卷脱抄。

⑩ “德”字底卷置於“地”字下，其右側有一乙正符號“√”，甲卷本句作“宜德地修”，字序不誤，但脱抄一“福”字。

推地形

東高西下名角地[①]，徵居之吉[②]；南高北下名徵地，宫居之吉；西高東下名商地，羽居之吉；北高南下名羽地，角居之吉；四方高中央下名宫地，商居之吉；四方下中央高名寬地，平居吉[③]。四面不滿一百廿步者，不可居。

凡宅得四神備足[④]，五姓居之並吉[⑤]；若無俱備，但得一神亦可居之，二神亦吉，三神更好，何況四神具備[⑥]。

弟一之宅但然平[⑦]，弟二之宅東南傾，弟三之宅地與姓相生者吉。

西有澤，居之凶[⑧]；東有澤[⑨]，居之凶；東北有澤[⑩]，居之凶；西

① “東”字底卷脱抄，“下”字底卷蓋蒙後誤書作“地”字，甲卷本句作“東高▨(西)下名角地”，與其後文例合，此據補改。

② “徵”字底卷作“羽”，根據“弟三之宅地與姓相生者吉”，則角爲木，木生火，徵爲火；且下文徵地(火)宫(土)居，商地(金)羽(水)居，羽地(水)角(木)居，宫地(土)商(金)居，則此句應當爲“徵居之吉”，玆据校改“羽”作“徵”字。

③ 本句甲卷作“四方下中央高寬平居吉”，似與前文例不合，疑有脱文，而以底卷所作義長。

④ “四”字底卷作“五”，甲卷作“四”，按“五神”與其後所述不符，當以“四”字爲是，故據改。

⑤ “並”字底卷脱抄，此據甲卷補録。

⑥ “神”字前底卷有一“俱”字，後於“神”字下又書一“具”字，并於右側加乙正符號以示正，甲卷正作“具”字，則底卷前一“俱”字當爲誤書，今依例徑删。

⑦ “一之”二字前者底卷殘泐，後者存下部一似“一”形捺筆，此據甲卷補録。“但”字通“坦”，《地理新書》卷二地形吉凶目中有云：“凡相地，坦然平易者，上也；平而東南傾者，次也；四水(方)有傾而與姓音相生者，又其次也。”可參。

⑧ “之凶”二字底卷殘泐，此據甲卷補録。

⑨ “澤”字底卷作“宅”，與前後文例不合，甲卷作“澤”，是，玆據改録。

⑩ 此句前底卷承前衍抄“西有澤，居之凶”句，甲卷無之，玆據徑删。

南有澤，居之亦凶[①]；西北有澤[②]，居之亦凶。北有澤，澤南有高地及有林木茂盛[③]，居其内吉[④]；南有澤，居之吉。

凡宅四面有坑坎溝渠道澤等[⑤]，去舍一百廿步吉，又卌五步亦得[⑥]，居之，一代安樂吉慶也。

角居宫，貧窮少子孫，家得廿年後破南家[⑦]，亦煞長子[⑧]，出寡婦及刑人；角居商地，無後，凶，官事[⑨]，三年内破家盡；角居羽地[⑩]，大吉，富貴；後向西南徙，三年必破家盡。

徵居徵[⑪]，大凶，先富後貧，十三年即衰，多病亡遺，凶；徵居宫，大富貴，後貧，出貴子，十三年内合得西家財，七十年即衰，宜改移[⑫]；若居商，不利，散財、益口舌、訟鬬，先富後貧，六十年出兵死[⑬]，失火，婦女厄[⑭]，急改移[⑮]；若居羽，凶，滅門，不出三年，宜急

---

① "亦凶"二字底卷殘泐，此據甲卷録定。

② "西"字底卷殘泐，此據甲卷録定。又"澤"字底卷脱抄，亦據甲卷補録。

③ "澤"字底卷作代字符形，其前别有一"亦"字，甲卷無"亦"字，其代字符接抄於"澤"字下，底卷抄者初誤以代字符爲"亦"字，抄後旋覺而補抄代字符，但却於誤抄之"亦"字未加删除，兹據甲卷徑删之。

④ "吉"字底卷殘泐，此據甲卷録定。

⑤ "坎溝"二字底卷作"北有"，於文義有所未安，甲卷作"坎溝"，兹據改録。

⑥ "得"字下底卷有一"吉"字，甲卷無，依文例及句意，以無爲安，底卷蓋承前句而誤衍，兹徑删去。

⑦ "南家"二字甲卷同，置此費解，較之此下諸句，疑爲抄者誤分俗寫的"盡"字上下二部而作"南家"二字，俟考。

⑧ "長"字前底卷有一"家"字，甲卷無，合於用"亦"字之義，底卷蓋承前句而衍抄，故據甲卷删之。

⑨ "無後，凶，官事"底卷作"亦無後，亦官事"，此據甲卷改録。

⑩ "地"字甲卷無。

⑪ 後一"徵"字底卷脱抄，此據甲卷補録。

⑫ "改"字底卷作"蓋"，通假，此據甲卷改録。

⑬ "六十"底卷作"十六"，此從甲卷改録。

⑭ "婦女"甲卷作"女婦"。

⑮ "改"字底卷作"蓋"，通假，此據甲卷改録。

移改[1]，即免殃，移向西北之方者三年滅門，慎，吉。

宮居宮，平平，先富後貧，多死亡及病[2]；若居商，大富貴，保財卅六年[3]，得兩縣財入家，六十年後衰，宜移改[4]；若居羽，先富後貧，少子孫，有官事，死亡不絶；若居角，大凶，滅門；若居徵，大富貴，宜子孫，廿四年得無後財[5]。

商居商，先富後貧，卅年衰，大凶，宜移改，吉；若居角，不宜子孫，口舌官事，大凶；若居徵，大凶，不出三年滅門[6]；若居宮，大富貴，宜子孫，卅年後暴財入家[7]、封官禄，吉；若居羽，亦大吉，富二千石[8]，生貴子[9]，多奴婢，吉。

羽居羽，先富後貧，廿五年暴死，大凶；羽居角，大富貴，宜子孫，五十年後則衰；羽居徵，先富後貧，凶；羽居商，亦富貴，出封侯，卅年得兩家財，吉[10]，向南移，凶，慎之；羽居宮，絶滅，大凶。

宮家天道丁癸[11]，人道甲庚，地道乙辛，鬼道丙壬。鬼道來之凶。

從陰入陽、從陽入陰吉[12]。重陽口舌皇皇，重陰病患幽深，

---

① “改”字底卷作“蓋”，通假，此據甲卷改録。

② “多”字底卷無，此據甲卷補録。

③ 本句前底卷衍抄“後貧”二字，其右側各有連點狀删除符，甲卷無此二字。

④ “改”字底卷作“蓋”，通假，此據甲卷改録。

⑤ “得無後財”甲卷同，費解，俟考。

⑥ “滅門”下底卷衍抄“大凶”二字，此據甲卷徑删。

⑦ “暴財入家”底卷作“暴財”二字，甲卷其下有“入家”二字，義長，此據補録。

⑧ “石”字底卷脱抄，此據甲卷補録。

⑨ “子”字底卷脱抄，此據甲卷補録。

⑩ “吉”字底卷脱抄，此據甲卷補録。

⑪ 此句至下段“亦看地之刑(形)勢爲判”間一段文字甲卷無。然依文意看，底卷所録是亦非完帙，以其餘四家之天人地鬼道未有交待，或其所據底本有所殘泐歟？俟考。

⑫ “從陽入陰”四字底卷原無，按如此則本句文意不備，玆依文例校補“從陽入陰”四字。

凶。凡陰陽所入，決之陰即爲陰，陽即爲陽，吉；亦看地之形勢爲判[①]。

卜安宅要訣[②]依諸家圖抄説之。

凡宅北高南下名曰韓地，一名澤藏之地[③]，居之長富，食口五十人。其地東有流水即名齊地[④]，居之五年小富[⑤]，十二年大富，生貴子。南有流水名曰魏地，居之富貴，宜子孫、六畜，食口七十人[⑥]，出貴子[⑦]。凡地形西北高東南下名曰楚地[⑧]，居之先富後貧，出孤寡。凡地四方平中央高名魏地[⑨]，居之暴貴[⑩]。如四方高中央下名曰周地[⑪]，一名地藏之地，居之富貴，君子吉，小人凶。凡地形平正[⑫]，中央小高[⑬]，有横流一水者[⑭]，居之絶世。凡安宅，

---

① 底卷"形"字或俗借作"刑"，後皆隨文徑改，不再一一出校説明。

② "卜"字甲卷無。又"訣"字底卷借字作"決"，不合常例，姑爲校改。

③ "之"字甲卷無。

④ "東"字底卷初抄作"高"，後於其右側補書"東"字。

⑤ "五"字前底卷承前衍一"即"字，甲卷無，兹據删之。

⑥ "食口"二字間底卷衍抄"食中"二字，以致不辭，甲卷無之，陳書校作衍文，兹據徑删。

⑦ "出"，甲卷作"生"，義長，疑底卷形訛。

⑧ 此句所在條文字底卷置於前"南有流水"條前，甲卷置此，於文義較安，故爲移録。又"西北高東南下"底卷作"西北有高東南有下"，不合文例，故亦據甲卷删二"有"字。

⑨ "四"字底卷誤書作"平"字，甲卷作"四"，合於文例，兹據改録。又"中"前之"平"字陳書校爲"下"字，可參。

⑩ "貴"字底卷作"貧"，按前"魏地"下斷語作"居之富貴"云云，是此不應同爲"魏地"而斷語相反，又前"推地刑(形)"下載"四方下中央高名寬地，平居吉"，亦不言貧，故疑底卷"貧"字爲"貴"字形訛，姑據校改。又下文周地、楚地皆有重出，蓋底卷匯抄衆本所致。

⑪ "四"字底卷誤書作"西"字，甲卷作"四"，合於文例，兹據改録。

⑫ "刑"字底卷脱抄，此據甲卷補録。

⑬ "中"字底卷脱抄，此據甲卷補録。

⑭ "流"字前甲卷有"西"字，疑底卷脱抄，俟考。

前下後高，有水東南流[①]，居之富貴，宜子孫。凡宅四方高中央下[②]，并有水洼地[③]，唯決不出，名曰宫地，居之宜子孫[④]，富貴。凡地四方高名曰天洼之地[⑤]，五姓並不可居[⑥]，煞人及六畜，鬼入人門，凶。凡地形平掌名周地，東南有流水，居之[⑦]，十年大富貴。宅西面高但中央下[⑧]，富貴，宜六畜[⑨]。宅四方平名暴續之地，居之，七年大富貴，久居生貴子。凡宅下地勢續高，有西流水，名楚地，居之，先富後貧，出逆子，滅門。

凡去陌十步爲天空，一名天齊，居之[⑩]，大富貴八十年；一名坑地，不可久居，卌年見血光，凶。廿步爲天庭，一名天牢[⑪]，一名地頭，居之，害少子、孫。卅步爲天倉，一名地脉，居之大吉，廿年有三公。卌步爲天斗[⑫]，一名地柱，一名地背，居之，不大富貴，平。五十步爲天府，一名地齊[⑬]、地心，居之大吉。六十年有公卿，一

① “水”字前底卷衍抄一“流”字，甲卷無，義長，兹據删之。

② “四”字底卷誤書作“西”字，甲卷作“四”，合於文例，兹據改録。

③ “洼”字底卷作“住”，甲卷作“洼”，義長，故據改録。

④ “居之”二字底卷無，甲卷有之，義長，故據補録。甲卷内容至此，其後接倒書之“唐光啓四年戊申歲具注暦日”。

⑤ “洼”字底卷作“住”，按“天住”不辭，疑此“住”字與前“水洼”底卷誤作“水住”例同，姑據校改。

⑥ “居”字底卷誤脱，按“五姓並不可”不辭，金書、陳書皆據文意於“可”字下補“居”字，兹從之。

⑦ “之”字底卷脱抄，金書依文意補之，與下“居之，七年大富貴”例合，兹從之。

⑧ “西”字金書據文意校改作“四”字，可參。

⑨ “宜”字底卷脱抄，按“六畜”置此不辭，金書據文意在其前校補一“宜”字，兹從之。

⑩ “之”字底卷脱抄，金書、陳書皆依文意補之，與後諸“居之”例合，兹從之。

⑪ “一”字底卷脱抄，陳書依文意補之，合於文例，兹從校補。

⑫ “斗”字底卷作“”形，陳書、金書皆録作“升”，按斗、升在敦煌寫卷中每易致混，故俗書“升”多於右下角别加一點以别之，參張涌泉《敦煌俗字研究》丿部“升”字條考釋，此處的字形雖可作“斗”、“升”兩解，但以“天斗”二字更合構詞之理，故取之。

⑬ “齊”通“臍”。

云凶。六十步爲天獄[1]，一名地少[2]，一名地鼻，居之，家破滅門，大凶。七十步爲天煞，一名地牢，一名地足[3]，居之凶。八十步爲天樓，居之大吉。一云地筋，於地絶世，廿年内煞子孫。九十步爲地倉，一名地手，宜子孫，牛羊成群，富貴有公卿，出孝順婦。一百步爲地足□[4]

占種樹、不整宅及宅刑禍

□人多孤寡死亡[5]，凶。何謂名山藏之地？居山東南，水從西來，□東北去[6]，水始流，頭下入之是也[7]，居於其中，出公侯二千石，世世不絶[8]，一名五藏之地，居之富貴，宜子孫。何謂是丘藏之地[9]？四方彊暮[10]，南方下，名曰丘藏地[11]，居之大富貴，出公侯不絶。

---

① “步”字底卷脱抄，金書、陳書皆依文例校補，兹從之。

② “地少”不辭，疑有誤，俟考。

③ 後一百步名“地足”，則此疑或爲“天足”之誤作，前“地牢”亦疑“天牢”同誤，俟考。

④ “足”字居底卷近半行處，其下至行末及次三行皆留空未抄文字，蓋原所據抄之底本有殘泐而致。

⑤ 底卷“占種樹、不整宅及宅刑禍”與“人多孤寡死亡，凶”句居同行，二句間留有約可抄十字左右的空白，疑爲底卷所據抄的底本有殘泐，而抄者故留以備補所致。如此則疑前作爲標目之“宅刑禍”下或别有“福德”二字。

⑥ 前句“西來”至本句“東北”間底卷留有約可抄四字左右的空白，疑其所據抄底本有殘泐，故然。

⑦ “頭”通“投”。

⑧ “絶”字底卷作“出”，按“不出”置此不辭，金書校改“出”作“絶”字，考《地理新書》卷二宅居地形所載山藏地云：“西北有山，南有東流水，名山藏地，居近水，出禄位[人]，子孫富貴。”亦未言及“不出”云云事，且明顯有世禄可傳之意，故從金書校改。

⑨ “丘藏”底卷僅作一“兵”字，與後“名曰丘地”不協，必有一誤，較之前“山藏地”説，疑此爲“丘藏地”，底卷脱抄“藏”字，又陳書校改“兵”作“丘”字，兹並從校補。

⑩ “暮”通“幕”。

⑪ “藏”字底卷脱抄，兹依文例校補。

凡水從西南來，若北來三星宅，西南頭名龍首，居之，出公侯二千石。

凡地形東下西高，常出雄豪；東高西下，出孤寡；前高後下，死亡不絶。

凡五姓藏宅，不用當水衝口，此名利錐刀鋒，不久家破。

凡宅欲西南微高，北東微下，前有東流水①，富貴，宜子孫、六畜。

凡宅十步，不久居，凶，一也；揚沙草木，不七年，二也；窮阡絶陌，傷死狼藉，三也；四鄉無數里，但聞悲吟唏泣呼鳴，四也；街西下東高，小口多死，五也；前高後下，門出孤寡，六也；無故居高鄉，無里街，多口舌，凶，七也②；居壞亭③、射堠④、軍屯處，凶，屍不絶，八也⑤；先陽無後陰，胤莫辰居，九也；左右社稷，凶恠不止⑥，十也⑦。

卜種樹法

凡宅東無有青龍及南流水，種青桐八根；宅西無白虎巷門大道，種梓樹九根⑧；宅南無朱雀洿池，種棗樹七根；宅北無玄武丘陵⑨，種榆樹六根⑩。應吉。

---

① “水”字底卷作“法”，不辭，陳書依文意校之作“水”，兹據校改，底卷形訛。

② “七也”二字底卷誤脱，陳書依文義補，甚是，底卷脱抄，兹從之。

③ “亭”字底卷作“高”，不辭，兹依文例校改，底卷形訛。

④ “射”字底卷作“股”，不辭，兹依文例校改，底卷形訛。

⑤ “八也”底卷誤作“也七”，陳書依文例校改作“八也”，兹從之。

⑥ “止”字底卷作“正”，不辭，陳書依文義校改作“止”字，甚是，俗寫二字多混而不分，兹從校改。

⑦ “十”字底卷脱抄，陳書依文義校補，兹從校補。

⑧ “種”字底卷誤脱，陳書、金書皆依文義校補，兹從之。

⑨ “無”字底卷誤脱，陳書、金書皆依文義校補，兹從之。

⑩ “樹”字底卷誤脱，陳書依文義校補，兹從之。

桃木者，百木之惡，種舍前，百鬼不入宅；榆木者，百木之少府，種之於舍後，令人得財，一名穀樹。棗木者[1]，百木之使，種之舍前，吉；槐樹，百木之丞相，種之於門前，道逢人[2]，家富貴，宜仕宦；李木者[3]，百木之使，種之舍前，出貴子；茱萸者，百木之賢[4]，種之井上，除温病，吉。

皇帝推風后不整宅圖

前夾後寬，居之大富貴[5]；

前寬後夾，居之貧；

南北長，足羊牛，士姑章[6]，居之宜子孫，大吉；

東西長，居之孤單貧，凶；

左夾右寬，居之少子孫；

右夾左寬，居之平平；

辰巳不足，居之大富貴；

卯酉不足[7]，居之大富貴，吉；

① "木"字底卷誤脱，兹依文例校補。

② "道逢"二字底卷略有漫漶，陳書録作"蓬庭"、金書作"道運"，皆不確，"道逢人"疑當讀爲"導逢人"，然亦有扞格之感，余欣校録作"種之於門前道，□(令)人家富貴"(余欣：《神道人心——唐宋之際敦煌民生宗教社會史研究》，中華書局2006年版，頁180)，唯"門前道"與前後所種諸樹之方位有别，俟考。

③ "木"字底卷誤脱，兹依文例校補。

④ "木"字底卷誤脱，兹依文例校補。

⑤ "夾"、"狹"古今字，後同，不再一一出校説明，《陽宅十書》卷一陽宅外形吉凶圖説："前狹後寬居之穩，富貴平安旺子孫，資財廣有人口吉，金珠財寶滿家門。"正作"狹"字。

⑥ "士姑章"句費解，陳書故録作"士始立早"云云，金書作"士婦章"，皆不確，疑"士"通"事"，蓋指婦順於公婆云云。

⑦ ""底卷原作""形，按""形爲四維不足，後另有收，此言"卯酉不足"，則圖當作""形，底卷後載十九宅吉凶圖正作此形，陳書、金書皆指明其誤，兹從校改。

午不足，居之大富貴，吉；

子不足，居之多口舌，凶；

酉不足，居之大凶；

卯不足①，居之大富貴；

戌亥不足②，居之貧窮，凶；

子午不足，居之多口舌，凶；

辰巳、未申不足③，居之宜子孫④，吉慶；

寅丑不足⑤，居之子孫吉；

四維不足，居之宜子孫；

子午卯酉不足，居之宜子孫；

申未不足，居之宜子孫。

右已上一十九宅不整宅，看吉凶，有居之，面南看之。

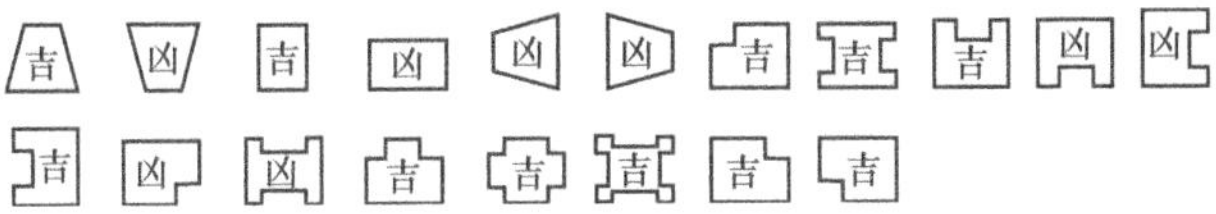

⑥

① “”底卷原作“”形，按“”形爲寅辰不足，此言“卯不足”，則圖當作“”形，底卷後載十九宅吉凶圖正作此形，陳書、金書皆指明其誤，兹從校改。

② “亥”字底卷脱抄，兹依文例校補。

③ “申”字底卷補書於“未”字右側，陳書、金書皆未録。又“”底卷原作“”形，按“辰巳、未申不足”之圖形當作“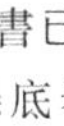”形，底卷誤作，姑爲校改。

④ “之”下衍抄一“之”字，陳書已校爲衍字，兹從徑删。

⑤ “”圖底卷原無，按此條底卷與前條連抄而致混亂，陳書已指出此脱繪一圖，并別條録文，甚是，底卷後言“一十九圖”，如缺此則計十八圖，故從擬補，底卷後載十九宅吉凶圖補録此形而附於最後，蓋亦因脱抄而致。

⑥ 其中第十五圖“”原誤作“”形、第十七圖“”原誤作“”形，皆參前“風后不整宅圖”校改。又第十九圖當即“風后不整宅圖”中脱抄的第十六圖，蓋以脱抄故而補録於末尾。又此十九不整宅吉凶圖及其下一行説明文字底卷補抄於下“陽宅吉”、“陰宅吉”後的“凡此二宅”段前，致其文意扞格，《諸雜推》(二)後論二宅的文字間無此插入内容，故爲前移至此。

右已上十九宅圖，須面南看之①，即知何辰地▨不足②、居之吉凶。此知是《不整宅圖經》一卷。

凡論刑禍福德之法③，具如後，審之即得富貴。

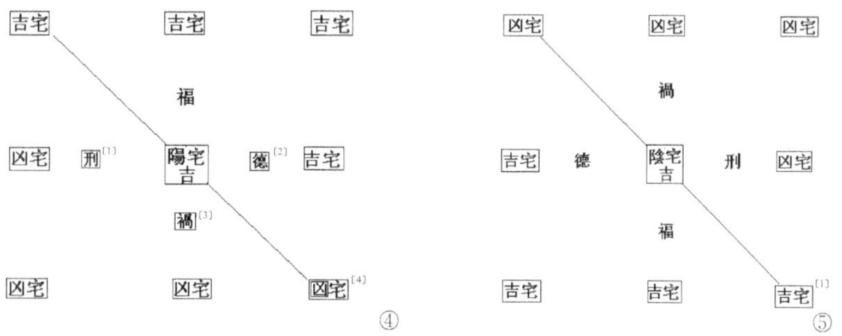

凡欲知吉凶者，先問中坐主人，行從何方來止此宅，居經幾年，辯之陰陽，即知吉凶之地；及從何宅而來，所入陰陽坐於福德吉也，或則從地之爲也⑥。

右件宅依前問其主人中心⑦，本宅從何方而來，及從何宅而來而起⑧，辯之凶吉而安之，或從地形而斷之。

凡人家於刑禍上穿坑作宅，必妨當家家長，滅門，大凶。

---

① "須"字底卷置於"南"字下，不辭，蓋抄者初脱抄而旋補者，今依文意乙正。

② 殘字底卷僅存下部左右二角的二點狀筆畫，疑或爲"人"字之殘，俟考。

③ 本句至段末"審之即得富貴"間内容底卷原無，此據《諸雜推》(二)校補。

④ 圖校：〔1〕缺字底卷殘泐，兹依文例補作"刑"字。〔2〕缺字底卷殘泐，兹依文例補作"德"字。〔3〕缺字底卷殘泐，兹依文例補作"禍"字。〔4〕缺字底卷漫滅，兹據《諸雜推》(二)補作"凶"字。

⑤ 圖校：〔1〕"吉宅"底卷作"凶宅"，《諸雜推》(二)同，依陰陽宅法之陽以陰爲德、陰以陽爲德説，疑此有誤，且如此作亦與前圖之陽宅法不能對應，故據校改。

⑥ "或則"《諸雜推》(二)作"或即"，皆通，未知孰是，俟考。

⑦ "中心"置此有不辭之感，疑當同前作"中坐"，蓋以習用語而致訛，然《諸雜推》(二)亦作"中心"二字，俟考。

⑧ "而來"二字疑承前句而衍，《諸雜推》(二)此處雖殘泐，然從殘泐處行款推之當無此二字，俟考。

山東①、山南，水西、水北，從乾坎艮震上移來，皆名陽宅；又云從西向東，從南向北爲陽；山西、山北、水東、水南②，從巽離坤兑上移來③，皆名陰宅；一云從東來向西，從北來向南，皆名陰宅。

陽宅吉

此中地不可居之〔1〕、大凶。④

陰宅吉

凡此二宅⑤，東西並坐，問得主人來往所入之地⑥，依此兩盈中間不可居之，若居即常貧窮，當年即破。

---

① 此下至“陰宅吉”間文字底卷本作“陽宅吉：山東、山南，水西、水北，從乾坎艮震上移來，皆名陽宅；又云從西向東，從南向北爲陽，此中不可居。陰宅吉：山西、山北，從巽離坤兑上移，皆名陰宅；一云從東來向西，從北來向南，皆名陰宅。”其格式與後面諸條不合，兹參《諸雜推》(二)改録如此。

② “水東、水南”四字底卷脱抄，兹依文例校補。

③ “來”字底卷脱抄，陳書依文義校補，兹從之。

④ 圖校：〔1〕“之”字及下文“大凶”二字底卷並無，此據《諸雜推》(二)校補。

⑤ 此句前底卷有十九不整宅吉凶圖及説明文字一行，兹據《諸雜推》(二)及底卷文例移置於前“風后不整宅圖”後，底卷抄者蓋初脱抄而後插補於此，以致内容斷裂。又此下文字與圖底卷抄者未遵原式移録，以致混亂不可理解，《諸雜推》(二)尚略存故貌，惜其多有殘泐，致此段説明文字今已不能盡曉。

⑥ “所”字上部底卷有漫漶，《諸雜推》(二)作“所”字，陳書蓋據以録定，兹從之。

陽宅吉　此中居之大富貴，吉也。①　陰宅吉

凡此二宅，問得主人往來之處，依此兩盈中間造立宅舍②，居之大富貴③，其東西二宅立即破盡④。

陽宅吉〔1〕

此中地大凶，不可居之。

陰宅吉⑤

右件依前辯之⑥，知其陰陽位次⑦，依此⑧，其中慎莫造立宅舍，大凶，令人破散、死亡不絶。

---

①　"陰宅吉"與後"凡此"句間底卷留有約三字左右的空間，蓋其所據抄底本有殘而特爲留空，《諸雜推》(二)相關内容作"此地居之大富貴，吉 □宅吉 "，其内容遠不止三字空間所可容納，然檢及次行文字，其"兩盈中間"與"造立宅舍"間底卷有"此中居之大富貴，吉也"，與前後文意扞格，較之《諸雜推》(二)知此爲二宅間的吉凶斷語誤抄於此，故據移至此。又據《諸雜推》(二)知底卷後一" 陽宅吉 "字抄於下文之後的行首，單獨佔一行，蓋抄者不知其原文的構圖規則而致誤，兹亦徑爲乙正。

②　"兩盈中間"與"造立宅舍"間底卷誤插作爲二宅吉凶斷語的"此中居之大富貴，吉也"句，兹據《諸雜推》(二)乙正至前面相應位置，詳參前條校記。

③　"之"字底卷脱抄，兹依文例校補。

④　此下次行行首有"陽宅吉"三字，外有加框，其下至行末底卷空白，當與前"陰宅吉"相對成圖而被抄者誤置於此，參前相關校記。

⑤　圖校：〔1〕"陽宅吉"底卷作"陰宅吉"，兹據《諸雜推》(二)及底卷下一圖例校改作如此，原作形訛。

⑥　"依"字底卷脱抄，兹依後圖文例校補。

⑦　"次"字底卷作"須"，按《諸雜推》(二)作"次"，義通，底卷形訛，兹從校改。

⑧　"依此"《諸雜推》(二)作"依宅"，似以底卷所作義長。

陰宅吉

此中地大吉，居之令人益口增財，宜人。

陽宅吉

右件宅地依前審之，依此居，其中造立宅舍大富貴，必無疑也。

陽宅吉[3]

陽宅吉[1] 此中四凶之地，□□□□□▨，慎勿居 ▭[2] 陽宅吉

陰宅吉①

右前件地，依此辯之，取其凶吉而安之②，審察③。

▨▨④，地形高處爲陽，下處爲陰，見日多處爲陽，見日少處爲陰。

① 圖校：〔1〕缺字底卷殘泐，兹據《諸雜推》(二)補作“陽宅吉”三字。〔2〕本條底卷抄作“陽宅吉 右前件地，依此辯之，取其凶吉而安之，審。陽宅吉 此中四凶之地，□□□□□▨，慎勿居 ▭ 陰宅吉”，兹參《諸雜推》(二)及前諸圖文例改録如此。又殘字底卷存下部筆畫，缺字殘泐。〔3〕“陽宅吉”三字左側底卷皆殘泐，兹參《諸雜推》(二)録定。

② “凶吉”《諸雜推》(二)作“吉凶”，義長，疑底卷誤倒。

③ “審”字下至行末底卷留空，《諸雜推》(二)“審”下復有“察”字，義長，故據校補。

④ 此二字底卷僅存漫漶的字形大略，陳書録作“又之”，恐非是，金書未録。又其下“地刑”至“見日少處爲陰”間的文字底卷作雙行録文。

▭土公[1]、伏龍、太歲游日法

▭前土大吉[2]。

□□□□第一[3]

▨▭[4]

（中缺）[5]

▭[6]。巽岡朝乾亥[7]，官職立可待。勢□□，□□□□□；□□□，□□□□直[8]；象不象，但看所坐本音上。有□□龍，但

---

① “土”字底卷僅存右下角一點狀筆畫，兹依文義校補作“土”字。又行首至殘字“土”間底卷殘泐近半行，據空間，約可抄十五字左右，依文例，或亦僅有一“推”字。

② 行首至“前”字間底卷殘泐近半行，據空間，約可抄十五字左右。然以半行左右的文字推土公、伏龍、太歲游日法，殊非實情，故疑此行前後其所據抄本亦有殘泐。

③ “大吉”至“第一”間底卷殘泐四字的空間，故爲擬補四個缺字符。又此下内容頗有與《地理新書》卷二宅居地形目下内容相合者，疑底卷所缺四字即“宅居地形”，俟考。

④ 殘字底卷存右上角少許筆畫，其下至行末殘泐，據空間，約可抄六字左右。次行以下缺泐。

⑤ 此中所缺依影本的圖版觀察，似爲前頁的尾部和次頁的首部數行，具體行數則不可知矣。

⑥ 行首至“巽”字間底卷殘泐近半行，據空間，約可抄十三字左右。又以下内容據《陰陽五姓宅經》(一)知爲“占宅剄勢法”目下内容，“巽罡”前該目尚有相關文字作：“艮壯友軍將，乾長出侯王。西短東長，法多兒郎；東短西長，夫弱婦强。乾連至辰巳，兒郎皆茂美。坤至寅丑迴，連倉閉不開。丑左至未坤，富貴多子孫。巽罡朝乾亥，官職立可待。”可參。

⑦ “乾亥”二字底卷皆存左部筆畫，兹參《陰陽五姓宅經》(一)校録。“岡”字底卷作“罡”、“剄”諸形，今皆改作通用字形“岡”，後不一一出校説明。

⑧ “勢”字底卷存上部少許筆畫，兹據《陰陽五姓宅經》(一)校録。又殘字“勢”下至行末底卷殘泐二字空間，次行行首至“直”字間殘泐十二字左右，《陰陽五姓宅經》(一)此處相關内容作“勢不勢，但看龍尾洩；職不職，但看龍尾直”，與底卷所殘空間吻合，當可據補。又“直”字上部底卷有殘泐，此亦據《陰陽五姓宅經》(一)録定。

看□□□[①]。絶不絶，但看兑申雙車轍[②]。滅不滅，但看西梁南頭缺不缺[③]。白虎登天，青龍入泉，朱雀顧翼，玄武登山[④]，如此之地，一寸萬錢。東看西高，西看東起[⑤]，南看北障，北看南仰，如此之地，公卿將相。山岡如臥牛蹹脚捧頭，居之於腹，家出公侯；山岡如伏雉藏頭隱尾，後載從山[⑥]，前横玉機，居之於頭，名聞萬里。四面平，心裹凹，錢財没骨撾[⑦]。山岡如生蛇，或曲或邪，後山前澗，隱馬藏車，如此之地，子孫榮華。曲抱多財寶，多平保室家[⑧]。山岡如龜鱉[⑨]，四方無缺，三門起高[⑩]，一户如缺[⑪]，如此之地[⑫]，子孫不絶。

---

① "有"字下至行末底卷殘泐二字空間，次行行首三殘字"但看"、"龍"皆存左部筆畫，兹據《陰陽五姓宅經》(一)校補作"龍但看"三字。又殘字至"絶不絶"間底卷殘泐三字空間，《陰陽五姓宅經》(一)相關内容作"有龍無龍，但看依故冢"，與底卷空間吻合，可據補。

② "兑申"二字底卷脱抄，兹據《陰陽五姓宅經》(一)校補。

③ 前一"缺"字下底卷誤加一代字符，兹據《陰陽五姓宅經》(一)徑删之。又"南"字底卷作"東"，《陰陽五姓宅經》(一)作"南"，合於屋梁的一般置法，底卷形訛，兹據校改。

④ 此四象文字《陰陽五姓宅經》(一)略同，《地理新書》卷二地形吉凶下作："白虎緣山，青龍入泉，朱雀鼓翼，真武登天"，於義爲長，疑底卷"山"、"天"二字位置誤乙，俟考。

⑤ "起"字底卷作"高"，《陰陽五姓宅經》(一)作"起"，較契文例，底卷蓋承前句"高"字而訛，陳書據校，兹從之。

⑥ "後"字前底卷有一"未"字，《陰陽五姓宅經》(一)無，依文例當爲衍文，陳書已揭此，姑從徑删。

⑦ "没骨撾"費解，疑通"没股過"，俟考。

⑧ "保"字底卷作"寶"，《陰陽五姓宅經》(一)作"保"，底卷蓋承前"寶"字而音訛，姑從校改。又"多平"《陰陽五姓宅經》(一)作"平多"，皆通，然以作"平多"義長。

⑨ "鱉"字底卷作"弊"，《陰陽五姓宅經》(一)作"鱉"，當是，底卷形訛，兹據校改。又"如"字底卷脱抄，兹據前面"山岡如生蛇"例校補。

⑩ "門起高一户如缺"句《陰陽五姓宅經》(一)同，《地理新書》卷八"十二成法"有"三門高起，一户如缺"之句，是此"門"字前當脱抄一"三"字，姑據校補。

⑪ "缺"通"闕"。

⑫ "如"字底卷脱抄，前《陰陽五姓宅經》(一)有"如"字，義長，兹據校補。

占傷敗法如後。

有子無午，子孫受雇；有午無子，子孫絶嗣；有卯無酉，隨官不受；戌低被猗咬[1]，巳陷被蛇傷；艮闕夫他意，坤無婦外心。乾水來至寅，翁與新婦親，兄妹同臥床，聲息徹鄉鄰。龍尾勾，子孫偷；龍尾坑，子孫兵作行[2]。兔平倉不滿[3]，雞無兒可憐。子風吹午，流鄉失土；午風吹子[4]，子孫絶嗣。葬居殘岡[5]，死人滿堂；葬居交道，死人滿室。白虎帶刀，青龍帶劍，并銜屍及折足之地[6]，並凶。

凡居宅及葬地[7]，看本姓玉堂、金樻[8]、明堂、大德之地，有岡從土銜墓或銜宅[9]，其勢如鏵者吉，但有兩處即吉。

---

① “猗”字底卷誤作“苟”，《陰陽五姓宅經》(一)作“猗”，爲“狗”之俗字，底卷誤脱“犭”旁，兹據校改。又“低”字底卷作“[illegible]”形，《陰陽五姓宅經》(一)略同，是爲“低”字的常見俗寫體之一，陳、金二書皆録作“位”，非是。

② “兵作行”《陰陽五姓宅經》(一)作“行作兵”，似於文義稍暢。

③ “兔”字底卷作“勉”，《陰陽五姓宅經》(一)作“兔”，與下之“雞”對文，乃代指卯、酉二位，底卷誤作，兹據校改。

④ 此句底卷抄於“子孫絶嗣”句後，并在“子”字右側書一乙正符號，《陰陽五姓宅經》(一)此處作“午風吹子，子孫絶嗣”，與前句對文，是底卷此處爲整句倒置，故徑據乙正。

⑤ “岡”字底卷俗寫作“崗”形，且上下分開似“山剛”二字，《陰陽五姓宅經》(一)作“崑”形，並爲“岡”之俗字“罡”的增旁字。

⑥ “足”字底卷誤作“捉”，《陰陽五姓宅經》(一)作“足”，是，底卷誤增“扌”旁，兹據校改。

⑦ “居”字底卷作“人”，《陰陽五姓宅經》(一)作“居”，義長，疑底卷有誤作，姑據校改。

⑧ “金”字底卷作“舍”，不辭，《陰陽五姓宅經》(一)作“金匱”，“樻”、“匱”二字異體，底卷“舍”當爲“金”字形訛，兹據校改。

⑨ “銜墓或銜宅”，《陰陽五姓宅經》(一)作“衝宅或衝墓”，按“衝”字有敵對意，而“銜”字則頗有和合意，從後文之意看，當以底卷所作義長。

（中缺）[1]

凡居山澤[2]，有高地樹木茂盛，名澤藏之地，居南大富貴，居北凶；北有流水通達大江，或有枯澗地[3]，各去宅舍卅五步，十步内者凶[4]；東北有丘，居之大富貴；南有污池[5]，居之富；東北有澤，居之大凶；四方有高[6]，其内有水東南流者，居水北大吉。

若内高四方下[7]，名曰天柱地，衆姓居之凶。東西下，内有獨高[8]，名曰罪土地，居之出刑杖死人，又出孤寡人。從南極北，龍高而復直，兩邊下，名曰地軸，居東曰陽，即富貴[9]；居西曰陰，即貧寒。若當上居者，則頻有罪、飛禍[10]。

---

① 此處底卷連抄，無中斷，但據《陰陽五姓宅經》(一)所載，其“占傷敗法”内容至前段止乃與底卷相同，其下爲鎮宅法内容，又據《陰陽宅圖經》知下文“澤藏之地”前還當有“水藏之地”等内容，是底卷此處所據抄的底本蓋有殘泐，又此段内容與《地理新書》卷二“宅居地形”多合，甚至部分内容全相吻合，故疑其内容除前“占傷敗法”後可能存在的部分文字外，或即當爲“宅居地形法第一”之類目名下的内容，姑爲擬補“中缺”二字以揭之。

② 以下内容《陰陽宅圖經》略同，唯此段所在似乎不是獨立段落，而是與其前之形勢論述相映照。

③ “地”字《陰陽宅圖經》作“池”，義長。

④ 此句《陰陽宅圖經》作“若去宅卌五步内大□(凶)”，似較底卷所作義長。

⑤ “污”字底卷作“沽”，《陰陽宅圖經》作“污”，底卷形訛，兹據校改。

⑥ “高”字《陰陽宅圖經》作“山”，義長，然從後文“内有獨高”之用法看，疑此亦意指“四方高”，“有”或爲方言的一種習慣用法。

⑦ “若”字底卷作“茷”，《陰陽宅圖經》無，陳書校讀作“若”，金書校讀作“或”，疑以“若”字爲是，底卷“若”字或草寫作“[illegible]”，容有個别文字訛變作“茷”形，是爲“若”之俗寫訛變字，姑從校改，後同。

⑧ “有”字《陰陽宅圖經》無，義長。

⑨ “富貴”二字底卷作“當當”，不辭，《陰陽宅圖經》作“富貴”，合於文例，底卷形訛，兹據校改。

⑩ 本句《陰陽宅圖經》作“居其上，則有飛禍”，義長。又“飛”字底卷作“非”，當爲“飛”字音訛，兹據《陰陽宅圖經》校改。

凡居水曲或長源之曲，内爲龍腹①，居之富貴；居曲外□□□②，居之貧凶。凡居在兩山間③，或川或谷或巷相衝，名曰當風門，居之子孫衰。若居南有道，宜近之善；或北有道，或東有道，宜遠之吉；若四面有道及四角有道④，居之凶。凡地平坦内下，若辰戌丑未之地高，居之吉。凡宅不欲近斷隄堰⑤，出吊死人⑥。凡居之地名上相之地，内有水逆流通達江河者，居之凶⑦；從東流至西，從南流至北，及有死水濁水，居之，出不孝男女及奴婢。

凡居宅地有八不可居：一曰故城墎⑧、缺丘交錯之陰及破城四方⑨，凶；二曰葱韮、五穀場地、丘墓地或坑窖地及陶冶故處⑩，三曰祠神之所，若舊廟所及廟東及社西及南，並不可居；四曰亭

---

① “内”字前《陰陽宅圖經》有“曲”字，義長，疑底卷脱抄一代字符。

② “居曲外”與後文接續，文意扞格，《陰陽宅圖經》本句作“曲外爲龍背，居之貧窮”，辭義通順，底卷當有脱誤，疑其“外”字下脱“爲龍背”三字，姑爲擬補三個脱字符。又下句“貧窮”與本句之“富貴”對文，則疑其“凶”字又爲“窮”之音訛字。

③ “在”字底卷作“澤”，《陰陽宅圖經》作“在”，義通，底卷音訛，兹從校改。

④ “四”字底卷作“西”，《陰陽宅圖經》作“四”，當是，依一般原理，西有長道謂之“白虎”，乃理想景觀之一種，不當“居之凶”，底卷“西”當爲“四”字形訛，兹據校改。

⑤ “欲”字底卷作“谷”，不辭，《陰陽宅圖經》作“欲”，是，底卷誤省，兹據校改。

⑥ “吊”字底卷作“市”，《陰陽宅圖經》作“吊”，“吊死”與前斷隄堰之意象象徵相合，底卷形訛，兹據校改。

⑦ “居”字底卷作“食”，不辭，《陰陽宅圖經》無“食之”二字，疑“食”爲“居”字形訛，姑爲校改。

⑧ “城”字底卷誤作“成”，兹依文例校改。

⑨ “丘”字底卷作“近”，不辭，《陰陽宅圖經》作“丘”，當是，底卷形訛，兹據校改。

⑩ “丘”字底卷作“近”，《陰陽宅圖經》作“丘”字，義長，底卷形訛，兹據校改。又本句底卷作“凡坑窖地及陶冶處或故”，不通，《陰陽宅圖經》作“坑窖及陶冶故處”，疑句尾之“或”、“故”爲改换句首之“凡”及補録“處”前脱字，此爲寫本改正之常法，故參文意爲作乙改。

郵破堠故所并亭西及醫署處[①]，並不可居；五曰舊營及壘、戰場並故獄處及獄北[②]，不可居；六曰官府、舊寺、舊道場北或西[③]，並不可居；七曰星宿殞墮之所、牢煞之所、塗囚之所[④]，舊竈、舊廁之所[⑤]，並不可居；八曰窮阡陌、耶逕及射堠之所[⑥]，或居北或居西，並不可居[⑦]。凡居住之[⑧]，若犯此八者，令人死亡、官事、口舌、盜賊、疾病，縱然修福，不能免此殃咎[⑨]。

推相土色輕重法第二[⑩]

凡所居之地，並欲潤澤之地，居之大吉。凡欲知土虛實[⑪]，掘

---

① "堠"字底卷作"後"，《陰陽宅圖經》作"侯"，並爲"堠"字誤作，兹據校改。又"所"字底卷脱抄，《陰陽宅圖經》有"所"字，義通，兹據校補。又"醫署"字底卷本作"毉四方"，《陰陽宅圖經》作"醫署"，是知底卷之"毉"字當爲蒙下之訛欲改書"醫"作"毉"字而未能盡改者，其下之"四方"則爲"署"字之形訛而分爲二字，今據校改"毉"作"醫"字，并徑改换"四方"爲"署"字。

② "及獄"二字底卷脱抄，《陰陽宅圖經》有之，義長，兹據校補。

③ "官府"底卷作"宮苻"，按本條底卷作"宮舊寺苻舊道場北或居或北居西並不可居"，其中"或"、"或北"右側有墨點删除符號，但從其筆勢看，此三墨點應對應於"居或北"三字爲是，故今録文徑舍此三字。又此條《陰陽宅圖經》作"官府故處及官南"，則知"宮"當爲"官"之俗作而"苻"當爲"府"之訛，且因初脱抄而後補於句間，致句義扞格不通，兹姑爲校理如此。又"或居西"中的"居"字依文例亦爲衍文，故亦據删。

④ "塗"通"徒"。

⑤ "廁"字底卷誤作"側"，兹依文例校改。

⑥ "堠"字底卷脱抄，《陰陽宅圖經》有"堠"字，義長，兹據校補。

⑦ 本條《陰陽宅圖經》作"窮阡斷陌耶徑及射堠東"，似義較長，唯"東"、"所"二字未知孰是，俟考。

⑧ "住"字底卷誤作"柱"，兹依文例校改。

⑨ "殃"字底卷誤作"央"，兹依文例校改。

⑩ "二"字底卷作"一"，按此目《陰陽宅圖經》作"相土及輕重法第二"，其下之"凡阡陌步法第三"則與《陰陽宅圖經》的"阡陌步法第三"略同，底卷没有"第二"目的内容，故疑底卷此"第一"當爲"第二"之形訛，此前内容與《陰陽宅圖經》"相土及輕重法第二"之前的内容有相同者，故此部分當與彼同。又此法《地理新書》卷二"土壤虛實吉凶"亦載之，略有小異。

⑪ "知"字底卷作"之"，不辭，《陰陽宅圖經》作"知"，底卷音訛，兹據校改。

地方深一尺二寸，細粉之，還内於中，不得檮築，明日看之，若餘，居之富貴；若減少[1]，居之凶。

又法：欲居之地，取土一斗秤之[2]，若重六斤、七斤，不可居之，凶；若重八斤、九斤，自如；若重十斤、十一斤[3]，宜士宦[4]；若重十二、十三斤，大吉利。

又一法：掘地三尺，取實土方一寸半秤之[5]，重三兩凶，不可居；重五兩、七兩，居之自如；九兩、十兩已上，大富貴，出長壽人，大吉。

凡阡陌步法第三[6]

東西爲阡，南北爲陌，或依山水[7]，或約陂池及水岸，及故城、大道，皆爲阡陌之始[8]。四方步起，若十步爲建，假令從東阡，西入十步爲建，廿步爲除，卅步爲滿，卌步爲平，五十步爲定，六十步爲執，七十步爲破，八十步爲危，九十步爲成，一百步爲收；百

① “少”字底卷作“小”，不合文例，兹據校改。

② “一斗”底卷作“可”，不辭，亦使後文“重六斤、七斤”云云無從説起，《陰陽宅圖經》載此句作“先取土一斗秤之”，是知底卷“可”字乃“一斗”二字之誤合，今據校改。

③ “十一”底卷本抄於下“宜”字後，二字間有一乙正符號“√”，今徑爲乙正。又“斤”字底卷脱抄，《陰陽宅圖經》有之，兹從校補。

④ “宦”字底卷作“官”，《陰陽宅圖經》作“宦”，義長，底卷俗訛，兹據校改。

⑤ “半”字，《陰陽宅圖經》無，《地理新書》卷二“土壤虚實吉凶”下作“平”字，然“一寸平”在語義表達上似亦比較特别，疑“平”字即“秤”字誤省，而“半”字又爲“平”字形訛，皆所當删，俟考。

⑥ “步法”底卷作“法步”，《陰陽宅圖經》作“步法”，義長，底卷誤倒，兹據乙正。

⑦ “依”字底卷作“於”，《陰陽宅圖經》作“依”，義長，底卷形訛，兹據校改。

⑧ “阡”字前底卷有一“活”字，《陰陽宅圖經》無，蓋抄者誤“阡”作“活”，旋改而未删，兹據《陰陽宅圖經》删之。

一十步爲開，百廿步爲閉[①]。凡從建起[②]，終而復始，合成收開滿平定吉，合建除執破危閉凶。

推泉源水出處及山宅莊舍吉凶法

右已前山源莊宅看其出水入處，依此如安之，皆須辨其福德之地[③]。

《三元宅經》云：有水流衝宅午酉上，凶。大道阡陌但來衝宅，大凶。凡宅内有樹，最爲高支者不得誅之，宅内樹榮茂者吉。宅内群烏飛翔者吉，保財；翔背宅者凶。蜂[④]、蜜蜂、鷰來巢集者吉，散去者凶。

《地鏡圖》曰[⑤]：人望百家宅法：有赤氣，家有財[⑥]；有白氣，家有財不保[⑦]；黑氣者[⑧]，有五服其在宅内[⑨]；青氣者，家有内耶人[⑩]，

① "百"字底卷脱抄，兹據《陰陽宅圖經》校補。

② "凡"字《陰陽宅圖經》作"還"，義長。

③ "辨"字底卷誤作"辯"，兹依文例校改。

④ 此"蜂"字或爲"蜜蜂"一詞誤倒所致之衍文，疑當删，俟考。

⑤ "鏡"字底卷作"鎮"，陳書、金書皆據《太平御覽》卷一八〇居處部所載梁時相地書《地鏡圖》校"鎮"作"鏡"，以其中有内容與底卷本段文字略同者，兹從之。

⑥ 本句《太平御覽》卷一八〇居處部載有梁時相地書《地鏡圖》作"家有汎財"，疑底卷脱抄一"汎"字。

⑦ "不"字底卷原無，按本句《太平御覽》卷一八〇居處部載梁時相地書《地鏡圖》作"白气入家，有財不保"，白色於五行氣中主刑殺，不當與赤氣所主吉凶相同，故底卷當脱一"不"字，兹從校補。

⑧ "黑"字前底卷有一"重"字，不辭，考《太平御覽》卷一八〇居處部載有梁時相地書《地鏡圖》載本句無"重"字，疑"重"字爲"黑"字之訛字，抄者於抄錯後旋改抄正字而未删前之訛者，兹徑爲删去。

⑨ "其"字底卷作"有"，按本句《太平御覽》卷一八〇居處部載有梁時相地書《地鏡圖》作"黑氣有五其伏在宅中"，更爲扞格，但疑底卷第二個"有"字爲"其"字形訛，姑據校改。

⑩ "耶"爲"邪"之俗字。

臥處地下有銀。

《陰陽宅書》云：宅内有東西屋，無南北屋，爲偏居，有四相屋，無常者，亦名偏居，必出癃患，常多疾病，初造二三年猶可，多大凶。凡宅當風門，子孫衰弱，風門者，謂南出門及巷衝[①]、谷口是也。

《皇帝宅經》云：皇帝問地典曰[②]：凡人居宅，何者大吉，子孫富貴？何者爲凶，禍殃不止？重壘□[③]。左青龍，右白虎[④]，前朱雀，後玄武。皇帝問地典曰：何爲青龍、白虎、朱雀、玄武？地典答曰：左有南流水爲青龍，右有南行大道爲白虎，前有污池爲朱雀[⑤]，後有丘陵爲玄武。皇帝問曰：何者爲三過之宅？地典答曰：東有南行道爲一過，南有大陌爲二過，北有流水東下爲三過之宅。

《三元宅經》云：安竈，五姓皆宜辰巳地，吉。乙卯[⑥]

---

① “南”字底卷所作介於“南”、“而”之間，陳書録作“而”，金書録作“南”，然作“而”亦不通，故姑從金書録作“南”字。又疑底卷該句文字或有脱誤，其義非言“南出門”爲“風門”之一種形態，而是説南出門可見到巷衝及谷口衝等，又參底卷前“占傷敗法”中的當風門説明。

② “典”字底卷作“曲”，按“曲曰”二字黄正建在《敦煌占卜文書與唐五代占卜研究》録爲“曹”字，并進而校“曹”作“典”，又引《後漢書·張衡傳》“方將師天老而友地典”注爲據，其注文曰：“《帝王紀》曰：‘黄帝以風后配上台，天老配中台，五聖配下台，謂之三公。其餘知天、規紀、地典、力牧、常先、封胡、孔甲等，或以爲師，或以爲將。’”底卷後二“地曲答曰”皆作“曲”而不作“曹”，故於“曲曰”亦皆分録，而以“曲”爲“典”之俗訛字，并從校改，後同，不再一一出校説明。

③ “壘”字下底卷留有約可抄七個字左右大小的空白，蓋其所據抄底本有殘而致。

④ “右”字下底卷有一似“曰”形字，但上似又加有墨漬而作近似“田”形之狀，疑爲抄者因“白”字書誤而點去者，故不爲具録。

⑤ “朱”字前底卷有一“青”字，其右側有一“卜”形刪除符號。又“池”字底卷作“地”，不辭，金書校之作“池”，陳書則徑録作“池”字，兹從金書校改。

⑥ “乙卯”下陳書注云“疑其後有脱文”，甚是，其下當有言乙卯方等作竈之吉凶。

淮南王作竈法：宜長七尺，闊四尺，高三尺，口闊一尺二寸，突大八寸，塼土並須辛浄[①]，子孫貴吉。勿用破壁，凶。作竈當日成，大吉。作竈及治福德上土，宜取上三寸，取在浄土，用香火和作逕[②]，殘竈者不得餘用。五姓竈口皆須西向開[③]，竈口不得共井相對及相見，又不用當門。

五姓安佛堂地法：徵姓寅卯辰申酉地安置吉，角宫二姓亥子丑午巳地吉，商姓辰戌未寅申巳亥地吉，▭[④]。

五姓安井吉地[⑤]：宫羽二姓申子辰地吉[⑥]，商角二姓辰戌丑未地吉，徵姓寅午戌地吉。

五姓安樓臺地：樓臺各依人姓[⑦]，明堂、玉堂、金櫃、大德、天牢、司命上地安吉。

五姓安場地法[⑧]：場在子，出將軍二千石。在丑，出都尉[⑨]，一

---

① "辛"字置此不辭，然其字形明确，疑或爲"平"字形訛，俟考。

② "香火"置此不辭，考《藝文類聚》卷八十火部"竈"下載《雜五行書》曰："作竈法：當辰巳間隙地取土，先掘去上五寸，以水美酒一升合和泥之，以癸亥日脩之，此日安竈自如也。作竈法：廣四尺，長五尺，欲安兩釜，長七尺，子孫富貴。作竈餘泥不可泥井，井餘土不可泥竈，大凶。"(頁 1375)其法與底卷雖有小别，但知其調泥用水摻酒爲之，則疑底卷"香火"之"火"當爲"水"或"灰"之誤，俟考。

③ "西"字底卷作"宜"，按此句義有扞格，陳書引底卷後"五姓開井圖"載竈向西開口吉之論，以爲"開"字當爲"西"字形訛，然從文中語義及字形看，"宜"字似更當爲"西"字訛文，故據校改。

④ 此處底卷有"商角二姓辰戌丑未地吉，徵姓寅午戌地吉"二句，是爲次行"安井吉地"之語，底卷抄者誤抄於此，而致"羽姓"吉位被脱抄，兹爲删去誤作者，並爲擬補一個多字脱字符。

⑤ "安"字前底卷蓋蒙下誤抄"宫羽二姓"四字，兹依文例徑删。又"五姓"二字底卷脱抄，故依文例校補。

⑥ "申"字底卷作"甲"，陳書依文義校改作"申"字，"申子辰"爲三合水局，與後"寅午戌"三合火局相對，底卷所用當作如此，兹從校改。

⑦ "人"字底卷作"大"，不辭，兹依文例校改。

⑧ "五姓安"下《陰陽五姓宅經》(一)有一"置"字。

⑨ "尉"字底卷誤作"慰"，《陰陽五姓宅經》(一)同，兹據校改。

云煞六畜。在寅地，出刑徒。在卯，煞家長①。在辰巳，出孤寡。在午，秏五穀，一云六百石②。在未，多獄訟，傷長子。在申，富③，益田宅，出聖人。酉地④，宜五穀，一云六百石。在戌⑤，富貴，宜田蠶，出貴子。在亥，宜五穀，不耕收万斛⑥。

五姓同忌法	上利大吉	下利小吉	墓月大凶⑦	墓日大凶	秏月小凶	秏日小凶
宫	西南	東北	三月	戊辰	九月	戊戌
商	東南	西北	十二月	辛丑	六月	辛未
角	西北	東北	六月	乙未	十二月	乙丑
徵	東北	西南	九月	丙戌	三月	丙辰
羽	西南	東北⑧	三月	壬辰	九月	壬戌

右已前同忌法，修造□□□⑨。

土符法：正月土符在丑⑩，二月在巳，取甲上土吉⑪。三月在酉，

① 此下《陰陽五姓宅經》(一)有"大凶"二字，疑底卷脱抄。

② "云"字底卷存上部一"丶"狀筆畫，兹依文例校補作"云"字。

③ "富"字下《陰陽五姓宅經》(一)有"貴"字，疑底卷脱抄。

④ "酉地"《陰陽五姓宅經》(一)作"在酉"。

⑤ "在"字居底卷行末，殘泐，兹據《陰陽五姓宅經》(一)補作"在"字。

⑥ "耕收"二字前者存左上角筆畫，後者存右下角筆畫，兹據《陰陽五姓宅經》(一)校補作"耕收"二字。

⑦ "墓"字底卷殘泐，兹據《陰陽五姓宅經》(一)補作"墓"字。

⑧ "北"字底卷殘泐，兹據《陰陽五姓宅經》(一)補作"北"字。

⑨ "修造"二字底卷有些漫漶，兹參《陰陽五姓宅經》(一)録定。又其下至行末底卷殘泐，《陰陽五姓宅經》(一)"修造"句下還有"避之吉"三字，後則爲"土符法"内容，而底卷"土符法"另起行抄寫，故疑此處僅有三字殘泐，其下未抄文字，兹爲擬補三個缺字符。

⑩ "丑"字右側底卷有殘泐，此參《陰陽五姓宅經》(一)録定。又其他諸月皆有注文標出取土位，而此正月下則不載，《陰陽五姓宅經》(一)同，或正月不宜動土乎？俟考。

⑪ "二月"下《陰陽五姓宅經》(一)有"土符"二字，底卷其他月份下也多省此二字。又"取"字上部、"上"字下部底卷皆有些漫漶，此並參《陰陽五姓宅經》(一)録定。

取壬上土吉①。四月在寅，取庚上土吉②。五月在午，取丙上土吉③。六月在戌，取甲上土吉④。七月、八月在卯未，取庚上土吉⑤。九月在亥，丙上取土吉也⑥。十月在辰，取甲上土吉⑦。十一月在申，取壬上土吉⑧。十二月在子，取庚上土吉⑨。右已上土符在處不可取土⑩，大凶，慎之。

祭宅文：維厶年厶月日時⑪，主人厶乙之家，敢昭皇天使者、宅舍七神：歲月建破符皇天之地，軒轅、咸池、八魁、九坎、后土⑫、司空地失之昧，陰陽二罔共絶，塢宅崩破，宅有闕壞，耗虚死亡，

---

① “二月”條下底卷殘泐約可抄五六個字的空間，《陰陽五姓宅經》(一)“三月”條作“三月土符在酉取壬上土吉”，去掉底卷省抄的“土符”二字，其所存文字與底卷所殘空間吻合，兹據校補。

② “取庚上”三字右側底卷皆有些漫漶，此並參《陰陽五姓宅經》(一)録定。

③ “取丙上”、“吉”四字底卷殘泐，此據《陰陽五姓宅經》(一)校補。

④ “六月”二字居底卷行末，殘泐，此據《陰陽五姓宅經》(一)校補。

⑤ “庚上”二字底卷略有漫漶，此參《陰陽五姓宅經》(一)録定。又“土”字底卷作“上”，亦參《陰陽五姓宅經》(一)校改，底卷形訛。

⑥ “在亥”二字右側底卷殘泐，兹據《陰陽五姓宅經》(一)校補作“在亥”二字。又“丙上”二字前者存左上角一短“一”形筆畫，後者存下部“一”形筆畫，《陰陽五姓宅經》(一)此條注文作“取丙上土吉”，與底卷其他月份注文例合，但底卷本條所存文字似與他例不合，故其殘字當作“丙上”二字爲是，亦與所存殘畫合形，故據校補。

⑦ “辰”字底卷作“申”，《陰陽五姓宅經》(一)作“辰”，《協紀辨方書》卷六土符下所載亦作“辰”字，合於底卷每月土符隔三地支取所居之地的規則，底卷蓋誤抄下條支名而致訛，陳書、金書皆據校改，兹從之。

⑧ “申”字底卷作“甲”，《陰陽五姓宅經》(一)作“申”，與其他月份的土符居地支例合，底卷形訛，兹據校改。

⑨ “子”字底卷作“丑”，《陰陽五姓宅經》(一)同，考底卷土符移位之法，鄰月皆隔三個地支取位，而“子”位與前十一月之“申”位正隔“酉戌亥”三個地支數，《協紀辨方書》卷六土符下所載正作“子”字，陳書、金書皆據校改，兹從之。

⑩ “土符”底卷作“符土”，兹據文例及《陰陽五姓宅經》(一)徑爲乙正。

⑪ “厶”爲“某”之省代符，後同。

⑫ “后”字底卷存上部二横狀筆畫，疑或爲“后”字之殘，姑據校補。又“土”字居行首，其上版心外有一“[illegible]”，略似“位”字，雖寫卷中此類多爲改字之法，但不知其代改何字，亦不能確定其究爲何字，故姑存疑俟考。

錢財不集。□離縣官[①],不得不治。今日歲吉日良,善可德治[②],謹於破居厶地更造塢宅,長□於丈數[③],起土興功,仰告五土將軍、主薄,同爲弟萬良得道[④],上宜天倉。今日起▨[⑤],上得天道,下值玉堂,天員地方,六律九章,日月迴行,而人起土不相死傷。土□我立生[⑥],土死我死滅,錢如流水,穀而太倉,六畜滿圈,奴婢成行。左青龍,右白虎,前朱雀,後玄武,各居本位,守户宅舍,自然富貴,光顯子孫,今須於歲,奴婢更莫凶殃。八神雍護[⑦],問神不昧,請就降嘗,伏惟尚饗[⑧]。

作舍法:先起西牆,次起南牆,其利三倍[⑨],傷南家家母,益口一人;次起東牆,其起傷西家父[⑩],得田宅,三年食口三人,大富貴;後起北牆,斷乎其利百倍[⑪]。

---

① 缺字居底卷行首,殘泐。

② "德",金書讀爲"得",可參。

③ 缺字居底卷行首,殘泐,依文義疑或爲"合"字之類的文字。

④ "弟",通作"第"。

⑤ 殘字底卷存"艹"形,其下部漫漶,陳書録作"於",金書録作"修",似皆不能與殘形盡合,俟考。

⑥ 缺字居底卷行末,殘泐。又"生"字底卷補抄於後句"土死"二字間,今徑爲録正。

⑦ "雍"字陳書、金書皆讀爲"拥",可參。

⑧ "尚"字前底卷留有兩字大的敬空空間。

⑨ "倍"字底卷誤作"陪",兹依文例校改。

⑩ "西家"字依後文所載諸五行生旺妨害例疑爲"東家"之誤作,詳參陳書頁122所論。

⑪ "倍"字底卷誤作"陪",兹依文例校改。

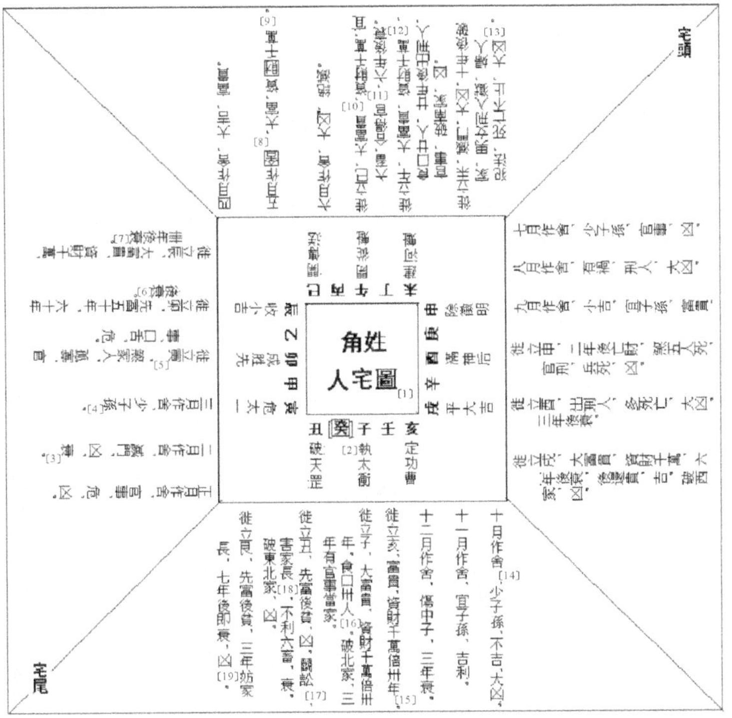

①

① 圖校:〔1〕底卷"角姓人宅圖"丙卷作"角姓人宅依此看用吉",又丙卷此圖中間之干支建除與十二神配置的抄録南北誤倒,西面又未加抄録,至於具體的訛脱衍乙情況也比較多,如無校勘價值之必要,後文則不一一指出之。〔2〕此處依文例底卷當有一"癸"字,脱抄,兹爲擬補之。〔3〕二月條"衰"字下丙卷有"厄(危)"字,不知是其承前所衍,抑是底卷所脱,俟考。〔4〕三月條"小(少)子孫"三字丙卷作"出不吉",不辭,當有誤。〔5〕"徙"字底卷後或作"從"形,抄者改换不一,考諸文例,此當作"徙"爲是,今爲保持圖表清晰計,後圖表中"徙"誤作"從"形者一律徑爲改録,不再一一出校説明。〔6〕卯條下斷語丙卷作"先富後貧,二年",蓋有所脱誤。〔7〕辰條下"卌年後衰"句,丙卷在"後"、"衰"間别有一"還"字,似不如底卷所作爲安。〔8〕"作"字下依文例底卷脱抄一"舍"字,陳書、金書皆爲校補,兹從擬補。〔9〕"資"字下依文例底卷脱抄一"財"字,兹據擬補。〔10〕巳條"富"字下底卷脱抄"貴"字,此據丙卷録入。〔11〕巳條下"合得官"三字底卷脱抄,此據丙卷録入。〔12〕午條丙卷較底卷多有脱倒,唯"資財千萬"下有"大吉"二字,不知是否底卷脱抄,姑録存備考。〔13〕未條文字底卷脱抄,此據丙卷録文。〔14〕"十"字底卷誤作"正"字,此從丙卷録正。又下文"少子孫,不吉"丙卷作"子孫不利",可參。〔15〕底卷"資財千萬倍卅年"丙卷只作"三年衰"字,疑丙卷乃誤承前抄"十二月作

角姓人：龐、翟、朱、竇、公孫、沐、衛、毛、侯、董、隻、所、孔、桑[1]、門、畢、鍾、蔣、管、五、繒、巢、禹、玉、西郭、院、穆、趙、曹、進、樂、紅、雍、周、▨[2]、崔、古、雙[3]、宗、寇、高、妻[4]、囂[5]、坎、官、須、成、車、左[6]、向、蕭、堯、廉、銀、兵、刀、邵、卜固[7]、粟、曲、隨、原、涿、行、尚、牛、屈、東方、富、勞、燭、蒙、竺、貴、篤、漏、沙。

舍”條斷語致訛。〔16〕此條丙卷多有訛脱，然“食口卅人”底卷抄在句末，却不如丙卷抄在“資財千萬”句後義長，底卷蓋脱抄後補於句末，故據乙正。〔17〕底卷“鬭訟”丙卷作“多口舌”，其他文字丙卷多有訛脱，不可卒讀。〔18〕“家長”底卷誤倒作“長家”，丙卷同，兹依文意徑爲乙正。〔19〕“七年後即衰，凶”底卷作“七年後即貴”，丙卷作如此，金書據校，并指出如此“纔與前文‘先富後貧’相應”，甚是，兹從改録。

① “桑”字底卷作俗字“桒”形，曾波録作“東”字，金書録作“華”字，皆非是，陳書録作“桑”，兹從録定，然底卷商姓中亦收有“桑”字，與《地理新書》同，則疑底卷此“桑”字有誤，俟考。

② “周”下一字作“”形，因墨漬散開而致右旁模糊，只可辨外形大略，疑爲媞、媿、婕類字，丙卷角姓宅圖下未抄姓氏，金書疑作“媿”字，陳書疑作“姚”字，亦或爲删除之字，俟考。

③ “雙”字底卷作“㑗”，是爲“雙”之俗字“𩀱”字俗訛，曾波已揭此論，甚是。

④ “妻”字金書録如是，與底卷原字契合，曾波、陳書録作“婁”字，似於姓字爲安，然《地理新書》“婁”字入於宫姓，而底卷宫姓則未收“婁”字，俟考。

⑤ “囂”字金書録如此，似與底卷字形較契，姑從録定，曾波存疑不録，陳書蓋參《地理新書》録作“雎”字，然與原字形不能盡合，俟考。

⑥ “左”字字形底卷作如此，陳、金二書皆據録，然曾波指出底卷的角姓、商姓及《諸雜推》(二)的宫姓、商姓皆收有“左”字，“敦煌寫卷中往往‘左’、‘右’不分，《姓解》云：‘右，出《姓苑》。’則‘右’爲單姓是存在的。《地理新書》以‘左’入徵姓，因此，仍然無法區分角姓、宫姓、商姓下究竟哪一個爲‘左’，哪一個爲‘右’。”可參。

⑦ “卜固”曾波、陳、金二書皆録作複姓，並校作“仆固”之省，曾波且指出羽姓下分别收有“卜”、“固”字，并引《通志·氏族略》“九姓仆固部，爲金州都督，或號仆固”爲據，當可信從。

角宅地形陰①。

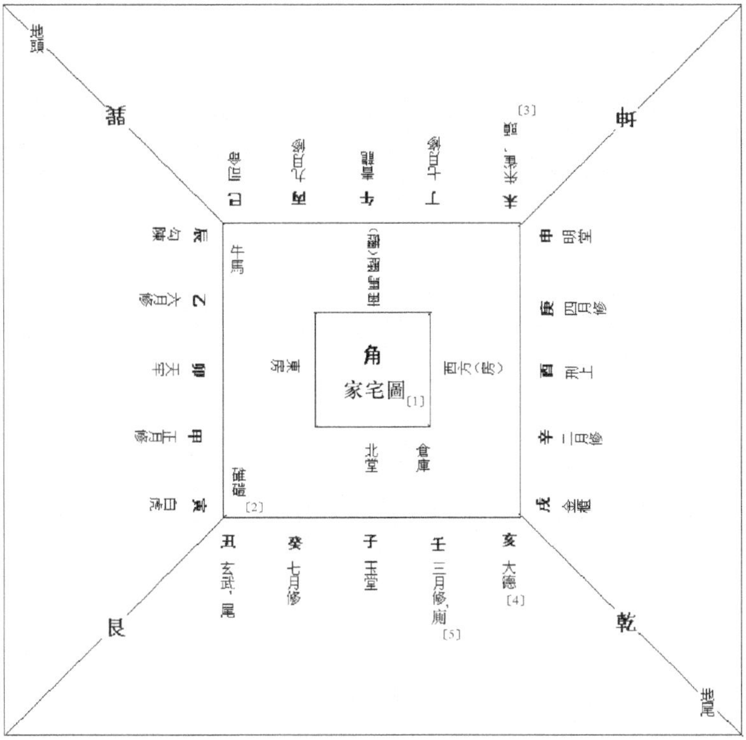

②

凡角家宅地③，須東高、北高、南平、西下。水瀆出寅未地，大

① 本句文字底卷本録於下圖的右側靠上部，丙卷則録於"作舍法"文字後，位於家宅圖前，兹參文義别録於圖前。又丙卷此圖前别標有"家宅圖"三字。

② 圖校：〔1〕"角家宅圖"丙卷作"角家宅圖依此用之"。〔2〕"碓磑"下丙卷有一"磨"字，疑爲抄者所臆加。〔3〕"坤"字左下側丙卷有一"頭"字，其正確位置當在"未，朱雀"下，與"丑，玄武"下的"尾"字相對應，兹爲移正。〔4〕"三月修"下丙卷有一"吉"字，後"七月修"下同，他處則無，蓋亦抄者臆加，姑不具録。又"大德"下底卷有"三月修"字，丙卷同，今依文例移至"壬"位下。〔5〕"三月修"三字底卷原抄於前亥位"大德"下，今依文例移至此。

③ "地"字丙卷無，蓋脱抄。

吉。大門南出丙地[①]，大富貴；西出庚、北出癸地[②]，小吉[③]。其宅門外下[④]、中庭高，宜財富[⑤]。不宜共宫商二姓人交通。

角家移徙法：移向子地，生貴子，大富貴。向丑地，煞六畜及産婦，凶。向寅地，害財物，不可。向卯地，先富後貧。向辰地大富，宜六畜[⑥]。向巳地[⑦]，宜人，萬事吉。向午地[⑧]，宜後世田蠶。向未地，害萬物父母及産婦，凶。向申地，不宜小口，破財，凶。向酉地，害財物及小口，凶。向戌地，富貴[⑨]，宜田蠶。向亥地，封侯二千石，吉。

十二月移害家長，六月移滅門，凶，三、九月移亦凶。宜用十月、十一月、四月、五月，可移，吉。

六畜宜養青、赤、烏色者，番息上好。

移徙延向道法：從壬向丙，從丙向壬[⑩]。（中缺）[⑪]

---

① “南出”二字底卷作“出向”，此從丙卷録定。

② “北出癸地”丙卷作“北出於癸”。

③ “小吉”底卷作“善”字，此從丙卷録定，疑底卷之“善”字爲“小吉”二字誤糅所作。又此下丙卷誤置其前已出的“作宅”法一段，略之可也。

④ “宅門”二字底卷無，此從丙卷録入。

⑤ “富”字下丙卷有“貴”字，然“宜財富貴”有贅感，故不從録。

⑥ “宜”字底卷脱抄，兹依文例校補。

⑦ “巳”字前底卷衍抄一“辰”字，陳書校之爲衍文，兹從徑删。

⑧ “地”字底卷脱抄，兹依文例校補。

⑨ “富”字底卷作“宜”，陳書已據文義校改作“富”字，合於文例，兹從之，底卷蓋涉下句“宜”字而致誤書。

⑩ “向”字底卷誤脱，陳書、金書皆依文例補一“向”字，兹從校補。

⑪ “壬”字下至行末底卷留空，其下復有六行空白，蓋其所據抄底本有殘泐所致。

徵姓宅圖陰①

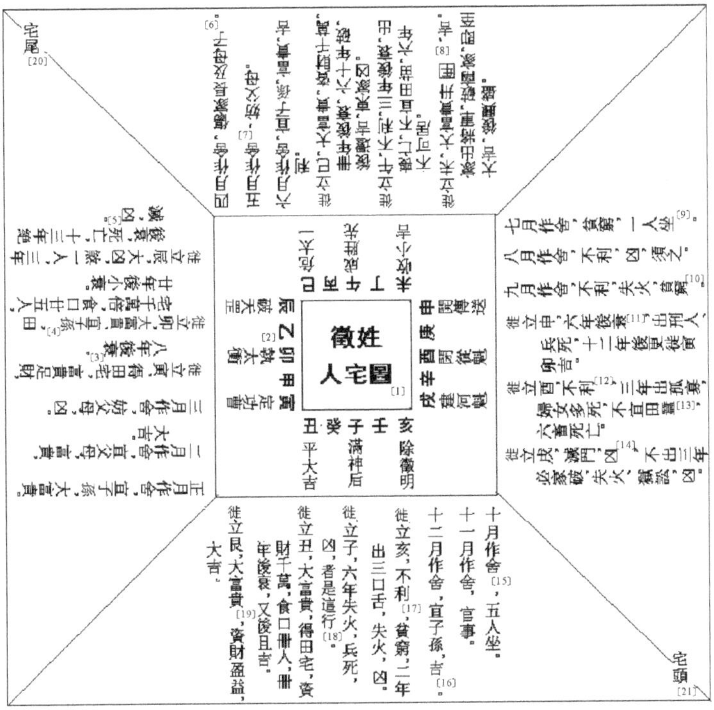

②

① 此句標注丙卷同,依角姓例當在"家宅圖"前,且其文字亦或有訛誤,疑當作"徵宅地形陰"。

② 圖校:〔1〕"徵姓人宅圖"丙卷簡作"徵宅圖",且其西部之干支建除十二神配置皆缺抄,而七、八月作舍的配置則誤抄於南部。〔2〕"乙"字底卷作"癸",陳書據文義校改作"乙",兹從改。〔3〕"富貴足財,八年後衰"丙卷相應文字僅作"大富貴",疑彼有脱訛,《諸雜推》(二)與底卷同。〔4〕"大富貴,宜子孫"底卷相應文字作"宜富貴",不辭,此從丙卷録定,底卷有脱誤。《諸雜推》(二)作"富貴,宜田宅千萬倍","宜"字下當脱抄"子孫"二字。〔5〕本條斷語"三年後衰"下丙卷簡省作"不吉,凶"三字,"不吉"與"凶"有語複之感,疑"不吉"或爲抄者臆增。又"十三年"《諸雜推》(二)作"十二年",未知孰是,俟考。〔6〕"傷家長及母子"句丙卷作"妨家長","妨"字疑或蒙下句而致訛。〔7〕"五"字前底卷衍抄一"三"字,兹依文例徑删。〔8〕"卅"字下陳書、金書皆依文義補一"年"字,合於文例,底卷脱抄,兹從擬補。〔9〕"一人"丙卷作"三人",其下又有一"吉"字,未知孰是,俟考。

作舍①：先起北牆②，次起西牆，次起南牆，後起東牆，斷乎其利百倍③，益口三人，傷南家家長，自得田宅，吉。

徵姓人：李、史、陳、▨④、田、郭⑤、鄭、綦毋⑥、賈、丁、秦、鄧⑦、麴、申、甯、載、薪、辛、曾⑧、齊、邵、尹、段⑨、應、禮、直、紀、

---

〔10〕“窮”字前丙卷有一“貧”字，義長，底卷脱抄，兹從録入。又此前一句“失火”丙卷作“火災”，可參。〔11〕申條“六年後衰”句下丙卷只有一“凶”字，可參。〔12〕酉條“不利”下丙卷作“三年田蠶不利，凶”，脱誤較多。〔13〕“田蠶”底卷作“田種”，不合文例，此從丙卷録定，底卷誤抄。〔14〕戌前一“凶”字前丙卷有一“大”字，疑底卷脱抄，其餘字句則丙卷多有訛脱。〔15〕“十”字底卷誤作“七”字，此從丙卷録定。〔16〕十二月條“作”字下底卷脱抄“舍”字，此從丙卷録定。又“吉”字底卷無，亦據丙卷録入。〔17〕亥條下“不”字底卷誤作“二”，此據丙卷改録。〔18〕子條下斷辭丙卷作“六年火災，滅門”，與底卷小異，可參；又“者是這行”句不辭，底卷當有誤抄，俟考。〔19〕“大富貴”底卷作“大吉，宜富”，蓋蒙後誤，且改之未盡，此據丙卷改録。又後“資財盈益”句丙卷作“資財千萬”，似亦較底卷更契於文例，俟考。〔20〕“頭”字丙卷作“尾”字，蓋誤，參下條校記。〔21〕“尾”字《諸雜推》(二)與底卷同，丙卷作“頭”字，蓋誤。

① 角姓人宅圖下作“作舍法”，於義爲長，然底卷後諸姓人宅圖下皆省“法”字，故不爲具補，後亦不再一一出校説明之。

② “起”字底卷脱抄，《諸雜推》(二)“先”字下有一“作”字，依底卷文例，似以作“起”爲是，此脱抄，姑據校補。

③ “倍”字底卷誤作“陪”，兹依文例校改。

④ 殘字居底卷“陳”字右側行間，字形漫漶，存略似“户”字輪廓，陳書蓋連其前行鄰字“西”之左筆“丨”而録作“高”字，不確，但其究爲何字則不能定，《諸雜推》(二)“陳”字俗訛作“渫”，然其與“田”字間無他字，俟考。

⑤ “郭”字《諸雜推》(二)無，曾波以爲郭、鄭字形相近，而底卷及《諸雜推》(二)、《葬經》(敦煌本二)及《五姓宅經》(二)羽姓下均收有“郭”字，則其五姓歸屬應是明確的，故疑底卷此處的“郭”字爲衍文，可參。

⑥ “綦”字底卷誤作“基”，《諸雜推》(二)同，兹依通用字例校改。

⑦ “鄧”字底卷作“登”，《諸雜推》(二)作“鄧”字，《地理新書》徵姓下亦有“鄧”無“登”，是底卷蓋有誤省，姑據校改。

⑧ “曾”字底卷作“魯”，《諸雜推》(二)作“曾”，《地理新書》徵姓亦有“曾”無“魯”，“魯”字見羽姓，底卷此處形訛，兹據校改。

⑨ “段”字底卷作“[illegible]”形，陳書録作“段”，金書録作“改”，按此字形可爲“段”、“改”、“殷”字之俗寫，然“殷”字與前後字的韻協，唯《諸雜推》(二)抄作“段”，《地理新書》亦收作“段”字，且移其序至於“忏”、“爨”字列，而在宫姓中收有“殷”姓，姑從録作“段”字。

伏、苟[①]、薛、萬、訾、黎、滕、已、費、晉、柴、采[②]、六、時、岐、伊、兒[③]、支、施、師、單、荀、西方[④]、鞏、言、知、弦、媧[⑤]、子、士、咸、諸、律、質、寧、列、報[⑥]、生、習、密、班、笓[⑦]、宰、解。

大墓丙戌[⑧]，小墓□□，□事凶[⑨]。凡有所營修治，慎之。歲忌子□□戌年[⑩]，凶，月忌三月、九月、十月、十一月，凶。日忌辰

---

① "苟"字與下文之"荀"字底卷所抄字形基本相同，此爲區别而特録作"苟"字，曾波作如此，金書二字皆録作"苟"，陳書則此字録作"荀"而後"荀"字録作"苟"，按《諸雜推》(二)此處無"苟"字，《地理新書》"苟"字入"宫"姓，故疑底卷此處的"苟"字或即"荀"字衍抄，俟考。

② "采"字《諸雜推》(二)作"奚"，《地理新書》徵姓下"奚"、"采"皆未收，與形近者唯"米"字，按俗寫"采"、"釆"等字上部的"丿"多省，而作"采"與前"柴"字韻協，又"奚"字《地理新書》入商姓下，故疑當以底卷所作爲是。

③ "兒"字底卷作"見"，《諸雜推》(二)作"兒"，與前後字韻協，底卷形訛，兹從校改。

④ "西方"二字《諸雜推》(二)同，疑爲"罗"字之誤分而致，"罗"又爲"曼"字俗訛，《地理新書》徵姓下收有"蔓"字，俟考。又"西方"前《諸雜推》(二)有一"漆"字，曾波以爲底卷脱抄，故爲擬補，可參。

⑤ 此字曾波、陳書、金書皆録作"媧"，不確，然頗疑其爲"媧"字俗訛，俟考。

⑥ "報"字未見載於諸姓氏書，曾波校疑爲"厥"字俗訛，"'厥'的'欮'部分俗寫作'報'。《通志・氏族略》:'厥氏，漢文帝賜衡山王宫人厥氏。'《姓苑》云:今京兆人。"可參。

⑦ "笓"《諸雜推》(二)作"竺"，底卷蓋其俗作换聲旁字，《地理新書》徵姓下亦收有"竺"字，唯"竺"字又見載於前角姓人中，俟考。

⑧ 本句至段末"徵家不宜並羽姓人"内容底卷不載，此據《諸雜抄》(二)校補。

⑨ "小墓"二字居行末，次行行首殘泐約四字左右的空間，兹依文例及抄寫格式爲擬補三個缺字符，其中後二字疑爲"辰"(《葬經》二"徵姓火行"下載云"戌，大墓；辰，小墓")、"百"二字，俟考。

⑩ 缺字居行首，殘泐，依文例疑或可補作"申酉"二字，俟考。又"戌"字存右部筆畫，兹依文例校補。

□□□①,宜用正月②、三月。徵家不宜並羽姓人▁▁▁③

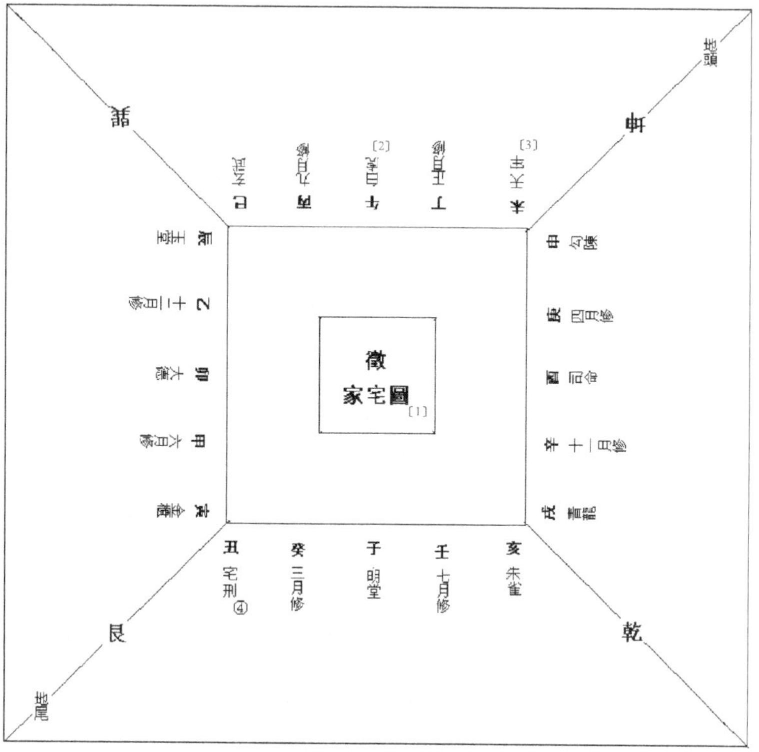

④

① 缺字居底卷行首,亦或爲二字或四字(其空間可抄四字,然其句與句間多留有一二字的空間)。

② "宜"字存下部似"且"下部筆畫,兹依文例校補。

③ "羽姓人"居行末,次行行首處殘泐約五六字大的空間,依文例疑此處所殘文字爲"交往,大凶"數字而已,又底卷後居宅地形處有文字作"不宜共商羽二人交通",可參。

④ 圖校:〔1〕"徵家宅圖"底卷蓋因前圖而誤作"徵姓人宅圖",《諸雜推》(二)作"徵家宅圖"不誤,兹據徑改。〔2〕"白虎"底卷作"月亥",《諸雜推》(二)作"白虎",合於文例,兹據校改。〔3〕"牢"字底卷作"空",《諸雜推》(二)作"天牢",合於文例,底卷形訛,兹據校改。〔4〕"刑"字底卷作"利",《諸雜推》(二)作"刑",與後諸家宅圖所載之"刑上"、"刑禍"云云相應,底卷形訛,故據校改。

徵姓居宅地形：須東高、南高、西平、北下。水瀆出戌地，吉。大門南出丁地大富貴，西出辛小吉①，北出癸壬凶②，東出辰甲地吉；不宜共商羽二人交通。

徵家移徙法：移向子地，滅門，先害父母。向丑地，富貴，令人安和，吉。向寅地，大富貴，出貴子。向卯地，宜財，食口卌人，吉。向辰地，不宜田蠶，先害長子。向巳地，害財物及小口，凶。向午地，害六畜及小口，凶。向未地，先富後貧，凶。向申地，食口卌人。向酉地，害物破散，大凶。向戌地，害父母，滅門，凶。向亥地，不宜六畜，害妻子。

三月移害六畜，九月移滅門，凶，六月、十二月亦凶，敗散。宜用七月、五月、正月。

養六畜宜黄、青、倉、赤色者，番息上好③。

移徙延向法：從壬向丙，從癸向丁，從辛向乙，從庚向甲，從坤向艮，從艮向坤，宜田蠶，大富貴，後世子孫兵④，大吉。從丙向壬、從丁向癸，從乙向□⑤，從甲向庚，逢縣官，口舌疾病，居住不安，西北、東南二維大凶。

---

① "辛"字底卷脱抄，《諸雜推》(二)有"辛"字，合於文例，底卷誤脱，兹據校補。

② "癸壬"底卷作"貴人"，不辭，《諸雜推》(二)本句作"北出癸凶、壬凶"，則知此"貴人"二字當爲"癸壬"二字之音訛，兹據校改。

③ 本句底卷作"上好番息"，考角姓及商姓等下皆作"番息上好"，義長，兹徑據乙正。

④ "兵"字疑或爲"並"字音訛，或"興"字形訛，如爲前者則其下不應句斷，俟考。

⑤ "向"字下至後句首字"從"間底卷留有二字大的空白，蓋其所據抄的底本有殘泐所致，金書據前"從辛向乙"例推擬作"辛"，並申云："此處移徙皆對衝之向，上文有'從壬向丙'，則下文有'從丙向丁'相應，'從乙向辛'亦同。"可參，兹據擬補一個缺字符。

①

---

① 圖校:〔1〕"宮姓人宅圖"底卷本作"宮家宅圖",《諸雜推》(二)作"宮姓人宅圖",與其他圖例協,兹據徑改。〔2〕東部的二十四山信息底卷並作留空,蓋其所據抄之底本有殘而致,兹據《諸雜推》(二)依次擬補。〔3〕"除徵明"底卷作"徵明除",乃十二神名在前,建除名在後,與前角、徵二圖例不同,今徑爲乙置以求整齊,後同,不再一一出校説明。〔4〕"五"字前底卷有一"寅"字,不辭,《諸雜推》(二)此處相關文字作"五人死,大凶,慎之,貧",陳書依文義校改"寅"作"害"字,金書則徑録作"害"字,按"寅"字疑爲抄者因其位序在"寅"而誤抄未删者,兹徑删之。〔5〕"三"字下《諸雜推》(二)有"年"字,底卷誤脱,兹據擬補。又"後"字《諸雜推》(二)作"内",與後"立辰"條所載同,義長。"三"字底卷作"亡","亡喪"不辭,《諸雜推》(二)作"三喪",與後"立辰"條所載同,底卷形訛,兹據校改。〔6〕此句《諸雜推》(二)作"多死亡,妨家長",義長,底卷當有脱抄,姑爲擬補"亡"、"妨"二字。〔7〕"危"字底卷作"死",按"大死亡"不辭,《諸雜推》(二)作"大危亡",義長,底卷形訛,兹爲校改。〔8〕"興"字底卷作"[異體字]"形,占一字空間,陳書録作"興"字,金書録作"五人",校作"益口五人"之誤省倒,按後商姓人宅圖"艮"條"吉興"之"興"字亦作此形,是當以陳書所録爲是,兹從之,《諸雜推》(二)本條作"四月作舍,大吉,

作舍：先起東牆，次起北牆，次起西牆，後起南牆，斷乎其上利三倍①，益口卅人②，破南家，後得田宅。

何以先富後貧③？南方屋壞後起東屋，使之貧，當傷任身婦女④。何以先貧後富？東方屋壞後起南屋，使之富。何以知宅多傷害？水瀆出甲、太歲在甲，故傷。何以居之暴富？其門外下庭中高使之。何以飛禍非父則長子？南方屋壞柱折傷，起之三至不

富，宜子孫"，可參。〔9〕"家"字下《諸雜推》(二)有"長"字，義長，底卷脱抄，兹從擬補。〔10〕"財物"《諸雜推》(二)作"散財"，義長，疑底卷有誤作。〔11〕"資"字下《諸雜推》(二)有"財"字，義長，底卷脱抄，兹據擬補。〔12〕"食"字《諸雜推》(二)作"益"，未知孰是，俟考。〔13〕"五年"《諸雜推》(二)作"卌五年"，疑底卷脱抄"卌"字，俟考。〔14〕"六年"《諸雜推》(二)作"六十年"，疑底卷脱抄"十"字，俟考。〔15〕"午"條底卷脱抄，考《諸雜推》(二)作"午，大富貴，宜田宅，資財千萬，益口七十人，九十年大富，衰後還吉"，又其"未"句下作"大富貴，資財千萬，益口五十人，害西北家，後出孤寡"，則知底卷抄者乃誤糅"立午"、"立未"二條文字爲一，兹參《諸雜推》(二)移配"大富貴，資財千萬，食口七十人，九十年大富貴"十八字於此，并爲擬補"午"、"衰後還吉"五字。〔16〕本句前底卷有"食口七十人，九十年大富貴"，乃誤糅"午"條文字在此，兹依《諸雜推》(二)徑删之。〔17〕"西"字底卷作"四"，《諸雜推》(二)作"西"字，底卷形訛，兹據校改。又"西"字下《諸雜推》(二)有一"北"字，疑底卷脱抄。〔18〕"孤寡"底卷作"刑家"，不辭，《諸雜推》(二)作"孤寡"，底卷形訛，兹據校改。〔19〕"後"字《諸雜推》(二)作"内"，似以底卷所作義長。〔20〕"從"字下依文例底卷脱抄"立"字，《諸雜推》(二)有之，兹據擬補。〔21〕"田宅"前《諸雜推》(二)有一"得"字，合於文義，底卷誤脱，兹據擬補。〔22〕"七人"《諸雜推》(二)作"七十人"，疑底卷脱抄"十"字，俟考。〔23〕"子"底卷作"中"，"中母"不辭，《諸雜推》(二)作"子母"，底卷"中"爲"子"字形訛，兹據校改。又"年"字下《諸雜推》(二)有一"内"字，義長，底卷當脱抄，故據擬補。〔24〕"十一"下依文例脱抄"月"字，《諸雜推》(二)有之，兹據擬補。〔25〕"徙"字底卷作"宜"，其致誤原因不詳，《諸雜推》(二)不誤，兹據校改。〔26〕"年"字下《諸雜推》(二)有一"内"字，義長，底卷當脱抄，兹據擬補。〔27〕"田"字前《諸雜推》(二)有一"宜"字，義長，底卷脱抄，兹據擬補。〔28〕"賢"字前《諸雜推》(二)有一"出"字，義長，底卷脱抄，亦據擬補。〔29〕此句底卷本作"急宜移吉"，《諸雜推》(二)僅作"急移"二字，雖有脱抄，但其"急移"二字間無字，疑底卷所作有誤倒，故徑爲乙正。

① "倍"字底卷誤作"陪"，兹依文例校改。

② "卅"字《諸雜推》(二)作"三"，與他姓作舍益口數相近，疑底卷誤作，俟考。

③ 本句下至段末"慎之，凶"間内容底卷無，此據《諸雜推》(二)校補。

④ "任"字後來寫作"妊"。

者①，必痛硤②，慎之，凶。

宫姓人：陰、葉③、▨④、馮、闞、廉、閻、任、魏⑤、嚴、邯、益、劉、孔、薗⑥、鄭、夫⑦、宋⑧、謝、孫、審、仇、屈、我、和、苗⑨、牛、宿、遊、

---

① 此句語意費解，疑有脱誤，俟考。

② “硤”通“浹”。

③ “葉”字底卷作“□”形，兹參《地理新書》録作“葉”字，曾波録作“乘”字，陳書録作“桑”字，金書作“華”，皆非是。

④ 殘字上部底卷有些漫損，存作“□”形，《諸雜推》（二）、《地理新書》宫姓皆未能比得契合字形，陳、金二書皆録作“整”，似亦有未當，《諸雜推》（二）此處相應的文字作“氾”，《地理新書》作“范”字，疑底卷之字或即“范”字俗寫之訛變，唯底卷後文又補抄有“氾”字，俟考。

⑤ “魏”字《諸雜推》（二）同，是爲“稷”之訛俗字，考《地理新書》宫姓從鬼旁字只收有“隗”字，疑底卷之“魏”字即“隗”之形訛字，是與底卷前之“任”字韻協，然底卷後文又收有“隗”字，《諸雜推》（二）則於此二從鬼旁字外又收有“䰠”字，是爲“鬼”之或體字，俗寫“禾”、“礻”二旁多混，則亦疑“魏”字又爲“䰠”字之誤重者，曾波疑此爲“槐”字俗作，俟考。

⑥ “薗”字爲“園”之俗寫，參張涌泉《敦煌俗字研究》囗部“園”字條考釋。曾波引《元和姓纂》二二元韻“園”字注申云：“四皓園公之後。《風俗通》云：‘氏於所居城郭園池。’是也。”

⑦ “夫”字曾波、金書録如此，陳書作“史”字，曾波又申證云“史”字已見於底卷徵姓，并引《後漢書·烏桓鮮卑列傳》“夫沈”之姓名證明漢代即有以“夫”爲氏者，按“夫”字亦與底卷字形較合，故從録定。

⑧ “宋”字《諸雜推》（二）同，《地理新書》宫姓收之，曾波、陳書、金書俱録作“米”，非是。

⑨ “苗”字《地理新書》收在商姓中，彼書中有“留”字與“苗”形相近，且其音可與後文諸字韻協，疑底卷“苗”字或爲“留”字形訛，然底卷商姓中未收“苗”字，故姑存其舊，俟考。

明[①]、富、陵[②]、曲、咸[③]、鮑、幸、蘭[④]、彥、滿、司徒、柳、陸、宮、沙[⑤]、中、要、伏、談、雄、南、宗、業[⑥]、牢、口、九、冬、鄲、豐、門、季[⑦]、仲[⑧]、隗[⑨]、汜、攝[⑩]。

大墓在辰[⑪]，小墓秏戌，其月日、其時不可舉百事，宜用四月、五月，及有氐觸者大凶[⑫]，滅門。宮屬土，歲忌寅卯辰戌，月忌正月、二月、三月、九月，日忌甲寅乙卯辰戌日，並不可舉百事[⑬]，宜用

---

① “明”字右側底卷有漫漶，此參《諸雜推》(二)録定。

② “富”、“陵”分爲二姓，茅甘、陳書、金書皆然，曾波以“富陵”爲複姓，申云：“富”字見於底卷角姓下，而《地理新書》“富”、“陵”二單姓皆入於羽姓，其宮姓下則收有複姓“富陵”，可參。

③ “曲”、“咸”二字間《諸雜推》(二)有“謝、門、熊、巒、禨、氟、汲、封、甘”九字，疑底卷脱抄一行文字(姓氏字底卷乃於“人宅圖”上録之，行抄約十字左右)，曾波據補，可參。

④ “蘭”字《地理新書》收於徵姓下，其宮姓下與“蘭”形相似者有“藺”字，未知孰是，俟考。

⑤ “宮”、“沙”二字間《諸雜推》(二)有“和、閭、求、梧、舍”五字，曾波據補，疑底卷脱抄，俟考。

⑥ “業”字字形底卷略糊，陳書、金書録作如此，曾波録作“葉”字，與《諸雜推》(二)此處所作合，皆不違底卷字形，然因“葉”字底卷前面宮姓已出，故姑從陳、金二書録定。

⑦ “季”字下底卷誤衍一“季”字，兹依文例徑删之。

⑧ “仲”字下《諸雜推》(二)抄有最後四字“舟、隗、宋、左”，其中“宋”字底卷前已出，其他若“舟”、“左”不知是否爲底卷所脱，俟考。

⑨ “隗”字金書録作如此，與《諸雜推》(二)尾字有合者，曾波録作“瀧”，陳書録作“汜”，恐皆不確。

⑩ “攝”字下底卷誤衍一“攝”字，兹依文例徑删之。又《地理新書》收有“聶”字，無從“聶”旁的其他字，陳書讀“攝”爲“聶”，雖未言所據，蓋有得之，可參。

⑪ 本句下至段末“木剋土必破”的内容爲底卷所無，此據《諸雜推》(二)校補。

⑫ “氐”字原卷作“至”，按“至觸”後文或作“氐觸”，義長，“至”當爲“氐”字俗寫形訛，姑據校改。

⑬ “百”字原卷上下書寫較爲分離，似爲“一白”二字，兹依文例徑録作一字。

四月、五月、八月[①]、十月大吉。宫姓不可買角羽家田宅、奴婢、六畜，嫁娶剋水，木剋土必破。

宫姓地形：欲得西高、北高、南平、東下[②]。水瀆出辰地[③]，門欲南出午[④]、西出庚酉[⑤]，大富貴，吉，二千石；東出甲乙[⑥]，小吉；北出、東出凶[⑦]，不利。不可共角羽二姓人交通[⑧]。

---

① “八月”前原卷有“九月”二字，按前文已言“九月”爲忌用之月，此宜用之月則不當再出，陳書據《協紀辨方書》卷三十五附録所載五姓修宅之宫姓不宜“三月、九月”，宜“六、七、八、十二月”，因而斷“九月”二字衍，兹從删之。

② “下”字下部底卷略殘，此參《諸雜推》(二)録定。

③ “地”字右下部底卷有殘，此參《諸雜推》(二)録定。

④ “南出”二字底卷漫滅，兹參《諸雜推》(二)校補。

⑤ “西”字前底卷衍抄一“人”字，《諸雜推》(二)無，陳書已指出此，兹從徑删。

⑥ “甲”字底卷脱抄，《諸雜推陰陽五姓等宅圖經》(二)有之，義長，疑底卷脱抄，姑據校補。

⑦ “東出”二字前者底卷存左上角點狀筆畫，後者存左下角點狀筆畫，《諸雜推》(二)相關内容作“北及東出作門”，金書以爲所殘二字當作“東出”，兹從校補。

⑧ “通”字左部底卷有殘，此參前徵姓地形及下商姓地形例録定。

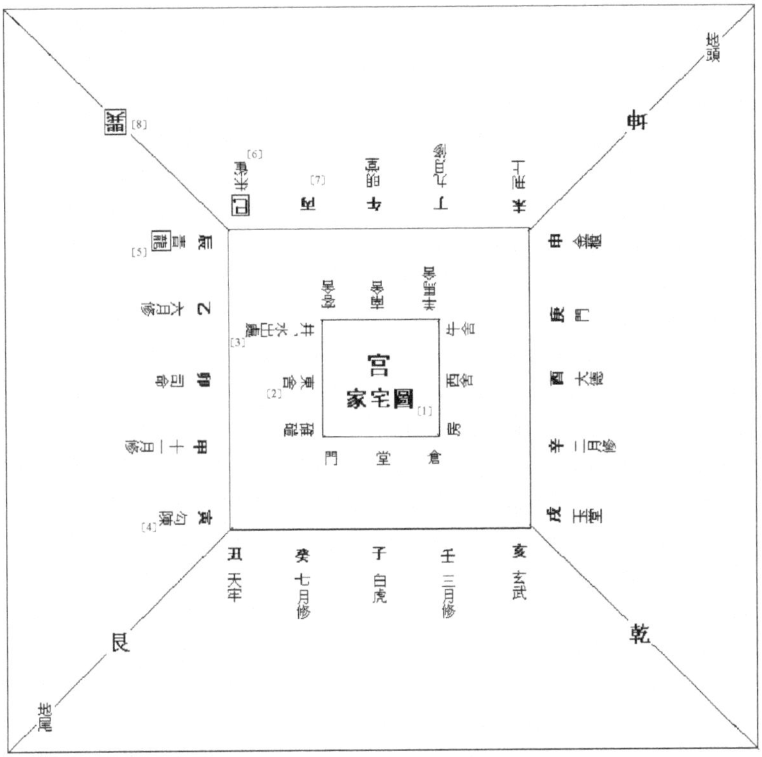

①

宮姓移徙法：向子地，害財物及六畜②、長子。向丑地，宜子孫，食口卌人。向寅地，宜財，富貴及後世，大吉。向卯地，害財

① 圖校：〔1〕"宮家宅圖"底卷作"宮姓人宅圖"，兹依文例校改。《諸雜推》(二)作"宮宅十二神安置"，可參。〔2〕"東"字底卷作"車"，金書校改作"東"，合於文例，陳書徑録作東，兹從校改。〔3〕"出處"二字底卷連書略似"堂"形，陳書録作"出處"二字，細審當是，且與宅地東南流水之勢合，故從録定。〔4〕"陳"字下部底卷有殘泐，此參文例録定。〔5〕缺字底卷殘泐，可依文例補作"龍"字。〔6〕缺字底卷殘泐，可依文例補作"巳"字。〔7〕"丙"字底卷存右側筆畫，兹依文例校補作"丙"字。〔8〕缺字底卷殘泐，可依文例補作"巽"字。

② "財"字底卷原無，《陰陽五姓宅經》(一)、《五姓宅經》(一)"物"字前皆有一"財"字，義長，陳書據補，兹從之，底卷脱抄。

物及小口[1]，大凶。向辰地，不宜田蠶，破敗[2]，凶。向巳地，害六畜，妨産婦，凶。向午地，大富貴，宜□□，□[3]。向未地，資財三百萬[4]，食口六十人。向申地，大富貴，宜子孫，食口卌人[5]。向酉地，大富貴，生貴子，吉。向戌地[6]，滅門，先害父母。向亥地，不宜田蠶，虚耗[7]，大凶[8]。

三月移害財及小口，九月移凶，六月、十二月移破敗[9]，凶。（中缺）[10]

又移徙延向法：移甲向庚[11]、從乙向辛、從丙向壬[12]、從丁向

---

① "財"字底卷原無，《陰陽五姓宅經》（一）、《五姓宅經》（一）"物"字前皆有一"財"字，義長，陳書據補，兹從之，底卷脱抄。

② "敗"字底卷作"散"，《陰陽五姓宅經》（一）同，《五姓宅經》（一）作"敗"，義長，疑底卷形訛，姑據校改。

③ "宜"字下底卷作"子孫、大富貴，食口卌人"，其中"大富貴"三字與前所出重複，《陰陽五姓宅經》（一）、《五姓宅經》（一）本條文字皆作"向午地大富貴，宜六畜，吉"，疑底卷"宜"字下文字乃誤竄下行"向申地"斷語而訛，兹徑删去竄入文字，并據前引二卷擬補三個缺字符。

④ "百"字底卷作"伯"，不合文例，兹據校改。

⑤ "卌"字《陰陽五姓宅經》（一）作"卅"，未知孰是，俟考。

⑥ "地"字底卷脱抄，《陰陽五姓宅經》（一）、《五姓宅經》（一）有之，陳書據補，底卷脱抄，兹從校補。

⑦ "虚"字下底卷有一左下角略殘的似"升"形字，居行末，陳書、金書皆未録，《陰陽五姓宅經》（一）、《五姓宅經》（一）皆作"虚耗"連文，疑底卷誤衍，姑不具録。

⑧ "凶"字底卷作"吉"，蓋承前誤，《陰陽五姓宅經》（一）、《五姓宅經》（一）本條斷語皆作"凶"，與前揭"不宜田蠶"、"虚耗"事合，陳書校"大"作"不"，金書校"吉"作"凶"，後者似於文例爲安，兹從金書校改。

⑨ "敗"字底卷作"散"，《陰陽五姓宅經》（一）、《五姓宅經》（一）皆作"敗"，義長，底卷形訛，姑據校改。

⑩ "凶"字居底卷行中偏下，其下至行末留空未抄，次五行亦留空未抄，蓋其所據抄底本有殘泐而致。

⑪ "移"字依文例當作"從"，陳書據校，可參。

⑫ "壬"字底卷脱抄，陳、金二書皆依文例補作"壬"字，兹從之。

癸[1]、從艮向坤，並宜富貴，子孫傳世，大吉。從庚向甲[2]、從辛向乙[3]、從壬向丙[4]、從癸向丁[5]，並有非禍口舌，財物耗亡，子孫不利。西北、東南、東北三維並凶。

作舍：先起南牆，次起東牆，次起北牆，次起西牆，斷乎西家妨父，北家妨中男。

水出□貧[6]，水出寅凶。若西屋破，慎勿修南方，令人貧，傷子孫。又西方梁柱折傷者，家出刑人。

---

① "從丁向癸"底卷作"從癸向丁"，按前三移徙皆從東、南向西、北，此條不應獨異，蓋底卷誤作，姑依文例校改。

② "從庚向甲"底卷作"從甲向庚"，按"從甲向庚"前已出，陳書校之作"從庚向甲"，甚是，底卷誤作，兹從校改。

③ "辛"字底卷作"申"，不合文例，陳書據文義校之作"辛"，甚是，底卷誤作，兹從校改。

④ "從壬向丙"底卷作"從丙向壬"，按"從丙向壬"前已出，陳書疑當作"從壬向丙"，甚是，底卷誤作，兹從校改。

⑤ "從癸向丁"底卷作"從丁向癸"，按前三移徙皆從西、北向東、南，此條不應獨異，蓋底卷亦爲誤作，姑依文例校改。

⑥ 本句以下至段末"家出刑人"間内容底卷不載，此據《諸雜推》(二)校補。又"水出貧"不辭，依下文例，"水出"與"貧"間當脱抄一方位字，陳書已揭此，兹從擬補一個脱字符。

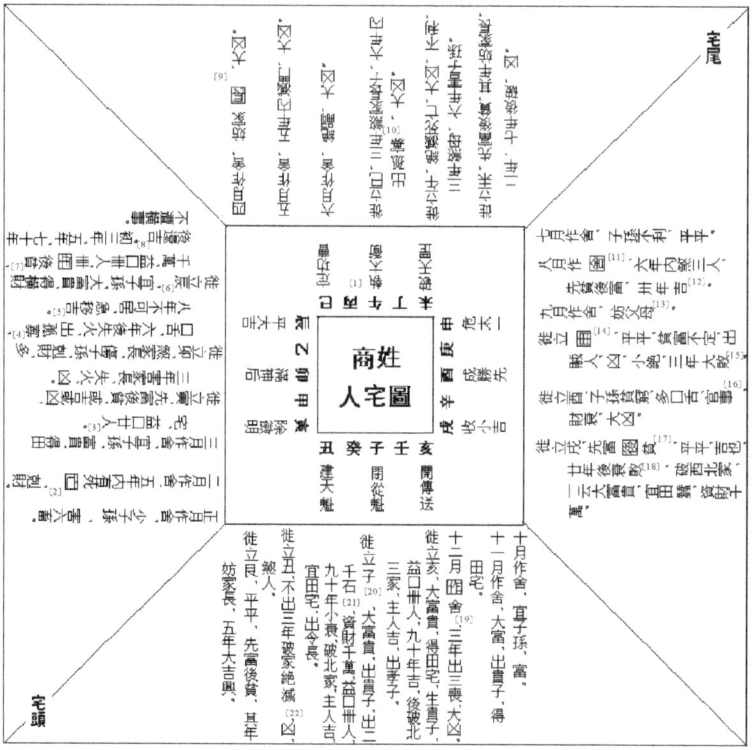

①

① 圖校:〔1〕"丙"字底卷誤作"丁",後"丁"字又誤作"丙",兹並依文例校改。〔2〕"有死"不辭,《諸雜推》(二)作"有死亡",義長,陳書據補"亡"字,甚是,底卷脱抄,兹從校補。〔3〕前"得田宅"句下至行末似作雙行書狀,其左行作"後貧或吉",似有塗抹之形,右行作"益口廿人,從",其"從"字即與次行"立卯"相接之字,而"立卯"二字又明顯可見是"或凶"二字塗改而成,如此則"後貧或吉"也當是抄者誤爲竄抄次行"先富後貧,或吉或凶"而成,其雙行乃後改書所致,故於"後貧或吉"四字不作具録。〔4〕"孤"字底卷作"孫",不辭,《諸雜推》(二)作"孤寡",底卷形訛,兹據校改。〔5〕"急"字底卷抄於"吉"字下,蓋初脱而後補者,兹依文義徑爲乙正。〔6〕"立辰"底卷作"辰立",蓋初脱抄"立"字而旋補抄於下者,兹依文例徑爲乙正。〔7〕"卌"字下依文例當有一"年"字,底卷脱抄,兹據擬補。〔8〕"後還"底卷作"還後",蓋初脱抄"後"字而旋補抄於下者,兹依文例徑爲乙正。〔9〕本句底卷作"嫁妨家",有不辭之感,《諸雜推》(二)作"妨家長",合於文例,陳、金二書皆據校改,兹從徑删"嫁"字,并據擬補所脱字。〔10〕"孤"底卷作"孫",不辭,《諸雜推》(二)作"孤寡",底卷形訛,兹據校改。〔11〕"作"字下依文例當有一"舍"字,《諸雜推》(二)有之,陳書、金書皆據補,底卷脱抄,兹從擬補。〔12〕"卅"字下依文例

商姓人：張、王、梁、唐、陽、索、常、何、荆、左①、程、風、路、姚、上官②、莊、▨③、▨④、康、郎、扈、威、▨⑤、倉、處、向、党、章、廣、尚、賞、桑、葉⑥、賀、車、掌、令狐、强、長、蔡、丁、蔣、石、顔、雷、安、山、邢、蘭、盧、景、韓、謝、郝、啖、付、襄⑦、傷、白、英、柏、會、

當有一“年”字，此脱抄，兹據擬補。又《諸雜推》(二)九月作舍條下有“先貧後富，廿年吉”句，其“廿”、“卅”雖亦不知孰是，但此句義當隸同月之下，依二卷之抄寫訛誤情況看，則當以底卷爲善。〔13〕“九月”條底卷補抄於西方最右側，蓋脱抄後補録所致，兹依文例徑爲録正。〔14〕“立”字下《諸雜推》(二)有“申”字，底卷脱抄，陳書據補，兹從之。〔15〕“年”字底卷作“十”，按“三十”字底卷一律作“卅”，而此句依文例當有“年”字，故疑“十”爲“年”字形訛，姑據校改。〔16〕“官事”底卷作“爲可”，不辭，《諸雜推》(二)作“官事”二字，底卷形訛，金書據校，兹從之。〔17〕“貧”字底卷作“貴”，按“先富貴”置此與前後文義不協，《諸雜推》(二)作“先富後貧”，義長，底卷當脱抄“後”字，又誤“貧”作“貴”字，兹據校改，并爲擬補所脱字。〔18〕“敗”字底卷作“散”，不辭，金書徑録作“敗”字，不確，但其取義甚是，底卷形訛，兹從校改。〔19〕“舍”字前《諸雜推》(二)有“作”字，合於文例，底卷脱抄，陳書據補，兹從之。〔20〕“子”字底卷作“午”，《諸雜推》(二)作“子”，合於文例，底卷形訛，陳、金二書皆據校改，兹從之。〔21〕“二”字底卷作“三”，《諸雜推》(二)作“二”，合於文例，底卷形訛，金書據校，兹從之。〔22〕“滅”字底卷作“絶”，按“破家絶絶”不辭，本句斷語《諸雜推》(二)作“不出三年破家滅門”，陳書據校第二個“絶”字作“滅”字，可從，底卷誤作，兹據校改。

① “左”字又收載於底卷前角姓下，參彼條校記。

② “官”字底卷誤作“管”，兹依通用字例校改，底卷音訛。

③ 殘字墨蹟底卷有些漫漶，作“[illegible]”形，曾波録作“並”，陳書録作“萬”，金書作缺字符處理，俟考。

④ 殘字墨蹟底卷有些漫漶，作“[illegible]”形，曾波、陳書、金書皆作缺字符處理，俟考。按《諸雜推》(二)“莊”、“康”之間無他姓字，亦或底卷此二漫漶之字乃誤抄而塗刪者。

⑤ 此字底卷作“[illegible]”，其左旁爲“克”或“堯”形，右旁可楷録作“褪”、“走”或“聿”形，然合左右二形所成之字字書皆未見，曾波、金書録作“克”字，陳書缺録，《諸雜推》(二)“威”、“倉”二字間無他姓字，俟考。

⑥ “葉”字底卷作“[illegible]”形，陳書録作“葉”，曾波録作“華”，金書録作“業”，按《諸雜推》(二)“桑”、“賀”間無他姓字，又曾波因底卷宫姓下已收“葉”字，故斟酌字形而别録作“華”字，然《地理新書》亦宫、商二姓下皆收“葉”字，而“華”字别屬於徵姓下，且諸姓下皆未收“業”字，故姑從陳書録定。

⑦ “襄”字底卷作“裹”，《諸雜推》(二)未收“裹”字，與“裹”字字形相似者作“襄”，按《地理新書》商姓下亦有“襄”無“裹”字，是底卷所作形訛，兹據校改。

度①、萡、房、劇、羗、方、慶、展、辰、西、即、藉、屠②、裴、夏、井、南、家、傅、成、黄、合。

諸嗣姓相商勾，更有雜姓③，或向主人不知音屬，總入商姓用之④。

商姓地形陽

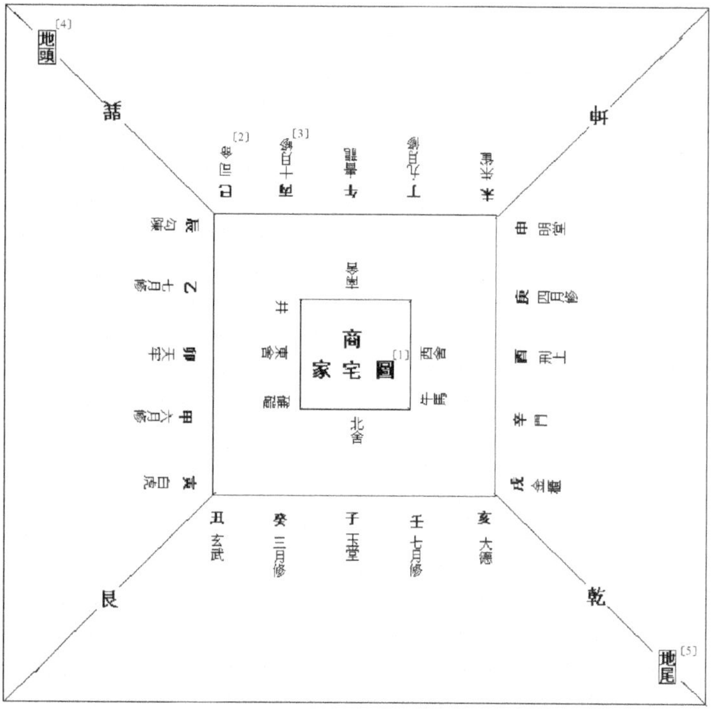

⑤

① "度"字前底卷有一字作"□"形，似糅"慶"字上部與"度"字下部而成之字，因底卷後收有"慶"字，故此字當爲抄者誤抄"度"字形後旋於其下重抄正體而未即删者，兹徑爲删去之。

② "藉"、"屠"二字間《諸雜推》(二)有"葛"、"駱"二字，曾波據補，可參。

③ "有"字底卷誤作"又"，兹依文例校改。

④ "總"字底卷作"忽"，陳書録作"總"，不確，但其讀法却頗有理致，疑底卷"忽"即"總"之俗字"揔"的訛省，姑從校改。

⑤ 圖校：〔1〕"商家宅圖"底卷作"商姓宅圖"，兹依文例校改"姓"作"家"字，底卷

商姓居宅地形：欲得西高、北高、東平、南下。水瀆出丑地。大門北出壬小吉①，西出庚大富貴，一云二千石，南出丙小吉。不用角徵家人交通，凶。

商姓人移徙法：移向子地，大富貴。向丑地，滅門。向寅地，剋財物及六畜。向卯地，害財物，不可居。向辰地，大富貴，食口卅人。向巳地，先富後貧。向午地，害財物及六畜、小口，凶。向未地，害財物及六畜②，大凶。向申地，破敗，不宜子孫，凶。向酉地，先富後貧，凶。向戌地，大富貴，吉，利生貴子。向亥地，大富貴，出貴子。

六月移害六畜，七月移滅門③，三月、九月亦凶，宜用七月、八月、十月、正月、二月。

若養六畜，宜黄、伯、黑色，番息上好。

又移徙延向道法：從丙向壬、從乙向辛、從乾向巽、從巽向乾，並富貴，宜子孫，大吉。從壬向丙、從辛向乙、從甲向庚、從丁向癸、從癸向丁，並有口舌、非横禍、縣官④，物耗亡，子孫不利。東北、西南二維並凶。

誤作。〔2〕"命"字底卷作"合"，不辭，兹依文例校改。〔3〕"十月"《諸雜推》(二)作"十一月"，未知孰是，俟考。〔4〕依文例底卷缺"地頭"、"地尾"標識，《諸雜推》(二)僅於西北乾下注一"尾"字，然因可知此西南巽下當爲"地頭"，兹據擬補二字。〔5〕依文例底卷缺"地頭"、"地尾"標識，《諸雜推》(二)僅於西北乾下注一"尾"字，是知此當爲"地尾"之位，兹據擬補二字。

① "壬"字下底卷有一"癸"字，其右側加有删除符號"卜"。

② "物"字底卷脱抄，兹依文例校補。

③ "七月"後宜用日有出，校之他姓移徙月份吉凶，疑此"七"字或爲"十二"之訛，俟考。

④ "縣官"下底卷有"口舌"二字，本句前已出此二字，此當爲衍文，姑依文義徑删之。

①

---

① 圖校：〔1〕“千萬”前《諸雜推》(二)有“資財”二字，合於文例，底卷誤脱，兹據擬補所脱二字。〔2〕“口”字底卷作“上”，不辭，《諸雜推》(二)作“口”，合於文例，底卷形訛，兹據校改。〔3〕“出賢”不辭，《諸雜推》(二)作“出賢婦”，義長，是底卷脱抄一“婦”字，兹據擬補。〔4〕“辰”字前《諸雜推》(二)有“立”字，合於文例，底卷誤脱，兹據擬補。〔5〕此三字《諸雜推》(二)無，陳書“疑爲衍文”，可參。〔6〕“舍”字與其後的“害”字底卷誤相雜糅作“[illegible]”形，《諸雜推》(二)此處作“舍害”二字，兹參録校。〔7〕“不利田宅”與“資財千萬”間《諸雜推》(二)有“煞六畜，凶。未，宜田宅”十字，可補底卷缺失“未”條之疑，然則疑底卷抄寫竄行，而致誤脱一行文字，姑據擬補所脱字。〔8〕“貴子”前《諸雜推》(二)有“生”字，義長，陳、金二書皆據補，底卷脱抄，兹從擬補。〔9〕“八”字《諸雜推》(二)作“六”，金書據校，疑可信從。〔10〕“八月作舍”條底卷脱抄，《諸雜推》(二)作“八月作舍，害三人，凶”，以七、九二月文字《諸雜推》(二)皆略同，故從擬補八字。〔11〕句首“九”字前底卷有一“益”字，於義費解，《諸雜推》(二)無，陳書已揭其爲衍文，兹徑從删之。〔12〕“亥”字前底卷依文例脱抄一“立”字，《諸雜推》(二)有之，兹爲擬補。〔13〕“孤寡”前《諸雜推》(二)有“出”字，義長，陳書據校，兹從之。

作舍:先起南牆,後起北牆,其利百倍[①],煞北家父及長子,得田宅,三年内益口三人,增財加六畜。次起東牆,害東家子母。後起西方,斷乎其利三倍,得田宅,益口二人[②]。

爲居,東高、中庭高即貧,凶也[③]。

羽姓人[④]:吴、吕、袁[⑤]、彭、馬、孟、賈、淳于[⑥]、燕、褚、黄、榮、郭、魯、牟、巫、平、邴、楚、步、虞、徐、盈、武、温、胡、霍、蘇、扈、潘、卜、歐陽、一云商。鮑、閲[⑦]、魚、臾[⑧]、如、汝、皮、夏侯[⑨]、衛。

大墓在辰[⑩],小墓在戌,百事皆凶,不可氏犯。歲忌丑未辰戌,月忌三月[⑪]、九月、六月、十二月,日與已上同,宜用正月、七月、八月,大吉,與日皆同。

---

① "益口"二字底卷原無,《諸雜推》(二)此句作"益口三人",底卷脱抄"益口"二字,兹據校補。又"二人"與"三人"未知孰是,準前"先起南牆"例,疑當以"三人"爲是,俟考。

② "倍"字底卷誤作"陪",兹依文例校改。

③ 此處文字《諸雜推》(二)作:"何以東高凶中庭高即貧?"其後殘泐。

④ "姓人"底卷作"人姓",其"姓"字右側有一淡色乙正墨鈎。

⑤ "袁"字底卷作"表",《諸雜推》(二)同,《地理新書》收之於"單姓闕五音者"中,陳、金二書皆録作"袁"字,雖與底卷字形不切,但能與《地理新書》羽姓下所收者合,底卷"表"字當爲"袁"字形訛,兹據校改。

⑥ "淳于"底卷作"渟于",《諸雜推》(二)同,《五姓宅經》(二)、《地理新書》作"淳于",合於文獻用例,底卷"渟"當爲"淳"之俗訛,兹據校改。又"淳于"前底卷有一"楚"字,後文又有收録,《諸雜推》(二)此處無"楚"字,且其"楚"字亦收於後"步"字前,此蓋竄行衍抄,故據删之。

⑦ "鮑"、"閲"之間《諸雜推》(二)有一"于"字,曾波據補,可參。

⑧ "臾"字底卷作"受",《諸雜推》(二)作"浽",二字《地理新書》羽姓下皆未收録,依字形考之,疑"受"字爲"臾"(此字《地理新書》有收)之俗訛,如此則與前後"魚"、"如"等字韻協,"臾"字草書與"受"形近似,俗寫或因而訛作,姑據校改。

⑨ "夏"字底卷原無,按"侯"字前《諸雜推》(二)有"夏"字,爲複姓,與《地理新書》合,單姓"侯"字在底卷角姓有收,此亦與《地理新書》同,故此處底卷當脱抄"夏"字,兹據校補。又《諸雜推》(二)"皮"字與"夏侯"二姓間另有"何"、"員"二姓字,曾波據補,可參。

⑩ 本句下至段末"與日皆同"間内容底卷原無,此據《諸雜推》(二)校補。

⑪ 前一"月"字原卷脱抄,陳書據文義校補,兹從之。

羽姓地形陰①

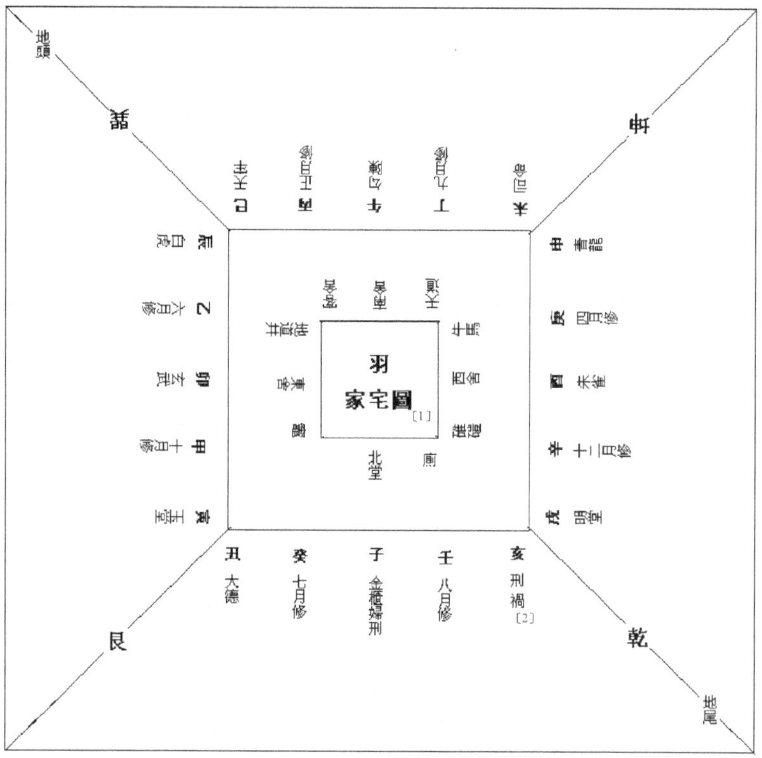

②

羽姓地形：西高、北高、東下③、南平。水瀆出辰吉④。大門北出壬、西出庚辛吉，宜人，南出丙小吉。不宜共宫家人交通往來出入，凶。

---

①　"羽姓地形陰"五字底卷脱抄，兹據《諸雜推》(二)校補。

②　圖校：〔1〕"羽家宅圖"底卷誤承前圖仍作"羽姓人宅圖"，兹爲保持圖表整齊而徑依文例改正。〔2〕"禍"字底卷作"福"，《諸雜推》(二)作"禍"，合於文例，底卷形訛，兹據校改。

③　"東"字下底卷蒙後衍抄一"南"字，兹參《諸雜推》(二)例徑删之。

④　"南平"下底卷有一"吉"字，與文例不合，又檢前四姓地形下皆接抄水瀆所在吉位，而此句"水瀆出辰吉"句抄在後"南出丙小吉"句下，顯爲脱抄後補作，今依文例乙正至此。

羽家移徙法：移向子地，自如，先富後貧。向辰地，不宜財，破敗①，凶。向巳地，害廿人及六畜。向寅地②，大富貴，宜人，吉。向卯地，先富後貧。向丑地，大富貴，宜人，吉。向午地，不宜六畜，害廿口，凶。向未地，先富後貧。向申地，先害家長，滅門，凶。向酉地③，宜子孫，食口卌人，吉。向戌地④，先富後貧，生貴子。向亥地⑤，害財物，不吉利⑥。

九月移破敗⑦，凶。三月滅門。六月、十二月亦凶。宜用四、五、七、八、九、正月乃可移。

若養六畜，宜紫、烏色⑧，番息上好。

又移徙延向道法：從丙向壬、從甲向庚、從庚向甲、從乙向辛、從丁向癸，益口富貴，子孫大吉。從壬向丙，從辛向乙，從癸向丁，並有疾病、盜賊、虛耗、散財。

山東、山南爲陽，山西、山北爲陰；水東、水南爲陰，水西、水北爲陽⑨。或府或城⑩、或縣或宮觀，有居東及南爲陽，居西及北爲陰。

---

① "敗"字底卷作"散"，《陰陽五姓宅經》(一)作"敗"，義長，底卷形訛，兹據校改。

② "向寅地"、"向卯地"、"向丑地"位序有誤，《陰陽五姓宅經》(一)不誤，此蓋抄者誤倒而後補作如此。

③ "向"字底卷誤脱，《陰陽五姓宅經》(一)有之，合於文例，兹據校補。

④ "地"字底卷誤脱，《陰陽五姓宅經》(一)有之，合於文例，兹據校補。

⑤ "向"字底卷誤脱，《陰陽五姓宅經》(一)有之，合於文例，兹據校補。

⑥ "不"字底卷作"大"，《陰陽五姓宅經》(一)同，按前言"害財物"，而此斷語作"大吉利"，文意相忤，陳書校"大"字作"不"，蓋是，唯"不吉利"似亦較罕用，姑從校改。

⑦ "破敗"底卷作"財物"，不辭，《陰陽五姓宅經》(一)作"破敗"，底卷"財物"二字乃"破敗"之誤書，姑據校改。

⑧ "紫、烏"二色《陰陽五姓宅經》(一)作"白、紫、烏、赤"四色，未知孰是，俟考。

⑨ "水西水北爲陽"六字底卷脱抄，兹依前句文例校補。

⑩ "城"字底卷誤抄作"成"，兹依文例校改。

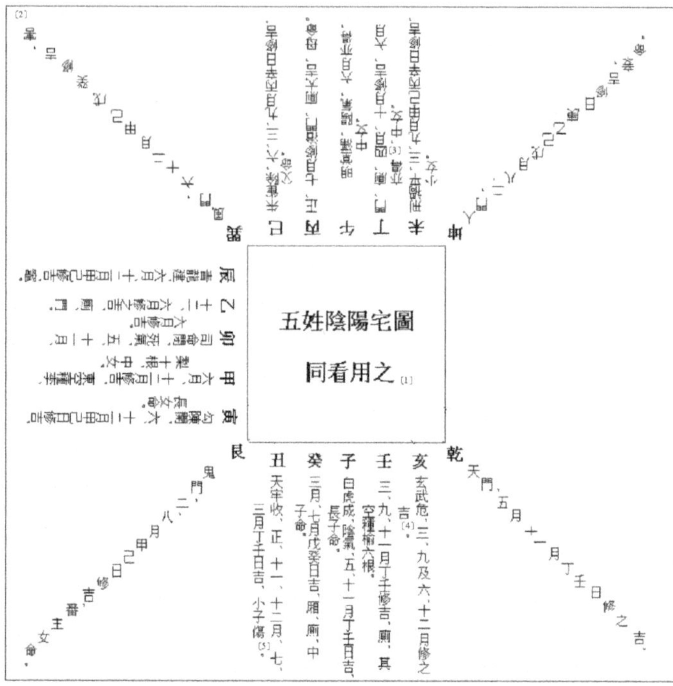

①

移徙：從南向北、從西向東爲陽②，從東向西③、從北向南爲陰。

---

①　圖校：〔1〕本圖之西部文字全缺，蓋其所據抄底本殘泐所致。〔2〕"害"字置此不辭，陳書以爲衍文當删，金書以爲其前脱抄"無"字，疑其下或有脱抄文字，俟考。〔3〕"亦得"下底卷衍抄"亦得"二字，陳書已揭其爲衍文，兹從徑删之。〔4〕"及"字底卷作"父"，不辭，陳書校爲"及"字形訛，金書校作衍文，唯以致衍原因不明，故姑從陳書校改作"及"字。又"修"字前底卷有"修丁壬日"四字，其右側加有墨點，當爲誤録删除文字，故不具録。〔5〕"傷"字置此不辭，陳書據文義校改作"命"字，可參。

②　"從西向東"底卷原抄於"爲陽"之後，金書已揭此"從西向東"當爲陽，兹参從乙正，底卷蓋誤先抄"爲陽"二字，而旋補此四字於其後。又前"南向北"底卷作"北向南"，按底卷前"不整宅圖"下所述之陰陽宅移徙中，已述"從西向東，從南向北爲陽"、"從東來向西，從北來向南，皆名陰宅"，以從來之處的八卦之陰陽爲陰陽，故疑底卷"北"、"南"二字誤乙，下"從南向北"句之"南"、"北"二字误乙同，姑爲校改，以免混亂。

③　"向"字底卷作"從"，金書依文例校改作"向"字，兹從之。

乾法：乾坎艮震爲陽[①]，巽離坤兑爲陰。

五姓安門開户法圖

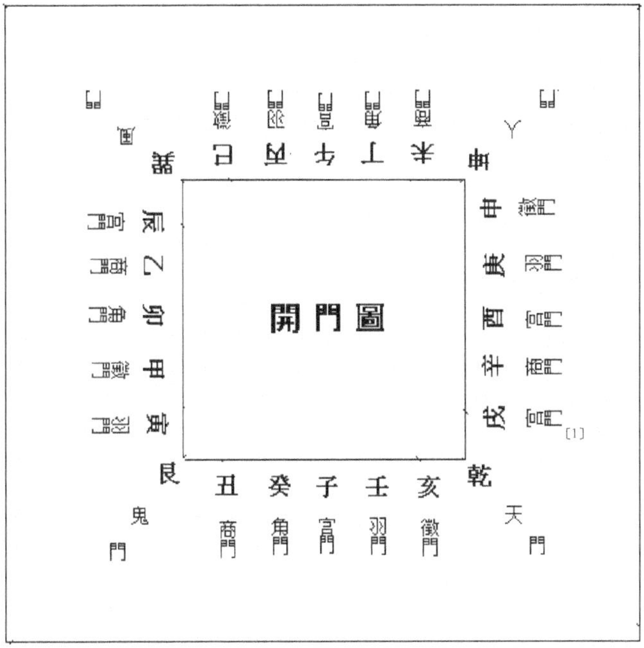

②

凡門無扇，令人家貧。大門無羅，絶滅少子孫[③]。門當四仲，食常不足。門當大小墓，妨家長，多死亡。門當大小相當，家多口舌，凶。門在宅口相當，凶，破家貧窮。門在禍害上，多官事。門在本姓刑上，凶。大門中門相當，凶。

凡宅内外房舍無扇，凶，虚，不利。

門在宅建上，多口舌，出孤寡。在除上，家虚，亡耗財。在滿

---

① “陽”字底卷作“陰”，陳書依文義校改作“陽”，下“陽”字校改作“陰”，蓋以乾帶三男當爲陽、坤帶三女當爲陰故也。

② 圖校：〔1〕“宮門”依文例疑當作“角門”，俟考。

③ “少”字底卷誤作“小”，茲依文例校改。

上，大吉，宜六畜、五穀。在平上，利人。在定，家多病。在執，多口舌、孤寡。在破上，不利，出死亡。在危，大吉。在成上，虎食六畜。在收，大利，宜財。在開，大利，廿年出病人。在閉，大吉。

門户[①]、堂户無扇，令人家衰。門當户，家多病。門在青龍，吉。三門相當，失小口。門當屋梁[②]，弔死、兵死。門在刑上，不利父母。門在白虎上，數逢盜賊。門在午上，少子孫。玄武上，數逢賊。

九月九日炊黍門祀，宜田蠶。

又門法：重作宫門，大吉。重作商門，宜子孫。重作角門，先富後貧。重作徵門，宜士宦。重作羽門，大吉。

門外宫内羽，貧，致口舌。外宫内商，富貴。外宫内角，貧。外商内徵，富貴[③]。外角内商，傷貧。外角内宫，子孫刑，凶。外角内徵，富貴。外角内羽，亦富貴。外徵内宫，宜六畜。外徵内商，少子孫，兵死。外徵内羽，兵、暴死。外徵内角，富貴。外羽内角，大富貴。外羽内徵，貧，暴死。外羽内宫[④]，多乳死。外羽内商，宜子孫。

凡角出角門[⑤]，盈餘，雖得錢財，隨手用便出，先富後貧，凶。

① “户”字底卷漫漶，存上、左及右側的點形筆畫，兹依文例及殘形校補作“户”字。

② “屋”字前底卷有一“屋”字，其内塗有二竪綫，蓋爲删除之字，故不具録。

③ “貴”字底卷存右上角少許筆畫，陳書據文義補作“貴”字，與底卷殘形合，兹從校補。

④ “宫”字底卷本作“商”形，内有塗改略似“宫”形，後於其右下角行間補書一“宫”字，兹徑録入正文。

⑤ “門”字底卷有漫漶，兹參其後“角出徵門”等文例録定。

角出徵門，生貴子，先貧後富[1]。角出羽門，相生[2]，吉，資材千萬，大吉，富貴[3]。門外出徵，大富。門外出羽，先富後貧。角出宫門，相剋刑獄，即招禍殃。角出商門，相剋傷，財物不聚，多盜、喪出，貧耗財，多病殃死[4]。

徵出徵門，常不足，衣食□▨□□▨▨▨▨□▨▨▨▨▨[5]。外出角，先富後貧[6]。外門還出徵，大富，宜爲人使令[7]，▨□▨[8]。徵出宫門，大富貴，資財千萬，外出宫[9]，吉，富貴，宜子孫，多六畜。徵出商門，主刑傷、耗財錢之殃，外出商，先富後貧，長子兵亡。徵出羽，必禍滅門，凶，外出羽，兵死，獨坐一世孤。

宫出角門，相剋傷，非爲吉也，外出角，衰耗財物。宫出徵[10]，大富，益口。宫出宫，財食自如，外出宫，大富貴，吉。________[11]。宫出羽，相剋凶，外出羽，貧而多死。

---

① "後富"二字居底卷行末，各存少許筆畫，陳書未録，金書録作"後富"二字，不知何據，然"後富"二字合於文例，兹從校補。

② "生"字底卷作"主"，陳書録同，金書徑録作"生"，雖不契原形，但與水木相生之理合，後"角出宫門"、"角出商門"皆謂"相剋"，則此當云"相生"無疑，底卷"主"乃"生"字形訛，兹從校改。

③ "貴"字中部底卷有漫漶，金書蓋依文義録作"貴"字，甚是，兹從之。

④ "殃死"二字前者底卷存左上角少許筆畫，後者可辨右下角一"乚"形筆畫，陳書前者不録，後者作缺字符，金書前者録作"人"字，與殘形不合，後者不録，參後文詞例，則此二字當是"殃死"字，姑從校補。

⑤ 殘字底卷皆存右部筆畫，雖有多少之異，但皆不能辨其本字，故不具述所存之貌。又缺字底卷皆殘泐。從本段内容推測，此頁與下頁間似没有整行文字殘缺。

⑥ "後貧"二字前者底卷存上部少許筆畫，後者存下部筆畫，陳書依文義補作"後貧"二字，當是，兹從校補。

⑦ "人使"二字底卷作"使人"，其中"人"字右側有一乙正符號"√"。

⑧ 殘字前者底卷存上部似"日"形筆畫，後者存下部似"不"字下部形筆畫，缺字底卷殘泐。

⑨ "出"字底卷存兩側似"丨"形短畫，陳書依文義補作"出"字，兹從校補。

⑩ "出"字底卷作"角"，不辭，依文例此當作"出"字，底卷誤作，兹據校改。

⑪ 此處依文例底卷脱抄"宫出商"門吉凶説，姑爲擬補一個多字脱字符。

商出角，相剋凶，外出角，兵死兵長①。商出徵，絶滅凶，外出徵，先富後貧。商出宫，富貴，宜子孫，生貴子②，外出宫，大富貴，資材千萬，廿年③。商出商，無餘糧，衣食恒不足，外出商，富利，二千石。商出羽，大富貴，資財千萬，吉，外出羽④，富貴，吉。

羽出角，宜錢財，生貴子，外出角，大富貴，煞女婦。羽出徵，相剋亡，出刑徒，外出徵，大貧，多死亡。羽出宫⑤，招禍殃，矢⑥，外出宫，多殃咎，大凶。羽出商，安樂富昌，子孫壽命至老長，外出商，大吉良。羽出羽，大富貴，子孫多死病殃，外出羽，大富貴。

---

① “兵長”置此有不辭之感，疑“長”爲“喪”字形訛，然“兵喪”與“兵死”義重，俟考。

② “生”字前底卷有一“富”字，蓋承前衍抄，兹依文義徑删之。

③ “廿年”置此不辭，疑其下有脱文。

④ “羽”字底卷誤脱，陳、金二書皆據補，兹從之。

⑤ “宫”字底卷作“羽”，按“羽出商”後有重出，陳書據下文校改“商”作“宫”字，甚是，兹從之。

⑥ “矢”字疑當爲“失”字形訛，其下仍當有脱文。

五姓開井圖其開井法審看用之，已前亦有。

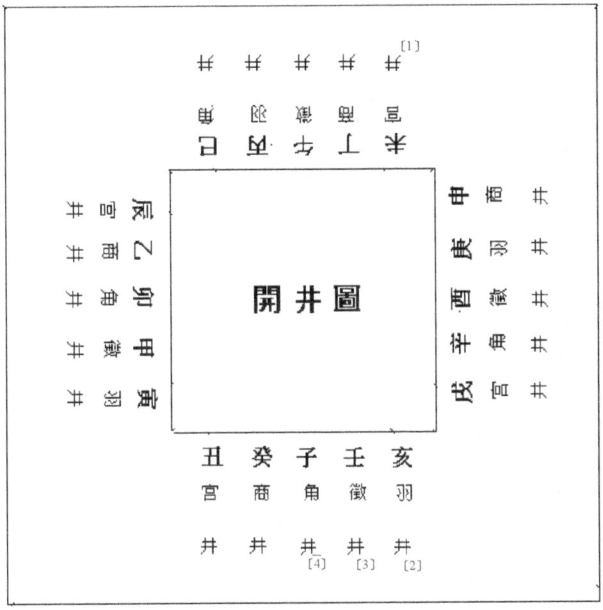

①

凡井在子地，出不孝子。在丑上，不利家。在寅，少子孫。在卯，不宜人。在辰，大吉。在巳，亦吉。在午，出貴子。在未，疾病、刑人。在申，多病②。在酉，不宜子孫。在戌，多變聞③。在亥，上不利。

井不得，故令人失明。井在刑上，溺死，九月動井，凶。井在

① 圖校：〔1〕"宮"字底卷作"商"，《宅經》（敦煌本）作"宮"，與底卷其他三方以地支五行屬土位者配宮合，底卷誤作，茲從校改。〔2〕"羽"字底卷作"徵"，《宅經》（敦煌本）作"羽"，與底卷其他三方五姓俱全者合，底卷誤作，茲從校改。〔3〕"壬徵井"之"徵"字敦煌本《宅經》作"角"，與南方五姓列序相應，疑可信從。〔4〕"子角井"之"角"字敦煌本《宅經》作"徵"，與南方五姓列序相應，疑可信從。

② "多"字居底卷行末，次行首底卷復抄一"多"字，依文例當爲衍文，茲徑删之。

③ "聞"字底卷作"[聞]"形，陳書録作"閉"字，金書録作"開"字，似皆不足據，然"變聞"爲詞在敦煌風水文獻中似亦較特别，俟考。

勾陳上，出狂，七月[1]。井在竈北，出盲子。井在白虎上，家長腹病見血。井去院牆一步，出孤寡。井上不安火爐，井上不種桃樹，多不祥。井上種茱萸，無病明目。

又井法：宫食宫井，食常不足。食徵井，生子八人，大富貴。食角井，大凶。食商井，生子八人，大吉。食羽井，煞三人。商食商井，食常不足。食角井，初利後凶。食宫井，生子七人，大富。食徵井，大凶。食羽井，生子五人，大富。角食角井，食常不足[2]。食宫井[3]，先富後貧。食商井，初利後凶。食徵井，相生，吉。食羽井，生子五人，大富貴。徵食徵井，食常不足。食角井，生子九人，大吉。□[4]。食商井，初利後凶。食羽井，出孤寡、病死。羽食羽井，食常不足[5]。食角井，生子五人，吉。食宫井，出孤寡。食商井，生子四人，大富。食徵井，初利，無子孫。

五音並風角法吉凶相亂，事與門司命[6]，宅内所食之井皆在巳吉，餘雜法止可溉灌。

竈法

竈在子，有禍，無子孫。在丑，不宜牛羊，煞奴婢。在寅，吉。

---

① 與前"九月動井，凶"例比較，疑此"七月"下有脱文，俟考。

② "食"字底卷原無，按"常不足"前宫、商、徵下皆作"食常不足"，是此句依文例亦當有"食"字，姑據校補。

③ "食"字底卷作"井"，不合文例，陳書、金書皆據文意校改"井"作"食"字，甚是，兹從之。

④ 與他姓食井法比較，此徵姓食井法下缺"食宫井"條吉凶説，陳書已揭此，甚是，姑從擬補一個多字缺字符。

⑤ "食"字底卷原無，按"常不足"前宫、商、徵下皆作"食常不足"，此蓋脱抄"食"字，姑據校補。

⑥ 此句語意費解，俟考。

在卯，多子孫。在辰，生貴子。在巳，多口舌。在午，有官事。在未，宜女婦，不宜男，失火。在申，宜子孫①，貧。在酉，不宜子孫，癲病、兵死。在戌，憘開諍②。在亥，有官事。

竈在五姓大德上，出貴子。竈在五姓天牢上，大吉，富貴，竈在五姓司命上③，多子孫。竈在五姓明堂上④，出明經弟子⑤。竈在五姓金櫃上⑥，得横財物。竈在井相當，來口舌。竈在五姓刑上⑦，出火燒死，不利父母。竈當門户，多口舌⑧、小兒。竈在玉堂上⑨，妨子。竈在五姓青龍上，家破寒。

竈燃桃，不祭祀，祭鬼神不尚饗。西家竈當突自家門户，失火。竈處燒蓐草，家出癡子。竈上安刀，有官事。竈口向北開，家不祥⑩。治送竈忌用井上土及溝井泥⑪，大凶。凡竈門向西，益

---

① 本句與後之“貧”陳書不作句斷，而校改“宜”作“主”，可參，唯原句意亦通，校改後句意改變較大，俟考。

② 此語殊怪，疑“開”或爲“鬭”字形訛，俟考。

③ “竈”字前底卷有“天牢”二字，陳書已揭其爲衍文，甚是，兹從徑删。又“竈”字底卷作“卯”，不合文例，蓋以司命居卯位而竄入（參前“五姓陰陽宅圖同看用之”所序十二神位），陳書校之作“竈”，可從，兹據校改。

④ 本句底卷原作“在五竈姓明堂上”，不辭，金書已據文義乙正，兹從之。

⑤ “弟”字底卷作“”形，陳書録作“儒”字，金書作缺字處理，按此當爲“弟”字俗寫形體之一，雖與底卷前部諸“弟”字寫法有些小别，但大體字形仍似，故徑録正。

⑥ “竈”字底卷脱抄，兹依文例校補。

⑦ “刑”當指“刑禍”而言，疑此脱抄“禍”字。

⑧ “口”字前有一略似“中”形字，蓋抄者書“口”字誤重而塗去者，今不具録。

⑨ “竈”字底卷脱抄，兹依文例校補。又“玉”字原無，陳書依文例校補，按“玉堂”爲十二神之一，當是，兹從之。

⑩ “不”字底卷作“在”，不辭，陳書校“在”爲“不”，蓋以爲形訛，金書校“在”爲“災”，蓋取其音訛，然較其義理，似以陳校爲勝，姑從校改。又其前“竈口向北開”句與後“向北開，散財物”當指同一事，故疑此句爲抄者竄行誤抄且又别書“竈門”爲“竈口”所致之衍文，而“家在（不）祥”之斷語當接屬“竈上安刀，有官事”而言。

⑪ “送”字陳書録作“造”字，不確，但於文義却較爲妥當，疑底卷“送”爲“造”字形訛，俟考。

財，口舌[①]，吉。向東開[②]，多疾病。向南開，來口舌。向北開，散財物。門向錡角開[③]，滅門，大凶。

修竈日法：甲子、乙丑、己巳、乙未、己酉、甲寅、乙卯、忌卯[④]、己亥[⑤]、己未、乙酉[⑥]。

治故竈日法：甲子、丁丑、丁卯、辛巳、丁未、丙寅、己未、庚子、庚午，右付除日吉。

凡竈上不得安雞毛、狗骨及燒之，有飛禍。竈上不得安刀鐵，家有官事口舌。凡竈前不得唱歌，令人多病。凡竈下灰不得積[⑦]，喪門。凡竈下不得燃穢薪，令人絶後，凶。凡餤火著水中[⑧]，令人小兒頭上生瘡少髮[⑨]。凡家不和，爲用井上泥塗竈[⑩]，大凶。凡作竈塼土物著人傍，令人家衰耗，宜著宅外丙丁地，如離宅分灰。凡作竈餘塗，凡竈中灰，隨多少去之[⑪]，勿出著前，令人家不

① “口舌”陳書校作衍文，蓋以“口舌”非吉，或底卷蒙下“向南開”之斷語而訛，俟考。

② “開”字底卷作“門”，不辭，兹依文例校改。

③ “錡”字底卷作“[illegible]”形，陳書録作“厨”字，不確，金書作缺字處理，按此“錡”當即“犄”之借字。

④ “忌卯”不辭，陳書校以爲“卯”字前脱一“天干”序字，然以下“治故竈日法”中未載忌日，故亦疑此“忌”字或爲“己”字音訛，俟考。

⑤ “己亥”底卷後“五姓雜修造日法”下作“乙亥”，未知孰是，俟考。

⑥ “乙酉”下底卷復出一“乙酉”詞，陳書校作衍文，姑從删之。

⑦ “得”字底卷原無，按“不積”喪門於義未安，疑“積”字前脱抄一“得”字，姑爲校補。又金書以爲下之“喪門”爲凶神之一，若伯二八五九《五兆要決略》推喪門法所謂“正月未，二月戌，三月丑，四月辰”云云，恐與底卷所述之意不同。

⑧ “餤”字底卷作“[illegible]”形，乃其訛俗字，陳書録作“鱗”字，金書録作“燃”字，皆不確。

⑨ “少”字底卷作“小”，兹依文例校改。

⑩ “井”字底卷原無，按“用”、“上”之間陳書已揭其有脱文，但未明示所脱何字，參底卷前文“治送竈忌用井上土及溝井泥”句，知此所脱當爲“井”字，兹姑爲擬補。

⑪ “少”字底卷作“小”，兹依文例校改。

利。凡人不得以脚進火，令人體上生瘡。

凡人宅内有釜鳴，呪曰："時加正陽，萬事吉昌。釜鳴千歲，世世無殃，家口慈育，作者康强，延年益壽，福禄永長，子孫萬歲，無有凶殃，急急如律令。"

故竈處不得安床帳，凶。

凡人移徙、遠行、出入、迎醫、避病、賣田宅、興版起土、修造、蔟蠶等，皆須從黄向黄，大富貴，吉昌，一切諸神不能爲害。從黑向黑，所求不得。從黑向黄，中吉。從黄向黑[①]，中凶，審看用之，即知吉凶處。

鎮宅

凡人家宅不安，朱書此符，皆長一尺二寸，以一丈竿子頭縣之庭中，皆令大吉，急急如律令。

五姓雜修造日法

修宅：甲子、甲午日。

起土：天恩、母倉日。

移徙：乙丑、壬辰日。

---

① 本條"黑"、"黄"二字位置誤乙，致與前條重複，今以黄吉黑凶較之，則此"中凶"者當作"從黄向黑"爲是，陳書已揭此理，姑從校改。

修門：甲子、□午日[①]。

修井：甲子、乙巳日。

作廁：丙子、丁卯日。

修竈：乙亥[②]、乙酉日。

修碓磑[③]：甲子、甲戌日。

掃舍：壬午、天赦日吉。

上梁：乙卯[④]、乙巳日吉。

破拆：辛未、辛卯日。

雜修：甲子、乙丑日[⑤]。

右前付修造日審看之，爲得天赦日總吉，次得天恩、母倉日亦吉。

推宅内神煞法

太歲：子丑寅卯辰巳午未申酉戌亥

將軍：酉酉子子子卯卯卯午午午酉

太陰：戌亥子丑寅卯辰巳午未申酉

---

① "午"字前依文例當脱抄一天干字，考《陰陽五姓宅經》(一)載八個治門良日中有"丙午"、"甲午"二日，疑此所脱即"甲"或"丙"字，姑爲擬補一個脱字符。

② "亥"字前底卷誤抄一"亥"字，上有塗改，并於右側以墨綫示删；"亥"字後底卷誤抄一"乙"字，上亦有塗改，雖其右側未加墨綫示删，但依文例知其爲衍文無疑，故亦不爲具録。又按底卷前"修竈日法"下載十一日修竈吉日，中有"己亥"而無"乙亥"，未知孰是，俟考。

③ "磑"字下底卷有一"日"字，當爲衍文，兹依文例徑删。

④ "卯"字底卷作"上"，按此處當爲地支之一序字，《五姓陰陽宅經》(一)載作屋良日及架椽、立柱用乙巳、乙卯日大吉，故疑底卷"上"爲"卯"字之訛作，姑據校改。又"乙"字底卷作"己"，按"己"字五行屬土，疑立柱當取陰木爲是，故亦從校改，後"己巳"之"己"原作"乙"，今亦同校。

⑤ "日"字底卷脱抄，兹依文例校補。

歲刑：卯戌巳子辰申午丑寅酉未亥

歲破：午未申酉戌亥子丑寅卯辰巳

歲煞：未辰[1]丑戌未辰丑戌未辰丑戌

黄幡：丑戌未辰丑戌未辰丑戌未辰[2]

豹尾：戌未辰丑戌未辰丑戌未辰丑

推宅内土公、伏龍、飛廉、地囊日法▨[3]

土公移法：春在竈，夏在門[4]，秋在井，冬在宅。

土公出遊日[5]：甲子北遊庚午還，戊寅日東遊甲申日還[6]，甲午日南遊庚子還[7]，戊申日西遊甲寅日還[8]，土公本位常在中庭。

伏龍法：正月、二月、八月在竈，四月、五月在大門，六月、七

① “辰”字底卷作“申”，陳書據《協紀辨方書》卷三所載校改作“辰”，兹從之，底卷蓋承前行誤作。

② 黄幡神煞方位的規定與《協紀辨方書》卷三所載《廣聖曆》之排序有異，據《廣聖曆》之序，其與太歲相對應的神煞位序當作辰丑戌未辰丑戌未辰丑戌未，陳書已先揭此，并疑底卷所録有誤，可參。

③ 殘字底卷存左側“一”形筆畫，疑其爲目序字“一”、“二”或“三”字之所殘，依其字畫位置，疑或以“二”字爲當，然其前後諸小目皆未列序目字，故此頗有突兀之感，陳、金二書皆未録之，俟考。

④ “夏”字下底卷有一“⸜”字，雖録作“入”字亦通，但與前後文例不合，故亦疑其爲誤書而以捺筆删除，陳、金二書皆不具録，兹從之。

⑤ “出遊日”底卷作“日遊出”，金書校正作“出遊日”，義通，兹從乙正。

⑥ “寅”字底卷作“申”，陳書據《三元宅經》(二)、(三)及文義校改作“寅”，甚是，兹從之。

⑦ “甲”字底卷初書作“庚”，後在“庚”字上用濃墨書“甲”字，兹參《三元宅經》(二)、(三)土公出遊日録定。

⑧ “戊申日西遊甲寅日還”九字底卷原無，按土公出遊日依例缺西遊日的干支規定，陳書據《三元宅經》(二)、(三)補作“戊申日西遊甲寅日還”，可從，底卷脱抄，兹從校擬。

月在牆籬[①]，九月在房，十月在臺，十一、十二月在堂[②]。

又一法：伏龍年年之中移經八處：每正月一日庭中起，周而復始。伏龍正月移在中庭，去堂六尺，六十日。三月一日移在堂門内，一百日。六月十一日移在東垣，六十日。八月十一日移在西隅[③]，一百日。十一月廿一日移在竈内，卌日，周還。正月一日在庭也[④]。

飛廉法[⑤]：正月在戌地，二月巳，三月午，四月未，五月寅，六月卯，七月辰，八月亥，九月子，十月丑，十一月申，十二月酉。

推地囊日：正月庚子、庚午[⑥]，二月癸未、癸丑[⑦]，三月甲子、甲寅，四月己卯、己丑，五月戊辰、戊午，六月己巳、己未[⑧]，七月丙申、丙寅，八月丁卯、丁巳，九月戊子[⑨]、戊辰，十月庚子[⑩]、庚戌，十一月辛未、辛酉，十二月乙未、乙酉。

---

① "籬"字底卷誤作"離"，玆依文例校改。

② 文中"三月"伏龍所在未及，疑底卷有脱抄，下"又一法"謂"三月一日移在堂門内，一百日"，《三元宅經》(一)所載略同，是爲《三元宅經》法，似與此處所述不同，俟考。

③ "西"字底卷作"四"，按"四隅"《三元宅經》(一)作"西南"，又前"東垣"《三元宅經》(一)、(三)皆作"東北"，疑底卷"四"字當爲"西"字形訛，姑從據改。

④ "庭"字底卷作"堂"，按前謂"每正月一日庭中起"，至三月一日纔移在堂門内，故此"堂"當爲"庭"字之誤作，陳書已揭此，玆從校改。

⑤ "廉"字底卷作"廣"，不辭，陳、金二書皆依文例校改，玆從之。

⑥ "午"字底卷作"戌"，按"庚戌"《地理新書》卷十一推諸土禁下所載及《協紀辨方書》卷六地囊條下引《曆例》皆作"庚午"，底卷當爲誤作，玆據校改。

⑦ "丑"字底卷作"酉"，按"癸酉"《地理新書》卷十一推諸土禁下所載及《協紀辨方書》卷六地囊條下引《曆例》皆作"癸丑"，底卷形訛，玆據校改。

⑧ "己巳、己未"《葬經》(敦煌本二)同，《地理新書》卷十一推諸土禁下所載及《協紀辨方書》卷六地囊條下引《曆例》皆作"癸未、癸巳"，俟考。

⑨ "子"字底卷作"午"，按"戊午"《地理新書》卷十一推諸土禁下所載及《協紀辨方書》卷六地囊條下引《曆例》皆作"戊子"，底卷形訛，玆據校改。

⑩ "子"字底卷作"午"，按"庚午"《地理新書》卷十一推諸土禁下所載及《協紀辨方書》卷六地囊條下引《曆例》皆作"庚子"，底卷形訛，玆據校改。

右已前土公[①]、伏龍、飛廉、地囊所在之處，不得動土修造，切忌，慎之。

凡五姓合陰陽置門法[②]

《三元經》云：北以南方向陽爲上[③]。商角二姓大門利在丙合陽宅法，小門利在壬合陰宅法。宫徵羽三姓大門在丁合陽宅法，小門在癸合陽宅法[④]。若東開門者，商角二姓在乙辛乙門合陽宅法，辛門合陰宅法[⑤]。宫徵羽三姓利在甲庚甲門合陰宅法，庚門合陽宅法。五姓諸門注在十二神上者是風角法[⑥]，雖有善語，終不可用，爲其吉凶相離故也。五姓之利在所生，羽姓生於申，利在庚；徵生於寅，利在甲，徵羽二姓欲於甲庚開門，亦是其便。

五姓合陰陽置井同在巳[⑦]，安竈同在乙辰之間，安碓磑在寅甲之間，水瀆同在辰巽之間，睹欄同在亥酉之間，廁同在丑癸之

① "土公"底卷誤倒作"公土"，金書已作乙正，兹從徑改。

② "置"字底卷原無，按"門"字前依下"置井"、"置倉庫"例當有一"置"字，此脱抄，兹據校補。

③ "方"字下底卷衍抄一"爲"字，其右側有連點狀墨綫示删。又"向陽"底卷作"陽向"，"向"字右上角有一乙正符號"√"。

④ "陽"字依前商角二姓例，疑當作"陰"爲是，俟考。

⑤ 注文依下宫徵羽句例，當有"辛門合陰宅法"句，金書據文義補之，底卷當脱，姑從擬補。

⑥ "姓"字底卷作"言"，按"五言"置此非是，陳、金二書並校"言"作"姓"字，蓋抄者以"五音"對應"五姓"，又誤書"音"作"言"字而致此誤，陳、金二書蓋參前後文例校改，兹從之。又"注"字底卷作"汪"，不辭，陳書徑録作"注"字，不確，但於文義較合，金書校作"旺"字，於文義似有未契，今參陳書校改作"注"字，底卷形訛。

⑦ "合陰陽置井"底卷作"置井合陰陽"，於文義有扞格，兹參前"凡五姓合陰陽[置]門法"及下"五姓合陰陽置倉庫法"乙正作如此。又"同在巳"三字底卷作注文小字，其後至"置倉庫法"間的"同在"某某多作注文小字，至馬廐條則皆作正文字號，其初所作蓋欲取與前"凡五姓合陰陽[置]門法"同樣的"標目"意義，然通録之則有句義不暢之感，而下文各目又多有單出，故今皆改録作正文字號，下同。

間，牛羊同在酉，馬廐同在申未間[①]。

五姓合陰陽置倉庫法

商角羽倉庫在庚，奴婢在辛合陰宅法。宫徵倉庫在丁，奴婢在辛合陽宅法。商角宫倉庫在辛，奴婢在乙合陰宅法。徵羽倉庫在甲，奴婢在乙合陰宅法。凡倉在金匱、勾陳、明堂上並吉；凡倉在乾，寶玉吉。

廁法

廁近坎，坎爲水，至穢濁，故可造廁，令宅内廁在癸。廁在子，害家長及二人。在丑，爲鬼所害。在寅，吉。在卯辰地，數病。在巳，見血。在午，害家長。在未，多官事，貧。在申，令人腹痛。在酉，不吉。在戌，吉。在亥，吉。

廁在青龍上，妨家長，衰。小兒胎及人髪在廁内，家不利。廁在東南角，出暴死人。廁在玄武上，不利小兒。廁與竈相連[②]，内有惡名。入門見廁，凶。廁内著灰，淋病。廁在西南角[③]，妨子孫。廁上種樹，出兵死人。廁在五月、六月伏龍故也。

碓磨法

碓磨在艮震之間，艮爲石，主田。震爲木，主杵，令在宅甲寅

---

① "在"字底卷誤脱，陳、金二書皆據文義校補，兹從之。

② "與"字底卷作"在"，不辭，金書校改作"與"，甚是，底卷承前諸句誤作，兹從校改。

③ "南"字底卷無，不辭，按底卷書"南"字與"角"字形近，故疑此處脱抄"南"字，西南爲坤母人門所在，與下文斷語"妨子孫"相涉，姑據校補。

之間[1]，其杵頭東並吉。

碓在子[2]，被盜，不宜小口。碓在丑，失火。碓在寅，吉。在卯，出温病。在辰，不宜奴婢。在巳，出刑徒人。碓在午，不宜小口，兵死、乳死。在未，不宜牛羊。在申，令人腹痛。在酉，不宜雞，兵死。在戌，不宜男女。在亥，不吉。在玄武，多逢盜賊。入門見碓，出癲狂病人。

磨在刑上，六畜死。磨在勾陳上，吉。磨在辰上，數病。

水瀆法

水瀆出辰巽地吉，辰爲龍，故水流吉。水瀆西北流出，上氣病。水瀆從門流出[3]，貧窮。水瀆北流出[4]，腹尻血。水瀆流出子地，不利婦。流出丑地，凶。流出寅地，少子孫[5]，凶。流出辰地，宜田蠶。流出巳地[6]，富貴。流出午地，君子爵禄位，小人凶。流出未地，有患人。流出申地，貧窮。流出戌地，先富後貧。流出亥地，出邪婬人。

---

① “令在宅”下底卷衍抄“令在宅”三字，陳書已揭其衍，今徑從删之。又“間”字前底卷衍抄一“甲”字，其右側有一“卜”形删除符號。

② “碓”字底卷作“磑”，按“磑”、“碓”義雖近，但此段文字前後皆用“碓”字，且前有“其杵頭”云云之語，則當以作“碓”爲是，此形訛，姑據校改。

③ “瀆”字下底卷衍抄一“出”字，兹依文例删之。

④ “流出”底卷誤倒作“出流”，兹依文例乙正之。

⑤ “少”字底卷誤作“小”，兹依文例校改。

⑥ “出”字底卷作“水”，不辭，依文例“水”當作“出”，陳書已揭此，兹從校改。

欄櫪法①

馬近坤,《易》曰:"牝馬地類,行地無疆②。"令宅内馬櫪西南,吉。馬櫪在勾陳上,不宜馬。馬櫪在青龍上,出貴子。

豬欄在西南角,疾病,多痛。豬欄在西北角③,數病多。在亥地,吉。在酉④,不吉。

雞栖在▨⑤,數遭飛禍,雞喜驚。栖在辰,雞不鳴,數雞驚,當户亦爾。雞栖在勾陳上,吉。在明堂上,不吉。

羊欄主兑,兑主有羊安,吉。雞栖在司命上,吉利,羊亦吉。欄在白虎上爲凶。

雜忌法

凡入陽宅之後,三年内不治刑,刑在甲;二年不利禍⑥,禍在壬;三年不治獄,獄在丁未、辛戌⑦。若入刑禍爲重陰陽⑧。從南向西徙爲再入陰,爲刑禍。重入陰陽不利於人,大凶。三入刑禍

---

① "櫪"字底卷誤作"歷",兹依文例校改,後文同出者皆徑爲校改,不再一一出校説明。

② 此句引文底卷多誤,其中"牝"誤作"北","馬"字脱抄,"疆"誤作"牆",兹並據傳本《易》坤卦彖辭校改補正。

③ "在"字底卷誤脱抄,陳書已揭此,兹從校補。又"欄"字底卷誤作"蘭",亦依文例校改,後有同出者皆爲徑改,不再一一出校説明。

④ "在酉"底卷作"酉在",其"在"字右上角有一乙正符號"√"。

⑤ 殘字底卷存上部似"口"形筆畫,疑或爲"甲"、"巳"類字之殘,俟考。

⑥ "利"字置此不辭,從前後二句文例看,此處亦應作"治"字爲是,或抄者所據底卷本作"理"(避唐高宗李治諱)字而音訛作"利",他處則徑改作本字"治"歟?俟考。

⑦ "辛"字前底卷有一"在"字,其側有一"丨"形墨綫,當爲删除符號,其字去掉後於文義益安,故不具録。

⑧ "若"字底卷存上部及右部筆畫,陳書録作"三"字,金書録作"再"字,皆不契殘形,今參文義及殘形姑校録作"若"字。

爲無魂，初富後貧。三入者，爲重入刑禍，爲無魂者，爲無福德。四入刑禍爲無魄[①]，致有死亡，大凶。陽爲狂，陰爲癲，重陽病男子，重陰病女子。其移徙抵向刑禍者[②]，害其命坐人，疾病、衰耗、口舌、縣官，大凶。其抵向福德者[③]，五穀滿倉[④]，增財益口，大吉。

孟者帝之車，仲者帝之路，季者帝之舍，犯之害子孫。假令寅爲帝車[⑤]，抵向及修治害父母[⑥]。三月辰爲帝舍，犯之害子孫。二月卯爲帝路[⑦]，犯之害母。夏秋冬三方並同於春法[⑧]。

凡陽宅，但有陰屋無陽屋，先富後貧，婦女孤獨。但有陽屋無陰屋[⑨]，男子▨死[⑩]。

凡造宅，内方爲城[⑪]，外方爲營，營墎城立，魂魄有處，宅乃可居。陽地爲魂，陰地爲魄，無魂必破，貧；有魂無魄，此名宅刑

① "魄"字底卷作"魂"，按此字《黄帝宅經》作"魄"，底卷"魂"前"三入"已出，此"四入"不當重出，抄者形訛，陳書已揭此，兹從校改。

② "抵"字底卷誤作"底"，兹依文例校改。

③ "抵向"底卷作"底而"，不辭，兹並依文例校改。

④ "倉"字底卷作"食"，不辭，兹依文例校改作"倉"字，底卷形訛。

⑤ "假"字前底卷有一加有塗改筆畫的"假"字，蓋以塗改故而重書未删者，兹依文例删之。

⑥ "抵"字底卷誤作"底"，兹依文例校改。

⑦ "路"字前底卷有一右部書寫筆畫生硬的"路"字，蓋抄者以其不佳而重書一過，兹依文例删之。

⑧ "同"字底卷誤脱，兹依文例校補。

⑨ "陽""陰"二字所在位置底卷誤乙，按"有陰屋無陽屋"前已出，此又重出，二者必有一誤，金書校前者作"有陽屋無陰屋"，然前者言婦女孤獨事，乃與有陰無陽之義合，故此孤陽横死更契於"有陽屋無陰屋"之象徵，兹據校改"陰"作"陽"、"陽"作"陰"字。

⑩ 殘字底卷存上部少許筆畫，疑或爲"兵"字之殘形，俟考。

⑪ "城"字底卷誤作"成"，兹依文例校改。

破[1]，爲大凶[2]。□[3]然舍之後，加以福德爲魂，刑禍爲魄，若魂不足，名宅後起刑，貧破，大凶。

凡宅，當南北爲經[4]，一名軸[5]；東西爲緯，一云地帶。當其上不可造堂屋[6]、開户，王者不忌。地心闊一步，長盡宅院[7]，至仲之心。又法：子午、卯酉爲軸[8]，四角名廉路，當其上不得作宅。

凡宅難處不安初法[9]，宫在巽地，商在艮地，角在坤地，徵在乾地，羽在巽地。鎮倉處長實，吉。宫安未東，商安酉北，角安午東，徵安卯北，羽安酉南。

凡宅虚耗處宜安大石，宫安已地，商安甲，角安癸，徵安壬，羽安乙。

凡穿深起土，避免深三尺上[10]，害命坐人[11]，若有歲刑煞，並大凶，不滿三尺無忌。博物者曰：地以名山爲之輔佐，石爲之骨，江

① “破”字底卷存右部“支”形筆畫，比較抄者之書寫字例，當爲“破”字之殘，兹據校補。

② “爲”字底卷存右部一短“一”下加似“勺”形筆畫，比較抄者之書寫字例，疑爲“爲”字，姑據校補。

③ “凶”字下至行末底卷殘泐，據空間，約可抄九字左右。其下至次頁文字間疑無缺行，故接録之。

④ “南北”底卷作“北南”，其“南”字右上角有一乙正符號“√”。

⑤ “軸”字前疑當與下句“地帶”相應而脱抄一“地”字，俟考。

⑥ “屋”字底卷俗寫作“”形，陳、金二書録作“房”字，不確。

⑦ “盡”字底卷作“晝”，陳、金二書皆録作“盡”字，雖不契原形，但於文義爲安，底卷“晝”字當爲“盡”字形訛，兹從校改。

⑧ “軸”字前底卷有一“西”字，其上塗有一較粗的捺形筆畫，金書録作“地”字，然其左旁未作塗改，故疑爲删字例更爲允妥，陳書不録，兹姑從之，究其實，當以“軸”前有“地”字義長。又前“午”字底卷誤作“年”，金書已揭其誤，兹從校改。

⑨ 此句語義費解，較後“鎮倉處”云云，疑此“初”字下或亦當有一“鎮”字，或“初”爲“鎮”字誤作，俟考。

⑩ “免”字底卷作“萬”，不辭，依文例疑爲“免”字音訛，姑據校改。

⑪ “害”字底卷作“宫”，不辭，依文例當爲“害”字形訛，陳書已揭此，兹從校改。

爲脉,草木爲毛,土爲其皮。三尺已上爲草,三尺已下爲地陰也①。

凡地,人起治在宅刑罪、罰獄上,以歲月並將軍者,當出月空上避之,治福德上,還入以厭其氣。城邑墎抵邑内者②,土起卌五步爲樞③,外者廿五步爲樞,土起在墎城邑不過卌五步,過此以外氣不及④。人初立宅興功,慎天道⑤、家長年命所及歲月,若修治宅法,宜慎天道、月德合三泉,仍避家人年命諸煞,吉。

凡陰陽,官府、公廨欲營造者,刑禍福德之上所有動治必得同時起,不可先後,若其偏有所治,有損傷。若先治刑禍,即福德上倍功治以報之,無咎,吉。

① "也"字底卷作"之",不辭,依文例當爲"也"字形訛,兹據校改。

② "抵"字底卷俗寫作""形,陳、金二書録作"垣"或"桓(垣)",不確,然本句語義終有些費解,俟考。

③ "卌"字前底卷有一"食"字,上加有塗改筆畫,較之下句文例,此處不當有"食"字,故依删字例不爲具録。

④ "不"字前底卷有一字形小些的"不"字,蓋抄者以其不佳而重書一過,今徑删之。

⑤ "天"字下底卷有一"不"字,不辭,疑承前文"不及"誤衍,陳書已揭,姑從徑删。

陰陽五姓宅圖經

關長龍　點校

【題解】

《陰陽五姓宅圖經》所存的起始部分交待了時辰的建除排法和干支的納音數，接抄鎮宅法，其後有二目名作“鎮宅法第六”、“石鎮法第七”，没有涉及五姓和宅圖。從文中所標兩目的内容看，似皆不完整，且“石鎮法第七”中的主体部分與“鎮宅法第六”之前的五方用石法完全重復，似乎昭示着底本具有從多個著作中隨意選抄、未經編校的特點。其後抄之《益算經》中插有一段倒書文字：“咸通六年七月五日分付庶人《冢圖經》一卷、《破葬決》一卷、《明堂》一卷、《式決》一卷、《借神符本》一卷（含《日禄命》），付了。《宅經》一卷，在高師，文書目録在《式決》背。”此段文字或與底卷所據摘抄之底本也有些許關係。

底卷書法拙劣，格式亦不甚規範，從字體看，底卷抄者與其後接之《益算經》抄者當爲同一人。考《益算經》有抄寫年代題記：“辰年三月廿五日巳時寫記”，此爲敦煌陷蕃期間（781—848）的紀年法，與前揭倒書之“咸通六年（865）七月五日”題記比較，疑《益算經》抄寫之辰年當爲咸通六年（865）以前咸通元年（庚辰）或者更早的一個辰年，底卷的抄寫亦應在該年前後。

今以《法藏》P. 4667Va 爲底本，并參考陳于柱《敦煌寫本宅經校録研究》（民族出版社 2007 年版，簡稱“陳書”）、金身佳《敦煌寫本宅經葬書校注》（民族出版社 2007 年版，簡稱“金書”）加以校録。

甲己之日平旦建丙寅[①]，夜半建甲子。乙庚之日平旦建戊寅，丙辛之日平旦建庚寅，丁壬之日平旦建壬寅[②]，戊癸之日平旦建甲寅。甲己九，乙庚八，丙辛七，丁壬六，戊癸五，已上男亡用之。子午九，丑未八，寅申七，卯酉六，辰戌五，巳亥四，已上女亡用之。六月小，建甲午，一日癸卯火收[③]，至廿二日甲子金破。氣回節[④]。

良角六十斤了[⑤]。蠶沙埋亥地[⑥]。麞角一具，鹿肝少多，牛骨一具，羊骨、角一具，鹿鼻一，已上物各分半，鎮四角。

壬地以石八十斤[⑦]，又八十斤[⑧]；卯地一百斤。

---

① 審底卷此行完整，其前無文字。

② 本句前底卷有"丁壬之日平旦建庚寅"句，按依甲己之日平旦建丙寅推之，則丁壬之日平旦當建"壬寅"，作"庚寅"蓋承前"丙辛"日之建除而訛，遂致抄者重複抄録，金書已指出"此句爲衍文"，兹從删之。陳書以爲"丁壬之日平旦建壬寅"句爲衍文，非是。

③ "一日"二字底卷作"了"，金書録作"一日"，其下"廿二日"之"日"字形同，甚是。又"甲午"爲建，則當日時辰之收時在"癸卯"，"甲辰"爲閉時，底卷蓋因此初時之誤推，而至後廿二日破時的干支亦誤延一個時辰，致抄者於側書"甲子破"以正之，兹爲校改。

④ "甲子"底卷本作"乙丑"，而抄者於其側書"甲子破"三字，按依六月一日建甲午時推排，六月廿二日的破時當在甲子而非乙丑（此爲危時），故抄者有此校改之語，其致誤之由當因六月一日建除的"收"時推排有誤而致，參前條校記。

⑤ "了"字爲"了"字之形，亦爲"耳"字草書字形之一，但置此皆有不辭之感，故疑其爲"丁"字俗寫或"一日"二字之草書。又此句底卷獨居一行，與前後段之聯繫皆有突兀之感，不知底卷原抄是否有脱誤。又此句《法目》録作"良角六十斤了"，金書録作"艮(良)角六十斤了"，校"艮"作"良"，可參。

⑥ 按《齊民要術》卷五引《龍魚河圖》曰："埋蠶沙於宅亥地，大富，得蠶絲，吉利。以一斛二斗甲子日鎮宅，大吉，致財千萬。"（賈思勰撰，繆啟愉校釋：《齊民要術校釋》，農業出版社 1982 年版，頁 333）則此下所云蓋皆鎮宅之法，只是標得不清，而致有似雜抄之文。

⑦ "壬"字右上角有墨筆鈎折，蓋爲段落標識，後"不宜"、"四角"、"子地"、"戌地"、"雄黄"、"南方"、"東方"、"西方"、"北方"、"庭中"等詞前之墨筆鈎折同。

⑧ 前句"八十斤"與下句"卯地"間底卷有一墨圈，蓋爲"壬"、"不宜"等前之墨筆鈎折的變體，其功用當同。"又八十斤"四字書於墨圈右側，占右行部分空間，右行的"羊骨角一具"與"鹿鼻一"間留有約可書三字的空間，殊不可解。

不宜歲馬，以黄石九十斤埋馬櫪下及午地[①]。

四角上各六十斤。子地以六十斤，寅丑間九十斤[②]。戌地八十斤。雄黄一兩、水銀一兩，埋辰地高阜[③]，大吉。

南方以黑石十一斤，大豆一升，南牆下，吉。

東方以白石十二斤[④]，白米一升[⑤]，東牆下，吉。

西方以赤石十斤，赤小豆一升，西牆下，大吉。

北方以雄黄五兩[⑥]，黍米一升，北牆下，吉。

庭中以青石十斤，青米一升，五穀各一升，五色絹各一尺，炭鐵各二兩，錢七文，七寶各一事，已上物中庭鎮之。已上物以瓦器盛之。

鎮宅法第六用石。

皇帝曰："吾受天匙聖寶[⑦]，以五色石鎮之，故四海安寧，天下無憂，生廿五子，孫歷世世，庶人無可傳習之。"地人曰[⑧]："爲自帝已下及庶人皆可用之，此秘方上可傳之，必興道。"凡居宅不利、多有疾病，但以石九十斤鎮之鬼門中，吉良。寅、丑間是鬼門。

---

① "櫪"字底卷誤作"歷"，兹依文例校改。

② "斤"字底卷有些漫漶，兹依例録定。

③ "阜"字底卷作"千"，不辭，疑爲"阜"字之形訛，姑爲校改。

④ "以"字底卷誤脱，金書已據文例校補，兹從之。

⑤ "白"字底卷脱抄，按下文"石鎮法第七"中載此作"白米一升"，與文例合，此當脱"白"字，姑爲校補。

⑥ "以"字底卷脱抄，金書已依文例校補，兹從之。

⑦ "匙"爲"老"之俗字，清李慈銘《越縵堂讀書記》之《東魏勃海太守王偃墓誌銘跋》："老作匙，是魏世行用俗字。"

⑧ "地人"當即指地典，傳爲黄帝臣僚，《黄帝宅經》載有黄帝與地典的對話，參《諸雜推》所引。

石鎮法第七

南方以黑石一枚，重十一斤，大豆一升，埋南牆下，大吉。

東方以白石一枚，重十二斤，白米一升，埋東牆下，大吉良。

西方以赤石一枚，重十斤，赤小豆一升，埋西牆下，大吉良。

北方以雄黄五兩，黍米一升，埋北牆下，大吉良。

庭中以青石一枚，重十斤，青米一升，埋庭中，大吉良。

桃板九片，朱砂、射香，已上四方鎮之，宜人及下錢①、六畜、財物等②，世世安樂吉慶，無人病痛死亡，大吉利。

常以戊已日鎮之，大吉良。凡埋石皆用全皃者，入地三尺，依此法鎮宅内，除衆殃③，大吉。

陰陽五姓宅經圖經一卷

謹請東方提頭賴吒天王護我居宅，東方有光明電王，名阿揭多。

謹請南方毗樓勒叉天王護我居宅，南方有光明電王，名没羝嚕。

謹請西方毗樓博叉天王護我居宅，西方有光明電王，名主多光。

謹請北方毗沙門天王護我居宅，北方有光明電王，名蘇多末尼。

---

① “錢”當通“賤”字，“下賤”指家中的仆役。

② “等”字下底卷衍抄一“人”字，兹依文意删之。

③ “衆”字底卷作“還”，金書依文例校作“衆”，甚是，按“衆”字與“還”之“睘”旁俗寫多混，抄者蓋誤加“辶”旁而致此誤，兹從校改。

陰陽五姓宅經

關長龍　點校

【題解】

《陰陽五姓宅經》前後未殘泐，内容基本完整（只有五姓移徙法部分有四行文字下部有些殘泐），其内容包括宅冣梁屋法、五姓安置場地法、初入宅法、占宅岡勢法、占傷敗法、五姓移徙法、五姓同忌法、制宅大小法等，與《諸雜推五姓陰陽等宅圖經》的内容基本相同，陳于柱指出："在五姓宅法方面，本件雖然不如'五姓陰陽宅經'類、'五姓宅經'類寫卷完整和有序，但在内容上基本相近，特别是在某些誤錯字、衍文上兩者也完全相同，所以本件應是對《諸雜推五姓陰陽等宅圖經》或《五姓宅經》的摘抄。"（《敦煌寫本宅經校録研究》，民族出版社 2007 年版，頁 455）其中底卷前面部分多可補《諸雜推》陰陽宅内容之殘泐，二卷相同部分則可看出底卷於《諸雜推》所據録之底本亦略有損益，如五姓移徙法《諸雜推》分置於諸宅圖下，且另有地形規定及作舍法等，而底卷僅録移徙法且抄録在一起（其中缺抄居前的角、徵二姓移徙法，原因不詳），又如制宅大小法則爲《諸雜推》所無，或是底卷所增。從全文在整個卷子中的位置看，其前後雖無殘缺，但文本内容似非全帙，且缺卷首題名，蓋亦爲匯抄性質的著作。今據其内容改擬作《陰陽五姓宅經》（一）。

底卷書法拙劣，鄭炳林據馬通達狀内容判斷該狀當爲唐咸通八年（867）之作，則與之同出一紙而居其後的《周公解夢書》亦當抄於咸通八年之後的晚唐時期（《敦煌寫本解夢書校録研究》，民族出版社 2005 年版，頁 223），鄭氏又指出："審其（龍按：指《周公解夢書》）書寫文字，與《宅經》基本相同。"是底卷或當書於唐咸通八年之後的晚唐時期。

今以《法藏》P. 3281Vb 爲底本，并參考宫崎順子《敦煌文書ペリオ三二八一〈宅竅梁屋法〉の術數と校本》（《羽衣國文》2003 年第 4 期）、陳于柱《敦煌寫本宅經校録研究》（民族出版社 2007 年版，簡稱"陳書"）、金身佳《敦煌寫本宅經葬書校注》（民族出版社 2007 年版，簡稱"金書"）及敦煌相關卷子如《諸雜推五姓陰陽等宅圖經》（簡稱《諸雜推》）、《陰陽宅經》、《五姓宅經》（一）、傳世文獻《地理新書》等加以校録。

宅冣梁屋法①

土家：正月架屋吉，二月出孤寡，三月殃禍滅門，四月生貴子，五月、六月大富貴，七月出刑人，八月出貴子，九月出長史，十月大富貴②，十一月不吉，十二月宜子孫。

金家：正月架屋縣官事③，二月煞六畜及婦，三月大吉，四月富貴，五月宜子孫，大吉，六月宜子孫，七月出刑人，八月出病人④，九月疾病，十月、十一月大吉，十二月禍至滅門。

木家：正月架屋出貴子，二月大窮秏，凶，三月大富貴，四月出貴子，五月益田宅，富貴，六月禍至滅門，七月保子孫，八月煞長婦，九月卅年富貴，十月亦宜子孫，十一月多口舌，十二月破，滅門。

火家：正月架屋縣官事，二月多口舌，三月滅門，四月出貴子，五月、六月子孫吉，七月、八月出刑人，九月禍致滅門⑤，十月大吉，十一月煞子孫，十二月大富貴。

水家：正月架屋大富貴，二月宜子孫，三月禍致滅門，四月多惡口大舌，五月出子孫孤寡，六月禍致滅門，七月宜子孫，八月增

---

① “冣”字底卷作“[illegible]”形，是當爲“𥨊”字，《黄目》録作“廳”，陳書從之，宮崎順子文録作“竅”，金書承之而校作“庭”，皆非是。菅原信海《占筮書》（[日]池田温編：《講座敦煌 5・敦煌漢文文獻》，大東出版社 1992 年版，頁 449）中録作“最”字，義長，按文内多言架屋事，故疑“𥨊”字爲“冣”字俗作，俗寫“穴”、“宀”二旁及“攵”、“又”二旁多混而不分，“冣”爲“最”字隸定或體，“最梁”意爲聚集梁木而爲屋宅，其意與“架屋”相近，只是古籍中“最梁”用例未能檢及，俟考。

② “十月”二字底卷初録作“有”形，後於其右側補書“十月”二字，兹從改録。

③ “縣”字底卷作“懸”，不合常例，兹依文例校改，後同，不再一一出校説明。

④ “病”字前底卷承前句衍抄一“刑”字，陳書已揭此，兹從徑删。

⑤ “禍”字底卷脱抄，兹依前後諸家文例校補。

財物，大吉，九月禍致滅門，十月大吉利，十一月煞子孫，十二月大吉。

作屋忌日：癸巳、戊午、乙酉、戊寅、庚申凶。辛酉午巳之日立柱、架椽[①]、蓋屋被火燒，大凶。

作屋良日及架椽、立柱，用乙巳、乙卯日大吉。

治門忌日：庚辛不治東門[②]，丙丁不治北門，壬癸不治南門，甲乙不治西門[③]。

治門良日：丙午、丁巳、甲午、乙巳、丙寅、丁卯、丙辰、□□[④]，此八日大吉。

治東門良日：丙辰、丙寅、乙卯、乙巳、甲午、乙丑、乙酉、壬午，以上日大吉。

蓋屋忌日：庚辛煞父母，午酉開不宜上屋，大凶，不利。

凡人家作屋之法，不問大小，屋北指者梁皆上接[⑤]，莫令譌悮[⑥]，後必令人家有不利；又不用脊梁上通過，名爲死胡作屋，三年煞小口，一卆死亡[⑦]，凶。

凡陰宅隨五姓便利，南向出五重，東出三重門，大吉。陽宅

---

① “椽”字底卷誤作“椓”，兹依文例校改，後文同誤者皆徑改，不再一一出校説明。

② “辛”字底卷初抄作“申”，後於右側行間補抄“辛”字，兹從改録。

③ 此條“庚辛不治東門”至“甲乙不治西門”底卷作雙行小字抄寫，下“治門良日”、“治東門良日”注文同，因前“作屋良日”、“作屋忌日”皆不用雙行文字，故此注文亦依例録成正文字號。

④ 後言八日而此僅録七日，中脱抄一日干支，陳書已揭此，兹從擬補兩個脱字符。

⑤ “指”字底卷作“■”形，陳、金二書皆録作“相”字，不確。

⑥ “譌”字底卷音訛作“悪”，兹依文意校改。

⑦ “卆”爲“率”之俗字，宫崎順子所録不誤，陳、金二書皆分録作“九十”二字，遂致文義扞格。

法向南出七重[①]，東出四重門。陽合陰[②]，屋向癸地上吉利，宜子孫，長富貴，吉昌。

凡人家作牛羊屋法，依在後行、東北行作者，安七梁，不安雙梁[③]，如有者，牛羊豬狗不聚槽[④]，墮落坑井、走失。黄神文舍[⑤]，宅無有缺傷，六畜番息安隱是也。

揚州刺使安羊法：若是赤牛馬、黑牛馬者，程別取其活色石如五升，祝許者牛馬顏色[⑥]，埋著欄前[⑦]，大吉利，終身不絶六畜[⑧]，大小纍盡，若黄教云[⑨]，甚有驗。

凡人家作後行屋安梁[⑩]，若不得辦安七柱者，得三梁，後有吉利；不得雙，安二三年中有凶。

凡人家作屋，慎莫依倚故廥，大凶。

凡人家屋上從頭至梁安椽，或十一連，或十三連，或十五連，宜爲隻吉，不得雙上者，十二、十四連大凶，慎之。

① “七”字底卷上有墨痕掃過，以故宫崎順子誤録作“三”，陳、金二書皆誤録作“二”。

② “陰”字前底卷有一右下部爲墨痕塗過之字，其左部作“阝”旁，右上部作“口”形，又其右下角行間一補字亦爲墨痕所塗，疑此皆爲删字，而“陽合陰”宅，與前“陰宅”、“陽宅”並，方能包括陰陽宅的全部可能，陳書不録此删除之字，兹從之。

③ “雙”字底卷作“”形，後文亦或作“”形，皆爲“雙”之俗作，而“雙”則爲“雙”之俗字，參張涌泉《敦煌俗字研究》隹部“雙”字條考釋，後徑録正，不再一一出校説明。

④ “槽”字底卷作“”形，金書録作“漕”字，并讀作“槽”，底卷俗訛，兹從校改。

⑤ “黄神”與下文“黄教”事並不詳，俟考。

⑥ “者”字疑爲“著”字誤省，俟考。

⑦ “欄”字底卷音訛作“蘭”，兹依文意校改。

⑧ “終”字底卷音訛作“中”，兹依文意校改。

⑨ “云”字金書録作如此，陳書録作“之”，然“若黄教之”不辭，故姑從金書録作“云”，唯“若黄教云”亦費解，俟考。

⑩ “後”字下有二“舍”字，其右側有“卜”形删除符號。

凡人家長欲得舉無惡相夢，取子午卯酉中變取土一升[①]，令埋宅東、西下，大吉利，急急如律令。

何以知之出孤子、妨家子孫？造西廂屋時不用梁[②]。妨即不得不慎，四方亦然，其梁相衝者忌。

凡人造屋，南維、北堂、東廂、後行屋莫奄四角。又宅前吉，不用大棒，漢家傷煞小口[③]。

凡子屋不用高於父祖屋，不吉。

凡安屋：安屋當如宅善處，欲得興功動土，大吉。土家善於午，金家善於子，木家善於卯，火家善於甲，水家善於未，可準此法[④]。

安宅當知：宜安大石鎮之，吉，三呪之[⑤]，大吉。

土家虛在乙，金家虛在申，火家虛在壬，木家虛在辛，水家虛在癸，此虛不可填，不可鎮之。

---

①　“升”字底卷作“升”形，其右下部無“、”以誌别，是亦爲“斗”之俗字，俟考。又“變取土”義費解，陳于柱讀“變”作“遍”，可參，如此則第一個“取”字或當爲“於”字之訛作，俟考。

②　“廂”字底卷音訛作“相”，兹依文意校改，後同誤者皆徑改，不再一一出校説明。

③　“漢”字陳書録如此，宫崎順子録作“漠”，讀作“莫”，金書亦録作“漠”，屬前句末，按録作“漠”字無論屬於前後句中皆有不辭之感，今從陳書録定，然如此似謂敦煌建築風水禁忌中漢人與胡人是有差異的，或者説同樣的式樣，於漢人不利，但於胡人却未必有害，類似五姓格局的因人而異，俟考。

④　“可”字前底卷有一“不”字，然“不可準此法”與前文意不協，故陳書校改“不”字作“並”，金書則於“不可”下校補一“不”字，疑“不”字承前“未”字而訛衍，姑爲删去，以求文意無礙。

⑤　“呪”字底卷形訛作“况”，金書校改作“咒”字，陳書則徑録作“咒”字，姑從校改。

正月庚子[1]、庚午，二月癸丑[2]、癸未[3]，三月甲子、甲寅，四月乙丑、乙卯，此曰土禁忌，慎之吉。若用之，十日煞父，廿日煞母，卅日煞子孫，凶。又入月一日[4]、廿日、卅日不可興功，大凶。

門木作栝不宜蠶[5]。東屋高西屋下妨子孫。故竈地安床，□[6]。合家有任身婦[7]，治門户井竈必傷胎。

碓在午，歲歲刑罰；碓在勾陳及刑上，不宜牛馬；碓在酉上，兵死、乳死，用婢作婦，出孤寡，用車賣錢買牛，在曠野亦貧。

修門，甲子、甲午日吉。作竈，乙巳、乙亥、丙午日吉。穿井，甲子、壬午日吉。碓磑，甲戌、壬戌日大吉。修造，甲子、甲午、乙巳日大吉。移徙，甲子、乙丑、丁卯日吉。

五姓安置場地法

在子，出將軍、二千石。在丑，出都尉[8]，一云煞六畜。在

---

① “庚”字底卷脱抄，陳書依例校補作“庚”字，兹從之。又“子”字底卷作“甲”，按此所謂土禁當是指地囊日而言，依《諸雜推》及《葬經》(敦煌本二)等處所載，正月當作庚子、庚午，則底卷“甲”字當爲“子”字形訛，兹據校改。

② “丑”字底卷誤作“酉”，兹據《諸雜推》及《葬經》(敦煌本二)所載校改，底卷形訛。

③ “未”字底卷誤作“亥”，兹據《諸雜推》及《葬經》(敦煌本二)所載校改，底卷形訛。

④ “入”字陳、金二書録同，宫崎順子録作“八”，雖與底卷字形不能盡合，然頗疑底卷“入”爲“八”字之俗訛，俟考。

⑤ “栝”字底卷作“[illegible]”形，其下部墨漬有漫開，宫崎順子録作“枯”，陳書録作“柱”，金書録作“枉”，似皆不妥，然作“栝”字其義似亦費解，俟考。

⑥ 此句下斷語底卷脱抄，姑爲擬補一個多字脱字符。

⑦ “合”字金書校作“若”字，可參。

⑧ “尉”字底卷誤作“慰”，兹依文例校改。

寅[①]，出刑徒。在卯，煞家長，大凶。在辰、巳[②]，出孤寡。在午，耗五穀，一云六百石[③]。在未，多獄訟，傷長子。在申，富貴，益田宅，出聖人。在酉，宜五穀，一云六百石。在戌，富貴，宜田蠶，出貴子[④]。在亥，宜五穀，不耕收万斛。

初入宅法

欲入宅，先以五穀遺户屋庭，宜子孫。入陰以奇月[⑤]，入陽以偶月[⑥]。第一，童女二人，一人擎水，一人舉燭[⑦]；童男三人，二人擎水，一人執燭。男入陰，女入陽[⑧]。第二，牽羊。第三，牽黄牛[⑨]。第四，二人擎案，案上著金寶器。第五，二人將釜，釜内著五穀；家長隨後，帶劍，後一人擎馬鞍[⑩]，子孫宅右並從。第六，二人持箱，盛繒綵綿帛。第七，二人持甑，甑内盛五種飯，家母擳鏡於心

① "在"字底卷脱抄，陳、金二書皆依文例據補，兹從之。

② "巳"字底卷原無，按"辰"字下《諸雜推》有一"巳"字，合於文例，陳書據校，底卷脱抄，兹從校補。

③ "六百石"底卷作"二石"，不辭，按"一云"下《諸雜推》作"六百石"，合於文例，底卷當有訛脱，陳書依文意擬補一"千"字作"二千石"，金書據《諸雜推》校改，按底卷此處所論五姓安置塲地法與《諸雜推》所載文字幾全相同，故此"二石"當爲"六百石"之訛脱爲近是，姑從金書校改"二"作"六"字，并校補一"百"字。

④ "貴"字底卷作"鬼"，《諸雜推》作"貴"，合於文例，底卷音訛，陳、金二書皆據校，兹從之。

⑤ "奇"字底卷誤作"寄"，兹依文意校改。

⑥ "偶"字底卷誤作"隅"，兹依文意校改。

⑦ "舉"字底卷作"麴"，陳、金二書並讀作"舉"，甚是，底卷音訛，兹從校改。

⑧ 陳書引《太平御覽》卷一八〇載《春秋内事》云："陰宅以日（月）奇，陽宅以月偶。陰宅先内男子，當令奇；陽宅先内女子，當令偶，乃吉。陰宅内男子三人，陽宅内女子二人。"似謂此二女、三男乃針對陰陽宅而各取其一，非同時用之。

⑨ "黄牛"前陳書依文意擬補一"牽"字，甚是，兹從之，底卷誤脱。

⑩ "擎"字底卷誤作"敬"，兹依文意校改。

前[①]，隨後行，男女左右並從，至門，次弟而入，大吉。

占宅岡勢法[②]

艮壯友軍將，乾長出侯王。西短東長，法多兒郎；東短西長，夫弱婦强。乾連至辰巳，兒郎皆茂美。坤至寅丑迴，連倉閉不開。丑左至未坤，富貴多子孫。巽岡朝乾亥，官職立可待。勢不勢，但看龍尾洩；職不職，但看龍尾直；象不象，但看所坐本音上。有龍無龍，但看依故冢；絶不絶，但看兑申雙車轍[③]；滅不滅，但看西梁南頭缺不缺。白虎登天，青龍入泉，朱禽顧翼[④]，玄武登山[⑤]，如此之地，一寸萬錢。東看西高，西看東起，南看北障，北看南仰，如此之地，公卿將相。山岡如卧牛蹄脚奉頭，居之於腹，家出公侯。山岡如伏雉藏頭隱尾，後載從山，前横玉機，居之於頭，名聞萬里。四面平，心裹凹[⑥]，錢財没骨撾[⑦]。山岡如生蛇，或曲或耶[⑧]，後山前澗[⑨]，隱馬藏車，如此之地，子孫榮華。曲抱多財寶，

---

① “𢶍”字當即“帶”字誤贅形旁“扌”而作，非用《説文》手部“𢶍，撮取也”之義。

② “岡”字底卷作“𡷩”，後亦或作“罡”形，並“岡”之俗字，今皆徑録作正字，不再一一出校説明。

③ “轍”字底卷作“徹”，《諸雜推》作“轍”，底卷形訛，兹據校改。

④ “朱禽”《諸雜推》作“朱雀”，合於常例。

⑤ “武”字底卷作“鳥”，兹據《諸雜推》所作校改，底卷形訛。又疑“山”字與前“白虎登天”之“天”字互訛，参《諸雜推》本條校記。

⑥ “心”、“凹”底卷原無，按“裹”字孤立置此，不合文例，《諸雜推》此處作“心裹凹”，是此處底卷脱抄二字，金書據補，甚是，兹從之。

⑦ “骨”通“股”。

⑧ “耶”爲“邪”之俗字。

⑨ “後山前澗”底卷作“後前山澗”，《諸雜推》作“後山前澗”，合於文例，是底卷誤倒，金書據校，兹從乙正。

平多保室家。山岡如龜鼈[①]，四方無缺，三門起高[②]，一户如缺，如此之地，子孫不絶。

① “如”字底卷脱抄，《諸雜推》同脱，兹依文例校補。

② “門起高一户如缺”句《諸雜推》同，其“門”字前當脱抄一“三”字，詳參彼校，姑據校補。

占傷敗

有子無午，子孫受雇；有午無子，子孫絶嗣；有卯無酉，隨官不受；戌低被猗咬①，巳陷被蛇傷；艮闕夫他意，坤無婦外心。乾水來至寅，翁與新婦親，兄妹同床臥，聲息徹鄉鄰。龍尾勾，子孫偷；龍尾坑，子孫行作兵。兔平倉不滿，雞無兒可憐。子風吹午，流鄉失土；午風吹子，子孫絶嗣。葬居殘岡，死人滿堂；葬居交道，死人滿室。白虎帶刀②，青龍帶劍③，並銜屍及折足之地，並凶。

凡居宅及葬地，看本姓玉堂、金鐀、明堂、大德之地，有岡從土銜宅或銜墓④，其勢如鏵者吉，但有兩處即吉。

東北角神名貪狼⑤，姓析字及塹；東南角神名睦空，姓井字百居⑥；西南角神名舍毒，姓劉字大口；西北角神名劈鬼，姓郎字飛龍。東方牆神姓左字雄兒⑦；南方牆神姓同字堅豎⑧；西方牆神姓好字大力兒夫；北方牆神姓黄字不語言。凡人家鎮宅造作者，書此等神姓名桃板上，奏本位地上⑨，大吉。

---

① “戌”字底卷作“戊”，《諸雜推》作“戌”，合於文例，底卷形訛，陳書已揭此，兹從校改。

② “刀”字底卷作“劍”，《諸雜推》作“刀”，義長，疑底卷蒙下句“劍”字而訛，姑據校改。

③ “帶”字底卷作“戴”，《諸雜推》作“帶”，義長，疑底卷“戴”字當爲“帶”字音訛，姑據校改。

④ 二“銜”字底卷皆作“衜”，《諸雜推》作“銜宅或銜墓”，與文意合，底卷“衜”字蓋爲“銜”字形訛，姑據校改。

⑤ “名”字底卷脱抄，陳書據文例補，兹從之。

⑥ “姓”字下依文例底卷衍抄一“姓”字，陳書已揭此，兹從徑删。

⑦ “姓”字前底卷蓋承前四隅神條衍抄“名名”二字，兹依文例徑删。

⑧ “姓”字前底卷承前四隅神條衍抄“名”字，兹依文例徑删。

⑨ “本位”下底卷復有“本位”二字，有不辭之感，當爲誤衍者，姑徑爲删去。

又鎮呪曰[①]：一鎮已後，安吾心、定吾意，金玉煌煌，財物滿堂，子子孫孫，世世吉昌，急急如律令。

又呪曰：東西起土，宅神攘之；南北起土，宅神避之；賊害發動，五神訶之；伏龍起土，五神塞之；朱雀飛動[②]，五神安之；貴登三公[③]，無有病衰。皆酒脯食飯祭之[④]，急急如律令。

又安石鎮呪曰：謹告地神、宅内衆官，主人姓名自居宅已來，未蒙福祐，今有厶事[⑤]，請得良時吉日[⑥]，以石若干斤[⑦]，如法鎮厭。一鎮已後，永享元吉。以酒脯祭之[⑧]。告[⑨]，仍酒灌之，急急如律令。并以八符鎮之，大吉良，此是上鎮方。

五姓移徙法[⑩]

宮姓移向子地，害財物及六畜、長子。向丑地，宜子孫，食口卌人[⑪]。向寅地，宜財，富貴及後世。向卯地，害財物及小口，大

① 此下二呪語又見載於《陰陽宅經》"推鎮宅法第十"，文字略同。

② "飛"字底卷作"賊"，《陰陽宅經》作"飛"，義長，底卷"賊"字當爲"飛"字形訛，姑據校改。

③ "登"字底卷作"發"，不辭，《陰陽宅經》作"登"字，義長，底卷形訛，兹據校改。

④ "脯"字底卷作"[illegible]"形，陳書録作"脯"，金書録作"餔"，皆不確，宫崎順子録作"捕"，并讀"捕"作"脯"，兹從校改，底卷形訛。

⑤ "厶"，爲"某"之省代字。

⑥ "得"字底卷誤作"德"，兹依文例校改。

⑦ "干"字底卷誤作"千"，不辭，宫崎順子依文例校作"干"字，金書徑録作"干"，兹從校改。

⑧ "脯"字底卷誤作"捕"，兹依文例校改。

⑨ "告"字下底卷有一塗改之字，後又於右側行間書一"卜"形删除符號，故不爲具録，然依文意，"告"字前疑當有"再"等字，俟考。

⑩ 下文中角、徵二姓移徙法缺録。

⑪ "卌"字底卷誤作"册"，《諸雜推》作"卌"，疑底卷形訛，姑從校改。

凶。向辰地，不宜田蠶，破敗[①]，凶。向巳地，害六畜，妨産婦，凶。向午地，大富貴，宜六畜，吉。向未地，資財三百萬，食口六十人。向申地，大富貴，宜子孫，食口卌人[②]。向酉地，大富[③]，生貴子。向戌地，滅門，先害父母。向亥地，不宜田蠶，虚耗，凶。

三月移害財及小口。九月凶。六月、十二月破敗，凶。宜用正月、二月[④]、四月、七月、八月吉，乃可[⑤]。若養六畜，宜黄、赤色，番息上好。

商姓移向子地，大富貴，長。向丑地[⑥]，滅門，大凶。向寅地，剋敗財物及六畜[⑦]，凶。向卯地，害財物，不可居。向辰地，大富貴，食口卅人[⑧]。向巳地，先富後貧，凶。向午地，害財物及六畜、小口，凶。向未地，害財物及六畜[⑨]，大凶。向申地，破敗，不宜子孫，凶。向酉地，先富後貧，凶。向戌地[⑩]，大富貴，吉，利生貴子。

① “敗”字底卷作“散”，《諸雜推》同，《五姓宅經》(一)作“敗”，義長，疑底卷形訛，姑據校改。

② “卌”字底卷作“卅”，《諸雜推》、《五姓宅經》(一)皆作“卌”，疑底卷形訛，姑從校改。

③ “大富”《五姓宅經》(一)同，《諸雜推》下有“貴”字，義長。

④ “二”字上部漫漶，唯下部“一”形筆畫可辨，《諸雜推》、《五姓宅經》(一)此處皆有殘泐，依文例疑此爲“二”字之殘，姑據校補。

⑤ “乃”字底卷作“及”，不辭，金書校“及”作“乃”，甚是，底卷形訛，兹從校改。

⑥ “向”字底卷作“移”，兹據《諸雜推》及後文用例校改。

⑦ “敗”字《諸雜推》無，疑底卷“敗”字乃下“財”字誤抄而未删者，俟考。

⑧ “卅”字左部底卷略殘，此參《諸雜推》録定。

⑨ “向”字底卷存右側“丨”形筆畫，兹據《諸雜推》校補作“向”字。又“未地，害”三字底卷殘泐，此參《諸雜推》校補。

⑩ “先”字底卷存上部少許筆畫，兹據《諸雜推》校補作“先”字。又“富後貧，凶。向戌地”七字底卷殘泐，此參《諸雜推》校補。

向亥地，大富貴[①]，出貴子[②]。

六月移害六畜[③]。十二月滅門，凶。三月、九月亦凶。宜用七月、八月、十月、正月、二月。若養六畜，宜黄[④]、伯、黑色，番息上好。

羽姓移向子地，自如，先富後貧[⑤]。向丑地，大富貴，宜人，吉[⑥]。向寅地[⑦]，大富貴，宜人，吉。向卯地，先富後貧。向辰地，不宜財，破敗，凶。向巳地，害廿口及六畜。向午地，不宜六畜，害廿口，凶。向未地，先富後貧。向申地，先害家長，滅門。向酉地，宜子孫，食口卌人。向戌地，先富後貧[⑧]，生貴子。向亥地，害財物，不吉利[⑨]。

九月移破敗。三月移滅門。六月、十二月凶。宜用四月、五月、七月、八月、九月、正月乃可移[⑩]。若養六畜，宜白、紫、烏、赤

---

① "大富"二字前者底卷存右部少許筆畫，後者存上部少許筆畫，兹據《諸雜推》校補作"大富"二字。又"貴"字底卷殘泐，此參《諸雜推》校補。

② "出貴子"三字左側底卷皆有殘泐，此參《諸雜推》録定。

③ "六月移害六畜"六字底卷殘泐，此參《諸雜推》、《五姓宅經》(一)校補。

④ "宜用"下至行末底卷殘泐半行多，據空間，約可抄十四、十五字左右，《諸雜推》相關内容作"宜用七月、八月、十月、正月、二月。若養六畜，宜黄、伯、黑色"，其中底卷所無者十五字，與所殘空間吻合，當可據補，兹據擬補。

⑤ "後貧"二字右側底卷有殘泐，此參《諸雜推》及文例録定。

⑥ "後貧"下至"向寅地"間底卷殘泐近半行，據空間，約可抄十字左右，《諸雜推》相關内容作"向丑地，大富貴，宜人，吉"，與底卷所殘空間略合，當可據補，兹據擬補。

⑦ "向寅"二字右側底卷有殘泐，此參《諸雜推》録定。

⑧ "後貧"二字底卷原無，《諸雜推》"先富"下有"後貧"二字，合於文例，底卷脱抄，陳、金二書並據補，兹從之。

⑨ "不"字底卷作"大"，按"大"字當爲"不"字形訛，兹爲校改，詳參《諸雜推》本條校記。

⑩ "乃"字底卷作"及"，不辭，按"及"字《諸雜推》作"乃"，義長，底卷形訛，兹據校改。

色①,番息上好。

五姓同忌法	上利大吉	下利小吉	墓月大凶	墓日大凶	耗月小凶	耗日小凶②
宫	西南	東北	三月	戊辰③	九月	戊戌
商	東南	西北	十二月	辛丑	六月④	辛未
角	西北	東北	六月	乙未	十二月	乙丑
徵	東北	西南	九月	丙戌	三月	丙辰⑤
羽	西南	東北	三月	壬辰	九月	壬戌

右件修造避之吉。

正月土符在丑,二月土符在巳,取甲上土吉。三月土符在酉,取壬上土吉。四月土符在寅,取庚上土吉⑥。五月土符在午,取丙上土吉⑦。六月土符在戌,取甲上土吉。七、八月土符在卯未,取庚上土吉⑧。九月土符在亥,取丙上土吉。十月土符在辰,取甲上土吉。十一月土符在申,取壬上土吉。十二月土符在子。取庚上土吉⑨。已上土符在處不可

① "白、紫、烏、赤"四色《諸雜推》作"紫、烏"二色,未知孰是,俟考。

② "小凶"下底卷誤接書一"戊"字,後發現行款不對,遂在其上點有二墨點以示刪除。

③ "戊"字底卷誤書作"戌",不合文例,兹據《諸雜推》校改。

④ "六月"下承前"十二月"誤書一"一",旋覺其行款不對而棄書,因未加刪除標識,遂致誤衍,兹依文例徑刪。

⑤ "丙辰"底卷作"壬辰",《諸雜推》作"丙辰",合於文例,底卷蓋蒙下羽姓之忌而致訛,兹據校改。

⑥ "在"字底卷補書於"寅"字右側行間,其下有一模糊的似"墓"形字,疑爲接書下文"取"字而覺其不合行款,遂在其上點塗所致,今不爲具録。

⑦ 注文"丙"字前底卷有一"壬"字,依文例疑爲衍文,《諸雜推》此處有殘泐,然依所存文字推之,似不當有二個取土吉處,姑據刪"壬"字。

⑧ "符"字底卷脱抄,兹依文例校補。

⑨ "子"字底卷誤作"丑",《諸雜推》同,是當爲"子"字之誤作,詳參《諸雜推》本條校記,兹據校改。

取土，凶。

制宅大小法

大宅東西廿六步，南北廿七步[1]；中宅東西十四步，南北十五步；下宅東西十步半，南北十一步半；下下宅東西九步，南北十步[2]。

① 以下文字底卷抄寫行款唯“大宅”等作正文，餘“東西廿六步”等作雙行注文小字抄録，因其正文皆若詞組而與他處行款不合，故今皆徑改録作正文格式。

② 此下底卷空而未書，與起首處前部空而未書情況同，蓋抄者僅截取某書中的一段文字抄録，或者從某部書中摘取部分段落抄録。

三元宅經

（一）

關長龍　點校

【題解】

《三元宅經》(一)内有推太歲遊年法、推太歲遊圖法、推宅内土公法、推五姓墓月法、用石鎮宅法、推五姓祭祀修造月日法、推伏龍法等子目。其部分内容分别與《諸雜推五姓陰陽等宅圖經》、《陰陽五姓宅經》(一)、《三元宅經》(二)、(三)、(四)、《陰陽五姓宅圖經》相同或相類似。其中求黄黑移徙法及紫白圖之作,乃傳世三元宅法之内容;又與底卷五姓墓月法内容相同的部分《諸雜推五姓陰陽等宅圖經》(名作"五姓同忌法")置於所引《三元宅法》句段之後,雖不能確定其即爲《三元宅法》内容,但與傳世三元宅法相呼應,而且在敦煌宅經文獻中,此類内容與體系明確的陰陽宅經、五姓宅經、八宅經等不同,却與以推曆爲主源出式占的三元宅法有理據上的一致之處,若然,則亦可以理解爲什么其他三系非以時間爲基础的宅經皆能廣泛引用此種宅法的原因,故姑爲擬名作《三元宅經》(一)。

底卷紫白圖前載有"從開元十二年(724)甲子入下元,今合用下元甲子"語,以三元法推之,則此一下元迄於建中四年(783)止,是底卷所作當在此一時間段内。又底卷抄寫之書法有明顯的硬筆風格,故疑其抄寫時間仍在敦煌陷蕃(781)之後的晚唐時期。

今以《法藏》P. 3594 及李德範《敦煌西域文獻舊照片合校》中之王重民所攝照片爲底本,并参考陳于柱《敦煌寫本宅經校録研究》(民族出版社 2007 年版,簡稱"陳書")、金身佳《敦煌寫本宅經葬書校注》(民族出版社 2007 年版,簡稱"金書")加以校録。

(前缺)

南[1]上下[2]祭之。

凡人疫病移徙嫁娶門法

天下一州有黄一,一縣有黄一,一鄉有黄一,一里[3]

犯天形(刑),治大德[4];犯勾陳,治金匱。解勾陳,治雄黄五兩,麻子三升,懸著勾陳下;解玄武,慈石十二兩,大豆二升,懸著玄武下。

犯青龍,治玉堂;犯白虎,治明堂。解白虎,慈石十九兩,大豆二升,懸著白虎下[5]。歲在中宫不移徙,可西向,不□□害[6],吉。

① "南"字居底卷行首,其下至行末殘泐,據空間,約可抄二十一字左右(一段語意表達完畢,底卷多會空一字格,再接抄文字,故實際字數當少於二十一字)。

② "上下"字下至行末底卷殘泐,據空間,約可抄二十字左右。

③ 此段句意費解,姑斷作如此,又"一里"下疑有脱文。按《抱朴子内篇·微旨》有云:"天下有生地,一州有生地,一郡有生地,一縣有生地,一鄉有生地,一里有生地,一宅有生地,一房有生地。"其句型似与底卷所作有可比性,然如此則似底卷文字當有訛脱。唐杜光庭在《漢州王宗夔尚書安宅醮詞》中有云:"六神四殺之界,龍虎交馳;五黄九紫之鄉,禎祥薿萃。"(《廣成集》卷十二)如此則底卷原文首尾或當作"天下有黄一"、"一里有黄一",是"黄"即九方色圖中的中心點。唯底卷的表達方式未在他處檢及,姑存俟考。

④ "大"字底卷作"土",陳書據《協紀辨方書》卷七義例五所載黄黑道十二神、金書據《三元宅經》(二)所載黄黑道十二神皆校改作"大",兹從之,底卷形訛。

⑤ "懸"字左側底卷有殘泐,此參前"懸著勾陳下"諸例録定。

⑥ 缺字底卷殘泐。

推移徙黄黑法與前厭壤法▨同①。

正月、七月②,亥子寅卯午申酉戌等地黑③,丑辰巳未地黄;

二月、八月,辰巳戌亥子丑寅等地黑,午未申酉卯等地黄④;

三月、九月,丑寅卯辰午未戌地黑,巳申酉子亥地黄;

四月、十月,寅卯辰巳午申酉子等黑,未戌亥丑等黄;

五月、十一月,寅辰巳午未申戌亥等黑,子丑卯酉等黄;

六月、十二月,丑辰未申酉戌等地並黑,寅卯巳午亥子等黄;

迎醫、避病、興販、買田宅及奴婢、起土修造⑤、立舍、蔟蠶等,皆須從黄向黄,大富吉昌,一切諸神不能爲殃,大吉利。從黑向黄,中吉;從黄向黑,中凶;從黑向黑,百事皆凶。

---

① “徒”字置此不辭,是蓋承前“徙”字而誤作者,依文例此處當爲“法”字,故作“徙”亦誤,玆依文例校改作“法”字。又殘字中部底卷有破損,雖大略有存但未能辨識,陳書録作“並”,與殘形不似,疑或爲“廂”字之殘,俟考。

② “月”字底卷脱抄,陳書、金書皆依文義補“月”字,甚是,玆從之。

③ “午申”二字從王重民所攝照片録定。又“卯”字底卷脱抄,按下文諸月黄黑分配皆爲十二月全備者,而此文中則脱一月之數,陳書依例於“寅”下補一“卯”字,與《三元宅經》(二)所載黄黑道十二神圖合,底卷脱抄,玆據校補。又此句底卷作雙行小字抄寫,與後文體例不同,玆參後文抄寫文例改録作正文字號。又按此處所載黄黑移徙之方位與《三元宅經》(二)所載及傳世本《協紀辨方書》所載皆有不同,舛誤尤甚,不煩一一寔正,後五组同。

④ “等地”底卷作“地等”,前後文諸相應位置或省“等”或省“地”,此蓋初欲省抄“等”字而後又補抄於“地”字下,致與前文諸例不合,玆依文例徑爲乙正。

⑤ “土”字底卷訛作“生”,玆依文例校改。

推太歲遊圖法

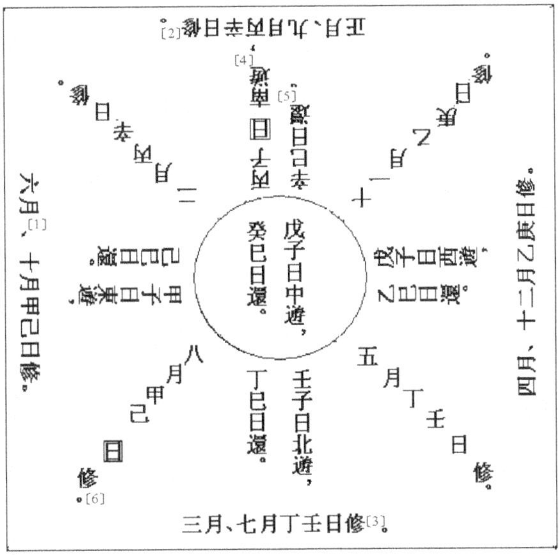

①

太歲、太陰常同遊，遊後本位地修造吉，告還日且停，如作未了，更待後遊日重作②。方其太歲遊在之處③，不須修造動土④，審看慎之，大吉；不忌之，損家長，大凶。

---

① 圖校：〔1〕“六”字底卷初書作“二”，後於右側補書“六”字，兹依文例改録。〔2〕“九”字底卷作“七”，傳世本《黄帝宅經》陰陽宅圖修造方作“九”，底卷形訛，兹從校改。〔3〕“七”字底卷作“九”，傳世本《黄帝宅經》陰陽宅圖修造方作“七”，底卷形訛，兹從校改。〔4〕“日”字底卷脱抄，陳書依文例擬補，兹從之。〔5〕“辛”字底卷有漫漶，陳書依圖例推定作“辛”字，金書徑録作“辛”，兹從録定。〔6〕“日”字底卷脱抄，陳書依文例擬補，兹從之。

② “代”字底卷誤作“待”，兹依文例校改。

③ “方”字底卷初書作“妨”形，後於其上用濃墨重描“方”字，故今徑從録作“方”字。

④ “須”字金書讀作“許”，可參。

推宅内土公法①

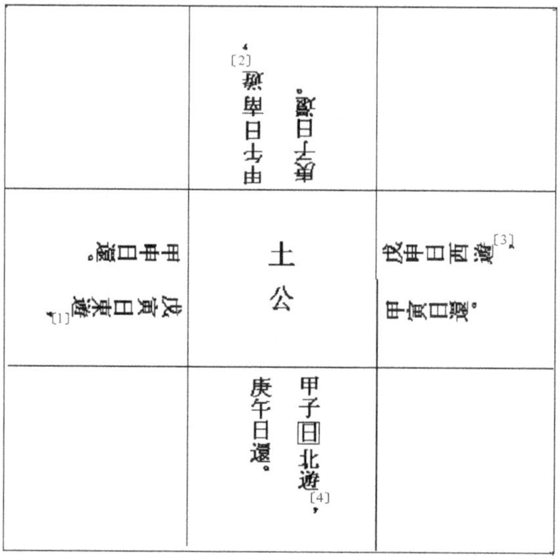

②

推五姓墓月法

宫徵羽三姓，上利西南，下利東北。三月、九月墓月，辰戌爲墓時。

商角二姓，上利東南，下利西北。六月、十二月墓月，丑未爲墓時③。

① “推”字底卷脱抄，兹依文例校補。

② 圖校：〔1〕“戊”字底卷有漫漶，此參《三元宅經》(二)、(三)録定。又“戊寅”作“戊子”，陳書蓋以“戊子”二字不够清晰而缺録，乃别據《三元宅經》(二)、(三)擬補此日作“戊寅”，按底卷作“戊子”不合文例，兹參二卷校改底卷“子”作“寅”字。〔2〕“南”字底卷作“西”，合文例，陳書據《諸雜推》(一)、《三元宅經》(三)校改“西”作“南”字，甚是，兹從改。〔3〕“西”字底卷作“南”，不合文例，陳書據《三元宅經》(三)校改“南”作“西”字，甚是，兹從改。〔4〕“日”字依文例底卷脱抄，兹爲擬補。

③ “時”字底卷誤抄於“丑未”下，兹參前“宫徵羽”例乙正。

用石鎮宅法

凡人居宅處不利,有疾病、逃亡、耗財,以石九十斤鎮鬼門上,大吉利艮是也。

人家居宅已來,數亡遺失、錢不聚、市賈不利[①],以石八十斤鎮辰地,大吉。

居宅以來數遭縣官、口舌,年年不絶,以石六十斤鎮大門下,大吉利。

宫家金、火日吉,水、木日大凶[②]。商水、土日吉。角水、火日吉。徵木、土日吉。羽金、木日吉,火、土日大凶。

推五姓祭祀修造月日法

宫家二月、五月、十一月大吉,八月、十月小吉也。

商家七月、八月、十月大吉,九月、十一月小吉。

角家四月、九月、十月大吉,十一月、三月小吉。

徵家正月、二月、七月大吉,五月、十一月小吉。

羽家正月、二月、八月大吉,十月、十一月小吉。

---

① "賈"字底卷作"買",按"市買"置此與文意不合,疑"買"字當爲"賈"字形訛,姑爲校改。

② "日大凶"三字底卷誤脱抄,陳書依後文用例擬補作"日大凶"三字,甚是,兹從校補。

推伏龍法

正月一日，庭中伏六十日[①]；三月一日，堂中伏一百日；六月十一日，東北伏六十日；八月十一日，西南伏一百日；十一月廿一日，竈下伏卌日[②]。右犯之滅門，慎之。

推出入逐急不得吉日隨時所去門

會門在子，遠行吉。兵門在丑，攻罰吉[③]。天門在寅，見貴人吉。貴門在卯，見官長吉。賊門在辰，行盜吉。陰門在巳，奸私吉。陽門在午，求利吉。獄門在未，魚獵吉。解門在申，禱祀吉。男門在酉，求男吉。女門在戌，求女吉。禁門在亥，求物吉。

求九方色

從開元十二年甲子入下元，今合用下元甲子。每一周年用

① "庭"字底卷原無，按敦煌寫卷載此伏龍法者尚有《諸雜推》與《三元宅經》(三)，其中《諸雜推》載有二法，底卷與《三元宅經》(三)及《諸雜推》又一法合，然《三元宅經》(三)所載不全，據《諸雜推》所載可推知此所缺之處當爲"庭"字，陳書已揭此，兹從校補。

② "卌"字底卷作"卅"，《諸雜推》作"卌"，與十一月廿一日至正月一日間的日數合，陳書已揭此，底卷形訛，兹從校改。

③ "罰"通"伐"。

一圖，一元□□年[1]，三元畢，周而復始。

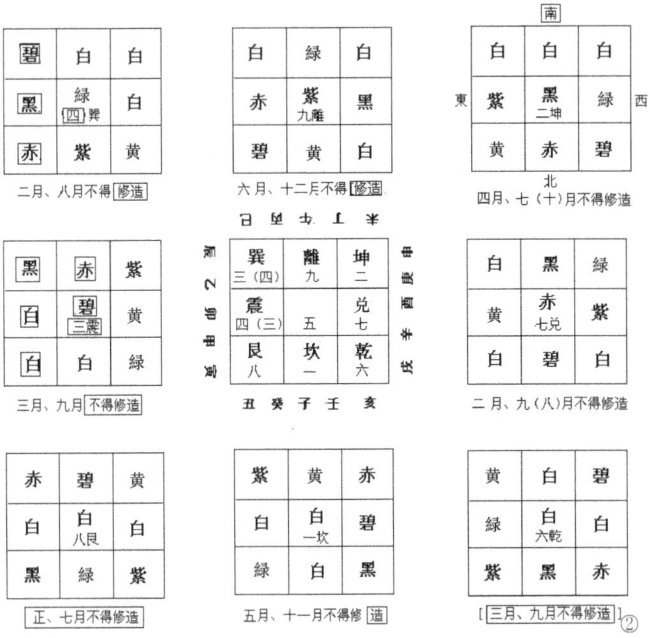

（後缺）

① "元"字底卷存上部似"二"形筆畫，兹参前後文例校補作"元"字。缺字底卷殘泐，依文例可補作"六十"二字。陳、金二書皆並殘字與缺字一起補作"百八十"三字，然因殘字所存部分與"百"字不合，故不從之。

② 圖校：底卷左側四巽、三震二圖左部、八艮下端皆有殘泐，兹並依文例補全，其餘圖中諸訛脱處亦皆依文例推補校改，因校符已明，故不一一出文字説明之。其中不得修造月的規定，據伯三四〇三《宋雍熙三年丙戌歲具注曆日》序所載云："今年六月天罡、十二月河魁，魁、罡之月，切不得修造動土，大凶。"鄧文寬據此認爲斯二六二〇中的忌修造月標識全是魁、罡之月（《敦煌文獻 S. 2620〈唐年神方位圖〉試釋》，載《敦煌吐魯番天文曆法研究》），底卷之修造忌月與斯二六二〇同，唯斯二六二〇諸圖中錯誤較多而已。《地理新書》卷十"年月吉凶"下載云："推魁罡六壬式，陽歲月以大吉、陰歲月以小吉加歲月建，天剛所臨爲滅門，河魁所臨爲大禍，即陽歲月前三辰爲滅門，後三辰爲大禍；陰歲月前三辰爲大禍，後三辰爲滅門，皆須合支干而言之。"則知中五宫所在年之魁罡月當在四、十月，唯底卷圖中繪法漫漶，而中五宫所在因周書十二方位，故不能確定其下是否有"四、十月不得修造"七字，故姑不爲擬補。

三元宅經

（二）

關長龍　點校

【題解】

《三元宅經》(二)底卷存推移徙黄黑法殘圖、凡四鄰造作及自家泥壘犯觸轉爲福法、土公出遊圖及文三部分内容。皆爲依時間、方位推神所在及造作宜忌之法,其内容疑即從《三元宅經》類著作中録出,姑爲擬名作《三元宅經》(二)。

底卷首列六幅推黄黑移徙法圖,上各有二月日雜寫,在"四鄰造作及自家泥壘犯觸轉爲福法"後與土公出遊圖間又有三行雜寫性日期,其文作"咸元元十月七日上"等,背又有"至德三載九月六日上"等雜寫,文字拙劣,與正文文字非同人所爲。按"咸元"非唐時年號名,"至德三載"爲公元758年,是年正是天寶三年改年用載以來的最後一年,因疑"咸元"或爲"乾元"(至德三載七月改元乾元元年)之音訛,從底卷背面所録的"巳年二月十日令狐善奴便刈價麥契"看,其"巳年"的表示法爲敦煌陷蕃(781—848)後的習用方式,如此則疑底卷雜寫的日期是紀實的,是底卷的抄寫時間當在公元758年或稍早。

今以《法藏》P.2964爲底本,并參考陳于柱《敦煌寫本宅經校録研究》(民族出版社2007年版,簡稱"陳書")、金身佳《敦煌寫本宅經葬書校注》(民族出版社2007年版,簡稱"金書")及敦煌相關文獻如《三元宅經》(一)、(三)、《諸雜推五姓陰陽等宅圖經》(簡稱《諸雜推》)(一)、《陰陽五姓宅經》(一)等加以校録。

（前缺）[1]

□月▨日，▨月▨日[2]。　　　　六月六日，二月八日。

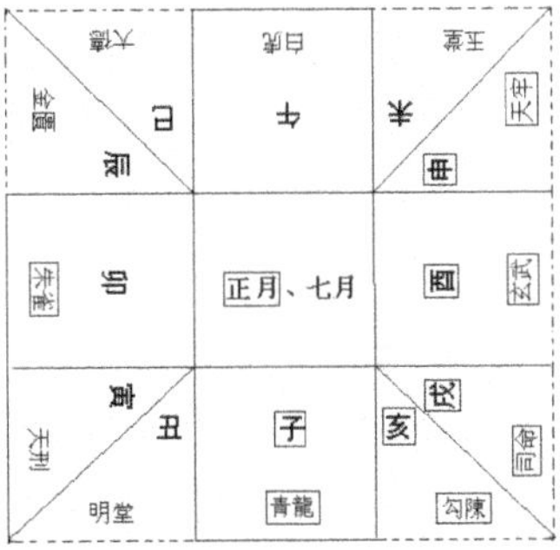

③

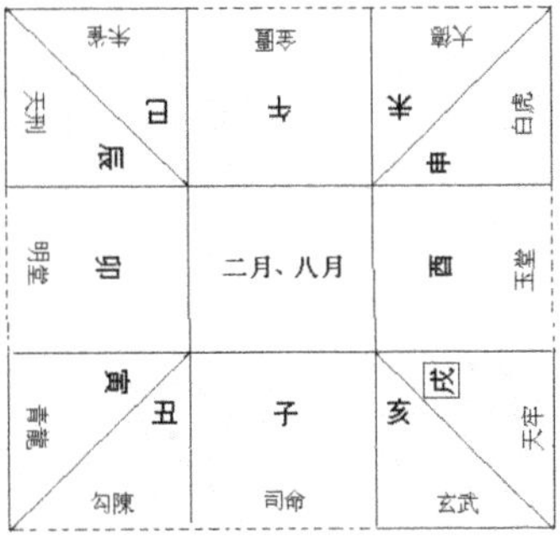

④

① 此六圖例與《三元宅經》(一)之"推移徙黄黑法"理同而增圖、增繁，但依書例知其亦應爲"推移徙黄黑法"例，金書據下目擬之作"四鄰造作圖"，當非其實。

② 缺字底卷殘泐，當爲月份数，依底卷後圖上端所附月日例，疑此或爲"五"字。"月"字及其下殘字底卷皆存左部少许筆畫，其中前者可依文例校録作"月"字；第三字存下部模糊的筆畫，疑或爲"正"字之殘，第四字略有漫漶且中間有裂，似爲"九"字之殘，俟考。又按此六幅圖首月日底卷皆爲淡墨所書，其書法與圖文及後之正文不同，而與"四鄰造作"正文與土公出遊圖間的雜寫字跡同，較圖文及正文拙劣殊甚，其所書月日之用意亦未能逆知。

③ 圖校："正月、七月"圖居底卷殘存部分之首，其右部殘泐，兹依文例補全，圖中所缺文字，皆加方框示出。又原圖外边框以赤色、黑色分别黄、黑道，今易以虚、實线分别之，後同。唯底卷以勾陳爲黄道，青龍爲黑道，與《協紀辨方書》卷七義例五所引《神樞經》以來諸家説不同，俟考。

④ 圖校："戌"字底卷殘泐，兹依文例補出。又"丑"字底卷誤作"壬"字，兹依文例徑爲校改。

三月三日，七月七日①。

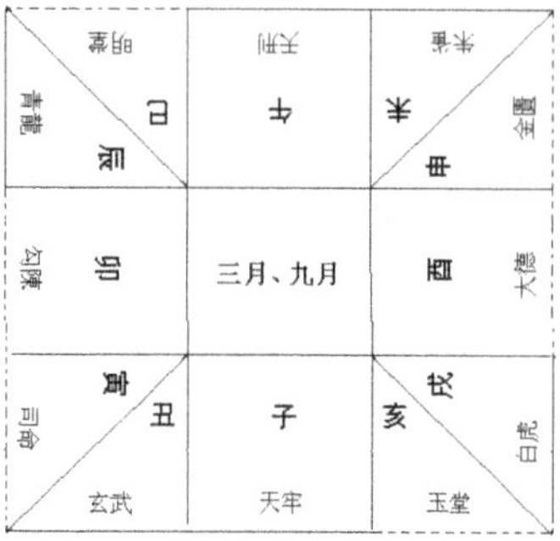

四月八日，八月五日。

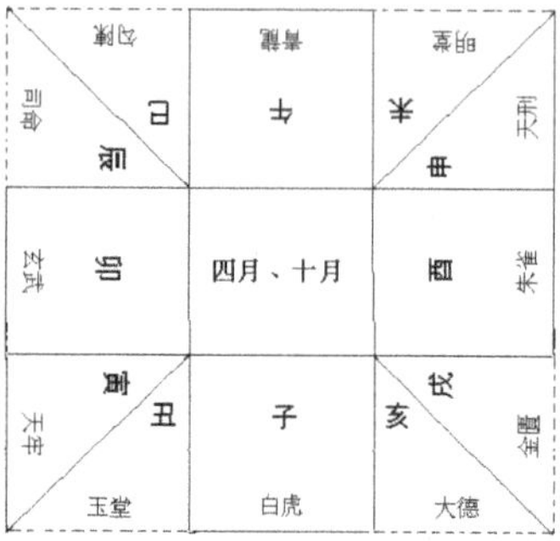

十二月八日，八月九日②。

十一月十二日，十月一日③。

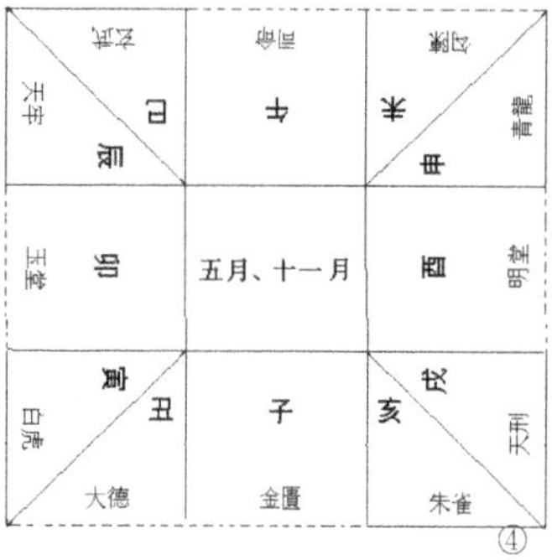

④

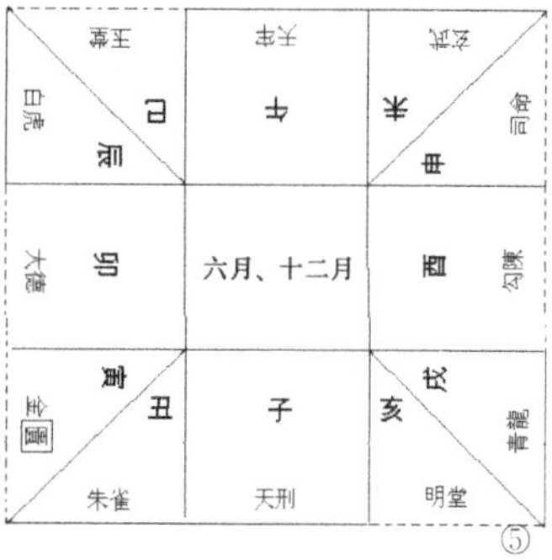

⑤

---

① “七日”居“七月”右下方，“七月”左下方有“十五日”三字，從抄寫习慣及底卷文例看，疑底卷初抄作“七月十五日”，後改“十五日”作“七日”，故於“十五日”姑不爲具録。

② “八月九日”句底卷書寫格式殊怪，蓋經多次修改故也，其初書作“五月”，蓋无日期，後改書作“九月九日”，後又於“九月”下書一“八”字，當爲改“九”作“八”之意，今姑爲梳理其序，而録作“八月九日”。

③ “十”字依他圖首載二個月份相距“四”数之例，疑或爲“七”字之訛，然以底卷諸圖首所附此二月日例之用途不明，不能确考其推法，姑存俟考。

④ 圖校：“勾陳”底卷誤蒙下書作“青龍”，兹依文例徑爲校改。

⑤ 圖校：中“匱”字底卷殘泐，兹依文例擬補。

凡四鄰造作及自家泥壘犯觸轉爲福法

泥明堂[①],遷官;大德,宜人福;玉堂[②],宜奴婢、六畜;司命,長命;天牢,多飲食;金匱,得横財。

犯勾陳,獄訟起,泥金匱厭之[③];玄武,盜賊、走奴婢,泥司命厭之[④];白虎,死亡,泥明堂;青龍[⑤],損長婦,死亡起,泥玉堂;犯朱雀,口舌起,泥天牢;天刑,煞家長,泥大德。

泥東方勿以庚辛日,南方勿以壬癸日,西方勿以丙丁日,北方勿以戊己日。

泥法:取歲合、日月合,用草香半斤,萱草苗一把[⑥],白酒三升,麥䴷一束,切和泥,泥方圓六尺,便以酒脯祭之,吉,宅安。

咸元元十月七日上[⑦]。

咸元元十二月廿巳上。

咸元元八月六日巳下。

---

① "明"字底卷脱抄,陳書依文例補"明"字,甚是,兹從之。

② "堂"字底卷存中部少許筆畫,陳書依文例補作"堂"字,是,兹據校補。

③ "泥"字居底卷行末,僅存上部少許筆畫,可依文例補作"泥"字,陳書已揭此,兹據校補。

④ "之"字底卷脱抄,陳書依文例補之,兹從校補。

⑤ "龍"字居底卷行末,僅存上部少許筆畫,可依文例補作"龍"字,陳書已揭此,兹據校補。

⑥ "把"字居底卷行末,其左部作"扌"形,右部僅存少許筆畫,姑參文意校補作"把"字。

⑦ 以下三行字體與前後正文不同,而與前六圖首所書的二個月日同,疑此或爲别一人所爲之雜寫或某收藏底卷者所作之閲讀記日,然"咸元"非唐時年號,考底卷背面有同人雜寫作"至德三載"云云者,按至德三載七月改元乾元元年,故疑底卷"咸元"爲"乾元"之音訛,俟考。

①

出遊之方，不得起土造作、移徙、嫁取、修門户，百事皆須避之，大吉，向之者凶。

謝土忌日，入月七日父死，十日母死，廿七日子死。

乙巳日死，癸酉日葬，戊辰日病，己巳日□，□□□□②，辛未日病，丁亥日死，己亥日葬，已上起土、謝土並凶。

又土公在日亦不得起土，大忌。▨▨③，取滿、平、定、成、收、開、除，此日大吉，餘皆凶。

---

① 圖校：〔1〕“己巳”之“己”字底卷殘泐，僅存字之右下角彎鈎形筆畫，兹據文例擬録。〔2〕“丙午”下之“葬”字不合文例，殊怪，陳、金二書皆不具録，姑存其舊以俟考。〔3〕“己丑”二字底卷因法藏粘貼摺皺故致僅可辨少許筆畫，此亦據文例録定。

② 缺字居底卷行末，殘泐，其中第一、四、五字依文例當爲“死”、“日葬”三字。

③ 殘字前者底卷漫漶，殘存似“廚”形大略；後者居底卷行末，存上部“一”形筆畫。

土符十二月在子[①],取其土家長死[②],取戌上大富貴[③]。正月在丑[④],動凶[⑤]。二月在巳,取其土長子死,取甲上土宜田蠶,富貴。三月在酉,取□土煞婦[⑥],用子上土宜五穀;三月用戌寅土父母死。四月在寅,取其土中子死,用巳上□□□[⑦];四月辰戌動土煞死人。五月 ▭ 在戌[⑧],取其土煞中婦,用甲上土宜奴婢,吉;六□□寅動□□[⑨]。七月在卯[⑩],取其土煞長女,用亥上土宜六畜[⑪];七月用癸卯土□□[⑫],凶。八月取未土煞人,凶[⑬]。

每月三、七、十七、廿七、十五、廿三,已上三圖用行大吉。

---

① "十二"底卷誤揉作"四"字,按"四"字後文依序有出,此"四"字有誤,考《諸雜推》、《陰陽五姓宅經》(一)皆載十二月土符"在子",是此"四"當爲"十二"字誤糅致訛,陳書已揭此,姑從校改。

② "其"字底卷脱抄,兹依文例校補。

③ 十二月取土吉位《諸雜推》殘泐,《陰陽五姓宅經》(一)作"庚",後三、四、七月取土吉位亦與底卷不同,俟考。

④ "在丑"底卷作"辰北",不辭,《諸雜推》、《陰陽五姓宅經》(一)皆載正月土符在丑,疑此"辰北"二字即爲"在丑"二字之形訛,姑據校改。

⑤ "凶"字前依文例疑底卷脱抄一"土"字,《諸雜推》、《陰陽五姓宅經》(一)正月皆不載取土吉位,蓋即以正月不宜動土故也。

⑥ "取"字居底卷行末,存右上角少許似豎形筆畫,兹依文例校補作"取"字。缺字居底卷行末,可依文例補作"其"字。

⑦ 缺字居底卷行末,依文例當爲斷語,俟考。

⑧ 土符"在戌"《陰陽五姓宅經》(一)作六月,而五月是在"午",與《協紀辨方書》卷六土符下所載同,疑底卷此處抄寫竄行,致"五月"二字下有脱文,而直接銜接了六月的土符所在方位及吉凶説明,兹爲擬補一個多字脱字符。

⑨ 前二缺字居底卷行末,其中第一字可依文例補作"月"字,第二字當爲一地支名;後二缺字亦殘泐,依文例疑或爲"土凶"二字。

⑩ "在"字底卷脱抄,陳、金二書皆依文例校補,兹從之。

⑪ "上"字底卷脱抄,兹依文例校補。

⑫ "用"字底卷脱抄,兹依文例校補。又缺字居底卷行末,殘泐。

⑬ 此條句法不合文例,其下又有九、十、十一三月土符所在及吉凶情況未録,又下文提及"以上三圖"而底卷實載只有一圖,疑其所據抄的底本有殘泐,故致此處文圖有缺。

三元宅經

（三）

關長龍　點校

【題解】

《三元宅經》(三)存宅内伏龍法、土公出遊法及黄黑移徙法三圖,其内容雖多未録全,但所存者與《三元宅經》(一)、《三元宅經》(二)、《諸雜推五姓陰陽等宅圖經》等同。今參與底卷内容相兼容的《三元宅經》(一)、《三元宅經》(二)擬名作《三元宅經》(三)。

底卷正面的《莊子集音》許建平認爲其"抄寫不會早於高宗時期"(《敦煌經部文獻合集》第九册,中華書局 2008 年版,頁 4708),如此,其背面雜抄部分的抄寫下限蓋當亦不晚於中唐時期。

今以《法藏》P. 3602V 爲底本,并參考陳于柱《敦煌寫本宅經校録研究》(民族出版社 2007 年版,簡稱"陳書")、金身佳《敦煌寫本宅經葬書校注》(民族出版社 2007 年版,簡稱"金書")及敦煌相關文獻如《三元宅經》(一)、《三元宅經》(二)、《諸雜推五姓陰陽等宅圖經》(簡稱《諸雜推》)(一)等加以校録。

右土符，犯之損家母，凶[①]。

宅内伏龍法

②

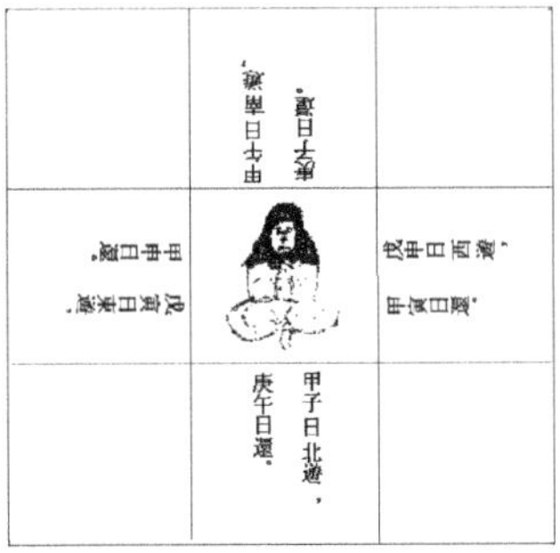

③

右土公，犯之家長凶。

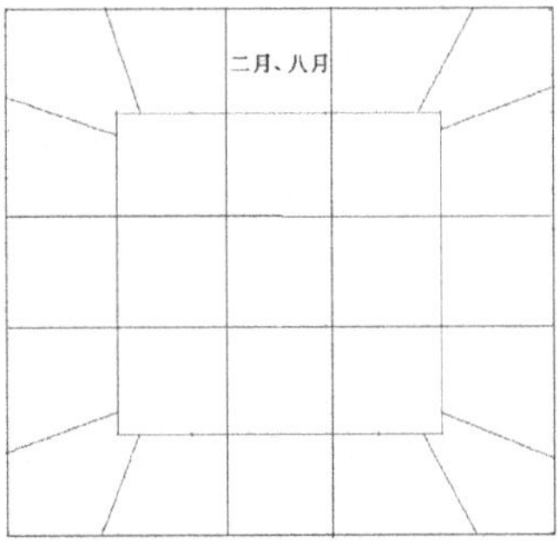

④

---

① 此句前底卷雖無殘泐，但抄者蓋截取土符法後的最後一句話，以致文意突兀，土符法可參《三元宅經》(一)、《諸雜推》等文書中所載。

② 圖校：此是一幅未完成的伏龍所在圖，其伏位規定與《三元宅經》(一)及《諸雜推》的又一法同，可參彼文。又圖中"竈前"據前引二書當作"庭前"或"庭中"，姑據校改"竈"字作"庭"。

③ 圖校："北遊"底卷作"東北遊"，與《三元宅經》(一)及《諸雜推》不同，也與其他三方情況不同，疑底卷誤衍"東"字，故徑爲删去。

④ 此亦是一幅未完成圖，參《三元宅經》(一)、(二)知此爲推黄黑移徙法内容。

三元宅經

（四）

關長龍　點校

【題解】

《三元宅經》(四)内容由兩部分組成:推地形格局吉凶及推太歲諸神所在日、避月煞日等。这些内容的簡略形態如澤藏之地、水藏之地等亦見於《陰陽宅圖經》、《諸雜推五姓陰陽等宅圖經》及《地理新書》所引《照幽記》,然底卷所載與諸書相似而不同。其避月煞法在《協紀辨方書》中有載,而其所推定的某些神煞日亦有未見載於他書者。

按底卷之内容雖以推地形格局和推神煞所在日爲主,但與一般的陰陽宅經所載有異(參前所述),與八卦、五姓宅法亦皆不似,故疑其與從式占轉化而來的三元宅經關係更爲緊密,故姑擬作《三元宅經》(四)。

底卷書法纖麗,作行草意,行款疏朗。從正面《古文尚書傳》之抄寫時間不會早於玄宗朝(參許建平《敦煌經部文獻合集》之"古文尚書傳(一一)"題解)的情況看,底卷的抄寫時間當亦在盛唐、中唐之際。

今以《法藏》P.2630V 爲底本,并參考陳于柱《敦煌寫本宅經校録研究》(民族出版社 2007 年版,簡稱"陳書")、金身佳《敦煌寫本宅經葬書校注》(民族出版社 2007 年版,簡稱"金書")加以校録。

(前缺)

八十人①。平地高塠,南北百餘步,東西亦然,居其左右二千石,卅▨□世絶②。

道銜之地③,大中作,若▨□▨▨作者▨其▨▨宅舍④,居其禍⑤,出死人,凶。前有流水者,有塠相望,宜作冢墓,可種柏,人居之富貴吉昌⑥。

龍尾之地⑦,從南來而下,其北卑,居之出分異不孝而恒貧⑧。

天殿之地,其元如殿,方正而高⑨,土色青黄,居其陽⑩,百倍富貴,封侯。

山▨之地⑪,其形如太山之端⑫,似▨▨之▨⑬,居其左右,族

---

① 底卷抄於《尚書》寫卷之背,其前面有大片留空,然以此"八十人"句非一卷之首貌,因疑底卷所據抄之底本此前有殘泐,故致如此。

② 殘字底卷存上部似"二"形筆畫,疑或爲"年"字之殘。又缺字底卷殘泐,依文例或可補作"後"字,俟考。

③ "銜"字底卷作如此,疑其爲"衢"字形訛,俟考。

④ 殘字第一字底卷存上部似"善"形筆畫,第二字存兩側殘畫,第三字存略似"北"形筆畫,第四字存周邊少許筆畫,第五字存左側及上部少許筆畫,第六字存左側"亻"旁及上部少許筆畫。又缺字底卷漫漶殘泐。

⑤ "禍"爲"禍"之俗字,置此不辭,疑"禍"爲"榾"之俗訛,"榾"通"股",或即榾柮之省,俟考。

⑥ "吉"字底卷誤脱,兹依文例校補。

⑦ "之"字底卷脱抄,兹依前後文例校補。

⑧ "恒"字底卷有漫漶,存略似"恒"形筆畫,姑據校補,金書録作"婦",不足據。又"分異"疑或爲"乖異"之訛,俟考。

⑨ "而"字底卷存上部"一"形筆畫,依文例疑爲"而"字之殘,姑據校補。

⑩ "居"字底卷作"屋",不辭,兹據文例校改,底卷形訛。

⑪ 殘字底卷略有漫漶,存其大略似"丙"、"雨"形字,俟考。

⑫ "形"字底卷誤作"刑",兹依文例校改,後同誤者皆徑爲校改,不再一一出校説明。

⑬ 殘字第一字左側底卷略有殘泐,存似一代字符形小字,第二字略有漫漶,存似"雷"、"霄"形字之大略,第三字上中部殘泐,存似"祭"字之殘形。

爲恃▨[①]。若水從西南來北出者，其東出於左，食口百人。

天元之地，其形如蛇從東南來，居其陽，□□□□[②]，多財富，十五年小衰。

天庭之地，其形如衝▨[③]，居其側[④]，大富貴，居其陰，災自至。

所謂還丘之地者，四方高而後下，河數宜中[⑤]，出二千石，留後世，食口五十人。

所謂大水之地，水從東來，至辰折南行，作宅者西北有塠原[⑥]，居之出二千石，無小貴。

所謂咸池之地，大水從西南來，宅前未地折北行百步，若三百步而折東南至辰，▨折東北行[⑦]，居之出二千石。

所謂水藏之地[⑧]，水從西南來百里若五十里，雖小勢而通船，折東行，望北投戌亥之地[⑨]，有高山出三公，無山不可居，若有塠亦不可居之。所謂水藏之地者[⑩]，謂居入溝之中[⑪]、遠者爲藏，其頭地勢有上下磈磥，樹木茂好，居其高者富，貲財百萬，大吉。

---

① 殘字底卷墨漬有潤開，存其形略似"臺"或"書"字草寫狀，俟考。

② 缺字底卷漫滅。

③ 殘字因受正面透背的字畫影嚮，其字形略似"羿"形，依文意疑或爲"衢"字之殘，俟考。

④ "側"字金書録作"利"，不確，然其據後"居其陰"句而校此作"陽"字，則似有理，俟考。

⑤ "河數"底卷略有漫漶，姑録作如此。

⑥ "塠"字底卷存右部"追"旁，兹參前文用例校補作"塠"字。

⑦ 殘字底卷存左部，依文例似當爲"復"、"再"字，然與殘形不能盡合，俟考。

⑧ "藏"字底卷誤作"減"，兹據《地理新書》卷二所載校改。

⑨ "望"、"投"二字底卷誤作"忘"、"頭"，兹依文例校改。

⑩ "藏"字底卷誤作"減"，兹據前文例校改。

⑪ "溝"字底卷有漫漶，姑據其所存大略校録作"溝"字。

所謂澤地之中高者[1],其土黄白色,南有蘄茹逕水,生滿菩□□[2],大富貴。

所謂絶丘之地[3],謂四方高而後下,河數宜中[4],出二千石,留後世,食口五十人。

所謂諸危之地,謂十日之中,連▨不絶[5],地勢高,樹木長好者,居其高遠處,出二千石。

所謂天倉之地,四方高,中央宛宛有流池若淵[6],居之,出二千石,食口卌人,五十年衰。

天翼之地[7],其形如水流之處從西來迴避其舍東北去,居其陽大富貴,居其陰貲財千萬。

天基之地,其形如五里有水谷道,▨季令中央富貴[8],乃▨▨[9],食口九十人。

▨轂之地[10],其形如堆,䭫西六里,居其左右,禄二千石,食口九十人,十年大衰。

① 此句依文例疑"澤"字下有脱文,且"地之"二字誤倒,姑標點作如此,俟考。

② 缺字居底卷行首,殘泐。

③ 按此條文字與前"還丘之地"條幾乎全同,疑底卷誤爲重出,且訛"還"作"絶"字,俟考。

④ "河"、"宜"二字底卷皆有些漫漶,兹參前"還丘之地"條録定。

⑤ 殘字存似"氶"上加一"丶"形,不詳究爲何字。

⑥ "淵"字底卷俗寫作""形,陳、金二書皆録作"倒",非是。

⑦ "天"字底卷有漫漶,兹參前後文例校補作"天"字。

⑧ 殘字底卷略有漫漶,存似"立"或"衣"形大略,俟考。

⑨ 殘字底卷有漫漶,前者右側似作"卩"形,後者似"郊"形之大略。

⑩ 殘字底卷有漫漶,存左部似"彳"、右部似"晏"形,亦疑爲"接"字之漫漶,俟考。

□滅之地[①]，其形如塠，從東南▨▨□□□其有▨▨▨[②]。

▨▨之地[③]，其形如坑，從東□□□□□西南去[④]，居其上者貲財百萬[⑤]，食口卅人。

□□□地[⑥]，▨▨▨▨▨▨卑迴[⑦]，宜居其陽則富，居其陰貧殺，有非禍。

陂池之中[⑧]，▨▨▨▨▨▨位處[⑨]，其地□▨▨虚[⑩]，一名無池之地，居其西▭[⑪]

太歲在四孟，孟月不起屋，煞家長[⑫]，用仲月吉[⑬]。凡太歲在四季，季月不起屋，煞少子、少婦、中孫，用仲月吉。

---

① 缺字居底卷行首，殘泐。

② 殘字第一字底卷存似"十"形殘痕，疑或爲"來"字之殘，第二字僅存漫漶的筆畫，第三字存似"止"或"出"形筆畫，第四字存左部略似"朝"之左旁形筆畫，第五字存上部似"曲"形的繁複筆畫。又缺字底卷殘泐。

③ 殘字居底卷行首，前者存下部筆畫，後者左上右下部略有漫漶，並未能辨識。

④ 缺字底卷漫滅。

⑤ "財"字居底卷行首，存左下角及右部少許筆畫，兹參文意校補作"財"字。

⑥ 缺字底卷漫滅。

⑦ 殘字第一字存左部及右上角筆畫，略似"乾"字缺右下角之形，第二字存上部筆畫，略似"戌"形，第三字有漫漶，存略似"宮"形輪廓，第四字存略似"吴"形的輪廓，第五字存似"刑"字的大略，第六字存左下部似"兀"形筆畫。

⑧ "陂"字底卷作"波"，不辭，兹依文例校改，底卷形訛。

⑨ 殘字底卷皆有漫漶，其中前三字似"若前滿"三字之大略，第四字左側似"言"旁，第五字似"岸"字大略，第六字下部作"小"形。

⑩ 缺字居底卷行末，殘泐。次行殘字前者中部有殘泐，所存部分亦有些漫漶，第二字存右部作"乍"形筆畫。

⑪ "西"字下至行末底卷殘泐約半行，據空間，可抄十二字左右，然依底卷文例，一條結束如下部所餘不多，則徑换行而不接抄，是底卷下部亦或留有空白。

⑫ "長"字存上部筆畫，金書録作"長"字，兹從校補。

⑬ "用"字存左側"丿"形筆畫，兹參下句文例校補作"用"字。

太陽日[①]:月一日、七日、十三日、十九日、廿五日,移徙、安宅大▨▨▨子▨□▨▨▨▨▨▨[②]。

太陰日:月二日、八日[③]、十四日、廿日[④]、廿六日,移徙、安宅不出▨□□[⑤]。

□父日[⑥]:月三日、九日、十五日、廿一日、廿七日,移徙、安宅大富貴[⑦],子孫▨樂[⑧],百事吉▨[⑨]。

天帝日[⑩]:月五日、十一日、十七日[⑪]、廿三日、廿九日,移徙、安宅神大富貴[⑫],宜子孫,九年大吉。

---

① "太"字底卷有些漫漶,兹依文例録定。又"陽"字底卷作"歲",按伯二九〇五推择日法載此作"太陽日",與下太陰日呼應,且太歲日之説與一般意义上的太歲日説不合,故疑底卷誤作,姑據校改。

② 殘字底卷皆有漫漶,其中第一字存似"冶"形大略,第二字存似"地"形大略,第三字下部作"人"形,第四字存上部"丨"形筆畫,第五字存左下部及右上部筆畫,第六、七二字字形基本完整,疑或爲"百年"二字,第八字居次行行首,存下部似"少"形下部大略,第九、十字字形基本完整,但較模糊,似"容春"二形之大略,俟考。又缺字底卷漫滅。

③ "八日"二字底卷誤脱,伯二九〇五推择日法載有"八日"二字,如此則太陰日與其前之太陽日、其後之天父日在時間上就形成了一個完整的序列和對應,底卷脱抄,兹據校補。

④ "廿"字底卷有漫漶,此參殘形及文例録定。

⑤ 殘字底卷存上部少許筆畫。缺字居底卷行末(依底卷文例亦或僅抄一字),漫滅,伯二九〇五推择日法謂此日"嫁娶凶",似與缺處文意不合,但可據知此日當亦不宜安宅、移徙和出行。

⑥ "父"字底卷存下部少許筆畫,兹據伯二九〇五推择日法等校補作"父"字。又缺字居底卷行首,漫滅,亦可據伯二九〇五推择日法等補作"天"字。

⑦ "貴"字底卷存左側少許筆畫,兹參文例校補作"貴"字。

⑧ "子"字底卷存下部筆畫,兹參文例校補作"子"字;後一殘字底卷有漫漶,雖存大略,然不能辨爲何字。

⑨ 殘字底卷存右部有些漫漶的筆畫,疑爲"祥"字之殘,俟考。

⑩ "帝"字陳、金二書皆録作"常",似與字形不契,伯二九〇五推择日法等作"天帝"字,兹從録定。

⑪ "日"字底卷殘泐,此據文例擬補。

⑫ "貴"字底卷存下部"八"形筆畫,兹參文例校補作"貴"字。

天王日[①]：□□□[②]、十二日、十八日、廿四日、卅日，移徙、安宅▨▨[③]，宜子孫，七十年大吉昌。

▨▨▨將相木法避月煞日[④]：舍東南角九尺，種桃一株，法▨▨▨疾病[⑤]；舍西北角種榆一根，治應太虚，以襄天虚，令人富貴。舍西南角種李十二根[⑥]，外李▨▨▨▨富貴子孫[⑦]。舍東北角種棕三根，法應太陰，以避縣官、災害，田蠶▨▨▨▨[⑧]。▨▨種▨十八根[⑨]，令人生貴子，二千石。□内種李十二株[⑩]，内桃外李，▨令九人避除疾病[⑪]，▨大富□[⑫]。▨東種桑十三根[⑬]，去舍廿五步，法應▨□[⑭]，□▨宜留畜▨□□[⑮]。舍北有秋樹，令人家滅門；

① "王"字底卷存字形大略，兹參伯二九〇五推择日法等録定。

② 缺字底卷漫滅，可參伯二九〇五推择日法等補作"月六日"三字。

③ 殘字前者底卷存右下部筆畫，後者存下部漫漶的筆畫，其中右側似作"刂"旁。

④ 殘字底卷皆有漫漶，其中前者存右下角似"心"字之殘形，第二字存右側少許筆畫，第三字唯左上部漫滅，因字用草法，故不能辨其所存之確切筆形，然其殘形與次行"種"字相近，疑或即"種"字之殘，"種將相木法"疑即《諸雜推》"卜種樹法"下所載的"百木之少府"、"百木之使"、"百木之丞相"云云之意，俟考。

⑤ 殘字底卷漫漶，其中第一字存大略似"陽"形輪廓，第二字筆畫多漫滅且與背透字筆畫相混，不能辨形，第三字疑似"除"字殘形，俟考。

⑥ "舍"字底卷脱抄，兹依文例校補。

⑦ 殘字前者居底卷行末，後三居次行行首，皆漫漶，僅少許筆畫可辨。

⑧ 殘字底卷漫漶，第一字上部略似"ナ"形，第二字左側似一"丨"畫，右下部似作"小"形，第三、四字皆存字形大略，唯字畫模糊不可辨。

⑨ 殘字前者存下部筆畫，似"已"形大略；第二字左部漫漶，且受背透筆畫影響，不能具知；第三字存下部筆畫，其中右部似作"八"形。

⑩ 缺字底卷漫滅，然其上界欄外有一漫漶字形和一"南"字，不知是否爲後之讀者所補加，俟考。

⑪ 殘字底卷漫漶，且與背透筆畫相混，不能辨形。

⑫ 殘字底卷存下部少許似"H"形筆畫。缺字居底卷次行行首，殘泐。

⑬ 殘字底卷存部分漫漶的筆畫，且與背透字畫相混，不能辨形。

⑭ 殘字底卷存少許殘痕，其上部似"太"字殘形。缺字底卷漫滅。

⑮ 缺字前者底卷殘泐，後二字居次行行首，亦殘泐。又二殘字皆大部漫滅，只可辨下部似"心"形筆畫大略。

舍西□桃李[①],不宜子孫,女婦□□厄症[②],必乳死。舍西北種槐三株,□□爲六▨[③],盜賊出,▨□▨[④]。舍前有李樹,不宜▨[⑤]。舍▨有梓樹[⑥],家滅門。舍西南不宜□▨枯樹[⑦]。宅舍内不得▨□▨[⑧]。舍□種桑[⑨],宜煞▨▨[⑩]。舍南種杏,避除▨▨[⑪]。

▨□□□▨避月煞日[⑫]:□□□▨樹木[⑬],三月▭日是大忌[⑭],此日種,家長▭□寅、甲、辰[⑮],正月六日,此日種,▭□在丑[⑯],二月在戌,三月在未,□□在辰[⑰],五月在丑,

---

① 缺字底卷漫滅,依前句文例,疑可補作"有"字。

② 缺字居底卷行首,殘泐。又"症"字底卷誤作"正",兹依文例校改。

③ 缺字底卷漫滅,殘字底卷有些漫漶,存似"匹"或"返"形大略。

④ 殘字前者底卷存左部似"爿"形筆畫,後者居次行行首,存似"除"形大略之字。缺字居底卷行末,漫滅。

⑤ 殘字底卷有漫漶,存似"曾"形大略,疑爲"居"字之殘形。

⑥ 殘字底卷有漫漶,不能辨其殘形。

⑦ 殘字底卷存左部似"丨"形筆畫,依文例疑或爲"有"字之殘形。缺字居底卷行首,殘泐。

⑧ 殘字前者底卷存左部似"乾"左旁之形的筆畫,後者存下部"日"形筆畫。缺字底卷漫滅。

⑨ 缺字底卷漫滅。

⑩ 殘字前者居底卷行末,僅上部似"一"形筆畫可辨;後者居次行行首,存左及下部漫漶的筆畫。

⑪ 殘字前者存右部漫漶的筆畫,後者存右部似"戈"形筆畫。

⑫ 殘字前者底卷存右側少許筆畫,後者存左部少許筆畫。缺字底卷漫滅。

⑬ 缺字居底卷行末,漫滅。殘字居次行行首,存少許漫漶筆畫。

⑭ "三月"下至行末底卷文字漫滅,據空間,約可抄二十字左右。

⑮ "家長"下至行末底卷文字漫滅,據空間,約可抄十五字左右,其中有少許漫滅之字有右部殘畫,此雖有定位意義,但亦或間有不能決者,故不具録。又缺字居次行行首,漫滅。

⑯ "種"字下至行末底卷漫滅,據空間,約可抄十四字左右。又缺字居次行行首,漫滅。按此處所載當爲黄幡所在。

⑰ 缺字底卷漫滅,可依文例補作"四月"二字。

□□□□①，七月在未，八月在辰，九月在丑，□□□□，□□□□□②，十二月在辰。

正九月，天德在□丙③。二月，□□□□。□□□，□□□□□。□□□□，□□□□□。□□，□□□□。□□□，□□□□□④。八月，天德在艮⑤。十一月。天德在巽⑥。

土公▭⑦十一月在巳，十二月在亥，▭⑧□▨▨▨⑨，冬三月甲寅▨▨⑩。此日▨▨▭▨▨⑪

---

① 缺字底卷漫滅，依文例可擬補作“六月在戌”字，《協紀辨方書》卷六義例四“月煞”條下云：“月煞者，正月起丑，逆行四季。”是即黄幡所在。

② “丑”字下至行末底卷文字漫滅，據空間，約可抄十二字左右，兹依前文例擬補九個缺字符（句間底卷留有空格），此可參《協紀辨方書》卷六義例四“月煞”條所載及底卷文例補作“十月在戌，十一月在未”九字。

③ “正九月”底卷誤倒作“正月九”，兹依文例徑爲乙正，又按正月天德在丁，九月在丙，底卷“丙”字下有漫漶空間，疑其原抄誤倒作“丙丁”，兹爲乙正。

④ “二”字底卷存上部“一”形筆畫，兹參文例校補作“二”字。又“月”字下至行末底卷漫滅，據空間，約可抄十四字左右，按依底卷文例及天德所在通例，其所缺文字當爲“天德在坤，三、七月天德在壬癸，四、十二月天德在辛庚，五月天德在乾，六、十月天德在甲乙”，其相關文字與底卷所殘空間略近，故從擬補三十五個缺字符。

⑤ “艮”字底卷漫漶，姑參天德所在通例校補作“艮”字。

⑥ “巽”字底卷漫漶，姑參天德所在通例校補作“巽”字。

⑦ “土公”下至行末底卷漫滅，據空間，約可抄十四字左右。如以下文文例計，則當缺“正月在某”等計四十字，與所殘空間不合，另外，土公所在敦煌其他寫本中共見兩種推法，皆與此不合，俟考。

⑧ “亥”字下至行末底卷漫滅，據空間，約可抄十五字左右。

⑨ 缺字底卷漫滅，殘字皆存下部少許漫漶的筆畫。

⑩ 殘字底卷皆有些漫漶，存似“中没”二形之大略。

⑪ 前二殘字底卷皆有些漫漶，存“望倫”二形之大略。其下至行末底卷漫滅，據空間，約可抄十四字左右。後二殘字居次行行首，有漫漶，存似“位凶”二字之大略。

太公日者，正月子①，二月卯，三月午②，□□□，□□□③，六月卯，七月午，八月酉，九月□，□□□，□□□□，□□□□④。右此日皆是天火日。

▨▨▨▭⑤欲開移門户，有其吉日⑥，東門▨▭南門不▨▭▭⑦□□月□□，▨▨▨用庚子日▭▭⑧

(後缺)

① “子”字底卷存上部少許似“一”形筆畫，按《永樂大典》卷一三一九四載云：“天火日：正月子，二月卯，三月午，四月酉，餘月同。”兹據校補殘字作“子”字。

② “午”字底卷存右部筆畫，兹依前述天火日例校補作“午”字。

③ “午”字下至行末底卷殘泐，據空間，約可抄七字左右，可依前述天火日例擬補作“四月酉，五月子”六字，兹爲擬補六個缺字符。

④ “九月”下至行末底卷漫滅，據空間，約可抄十一字左右，可依前述天火日例疑補作“子，十月卯，十一月午，十二月酉”十二字，兹爲擬補十二個缺字符。

⑤ 殘字底卷皆有漫漶，存似“江不有”三字之大略。又殘字下至行末底卷殘泐，據空間，約可抄十二字左右。

⑥ “吉日”二字底卷有漫漶，依殘形及文例，姑校補作“吉日”二字。

⑦ 注文殘字前者存右部漫漶的筆畫，後者亦有漫漶，存似“送”形之大略。又雙行注文下至行末底卷殘泐，據空間，約可抄十二個左右大字。

⑧ 缺字前二者底卷漫滅，後二者殘泐。注文殘字皆存右側筆畫，其中第三字似“月”字之殘。殘注文下至行末底卷殘泐，據空間，約可抄十二個左右大字。

玄女宅經

（敦煌本）

關長龍　點校

【題解】

《玄女宅經》由三個斷片綴合而成，卷首有題名作“《宅經》一卷”。從内容看，其結束處并未抄完，後有空白，聯繫到前面目録部分的抄録亦有留空未抄的情形，知底卷所據抄的原本蓋已有殘缺，故致如此。另外，底卷倒數第五行有目名作“宅中置處所法第三”，較之目録作十目之情形，推測底本原文約有一千餘行，以行抄十九字計，當在二萬字左右。

王卡爲與他本《宅經》相區别，遂因底本中有“玄女”傳授道法及《黄帝宅經》載有《玄女宅經》之書名而擬此作《玄女宅經》(《敦煌道教文獻研究》，中國社會科學出版社 2004 年版，頁 149)，今從擬作《玄女宅經》。

底本紙薄透字，字品不佳，然其正面之《新修本草》書法却娟秀疏朗，故疑底卷當爲敦煌陷蕃(781—848)間所録。

今以《英藏》S. 4534V1(底一)、S. 9434V(底二)、S. 4534V2(底三)爲底本，并參考陳于柱《敦煌寫本宅經校録研究》(民族出版社 2007 年版，簡稱“陳書”)、金身佳《敦煌寫本宅經葬書校注》(民族出版社 2007 年版，簡稱“金書”)及敦煌本《諸雜推五姓陰陽等宅圖經》(簡稱《諸雜推》)加以校録。

宅經一卷

□▨形勢安置法第一① ▭

□□□□□□□□□② □▨宅舍所用法第四③ 宅神伏龍所在第五 ▭▭宅所見以知法第七④ 治宅謝厭解法第八 ▭宅中神異處法第十⑤

玄女曰：能知吾道遊□清⑥，不知吾道入幽冥⑦，功曹、傳送臨亭亭，螣蛇、清龍託虞城⑧。神靈□然⑨，受者所以長生。皇帝受

① 殘字底一存左下角似"土"旁筆畫之餘者，缺字底一殘泐，參考後文之"宅中置處所法第三"，疑此殘、缺者或爲"宅址"或"宅外"二字，蓋以論宅屋周圍地形的規定以及宅外自然環境的選擇和培補等内容。

② "第一"下至行末約半行餘底一未抄文字，蓋其所據底本有殘泐而抄者故爲留空所致。然因卷後正文所載有"宅中置處所法第三"之目，故於多字缺字符外别爲擬補八個缺字符。

③ 殘字底一存下部似"八"形筆畫，陳書、金書皆缺録。又缺字底一殘泐，據文意推測，疑此或爲"宅入"二字，俟考。

④ "第五"下至行末及次行行首至"宅"字間底一留空未録文字，蓋亦所據底本有殘泐而致。又"知法"底一本作"法知"，其"知"字右側有一乙正符號"√"。

⑤ 行首至"宅"字間底一留空未録文字，蓋亦所據底本有殘泐而致。又"中"字底一僅存中部一竪，其"口"形環框漫漶，姑依文意録作"中"字。

⑥ 缺字底卷原脱，按"遊清"文獻未見獨用者，又此"清"字與下之"寘(冥)"、"亭"、"城"當同爲七言句之韵脚字，故疑此"清"字前有脱文，如作"太"、"上"等字，王卡《敦煌道教文獻研究》頁148録有此詩，乃補其字作"上"，可參，兹姑爲擬補一個脱字符。

⑦ 行首"玄女"至"不"字爲底二内容，"知"字下至行末"臨"字爲底一内容。"冥"字底一作"寘"，按"冥"字俗字或作"寘"形，與"寘"形近而俗或誤相混作，兹據文意校改。

⑧ 行首"亭亭"至"城"字爲底二内容，其下至行末"生"字爲底一内容。"清"當即"青"之俗借字。又"託"字底二作"記"，不辭，兹依文意校改，底卷形訛。

⑨ 缺字底卷原脱，按"神灵然"不辞，疑"然"字前底一脱抄"信"、"昭"之類的字，兹姑爲擬補一個脱字符。

無上尊神，要六丁玄女受虞城[1]，虞城赤松子受行之，乃知有自然數。道無形像[2]，何愚者不知，謂之自然？明者獨得道瑞，可受《玄女天法》一卷，可作人▨[3]；《止由來符》一卷，可以具生，令所求即得，須酒食自□；《□服食光》一卷[4]，可以長生；《宅橈》一卷[5]，可以知吾吉□□□，□無至患害[6]。▭[7]

（中缺）

▨[8]。

凡人居窮，欲到宅▨▨□□□□□□到宅[9]。

凡人居住不用，故即害[10]，是鬼之▨□□□妨小口[11]，大凶。

---

① 行首"皇帝"至"六"字上部爲底二内容，"六"字下部兩點至行末"松子"爲底一内容。

② 行首"受行"至"道"字爲底二内容，"無"字下至行末"謂"字爲底一内容。

③ 殘字底二存右上部似"主"之右上部形筆畫，疑所殘或即"主"字，俟考。

④ 缺字底二殘泐，然依文意，則前一字疑當作"來"，故於其下句斷，而以下一缺字屬於下句中。

⑤ 《宅橈》一書又見於《黄帝宅經》所列舉的"宅經"中。

⑥ "吉"字左部底二有殘泐，兹依文意録定。又其下至行末殘泐約四個字的空間，兹爲擬補四個缺字符。依文意推測，疑此四個缺字或爲"凶之説使"，姑爲從中句斷。

⑦ "害"字下至行末底二殘泐。

⑧ 殘字因紙背透墨及漫漶，未能辨識。以下爲底三内容。

⑨ "到宅"二字居底三行首，前行二殘字前者存左部似"良"或"艮"形筆畫，陳書、金書皆徑録作"良"字，可參，然亦不能排除其爲"即"等合體字之可能；後者存左部少許筆畫（似"突"之左側形），陳書、金書皆未録。其下至行末底三殘泐約六個字的空間，故爲擬補六個缺字符。

⑩ "即害"二字底三作"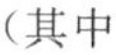"形（其中前一字上部的"一"形乃背面倒書的"之"字底畫透漬所致），陳書録作"所當"，金書録作"耶間"，審此與後文中之"所當"字形較爲不同，而録作"耶間"則文意扞格，皆不可取，故疑前一字乃"即"字俗訛，而後一字乃"害"之俗字"富"，"即害"蓋意指前所謂有屋而不住人的後果爲言。

⑪ 殘字底三存左上部筆畫（似"延"之左上部形），其下至行末殘泐三個字的空間，故爲擬補三個缺字符。

凡人居在職職遷[①],欲得稱大[②],得▨□上造屋[③],即高遷。

凡人初造基,欲得錢廿五入著銅器中,向西地請令賢精靈著庭中[④],安瓦盛之[⑤],埋深三尺,家富,千年無貧,吉利。

人初造宅,取用土磚安著門中[⑥],埋深三尺,可十年無口舌、盜賊,呪咀大吉[⑦]。

初造宅舍,丑上土一升,巳上土一升[⑧],未上土一升,酉上土一升,亥上土一升,凡處土五升,安北堂北二步,師曰:長宜置牛馬羊腊□□及神雞[⑨],是皇帝之法[⑩]。埋深三尺,吉利,有驗。

諸家起樓法,欲得在少陰東,名日照武王地,名王臺,盜賊不

---

① 後一“職”字底三作代字符形,陳書録作“不”字,金書録作“職”字,茲從金書録定。

② “稱大”金書録如此,陳書作“昇不”,非是。

③ 殘字底三存左側少許筆畫。缺字底三殘泐。

④ “令”、“靈”二字底三作“[illegible]”“[illegible]”之形,陳書録作“舍”、“異”,斷其句作“向西地請舍賢精異著庭中安”;金書録作“合”、“寒”,斷其句作“向西地請合賢精寒著庭中安”,皆有不辭之感,可參。

⑤ “瓦”字底三作“凡”形,陳書、金書皆徑録作“凡”,然底三前後諸“凡”字皆作“几”形,且“凡”字置此有不辭之感,考“瓦”字俗或書作“凡”形,“安瓦盛之”蓋指以安放瓦器盛裝前文所提到的裝錢币的銅器,然後埋於庭中三尺之下。

⑥ “土”字底卷作“上”,不辭,疑本爲“土”字,受次行諸“上”字影響而致訛,姑據校改。

⑦ “咀”爲“詛”之通假字。

⑧ “巳”字底卷作“一”,不辭,陳書讀作“巳”字,當是,以“乙”、“一”古或通用,而“巳”、“已”、“乙”等字俗書多有混用,從底三所述取五土之所看,乃爲四隅及正西,似亦有法可循,茲從陳校改。

⑨ 行首至“及”字間底三留約三個字的空間,前行“腊”字下至行末底三亦留有兩個字的空間,蓋其所據抄之本有殘泐而致。

⑩ “是”字前底三有一“[illegible]”形符號,陳書、金書皆未録,姑從付闕如,俟考。

入。樓取陰歲[1]，天不足西北，戌起樓▨▨富貴[2]，宜六□。□□堂西連於堂[3]，名曰輔樓，大吉[4]，樓在太陰未丑，宜□□。▨築六十尺[5]，令人富貴，壽命長，口數衆多，家無逸匿死者[6]，富[7]，此外皆凶。樓在東，賈人利；樓在南，海也使臣曰利[8]；樓在西[9]，是天倉，大富貴，宜子孫；樓高三丈五尺，并在北，大吉利[10]。人家不得無何造樓，大凶，甚須師占得所。樓當門，害▨[11]；樓安門上，婦守孤；▨維有樓[12]，大禍入門。樓與溷廁連，煞牛馬；樓連堂，子孫

---

① "陰歲"二字右部底三有漫壞，細審前後相近之字形當作此二字解，陳書、金書皆録作"得成"，非是，然"樓取陰歲"似較費解，俟考。

② 二殘字底三皆漫漶不清，僅可略辨少許殘畫，又於淡墨中有一明顯縱畫，疑或示爲删除之字。

③ 缺字底三殘泐，其中"六"下一字疑當爲"畜"字。

④ "大吉"前底三蒙下句衍抄一"在"字，不辭，兹依文例徑删之。

⑤ 缺字底三殘泐，殘字底三僅存下部少許筆畫。

⑥ "逸"字底三作"逸"形，陳書録作"逃"字，疑非是；金書脱録。又"匿"字之"匚"底三書作"辶"形，乃敦煌俗寫常見之體，"逸匿"當指到處逃逸躲匿之人，文獻偶有用例。

⑦ "富"字底三略有漫漶，兹從金書録定。

⑧ 此句不通，當有誤，疑"也"或爲"邊"字俗省字"边"的形訛，惜"邊"之作此省形在敦煌文獻中尚未檢及，俟考。又古之使臣非專指出使外國而言，乃兼指朝廷派往地方(如各種節度使、廉訪使、轉運使、巡檢使等等)與外國的兩種使臣，这裹當指前者而爲論。

⑨ "在"字下底三復出一"在"字，依文意當爲衍抄，陳書已指出此，故徑爲删去。

⑩ "利"字底卷作"門"，不辭，陳書、余欣(余欣：《神道人心——唐宋之際敦煌民生宗教社會史研究》，中華書局2006年版，頁183)録作"利"字，雖非原形，但似於義爲安，疑底三訛誤，姑據校改。

⑪ 殘字底三存左右兩側筆畫，中部漫漶。

⑫ 殘字底三存左右兩側少許筆畫，陳書校作"四"字，可參。

死;交梁續柱,出淫婦[1];裂柱[2],傷胎;奴婢卧東南舍[3],不利子孫。刑禍上起樓[4],煞人。宅欲得三陽,子孫富昌。三陽者[5],謂日出見日,日中見日,日入見日也,此名三陽之宅[6]。後有夷實[7],前正平,流水如清,右長左短,不耶傾[8],在申有卿相。諸起大墟,無南方、北方西行[9],此爲大逆舍。梁頭長出垣外,令人貧窮亡去[10]。

宅中置處所法第三[11]

甲徵井,乙商井,丙羽井,丁宫井[12],庚商井[13],辛羽井[14],壬角

① “淫”字底卷作“”形,似當録作“漟”字爲近是,然“漟”字置此不辭,金書徑録作“淫”字,雖與字形不能吻合,但却可使句意通順,疑“漟”當爲“淫”字俗訛,兹從校改。

② “裂”字底卷作“例”,不辭,疑“例”字當爲“裂”之形訛,“裂柱”指屋柱開裂,以象徵性地暗示母胎有傷害,與前句以“交梁續柱”來暗喻女主人與其他男人不正當交往之用法略同,故據校改。

③ “舍”字底三本録於下句“子孫”後,陳書、金書因以屬於下句,然如此又使下句不通,故疑此“舍”字或本在此“東南”字下,而抄者脱抄後旋補於此,今徑爲乙正。

④ “形”通“刑”字。

⑤ “陽”字底卷誤作“楊”,兹依文例校改。

⑥ “陽”字底卷誤作“楊”,兹依文例校改。

⑦ “夷”字底三作“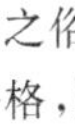”形,是當爲“夷”之俗字,陳書録作“成”字,金書録作“戌”字,皆非是。

⑧ “耶”爲“邪”之俗字。

⑨ 此句文意扞格,疑“行”字下底三脱抄“道”字,俟考。

⑩ 此條置此不類,疑或本在“奴婢卧東南,不利子孫舍”條下,因脱抄而補書於段尾。

⑪ 此目下底三僅録“五姓開井圖”(文字説明)及“五姓開井法”内容,且亦有缺,其後留空未録。

⑫ 《諸雜推》五姓開井圖作“丁商井”。

⑬ 《諸雜推》五姓開井圖作“庚羽井”。

⑭ 《諸雜推》五姓開井圖作“辛角井”。

井[①]，癸商井；子徵井[②]，丑宫井，寅羽井，卯角井，辰宫井，巳角井，午徵井，未宫井[③]，申商井[④]，酉角井[⑤]，戌宫井，亥徵井[⑥]。

宫食羽井[⑦]，貧，出溺死人。宫食角井[⑧]，女子病傷惡瘡。

（後缺）

① 《諸雜推》五姓開井圖作"壬徵井"，疑當以底本所作爲是，《諸雜推》壬"徵"與子"角"互倒。

② 《諸雜推》五姓開井圖作"子角井"，疑當以底本所作爲是，《諸雜推》子"角"與壬"徵"互倒。

③ 《諸雜推》五姓開井圖此有漫漶，疑當作"未商井"。又疑當以宫商角徵羽之序逆時针列文，而辰戌丑未並應宫井，如此則只有東方五字不誤，餘者皆有问題，而《諸雜推》亦多有誤作者，俟考。

④ "申商井"三字底卷脱抄，考《諸雜推》五姓開井圖作"申商井"，兹從校補。

⑤ 《諸雜推》五姓開井圖作"酉徵井"。

⑥ "亥徵井"三字底卷脱抄，考《諸雜推》五姓開井圖作"亥徵井"，兹從校補。

⑦ 據《諸雜推》知此下爲五姓開井法内容，然《諸雜推》載此從"宫食宫井"云云開始，則知此處底卷所據抄本蓋或已有殘泐。又其羽、角之序亦與《諸雜推》之宫、徵、角、商、羽不同。

⑧ "角"字左上角底三略有漫漶，細審當録作如此，陳書亦録作"角"；金書録作"宫"，非是。

八宅經

關長龍　點校

【題解】

《八宅經》爲接抄於《諸雜推五姓陰陽等宅圖經》之後的一個獨立寫卷，其尾部殘泐，卷首有題名作"《八宅經》一卷"。

按敦煌本《黄帝宅經》提到當時流行的宅經中即有一種名作《八卦宅經》，《宋史·藝文志》亦載有《黄帝八宅經》一卷、《淮南王見機八宅經》一卷、《八宅》二卷，皆與底卷之作相關涉，從底卷之内容看，疑"八宅"即"八卦宅"之省稱。金身佳指出隋蕭吉《五行大義》已論及遊年八卦之説，唯其中尚未出現"五鬼"、"天醫"諸星神之名，故"'八宅經'的創制不會早於隋，應大致在隋唐之際"（《敦煌寫本宅經葬書校注》，民族出版社 2007 年版，頁 170）。又從底卷卦變對應之星神看，傳世遊年卦之星神"延年"稱"大德"，傳世遊年卦之星神"禍害"、"絶命"二名未用（唯其所在位所之吉凶與傳世本説法一致），傳世遊年卦之星神"五鬼"、"六煞"與底卷所規定的順序互乙，是其八門九星之配序猶在變化未定之中。

底卷的抄寫筆跡與抄在前面的《諸雜推五姓陰陽等宅圖經》同，當爲同一人所書，故其抄寫時代亦當與前者同，即在後梁乾化（911—915）、貞明（915—921）之際的敦煌張氏歸義軍統治時期。

今以《法藏》P. 2615Vb 爲底本，并參考陳于柱《敦煌寫本宅經校録研究》（民族出版社 2007 年版，簡稱"陳書"）、金身佳《敦煌寫本宅經葬書校注》（民族出版社 2007 年版，簡稱"金書"）加以校録。

八宅經一卷

丑寅生人屬艮宫，宅以辰巳年有小災，害小男[①]。

卯生人屬震宫，宅以酉年有災[②]，害長男[③]。

辰巳生人屬巽宫，宅以丑寅年有災[④]，害長女[⑤]。

午生人屬離宫，宅以戌亥年有災[⑥]，害中女。

申未生人屬坤宫，宅以子年有災[⑦]，害家母。

酉生人屬兑宫，宅以卯年有災，害小女[⑧]。

戌亥生人屬乾宫，宅以午年有災，害家長。

子生人屬坎宫，宅以申未年有災，害中男[⑨]。

右八件宅法。依住災厄如當此色者[⑩]，可向天醫、大德避之，禍害皈吉。

子生人命屬坎，宜作巽宅。若作兑宅，不過一年、六月害小

① “害”字底卷脱抄，金書依文例校補，兹從之。

② “宅”字底卷脱抄，陳書依文例校補，兹從之。

③ “長男”下底卷有“小女”二字，按《周易・説卦》，震爲長男之象，故據徑删“小女”二字，底卷誤衍。

④ “丑”、“有”二字底卷脱抄，兹並依文例校補。

⑤ “長”字底卷作“小”，按依《周易・説卦》，巽爲長女之象，而兑才是小女之象，兹據校改。

⑥ “亥”字底卷脱抄，兹依文例校補。

⑦ “年”字底卷脱抄，陳書、金書皆依文例校補，兹從之。

⑧ “小”字底卷作“中”，按依《周易・説卦》，兑爲少女之象，底卷誤作中女，兹依底卷文例校改“中”作“小”字。又“中女”前底卷誤衍“中男”二字，今亦據徑删。

⑨ “中”字底卷作“小”，按依《周易・説卦》，坎爲中男之象，底卷誤作小男，兹據校改。

⑩ “住”字下底卷疑有脱文，又“色”字亦疑有誤，俟考。

女[①]；若作坤宅，不過二年害父母；若作艮宅，八年害小男[②]；乾宅五鬼，不宜戌亥生人并家長，六月有災，乾宅是五鬼，不出六年害家長。宜作離宅，延年益壽；若作震宅，有病入舍即差。

丑寅生人屬艮[③]，宜作坤宅。不宜作離宅，不過六年害中女[④]；作巽宅[⑤]，不過四年害長女；作坎宅，不過一年害中男；作震宅，是五鬼，不出三年、八年害長男；作兑宅，延年益壽；作乾宅，天醫，有病人入家自差；大德在兑。

卯生人屬震宫，宜作離宅。不宜作兑宅[⑥]，不過四年害小女[⑦]；作坤宅，二年害家母[⑧]；作乾宅，六、八年家長亡；作艮宅，是五鬼入家，五年即病；坎宅是天醫，有病人入家即瘥。大德巽。

辰巳生人屬巽，不宜作乾宅，不出六年害家長；不宜作艮宅，不出二年、八年害小男；不作坤宅，不出四年害家長；不作兑宅，是五鬼，不出二年害小女[⑨]；宜作坎宅，是生氣，延年益壽；作離宅，是天醫，有病入宅自差。

午生人屬離，不作艮宅[⑩]，六年、八年害小男；作乾宅，不出六

---

① “小女”底卷作“中男”，按依《周易·説卦》，兑爲少女之象，底卷誤作中男，兹依底卷文例校改“中男”作“小女”字。

② “小男”底卷作“家長”，按依《周易·説卦》，艮爲少男之象，底卷誤作家長，兹依底卷文例校改“家長”作“小男”。

③ “屬”字底卷誤脱，兹依文例校補。

④ “中”字底卷原無，按“離”於八卦爲中女之象，故此“女”字前底卷依例脱抄“中”字，兹據校補。

⑤ 此句前底卷衍抄“作巽宅，亦不過六年害女子”，且因雜糅“作坤宅”、“作巽宅”二句内容而致有訛誤，兹依文例徑删。

⑥ “不宜作兑宅”五字（震宫以兑爲絶命）底卷脱抄，兑於卦象爲少女，兹據校補。

⑦ “小女”前底卷誤衍“小男”二字，兹依文例徑删。

⑧ “家”字底卷作“長”，不辭，兹依文例校改。

⑨ “小”字底卷作“長”，按“兑”於八卦爲少女之象，底卷誤作長女，兹據校改。

⑩ “宅”字底卷初脱，後補抄於“艮”字右下角行間。

年害家長[①];宜作震宅,是生氣,益壽,吉;作巽宅,是天醫,有病人入宅自差[②];坤宅是五鬼,不出三年家母亡;坎宅大德。

未申生人屬坤,作震宅,三年、八年害長男;作坎宅,不出一年、六年害中男;作巽宅,不出四年、七年害長女;作離宅,是五鬼,不出六年、九年害中女;宜作艮宅,是生氣;作乾宅[③],延年益壽;作兑宅,是天醫,有病患入宅自差;乾宅大德。

酉生人屬兑,作坎宅,不出六年害中男;作震宅,三年害長男;作離宅,二年、九年害中女;作巽宅,五年即病患,是五鬼;作乾宅[④],是生氣[⑤],延年益壽;作坤宅,是天醫,有病入宅便差;作艮宅,是大德。

戌亥生人屬乾[⑥],作巽宅,不出三年、四年害長女[⑦];作離宅,六年、九年害中女;作震宅,不出三、四年害長男[⑧];作坎宅,是五鬼入宅中,五年病患至;宜作兑宅,是生氣;宜作艮宅,是天醫,有病入宅中便差;作坤宅,是大德,延年益壽,吉。

凡欲排陰陽八宅卦宅八八六十四卦之法[⑨],先取家長本命

① "長"字底卷作"母",按"乾"於八卦取象爲父,依底卷例多稱"家長",故此"家母"當爲"家長"之誤作,兹爲校改。

② "人"字底卷脱抄,兹依文例校補。

③ "作乾宅"(坤宫以乾爲延年)三字底卷脱抄,兹據文例校補。

④ "作"字底卷誤作"坤",按"坤"宅下文已出,此處"坤"字依文例當是"作"字之誤作,兹據校改。

⑤ "氣"字底卷初脱,後補抄於"是"字右下角行間。

⑥ "屬"字底卷作"屢",不辭,兹依文例校改,底卷形訛。

⑦ "長女"下底卷有"小女"二字,按"巽"於八卦取象爲長女,故依文例此處"小女"二字爲衍文,兹據徑删。

⑧ "四"字底卷初脱,後補抄於"三"字右下角行間。

⑨ "排"字底卷作"非",不辭,兹依文意校改作"排"字,底卷誤省。

宫，忌害生氣[①]，與新造宅命合相生。若人病，入天醫地宅，其當差[②]；入大德，獲其福；入生氣宅，人宅相生；入命宅，禄食不利，田蠶日降；入五鬼宅，人口舌，病不離床枕，悟夢不安。

二相看八宅法，取家長命宫，生氣忌害勿剋[③]。凡欲便出入法，先取家長本宫生氣如意消息，去就彼此，須案太歲所在及行年神吉凶，宜審尋，驗於後，有宜；若有犯𧢲[④]，當有凶耗。

乾宫生人作宅法：先向兑艮上便出宅，皈來入震兑造宅，即下陽一爻爲先，次北屋，後立南屋，名爲兑家，生氣乾。

坎宫人作宅法：先向乾離便出宅，皈來入巽[⑤]，即下陰一爻[⑥]；次至北屋，先動艮土一間，名曰巽宅。

艮宫人作宅法：先往震兑便出，皈來入坤兑宅，即下陰一爻，次立南角二方，用止首，得合生氣之宅。

震宫人作宅法：先往兑離上便出，皈來入震，即下陰一爻；次立西舍，後立北舍，爲離宅；次立東方，後立南，斷乎即是震家生氣。

巽宫人作宅法[⑦]：先往北地便出，皈來入離，即下陽一爻，次立北，後立南，名離地，生氣巽，東南斷乎[⑧]。

離宫人作宅法：先往坎坤上便出宅，然後皈來艮震，即下陽

---

① "害"字前底卷初抄作"氣"字，後於其右上角補抄一"忌"字，且於此"氣"字右側書一删除符號"卜"。

② "當差"底卷作"差當"，兹依文例乙正，底卷誤倒。

③ "忌"、"勿"二字底卷誤作"亟"、"無"，兹依文例校改。

④ "𧢲"爲"觸"之會意俗字，參《敦煌俗字研究》角部觸字條下考釋。

⑤ "入"字前底卷蓋承前衍抄"便出"二字，兹依文例徑删。

⑥ "下"字底卷脱抄，兹依文例校補。

⑦ "人"字底卷脱抄，兹依文例校補。

⑧ "乎"字下疑底卷有脱文，俟考。

一爻，次立西舍東北間，名震宅；次立東北方，東南斷乎角。

坤宫人作宅法：先往震艮上便出，後皈來入兑，即下

（後缺）

葬　經

（敦煌本一）

關長龍　點校

【題解】

《葬經》(敦煌本一)有兩條與子目相關的内容作"入地深淺法"及"造冢墓取土及墓内尊卑法第",唯所處卷數不詳(參正文校記)。其所存内容與《五姓同用卌五家書》之"入地深淺法第廿一"、《葬録》各有相同部分,從底卷與《五姓同用卌五家書》及《陰陽書》(卷十三葬事)的子目分布情況看,其内容及體例皆甚相似,亦與宋初據唐《陰陽書》等修訂的《地理新書》内容及體例相合。

今姑以類定名,擬作《葬經》(敦煌本一)。

今以《法藏》P. 4930 爲底本,并參考金身佳《敦煌寫本宅經葬書校注》(民族出版社 2007 年版,簡稱"金書")及敦煌寫卷如《五姓同用卌五家書》、《葬録》等加以校録。

(前缺)

已前入地深淺,三▨[ ]①。

入地一尺戊,爲黄龍;二尺己,三□□,□□□;□□□②,五尺壬,爲玉堂;六尺癸,七□□,□□□;□□□,□□□③,爲鳳皇;一丈丁,還從戊起,以此率□。□□□□□④,餘並凶,唯王者得用戊,是黄龍也。

又一法:入地一尺爲建,二尺爲除,三尺爲滿,四尺爲平,五尺爲定⑤,六尺爲執,七尺爲破,八尺爲危,九尺爲成,一丈爲收,一丈一尺爲開,一丈二尺爲閉,周而復始,滿平定成收開吉,餘並凶。

---

① 殘字底卷存上部少許筆畫,不能辨形。殘字下至行末底卷殘泐近半行,據空間,約可抄十字左右。考《五姓同用卌五家書》與此相關的内容,其"入地一尺戊,爲黄龍"段文字在"入地深淺第廿一"目内,其下接之目爲"造冢取土法第廿二","入地一尺戊,爲黄龍"段前有六段文字,每段後分别注出"已前入地深淺","帝王用之吉"、"公侯用之吉"、"伯子男九卿用之吉","將軍用之吉,大夫用[之]吉"、"三場(令長)以下用之吉"、"令長以下(庶人)用[之]吉",據底卷所殘空間,頗疑底卷此處的内容或合《五姓同用卌五家書》相關内容的後二段爲一,其所殘及缺泐文字當作"令長以下、庶人用之吉",其中"令長"亦訛爲"三場",俟考。

② "三"字下至行末底卷殘泐近半行,據空間,約可抄十字左右,考《五姓同用卌五家書》相關内容作"三尺庚,爲章光;四尺辛",底卷當同,蓋此處文字抄寫較疏,兹據擬補八個缺字符。

③ "七"字下至行末底卷殘泐近半行,據空間,約可抄十字左右,考《五姓同用卌五家書》相關内容作"七尺甲,爲麒麟;八尺乙,九尺丙",底卷當同,兹據擬補十一個缺字符。

④ "以此率"三字底卷皆存左側筆畫,其下至行末殘泐,據空間,約可抄八字左右,考《五姓同用卌五家書》相關内容作"以此率之,甲庚丙壬吉",其中"以此率"三字與底卷三殘字所存殘形合,兹據校補,又其餘六字與底卷所殘空間亦略合,故據擬補六個缺字符。

⑤ "爲"字底卷脱抄,兹依文例校補。

造冢墓取土及墓内尊卑法第□□[①]

凡五姓墓，六對、八將雖以遠占，然於十二辰各有男女内外九族之位，若欲取土爲冢墳及門闕，皆不得卅步内取土，即傷其命坐人。六對、八將及命坐位在第六卷。又勿犯本姓墓辰上土，大凶。角墓未，商墓丑，宫羽墓辰，徵墓戌。

不得就院内取土，宜於院外平治取之；不得獨深，犯之名爲無勢，大凶。諸命位上不可犯之。取土深三尺，煞人[②]，其溝域、長壍非所忌，俱不得作深坑。若欲取土，於卅步外隨歲、月德及空吉地。

宫姓取土，宜丙庚丁午申酉地吉[③]；宫姓造冢，絶手於亥。商姓取土，宜壬亥辰戌子地吉；□姓造冢[④]，絶手於申。角□□□[⑤]，宜丙壬亥子午地吉；□□□□，□□□□。□□□□，□□□□□未地吉[⑥]；

（後缺）

---

① “第”字下依文例當有目序數字，《五姓同用卌五家書》此目作“造冢取土法第廿三”，其目名與底卷部分相合（唯其所殘存的内容則未見同者），則疑底卷所據抄底本或與《五姓同用卌五家書》有别，或抄者本即據多種葬書摘抄併合，而故留其目序以備完成後統一配齊，不意終致遺忘未補，俟考，姑參《五姓同用卌五家書》擬補兩個脱字符。

② “人”字底卷脱抄，兹依文意校補。

③ “申”字底卷作“甲”，《葬録》作“申”，是，諸姓所宜取土之位皆是五行“我生”或“生我”者，底卷形訛，兹據校改。

④ 缺字底卷殘泐，“姓造冢”三字皆存右部筆畫，據前句文例，此四字當爲“商姓造冢”，《葬録》正作如此，其中後三字與底卷所存殘形合，金書據補，兹從之。

⑤ “角”字底卷存右側一似“丨”形筆畫，兹據《葬録》校補作“角”字。又缺字底卷殘泐，可據文例及前引寫卷補作“姓取土”三字。

⑥ “未地”底卷存右側筆畫，其中後者之“也”形可辨，兹據《葬録》校補作“未地”二字。又行首至殘字“未地”間底卷殘泐，據空間，約可抄十七字左右，《葬録》相關内容作“角姓造冢，絶手於寅。徵姓取土，宜甲寅卯丑未地吉；徵姓造宅，絶手於巳”，與底卷所殘空間及文例吻合，兹據擬補十七個缺字符。

葬　經

（敦煌本二）

關長龍　點校

【題解】

《葬經》(敦煌本二)内有"推權殯法第二"之目,其前爲五姓用字及五姓墓大小法内容,不知是否有標序字,"推權殯法第二"目下有子目若干,如"用破瓦法"、"門陌出入法"、"入地深淺法"、"推月建法"、"推地囊日"、"推地矩日"、"開墓厭法"、"清鳥厭法"、"師坐法"、"推地境法"等等,皆無標序字。

底卷"地下明鑒二十四路法"前後出現兩次,皆無子目名,而且文字亦略有小異;又其"衰殃"目下三次提及"又一法",金身佳據此認爲底卷當係"同類卷子的類抄"(《敦煌寫本宅經葬書校注》,民族出版社 2007 年版,頁 258),又其中所述諸多内容特别是六甲八卦冢、推地鏡法等與傳世本《地理新書》及《大漢原陵秘葬經》相一致,故疑底卷與《葬經》(敦煌本一)、《五姓同用卌五家書》當屬同一類型的著作,然黄正建指出:本卷中的"入地深淺法"與《五姓同用卌五家書》的"入地深淺法"并不一樣,"可見是另一種《葬書》的殘卷"(《敦煌占卜文書與唐五代占卜研究》,學苑出版社 2001 年版,頁 85),故疑底卷亦是在《陰陽書·葬事》基礎上抄撮流行葬書而成之作。

今參《葬經》(敦煌本一)而以類定名,擬之作《葬經》(敦煌本二)。

底卷書法作行楷狀,行款疏落,疑爲敦煌陷蕃前或中原地區的寫卷。

今以《法藏》P. 3647 爲底本,并參考宮崎順子《敦煌文書ペリオ3647文書の術數と訳注》(《東洋史訪》2003 年第 9 期)、金身佳《敦煌寫本宅經葬書校注》(簡稱"金書")及傳世本《地理新書》等加以校録。

(前缺)

□▨[1]，▭[2]，行年至壬辰入大□[3]，九月壬戌小墓，年五十七，行年至壬戌入小墓[4]。不得▨▭[5]武、許、吕、傅、一云商。餘、郎、馬、于、韋、仵、褚、吴、衛、郭、臣、虞、鄔、扈、袁、一云商。輔、俱、固、温、一云宫。蒲、步、祖、一云商。雲、一云商、一云徵。眭、一云商。胥、一云商。霍、一云角。毋。定五姓。

右前五姓，皆依五音韻之，或胡段竇之姓音雖各别皆爲商用者，爲上代是複姓屬商，或因繼嗣他宗，亦取本姓爲用，但複姓皆從商姓爲定，仍任本姓所屬用之[6]。

東方葬者不用巳酉丑歲月日同，南方葬者不用申子辰歲月日同，西方葬者不用亥卯未歲月日同，北方葬者不用寅午戌歲月日同。右方面月日各有吞相連鬼噉生人，妨害深重[7]，大凶。

《五音圖》云五姓方面吉凶

宫姓，土行，辰大墓[8]，戌小墓，葬其地，大凶。絶世在東方，

---

① 缺字居底卷行首，殘泐；殘字存左側少許筆畫。

② 注文缺字底卷殘泐，據空間，約可抄十二個左右的小字。

③ “至”、“入”二字底卷皆書於右側行間，兹依文例録入正文。又缺字底卷殘泐，可依文例補作“墓”字。

④ “小墓”底卷作“墓小”，其中“小”字右上角有一乙正符號“√”。

⑤ 殘字底卷存左上角少許筆畫，其下至行末殘泐，據空間，約可抄八字左右。又以下姓氏當爲羽姓人内容。

⑥ “之”字前底卷有一用墨點塗去的“之”字。

⑦ “妨”字前底卷有一“姓”字，上似有示删除之墨點，且置此亦有不辭之感，蓋初誤書“妨”作“姓”字而旋即删去，故不具録。

⑧ “大墓”及下句中的“小墓”等底卷抄作注文小字，遂致正文句式扞格，兹依文例改録作正文字號，後之正文字與注文字號底卷亦時有混亂者，皆依文例徑行改作，不再一一出校説明。

滅門，大凶。五刑在北方①，被刑戮，露屍，一名九醜。大德在西方，亦名華蓋，又名玄衡，葬其方，世禄長遠，大吉。五福在南方，一名金匱，一名光明②，葬其方，世禄延長，大吉③。重陰在四季，不宜子孫、財物，平。宜葬庚申辛酉④、大吉，出公卿⑤。丙丁巳午。小吉⑥。

商姓，金行，丑大墓，未小墓。葬其地，絶世大凶。絶世在南方⑦，金位火名大滅門，大禍，凶。五刑在東方，出刑戮人。大德在北方，世禄長遠，大吉⑧。五福在四季，世禄延長，大吉。重陰在西方，少利多害，不宜子孫及財物，平。宜葬壬癸亥子、大吉，出公卿，上。辰戌乾巽。小吉。

角姓，木行，未大墓，丑小墓。葬其地，絶世大凶。絶世在西方，五刑在四季，重陰在東方，五福在北方，大德在南方⑨。宜葬壬癸子亥、出公卿，小吉⑩。丙丁巳午。出令長，大吉⑪。

徵姓，火行，戌大墓，辰小墓。葬其地，絶世大凶。絶世在北方，五刑在西方，大德在四季，五福在東方⑫，重陰在南方，宜葬甲乙寅卯、出公卿，小吉⑬。丑未坤艮。大吉⑭。

---

① "方"字下底卷有一"地"字，其右側有一"卜"形删除符號。

② "一名光明"下底卷有"名五福"三字，與文例不合，當爲衍抄，兹據徑删。

③ "葬其方，世禄延長，大吉"九字底卷作正文大字抄寫，與前後文例不合，兹據改作注文小字。

④ "葬"字底卷脱抄，兹依文例校補。

⑤ "卿"字下底卷承下條注文誤書一"小"字，上似有墨綫劃去，故不具録。

⑥ "小吉"前底卷承前條注文誤書"大吉，出公卿"五字，兹據文例删之。

⑦ "方"字底卷脱抄，兹依文例校補。

⑧ "吉"字底卷漫漶，存字形大略，金書據後諸姓文例校補作"吉"字，兹從之。

⑨ "五福在北方，大德在南方"十字底卷原無，按依前後文例，角姓脱抄五福、大德所在方位，故此依例校補。

⑩ "小吉"二字底卷脱抄，兹依文例校補。

⑪ "大吉"二字底卷脱抄，兹依文例校補。

⑫ "在"字底卷脱抄，兹依文例校補。

⑬ "小"字底卷誤作"大"，兹依前後文例校改。

⑭ "大"字底卷誤作"小"，兹依前後文例校改。

羽姓,水行,辰大墓,戌小墓,葬此大凶,絶世。絶世在四季,五刑在南方,大德在東方,重陰在北方,五福在西方①,宜葬庚申辛酉、出公卿,小吉②。甲乙寅卯。出刺史③、二千石,大吉。

推權殯法第二

先定五姓。宫、商、角、徵、羽。次定喪主年、命。年是行年,不得同支。命是本命干。年命甲子,甲子日是也。次擇吉日,丙寅④。大葬凶。丁卯、一云凶。庚午⑤。大葬凶。壬申、癸酉、丙子。大葬凶。壬午、甲申、乙酉、庚寅。不可葬。辛卯、甲午。不可大葬。丙申、丁酉、庚子、壬寅、一云凶。癸卯、一云凶。丙午、壬子、甲寅、乙卯。大葬凶。庚申、辛酉、己巳⑥。次擇時。四孟月甲庚丙壬、四季月乙辛丁癸⑦、四仲月乾巽坤艮時吉⑧。次擇滅門⑨、大禍凶日。正月巳亥,二月子午,三月丑未,四月寅申,五月卯酉,六月辰戌,七月巳亥,八月子午,九月丑未,十月寅申,十一月卯酉,十二月辰戌。

三鏡去處吉道:子午月、坤艮、甲寅、丙壬。丑未月、甲庚、乙辛、丁癸。寅申月、乙辛、乾巽、坤艮。卯酉月、乾巽、丙壬、甲庚⑩。辰戌月、丙壬、丁癸、

① “五福在西方”五字底卷原無,按依前後文例,羽姓脱抄五福所在方位,兹據校補。

② “小吉”二字底卷脱抄,兹依文例校補。又此“小吉”條與下“大吉”條依文例底卷誤乙,當諟正之。

③ “史”字底卷誤作“吏”,兹依文例校改。

④ “寅”字底卷脱抄,兹依文例校補。

⑤ “午”字底卷脱抄,兹依文例校補。

⑥ “巳”字底卷作“酉”,兹依文例校改,底卷蓋承前條誤作。

⑦ “辛丁癸”三字底卷誤抄於“乾巽坤艮”下,兹依文例移正。

⑧ “艮”字下底卷原誤抄有“辛丁癸”三字,兹依文例移至前四季月“乙”字下,又參前條校記。

⑨ “滅門”前底卷有一“却”字,其左上“丨”畫上有加墨點之狀,疑爲删除之字,又參前諸例,此處亦不用“却”字,故不爲具録。

⑩ “庚”字底卷脱抄,兹依文例校補。

乙辛。巳亥月。丁癸、坤艮、乾巽，吉。

四月月將在申，從申數得辰，至數著九，於時節，死者數著九[①]，常以妨忌。常以月將加死時，魁罡下人不得弔喪、送死。

正月月將在亥，徵明。二月在戌，河魁[②]。三月在酉，從魁。四月在申，傳送。五月在未，小吉。六月在午，勝先。七月在巳，太一。八月在辰，天罡。九月在卯[③]，太衝。十月在寅[④]，功曹。十一月在丑[⑤]，小吉。十二月在子。神后。

十二時當體自妨忌：假令八月巳時死，妨巳亥生人[⑥]；丑時死者，妨寅申生人。月建在戌，妨丑未生人。假令五月甲子旬己巳日來卜，卯時死者，妨甲子生人、庚午生人，他皆放此[⑦]。四月己卯日未時死者，合妨丁卯生人，年廿二；癸酉生人，年十六；庚午生人，年十九；甲子生人，年十三。

衰殃：五月七日寅時正東出，妨長男、六畜。招魂用未後申前，爲庚時吉。成服用廿九日丙時。五月一日壬午日葬，用巳後午前殯斂入棺吉[⑧]。歲道四角並空，任逐便宜。六步破瓦。

又一法：子時死者合妨寅申生人，丑時死者妨卯酉生人，寅

① “九”字底卷原無，按由前“申”數至“辰”，可知其支序相差爲九，後文又言“魁罡”，而以此六壬式盘觀之，辰戌所在正爲申月的魁罡之位，故疑本段文字是解釋魁罡妨忌之由來的，如此則“著”下當與前“著九”同有一“九”字，兹據校補。

② “河”字底卷誤作“何”，兹據校改。

③ “月”字底卷脱抄，宫崎順子、金書據前後文例校補，兹從之。

④ “在”字底卷脱抄，宫崎順子、金書據前後文例校補，兹從之。

⑤ “丑”字前底卷有一“申”字，其上有墨塗之蹟，又依前後文例，此處亦不當有“申”字，故不具録。

⑥ “妨”字前底卷有一“巳”字，其上有墨塗之蹟，又依前後文例，此處亦不當有“巳”字，故不具録。

⑦ “放”通“倣”。

⑧ “午”字下底卷衍抄一“午”字，兹依文例徑删之。

時死者妨辰戌生人，卯時死者妨巳亥生人，辰時死者妨子午生人[①]，巳時死者妨丑未生人，午時死者妨寅申生人，未時死者妨卯酉生人，申時死者妨辰戌生人，酉時死者妨巳亥生人，戌時死者妨子午生人，亥時死者妨丑未生人。

又：子時死者妨卯酉，丑時辰戌，寅時巳亥，卯時子午，辰時丑未，巳時寅申，午時卯酉，未時辰戌，申時巳亥，酉時子午，戌時丑未，亥時寅申。

欲知人年幾者，甲己日平旦建丙寅，乙庚日平旦建戊寅[②]，丙辛日平旦建庚寅，丁壬之日平旦建壬寅，戊癸之日平旦建甲寅。

又一法：大吉加月建，魁罡下人當月内不得送喪弔死。丑爲大吉，從丑數得四，是隨月數四辰。

又一法：月建加死時，妨魁罡下人，不得弔死送喪[③]，年幾依前推日爲定，推四辰也。

占衰殃去處：常巳月將加死時，罡加申，即於申地去。男亡用干，女亡用支。假令五月甲寅日辰時男子死，即用未加辰，罡臨丑，合東北去。欲知日數，男亡用甲[④]，木數九，合死後九日亥時去於北艮地，艮爲少男、牛羊，妨六畜、小口；女亡用寅，即寅數七，死後七日東北去，妨忌準上。

又一法：常以月將加死時。假令二月月將在戌，辰時死者，殃東南上去。子午九，丑未八，寅申七，卯酉六，辰戌五，巳亥四，已上女亡用之吉；甲己九，乙庚八，丙辛七，丁壬六，戊癸五，已上

① “者”字底卷脱抄，宫崎順子據文例校補，兹從之。

② “庚”字底卷初作“辛”，後於其右側書一删除符號“卜”，并補書一“庚”字。

③ “死”字底卷脱抄，兹據前條文字知此當作“弔死送喪”校補。

④ “用”字下底卷依文例誤衍一“用”字，宫崎順子已揭此，兹從徑删。

男亡用之吉。

凡用破瓦法：依天道南行，去門七步，西行九步，北行六步，東行八步。子爲坎，坎爲中男[①]；丑寅爲艮，艮主少男、牛羊；卯爲震，震主長男、車馬。辰巳爲巽，巽主長女、飛鳥之屬；午爲離，離主中女及懷任女人；未申坤，坤主老母。

又白埋、造墓、穿地、舉動須得葬日吉，又於葬日擇却地囊、地矩日，又遇得月德、歲德並者，縱令葬日小吉[②]，亦可用之。寅午戌月德在丙，亥卯未月德在甲，申子辰月德在壬，巳酉丑月德在庚，已上月德。甲己之歲德在甲[③]，乙庚之歲德在庚，丙辛之歲德在丙，丁壬之歲德在壬，戊癸之歲德在戊，已上爲歲德。

凡用日，皆用月節爲正，不得入月一日而便用之，此則非也，他皆放此，看氣回爲定。

凡用吉穴宫姓丙、庚二穴，商姓庚、壬二穴，角姓丙、壬二穴，徵[④]、羽姓甲之一穴。用地畝數法，宫，丙三庚七；商，庚七壬九；角，丙三壬九[⑤]；徵，甲一；羽，甲一。

推喪庭：穴在甲，庭在庚。穴在丙，庭在壬。穴在壬，庭在丙。穴在庚，庭在甲。並相對爲喪庭。

---

① “中”字底卷作“少”，按“坎”於八卦取象爲中男，此蓋抄誤，姑據校改。下條艮當取象少男而作“中男”，誤同。

② “小”字底卷誤作“少”，兹依文例校改。

③ “德”字底卷作“得”，兹依文例校改，後同誤者皆徑改，不再一一出校説明。

④ “徵”字底卷脱抄，金書據下文例於“羽”字前校補一“徵”字，兹從之。

⑤ “三”字底卷作“二”，按前文已言“丙”三，且丙於天干之序固居三位，金書已校，兹從改。

門陌出入法:穴在甲[①],入丙出甲[②]。穴在丙[③],入甲出丙。穴在庚,入壬出庚。穴在壬,入庚出壬。

入地深淺法:從起與姓相生主吉[④],從上向甲乙數,與姓相生吉。假令宫姓,入地三尺爲庚,并與姓相生,他皆放此。九丙火[⑤]。商三五九,角五七九,羽三五七,□□□□[⑥]。某姓某氏亡考妣,年若干,某月日亡,行年在某,喪主年若干,行年在戊,某月某日與姓相生,具言。若蒿里、黄泉路通,具言。某時六神藏,四煞没,大利,吉。去處宜於住宅某處,乘之往來大吉。某冢某穴與姓相生,用之大吉。

喪庭在戊,於門陌入某處,出某處;地宜用東西若干[⑦]、南北若干。入地深若干丈尺,鹿項長若干尺[⑧],中焦高若干尺,折壁若干尺寸[⑨]。堂南北若干尺寸數,東西若干尺寸。西擗不宜見棺。

① “在”字底卷脱抄,兹依文例校補。

② “丙”字底卷作“壬”,按甲子冢乾冢甲穴門在丙,故底卷“入壬”字當爲“入丙”之誤作,兹據校改。

③ “丙”字底卷作“甲”,按“穴在甲”前已出,此不當重出,依“在”、“出”同干及門陌在四方的布位文例,此當爲“穴在丙”,底卷誤作,兹據校改。

④ “姓”字底卷誤作“性”,兹依文例校改。

⑤ “丙”字前底卷有“金爲庚”三字,“丙”字書於“庚”字右側略偏下部的行間,“庚”字右上角有若“)”形墨鈎,似表明“丙”當補入於“庚”字前,檢葬穴深淺之序,九尺爲丙,則疑“金爲庚”三字爲衍文,姑爲删去。

⑥ 此所述諸姓少徵,姑依文例擬補四個脱字符。又宫姓前文雖已例及,然其數不及三,俟考。

⑦ “干”字底卷脱抄,宫崎順子、金書據文例校補,兹從之。

⑧ “干”字底卷誤作“千”,兹依文例校改。

⑨ “若干尺寸”四字底卷作注文小字,今依前文例録作正文字號。

斬草宜用某月某日某時，取若干剋姓用之[①]，吉。

家内有某姓生屬人及妊娠婦人及産未滿月者，並不宜送喪事，須遠之，去墓一百廿步無妨忌。

凡大葬，宜須避平、收、建之日，餘日皆吉。

徵姓宜乾冢甲穴[②]。凡諸一步則合甲穴，甲爲麒麟，麒麟爲主守狗[③]，用之大吉[④]。凡縱七横三，三七廿一步。縱九横九，九九八十一步，多少準加減之[⑤]。右已前徵羽用之並吉。

宫角二姓宜用艮冢丙穴[⑥]，凡諸三步合丙穴，丙爲鳳凰，鳳凰亡人鳴雞，大吉。凡縱一横三，即管之一三如三步。縱七横九，即七九六十三步，多少準加減用之。宫角大吉。

角商宜用乾冢壬穴[⑦]，凡諸九步合壬穴，壬爲玉堂，玉堂亡人廬舍[⑧]，大吉。凡縱一横九，即一九如九步。縱七横七，則七七卌九步。縱三横三，即三三如九。右商角用之大吉。

右已前五姓地多略而言之，具件如前。若臨事大小步數折

① 所谓“取若干剋姓用之”，乃指取若干剋姓之日用之，《地理新書》卷十四：“凡破地斬草，按五行剋我者爲鬼，斬草者，斷其凶惡，使納魂氣，故用五音被剋日吉。宫姓用甲乙日吉，商姓用丙丁日吉，徵姓用壬癸日吉，角姓用庚辛日吉，羽姓用戊己日吉。”

② “徵姓”所宜之八卦冢《地理新書》卷十二作“震冢庚穴”，而與羽姓同宜乾冢甲穴者爲宫姓，底卷後之注文謂“徵羽”火水同穴爲吉亦殊不合常理，疑此處所録文字有誤，即脱録徵姓宜穴，且又誤改“宫羽”作“徵”，俟考。

③ “麒麟”底卷脱抄，兹依文例校補。

④ “之”字底卷脱抄，宫崎順子據文例補，兹從之。

⑤ “加”字底卷脱抄，遂致語義扞格，兹據文例校補。

⑥ “艮冢丙穴”所宜《地理新書》卷十二唯作“角”姓，疑此處與前條“徵姓”宜穴有竄誤，“宫”字當爲衍文，而抄者又臆增“二”字，後之注文“宫”字同爲衍文，俟考。

⑦ “角”姓前已論其用艮冢丙穴吉，《地理新書》卷十二只載商姓宜用乾冢壬穴，疑底卷衍抄“角”字，宫崎順子已揭此，後之注文同衍“角”字，俟考。

⑧ “人”字底卷脱抄，金書據文例補，兹從之。

除,任意加減,但合甲庚壬丙之穴,與姓相生吉,相克者凶。

已上言縱横,南北爲縱,東西爲横。

推月建法:子爲神后,丑爲大吉,寅爲公曹,卯爲太衝,辰爲天罡,巳爲太一,午爲勝先,未爲小吉,申爲傳送,酉爲從魁,戌爲河魁[①],亥爲徵明。

凡推地囊日,正月庚子[②]、庚午,二月癸未[③]、癸丑[④],三月甲子、甲寅,四月己丑、己卯,五月戊辰、戊午,六月己巳、己未[⑤],七月丙申[⑥]、丙寅,八月丁巳、丁卯,九月戊辰、戊子[⑦],十月庚子[⑧]、庚戌,十一月辛酉[⑨]、辛未[⑩],十二月乙酉[⑪]、乙未[⑫]。

---

① “河”字底卷作“何”,兹依文例校改。

② “庚子”底卷作“甲申”,按《諸雜推》、《地理新書》卷十一推諸土禁下所載及《協紀辨方書》卷六地囊條下引《曆例》皆作“庚子”,底卷誤作,兹據校改。

③ “未”字底卷作“亥”,按“癸亥”《諸雜推》、《地理新書》卷十一推諸土禁下所載及《協紀辨方書》卷六地囊條下引《曆例》皆作“癸未”,底卷形訛,兹據校改。

④ “丑”字底卷作“酉”,按“癸酉”《諸雜推》同,《地理新書》卷十一推諸土禁下所載及《協紀辨方書》卷六地囊條下引《曆例》皆作“癸丑”,“酉”當爲“丑”字形訛,兹據校改。

⑤ “己巳、己未”《諸雜推》同,《地理新書》卷十一推諸土禁下所載及《協紀辨方書》卷六地囊條下引《曆例》皆作“癸巳、癸未”,俟考。

⑥ “申”字底卷作“辰”,按“丙辰”《諸雜推》、《地理新書》卷十一推諸土禁下所載及《協紀辨方書》卷六地囊條下引《曆例》皆作“丙申”,底卷音訛,兹據校改。

⑦ “子”字底卷作“午”,按“戊午”《諸雜推》同,《地理新書》卷十一推諸土禁下所載及《協紀辨方書》卷六地囊條下引《曆例》皆作“戊子”,底卷形訛,兹據校改。

⑧ “子”字底卷作“午”,按“庚午”《諸雜推》同,《地理新書》卷十一推諸土禁下所載及《協紀辨方書》卷六地囊條下引《曆例》皆作“庚子”,底卷形訛,兹據校改。

⑨ “酉”字底卷作“丑”,按“辛丑”《諸雜推》、《地理新書》卷十一推諸土禁下所載及《協紀辨方書》卷六地囊條下引《曆例》皆作“辛酉”,底卷形訛,兹據校改。

⑩ “未”字底卷作“亥”,按“辛亥”《諸雜推》、《地理新書》卷十一推諸土禁下所載及《協紀辨方書》卷六地囊條下引《曆例》皆作“辛未”,底卷形訛,兹據校改。

⑪ “酉”字底卷作“丑”,按“乙丑”《諸雜推》、《地理新書》卷十一推諸土禁下所載及《協紀辨方書》卷六地囊條下引《曆例》皆作“乙酉”,底卷形訛,兹據校改。

⑫ “未”字底卷作“卯”,按“乙卯”《諸雜推》、《地理新書》卷十一推諸土禁下所載及《協紀辨方書》卷六地囊條下引《曆例》皆作“乙未”,底卷誤作,兹據校改。

推地矩日：正月寅，二月巳，三月申，四月亥，五月卯，六月午，七月酉，八月子，九月辰，十月未，十一月戌，十二月丑。已上月日逢此日不可穿地，大忌，煞人。

又一法地囊：正月壬，二月癸，三月甲，四月乙，五月戊，六月己，七月丙，八月丁，九月庚，十月辛，十一月壬，十二月癸。右動土一尺煞一人，大凶，忌之。

凡開墓厭法：取無明石六十斤，著延道四步，埋深三尺，訖，然後開墓。

凡作師，葬百姓不得月辰下[①]。

清烏厭法：葬妨，用甲子旬取榆枝[②]，甲戌旬取桑枝，甲申旬取柳枝，甲午旬取棗枝，甲辰旬取麻枝，甲寅旬取槐枝。右已上日折取七寸，明日喪，向墓，葬師取寸，左手捉之，喪家門前前行七步，却行七步，安背上，過葬去，大吉利。用此法無咎，千金莫傳。

凡葬，喪車出建上，煞大孝。出除上，煞翁及婦姻大客。出滿上，煞男大客。出平上，煞三公、大夫客，凶。出定上，煞主人；出執上，煞伯及客；出破上，煞孝婦女；出危上，煞師公及男女；出成上，煞從夫；出收上，煞前丞、後丞；出開上，音遊師[③]；出閉上，

① 底卷此句句意未完，疑"下"字下脱抄"坐立"二字，參《五姓同用卌五家書》甲戌冢圖下所載。

② "用"，可讀爲"以"。

③ "音"字前金書據前後文例擬補一"煞"字，并校後之"音遊師"字作"音樂師"，然如此則改動過大，似有未安，疑"音"字通"瘖"，俟考。

煞都户[①]。外加酉,煞師;外加戌[②],煞三人;外加亥,煞廿八人[③];外加子,妨陌上客十八人;外加丑,煞主人。外加寅,主人滅門;外加卯,煞三人;外加辰,□□□□[④];外加巳,煞三十五人;外加午,煞主人財物;外加未,煞禮儀人;外加申,煞非師多言人。凡建、破下不可坐,煞師,喪出此地,亦妨師,宜慎之,吉。

師坐法:正月卯酉,二月、八月丑未,三月、九月寅申,五月、十一月辰戌,六、十二月巳午子。師坐吉地:正亥,二子,三丑,四寅,五卯,六辰,七巳,八午,九未,十申,十一酉,十二戌。已上師坐吉地。

葬得地中公曹下[⑤],卌年或八十年不逢禍殃,富貴。

葬得地中傳送下[⑥],卌年、八十年無禍殃,宜子孫,二萬石,大吉利。

葬得地中天罡下[⑦],三年内喪滅門,凶。

葬得地中天魁下[⑧],五年後,七年大敗[⑨]。

---

① "都户"下底卷有一似"者"形字,其上有墨塗之蹟,姑不具録。

② "戌"字底卷作"亥",按此處依文例當作"外加戌",底卷誤糅"外加戌"與"外加亥"二條文字而致訛,宫崎順子據校,兹從改。

③ "加亥,煞"三字底卷脱抄,宫崎順子據文例校補,又參前條校記,兹從校補。

④ "外加辰"底卷原無,按"外加卯"與"外加巳"二條間依文例當有"外加辰"條文字,底卷脱抄,宫崎順子據以擬補"外加辰,□□□□"七字,兹從之。

⑤ "地中"二字底卷脱抄,宫崎順子據文例補,兹從之。又此"葬得"宜忌當置於下"地鏡法"説明文字後,疑底卷抄者誤置,故致後文又重出,唯據其文字不能盡同看,蓋抄者匯撮衆本所致。

⑥ "地中"二字底卷脱抄,宫崎順子據文例補,兹從之。

⑦ "天罡"前底卷衍抄一"六"字,兹依文例删之。

⑧ "天魁"底卷作"大罡",不辭,兹依文例校改"大"字作"天"字,然"天罡"前已出,審底卷此處所列六壬十二神,獨缺"天魁",參下文重出之地鏡葬忌,可知此即"天魁"之誤作,故據校改。"地中"二字底卷脱抄,宫崎順子據文例補,兹從之。

⑨ "大"字底卷作"火",不辭,兹依文例校,底卷形訛。

葬得地中大吉下[①]，傳世司馬，富貴，吉。

葬得地中小吉下，絶世無後，凶。

葬得地中甲下，富貴二千石，大吉。

葬得地中戊下，四年病、兵死，大凶。

葬得地中庚地[②]，大吉，倍司馬富貴。

葬得地中巳，煞小子，大凶。

葬得地中丙，出清敬富貴，吉二世。

葬得地中壬，富貴及後世，大吉利。

葬得地中神后[③]，三年有死亡。

葬得地中勝先，出燒死，凶。

葬得地中徵明[④]，市死，滅門。

葬得地中太一，無後，大凶。

葬得地中從魁下，客死，滅門。

葬得地中太衝下，六年大吉。

葬得地中辛，六年腫死，凶。

葬得地中丁，出狂，大敗。

葬得地中癸[⑤]，劫賊、官事。

葬得地中乙，地獄之地，逢官事。

葬得地中六丁[⑥]，刑煞，大凶。

---

① “地中”二字底卷脱抄，宫崎順子據文例補，兹從之。

② “地中”二字底卷脱抄，宫崎順子據文例補，兹從之。

③ “中”字底卷脱抄，宫崎順子據文例補，兹從之。

④ “徵明”前底卷承前衍抄“勝先”二字，致與他例不合，今據徑删。

⑤ “中”字底卷脱抄，宫崎順子據文例補，兹從之。

⑥ “得”字底卷脱抄，兹依文例校補。

葬得地中六乙[1],虎煞之,凶。

推地鏡法:以神后加太歲月建,甲爲天蒼,庚爲地蒼,艮爲天府[2],坤下爲地府,丙下爲天對,壬下爲地對,丁下爲天禍,癸下爲地刑[3]。辛下爲陽屍,乙下爲陰屍,乾下爲刑戮,巽下爲死喪。太一下爲天魁[4],徵明下爲地魁[5],神后下爲殃禍,勝先爲天獄,小吉爲天煞[6],大吉下爲地煞,公曹爲虎煞[7],傳送爲龍煞,太衝下爲天神[8],從魁下爲地神,天罡下爲天吞[9],天魁下爲地吞。

商家車道出壬,東去南回,至丙下喪。角家車道出壬,東回,至丙下喪。宫家車道出丙,面向西,至丁下喪。羽家車道出庚,西出南回,至丁下喪。徵家車道出甲,南回,至丙坤地下喪[10]。右

---

① "地"字底卷脱抄,宫崎順子據文例補,兹從之。

② "天"字前底卷有一"地"字,已用重墨點塗删去。

③ "丁下爲天禍,癸下爲地刑"十字底卷原無,按底卷所述天干之對位缺癸、丁一組,考《地理新書》卷十五所載推地鑒法,其丙、壬一組下載云:"丁下爲天禍,癸下爲地刑。"是知底卷脱抄,故據擬補。又按《地理新書》地鑒吉地的説明,知"天福、地福"爲吉,然其"三鑒六道吉凶"中又指明六壬天盘太衝、從魁所加臨的地盘方位爲凶,故疑《地理新書》以"太衝"、"從魁"下爲天福、地福之説有誤,而此"天禍"、"地刑"或當爲"天福"、"地福"之形訛,俟考。

④ "一"字底卷作"壬",不辭,金書據《地理新書》卷十五"三鑒六道吉凶"所載校改作"一",底卷蓋音訛而致,兹從之。又"魁"字底卷作"貴","天貴"亦當爲"天鬼(魁)"之音訛,此亦從金書校改。

⑤ "地"字底卷脱抄,金書據《地理新書》卷十五"三鑒六道吉凶"所載"地魁"之神名校補"地"字,兹從之。又"魁"字底卷誤作"鬼",兹依文例校改。

⑥ 底卷"小吉"、"大吉"下所對應的神煞與《地理新書》卷十五"三鑒六道吉凶"所載互易,未知孰是。

⑦ "虎"字底卷作"獸",《地理新書》卷十五"三鑒六道吉凶"所載作"虎",底卷避唐太祖李虎諱改作,兹爲校改,後同,不再一一出校説明。

⑧ "天神"及下句"地神"《地理新書》卷十五"三鑒六道吉凶"所載作"天福"、"地福",疑《地理新書》所作形訛,俟考。

⑨ "爲"字底卷脱抄,宫崎順子據文例補,兹從之。

⑩ "至"字底卷脱抄,宫崎順子據文例校補,兹從之。又疑"坤"爲"地"字誤書而未删者,俟考。

件五姓出喪庭車處不得向師。已上師公回車曲路法。

正月卯星在酉[①]，出喪在上煞師，在庚辛壬癸上大吉。二月星在酉，出喪在酉上煞師[②]，庚午甲乙辛吉。三月星在酉[③]，出喪在酉上煞師，出在庚午上吉。四月星在午，出喪在上凶，出寅亥上大吉。五月危星在未，出喪在上煞師[④]，出壬癸上大吉。六月七星在午未[⑤]，出喪在上煞師，出申丁癸上大吉。七月辰酉軫角星卯上煞師，庚辛地吉。八月七星在午，出喪在午煞師，庚上吉。九月房星在卯，出喪卯上煞師。十月虚星在子午，出喪在上師凶，著丙壬大吉。十一月張星、翼星在巳午，出喪在上凶，丙壬吉。十二月奎星在子戌亥，喪在上師凶，出午癸上大吉。右前件星神出喪師忌法，須審看勿犯，大凶。

凡師送喪從行立之法：春三月在喪前行，夏三月在喪後行，秋三月喪右行，冬三月喪左行。右已上送喪行忌法。甲子旬中酉地立，甲戌旬中未地立，甲申旬中巳地立，甲午旬中酉地立，甲辰旬中丑地立，甲寅旬中亥地立。右已前師送喪行立忌法。

崩騰神在處：正月在辛，二月在乙，三月在丙，四月在壬，五月在庚，六月在甲[⑥]，七月在丁，八月在癸，九月在己，十月在戊，十一月在坤艮，十二月在巽乾。凡葬埋共主人相争嗔怒[⑦]，主人

---

① “星”字底卷作“皇”，不辭，按此處之字乃二十八宿星官之名，金書已校其爲“星”字，底卷形訛，兹從改，後同，皆徑改作正字，不一一出校説明。

② “星在酉，出”四字底卷脱抄，宫崎順子據文例補，兹從之。

③ “在酉”二字底卷脱抄，宫崎順子據文例補，兹從之。

④ “喪”字底卷脱抄，兹依文例校補。

⑤ “七”字非二十八宿星官名，疑爲“氐”字俗訛，俟考，後八月之“七星”同。

⑥ “甲”字底卷作“申”，按依前後用天干文例，此當爲“甲”字形訛，宫崎順子已揭此，兹從校改。

⑦ “怒”字底卷作“努”，不辭，宫崎順子、金書校改作“怒”字，底卷形訛，兹從改。

則在師立處,地師宜急自護身,則須回還至主人家,在崩騰神,師上立,喚大孝子[①],孝子一人應,煞一人;二人應,煞二人,師翁免死。

又一法:送喪訖,回還,取墓小脚頭土,任意多少,在師手,師在門傍立,撒在地上[②],孝子踏著[③],煞孝子[④]。又一法:取孝子四鄰家鐵[⑤],打作丁四枚[⑥],丁墓四角,師亦得免[⑦],煞主人孝子。此三法必不語人,亦不教人,千金不傳。

葬得天罡下,三年出三喪,九年出九喪,滅門,大凶。

葬得太一下,絶後,大凶;煞小婦人,亦無頭鬼。

葬得勝先下,出火燒人,七年五人死,九年九人死,大凶。

葬得小吉下,無後世,六年大凶。

葬得從魁下,九年滅門,大凶。

葬得天魁下,十九年滅門,大凶。

葬得徵明下,七年一人死,凶;出市死人,卅年破敗。

葬得神后下,十二月出無賴人,凶;卌年大敗。

葬得太衝下,九年官事,凶。

葬得大吉下,煞牛馬、奴婢女,凶。

葬得公曹下,卌年或八十年不逢喪禍,吉。

葬得傳送下,卌年或八十年不逢凶,宜子孫,大吉利。

葬得甲下,大富貴,宜子孫,出二千石,大吉。

---

① "子"字底卷作"字",金書據文例校,兹從改。

② "撒"字底卷作"薩",兹依文例校改,底卷音訛。

③ "子"字底卷脱抄,兹依文例校補。

④ "子"字底卷脱抄,兹依文例校補。

⑤ "子"字底卷脱抄,兹依文例校補。

⑥ "枚"字底卷俗寫作"玫"形,後亦或作"牧"形,今徑録正。

⑦ "亦"字底卷作"弃"形,按此字當爲"棄"之俗作,置此不辭,依文例是當爲"亦"字形訛,兹據校改。

葬得庚下，傳世富貴不絶，大吉。

葬得丙下，世世富貴，宜子孫，大吉利。

葬得壬下，大富貴，吉利。

葬得大德下，大富貴，出二千石，大吉利。

葬得乙地，絶世子孫，不出五年，凶。

葬得丁下，出狂，十八年凶。

葬得戊下，四年出惡病、兵死，凶。

葬得己下，七年煞小口，十六年滅門，凶。

葬得辛下，出狂死人，家内亂。

葬得煞下，數逢官事，王子不孝；九年後出刺使，小吉。

葬得癸下，大富貴。

瘫吁曆不合法①：須密人，五枚指人，五枚賜人，五枚著墓四角。

凡人家穴，墓田不問大小頃畝多少②，皆有卌九穴，就此之中惟有四穴五姓相宜，始得安墓，亡人居之，永世安樂。四穴者，甲庚丙壬是。假令墓田南北長卅五步，七分分之，合得□步③。從東北角南更五步爲艮穴④，次南更五步是寅地，次南更五步甲穴，計當十五步。墓田東西長廿八步⑤，七分分之，合得四步，即當東南角。餘丙穴庚壬，更不文載，準此甲庚丙穴推之可知也。凡四分分位地，準上推之。

① “瘫”，《龍龕手鏡·疒部》：“同㢞。”引申爲“厭”義。

② “頃”字底卷誤作“傾”，兹依文例校改。

③ 缺字底卷留空，蓋其所據抄底本已殘，金書據“卅五步除以七爲五步”之理推補作“五”字，當是，可從補。

④ “更”字底卷作“管”，不辭，宫崎順子據文例校改作“更”字，甚是，兹從改，底卷形訛。

⑤ “西長”二字底卷脱抄，宫崎順子依文例校補，甚是，兹從之。

五姓同用卌五家書

關長龍　點校

【題解】

《五姓同用卌五家書》存原書第卅七卷中的第十七目後部至第廿三目的内容，所存目名分别作“[四方吉凶法第十七]”、“六甲冢圖第十八”、“[八]卦冢圖第十九”、“十二祇法第廿”、“入地深淺法第廿一”、“造冢取土法第廿二”、“造冢明鏡法第廿三”。其中第廿二目下只録有三十字。底卷卷尾署有“陰陽冢墓入地深淺法五姓同用卌五家書第卅七”，從題名之通例看，其中“陰陽冢墓入地深淺法”九字當爲卷末的目名隨録，但它既與前目“造冢明鏡第廿三”不同，則似應以此爲卷名，即“五姓同用卌五家書第卅七”卷下有廿三個子目，如此，該書的子目名可能有逾千之數，而字數或至數十萬。

從底卷尾題知其當爲葬書滙抄性質的著作，然從其所存部分看，此滙抄是經過了整理編輯的，故其子目與文字内容較爲分明。黄正建指出：“這書是‘五姓同用’的，而且有關的書有‘四十五家’，此卷是該書的‘第三十七’章或‘三十七’家。可見吕才所説的葬書有‘百二十家’并非虚言。”(《敦煌占卜文書與唐五代占卜研究》，學苑出版社 2001 年版，頁 84)考《地理新書》卷八“相冢”目下注云“右並出秘閣《五姓合諸家風水地理書》”，與底卷尾題書名相似，然《宋史·艺文志》載其書作“一卷”，似又與底卷子目逾千字數或達數十萬字的體量不合。兹從底卷尾題定名作《五姓同用卌五家書》。

底卷書法秀麗，字密行疏。文中諱“虎”(改作“獸”)、“丙”(改作“景”)，不諱“治”，故疑底卷之抄寫時間即在初唐時期。在敦煌風水文書寫卷中，底卷的子目與奏廢一百二十家僞濫葬書的孫季邕之《葬範》相似，而體量則又過之，故疑孫氏書或即在底卷的基础上修成。

今以《法藏》P. 2831(底一)、P. 2550b(底二)及李德範《敦煌西域文獻舊照片合校》所載之照片爲底本，并參考金身佳《敦煌寫本宅經葬書校注》(民族出版社 2007 年版，簡稱“金書”)及《葬經》(敦煌本一)、傳世本《地理新書》等加以校録。

（前缺）

□①東行一百卌步，開，合鳳凰。東□□□□□□□，□，□□□。□□□□□□□，□，□□□②。東行□□□□步③，破，合麒麟。東行三百卌步，成，合鳳凰。東行□□□十步④，建，合章光。東行三百九十步，滿，合玉堂。東行四百一十步，定，合麒麟。東行四百卌步，破，合鳳凰。東行四百七十步⑤，開，合章光。東行四百九十步，建，合玉堂。

從北向南，廿步，除，乙未，合天獄。南行卌步，平，丁酉，合刑戮。南行五十步，定，戊戌，合龍煞。南行六十步，執，己亥，合獸煞。南行八十步，危，辛丑，合地禍。南行一百步，收，癸卯，合死喪。南行一百廿步，閉，乙巳，合天獄。

從西向東行廿步，除⑥，合天獄。東行卌步，平，合刑戮。東行五十步，定，合龍煞。東行六十步，執，合獸煞。東行八十步，危，合天禍。東行一百步，收，合死喪。東行一百廿步⑦，閉，合天獄。東

① 行首至“東行”間底一殘泐約十字左右的空間。底一此部分每行抄四句，每句在十字左右。又從本部分尾題之“四方吉凶法”看，疑其目名當作“四方吉凶法第十七”。

② “開，合鳳凰。東”五字《法藏》殘泐，王重民所攝照片不缺。又“東”字下至行末底一殘泐約半行，據空間與文例，約可抄二十字左右，金書依神煞與建除、步數關係補作“行二百七十步，滿，合章光。東行二百九十步，建，合玉堂”，兹從擬補二十一個缺字符。

③ “東行”句下至後“步，破”間有四字殘泐，可參金書所推文例補作“三百一十”。

④ “東”字下至“十步”間底一殘泐約三四字，可參金書所推文例補作“三百七”。

⑤ 此句前底一衍抄“東行二(三)百▨十步，建，合章光。東行三百九十步，滿，合玉堂。東行四百一十步，定，合麒麟。東行四百卌步，破，合鳳凰”四句內容，兹依文例徑删。

⑥ “除”字底一脱抄，兹依文例校補。

⑦ “東行一”三字《法藏》殘泐，王重民所攝照片不缺。

行一百卌步，除，合刑戮。東行一百五十步，滿，合龍煞。東行一百六十步，平，合獸煞[①]。東行一百八十步，執，合地禍。東行二百步，危，合死喪。東行二百廿步，收，合天獄。□□□□□□，□，□□□。□□□□□□□步[②]，建，合龍煞[③]。東行二百六十步[④]，除[⑤]，合獸煞。東行二百八十步，平，合地禍。□□□□□，□，□□□[⑥]。東行三百廿步[⑦]，危，合天獄。東行三百卌步，收，合刑戮。東行三百五十步[⑧]，開，合龍煞。東行三百六十步，閉，合獸煞。東行三百八十步，除，合地禍。東行四百步，平，合死喪。東行四百廿步，執，合天獄。東行四百卌步，危，合刑戮。東行四百五十步，成，合龍煞[⑨]。東行四百六十步，收，合獸煞。東行四百八十步，閉，合地禍。東行五百步[⑩]，除[⑪]，合死喪[⑫]。

---

① 本條内容《法藏》殘泐，王重民所攝照片不缺。

② 行首至"步"字間底一殘泐，據空間，約可抄十六字左右，依文例此處當爲"東行二百卌步，閉，合刑戮。東行二百五十"字，兹據擬補十六個缺字符。

③ "龍煞"二字底一存右側少許筆畫，依文例此處當爲"龍煞"二字，此亦與底一所存殘形合，故據校録。

④ "東行"二字前者底一存中部筆畫，後者存右下部筆畫，兹參文例校録作"東行"二字。

⑤ "除"字底卷脱抄，金書依文例校補，兹從之。

⑥ 行首至下"東行三百廿步"間底一殘泐約十字左右的空間，依文例此處當有"東行三百步，執，合死喪"字，兹據擬補九個缺字符。

⑦ "東行"二字底一存左側少許筆畫，兹據文例校録作"東行"二字。

⑧ "三"字底卷作"四"，按月建配"開"的步數是"三百五十步"，底一此處抄寫竄行，故致此誤，兹據校改。

⑨ "東行三百六十步，閉，合獸煞。東行三百八十步，除，合地禍。東行四百步，平，合死喪。東行四百廿步，執，合天獄。東行四百卌步，危，合刑戮。東行四百五十步，成，合龍煞"六句六十二字底一脱抄，兹依文例校補。

⑩ "百步"二字底一皆存漫漶的字形大略，兹依文例校録作"百步"二字。

⑪ "除"字左側底一有漫漶，此依文例録定。

⑫ "死"字底一有殘壞，此依文例録定。

從南向北十步，建，起甲子，合麒麟。北行卅步[①]，滿，丙寅[②]，合鳳凰。北行七十步，破，庚午，合章光。北行九十步，成，壬申[③]，合玉堂。北行一百一十步，開，甲戌，合麒麟。

從東向西十步[④]，建，甲申，甲戌，合麒麟。西行卅步，滿，合鳳凰。西行七十步，破，合章光。西行九十步，成[⑤]，合玉堂。西行一百一十步，開，合麒麟。西行一百卅步，建，合鳳凰。西行一百七十步，定，合章光。西行一百九十步，破，合玉堂。西行二百一十步，成，合麒麟。西行二百三十步，開，合鳳凰。西行二百七十步，滿，合章光。西行二百九十步，定，合玉堂[⑥]。西行三百一十步，破，合麒麟[⑦]。西行三百卅步，成，合鳳凰。西行三百七十步，建，合章光。西行三百九十步，滿，合玉堂。西行四百一十步，定[⑧]，合麒麟。西行四百卅步，破，合鳳凰。西行四百七十步，開，合章光。西行四百九十步，建，合玉堂。

從南向北廿步，除，乙丑，合天獄。北行卌步，平，丁卯，合刑戮。北行五十步，定，戊辰，合龍煞。北行六十步，執，己巳，合獸煞。北行八十步，危，辛未，合地禍。北行一百步，收，癸酉，合死喪。北行一百廿步，閉，乙亥，合天獄。

---

① “北”字底一存下部漫漶的筆畫，兹依文例校録作“北”字。

② “丙”字底卷作“景”，乃避唐世祖李昺嫌諱而改作，後同，皆徑改本字，不再一一出校説明。

③ “壬申”二字底一存部分漫漶的筆畫，兹依文例校録作“壬申”二字。

④ “從”字居底一行首，有些漫漶，兹參文例録定。

⑤ “成”字底一誤作“滿”，按“九十步”之月建配“成”，底一誤作，兹據金書所推文例校改。

⑥ “合”字底一誤作“人”，兹依文例校補。

⑦ “麒麟”二字底一有漫壞，此參文例録定。

⑧ “定”字底一有漫漶，此參金書所推文例録定。

從東向西廿步,除,合天獄。西行卌步,平,合刑戮。西行五十步,定[①],合龍煞。西行六十步,執,合獸煞。西行八十步,危[②],合地禍。西行一百步,收,合死喪。西行一百廿步[③],閉,合天獄。西行一百卌步,除,合刑戮。西行一百八十步,執,合地禍。西行二百步,危,合死喪。西行二百廿步[④],收,合天獄。西行二百卌步[⑤],閉,合刑戮。西行二百五十步[⑥],建,合龍煞。西行二百六十步,除,合獸煞。西行二百八十步,平,合地□[⑦]。西行三百廿步,危,合天獄,西行三百卌步,收[⑧],合刑戮。西行三百八十步,除,合地禍。西行四百步,平,合死喪。西行四百廿步,執,合天獄。西行四百卌步,危,合刑戮。西行四百五十步,成,合龍煞。西行四百六十步,收,合獸煞。西行四百八十步,閉,合地禍。西行五百步[⑨],除,合死喪。

已前四方吉凶法[⑩]。

---

① “定”字底卷作“建”,按“五十步”之月建配“定”,底一誤作,茲據金書所推文例校改。

② “危”字底一作“平”,按“八十步”之月建配“危”,底一誤作,茲據金書所推文例校改。

③ “廿”字底一脱抄,金書依文例校補,茲從之。

④ 本條底一蓋初脱抄,後補於下“西行二百卅(卌)步”條後,茲依文例乙正。又“廿”字底一原蒙下誤作“六十”,按底一文例,月建配除、神煞配天獄者爲“二百廿步”,陳書已作校正,今從徑改。

⑤ 本條前底一誤衍“西行一百五十步,滿,合龍煞”一條内容,茲依文例徑删。又“卌”字底一誤作“卅”,茲據文例校改。

⑥ 本條底一蓋初脱抄,後補於下“西行二百六十步”條後,茲依文例乙正。

⑦ “地”字底一存上部少許筆畫,茲據金書所推文例校補作“地”字。又缺字居底一行末,殘泐,可參前例補作“禍”字。

⑧ “收”字底一脱抄,金書據文例補作“收”字,茲從之。

⑨ “百”字底一作“十”,非序,茲參金書所推文例校改作“百”字。

⑩ “已前四方”四字《法藏》皆有漫漶或殘泐,王重民所攝照片不殘。

六甲冢圖第十八

凡葬,擇得吉地,又卜穴定,然後依算頃畝步數長短,七分之,立門陌卌九穴之合。所卜穴當甲庚丙壬四字之下,逐年月所宜安冢,甲爲麒麟,丙爲鳳凰,庚爲章光,壬爲玉堂。當内心一穴,是爲地心明堂;外三重正當子午卯酉,名四軸;當四維,名廉路[①]。此地心、四軸不可安冢穴,違者凶。

甲子冢圖

凡葬法,轜車從所▨▨▨追魂還[②],别從所出,所以冢塋域圖闕門並如甲子冢圖[③]。

---

① “路”字居底一行末,存上部筆畫,金書據底一甲子冢圖文字校補作“路”字,兹從之。

② 殘字前者底一存上部筆畫,第二字存左部筆畫大略,第三字存字形大略,疑或爲“在故地”三字,俟考。

③ “闕”字上部底一有殘,此參文例録定。又此句句法不通,疑“以”字當爲“有”字之訛,或即通“有”字。

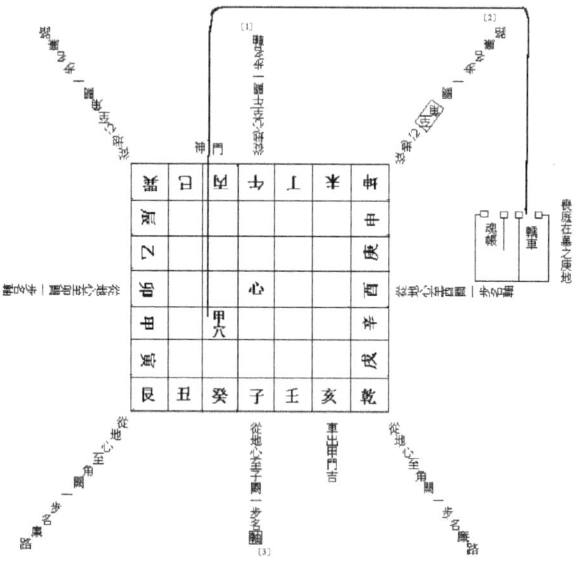

①

冢穴在甲，門在丙②，喪庭在庚，名甲子冢，若是子午卯酉年二月③、□□、□□④、十一月葬⑤，不得用此冢。大墓地方七十一步，計得廿一畝⑥，餘一步⑦，並合甲穴，吉。次墓地長七十三步，

① 圖校："甲穴"底一置於甲、丙交處，與前述"人分"（甲巳交處）學理不合，爲"天分"所在，乃帝王宜葬之位，后同，存疑。〔1〕"至午闕"三字《法藏》有漫漶，王重民所攝照片不殘。〔2〕"地心"下依文例底一脱抄"至角"二字，兹據擬補。〔3〕缺字底一殘泐，兹依文例補作"軸"字。

② "在"字底一脱抄，金書據文例補，兹從之。

③ "若"、"午"二字底一脱抄，兹依文例校補。

④ "二月"下至"十一月"間底一漫滅約四字空間，可依文例補作"五月、八月"四字，兹爲擬補四個缺字符。

⑤ "葬"字底一脱抄，兹依文例校補。

⑥ "畝"字底一原無，按"廿一"下依文例當有一個量詞，考《地理新書》卷十三"禽交六尺立成法"之甲子冢條載此有作"廿一畝"句，底一誤脱"畝"字，兹從校補。

⑦ "餘"字居底一行首，存部分漫漶的筆畫，兹據《地理新書》卷十三"禽交六尺立成法"之甲子冢條校補作"餘"字。

闊卅七步，計□□□□[①]，餘六十一步，並合甲穴。小墓地方一十九步，計得一畝，餘一百廿一步，並合甲穴，吉。

甲戌冢圖

師葬日辰下地[②]，凶，常待月將加月神后下地坐立，大吉利。凡太歲日葬，煞長孝。假令太歲在卯，用二月葬，煞長孝。他皆放此[③]。

凡歲破建下，不可爲師坐。

師坐法：正月、四月、十月坐在酉。二、五[④]、八月坐在未，三、九月寅申，十一月在戌辰，六月、十二月巳亥，七月在子午地坐，大吉利。

轝喪：正月師在午，二月在酉，三月子，四月酉，五月子，六月卯，七月子[⑤]，八月卯[⑥]，九月子，十月卯，十一月午，十二月在卯。右轝喪上車所在處，師立大吉利。

① "計"字下至"餘"字間底一殘泐約四字大的空間，兹依文例擬補四個缺字符。又所缺字可依《地理新書》卷十三"禽交六尺立成法"之甲子冢條載補作"得十一畝"字。

② 此句語義扞格，疑"地"下脱抄"坐立"二字，俟考。

③ "放"字後來寫作"倣"。

④ "五"字底一存下部少許筆畫，金書依十二月例校補，兹從之。

⑤ "七月"二字底一有些漫漶，此參文例録定。

⑥ "八"字底一有漫漶，此參文例録定。

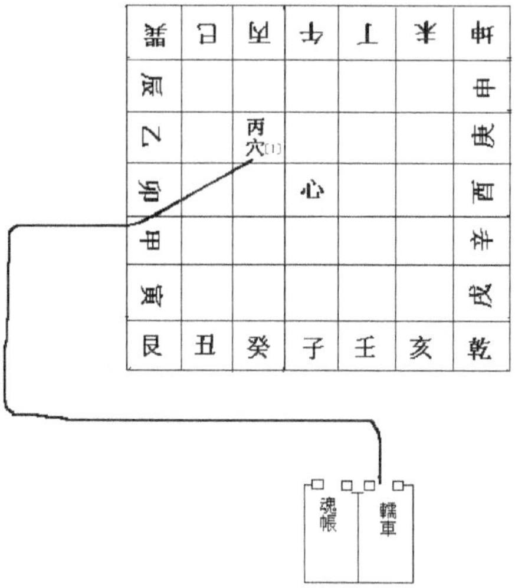

①

冢穴在丙，門在甲，喪庭在壬，名甲戌冢。若是辰戌丑未年三月②、六月、九月、十二月葬，不得用此冢。大墓地長九十一步③，闊六十三步，計得廿三畝，餘二百一十三步，並合丙穴④。次墓地長六十一步⑤，闊五十三步，計得一十三畝，餘一百一十三步，並合丙穴，吉。下墓地長廿九步，闊廿七步，計得三畝，餘六十三步，並合丙穴，吉⑥。

甲午冢圖

推玄屍法：男以功曹、女以傳送加葬年魁罡下爲玄屍，不可葬。凡人如此，亦不得送喪。常持月將加月建，徵明下妨喚師人。常持徵

---

① 圖校：〔1〕“丙穴”底一原録於卯、丙二直格相交處，不合文例，兹爲改作如此。

② “三月”前底一衍抄一“月”字，兹依文例徑删。

③ “九”字上部底一略有漫漶，此參後文畝數及餘數録定。

④ “丙”字下底一衍抄一“合”字，兹依文例徑删。

⑤ “一”字底一脱抄，兹依後文畝數及餘數校補。又“次”字底一作“下”，按依前後文例，此“一十三畝”之墓地當爲“次墓地”，而後之“三畝”大的下墓地底一脱抄，故據校改“下”字作“次”。

⑥ “下墓地長廿九步，闊廿七步，計得三畝，餘六十三步，並合丙穴，吉”條底一脱抄，兹參底一文例及《地理新書》卷十三“禽交六尺立成法”甲戌冢下校補。

明加太歲，視行年上見魁罡，凶。常持功曹加太歲，年在魁罡下大吉。師與主人同。

五姓出喪①，發去時，以月將加時，出天一②、天后、太常、青龍、六合下出，大吉。喪車在明堂，祭時師及主人在天一、天后兩處立，大吉。

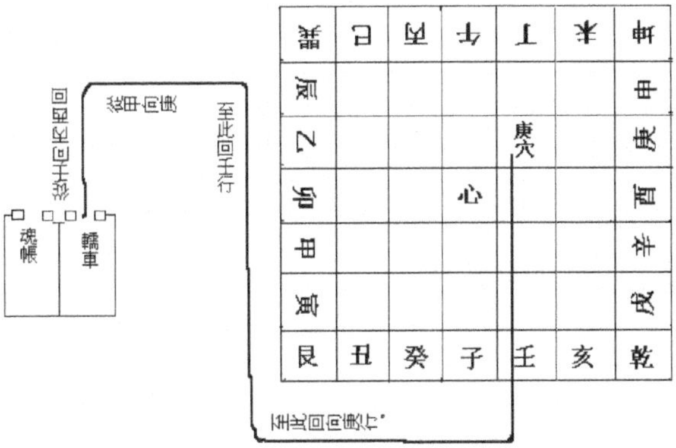

冢穴在庚，門在壬，喪庭在甲，名甲午冢。若是子午卯酉年二月、五月、八月、十一月葬③，不得用此冢。大墓地長八十三步，□□□□步④，得廿七畝，餘七十七步⑤，並合庚穴，吉。次墓地長六十七步，闊六十一步，計得一十七畝，餘七步，並合庚穴，吉。下墓地長五十一步，闊卅七步，計得七畝，餘□□□□步⑥，□合

① “五”字底一存下部筆畫，玆参文例校録作“五”字。

② “出”字置此句首，與句尾一“出”字重義，有不辭之感，疑此句首“出”字或爲“在”、“自”、“由”等字之形訛，俟考。

③ “十一月”三字底一脱抄，玆依文例校補。

④ “步”字底一存左側少許筆畫，玆参文例校補作“步”字。又缺字底一殘泐，可参《地理新書》卷十三“禽交六尺立成法”擬補作“闊七十九”四字。

⑤ 後一“七”字底一脱抄，按依文例計此餘數當爲“七十七步”，《地理新書》卷十三“禽交六尺立成法”不誤，玆據校補。

⑥ 缺字底一殘泐，可依文例補作“二百零七”四字。

庚穴[1]，吉。

甲辰冢圖[2]

推動喪發引下棺時，恒以月將加時[3]，天罡所加即是。斗加：斗加寅，煞家長及女聟。斗加卯，煞少子、少女。斗加辰，煞▭[4]。斗加巳，煞長子婦及中婦。斗加午，煞奴婢、六畜。□□□[5]，煞挽車歌客人。▭[6]。□□酉[7]，煞喪主及歌客。□加戌[8]，煞長子，口舌事。□加亥[9]，煞婦女六人。斗加子，煞母及長婦。斗加丑，煞扶車▨▨▨▨▨▨▨[10]。斗加青龍、丑未，煞師。斗加朱雀，煞▨▨▨▨▨▨▨[11]。斗加白虎，煞孝及長子。斗加玄武[12]，煞婦女及六畜。

---

① 缺字底一殘泐，可依文例補作“並”字。

② “甲辰冢圖”四字底一脱抄，兹依文例校補。

③ “加”字左旁底一殘泐，此參文例録定。

④ “煞”字下文字底一殘泐，字數不詳，依例推測當在五六字左右。

⑤ 缺字底一殘泐，可依文例補作“斗加未”三字。

⑥ “斗加申”條在底一所存文字中無，是當居底一上端殘泐部分中，所缺字數不詳，然依文例推之，當在七八字左右。

⑦ 缺字底一殘泐，可依文例補作“斗加”二字。

⑧ 缺字底一殘泐，可依文例補作“斗”字。

⑨ 缺字底一殘泐，可依文例補作“斗”字。

⑩ 殘字第一字底一存下部漫漶似“人”形筆畫，第二字存右部漫漶的筆畫，第三字存似“别”形字大略，第四字存下部少許似“灬”形大略，第五字存似“年”或“辛”形字大略，第六字存似“下”形字大略，第七字存左部似“人”形字大略。

⑪ 殘字第一字底一存漫漶似“富”形字大略，第二字存似“少”形字大略，第三字存似“步”形字大略，第四字存似“祭”形字大略，第五字存似“火”形字大略，第六字存似“目”形字大略，第六字存似“境”形字大略。

⑫ “武”字底一存左上角少許筆畫，兹參文例校録作“武”字。

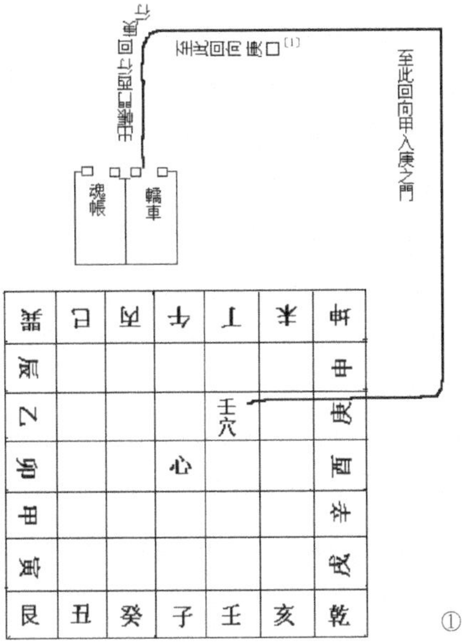
①

□□□□，□在庚②，喪庭在丙，名甲辰冢。若是辰戌丑未年三月、六月、九月、十二月，不得用此冢。大墓地長九□□步③，闊七十九步，計得廿九畝，餘二百廿九步，並合壬穴，吉。下墓地方卌七步④，計得九畝，餘卌九步，並合壬穴⑤。次墓地長七□三

① 圖校：〔1〕"庚"字底一存左側少許筆畫，玆參文例校録作"庚"字。又殘字下底一有殘泐，依文例其下當有一"行"字，故據擬補一個缺字符。

② 缺字居底一行首，殘泐，金書依文例補作"冢穴在壬，門"五字，可從。

③ "九"字底一存上部筆畫，玆參《地理新書》卷十三"禽交六尺立成法"甲辰冢條下校録作"九"字。又缺字底一殘泐，可據前書補作"十一"二字。

④ "下"字底一作"次"，按本條底一標目"次"而誤抄"下"墓内容，姑依文例校改"次"作"下"字。

⑤ "壬"字底一脱抄，金書據文例補，玆從之。

步[①]，闊六十三步[②]，計得一十九畝，餘卅九步[③]，並合壬穴，吉。

甲寅冢冢穴在乙[④]，甲申冢冢穴在辛，此二處安穴[⑤]，不合甲庚丙壬麒麟[⑥]、鳳凰、章光、玉堂四神之德。其乙辛丁癸人所不用，故不作圖。

凡算六甲八卦冢圖步數，大理並同。若畝數合甲庚丙壬者[⑦]，即是六甲冢法。若算餘不合甲庚丙壬，▨▨▨▨法[⑧]，若畝數合甲庚丙壬，餘步▨▨八卦冢[⑨]。

凡爲六甲冢，除當冢土名下所忌年月，▨▨▨冢名與年[⑩]，年月、辰月，明支干組合者用之，大吉。

---

① “七”字居底一行末，存上部“一”形筆畫，兹參《地理新書》卷十三“禽交六尺立成法”甲辰冢條校録作“七”字。缺字居行末，殘泐，可依文例補作“十”字。又“次”字底一作“下”，按此條爲“次墓地”内容，底一與前條誤乙，兹姑爲校改“下”作“次”字。

② “三”字底一原無，按“六十”《地理新書》卷十三“禽交六尺立成法”甲辰冢條作“六十三”，底一脱抄“三”字，兹據校補。

③ “卅”字底一脱抄，按此墓餘數《地理新書》卷十三“禽交六尺立成法”甲辰冢條作“三十九”，底一脱抄“卅”字（依底卷例當作“卅九”），兹據校補。

④ 後一“冢”字底一作“圖”，按“圖”字置此不辭，兹參下句文例校改作“冢”字，底一蓋蒙下文諸例誤作。又“穴”字底一脱抄，兹依文例校補。

⑤ “處安穴”底一作“穴處安”，不合文例，蓋底一抄者誤倒，兹徑據乙正。

⑥ “丙壬”二字前者居底一行末，存上部似“口”形筆畫，後者居次行行首，存下部似“土”形筆畫，金書據《地理新書》卷十二“六甲置喪庭法”校補作“丙壬”二字，按底一前字當爲“景”字殘形（是爲避唐世祖李昺嫌諱而改作），兹從校録。

⑦ “畝”字居底一行首，存下部筆畫，金書據《地理新書》卷十二“六甲置喪庭法”校補作“畝”字，兹從之。

⑧ 殘字第一字底一存左側“亻”形筆畫，第二字存右側似“卜”形筆畫，第三字存右側似“是”形殘畫，第四字存似“五”形字之大略，疑前二字爲“餘步”二字殘形，俟考。

⑨ 二殘字分居底一行末和次行行首，皆僅存漫漶的字形大略。

⑩ 殘字前者底一存似“支”或“及”字大略，第二字存似“似”或“所”形大略，第三字存似“取”或“用”形大略。

□卦冢圖第十九[①]

凡爲八卦冢法，常以栻神后加門道，后在子，子當虚危之星[②]，傍有墳墓哭泣之星，故爲墓之門道。從魁下爲冢穴[③]，從魁在西，當胃星，傍有大陵稍尺之房[④]，以爲明堂，神靈所居。太衝爲穴喪庭，太衝在卯，當房星，主率其喪庭▨轜車[⑤]，故太衝下爲喪庭。

乾冢圖

冢穴在甲[⑥]，喪庭在墓之庚地，車從墓之丙門入，至冢口回車下棺[⑦]，吉。

---

① 缺字居底一行首，殘泐，又“卦”字上部底一亦有殘泐，金書據下文“八卦冢法”校補作“八卦”二字，玆從録定“卦”字，又缺字亦可從補作“八”字。

② “當”字底一作“堂”，不辭，疑爲“當”字形訛，姑據校改。

③ “魁”字底一誤作“鬼”，玆依文例校改。

④ “尺”疑當讀爲“遲”，蓋取其陵遲義也。

⑤ 殘字底一漫漶作“”形，俟考。

⑥ “甲”字底一脱抄，金書據《地理新書》卷十二“六甲置喪庭法”校補作“甲”字，可從，底一脱抄，玆爲擬補一個脱字符。

⑦ “口”字底一作“圖”，依後三穴文例知此處當爲“口”字誤作，玆據校改。又“回車”二字底一脱抄，亦依文例校補。

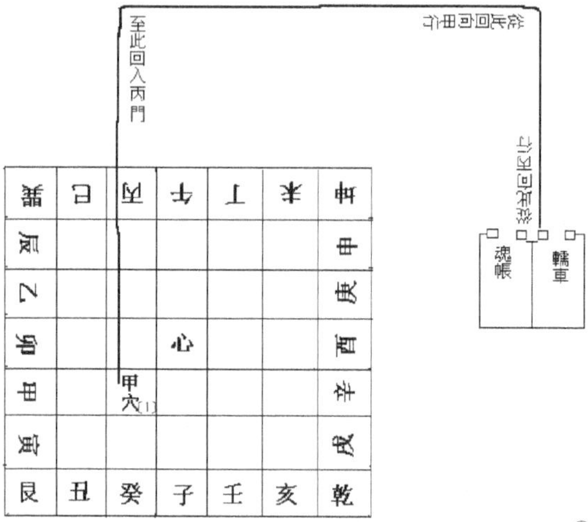

①

五姓在家出喪、上車，不得向太歲、太陰、大將軍、建、破下，凶。若門在此處，諸神下時皆須辟之，隨姓利破牆而出，大吉。

五姓天德上出喪，皆大吉。正月斗加寅②，煞師；斗加卯，煞師妻；斗加丑③，煞師子。二月加卯，煞師；加辰，煞師妻；加寅，煞師子。三月斗加辰，煞師；加巳，煞師妻；加卯，煞師子。四月加巳，煞師；加午，煞師妻；加辰，煞師子。

冢穴在壬④，喪庭在墓之丙地，車從墓之甲門入，至冢口回車下棺，吉。

① 圖校：〔1〕“甲穴”底一原録於乙、丙二直格相交處，與文例不合，故爲改作如此。

② “正”字居底一行首，殘泐，兹依下文文例校補。

③ “斗”字居底一行首，殘泐，兹依文例校補。又“加”字底一存左部“力”旁，兹依文例校録作“加”字。

④ “冢穴”字前者底一存右側少許“丶”狀筆畫，後者存下部捺形筆畫，兹參前文文例校録作“冢穴”二字。

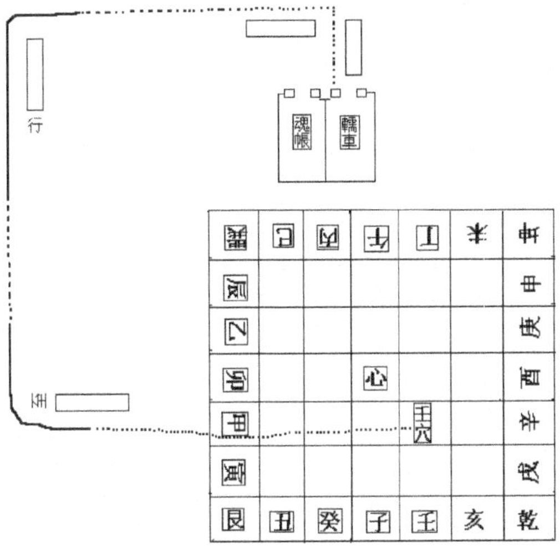

①

□□□□□，□□；□□□，□□□；□加巳②，煞師子。六月斗加未，煞師③；□□□，□□□；□□□，□□□。□□斗加④□，□□；□□□，□□□；□□□，□□□。□□□□□，□□；□□□，□□□；□□□，□□□。□□□□□，□□；□□□，□□□；□□□，□□□。□□□□□，□□；□□□，□□□；□□□，□□□。□□□□□，□□；□□□，□□□；□□□，□□□。□□□□□，□□；□□□，□□□；□□□，□□□。

① 圖校：缺字符所在處及轜車路綫圖中的虚綫所在處底一皆殘泐，圖中所存部分右側的干支文字居底一，左側的路綫殘圖及“至”字等（其中殘字存下部筆畫，兹據文例校補作“行”字）居底二，兹參前後圖中文字所述及底一、底二殘存情況擬補所缺部分及缺字符。

② 行首至“加巳”間底二殘泐，據前後文例及底二殘泐空間，此處所缺内容當爲“五月斗加午，煞師；斗加未，煞師妻；斗”十四字，故從擬補十四個缺字符。

③ “煞”字下底二衍抄一“煞”字，兹據文例徑删。

④ “斗”字底二存下部少許筆畫，兹參文例校補作“斗”字。又行首至殘字“斗”間底二殘泐約十四字左右的空間，依文例，其内容當爲“斗加申，煞師妻；斗加午，煞師子。七月”十四字，故從擬補十四個缺字符。又原卷由此斷裂，以上文字居底一。

右十二月斗加十二辰[①],於頭及太歲、將軍,皆煞師及外客。

震冢圖

冢穴在庚,喪庭在墓之甲地,車從墓之壬門入,至庚穴回車下棺,吉。

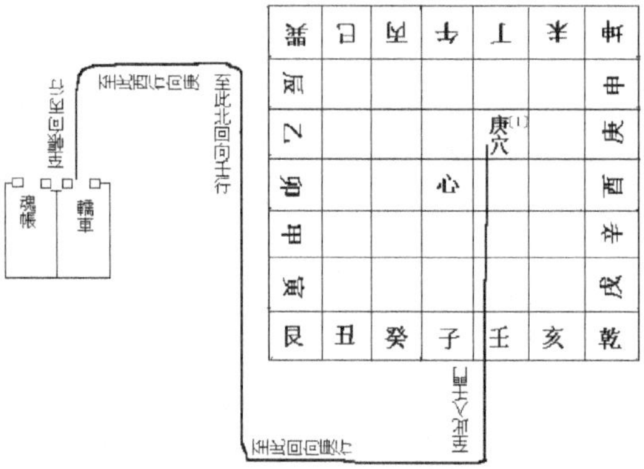

②

艮冢圖

冢穴在丙,喪庭在墓之壬地,車從墓之甲門入[③],至穴回車下棺[④],吉。

① 此條以下文字居底二。底一與底二間殘泐,據空間,約有六行左右的文字,但因其間有乾冢壬穴圖所占空間,故實際文字不多,而且據前後文可以推知此段文字的格式與内容,故從擬補一百一十個缺字符,以明其殘泐之大略。

② 圖校:〔1〕“庚穴”二字底二録於壬、酉二直格交處,不合文例,兹爲改作如此。

③ “墓”字底二脱抄,兹依文例校補。

④ “車”字底二脱抄,兹依文例校補。

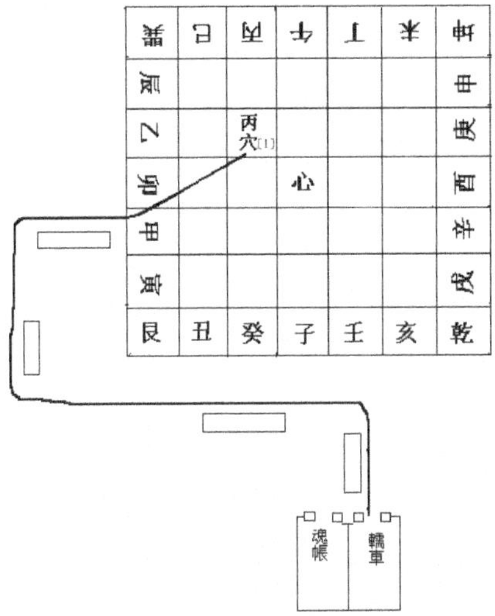

①

八卦冢法

乾主甲壬二處，但爲吉穴，故乾冢作二圖。若算畝數合甲者即是甲壬冢，餘步合甲者即是乾冢穴。若算畝數合壬者即是甲辰冢，餘步合壬者即是乾冢壬穴，吉。

震主六庚，爲吉穴，故震冢作一圖。若算畝數②，合庚者即是甲午冢，餘步合庚者即是震冢穴，吉。

艮主六丙，爲吉穴，故艮冢作一圖。若算畝數③，合丙者即是甲戌冢，餘步合丙者即是艮冢丙穴，吉。

---

① 圖校：〔1〕底二轜車所在位置及行車路綫(唯轉向只有前二句)、葬穴位置皆與前震冢圖同(其中庚穴所在亦同誤標於“壬”、“酉”二直格相交處)，今依底二艮冢圖說及前甲戌冢圖改繪如此，其轉向説明則缺而俟考。

② “若”字底二存右下部少許筆畫，兹參文例校録作“若”字。

③ “合庚者即是甲午冢，餘步合庚者即是震冢穴，吉。艮主六丙，爲吉穴，故艮冢作一圖。若算畝數”底二原無，按依文例底二此處脱抄一行，即誤糅震冢與艮冢二法之説明於一處，兹參文例校補此三十六字。

坤主乙癸，巽主六辛，坎主六戊[①]，離主六己，兑主六丁，此六干並非吉穴[②]，所以不用。故坤巽坎離兑此五卦冢不作圖。其乾、震、艮冢若甲子、甲午、甲辰、甲戌冢用之[③]，若甲子等冢與歲月妨忌，即用乾震艮等冢吉。凡六甲冢及八卦冢四軸、廉路並如甲子冢圖[④]。

十二祇法第廿

從埏道外起步，往來向内命十二祇，一步爲閉[⑤]，二步爲建，三步爲除，四步爲滿，五步爲平[⑥]，六步爲定，七步爲執，八步爲破，九步爲危，十步爲成[⑦]，十一步爲收，十二步爲開，十三步爲閉，還從建起，以此爲法，恒令滿祇當冢心，閉祇守冢口，定祇安墓後，開祇坐冢前[⑧]。假令冢墓堂心是滿，堂門令得閉，堂後辟令得定，其埏道口得開，所謂閉口、定口、滿腹、開目，合此大吉。

入地深淺法第廿一

凡葬，入地八十九尺得丙，爲鳳凰得定；入地九十三尺得庚，爲章光得成；入地九十五尺得壬，爲玉堂得開[⑨]；入地九十九尺得

① "戊"字底二誤作"戌"，兹依文例校改。

② "干"字底二作"平"，不辭，兹依文例校改，底二形訛。

③ "戌"字底二誤作"戊"，兹依文例校改。

④ "如"字底二作"儒"，不辭，參前甲子冢下説明知此當爲"如"字音訛，故據校改。

⑤ "閉"字底二脱抄，兹依文例校補。

⑥ "滿，五步爲"四字底二脱抄，兹依文例校補。

⑦ "成"字底二脱抄，兹依文例校補。

⑧ "前"字底二脱抄，兹依文例校補。

⑨ "開"字底二作"閉"，按依文例，入地九十五尺爲玉堂得開，《地理新書》卷十四"幽穴淺深法"所作不誤，底二形訛，兹據校改。

丙，爲鳳凰得滿[①]；入地一百卅一尺得戊，爲黄龍得開[②]；入地一百卌一尺得戊，爲黄龍得成；入地一百卌五尺得壬[③]，爲玉堂得建；入地一百五十五尺得壬，爲玉堂得開[④]。已前入地深淺，帝王用之吉。

入地八十三尺得庚，爲章光得開[⑤]；入地七十七尺得甲，爲麒麟得定[⑥]。已前入地深淺，公侯用之吉。

入地七十五尺得壬[⑦]，爲玉堂得定；入地六十九尺得丙，爲鳳凰得成[⑧]；入地六十五尺得壬，爲玉堂得定[⑨]；入地六十三尺得庚，爲章光得滿；入地五十九尺得丙，爲鳳凰得開；入地五十七尺得甲，爲麒麟得成。已前入地深淺，伯子男九卿用之吉。

入地五十三尺得庚，爲章光得定；入地卌七尺得甲[⑩]，爲麒麟得開；入地卌五尺得壬，爲玉堂得成；入地卅九尺得丙[⑪]，爲鳳凰

① “滿”字底二作“開”，按依文例，入地九十九尺爲鳳凰得滿，《地理新書》卷十四“幽穴淺深法”所作不誤，底二誤作，兹據校改。

② “黄”字下底二衍抄一“黄”字，兹依文例删之。

③ “一百”二字底二於此處脱抄，後於“玉堂得開”句下補抄“入地一百卌五尺得壬，爲建”，故據補録“一百”二字。

④ 此下底二蓋爲補前“玉堂得建”句脱抄“一百”而加録“入地一百卌五尺得壬，爲建”，今徑移補前句之“一百”二字，并删此加録文字。

⑤ “開”字底二作“成”，按依文例，入地八十三尺爲章光得開，《地理新書》卷十四“幽穴淺深法”所作不誤，底二誤作，兹據校改。

⑥ “得”字底二脱抄，兹依文例校補。

⑦ “七”、“五”底二作“五”、“三”，按“五十三”尺爲後將軍大夫所宜用之深度，且依文例“五十三”尺得庚，爲章光得定，非“得壬”云云，依此前後深淺尺度及《地理新書》卷十四“幽穴淺深法”所載，此“五十三”當爲“七十五”形訛，兹據校改。

⑧ “得成”二字底二脱抄，兹據文例校補。

⑨ “定”字底二作“滿”，按依文例，入地六十五尺爲玉堂得定，《地理新書》卷十四“幽穴淺深法”所作不誤，底二誤作，兹據校改。

⑩ “卌”字底二誤作“卅”，兹依文例校改。

⑪ “卅”字底二誤作“卌”，兹依文例校改。

得滿[①]。已前入地深淺，將軍用之吉，大夫用吉。

入地卅五尺得壬，爲玉堂得開；入地卅三尺得庚，爲章光得成；入地二十九尺得丙[②]，爲鳳凰得定[③]；入地二十七尺得甲[④]，爲麒麟得滿；入地廿三尺得庚，爲章光得開。已前入地深淺，令長以下用之吉[⑤]。

入地一丈七尺得甲，爲麒麟得定；入地一丈五尺得壬，爲玉堂得滿；入地九尺得丙，爲鳳凰得成；入地五尺得壬，爲玉堂得定；入地三尺得庚，爲章光得滿[⑥]。已前入地深淺，庶人用之吉[⑦]。

入地一尺戊[⑧]，爲黄龍；二尺己，三尺庚[⑨]，爲章光；四尺辛，五尺壬，爲玉堂；六尺癸，七尺甲，爲麒麟；八尺乙，九尺丙[⑩]，爲鳳凰；一丈丁，還從戊起[⑪]，以此率之。甲庚丙壬吉，餘並凶。唯王者得用戊[⑫]，是黄龍也。

---

① 本條《地理新書》卷十四歸於令長宜用之深度。

② "二"、"九"、"丙"三字底二作"六"、"五"、"壬"，按"六十五尺"前伯子男九卿所用已及，此不當重出，《地理新書》卷十四"幽穴淺深法"載令長所用有"二十九尺"，爲丙位鳳凰得定之格，與底二位序相合，是底卷誤作，兹據校改。

③ "鳳凰"底二誤作"玉堂"，兹依文例校改。

④ "二"字底二作"六"，按依文例，本條"六"字與前條同爲"二"字誤作，《地理新書》卷十四"幽穴淺深法"所作不誤，兹據校改。

⑤ "令長"底二作"三場"，不辭，《地理新書》卷十四載此作"令長"，疑底二所據抄本文字有漫漶，而抄者因其殘形而臆作如此，姑據校改。

⑥ "滿"字底二作"開"，按"入地三尺"依文例爲章光得滿，底卷誤作，兹據校改。

⑦ "庶人"二字底二誤作"令長以下"，《地理新書》載此作"庶人"，合於文例，底二誤作，兹據校改。又"之"字底二脱抄，兹依文例校補。

⑧ "一尺"二字底二脱抄，考《葬經》(敦煌本一)"入地"下有"一尺"二字，與後文例合，金書據補，兹從之。又"戊"字底二誤作"戌"，亦依文例校改。

⑨ "尺"字底二誤脱，金書依文例補，甚是，兹從之。

⑩ "丙"字底二初脱，後補於"爲"字右側行間，然其位置誤稍偏下，今依文例徑録於"爲"字前。

⑪ "戊"字底二誤作"戌"，兹依文例校改。

⑫ "戊"字底二誤作"戌"，兹依文例校改。

又一法：入地一尺爲建[①]，二尺爲除，三尺爲滿，四尺爲平，五尺爲定，六尺爲執，七尺爲破[②]，八尺爲危，九尺爲成，一丈爲收，一丈一尺爲開，一丈二尺爲閉，周而復始。滿平定收開吉，餘者並凶。

造冢取土法第廿二

凡取土[③]，皆不得院内[④]，宜於外卌步外平治取之，不得獨深，犯之名爲無勢，大凶。

造冢明鏡法第廿三

凡葬龍頭[⑤]，掘土入三尺，得白玉内有赤脉者，三年致爵禄，大吉。葬龍足，掘土入三尺，下得交行石内有生水[⑥]，三年致囚徒、牢獄、市死。葬龍髀，掘土入三尺，下得敗石，三年出癡狂、孤寡[⑦]、窮獨流離，客千里，貧，兵傷、乳死，大凶。葬龍髀，掘土入三尺，下得敗銅錢或死蛇、敗石有雜色，三年長子爲獸所煞[⑧]，次子

① “一法入”三字底二原無，金書據《葬經》（敦煌本一）校補，義長，兹從之。

② “七”字居底二行首，存右側一“一”形筆畫，兹參文例校補作“七”字。

③ “凡取土”至“大凶”全條文字底二誤與下第廿三目首句“凡葬龍頭，掘土入三尺，得白玉，内有赤脉者，三年致爵禄，大吉”條誤倒，兹據文意徑爲乙正。

④ “皆不”下底二衍抄一“皆”字，其右上角後又補加一乙正符號，兹依文例徑删之。

⑤ “凡葬龍頭”句至下“三年致爵禄，大吉”條文字底二誤抄於前“造冢取土法第廿二”目下，而把彼目下的“凡取土”至尾“大凶”條抄於此處，致文意扞格，兹徑爲乙正。

⑥ “下”字底二作“不”，按“不”字置此疑有誤，姑參後文諸例校改作“下”字。

⑦ “寡”字居底二行首，存左下角少許筆畫，金書依文意補作“寡”字，當是，兹從校補。

⑧ “煞”字居底二行首，存左部似“冢”左上角形筆畫，疑或爲“煞”字殘形，姑據校補。

蛇作[①]，大凶。葬龍腰，掘土入三尺，得金石半黑半白[②]，三年致爵禄，吉。葬龍腹，入土七尺，得清石内黑，吉，致富貴，六子並賢人，出賢明子孫，亦壯健，吉。葬龍心，掘土入一丈，得龍蛇石，狀如懸鈴黄花石、黑花石，前吉後凶。葬龍腋下，掘土入一丈三尺，得微泉東流，苔青色，五年富，還官吉[③]。

掘得開壙，下得雜碎瓦石者，子孫貧窮乞食；自得燋土石者，後出病皇〓徵[④]，結漏死。穿地入三尺，黄土吉[⑤]，黑土貧，有兵亡，客流他鄉，出暴富不▨[⑥]，出流亡客死，黄委注病相連不絶，短命。得故冢槨發泄骸，先人被考，三年受殃。得白石有光明者，出貴子，聰明賢達[⑦]。

凡穿地得石，後一年得非財，六年出賢明男女，利子孫，吉。得紫色光石，其石還安本處，大吉。得銅錢，富貴，吉。得黄色石光者，出綬[⑧]，暴貴，後亦有黄注病。得青色石，光明在四邊，出女貴，大吉。得死石如碎炭色者，後出市死、流亡乞食。得生石有光，大如斗，近在冢屍，不去之，出犬傷，禽獸死，除去吉。得生活之物者，出豪富而無後。得猴猿狢之屬，皆出狂狡、反逆[⑨]、市死，流亡遠域[⑩]，不返故鄉。得色石光明似珠玉有光如寶者，皆賢人

---

① “次”字存左部筆畫，其中“冫”形可辨，姑依文例校補作“次”字。

② 前一“半”字底二書寫較開似“八牛”二字之形，兹依文例合録作一字。

③ “還官吉”似有不辭之感，疑“還”字或爲“遷”字形訛，俟考。

④ “〓”似“水”或“風”字，然下文又有“黄委注病”，則疑此字亦或爲“委”字俗訛，俟考。又，“皇”通“黄”。

⑤ “土”字底二原無，按依底二下句例，此“黄”字下當有“土”字爲宜，姑據校補。

⑥ 殘字底二存左部筆畫，其中“亻”旁可辨。

⑦ “達”字底二作“遠”，有不辭之感，疑“遠”當爲“達”字形訛，姑據校改。

⑧ “綬”字前疑底二脱抄“印”字，俟考。

⑨ “反”字底二誤作“返”，兹依文例校改。

⑩ “流”字底二誤作“留”，兹依文例校改。

貴女王相，名給萬里。得物如元龜及飛鳥形光色奇異者①，出賢貴。得青蛇，蝮有兩頭足似龍有光象者②，有官禄；得骨，凶。得奇異文石及故畫字似珪璧璋印之器，禄得，後嗣强盛。得玉罄，長命大富，食爲命故也。得銀銅，生賢子，其物置故處埋之，吉；去而不祀，大凶。得故窟空處者，後貧，家喪財散；上實下虚，先富後貧；上虚下實，先貧後富。

甲乙方入二尺有土者③，一丈已來有青土物伏蛇，傷之青龍應，大吉。丙丁方入有尺土④、紫土者，一丈以來有炭，凶；若得青石兩頭物，是貴應，大吉。庚辛白方，入土得敗石者，七尺以來有死石子，凶；生物，吉。壬癸方入土得黑土者，已易以下⑤。

陰陽家墓入地深淺法《五姓同用卌五家書》第卅七

① “元龜”前底二衍抄一“龜”字，蓋書“元龜”而脱“元”字，後又補全“元龜”二字，因而致衍，兹依文例删之。又“飛”字底二作“非”，金書讀爲“飛”，兹從校改。

② “蝮”通“腹”，“兩頭足”蓋即指“兩隻脚”，俟考。

③ “土”字前依文例疑底二脱抄一顔色詞，俟考。

④ “尺”，金書讀爲“赤”，可參。

⑤ 此句語意費解，當有脱誤，俟考。

葬範

關長龍　點校

【題解】

《葬範》僅存目録，爲卷第卅一至卷第五十八。考敦煌有關葬書的寫卷目録中，此卷是唯一以“論”字開首的，故疑其書具有個人著作性質，與官修《陰陽書》之目名（如《陰陽書》卷十三葬事所存者）不同，故擬之作《陰陽書》恐不足據。今檢《地理新書》中有數處引及某某所“論”，其明確者如卷八“十二成”、“百二十敗”下皆於章節下注明“孫季邕所論”。又檢該書中所引孫氏其他“論”言，復有多處，如卷六“孫季邕推八將六對位”、卷十一“金雞鳴、玉犬吠，上下不呼”載孫氏持不同意見，卷十二“六甲置喪庭冢穴法”、“開三閉九法”、卷十五“五音姓氏憑驗”等目下皆引有“孫季邕説”。其最要者乃卷十五載“孫季邕奏廢僞書名件”下之小序云：

> 孫季邕撰《葬範》，引吕才《葬書》所論僞濫者一百二十家，奏請停廢，其力牧等一二可用之説，已行編用，外亦無傳者。

孫氏所奏廢的一百二十家僞濫葬書既已停廢不傳，則其所撰之《葬範》當亦上奏朝廷而得以頒行，從宋初官修《地理新書》的廣取孫氏説之情形看，其於民間之影響力當更有甚焉。而且與吕才反對五姓説不同，孫氏對五姓説仍有所取用和申論（《地理新書》卷一“五姓所屬”下云：“謂姓無五音，則又不然，才既删除之矣，其後有孫季邕者又從而爲之説，季邕所否者皆世俗所知辨而非實，至於言律吕則躓矣，今皆略其説云。”），這點亦與敦煌宅葬書之使用情況相合。故疑底卷所存之目，即孫氏《葬範》之孑餘，今姑爲擬名作《葬範》，孫季邕著。

《新唐書·藝文志》載孫季邕《葬範》三卷（《宋史·藝文志》載作五卷，依訛誤之規律論，當以作“五”字爲是），其後接載之“盧重原《夢書》四卷”下有小注云“開元人”，則疑孫氏亦爲開元時人，而《舊唐書·經籍志》不載其書，亦明其著作之傳布當在開元以後，《郡齋讀書志》卷十四載孫季邕撰《會元經》二十四卷，於下注云“未詳何代人”，《文獻通考·經籍考》引同，恐亦失於查檢。如果以上推論屬實，則疑孫氏之《葬範》每卷約在六十目，五卷共約三百目左右。

今以《英藏》S. 10639aV(底一)、S. 12456c(底二)、S. 12456b(底三)爲底本,并參考金身佳《敦煌寫本宅經葬書校注》(民族出版社 2007 年版,簡稱"金書")及傳世本《地理新書》等加以校録。

（前缺）

＿＿＿＿[1]

□□□□▨▨□廿九[2]。

論＿＿＿＿[3]

□▨地吉凶法第卅一[4]。

論六對傷敗等法卅二。

論八將＿＿＿＿[5]

論龜甲取吉穴法卅四。

論步阡陌取吉穴法卅五。

論天覆地載＿＿＿＿[6]

論六甲八卦冢法卅七。

論六甲立成圖法卅八。

論八卦立成＿＿＿＿[7]

論白埋權殯法第卌。

論三靈十六等法卌一。

論明堂降神＿＿＿＿[8]

論斬草儀法第卌三。

論斬草祭圖法卌四。

論筮地吉＿＿＿＿[9]

論棺下六尺法卌六[10]。

論鹿項長短法卌七。

---

① 底卷每行抄三目，其中第廿八目殘泐，《英藏》底一右下角有一裂開的小殘片，從文字殘形與殘片形狀看，應是“卅一”二字右側的斷裂，非“廿八”目的殘存，可予綴合。

② 殘字底二皆有漫漶，唯存其大略。又“廿九”底二存左側少許漫漶的筆畫，然依文例知當爲序目“廿九”之殘形，故據校補。又缺字底二殘泐，其中第一字可依文例補作“論”字。

③ “論”字底二存左上角筆畫，其中“亠”可辨，兹依文例校補。又殘字“論”下至行末底卷殘泐約十字左右的空間。

④ 缺字底一殘泐，可依文例補作“論”字。殘字底一僅存左下角一點形殘墨。又“地”字底一存左下部筆畫，與後文所存字形比較知當爲“地”字之殘，故據校補。

⑤ “將”字下至行末底二殘泐約七字左右的空間。

⑥ “載”字底二存上部少許似“土”形筆畫，兹依文例校補作“載”字。又殘字“載”下至行末底卷殘泐約五字左右的空間。

⑦ “成”字下至行末底二殘泐約五字左右的空間。

⑧ “神”字下至行末底二殘泐約五字左右的空間。

⑨ “吉”字下至行末底二殘泐約五字左右的空間。

⑩ 後一“六”字下底三衍抄一“篇”字，兹依文例删之。

論凶門所向▭[1]　　論墓外溝壍法卌九[2]。

論埏道▨▨五十[3]　　論▨▭[4]

論墳高卑等法五十二。　　論取土▭[5]

論開故動屍法五十五。　　▭[6]

論立銘請幡法五十八。　　▭[7]

□▨▨▨▨▭[8]

（後缺）

---

① “向”字下至行末底二殘泐約五字左右的空間。

② “壍”字底三誤書作“漸土”二字，兹依文例合録作一字。

③ 殘字第一字底二存右部上似捺筆下似“一”形筆畫，第二字存右部似“氏”形筆畫，考《地理新書》卷十四載有“埏道命祇法”子目，其中“祇”字與底二第二殘字所存筆畫合，可參。又“五十”二字各存右部似“一”形筆畫，並依文例校補。

④ “論”字底二存右側少許筆畫，兹據文例校補。殘字底二亦存右側少許筆畫。殘字下至行末底二殘泐約八字空間。

⑤ “土”字下至行末底二殘泐，依底卷抄寫格式，約可抄十七字左右。

⑥ “五十五”下至行末底二殘泐，依底卷抄寫格式，約可抄二十字左右。

⑦ “五十八”下至行末底二殘泐，依底卷抄寫格式，約可抄二十字左右。

⑧ 缺字居底三行首，可依文例補作“論”字。殘字底卷皆存右部殘畫，其中前三字稍多，然亦不能辨其偏旁，此爲第六十一目内容。殘字下至行末殘泐。

葬録

關長龍　點校

【題解】

《葬録》正、背面非一人所抄，正面文字爲序文草稿，前後起草兩通，其中中間署有"大唐乾寧三年(896)"記，并録有題名作《葬録》，張忠賢集。

正面序文草稿中提及作者的撰寫依據是："集諸家諸善，删除浮穢，亦有往年曾學，昔歲不問，所録者多取漢丞相方朔之要言，所闕者與事理如，唱之七十二條，勒成一部，上中下與爲三卷。"考《地理新書》後附《孫季邕奏廢僞書名件》所載一百二十家中有《東方朔三元經》一種，則疑張忠賢所集之《葬録》或即是在《東方朔三元經》基礎上參考他書抄撮而成。東方朔書雖被奏廢，但《地理新書》中仍多引有東方朔説，其内容與底卷背面所抄内容有一致性。背面爲《葬録》内容正編，前二殘行後有一祖墓圖，下載内容有與《葬經》(敦煌本一)"造冢墓取土及墓内尊卑法"部分全同者，其下又有"置墓道山門起墳碑獸木法"、"起墳高下法"、"置人獸法"、"槨大小法"等子目内容。

底卷正面内容書法拙劣，白字盈紙，然文辭尚爲雅馴，據文中"年至從心"句知作者年已古稀，且其後有署銜"歸義軍節度押衙兼參謀守州學博仕將仕郎"，是其書寫能力雖弱，但却可爲"州學博士"者，故底卷背面正文抄手蓋其别命屬下後學所爲，而字亦略顯秀異可觀矣(然亦疑爲硬筆書寫所致)。《索引》題作《葬録》，《金目》、《索引新編》、《敦煌學大辭典》從之，黄正建則析底卷爲二，正面題作"葬録"，而背面則因《葬經》(敦煌本一)而擬題作"造冢墓取土及墓内尊卑法等"(《敦煌占卜文書與唐五代占卜研究》，學苑出版社 2001 年版，頁 84、86)，金書從之，唯正背二卷皆題作"葬録"，而歸正面於"葬録類"文獻中，歸背面於"葬書類"文獻中。今爲避繁瑣，仍合正反爲同一文獻，而據其正面序文題名定作《葬録》。

今以《英藏》S. 2263 爲底本，并參考金身佳《敦煌寫本宅經葬書校注》(民族出版社 2007 年版，簡稱"金書")及《葬經》(敦煌本一)等加以校録。

夫論陰陽之道[①],由如江海[②],非聖不裁。時遇亂世,根淺性微,▨俗化所易[③],王教風移,其君欲與貪狼爲政,其臣欲與從凶求尊[④]。人心變改,邪魅得便。政法不從[⑤],非道爲美。行事者不□師軓[⑥],互求同類,擅作異謀[⑦]。貨賂求名[⑧],破滅真宗,傷害能德[⑨]。能德既無,恣行非法。非法既盛,邪道日興。但忠賢生居陋所[⑩],長在危時,學業微淺,不遇明師,年至從心,命如縣絲。忽遇我歸義軍節度使[⑪],覽觀前事[⑫],意有慨焉。厶今集諸家諸善[⑬],删除浮穢[⑭],亦有往年曾學[⑮],昔歲不問,所録者多取漢丞相方朔之要言,所闕者與事理如[⑯],唱之七十二條,勒成一部,上中

① “道”字底卷初書作“法”,其上有塗墨,并於其右側行間書一“道”字。

② “由”字通“猶”。

③ 殘字居底卷行末,存右上角一短“一”形筆畫,依文義推之,疑或爲“而”字之殘,俟考。

④ “凶”字底卷作“胸”,金書讀爲“凶”,甚是,兹從改。

⑤ “法”字底卷初書作“之”,其上有塗墨,并於其右側行間書一“法”字。

⑥ “師軓”前底卷留有一字的空白,而“行事者不師軓”句義終嫌不够順暢,觀其後重書此序有作“不任師軓”者,則知此或脱書“任”字,或作者“提筆忘字”所致,當可據補。

⑦ “擅”字底卷作“壇”,不辭,《索引》、金書等皆徑録作“擅”字,雖不契原字,然“壇”當爲“擅”字形訛,兹爲校改。

⑧ “賂”字底卷作“路”,《索引》讀爲“賂”,甚是,兹從校改,底卷音訛。

⑨ “傷”字底卷作“商”,金書讀爲“傷”,兹從校改,《索引新編》徑録作“傷”,是而不確。

⑩ “陋所”底卷誤倒“所陋”,兹據文例乙正。

⑪ 此句底卷補抄於行右空間中,其中“忽”字起於“絲”、“藍”二字間。

⑫ “覽”字底卷作“藍”,不辭,金書讀爲“覽”,兹從校改,底卷音訛。

⑬ “厶”爲“某”之省代符。又“善”字底卷補書於後一“諸”字右下角行間。

⑭ “删”字底卷作“册”,“册”字金書屬前讀,然如此則本句語氣不暢,《索引新編》斷句如此,而校“册”作“删”字,以爲底卷誤作,義長,姑從改。

⑮ “曾”字底卷誤作“層”,兹依文意校改。

⑯ “與”通“以”。

下與爲三卷[①]。事無不盡，理無不窮，後諸達解者，但依行用，得真無假。於時大唐乾寧三年五月日下記。

今遇我歸義軍節度使南陽張公諱承奉，有大威慧，真俗雙行，道俗虔虔，出言無非，三邊晏净，萬性仰覆[②]，實邦家之寶，棟樑之才。

葬録卷上並序

歸義軍節度押衙兼參謀守州學博仕將仕郎張忠賢集

蓋聞陰陽之道，遊如江海[③]，非聖不裁。生逢亂世，仍遇僥時[④]。俗化所易，王教風移，道德不用[⑤]，仁義無絁[⑥]。或有學者不任師軏，不覩政文[⑦]，擅作異謀[⑧]，目求名利[⑨]，或亂人心[⑩]，貨賂爲先[⑪]。若有能者[⑫]，命縣若絲，忽遇明主——我歸□□節度使南

① “與”通“以”。又“卷”字上底卷有墨塗改之蹟，然其大略猶在。

② “性”通“姓”，“覆”字金書讀爲“服”，可參。

③ “遊”，前抄作“由”，並通“猶”。

④ “僥”通“堯”。

⑤ 此前底卷有十九字用墨綫删除，其文略作“其君則與貪狼爲減其（此間有一字似‘神’形，而又加墨塗去）臣則月望胸從史求榮”。

⑥ “絁”通“施”。

⑦ “覩”字底卷初書作似“尋”形，上有墨塗，其右側行間補書作“覩”字。

⑧ “擅”字底卷誤作“壇”，兹依文意校改。

⑨ “目”字金書讀爲“慕”，可參；亦疑“目”爲“自”字形訛，俟考。

⑩ “或”通“惑”。

⑪ “賂”字底卷誤作“路”，兹依文意校改。

⑫ “能”字底卷原書作似“政解”二字，上有墨綫塗去，而於右側行間補書“能”字。

陽張公諱承奉[①]，即開國公□[②]，志過▨單[③]，感而遂通[④]，三邊晏浄[⑤]，萬性安衣[⑥]，實邦□[⑦]觀前事□[⑧]

（中缺）[⑨]

土。若欲改葬□卑次第[⑩]，違之凶。其置▨▨□[⑪]

若欲取土，於卅步外隨歲、月德及空吉地。

宫姓取土，宜丙庚丁午申酉地吉[⑫]；宫姓造冢，絶手於亥。商姓取土，宜壬亥辰戌子地吉；商姓造冢，絶手於申。角姓取土，宜丙壬亥子午地吉；角姓造冢，絶手於寅。徵姓取土，宜甲寅卯丑未地吉；徵姓造冢，絶手於巳。羽姓取土，宜甲庚寅卯申酉地吉；

① "歸"字底卷存右側少許筆畫，兹依文例校補作"歸"字。又缺字居底卷行末，殘泐，可依文例補作"義軍"二字。

② "公"字底卷存右側筆畫，兹依文例校補作"公"字。又殘字"公"下至行末底卷殘泐，據空間，約可抄六字左右，依文例疑其或爲"張義潮之孫也"之類的文字。

③ 殘字底卷漫漶，僅可辨似二長"丶"形筆畫。又"志過▨單"四字底卷頂行書於"敢而遂通"右側行間。

④ "感"字底卷誤作"敢"，兹依文例校改。

⑤ "晏"字右側行間書有二字，前者似"座"形，後者有墨塗去，疑或欲改作而又棄取者。

⑥ 此句四字底卷書於"實"字句的右側行間。又"性"通"姓"、"衣"通"依"。

⑦ "邦"字底卷存右側少許筆畫，兹参底卷前抄序文"實邦家之寶，棟樑之才"句校補作"邦"字。又殘字"邦"下至行末底卷殘泐，據空間，約可抄十字左右。

⑧ "觀"字居底卷行首，參前抄序文有"藍觀前事，意有慨焉"云云，當即其句。又"前事"下至行末底卷殘泐，據空間，約可抄十七字左右。

⑨ 以下爲背面内容。

⑩ 前行"葬"字底卷存上部筆畫，其中"艹"形可辨，疑爲"葬"字，姑據校補。其下至行末底卷殘泐，據空間，約可抄二十五字左右。

⑪ 殘字前者唯右部略殘，但因反面文字筆畫透漬，不能識辨；第二字存左側似"亻"形筆畫。殘字下至行末底卷殘泐，據空間，約可抄十九字左右。

⑫ "午"字底卷作"未"，《葬經》（敦煌本一）作"午"，是，諸姓所宜取土之位皆是"我生"或"生我"者，底卷形訛，兹據校改。

羽姓造冢，絶手於亥。

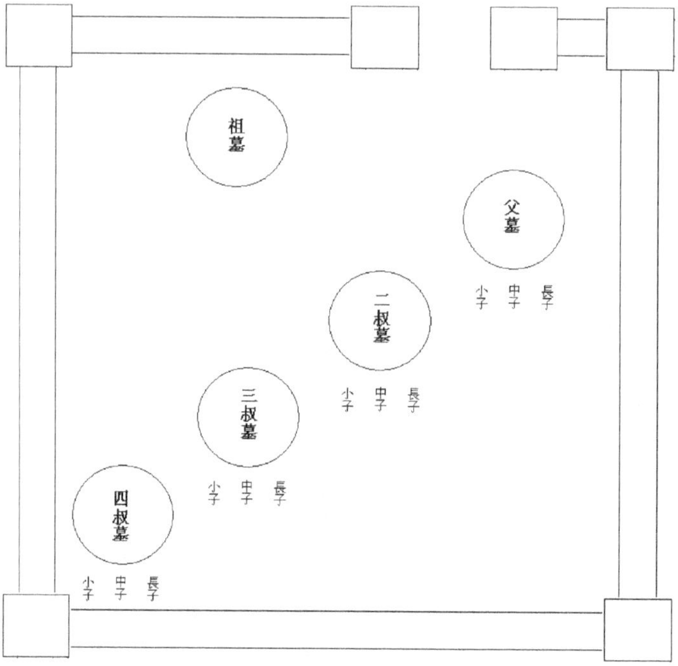

五姓續葬，依本墓尊卑便利。即葬，不得重斬草作新冢，大凶。何以改前冢？舊定不宜更置，若墓田突隘、吉地盡，更逐便利造新冢者，得置鐵豕、斬草。

置墓道山門起墳碑獸木法①

凡墓田置山門，皆當午地開爲上。地軸者，鬼神之道路南方陽爲上，故午地吉。取姓便利開山門者，鬼神不得道路，不利生人，凶。大墓山門長四步半，高一丈三尺，下闊七尺②，上闊四尺，闕堠高九尺。次墓山門高一丈，下闊六尺，上闊四尺，闕堠高七尺。下墓山門高七尺，下闊五尺，上闊三尺，角堠高五尺。

① "道山"底卷作"山道"，不辭，金書據下文"山門"詞乙正，兹從之。
② "闊"字底卷作"門"，金書依文例校改，兹從之。

起墳高下法

帝王起墳高一百廿尺。親王、三公高七十尺,法七星。公侯、卿相、刺史高五十尺,法五方;東西南北各九步,放九州①。高卅五尺,合玉堂;高卅三尺,合章光。東西南北各八步,放八風。令長高一丈九尺,合鳳凰;一丈七尺,合麒麟;一丈五尺,合玉堂。庶人高一丈三尺②,合章光;九尺,合鳳凰。

置人獸法

石碑去門十步,石羊去碑七步,石柱去石羊七步,石人去柱七步。自餘諸獸依十二辰位消息置之,其墓田畝數大小步數安之。

槨大小法

五品以上高八尺,蓋長一丈二尺,身長一丈,闊六尺。六品以下高七尺,蓋長一

(後缺)

---

① "放"字後來寫作"倣"。下同,不一一出校説明之。

② "庶"字底卷作"遮",不辭,依文例"遮"字當爲"庶"字之誤增"辶"旁,金書已校,茲從改。

葬經摘抄

（敦煌本）

關長龍　點校

【題解】

《葬經摘抄》内容涉及安葬擇日法及入地深淺法、斬草法、鎮墓法等。

從底卷的内容條目看，其各段皆提行抄録，并於段落首行前加有"一"形符號提示，但從各段的内容看，似既無目次且内容表述亦不完整，其中有兩處段首提到"右檢《葬經》"語，似標明底卷爲從《葬經》中摘抄部分安葬實用條文的民間文書，《上圖》擬名作《葬經》，兹參其内容擬名作《葬經摘抄》。

底卷書法纖麗草率，行款疏朗，其前後又有家書、僧正致都督狀、卜筮法、分家契、開蒙要訓等，然從書法看，似底卷僅與其前的"家書"相同，而其家書後附有"王押牙"字樣，後之"分家契"中署有"辛丑年"字樣，皆表明此爲唐以後寫卷，蓋爲歸義軍時期的作品，其具體時段則有待考證。

今以《上圖》017b 爲底本，并參《地理新書》及敦煌寫卷《陰陽五姓宅圖經》等加以校録。

(前缺)

準姓宜用今月廿五日。

右檢前件日合金雞鳴①、玉狗□,□□□呼②。木奴致③,木婢敡,此日殯葬、斬□,□靈安④,宜子孫,大吉。

右此日宜用巳後午前,合南方或北方,合有赤雲、黑雲來臨壙上,或有飛鳥並刑人持文書,或有人驅黑牛,見後出三公,封剌使,大吉利。其時便斬草、破地,吉。亦便於坑取炭骨,吉。

去冢東南廿七步,合得庚寅,合本姓功曹,於其地庭屍⑤,至日入時將入,於堂子之内路祭,便塞門,大吉。

造冢須入地三尺,合得滿,又亦合得丙,丙爲鳳凰,亡人安樂,生人吉慶,大吉。

造冢宜於西北六十步外平高取土者吉,不得窈涂坑⑥,吉。

斬草法合著蘆葦長一尺二寸,用五色絲左纏,斬之訖,然後起功,吉。

右檢《葬經》。

堂子合高三尺,亦得滿,又得丙合,亡人吉慶,生人世世

---

① 底卷於每段首行前加一"一"形符號,今則改作首行縮進二字格,而删其"一"形符號。

② 缺字底卷殘泐,可據《陰陽書》(卷十三葬事)例補作"吠,上下不"四字。

③ "致"字《漢語大字典》引《字彙補》云:"音黜,義闕。"按此字當爲"欪"字或體,《集韻・質韻》"咥"字下載或體作"欪",是其證,然其字或訓"呵斥",或訓"咥笑",疑皆與底卷所用義不合,較之於下句文義,疑底卷"致"字或爲"敧"字俗訛,俟考。

④ "斬"字底卷存上部筆畫,兹參後文字例及《陰陽書》(卷十三葬事)文例校録作"斬"字。又缺字居底卷行末,殘泐,可依文例補作"草,神"二字。

⑤ "庭"字疑通"停",俟考。

⑥ "窈"字底卷作""形,疑亦或爲"窮"字草書,義爲窮盡其坑(即深挖其坑),俟考。

安樂。

堂子之内宜著五穀各一升，及錢財畫紙不限多少，并五色絹、七寶各少多[①]，兼衣服等，並著依堂子之内，吉。

右檢《葬經》。

祭禮取灰卜骨之時，祭庭著處，取之時祭入了，并衣物[②]、五菜、雜信、五穀並入了訖，祭，然後▨▨[③]

（後缺）

① "各"字底卷作"洛"，不辭，《陰陽五姓宅圖經》載鎮宅法作"各"字，底卷誤作，兹據校改。

② "物"字底卷誤作"勿"，兹依文例校改。

③ 殘字居底卷行末，字形基本完整，作""形，然因爲草字，且無下文可供揣摩，故不能決，俟考。

卜葬書

（一）

關長龍　點校

【題解】

《卜葬書》(一)正面爲一長幅山崗地脉圖,背面蓋只存一處空白,遂於其上繪一幅祖墓圖,此祖墓圖與《葬録》所存略同而稍簡。底卷所拼接原紙的抄寫内容較雜,要以雜寫、契約等爲主,其中有些内容注明時間,如乾寧四年(897)、天復九年(909)等。

今考底卷内容所作,疑當爲喪葬之際風水師向喪主繪圖陳述周邊山崗地脉情況及祖墓葬法云云之草圖。故其内容雖或據《葬經》等著作而申發,但却不宜再擬名作葬書,此與Дx279的情形相似,姑别擬名作《卜葬書》(一)。

據其所利用之廢舊紙張上的抄寫文字年代,知底卷的抄寫時間當在歸義軍中期前後(約相當於中原地區的五代十國時期)。

今以《英藏》S. 3877爲底本,并參考金身佳《敦煌寫本宅經葬書校注》(民族出版社2007年版,簡稱"金書")及《葬録》等加以校録。

(前缺)

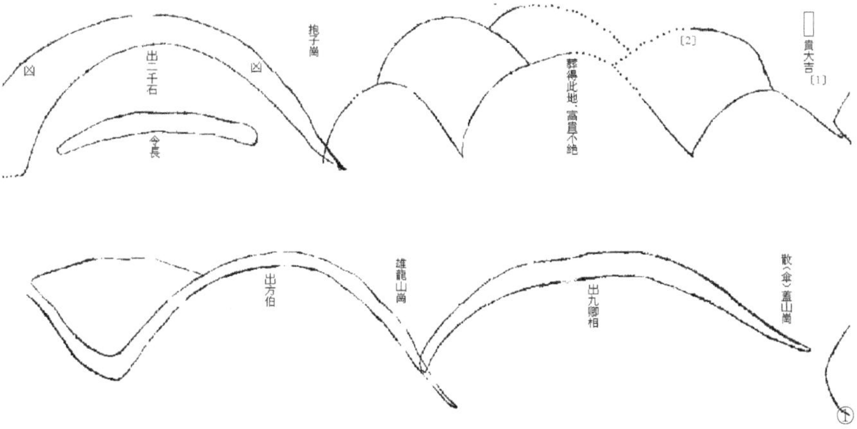

(中缺)②

① 圖校:〔1〕本條"大吉"右側殘存有淡墨"大吉"二字,參後未殘之"出方伯"例知此蓋爲草圖初描時所書,後又用濃墨於其側重書以爲正,今於淡墨同書之文字並不具録,後同。〔2〕虛綫爲擬補之綫,後同。

② 之前爲底卷葬圖之正面内容,之後爲背面内容,從二者轉接之文書同爲"社司轉帖"看,其間所缺部分應不是很多。

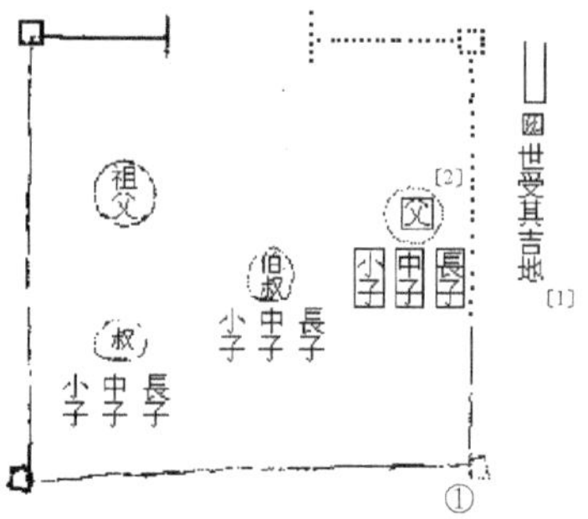

①

（後缺）

① 圖校：〔1〕殘字底卷存下部筆畫，其中左似"丨"形，右似捺形。行首至殘字間底卷殘泐約半行，參諸鄰行文書及底卷書例，其所殘空間約可抄六字左右。又此段文字底卷以淡墨書寫一次，又以濃墨書寫一次，其中淡墨存字如此，而濃墨所書則僅存"受"字下部殘形及"其吉地"三字。今參前淡墨所書録定。〔2〕此依底卷行款擬補，其缺字姑依文例補作"父"、"長子、中子、小子"。

卜葬書

（二）

關長龍　點校

【題解】

《卜葬書》(二)爲某葬師給一位七十五歲去世的老人卜葬時所寫的安葬宜忌,唯文尾雖全,其内容却似未完或有省略之作。黄正建通過與《葬經》(敦煌本二)寫卷中的"推權殯法"比較,認爲底卷當亦爲"權殯法"性質的内容(《敦煌占卜文書與唐五代占卜研究》,學苑出版社 2001 年版,頁 85—86)。

底卷書寫草率,文字不佳,疑與前《卜葬書》(一)的抄寫時間略同,皆是與中原地區五代時期相當的歸義軍時期的産物。

今以《俄藏》Φ. 279 爲底本,并參考金身佳《敦煌寫本宅經葬書校注》(民族出版社 2007 年版,簡稱"金書")加以校録。

(前缺)[1]

癸酉生男,七十五。

右今月廿七日夜亥時死,合妨辛巳生人六十七、乙亥生人七十三。

招魂用今日辰後巳前便,破布及木等吉。

葬用今月七日卯後辰前,入棺殯殮、隨喪成服吉。

歲道於城東南、西北二角之地往,於殯埋者無忌。

舉柩出喪,去門七步破瓦吉。

衰殃用今月一日巳時,東南、西北兩道出,同妨長女、飛鳥之屬。

今月八日辰。

① 底卷下文首行文字頂格書寫,字前紙端斷面整齊,故亦疑其前或無殘缺文字。

司馬頭陀地脉訣

關長龍　點校

【題解】

《司馬頭陀地脉訣》原有題名作如此，其内容則專論大地山岡形勢，兼葬地與居宅而言之，所存内容的最後有部分爲“寺觀圖記”，述僧尼居址的吉凶。

司馬頭陀爲唐代堪輿名家，《古今圖書集成》堪輿部載有《司馬頭陀論葬》一文，且述其事云：“按《地理正宗》，司馬頭陀作《水法》旁傳。按《江西通志》，司馬頭陀習堪輿家言，歷覽洪都諸山，鈐地一百七十餘處，訖今猶驗。一日至奉新，參百丈曰：‘近於湖南得一山，乃一千五百善知識所居。’百丈曰：‘老僧可住否？’曰：‘不可，和尚骨相，彼骨山也。’時華林覺爲首座，詢之不許；一見典坐靈祐，曰：‘此爲山主人也。’後往住山，連帥李景讓率衆建梵宇，請於朝，賜號‘同慶寺’，天下禪學輻輳焉，竟如其言。”（頁58242）按司馬頭陀參百丈事《五燈會元》卷九“百丈海禪師法嗣”下亦載其事，卷三“馬祖一禪師法嗣”下又載其与潙山靈祐（771—853）交往事。黄正建據《舊唐書·李景讓傳》指出李氏只當過山南道的節度使，并没有去過江西，而李景讓當山南道節度使是唐宣宗（810—859，其中847—859在位）時事。（《敦煌占卜文書與唐五代占卜研究》，頁87）按百丈懷海（720—814）亦爲中唐時人，從前《江西通志》所述知司馬頭陀卜地故事當發生在宣宗之前，則其生平活動時間或即在此前後。《索引》、《索引新編》、《金目》及金書皆用卷中題名定作《司馬頭陀地脉訣》，今從之。

今以《英藏》S.5645f爲底本，并參考金身佳《敦煌寫本宅經葬書校注》（民族出版社2007年版，簡稱“金書”）加以校録。

司馬頭陀地脉訣

夫天地合儀，吐納陰陽之氣。氣有形之像，影見星玄。星像大小形地，則高低四對。天無南斗北斗，無以運於三光；地無震兑乾坤，何得知於衰王。故天高西北，地缺東南。天則西北高爲頭，地則東南傾爲首。天門若無障閉，坐處背後空危；地户若無開明[①]，面前黑暗如柒。若在平源開▨[②]，遠看北來山□[③]；若在深谷幽源，近▨左右回抱[④]。若無天門、地户，五姓並不堪居。商角徵羽與宫，不用鬼門低下。天門山千里萬里來住，則出三品京官。百里已下之山，則宜州縣僚宰。衣藤蒲葉之瀧，則宜凡庶所居。平地覆碗堆岡[⑤]，此地全無好勢。若水流西北，並爲倒逆之津[⑥]，五姓並不堪居。流回東南長遠，總爲生氣。乾坤相對，如兩臂之齊長；震兑分明，似頭足之全備[⑦]。其山形似體，地象於身。口在鼻前，食息從斯吐納；四支五體，衰王並是根生。欲知子午本宫，此正當山勢。不知天地之頭足，待尋蘭倒之文[⑧]。不識山勢尊卑，冢宅終無起發。五音庫藏，並是申庚[⑨]；奴婢田園，同生丙午。官僚職任，總由辰巳之岡；家口平安，莫不天門遮閉。男

---

① “無”字底卷脱抄，兹依文例校補。又“開”字底卷作“門”，不辭，兹據文例校改。

② 殘字底卷存變形漫漶之大略，其左旁似爲“辶”形。

③ “山”下依文例當有一“形”、“勢”等字，底卷脱抄，兹據擬補一個脱字符。

④ 殘字底卷僅可辨左側似“才”形筆畫，疑爲“觀”字殘形，俟考。

⑤ “碗”字底卷作“捥”，兹依文例校改，底卷形訛。又“岡”字底卷作“罡”形，今亦皆依常用字例校改，後同，不再一一出校説明。

⑥ “倒”字底卷誤作“到”，兹依文意校改。

⑦ “備”字底卷脱抄，姑依文例校補。

⑧ “蘭倒”一詞殊怪，疑爲“瀧涷”(沾漬)、“鋃鐺”(鎖)等詞之轉語，俟考。

⑨ “庚”字底卷脱抄，兹依文例校補。

女長王，乾連寅丑之岡。卯地遠有辰山，男女英雄聰惠。辰巳山來長遠，男女端正可憐；坎地低下窊池，三代子孫麁醜。聾盲怯弱，專由地户不明；男女逃亡，特爲天門淺露[①]。乾岡高遠，男王多丁；坤隴平長，女多，財帛大足。

五音坐處，男女各有本宫。女坐坤申，男居乾亥。男處寅高坐，女午分不中[②]。水若流出天門，五音並不堪用。弟一之地坦然四面平正[③]。弟二之地東南傾西北高。弟三之地天門、地户成。弟四之地遠近之地回抱有逢迎。又弟一山來長遠，去隴寬，回抱急，則男富貴，射禄不沾三代。案山高於坐處，玄孫不得出頭。地户隱閉日光，男女不處貧賤。弟二山來欲住[④]，如龍之舉頭，又如鶴雉欲鳴，似鳳凰之顧望。山前亂出，挍者爲尊[⑤]。山來進岡，南伴俱爲侍者。辰巳朝於乾亥，官職可立待。申若有重岡，穀帛自然豐足。亥山連寅丑，男則劍氣英雄。庚壬水流於申，田地漸多增長。卯地平回，男女聰明。壬水流於卯，男女多妓巧[⑥]。卯水流於酉，居糧不滿斗。震水流於坤，男女並精神。任寅高則損酉位，無財帛。午水流出天門，男女逃亡零落。墓前所有流水作聲，疾病常憂哭泣，此名珠鳥之地，官府口舌不停，亦多令聞。打墓近大驛，男女寬弘；更有辛水東流，商賈甚多宜利，男女自然君子，出入隨逐貴人，非但目下自如，三代子孫興盛。

---

① "門"字底卷脱抄，兹據文例校補。又"露"字底卷誤作"路"，亦依文例校改。

② 此句語義殊怪，亦疑當斷句作"男處寅高，坐女午分，不中"，其中"坐女"當爲"女坐"之誤倒，或"女午分不中"爲"女居午分中"之訛竄，俟考。

③ "坦"字底卷誤作"垣"，兹依文例校改。

④ "二"字底卷誤作"三"，兹依文例校改。

⑤ "挍"爲"短"之俗字。

⑥ "妓"字通"伎"。

夫以山勢肥滿，吐氣寬舒，勢似奔牛，多饒雜力。驅羊之隴，多有外姓同居。單山之岡，則出釋子。山脊狀如刀劍，即出兇險兒郎①。嶺樹行列如雲猿②，即有赤眉君子。路石形如虎踞，家有竊盗男女。波□拃齒之岡③，此地多來賊住。土多棘刺，更不堪居。草木萎黄，使人貧病。山林欝茂足好，仙花樹木增長④。草木肥沃，山泉流水，鳥獸集中，土内青黄，地色烏紫，如此之地，甚是名山。草木冬夏不彫，更爲弟一。山有雌雄之貌，傾識本形⑤，若不分明其元，不得漫遷岡隴。兩山相並，低者雌小，即去住易看；雄即山形難别⑥。雄山去勢長遠，落如鳴鶴之下潭，山隴嵯峨，面似龍頭鹿角，欲識好處，正是口中。此地自有巧形，四對自然周通，朝迎縱然不足⑦，地勢甚英雄。雌山富貴饒財，山壟即宜官職。若乃山面平落，前頭有起大山之勢，去即未停，不可便位爲住。無山平地，有隴即是金龜之地；若高圓似蓋，名爲積笏之岡，此地盡出京官、都統、九州之長。若似龍行虎踞，即宜廊廟、舡車、財帛，自然衣食⑧。面前長闊，百里無山，遠望遥見壟頭，此地英雄無歇坐處；縱然俠窄，但看五里有朝山，面前案山若無，有江河亦名離障。

---

① “出”字底卷作“山”，不辭，依文例當爲“出”字形訛，兹據校改。

② “列”字底卷誤作“烈”，兹依文意校改。

③ “波”字下疑底卷脱抄一若“磔”等字，俟考，兹姑爲擬補一個脱字符。

④ “增”字底卷誤作“忡”，兹依文例校改。

⑤ “傾”字置此有不辭之感，疑或爲“須”字形訛，俟考。

⑥ 依文意及前句駢偶文例，疑“雄”字前後底卷有脱抄文字（如本或作“高者雄大”），俟考。

⑦ “縱”字底卷誤作“蹤”，兹依文意校改。

⑧ 此句承前似有未足之感，疑“衣食”下當有“豐足”等字，俟考。

五音男女之坐位[①]，總在乾坤。此地若無，徒勞别有。五音大小之墓，首向貴在平長，撅冢亦在平寬，日照欲得顯陽，遥望又如幽隱，地如藤樹，根吐枝多，形勢若是，即當榮花自發，山名海藏，地號浮亭。命合者資壽，禄薄者如何製作？八家之冢㤞蹉無禁[②]，直埋永無妨忌，二七三七，總用見在，並無貴賤。

凡居宅，左青龍，東有南流水，是左青龍。右白虎，西有大道，是右白虎。前朱雀，南有洿池[③]，是前朱雀。後玄武，北有大丘陵，是玄武。

寺觀圖記：天門高，住福德之名僧。坤巽相扶，主富貴之極。卯長肥厚，主賤，口舌生。丑未相迎，無有横口舌。申酉肥，竊盜不敢來侵[④]。未地勢寬，的出高僧之位。人山破，子門外遠，主賤，口舌、逃亡。丑未低懸，主僧尼之多病。大門若下，主常住無粮食。坤申低懸，常逢劫賊。巽門若下，主僧命難存。辰戌低懸，即僧道失目。午未上風，僧尼之相憎，心不相扶，事空虚。坤申貯水，長髮納爲妻。巳亥交流，僧尼自相染污；或狂酒在路，勒他女人；或撮面傷，累於官府。亥子位下[⑤]，尼與俗人交通。

天門高兮封公侯，戌地厚兮出文章。地户仰兮財錢集，辰巳斂兮有資粮。鬼門起兮進武士，寅丑壯兮牛犢强。人門擮兮官

---

① "音"字底卷初作"者"字，後加描筆畫，并於行首版心之外書一"音"字，兹從改録。

② "㤞蹉"一詞不詳，疑爲聯綿詞"峻嶒"（山高貌）、"碌磩"（石地不平貌）等之轉語，俟考。

③ "洿"、"池"二字間的右側行間底卷補書一"地"字，依常例當爲補字，作"洿地池"，然"洿地池"語不合文例，不詳，姑不從補，俟考。

④ "侵"字底卷誤作"寑"，兹依文意校改。

⑤ "位"字疑爲"低"字俗寫"𠑊"（底卷"低"字皆作此形）形訛，俟考。

職位[①],申未抱兮足牛羊。子肥滿兮食庫滿,午未聚兮盈蠶桑。卯平起兮穀盈倉,酉連續兮施酒漿。龍盤窟兮財物聚,地屈曲兮主豪强。青龍連續兮利益[②],白虎右兮心氣罡。朱雀引兮進武士,玄武坦兮主田傷[③]。四隅隊兮年益壽[④],巳向起兮延命長。内外周回無缺漏,代代富兮多吉昌。酉未□兮□官窅[⑤],群羊隊兮出支郎[⑥]。午靉靉兮宜卿相,伏虎起兮遷帝王。

凡山岡形勢,高處爲尾,傍枝長者近爲頭,實者爲角,曲外爲背,内爲腹胸[⑦],中出爲乳[⑧]、足。

(後缺)

① "攕"字《集韻·葉韻》"接"字注云:"《説文》'交也',一曰捷也。或作攕。"按"人門"接於宅址地似於空間上有壓抑之勢,非宅址之佳選,疑此"攕"字乃"揖"之增旁俗字,以山來揖迎像人居高位有他人揖奉之徵,蓋其取法之本意,俟考。

② 此詩式皆以"兮"字置於第四位,故疑本句當作"青龍連兮利益[□]","利益"下脱抄一仄聲字,而前出之"續"字爲衍文,俟考。

③ "坦"字底卷作"[illegible]"形,蓋避唐睿宗諱而作。

④ "隅隊"底卷作"隊隅",不合文例,金書乙校作如此,兹從之。

⑤ 缺字底卷留空,蓋其所據抄本有殘泐所致。又"窅"本爲"官"或"宧"字俗寫,敦煌寫本中"宀"、"穴"二旁多混而不分,然此處二"官"相併不辭,疑"窅"字當爲"宧"字俗作,又依文例,此處有一字脱文,参下句句法格式,疑"官"字前底卷脱抄一動詞字,姑據擬補一個脱字符。

⑥ "支郎"蓋爲"度支郎"之省稱,金書改録作"文郎",恐非是。

⑦ "胸"字前底卷有一"内"字,不辭,蓋承前誤衍,姑依文例徑删。

⑧ "中出"下底卷有"爲脊背者"四字,非例,姑依文意删之。

陰陽書

（卷十三葬事）

關長龍　點校

【題解】

《陰陽書》卷末有題名作"《陰陽書》卷第十三葬事",其内容存(葬事)冬擇日第十一、(月建)立成法第十二、滅門大禍日立成法第十三三個子目内容和前面推知當爲秋擇日第十的部分内容。其中第十三目的内容與《地理新書》論魁剛同旬立成法同。

按《地理新書》王洙序云:"唐貞觀中,太常博士吕才奉詔撰《陰陽書》五十[三]篇,其八篇地理也。"(頁 11)至宋初史序等輯著《乾坤寶典》四百五十篇,其中三十篇爲地理(《崇文總目》卷四載有《乾坤寶典·葬書》三十卷,疑即輯此地理部分的論葬而成),王洙等在史序地理三十卷基礎上加以校理,著成地事二十卷、葬事十卷之作,則知吕才書中的地理八卷蓋亦分爲地事和葬事兩部分。然吕才書之地理部總計八卷,故底卷"卷十三"之目,恐非出其書矣。羅振玉《敦煌本陰陽書殘卷跋》(1913)論此云:"考《舊唐書·吕才傳》:'太宗以《陰陽書》近代以來漸致訛僞,穿鑿既甚,拘忌亦多,遂命才與學者十餘人共加刊正,削其淺俗,存其可用,勒成五十三卷,並舊書四十七卷,十五年書成,詔頒行之。'夫云《陰陽書》近代漸訛,則《陰陽書》自是六朝舊著,吕才雖奉詔撰定新書五十三卷,而舊書四十七卷亦並行不廢,乃《隋書·經籍志》未著録,《唐書·藝文志》則於吕才《陰陽書》五十三卷外(《舊志》作五十卷,殆奪'三'字),别出王璨《新撰陰陽書》三十卷,王璨不知何人,而《新志》遠列於吕才書之前(《舊志》列吕才書之後),殆爲唐以前人。其書三十卷,與吕才傳所謂舊書四十七卷數不合,是各爲一書,則在唐時《陰陽書》有三家矣。此卷不知出於何人,初疑爲吕才書,乃審諦再三,書跡不類唐人,卷中不諱'丙'字,必唐以前人所作,其爲王璨所著,抑爲吕才傳所謂舊書,蓋不可漫定矣。"(《羅雪堂先生全集》第1册,頁 322)則底卷既非出自吕才之作,而宋時若《乾坤寶典·葬書》、《地理新書》皆仿之而輯《陰陽書》之地、葬事爲單行本,則頗疑底卷當爲其源端,或其果出於唐吕才所傳之"舊書"四十七卷歟?

今以《法藏》P. 2534 爲底本,并參考金身佳《敦煌寫本宅經葬書校注》(民族出版社 2007 年版,簡稱"金書")、吴羽《敦煌文書〈陰陽書・葬事〉補正數則》(載《敦煌研究》2013 年第 2 期,簡稱"吴文")及傳世本《地理新書》等加以校録。

（前缺）

□□□□□□殯埋[1]，宜子孫；斬草、起土吉。角、徵二姓用之凶。

丙申日，火開，地下丙寅，絶陽。此日殯埋，宜子孫；啟殯、發故、除服吉。商、羽二姓用之凶。

丁酉日，火閉[2]，地下丁丑，此日殯埋、斬草、起土、除服吉。

壬寅日[3]，金定，地下壬申，金雞鳴，玉狗吠，上下不呼。此日葬及殯埋，神靈安寧，宜子孫，富貴，大吉昌；啟殯、發故、斬草、起土大吉。角、徵二姓用之凶。

癸卯日，金執，地下癸未，此日殯埋吉。角、徵二姓用之凶。

丙午日，水成，地下丙辰，金雞鳴，玉狗吠，上下不呼。此日葬及殯埋，神靈安寧，子孫富貴；啟殯、發故、斬草、起土大吉。宫、徵二姓用之凶。

乙卯日，水執，地下乙未，此日殯埋、啟殯、發故吉。

庚申日，木開，地下庚寅，金雞鳴，玉狗吠。此日葬及殯埋，有白龍蛇應，神靈安寧，宜子孫，富貴不絶；啟殯、發故、斬草、起土、除服大吉。宫、商二姓用之凶，斬草吉。

辛酉日，木閉[4]，地下辛丑，金雞鳴，玉狗吠，上下不呼。此日葬及殯埋，神靈安寧，宜子孫，福隆後嗣；啟殯、發故、斬草、起土、除服吉。宫、商二姓用之凶。

---

① “殯”字底卷存下部筆畫，兹據殘形及文例校補作“殯”字。又行首至殘字“殯”間底卷殘泐半行多，據空間，約可抄十四字左右，依文例，疑本行所殘文字部分可補作“□□日，□□，地下□□□□□□，此日”。

② “閉”字底卷作“除”，非例，兹爲校改。

③ “日”字底卷脱抄，兹依文例校補。

④ “閉”字底卷作“開”，非例，兹爲校改，底卷形訛。

丙子日,水滿,地下丙戌,此日斬草、起土吉。

庚子日,土滿,地下庚戌,此日斬草、起土吉。

辛卯日,木執,地下辛未,此日斬草、起土吉。

丙寅日,火定,地下丙申,此日斬草、起土吉。

庚寅日,木定,地下庚申[①],此日斬草、起土吉。

甲寅日,水定,地下甲申陰錯,此日斬草、起土吉。

冬擇日第十一

十月,立冬節。

丙寅日,火平,地下丙戌,此日殯埋、啟殯、斬草吉。

庚午日,土危,地下庚辰,月金雞鳴,玉狗吠。此日葬及殯埋,有黑烏應,神靈安寧,子孫吉昌;啟殯、發故、斬草、起土吉,角、羽二姓用之,呼人,凶。

癸酉日,金開,地下癸丑,金雞鳴,玉狗吠,上下不呼。此日葬及殯埋,有黑烏應,神靈安寧,宜子孫,福流後嗣,大吉;啟殯、發故、斬草、起土、除服吉。角、徵二姓用之凶,斬草吉。

乙酉日,水開,地下乙丑,月金雞鳴,玉狗吠。此日葬及殯埋,神靈安寧,宜子孫,大吉昌;啟殯、□故[②]、斬草、起土、除服吉。宫、徵二姓用之凶。

丁酉日,火開,地下丁丑,月金雞鳴,玉狗吠,上下不呼。此日葬及殯埋,神靈安寧,宜子孫;啟殯、發故、斬草、起土、除服吉。商、羽二姓用之凶。

---

① “申”字底卷作“寅”,吴文據人中甲子與地中甲子對應規律推排校之作“申”,兹從改。

② 缺字底卷漫滅,可依文例補作“發”字。

壬寅日，金平，地下壬申，金雞鳴，玉狗吠，上下不呼。此日葬及殯埋，神靈安寧，宜子孫；啟殯、發故大吉。角徵二姓用之，被劫賊，大凶。

己酉日，土開，地下己丑，金雞鳴，玉狗吠，上下不呼。此日葬及殯埋，有赤龍應，神靈安寧，宜子孫，大吉；啟殯、發故、斬草、除服吉。角、羽二姓用之凶。

乙卯日，水定，地下乙未，此日殯埋、啟殯吉。

辛卯日，木定，地下辛未[①]，月金雞鳴，玉狗吠。此日葬及殯埋，神靈安寧，宜子孫，富貴，大吉；啟殯、發故、斬草、起土吉。宫、商二姓用之凶。

辛酉日，木開，地下辛丑，月金雞鳴，玉狗吠，上下不呼。此日葬及殯埋，神靈安寧，宜子孫；啟殯、發故、□草[②]、起土吉。宫、商二姓用之凶。

庚子日，土除，地下庚戌，此日斬草、起土、除服吉。

丁卯日，火定，地下丁未，此日斬草、起土吉。

庚寅日，木平，地下庚申，此日斬草、起土吉。

甲午日，金危，地下甲辰，此日斬草、起土吉。

癸卯日，金定，地下癸未，此日斬草、起土吉。

甲寅日，水平，地下甲申，此日斬草、起土吉。

十一月，大雪節。

丙寅日，火滿，地下丙申[③]，月金雞鳴，玉狗吠。此日殯埋、啟殯、

---

① “未”字底卷作“丑”，吴文據人中甲子與地下甲子對應規律推排校之作“未”，兹從改。

② 缺字居底卷行末，漫滅，可依文例補作“斬”字。

③ “申”字底卷存上部筆畫，金書徑録作“申”字，與殘形略合，姑從校補。

發故、斬草、起土吉。商、羽二姓用之,呼人,凶。

壬申日,金成,地下壬寅,金雞鳴,玉狗吠,上下不呼。此日葬及殯埋,有黑龍蛇應,神靈安寧,宜子孫,福及後嗣,大吉昌;啟殯、發故、斬草、起土、除服吉。角、徵二姓用之凶。

壬午日,木破,地下壬辰,金雞鳴,玉狗吠,上下不呼。此日葬及殯埋,有黑龍蛇應,神靈安寧,宜子孫,大吉;啟殯、發故、斬草、起土吉。宫、商二姓用之凶。

甲申日,水成,地下甲寅,金雞鳴,玉狗吠,上下不呼。此日葬及殯埋,神靈安寧,宜子孫,福流後嗣,大吉昌;啟殯、發故、斬草、起土、除服吉。宫、徵二姓用之凶。

乙酉日,水收,地下乙丑,月金雞鳴,玉狗吠。此日殯埋,神靈安寧,宜子孫;啟殯、斬草、起土、除服大吉。

庚寅日,木滿,地下庚申,月金雞鳴,玉狗吠。此日葬及殯埋,神靈安寧,宜子孫,吉;啟殯、發故、斬草、起土吉。宫、商二姓用之凶。

壬寅日,金滿,地下壬申,金雞鳴,玉狗吠,上下不呼。此日葬及殯埋,神靈安寧,宜子孫,福及後嗣,大吉昌;啟殯、發故、斬草、起土、除服吉。角、徵二姓用之凶。

丙午日,水破,地下丙辰,金雞鳴,玉狗吠,上下不呼。陽破陰沖①。此日葬及殯埋,神靈安寧,宜子孫,大吉;啟殯、斬草、起土、除服大吉。宫、徵二姓用之凶。

己酉日,土收,地下己丑,金雞鳴,玉狗吠,上下不呼。此日葬及殯埋,神靈安寧,多子孫,大吉昌;啟殯、斬草、起土、除服吉。角、羽

① “陽破陰沖”吴文據《協紀辨方書》卷四引《堪輿經》校之作“陰陽擊沖”,可參。

二姓用之，被劫盜，大凶。

乙卯日，水平，地下乙未，此日殯埋、啟殯、斬草吉。

庚申日，木成，地下庚寅，金雞鳴，玉狗吠，上下不呼。此日葬及殯埋，有白龍蛇應，神靈安寧，宜子孫，福及後嗣，大吉昌；啟殯、發故、斬草、起土、除服吉。宫、商二姓用之凶。

庚午日，土破，地下庚辰，月金雞鳴，玉狗吠。此日殯埋、斬草、起土吉。

辛卯日，木平，地下辛未，此日斬草、起土吉。

甲午日，金破[1]，地下甲辰，此日斬草、起土吉。

甲寅日，水滿，地下甲申，此日斬草、起土吉。

十二月，小寒節。

丙寅日，火除，地下丙申，月金雞鳴，玉狗吠。此日殯埋，神靈安寧，子孫吉；啟殯、斬草吉。商、羽二姓用之凶。

丁卯日，火滿，地下丁未，此日殯埋、斬草、起土吉。

庚午日，土執，地下庚辰，此日殯埋吉；啟殯、斬草吉。

壬申日，金危，地下壬寅，金雞鳴，玉狗吠，上下不呼。此日葬及殯埋，神靈安寧，宜子孫，福及後嗣，大吉。啟殯、發故、斬草、起土、除服吉。角、徵二姓用之凶。

癸酉日，金成，地下癸丑，金雞鳴，玉狗吠，上下不呼。此日葬及殯埋，神靈安寧，宜子孫，福及後嗣，大吉昌；啟殯、發故、斬草、起土、除服吉。角、徵二姓用之凶。

壬午日，木執，地下壬辰，金雞鳴，玉狗吠，上下不呼。此日葬及殯埋，有黑鳥應，神靈安寧，宜子孫，大吉昌；啟殯、發故、斬草、起土

① “破”字底卷誤作“收”，兹依文例校改。

吉。宮、商二姓用之凶。

甲申日,水危,地下甲寅,金雞鳴,玉狗吠,上下不呼。此日葬及殯埋,神靈安寧,宜子孫,福及後嗣,大吉昌;啟殯、發故、斬草、起土、除服吉。宮、徵二姓用之凶。

乙酉日,水成,地下乙丑,月金雞鳴,玉狗吠,上下不呼。此日葬及殯埋,神靈安寧,宜子孫,吉昌;啟殯、斬草、起土、除服吉。宮、徵二姓用之凶。

庚寅日,木除,地下庚申,月金雞鳴,玉狗吠,上下不呼。此日殯埋,神靈安寧,吉;啟殯、發故、斬草、起土、除服大吉。宮、商二姓用之凶。

甲午日,金執,地下甲辰,此日殯埋吉。

丙申日,火危,地下丙寅,月金雞鳴,玉狗吠,上下不呼。此日葬及殯埋,神靈安寧,子孫吉;啟殯、發故、斬草、起土、除服大吉。商、羽二姓用之凶。

丁酉日,火成,地下丁丑,此日殯埋、斬草、起土、除服吉。

壬寅日,金除,地下壬申,金雞鳴,玉狗吠,上下不呼。此日葬及殯埋,神靈安寧,宜子孫,大吉昌,福流後嗣;啟殯、發故、斬草、起土、除服吉。角、徵二姓用之凶,斬草吉。

丙午日,水執,地下丙辰,金雞鳴,玉狗吠,上下不呼。此日葬及殯埋,神靈安寧,宜子孫,大吉;啟殯、發故、斬草、起土吉。宮、徵二姓用之凶。

乙卯日,水滿,地下乙未,此日殯埋、啟殯、發故、斬草吉。

庚申日,木危,地下庚寅,金雞鳴,玉狗吠,上下不呼。此日葬及殯埋,神靈安寧,宜子孫,福及後嗣,大吉昌;啟殯、發故、斬草、起土、除服吉。宮、商二姓用之凶,斬草吉。

辛酉日，木成，地下辛丑，月金雞鳴，玉狗吠，上下不呼。此日葬及□□，□□□寧①，宜子孫，福隆後嗣；□□、□□、□□、□□、□□大吉②。宫、商二姓用之凶。

□□□，□□，□□□□，□□□□、起土吉③。

□□□，□□，□□□□，□□□□、□□□。

□□□，□□，□□□□，□□□□、□□□。

□□□，□□，□□□□④，此日斬□、□□□⑤。

□□□，□□，□□□未⑥，此日斬□、□□□⑦。

□□□，□滿⑧，地下癸未，此日斬草⑨、□□□⑩。

□寅日⑪，水除⑫，地下甲申，此日斬草、起土吉。

凡葬，值用歲月日滅門、大禍者凶。自古及今無用單支單干，皆支以干相配爲用，得歲問月，得月問日，推之。

---

① 缺字底卷殘泐，可依文例補作“殯埋，神靈安”五字。

② “大”字底卷存右下角少許捺形筆畫，兹參文例校補作“大”字。又缺字底卷殘泐，可依文例補作“啟殯、發故、斬草、起土、除服”十字。

③ 行首至“起土”間底卷殘泐，吴文據空間及底卷文例補作“己酉日，城，地下己丑，此日斬草”，可參。

④ 底卷中間有殘斷，蓋有數行文字殘泐，吴文依文例推擬此處文字作“丙子日，水閉，地下丙戌，此日斬草、起土吉。庚子日，土閉，地下庚戌，此日斬草、起土吉。壬子日，木閉，地下壬戌，此日斬草、起土吉。辛卯日，木滿，地下辛未”，可參，準此，則殘斷處所殘整行文字有二，餘則稍存首尾，姑從擬補四十一個缺字符。

⑤ 缺字底卷殘泐，其内容可依文例補作“草、起土吉”四字。

⑥ “未”字底卷存左下部似“丿”形筆畫。吴文依文例推擬此處文字作“辛卯日，木滿，地下辛未”，兹從校補殘字作“未”，并爲擬補八個缺字符。

⑦ 缺字底卷殘泐，其内容可依文例補作“草、起土吉”四字。

⑧ “滿”字底卷存左側筆畫，其中“氵”旁可辨，依文例可知此爲“滿”字之殘，兹據校補。又缺字底卷殘泐，吴文依文例校補作“癸卯日，金”，可參。

⑨ “草”字底卷存上部“艹”旁，兹參文例校補作“草”字。

⑩ 缺字底卷殘泐，可依文例補作“起土吉”三字。

⑪ 缺字居底卷行首，殘泐，金書據下文鳴吠日之“地下甲申”擬補作“甲”字，可從。

⑫ “除”字底卷作“滿”，吴文據建除法推之作“除”，甚是，兹從改。

立成法第十二

	甲己之歲	乙庚之歲	丙辛之歲	丁壬之歲	戊癸之歲
正月	建丙寅	建戊寅	建庚寅	建壬寅	建甲寅
二月	建丁卯	建己卯	建辛卯	建癸卯	建乙卯
三月	建戊辰	建庚辰	建壬辰	建甲辰	建丙辰
四月	建己巳	建辛巳	建癸巳	建乙巳	建丁巳
五月	建庚午	建壬午	建甲午	建丙午	建戊午
六月	建辛未	建癸未	建乙未	建丁未	建己未
七月	建壬申	建甲申	建丙申	建戊申	建庚申
八月	建癸酉	建乙酉	建丁酉	建己酉	建辛酉
九月	建甲戌	建丙戌	建戊戌	建庚戌	建壬戌
十月	建乙亥	建丁亥	建己亥	建辛亥	建癸亥
十一月	建丙子	建戊子	建庚子	建壬子	建甲子
十二月	建丁丑	建己丑	建辛丑	建癸丑	建乙丑

滅門、大禍日立成法第十三

正月	滅門日	大禍日	二月	滅門日	大禍日
建甲寅之月	丁巳日	癸亥日	建乙卯之月	甲子日	戊午日
建丙寅之月	己巳日	乙亥日	建丁卯之月	丙子日	庚午日
建戊寅之月	辛巳日	丁亥日	建己卯之月	戊子日	壬午日
建庚寅之月	癸巳日	己亥日	建辛卯之月	庚子日	甲午日
建壬寅之月	乙巳日	辛亥日	建癸卯之月	壬子日	丙午日
三月	滅門日	大禍日	四月	滅門日	大禍日
建甲辰之月	丁未日	癸丑日	建乙巳之月	甲寅日	戊申日
建丙辰之月	己未日	乙丑日	建丁巳之月	丙寅日	庚申日
建戊辰之月	辛未日	丁丑日	建己巳之月	戊寅日	壬申日
建庚辰之月	癸未日	己丑日	建辛巳之月	庚寅日	甲申日
建壬辰之月	乙未日	辛丑日	建癸巳之月	壬寅日	丙申日
五月	滅門日	大禍日	六月	滅門日	大禍日
建甲午之月	丁酉日	癸卯日	建乙未之月	甲辰日	戊戌日
建丙午之月	己酉日	乙卯日	建丁未之月	丙辰日	庚戌日
建戊午之月	辛酉日	丁卯日	建己未之月	戊辰日	壬戌日
建庚午之月	癸酉日	己卯日	建辛未之月	庚辰日	甲戌日
建壬午之月	乙酉日	辛卯日	建癸未之月	壬辰日	丙戌日
七月	滅門日	大禍日	八月	滅門日	大禍日
建甲申之月	丁亥日	癸巳日	建乙酉之月	甲午日	戊子日
建丙申之月	己亥日	乙巳日	建丁酉之月	丙午日	庚子日
建戊申之月	辛亥日	丁巳日	建己酉之月	戊午日	壬子日
建庚申之月	癸亥日	己巳日	建辛酉之月	庚午日	甲子日
建壬申之月	乙亥日	辛巳日	建癸酉之月	壬午日	丙子日
九月	滅門日	大禍日	十月	滅門日	大禍日
建甲戌之月	丁丑日	癸未日	建乙亥之月	甲申日	戊寅日
建丙戌之月	己丑日	乙未日	建丁亥之月	丙申日	庚寅日

建戊戌之月	辛丑日	丁未日	建己亥之月	戊申日	壬寅日
建庚戌之月	乙丑日	己未日	建辛亥之月	庚申日	甲寅日
建壬戌之月	乙丑日	辛未日	建癸亥之月	壬申日	丙寅日
十一月	滅門日	大禍日	十二月	滅門日	大禍日
建甲子之月	丁卯日	癸酉日	建乙丑之月	甲戌日	戊辰日
建丙子之月	己卯日	乙酉日	建丁丑之月	丙戌日	庚辰日
建戊子之月	辛卯日	丁酉日	建己丑之月	戊戌日	壬辰日
建庚子之月	癸卯日	己酉日	建辛丑之月	庚戌日	甲辰日
建壬子之月	乙卯日	辛酉日	建癸丑之月	壬戌日	丙辰日

凡葬及殯埋、斬草日值滅門日者妨害深重,不可用;若值大禍日者,被劫盜。日音與姓相剋,害深。

《陰陽書》卷第十三　葬事

重校正地理新書

（宋）王　洙等　撰

（金）畢履道　　校正

（金）張　謙　　重校正

關長龍　　點校

【題解】

《重校正地理新書》十五卷，宋王洙等撰，金畢履道校正，金張謙重校正。首載畢氏大定二十四年(1184)《圖解校正地理新書序》、張氏明昌三年(1192)《精加校正補完地理新書序》，及王洙《地理新書序》，各述其撰修始末。

王洙(997—1057)，字原叔，應天宋城(今河南商丘)人。《宋史》有傳，謂於圖緯、方技、陰陽、五行、算數、音律、訓詁、篆隸之學無所不能，著有《易傳》十卷及雜文千有餘篇。仁宗時歷仕翰林侍讀學士兼侍講學士、史部郎中，卒於官。畢、張二氏除序言所及爲平陽(今山西臨汾)及古戴(今河南民權)人外，事蹟不詳。

宋真宗景德二年(1005)，司天監史序等因唐吕才所修《陰陽書》而作《乾坤寶典》四百五十篇(其中地理一門三十篇)，至仁宗景祐(1034—1038)初年，司天監丞王承用指其闕誤甚多，遂於景祐三年詔集賢校理嵇穎等重加校訂，至景祐五年畢事，又詔司天少監楊惟德等勘詳，楊氏别成地理三十篇，賜名《地理新書》。皇祐三年(1051)，集賢校理曾公定又奏其書淺漶疏略，遂詔丁度等再加删修，丁度逝後王洙繼領其事，至嘉祐元年(1056)十一月成書，仍作三十卷，賜名如故。

王應麟《玉海》卷十五《皇祐地理新書》條下引《中興館閣書目》云：

> 凡三十卷，首以城邑、營壘、府寺、郵傳、市宅、衢衖爲地事二十篇，次以塚、穴、埏、門、道、陌、頃畝爲葬事十篇，地圖一篇，目録一篇，成三十二篇。圖一篇今不存。

《宋會要輯稿》職官三一、《玉海》卷三皆載"《地理新書》一十册"，而今本則有"此篇《新書》諸本唯存其目而遺其文，今檢到《乾坤寶典》内得卯一法，其説詳備，因書補於右"(卷十五"開故祔新法")等情況。蓋靖康難後，館閣雖或有藏其書，然未加翻刻，而民間所存者蓋多轉相抄出，殘泐不備，故至金時，畢履道、張謙廣搜博采，間用官私地理文獻加以配補訂注，再成完帙，又舊圖多失，二人亦因而修配補充，並改原三十卷（或三十二卷，依今本前載"監本補完地理新書目録"中作陰文揭出者計三十七篇）之體式而爲十五卷，作六册傳世。今所見本中又有張氏所增益之注文（作雙行小字排版）及校正説明類文字（多於段落末尾縮進二字格排版及書末所附二細目）"二萬餘言"。

據沈睿文先生揖采分疏（《〈地理新書〉的成書及版本流傳》，載《古代文明》第八卷，文物出版社 2010 年版），《地理新書》今存五個版本：

北京大學圖書館藏李氏木犀軒元刊本（《續修四庫全書》以爲金刻本）。

臺灣"中央圖書館"藏翁同龢家藏之金明昌三年刊本。

臺灣"中央圖書館"藏張乃熊莛圃收藏之影金鈔本。

北京圖書館藏瞿鏞鐵琴銅劍樓收藏之清影金鈔本。

北京圖書館藏楊氏海源閣收藏之清影金鈔本。

其所據底本當同出於金明昌三年刻本。又承秦樺林先生示知，《中國藏黑水城漢文文獻》第八册（國家圖書館出版 2008 年版）中所載 M1·1309[F166：W8]號殘片，即《新書》第十五卷"男女行年"目所在頁，其殘存版式與今李氏木犀軒本全同，而字體有别，明其非同一版刻，蓋又元時别加翻印之作。

因《地理新書》所述堪輿諸説皆因襲唐以來故法，故與敦煌文獻所載正相發明，共同展示了中國堪輿學説的早期面貌，與五代以來"野俗之流而有專執星水之法"（張謙序中語）的堪輿學説不同，遂準以類相從之例而列敘於此。

今以《續修四庫全書》影刊李氏木犀軒本爲底本加以點校，而以臺灣"中央圖書館"所藏之影金鈔本爲參校本，其底本或有殘泐缺壞之處，則據抄本徑補之。又金身佳先生《地理新書校理》（湘潭大學出版社 2012 年版）亦據以上二版本加以點校，其頗有采擇者，則徑以"金校"出之。

目　録

重校正地理新書卷第十二

重校正地理新書卷第十三

重校正地理新書卷第十四

重校正地理新書卷第十五

圖解校正地理新書序

宅葬者,養生送死之大事也。自司馬史分陰陽家流,至唐迄宋,屢詔儒臣典領司天監,屬出秘閣之藏,訪草澤之術,胥参同異,校覈是非,取合於理而裁祥有稽者留編太常,即今之頒行《地理新書》是也。俾世遵用,以裨政治,保生民躋於壽域,惠亡者安於下泉,示愛民廣博之道,不其韪與!

兵火之後,失厥監本,於是俗所傳者甚有訛謬,至於辭略而理乖,名存而實革,既寖差誤,觸犯凶災。僕深患斯文之弊,遂質諸師説,訪求善本,参較以正之者僅千餘字,添補遺闕者幾十數處。兼有度刻步尺之差者,則以算法考而改之;有陰陽加臨之誤者,則以成式推而定之。至若四方正位,詳説其準繩表臬,求影星取中之法;四折曲路,細畫其角斜正方,合勾股入穴之圖。山水列其吉凶,祭享分於壇墠。發揮經義,注釋禮文,歲餘方畢。藏之於家,以俟同道之能者踵門而採擇焉。亦知予攻業之不忽也。

旹大定歲在閼逢執徐　平陽畢履道　題

精加校正補完地理新書

僕叨習地理,忝慕陰陽,雖專述二宅,而取則於此書。伏覩古唐夷門、蒲坂等處前後印賣《新書》,未嘗有不過目收購者,終莫能見其完本。唯我先師馮公傳授,亦遺地圖一篇,繼有平陽畢先生者，留心攷覈，可無微失，而又增加圖解等法度，真得其旨趣矣。自是，更訪求名士家藏善本，比對差互甚多，今據從來，板内遺闕者，並以補完，元差互者，校讎改正，一兩疑未詳者，乃各存之。及其間寫雕錯誤，亦以校定。其卷首四方定位之法，圖解已是詳備，竊見營造取正、定平製度，亦可爲式。外五姓聲同而虛實音異者，今以纂出地下明鑑立成傍通、三鑑六道繼叙輪圖，又校正禽交步分及民庶合用塋田，參定傳符雜忌等述，兼論吕才言宅葬經書之弊，各布列本篇之下，總二萬餘言，以廣異聞。僕恐未能專擅，遂誠心修集，以俟同道之能者幸改易焉，庶幾我輩易爲遵用。

審觀此書之興也，始自唐代吕才删定，名以《地理》，至于宋朝注曆，數主重復詔下有司，始終幾有百年，方以定用，頒行于世。今野俗之流，而有專執星水之法，或只習一家偏見之文，又有不經隨代進用，頒行傍門小説不根之語，或與官書相害者，執而行之，兼又不能與五姓參用，而專排斥五音姓利，良可辠哉！

僕今見平陽數家印賣此書，雖有益於世，竟未見完者，恐久墜斯文，莫能從善。不敢欺隱，遂將正文插入，又附以亂談舛駁之辭，短拙不揆尤甚，輒以俗言紀其事跡。

旹明昌壬子歲　古戴鄙夫張謙　謹啓

地理新書序

翰林侍讀學士兼侍講學士朝散大夫尚書吏部郎中充史館修撰判國子監提舉集禧觀事上騎都尉賜紫金魚袋　臣王洙等　奉勑管勾删修

臣聞聖人聰明睿智謂之聖人,《書》曰:"睿作聖。"孔氏傳曰:"於事無不通謂之聖人。"又《風俗通》云:"聖者,聲也,聞聲知情,故曰聖也。"又聖者,通神之義也。包慮民之心,其制器大備,包藏遠慮憂民之心,故其制作器物廣大備具,《易·上繫辭》云:"易有聖人之道四焉,制器者尚其象。"其示法詳密,以事告人曰示,言所告示法度詳細周密。使民日去不善,居而蕃息者也。既器物備具,法度詳密,黎民熙熙安於富足,無不善之行,守仁義之道,安居而家産蕃息也。蕃息,滋生也。父母之於子,推燥濕以養之,就乾去濕,保養赤子。又教以水溺火焚、孩子漸知喜懼,又教令知水可没溺、火可焚燒之事。矛戟、矛長二丈,以建兵車;戟二刃,旁有枝兵也。虎豹蛇黿之能害人者,丁寧反復,然後知而避之。在山野則有虎豹,在草澤則有蛇黿,举上數事能傷人者,丁寧子細,反復再三,未知者設而象之,或見者指而示之,知其爲害,故避之也。人識父母之於己生而養之者也,不識安而全之者父母之教也,人之於父母,知其大而遺其細,知擇福而不知避害。今人唯知得父母生育之大恩,不知保安全身者皆於父母之教。以教命爲細事而遺忘不念,又但知擇福地求幸事,而不知遠其害者而福在其中矣。聖人者爲之宫室、此下八事皆《下繫》之文,聖人謂三皇、堯、舜也,"上古穴居而野處,後世聖人易之以宫室,上棟下宇,以待風雨"。耒耜、"神農氏斲木爲耜,揉木爲耒,耒耨之利,以教天下。"耒耜,耕犂具曲木也。書契、"上古結繩而治,後世聖人易之以書契,百官以治,萬民以察。"鄭康成云:"事大大結其繩,事小小結其繩。"又云:"書之於木,刻其側爲契,各持其一,後以相符合也。"舟楫、"刳木爲舟,剡木爲楫,舟楫之利,以濟不通。"疏曰:"舟必用大木刳鑿其中也,楫必剡削其木纖長也。"楫,篙也。弧矢、"弦木爲弧,剡木爲矢,弧矢之利,以威天下。"《爾雅》曰:"弧,木弓也。"網罟、"包犧氏爲罔罟,以佃以漁。"疏曰:"用此罔罟或陸畋以羅鳥獸,或水澤以罔魚鼈也。臼杵、"斷木爲杵,掘地爲臼,臼杵之利,萬民以濟也。"疏曰:"杵須斷木,故斷木也;臼須鑿地,故掘地也。"重門,"重門擊柝,以待暴客。"趙氏曰:"柝,門關之木也。或曰行夜所擊之木,《易》言'重門擊柝',所以禦暴客也。"皆所以興利毆害，慮及萬世。興，起也。毆，除也。言上八事皆聖人所以興起利濟、毆除灾害，非止取法一時，蓋謀慮及於萬世之後也。當是時，庶工百執事黽勉于下，庶，衆也；工、執事皆官也，言當此之時，衆執事官僚皆黽勉心力於下位也。《周禮》謂"設官分職而掌邦政，以佐王平邦國"是也。黽，《字説》云："蝦蟇屬，以其行艱而跳擲，勉强而進也。"涖官以智，獻功以時，莅，臨也。知人曰智，供上曰獻，言臨官政者，各盡才智以理於民也，掌庶事者皆進成功，不失其時也。爲之者百官也，成之者聖人也。臣歸功於君也，如宫室、耒耜，聖人所制，豈聖人親爲之也。《易》曰："通其變，使民不倦，神而化之，使民宜之。"《易·下繫》，疏曰："事久不通於變，則民倦而窮，故量時制器，使民用之日新，不有懈倦，神理變化，人民各得其宜。若黄帝已上，衣鳥獸之衣，其後則人多而獸少，事或窮之，故以絲麻布帛而制衣裳，是神而變化，使民得其宜也。"聖人爲民父母，制器示法既備且悉，周於無窮。此總結上文也。《史記》："三王隨時制法，因事制禮，法度制令各順其宜，衣服器械各便其用。"故此言聖人制器示法，周於萬世，無窮極也。

昔公劉居豳，昔，往昔也。公劉，后稷之曾孫也，父名鞠，祖曰不窋，本宅邰，遭夏人亂，迫逐而平西戎，因居豳，今新平漆縣之東北有豳亭焉。大王居漆、沮，大王，亶父也。漆水、沮水，二河也。自公劉失職，遷於豳地，居漆水、沮水之間，大王盛德，自此而興。漆、沮水在杜陽岐山，《詩》曰："民之攸生，自土漆沮。"《史記》云："古公曰：'有民立君①，將以利之，今戎狄所爲攻戰，以吾地與民，民之在我與彼何異？民欲以我故戰，一殺人父子而君之②，予不忍爲。'乃與私屬遂去豳，渡漆、沮，踰梁山，止於岐山下。豳人舉國扶老携弱，盡復歸古公於岐下。及他旁國聞古公仁，亦多歸之。"文王居岐陽，自古公亶父遭難遷於岐陽。《册府元龜》云："公劉生慶節，慶節生皇僕，皇僕生差弗，差弗生毁隃，毁隃生公非，公非生高圉，高圉生亞圉，亞圉生公叔祖類，公叔祖類生古公亶父，古公亶父即公劉九代孫也。古公生長子曰太伯，次子虞仲，少子季歷。季歷立，是爲公季，至文王尊爲王季。王季生文王，後作都於豐，受命之年

① "君"字底本作"居"，义有扞格，兹依傳本《史記·周本紀》校改，底本形訛。
② "一"字置此不辭，傳本《史記·周本紀》無，疑底本衍録。

而稱爲王。武王居镐，武王，文王之子也。又卜鎬京而都①。代皆相其吉凶，然後居之。言自公劉至武王數代，皆相地之陰陽吉凶可都處則居之，下文引《詩》、《書》爲證。在《詩》曰“篤公劉，既景乃岡，相其陰陽”，《毛詩·公劉篇》詩也。篤者，厚也，言德厚。公劉既以日影求其南北，定其經界，又升於高岡占相地形陰陽寒暖所宜②，而營宫城也。“古公亶父”，“聿來胥宇”，“爰契我龜”，《詩·緜篇》云：“古公亶父，來朝走馬，率西水滸，至於岐下，爰及姜女，聿來胥宇。”言古公者，號也。亶父，大王名也。聿，自也。胥，相也。宇，居也。爰，於也。契，合也。此詩言大王居豳，狄人侵害，奪其土地，乃事之以皮幣、犬馬、珠玉，皆不得免，因避狄人之難，遂疾走，循河西水岸至於岐山之下，及帶其妃大姜，非得已也。因自相其土地，而作居焉，非但胥相宅居，而亦合我龜卜之吉也③。“度其鮮原，居岐之陽，在渭之將”，《詩·皇矣篇》詩。鮮，善也。將，側也。言文王之德既服四方，欲令萬民來王，遂相度善好之原，介於渭陽之間也。在山南、水北曰陽，《册府元龜》云：“岐山南有周原。”始改國曰周也。“考卜惟王，宅是鎬京，惟龜正之，武王成之”。《詩·文王有聲篇》詩。考，稽也。言稽卜吉兆，惟我武王也，居此鎬京之地，惟龜以正其吉凶，武王以成其事也。及周公營新邑，亦使太保召公先卜宅獻圖兆，《書·洛誥》曰：“召公既相宅，周公往營成周，使來告卜。”孔氏傳曰：“召公先相宅，卜之，周公自後至，經營作之，遣使以所卜地圖吉兆來告成王也。”自公劉至此數十城邑皆父子世代相因，故公劉居豳，又曰大王居豳，大王走至岐山之下居焉，亦曰文王之治岐也，武王、成王所居亦由是矣。商相傅説曰：“明王奉若天道，建邦設都。”《書·説命上》：“高宗夢得傅説，使百工營求諸野，得諸傅巖。”注云：“高宗名武丁，夢得賢相，其名曰説，使百官以所夢之形象經營求之於外野，得之於傅巖之谿。”又《説命中》：“惟説命總百官，乃進於王，曰：‘嗚呼明王，奉若天道，建邦设都。’”注曰：“天有日月、北斗、五星、二十八宿，皆有尊卑相正之法，言明王奉順此道，以立國設

① “卜”字底本誤作“小”，不辭，兹依文意校改，底本形訛。

② “占”字底本誤作“古”，不辭，兹依文意校改，底本形訛。

③ “卜”字底本誤作“下”，不辭，兹依文意校改，底本形訛。

都。"然則建邦都、營邑屋，面方辨位，以求其宜，本三王之法也。言雖是修建邦都，營造邑屋，其面向正方，辨南北位，先相宅卜兆，以求原隰陰陽之宜者，皆本於夏商周三代之王法度。《史記》云："自古聖王將建國受命，興動事業，何嘗不寶卜筮也①。"在《周禮》有建邦國都鄙之法，在《周禮》中有立邦都之法，王荆公注云："邦亦謂之國，國亦謂之邦，言邦國者，諸侯之國。國字从或从囗②，爲其或之也，故曰之國，則以别郊野。邦字从手从邑，言邦則别於邑。都或包都邑而言也，都鄙者，以其有邑都焉，故謂之都，以其在國之鄙也，故謂之鄙。鄙，邊鄙也。《春秋》曰'齊人伐我西鄙'是也。又曰鄙者界上邑也。"以水地土圭表槷規日景，以極星正朝夕是也。"水地"者，以水平之法取其地平也。土圭者，土音肚，度也。土圭長一尺五寸，以度地，故曰土圭。"表槷規日景"者，槷，柱也；景古文影字，以八尺之木爲表柱，《爾雅》云："在地謂之槷。"此乃爲規日景長短之表也。"以極星正朝夕"者，極星居天中正北不移，朝夕謂東西也，取見其中則東西南北可正矣。

秦漢已降，術學蠭起。降，下也。言自秦漢已下始有諸家陰陽術藝之學，玄説紛紜，不相倫理，如蜂隊之亂起也。下文指云。占家有五行、堪輿、建除、叢辰、太一諸學，世多習者，其書寖廣。占者以卜筮之得吉凶，視其兆而言之於人，謂之占也。其書世多習學，各立一家，久而漸廣，無復取是，故《史記》褚先生曰："孝武帝時聚會占家，問之某日可取婦乎？五行家曰可，堪輿家曰不可，建除家曰不吉，叢辰家曰大凶，曆家曰小凶，天人家曰小吉，太一家曰大吉，辨訟不決③，以狀聞帝，制曰：'避諸死忌，以五行爲主。'人取於五行者也。"大宋總一海内，天覆地載，四海之内，總爲一家，其荷天覆地載之德。列聖愛民之心，疚然深思。列聖謂自太宗、仁宗、英宗、神宗數朝聖人，其愛民之心，如报内疾，深思遠慮也。農田耕墾，風雨祈禬，皆著勑法。前《食貨志》："闢土殖穀曰農。"《説文》："地樹穀曰田。"言農人耕治力田、種蒔五穀有時序日月，至若風雨失時，祈禬神明，著求謝官

① "寶"字底本誤作"實"，抄本同，不辭，金校據《史記·龜策列傳》改，兹從之，底本形訛。

② "囗"字底本誤作"曰"，非是，兹參《説文》校改，底本形訛。

③ "決"字底本誤作"訣"，不辭，兹依《史記·日者列傳》校改，底本形訛。

書,祈除災也。禬,集福也。若醫藥針石不得其宜,則夭傷所繇生也。論次爲書,博士諷誦,與令格勑書,藏於天下。夭,短折也。傷,害物也。繇,與由同。言若醫家用藥行針,不察虚實寒熱,有病虚者,反以寒藥瀉之;有病熱者,復用燔針刺之,不知病在,皆失其宜,夭傷性命,皆由於此矣。《傷寒論》云:"桂枝下咽,陽盛因斃;承氣入胃,陰盛以亡。"《難經》亦曰:"實實虚虚,損不足而益有餘,如此死者,醫殺之耳。"聖人有憂民之心,恐死於庸醫之手,乃詔講論,編次成書,置太醫博士諷誦,教習後生,與法令科格勑書,收藏天下科之針石者。古者用針石作針,可刺病。《山海經》曰:"高氏之山,有石如玉,可以爲針。"則砭石也,東方之人用之以治瘡瘍也。又若占家之説冠昏、冠之於首曰冠,謂總髮成人也。昏者,嫁娶也,婚以昏時成禮,故古用昏字。行人、謂媒妁儐相引禮贊祝行事之人也。丘封、葬歛日時吉凶不得其法,則人逢百殃。丘,冢也。封,墳也。土高曰丘,封土曰墳。《曲禮》曰:"古者墓而不墳。"又曰:"葬者,藏也。葬也者,欲人之弗得見也。"言殮者,小殮則俗於牖下,大殮則入於棺中。殮或作歛,謂收歛其屍也。其占家於冠昏、行人皆有宜忌,丘封、葬歛悉論吉凶,若不得其法,則百殃至矣。又且不同醫之錯失止害一身也。聖人之心將欲納民於富壽,其亦有取於斯也。聖人之心愛民如子,若祈求風雨、農桑、耕稼之事,皆著勑書,至於醫藥、針石、教治疾病之術,亦編次爲書,同藏館閣。顧此冠、昏、葬歛時日吉凶,人之常用,觸犯非輕,然而諸家之説未經校正,聖人念及於此,故詔删修,使人明解,不致於貧苦短夭之災,可躋於富貴壽齡之域者,蓋亦取於斯道矣。

唐貞觀中,太常博士吕才奉詔撰《陰陽書》五十篇,其八篇地理也。唐太宗貞觀年中,爲《陰陽書》近代以來漸致訛僞,拘忌亦多,遂命太常博士吕才删修,至十五年書成,詔頒天下,遂乃行之。至先朝更命言宋太祖爲先朝更新天命,得天下也①。司天監史序等分門總輯爲《乾坤寶典》四百五十篇,其三十篇地理也,司天大監史序與其官屬將吕才舊書分作門類,再

① 此注文有故爲阿䛕曲解之嫌,其文意本爲至先朝太祖更又詔命司天監史序云云,而注者故以"更新天命"以解"更命",恐非王洙本意。

總括編集，目爲《乾坤寶典》，内地理一門有三十篇也。書既成，高麗國王上表請於有司，詔給以寫本。高麗，東夷國名也。其王遣使上表，來詣朝廷奏請，詔賜以寫本。然序之書叢雜猥近，無所歸詣，學者抉其訛謬凡三千五百。猥，俗也。詣，至。抉，挑也。訛謬，僞誤也。言史序編成其書，尚未精當，叢雜不一，猥俗淺近，不能取驗，無所歸着，後學之人見其如此，遂抉挑出僞誤者三千五百字。景祐初，仁宗景祐元年甲戌。司天監丞王承用又指摘闕誤一千九百，始詔太子中允集賢校理嵇穎、冬官正張遜、大卜署令秦弁與承用覆校同異，五年而畢。先有精於術學者抉其訛謬，次又王承用指出闕少，摘去錯誤，緣已奏聞，方始詔下，委差儒臣集賢校理嵇穎與冬官正張遜、太卜署令秦弁、司天監丞王承用四人，又反覆精審校勘所説義理同與不同，至五年而罷。詔付太常，命司天少監楊惟德與二宅官三十七人詳其可否，惟德洎遜斟酌新曆，修正舛盭，洎，及也。舛，相背也。盭者，陰陽錯亂謬盭不正也。言奉詔送付太常寺，再命司天少監楊惟德等詳度其中可否，惟德及張遜將見行新曆天道删修改正舛錯謬盭也。别成三十篇，賜名曰《地理新書》。將舊書修正，專取地理爲首，作三十篇進呈，奉勑賜名爲《地理新書》，言新書者，是新書其古文也。復詔鉤覈重複。復者，去而再來。複者，衣重也。鉤者，委曲取之也。覈者，考實其事也。言此《地理新書》雖賜名訖，又再下詔，恐有重複，則鉤去其重，覈考其實也。至皇祐三年，集賢校理曾公定領其事，奏以淺漶疏略，無益於世，自景祐五年戊寅王承用等再校畢，至今皇祐三年辛卯，凡一十三年，又集賢校理曾公定提領修撰，奏其書淺漶瀚漫，理不深幽，疏而不實，略而不備，無益於世也。有詔臣洙、臣禹錫、臣羲叟洎公定置局删修，以司天監主簿亢翼改正其舊，才有所長，業有所專，故以司天監官將陰陽舊書錯者改之，差者正之。觀文殿學士丁度典領焉。典，主也。度薨，諸侯死曰薨，丁度封侯，故云。臣洙寔掌其屬，自丁度薨後，王洙乃寔掌管其僚屬。於是是，此也。結上文義，以此事故。具閱三館所藏備檢閱館閣所藏之書。及古今占術驗忌，占家信驗避忌之術。披其奧窔[1]，奧，深而不見。窔，藏而未出者，盡披開之。詰其苞柢，苞，花未拆也。柢，木下根也。言經書隱奧、義理玄微須窮詰，見其苞蘊根柢也。管以體要，區以輕重，而各從攤部，先後可尋。管，總束也。區，分别也。攤，舒張也。此言編修之法，先管束定事體要當，次分别開吉凶輕重，立作門類，張於篇部，則先後次第易爲檢尋耳。自吕才成書名以《地理》，而專記冢墓，頗殽以室舍，吉凶同條，非著書之法。《地理》之書自吕才名之，專記冢墓善惡，復於其中頗有殽雜宅舍宜忌之文，又吉凶不别，同在一門，此非著作文書之法。今首以城邑、營壘、寺署、郵傳、市宅、衢衖，則左陰右陽刑禍福德所相也，寺，司也。署，衙署也。郵傳，郵亭傳舍也。今編此《新書》次序，首先以城郭、都邑、軍營、壁壘、宫寺、衙署、郵亭、馬驛、傳舍、市井、宅舍、街衢、巷陌，則以所向立，左陰右陽，有刑禍福德之地，所相助其事也。辨之以四方，凡修建事，先求其中，辨正四方。叙之以五行，四方既正，然後以五行叙之。商之以五姓，商，張也。分張於姓屬五音。憲之以九星，憲，法也。取法於九星，九星有貪狼、巨門、禄存、文曲、廉貞、武曲、破軍、左輔、右弼也，臨於九宫之上，以定吉凶。媲之以八卦，媲，配也。配以乾、坎、艮、震、巽、離、坤、兑八卦也。參之以八變，參，相合也。八變者，八卦遞相往來，相變换也。得生氣、天醫、福德、絶體、五鬼、遊魂、絶命、伏位，各有善惡也。爲地事凡二十篇；皆以山水形勢用數法定吉凶，故爲地事也。終以冢穴、埏道、門陌、頃畝，則開三閉九、山壠水泉所相也，冢有六甲八卦，穴有甲丙庚壬，冢穴相須之事。其埏道乃下棺之道路也。喪庭則有門陌出入。墓田則有頃畝長闊，須合開三吉閉九凶之道。又得山龍形勢、水泉深闊所助佐也。任之以八將，任，用也。八將者，一官國，二金匱，三勾陳，四穀將，五死氣，六生氣，七朱雀，八

[1] “窔”字底本作“突”，抄本同，金校據清莫友芝《宋元舊本書經眼録》(上海古籍出版社 2008 年版)卷第二所録《地理新書序》字作“窔”校改，甚是，兹從之。又注文“窔”字同改。

玄武是也。**齊之以六對**，齊，整也①。六對者，青龍、白虎一也，天倉、天牢二也，功曹、傳送三也，冠帶、伏屍四也，大墓、小墓五也，沐浴、始生六也，此八將、六對是三十八將中二十也，在五姓所屬篇有假令法，所臨小異。**董之以三鑑**，董，止也。三鑑者，天鑑、地鑑、人鑑也，各有加臨法式，以求方道吉凶。**傃之以六道**，傃，向也。六道者，天道、地道、人道、鬼道、兵道、死道也，宜抵向吉道。**爲葬事凡十篇**。冢穴以下爲葬事法。**若乃岡原利害，則繪之以易民用，爲地圖一篇**，岡原所設吉凶，恐難省解，故畫作地圖一篇，使人易用。**種次有彙則總之，以便看讀，爲目録一篇，勒成三十二篇**。種，類也。彙，品也。言依種類、次序各有品彙，總括成書，以便看檢讀誦，故作目録一篇，通成三十二篇。**闓之以經義，辨鑿空也**；闓，開也。言此書皆是開説所出經書實義以辨證，非是穿鑿空見也。**質之以史傳，信休咎也**；質者，正而信也，言以史書傳記内有吉凶徵驗者備録之，使人信有休慶災咎之事不虚言也。**廣之以異聞，求成敗也**；又廣備他説異聞者，欲人求見成敗之由。**巫史所傳，則存其可據者，不顓新見也**；通神明之謂巫，言巫史者，史信實也，以陰陽家爲巫史，司天臺爲太史官也。今將陰陽家舊傳文字考校有所依據、不涉虚妄者，悉以存留，示不專於新見也。**辭質而易曉，便于俗也**。言辭質樸、不尚文華者，欲容易聽會，有便於常俗之人看讀耳。

伏惟皇帝陛下以聖人制作之德，廣祖宗愛民之心，伏，俯也。惟，思也。陛，殿檻也。言俯伏思惟皇帝殿陛之下。言陛下者，天子所居，不敢正斥君上故也。美皇帝施聖人制器作法之德，是廣大祖宗愛民之心也。**將使斯民去夭傷刑害而遠不善，則兹書之所以作也**。將，欲也。斯，此也。夭，短命也。殤，未成人而死也。兹，亦此也。言欲使此民人去除夭殤、短折、刑殘、禍害，而又遠避凶惡而就吉善者，則是此書所以制作之意也。**自有詔校正，距今二十一年**，自仁宗皇祐三年辛卯奉詔校正，至六年甲午春改至和，三年丙申秋改嘉祐，八年癸卯

①　"整"字抄本作"繫"，疑後者形訛，俟考。

仁宗崩，甲辰英宗改治平，四年丁未神宗①，戊申改熙寧，今四年辛亥，中間相去二十一年②。臣洙等以庸淺而黽勉于下，庸，常也。言以庸常膚淺之學修撰，勉力盡心於下也。曠日彌月，然後能就。曠遠彌久，纍年而成。若乃成而名之，皆陛下也。臣獻功於君。四夷有求於中國，《曲禮》曰："東夷、西戎、南蠻、北狄，謂之四夷也。"觀其書則文而不俚，將以見册府藏書之盛；若使四夷觀其書則文而不鄙俚，亦將見中國册府收藏文籍之廣也。太祖興册府。其下則惠逮漏泉，宅兆以時，逮，及也。漏泉，謂黄泉之下也。著書之意，上則使人享福壽、去刑害，下則惠及漏泉之亡者，營葬宅兆不失其時也。聖人之仁如此。結上文。聖人制作，愛民仁惠之心如此。惟文武受命，世世忠厚，詩人美之曰"敦彼行葦，牛羊勿踐履"，謂草木微者猶能愛之，況於人乎！言思文王、武王受天之命而王天下，周家世世修德，仁恩及於草木，微物猶能愛之，況於人乎！詩人贊美其德，而爲之詩曰："敦彼行葦，牛羊勿踐履。"此《大雅・行葦》之詩也。注曰："敦，聚貌。行，道也。言敦敦然道旁之葦，牧牛羊者毋使踐履折傷之。草木方茂盛，以其終將爲人用，故周之。先王爲此愛之，況於人乎！"故卜世三十，享國過曆。周修仁德及於草木，故得享受國祚過於所卜世代年歲之數也。《左傳》云："定王使王孫滿勞楚子，楚子問鼎之大小輕重，對曰：'在德不在鼎。……昔成王定鼎於郟鄏，卜世三十，卜年七百，天所命也，周德雖衰，天命未改，鼎之輕重，未可問也。'"疏曰："《前漢・律曆志》曰：'周三十六王，八百六十七歲，過卜數也。'"若然大宋之仁，溥博上下，則愛民之報，祚以萬年，天之道也。謹序。溥，普也。博，廣也。祚，福也。言若周修仁德，享國過曆，得如是報，今仁恩普廣，治於上下，享受愛民之福，天之道也。③

---

① "神宗"下似當有"立"字，義乃明，疑底本脱抄，俟考。

② 金校據王應麟《玉海》卷十五《皇祐地理新書》條所載指出此處小注解讀有誤，其實當爲景祐三年(1036)至嘉祐元年(1056)，蓋是，以熙寧四年乃公元1071年，而王洙卒於嘉祐二年即1057年。

③ 此下有對序文中六十八個詞所加注的音義，如"蕃，音煩，滋也。矛，音牟，兵器"等，以與正文關係不大，且多尋常之音注，故不爲具録。

監本補完地理新書目録

卷之一

四方定位

土圭圖

土圭求地中圖

定臺測候圖

祖沖之立表圖

日影取正

視定揆日圖①

參影考極圖

水地定平

水地定平圖

後面景表圖②

二十四氣晝夜刻漏圖

易緯晷景長短

二至表景

周天度數

---

① “視”字底本作“祖”，不辭，兹依正文所載圖文校改。

② “面”字底本作“而”，不辭，兹依正文所載圖文校改。

五行定位

東方木

南方火

中央土

西方金

北方水

五姓所屬

宫音

商音

角音

徵音

羽音

城邑地形

營豳

岐山

洛邑

楚丘

丘延翰八卦法

八卦山水生向圖[①]

軍壘地形

丘延翰營壘變八卦與城邑同

① "生"字疑爲"來"字形訛，底本正文無此子目名，但所載圖作"乾來甲向"等字，俟考。

卷之七

① “將”字底本承前文誤作“從”，兹依正文内容校改。

①　“五”字底本作“大”，不辭，茲依正文子目校改。

卷之十一

擇日吉凶

擇時吉凶

卷之十二

冢穴吉凶

卷之十三

冢穴吉凶

① “刑”字底本誤作“形”,非是,兹依正文子目校改。

① 此目與下"師術禁忌"目及内容在正文中互乙,原因不詳。

① 目録後底本又出“監本補完地理新書目録”一條文字，今爲清其眉目而删之。後各卷末皆重出卷名，亦皆徑删，不再一一出校説明。

重校正地理新書卷第一

四方定位

將欲營地事，必先正四方，四方正然後十二位定，於邦國則有都鄙，於人民則有居處，於鬼神則有祠廟。宅兆所用雖異，其術一也。《周官》："土方氏掌土音肚，下土地同。圭之法以致日景，音影，下同。以土地相宅而建邦國都鄙。"鄭氏云："土地，猶度地以知東南西北之深，而相其可居者宅居也。"

自宋元嘉以來，歷代常候二至之晷，音軌，日影。而九服之内，長短不同，在北方則差多，於南方則差少，非精巧於算術者則不能知其詳也。惟一日之内，候其方中，得景之最短者爲午正，午正則十二位從而可知，則水地置臬五結切。是也。

又宋南徐州從事祖沖之以土圭之瀀經文闊略，先儒所言又無明證，别以術数求地中，最爲切近，今詳録之。

《周禮》："匠人建國，邦國之城。水地以垂，"懸"犯聖祖名，改爲"垂"。謂先以水平也，高下四方皆平，乃造營造，於營造處四角立四柱，於四柱畔垂繩以正柱，柱正，然後以水平之法遥望柱高下，高下定，則知地之高下，然後平高就下，則地乃平也。置臬以垂眂，以景景，古文影，下同。臬，柱也，於所平之地中央樹八尺之木以爲表，表以爲界①，其四面之中及四棱垂八繩以等之，繩皆附表則正，然後視表之景必八尺者，日從上向下八方里，校以八尺爲法。爲規，識日出之景與日入之景自日出而畫其影端，以至日入則爲規矣。平取其兩影之端，中屈之以望表，則南北正，南北正則東西正矣。晝參諸日中之景，候每日之影最短之處以望表，則正南也。夜考之極星，晝既定其南北，夜又望北極以參之，極常居北而不移，故天下取正云。祖沖之望極之法近是。以正朝夕。朝夕即東西也，言東西可以兼南北。"

土圭之圖

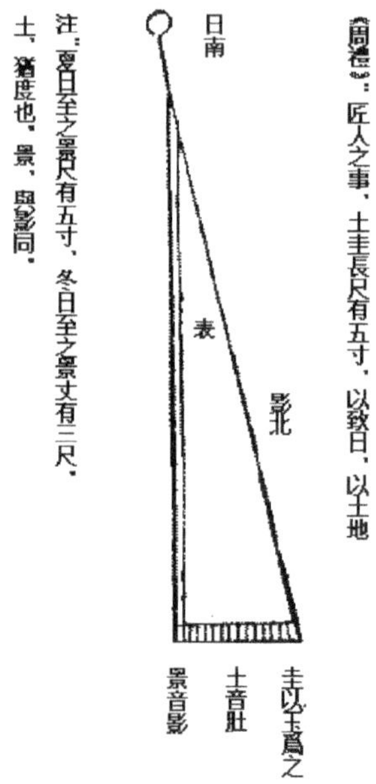

土圭之圖

① "爲"字抄本作"墨"。

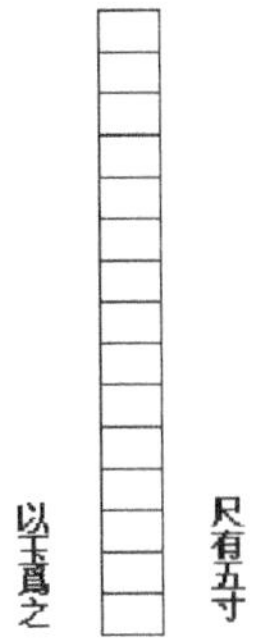

土圭尺法

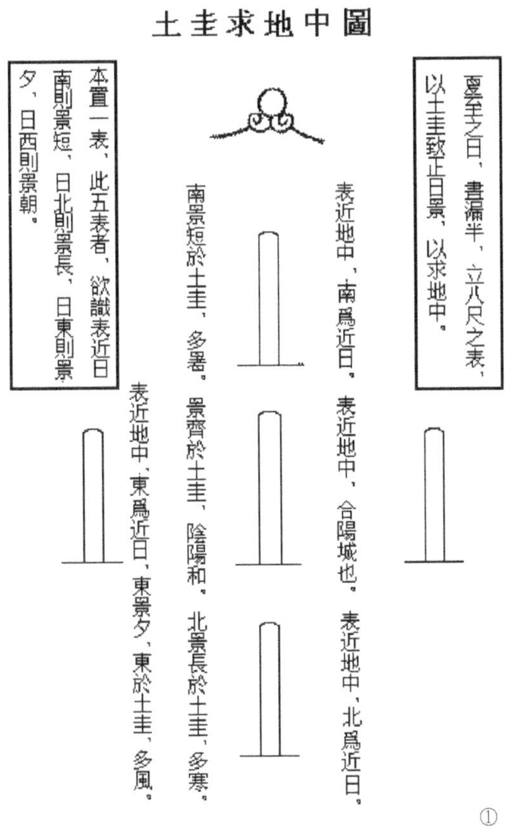

①

土圭求地中圖

① 圖校："北爲近日"句中"日"字原脱，金校據上下文補，當是，兹從之。

祖沖之先立表於地，令其末鋭，弋税切。名曰南表，又立表於景之末，名曰中表，又立表於内表之北，亦鋭其末，名曰北表，其端與北辰星參相值。訖，乃觀三表，若曲向東者，從西而更求之；曲向西者，從東而更求之，三表直者，乃其地南北之正中也。又以春秋分日旦候日始出東方半體，乃立表於中表之東，名曰東表，令中表、東表與日參相值，視日之夕日始入西方半體，又立表於中表之西，名曰西表，令中表、西表亦與日參相值。訖，乃觀三表曲向南者，進北而更求之，曲向北者，進南而更求之，三表直者，乃其地東西之正也。

《詩》曰："定丁定切。之方中，作于楚宫。揆求癸切。之以日，作于楚室。"揆，度也，度日出入，以知東西，南視定，北準極，以正南北，即此術是也。

新圖解云：《周禮》有"土方氏掌土圭之灋，以致日景，以土地相宅"；玉人職曰："土圭尺有五寸，以致日，以土地。"馮相氏"冬夏致日，春秋致月"，然以致日者，度其景至，不以土地者，度其地廣深以求地中，相其可居者。又大司徒之職"掌建邦之土地之圖"，"以土圭之灋測土深、屍鴆切。正日景，以求地中，日南則景短多暑，日北則景長多寒，日東則景夕多風，日西則景朝多陰。"注云："土圭，所以致四時日月之景也。測，猶度也，不知廣深，故曰測。鄭司農云：測土深謂南北東西之深也，日南謂立表處太南近日也；日北謂立表處太北遠日也，日夕謂日昳景乃中立表處太東近日也，景朝謂日未中而景中立表處太西遠日也。玄謂晝漏半而置土圭表陰陽，審其南北景短於土圭謂之日南，是地於日爲近南也；景長於土圭謂之日北，是地於日爲近北也；東於土圭謂之日東，是地於日爲近東也；西於土圭謂之日西，是地於日爲近西也。如是則寒暑陰風偏而不和，是未得其所求。凡日景於地，千里而差一寸。”又《經》曰：“日至之景，尺有五寸謂之地中，天地之所合也，四時之所交也，風雨之所會也，陰陽之所和也，然則百物阜安，乃建王國焉。”注云：“景尺有五寸者，南戴日下萬五千里，地與星辰四遊升降於三萬里之中，是以半之，得地之中也。鄭司農云：土圭之長尺有五寸，以夏至之日立八尺之表，其景適與土圭等，謂之地中。今潁川陽城地爲然。”

岳臺測候之圖

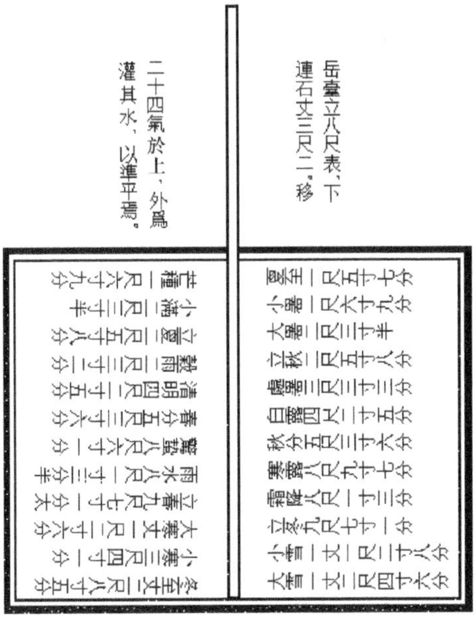

岳臺測候之圖①

新圖解云：按《周髀》説冬至晷長一丈三尺五寸，夏至晷長一尺六寸，《尚書考靈燿》云：“日永影尺五寸，日短十三尺。”《周禮》

① 圖校：“移”字下底本有一“二”字，衍，兹依例删之。

大司徒云："日至之景尺有五寸。"又馮相氏王氏注及《後漢志》皆云冬至景丈三尺，夏至景尺五寸。自宋文帝元嘉丙子歷隋唐候二至晷，然九土不同，至唐開元中，遣使天下候景，南距林邑，夏至景在表南九寸，冬至景在表北六尺九寸；北距鐵勒，夏至景四尺一寸二分，一云：其太原夏至日景在表北二尺三寸。冬至景二丈九尺二寸六分。迨宋皇祐己丑小雪，始測景於岳臺，迄壬辰立冬，其乾象占二十四氣晷景列之於圖。

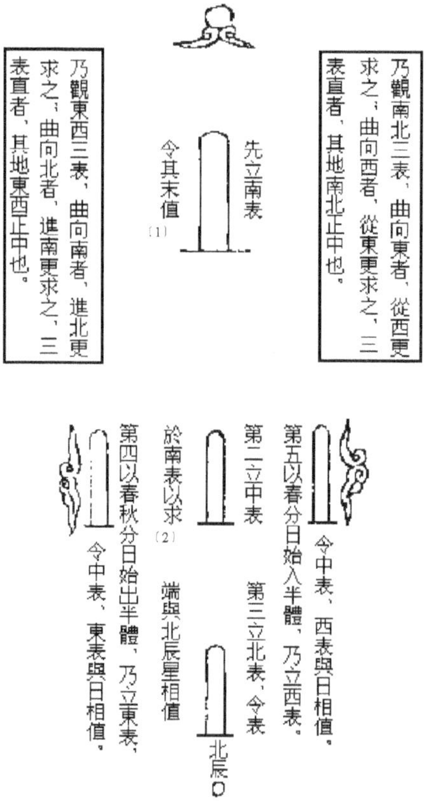

①

祖沖之立表圖

① 圖校：〔1〕"值"字下疑有脱文，俟考。〔2〕"以求"二字抄本作"影水"，不辭，然"以求"亦有扞格，疑"求"或爲"北"字誤作，俟考。

其《後漢志》二十四氣晷景後天三日。《易緯》景蓋長安測候，亦非地中，《月令》十二次，日至其初爲節，至其中爲氣，據當時言也。今日至其初，有在中氣先九日或後九日者，焉可爲定式。

新圖解云：視定揆日法，謹揆《毛詩・鄘國風》"定之方中"，《詩》曰："定之方中，作于楚宫；揆之以日，作于楚室。"夫定者，營室星也。方中，謂昏時在南方在中，此小雪時營制楚宫也。揆，度也，度日出入以知東西，於南視定星，於北準極星，以正南北。室，居室也。

日影取正[①]

《詩》"定之方中"，又"揆之以日"，詩見前。《周禮・天官》："惟王建國，辨方正位。"《考工記》："置臬以垂"懸"犯聖祖名，改爲"垂"，詳見前。眂，以景爲規，識日出之景與日入之景，夜攷之極星，以正朝夕。"自日出而畫其景端，以至日入既則爲規，則景兩弦之内規之，規之交乃審也，度兩交之間，中臬之以指槷，則南北正日中之景最短者也。極星謂北辰。《管子》："夫繩扶掇以爲正。"《字林》："揳，時釧切。垂臬望也。"《刊謬證俗》音字，今山東匠人猶言垂繩視正爲揳。

取正之制，先於基址中央日内置圈板，徑一尺三寸六分，當心立表，高四寸，徑一分。晝表景之端，記日中最短之景，次施望筒於其上，望日星以正四方。望筒長一尺八寸，方三寸，用板合造。兩罨頭開圜眼，徑五分，筒身當中兩壁用軸安於兩頰之内，其立頰自軸至地高三尺，廣三寸，厚二寸，晝望以筒指南，令日景透

① "日影"二字底本無，此據前載監本目録補。

北，夜望以筒指北，於筒南望，令前後兩竅内正見北辰極星，然後各垂繩墜下，記望筒兩竅心於地，以爲南，則四方正。若地勢偏衺，既以景表望筒取正四方，或有可疑處，則更以水池景表較之。其立表高八尺、廣八寸、厚四寸，上齊，後斜向下三寸，安於池板之上。其池板長一丈三尺，中廣一尺，於一尺之内隨表之廣刻線兩道，一尺之外開水道環四周，廣深各八分，用水定平，令日景兩邊不出刻線，以池板所指及立表心爲南，則四方正。安置令立表在南，池板在北①，其景夏至順景長三尺，冬至長一丈二尺，其立表内向地順處用曲尺較令方正。

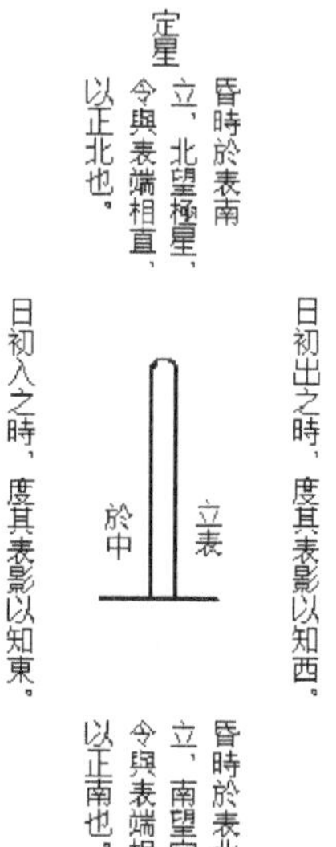

視定揆日圖

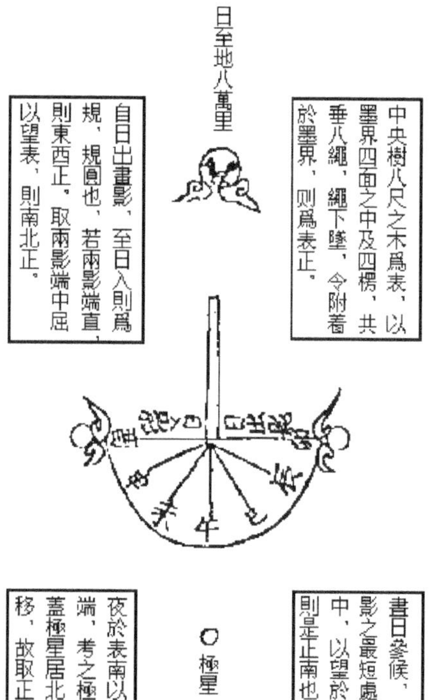

參影考極圖

① “池”字底本誤作“地”，兹依文例校改。

張謙添宋李誡《營造》制度取正定平之法并圖[1]，與書中有異，亦可法式，故叙於此。

水地定平[2]

《周官・考工記》："匠人建國，水地以垂。詳見前。"《莊子》："水静則平，中準，大匠取法焉。"《管子》："夫準壞險以爲平。"定平之制，既正四方，據其位置於四角各立一表，當心安水平，其水平長二尺四寸，廣二寸五分，高二寸，下施立椿，長四尺，安據在内。上面横坐水平，兩頭各開池，方一寸七分，深一寸三分，或中心更開池者，方、深同。身内開槽子，廣深各五分，令水通過，於兩頭池子内各用水浮子一枚，用三池者，水浮子或亦用三枚。方一寸五分，高一寸二分，刻上頭令側薄，其厚一分，浮於池内，望兩頭水浮子之首遥對立表處，於表身内晝記，即知地之高下，若槽内如有不用用木處，即以椿子當心施木線道，道下垂繩墜下，令繩對木線心，則上標直平，與用水同，其槽底與墨線兩邊用曲尺較令方正。凡定柱礎取平，須更用真尺較之，其真尺長一丈八尺，廣四寸，厚一寸五分，當心上立表，高四尺廣、厚上同。於立表當心自上至下施墨線一道，垂繩墜下，令繩對墨線心，則其下地面自平。其真尺身上平處於立表上，墨線直道亦用曲尺較令方平[3]。

① "誡"字底本原作"誠"，按此《營造》當即指李誡之《營造法式》，故"誠"當爲"誡"字形訛，姑據校改。

② "水地"二字底本無，此據前載監本目録補。

③ "墨"字底本初作"用"，後補抄"墨"字於句末，抄本徑改作，兹從之。又底本"直"字抄本作"兩"。

後面景表版圖

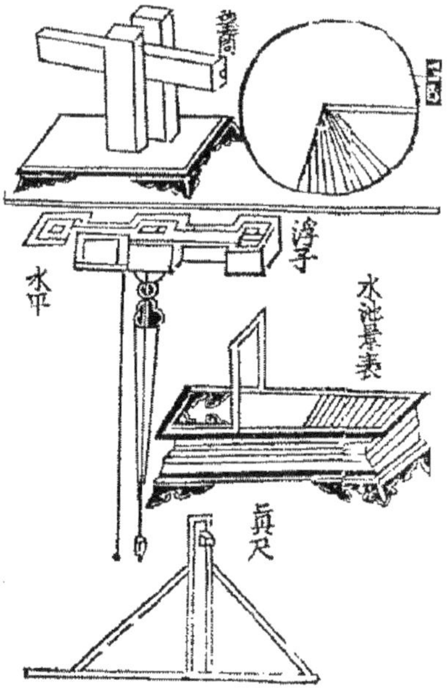

後面景表版圖

太極極者，至而遠之辭也，冬至、夏至之爲極，各有三意焉：冬至昼漏極，去極極遠，晷影極長；夏至昼漏極長，去極極近，晷景極短。

二十四氣日所在	黄道去極	晷景	晝漏刻	夜漏刻	昏中星	旦中星
冬至斗四度十七分退二	百十五度	丈三尺	四十五	五十五	奎六弱	亢二少强退一
小寒女二度七分進	百十三强	丈二尺三寸	四十五八分	五十四一分	娄六半少退	氐七少弱退二
大寒虚五度十四分退二	百十一太弱①	丈一尺	四十六八分	五十三二分	胃十一半强退	心半退三
立春危十度二十一分進二	百六少弱	九尺六寸	四十八六分	五十一四分	畢五少弱退三	尾七半弱退
雨水室八度二十八分退三	百一强	七尺九寸五分	五十八分	四十九一分	參六半弱退	箕六太弱退三
驚蛰壁八度三分進一	九十五强	六尺五寸	五十二三分	四十六七分	井十七少弱退三	斗少退一
春分奎十四度十分	八十九少强	五尺二寸五分	五十五八分	四十四二分	鬼四	斗十一强退三

①　“太弱”底本作“六强”，蓋並爲形訛，姑據抄本改作。

二十四氣日所在	黄道去極	晷景	晝漏刻	夜漏刻	昏中星	旦中星
清明胃一度十七分退二	八十三少弱	四尺一寸五分	五十八一分	四十一七分	星四太進	斗廿一半退二
穀雨昴二度二十四分退二	七十七太强	三尺二寸	六十五分	三十九五分	張十七進一	牛六半
立夏畢六度三十一分退三	七十三少弱	二尺五寸二分	六十二四分	三十七六分	翼十七太進二	女十少弱十
小滿參四度六分退四	六十九太弱	尺九寸八分	六十三七分	三十六一分	角六弱	危太弱進三
芒種井十度十三分退三	六十七少强	尺六寸八分	六十四九分	三十五一分	亢五太退一	危十四强退三
夏至井十五度十分退三	六十七强	尺五寸	六十五	三十五	氐十二少弱退二	室十二少弱退二
小暑柳二度二十七分	六十七太强	尺七寸	六十四七分	三十五三分	尾一太强退一	奎太强
大暑星四度三分進一	七十	二尺	六十三	三十六一分	尾十五半弱退	婁三太弱退一①
立秋張十二度九分進一	七十三半强	二尺五寸五分	六十二三分	三十七十分	箕九太强退三	胃九太弱退三
處暑翼九度十六分退二	七十八半强	三尺三寸二分	六十二分	三十九八分	斗十少退	畢三太弱退三②
白露軫六度二十二分退	八十四少强	四尺三寸五分	五十七八分	四十二二分	斗二十一强退	參五半弱退四
秋分角四度三十分	九十半	五尺五寸	五十五二分	四十四八分	牛五少	井十六少弱退三
寒露亢八度五分退二	九十六少强	六尺八寸五分	五十二六分	四十七四分	女七太進	鬼三少强
霜降氐十四度十三分退二	百二少强	八尺四寸	五十三分	四十九十分	虚六太進一	星三太强進一
立冬房四度十九分退三	百七少强	丈四寸二分	四十八二分	五十一四分	危八强進二	張十五太强進二
小雪箕一度二十六分退三③	百一十一弱	丈一尺四寸	四十六七分	五十三三分	室二半强進三	翼太强進二
大雪斗六度一分退三	百一十三太弱	丈二尺五寸六分	四十五五分	五十四五分	壁半强進	軫十五少强進一

易緯晷景長短立鈐於後

冬至晷景長一丈三尺。

小寒晷景長一丈二尺四分。

大寒晷景長一丈一尺八分。

立春晷景長一丈一寸二分。

① “弱”字底本無，抄本同，不合文例，姑爲擬補。

② “弱”字底本無，抄本同，不合文例，姑爲擬補。

③ “箕”字底本作“其”，抄本改作如此，合於通例，此從改。

雨水晷景長九尺一寸六分。

驚蛰晷景長八尺二寸。

春分晷景長七尺二寸四分。

清明晷景長六尺二寸八分。

穀雨晷景長五尺三寸二分。

立夏晷景長四尺三寸六分。

小滿晷景長三尺四寸。

芒種晷景長二尺四寸四分。

夏至晷景長一尺四寸八分。

小暑晷景長二尺四寸四分。

大暑晷景長三尺四寸。

立秋晷景長四尺三寸六分。

處暑晷景長五尺三寸二分。

白露晷景長六尺二寸八分。

秋分晷景長七尺二寸四分。

寒露晷景長八尺二寸。

霜降晷景長九尺一十六分。

立冬晷景長一丈一寸二分。

小雪晷景長一丈一尺八分。

大雪晷景長一丈二尺四分。

喬道用所添二條新式於後。

二至表景

從冬至初日晷景長一丈二尺八寸五分。

一日長一丈二尺八寸四分。

二日長一丈二尺八寸四分。

三日長一丈二尺八寸三分。

四日長一丈二尺八寸一分。

五日長一丈二尺八寸。

六日長一丈二尺七寸八分。

七日長一丈二尺七寸五分。

八日長一丈二尺七寸二分。

九日長一丈二尺六寸九分。

十日長一丈二尺六寸五分。

十一日長一丈二尺六寸二分。

十二日長一丈二尺五寸七分。

十三日長一丈二尺五寸三分。

十四日長一丈二尺四寸。

十五日長一丈二尺四寸二分[①]。

十六日長一丈二尺三寸七分。

① 此日表景長度疑與前條誤乙，方合冬至後晷景漸短之例，俟考。

十七日長一丈二尺三寸一分。

十八日長一丈二尺二寸五分。

十九日長一丈二尺一寸八分。

二十日長一丈二尺一寸一分。

二十一日長一丈二尺四寸。

二十二日長一丈一尺九寸七分。

二十三日長一丈一尺八寸九分。

二十四日長一丈一尺八寸一分。

二十五日長一丈一尺七寸三分。

二十六日長一丈一尺六寸五分。

二十七日長一丈一尺五寸六分。

二十八日長一丈一尺四寸八分。

二十九日長一丈一尺三寸九分。

三十日長一丈一尺二寸九分。

三十一日長一丈一尺二寸。

三十二日長一丈一尺一寸一分。

三十三日長一丈一尺一分。

三十四日長一丈九寸一分。

三十五日長一丈八寸一分。

三十六日長一丈七寸一分。

三十七日長一丈六寸一分。

三十八日長一丈五寸一分。

三十九日長一丈四寸一分。

四十日長一丈三寸。

四十一日長一丈二寸。

四十二日長一丈一寸。

四十三日長九尺九寸九分。

四十四日長九尺八寸九分。

四十五日長九尺七寸八分。

四十六日長九尺六寸八分。

四十七日長九尺五寸七分。

四十八日長九尺四寸六分。

四十九日長九尺三寸六分。

五十日長九尺二寸五分。

五十一日長九尺一寸五分。

五十二日長九尺四分。

五十三日長八尺九寸四分。

五十四日長八尺八寸三分。

五十五日長八尺七寸三分。

五十六日長八尺六寸三分。

五十七日長八尺五寸二分。

五十八日長八尺四寸二分。

五十九日長八尺三寸二分。

六十日長八尺二寸二分。

六十一日長八尺一寸二分。

六十二日長八尺二分。

六十三日長七尺九寸二分。

六十四日長七尺八寸二分。

六十五日長七尺七寸二分。

六十六日長七尺六寸二分。

六十七日長七尺五寸二分。

六十八日長七尺四寸三分。

六十九日長七尺三寸三分。

七十日長七尺二寸三分[1]。

七十一日長七尺一寸四分。

七十二日長七尺四分[2]。

七十三日長六尺九寸五分。

七十四日長六尺八寸六分。

七十五日長六尺七寸七分。

七十六日長六尺六寸七分。

七十七日長六尺五寸八分。

七十八日長六尺四寸九分。

七十九日長六尺四寸。

八十日長六尺三寸一分。

八十一日長六尺二寸三分。

八十二日長六尺一寸四分。

八十三日長六尺五分。

八十四日長五尺九寸六分。

八十五日長五尺八寸八分。

八十六日長五尺七寸九分。

八十七日長五尺七寸一分。

八十八日長五尺六寸三分。

---

① “二”字底本作“三”，與前日同長，似不合前後文例，姑爲校改。

② “分”字底本作“寸”，與前後文例不合，兹爲校改。

八十九日長五尺五寸四分。

九十日長五尺四寸六分。

九十一日長五尺三寸八分。

九十二日長五尺三寸。

九十三日長五尺二寸二分[①]。

九十四日長五尺一寸五分。

九十五日長五尺七分。

九十六日長四尺九寸九分。

九十七日長四尺九寸二分。

九十八日長四尺八寸四分。

九十九日長四尺七寸七分。

一百日長四尺七寸。

一百一日長四尺六寸三分。

一百二日長四尺五寸六分。

一百三日長四尺四寸七分。

一百四日長四尺四寸二分。

一百五日長四尺三寸五分。

一百六日長四尺二寸八分。

一百七日長四尺二寸一分。

一百八日長四尺一寸五分。

一百九日長四尺八分。

一百一十日長四尺二分。

百一十一日長三尺九寸五分。

① “分”字底本脱刻，抄本校補，兹從之。

百一十二日長三尺八寸九分。

百一十三日長三尺八寸三分。

百一十四日長三尺七寸七分。

百一十五日長三尺七寸一分。

百一十六日長三尺六寸五分。

百一十七日長三尺五寸九分。

百一十八日長三尺五寸三分。

百一十九日長三尺四寸七分。

百二十日長三尺四寸二分。

百二十一日長三尺三寸六分。

百二十二日長三尺三寸一分。

百二十三日長三尺二寸五分。

百二十四日長三尺二寸。

百二十五日長三尺一寸五分。

百二十六日長三尺一寸。

百二十七日長三尺四分。

百二十八日長二尺九寸九分。

百二十九日長二尺九寸四分。

百三十日長二尺九寸。

百三十一日長二尺八寸五分。

百三十二日長二尺八寸。

百三十三日長二尺七寸六分。

百三十四日長二尺七寸一分。

百三十五日長二尺六寸七分。

百三十六日長二尺六寸二分。

百三十七日長二尺五寸八分。

百三十八日長二尺五寸四分。

百三十九日長二尺五寸。

百四十日長二尺四寸六分。

百四十一日長二尺四寸二分。

百四十二日長二尺三寸八分。

百四十三日長二尺三寸四分。

百四十四日長二尺三寸。

百四十五日長二尺二寸七分。

百四十六日長二尺二寸三分。

百四十七日長二尺二寸。

百四十八日長二尺一寸六分。

百四十九日長二尺一寸三分。

百五十日長二尺一寸。

百五十一日長二尺七分。

百五十二日長二尺四分。

百五十三日長二尺一分。

百五十四日長一尺九寸八分。

百五十五日長一尺九寸五分。

百五十六日長一尺九寸三分。

百五十七日長一尺九寸。

百五十八日長一尺八寸七分。

百五十九日長一尺八寸五分。

百六十日長一尺八寸三分。

百六十一日長一尺八寸一分。

百六十二日長一尺七寸八分。

百六十三日長一尺七寸六分。

百六十四日長一尺七寸四分。

百六十五日長一尺七寸三分。

百六十六日長一尺七寸一分。

百六十七日長一尺六寸九分。

百六十八日長一尺六寸八分。

百六十九日長一尺六寸六分。

百七十日長一尺六寸五分。

百七十一日長一尺六寸四分。

百七十二日長一尺六寸二分。

百七十三日長一尺六寸一分。

百七十四日長一尺六寸。

百七十五日長一尺六寸。

百七十六日長一尺五寸九分。

百七十七日長一尺五寸八分。

百七十八日長一尺五寸八分。

百七十九日長一尺五寸七分。

百八十日長一尺五寸七分。

百八十一日長一尺五寸七分。

百八十二日長一尺五寸七分。

夏至初日晷景長尺五寸七分

一日長一尺五寸七分。

二日長一尺五寸七分。

三日長一尺五寸七分。

四日長一尺五寸七分。

五日長一尺五寸八分。

六日長一尺五寸八分。

七日長一尺五寸九分。

八日長一尺六寸。

九日長一尺六寸一分。

十日長一尺六寸二分。

十一日長一尺六寸三分。

十二日長一尺六寸四分。

十三日長一尺六寸五分。

十四日長一尺六寸七分。

十五日長一尺六寸八分。

十六日長一尺七寸。

十七日長一尺七寸二分。

十八日長一尺七寸三分。

十九日長一尺七寸五分。

二十日長一尺七寸七分。

二十一日長一尺七寸九分。

二十二日長一尺八寸一分。

二十三日長一尺八寸四分。

二十四日長一尺八寸六分。

二十五日長一尺八寸八分。

二十六日長一尺九寸四分[1]。

① “四分”疑有誤,依文例似當作“一分”左右爲是,俟考。

二十七日長一尺九寸四分。

二十八日長一尺九寸六分。

二十九日長一尺九寸九分。

三十日長二尺二分。

三十一日長二尺五分。

三十二日長二尺八分。

三十三日長二尺一寸一分。

三十四日長二尺一寸四分。

三十五日長二尺一寸七分。

三十六日長二尺二寸一分。

三十七日長二尺二寸四分。

三十八日長二尺二寸八分。

三十九日長二尺三寸二分。

四十日長二尺三寸五分。

四十一日長二尺三寸九分。

四十二日長二尺四寸三分。

四十三日長二尺四寸七分。

四十四日長二尺五寸一分。

四十五日長二尺五寸五分。

四十六日長二尺六寸。

四十七日長二尺六寸四分。

四十八日長二尺六寸八分。

四十九日長二尺七寸三分。

五十日長二尺七寸七分。

五十一日長二尺八寸三分。

五十二日長二尺八寸七分。

五十三日長二尺九寸一分。

五十四日長二尺九寸六分。

五十五日長三尺一分。

五十六日長三尺六分。

五十七日長三尺一寸一分。

五十八日長三尺一寸七分。

五十九日長三尺二寸二分。

六十日長三尺二寸七分。

六十一日長三尺三寸三分。

六十二日長三尺三寸八分。

六十三日長三尺四寸四分。

六十四日長三尺五寸。

六十五日長三尺五寸五分。

六十六日長三尺六寸一分。

六十七日長三尺六寸七分。

六十八日長三尺七寸三分。

六十九日長三尺七寸九分。

七十日長三尺八寸五分。

七十一日長三尺九寸二分。

七十二日長三尺九寸八分。

七十三日長四尺四分。

七十四日長四尺一寸一分。

七十五日長四尺一寸七分。

七十六日長四尺二寸四分。

七十七日長四尺三寸一分[①]。

七十八日長四尺三寸七分。

七十九日長四尺四寸四分。

八十日長四尺五寸一分。

八十一日長四尺五寸八分。

八十二日長四尺六寸五分。

八十三日長四尺七寸三分。

八十四日長四尺八寸。

八十五日長四尺八寸七分。

八十六日長四尺九寸五分。

八十七日長五尺二分[②]。

八十八日長五尺一寸。

八十九日長五尺一寸八分。

九十日長五尺二寸五分。

九十一日長五尺三寸三分。

九十二日長[③]

九十三日長[④]

九十四日長五尺五寸八分。

九十五日長五尺六寸六分。

九十六日長五尺七寸四分。

---

① "三"字底本誤作"二",抄本同,兹依文例校改。

② "分"字底本誤作"寸",抄本同,兹依文例校改。

③ 此下文字底本留空,抄本同,蓋其所據本有殘泐所致,依文例推之,此長應爲"五尺四寸"左右。

④ 此下文字底本留空,抄本同,蓋其所據本有殘泐所致,依文例推之,此長應爲"五尺五寸"左右。

九十七日長五尺八寸三分。

九十八日長五尺九寸一分。

九十九日長五尺九寸九分。

一百日長六尺八分。

一百一日長六尺一寸七分。

一百二日長六尺二寸六分。

一百三日長六尺三寸五分。

一百四日長六尺四寸四分。

一百五日長六尺五寸三分。

一百六日長六尺六寸二分。

一百七日長六尺七寸一分。

一百八日長六尺八寸。

一百九日長六尺八寸九分。

一百十日長六尺九寸九分。

一百一十一日長七尺八分。

百一十二日長七尺一寸八分。

百一十三日長七尺二寸七分。

百一十四日長七尺三寸七分。

百一十五日長七尺四寸六分。

百一十六日長七尺五寸六分。

百一十七日長七尺六寸六分。

百一十八日長七尺七寸六分。

百一十九日長七尺八寸六分。

百二十日長七尺九寸五分。

百二十一日長八尺五分。

百二十二日長八尺一寸六分。

百二十三日長八尺二寸六分。

百二十四日長八尺三寸六分。

百二十五日長八尺四寸六分。

百二十六日長八尺五寸六分。

百二十七日長八尺六寸六分。

百二十八日長八尺七寸七分。

百二十九日長八尺八寸七分。

百三十日長八尺九寸八分①。

百三十一日長九尺八分。

百三十二日長九尺一寸九分。

百三十三日長九尺二寸九分。

百三十四日長九尺四寸。

百三十五日長九尺五寸。

百三十六日長九尺六寸一分。

百三十七日長九尺七寸二分。

百三十八日長九尺八寸二分。

百三十九日長九尺九寸三分。

百四十日長一丈三分。

百四十一日長一丈一寸四分。

百四十二日長一丈二寸四分。

百四十三日長一丈三寸四分。

百四十四日長一丈四寸五分。

① “分”字底本殘泐，抄本有之，合於文例，兹據徑録。

百四十五日長一丈五寸五分。

百四十六日長一丈六寸五分。

百四十七日長一丈七寸五分。

百四十八日長一丈八寸五分。

百四十九日長一丈九寸九分。

百五十日長一丈一尺五分。

百五十一日長一丈一尺一寸四分。

百五十二日長一丈一尺二寸四分。

百五十三日長一丈一尺二寸三分。

百五十四日長一丈一尺四寸二分。

百五十五日長一丈一尺五寸一分。

百五十六日長一丈一尺六寸。

百五十七日長一丈一尺六寸八分。

百五十八日長一丈一尺七寸六分。

百五十九日長一丈一尺八寸四分。

百六十日長一丈一尺九寸一分。

百六十一日長一丈二尺。

百六十二日長一丈二尺七分。

百六十三日長一丈二尺一寸四分。

百六十四日長一丈二尺二寸一分。

百六十五日長一丈二尺二寸七分。

百六十六日長一丈二尺三寸三分。

百六十七日長一丈二尺三寸三分[①]。

百六十八日長一丈二尺四寸四分。

百六十九日長一丈二尺五寸。

百七十日長一丈二尺五寸四分。

百七十一日長一丈二尺五寸九分。

百七十二日長一丈二尺六寸三分。

百七十三日長一丈二尺六寸七分。

百七十四日長一丈二尺七寸。

百七十五日長一丈二尺七寸三分。

百七十六日長一丈二尺七寸六分。

百七十七日長一丈二尺七寸八分。

百七十八日長一丈二尺八寸。

百七十九日長一丈二尺八寸二分。

百八十日長一丈二尺八寸三分。

百八十一日長一丈二尺八寸四分。

百八十二日長一丈二尺八寸四分。

晝夜周天三百六十五度法

《月令》章句曰："周天三百六十五度四分度之一，分爲十二次，日月之所躔也。地有十二分，王侯之所國也。每次三十二度三十三分之十四，日至其初爲節，至其中爲中氣。"

自危十度至壁八度謂之豕韋之次，立春、驚蟄居之，衛之分野。

① "三分"抄本同，按"三分"前條已出，依例此當爲"七分"或"八分"之間，底卷誤作，俟考。

自壁八度至胃一度謂之降婁之次，雨水、春分居之，魯之分野。

自胃一度至畢六度謂之大梁之次，清明、穀雨居之，趙之分野。

自畢六度至井十度謂之實沈之次，立夏、小滿居之，晉之分野。

自井十度至柳三度謂之鶉首之次，芒種、夏至居之，秦之分野。

自柳三度至張十二度謂之鶉火之次，小暑、大暑居之，周之分野。

自張十二度至軫六度謂之鶉尾之次，立秋、處暑居之，楚之分野。

自軫六度至亢八度謂之壽星之次，白露、秋分居之，鄭之分野。

自亢八度至尾四度謂之大火之次，寒露、霜降居之，宋之分野。

自尾四度至斗六度謂之析木之次，立冬、小雪居之，燕之分野。

自斗六度至須女二度謂之星紀之次，大雪、冬至居之，越之分野。

自須女二度至危十度謂之玄枵之次，小寒、大寒居之，齊之分野。

蔡邕分星次度數與皇甫謐不同，兼明氣、節所在，故載焉，謐所列在《郡國志》。

水地定平圖

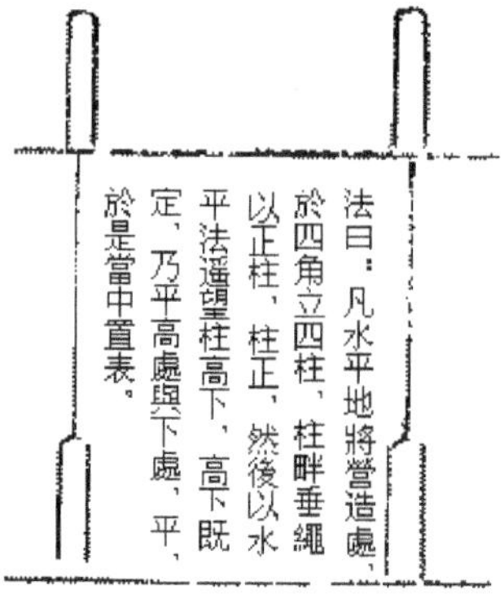

水地定平圖

五行定位

《洪範》九疇，類也。其一曰五行：一曰水，二曰火，三曰木，四曰金，五曰土，其精繫于天，則爲五星；其形效于地，則爲五材；其氣統於歲，則爲五辰；於人内爲五藏，外爲五候，通於目者爲五色[①]，入於耳者爲五音，别彼列切。於口者爲五味，施於行者爲五常。是以人君乘五運、置五宫、分五禮、設五刑，萬方以治，民用咸若。然後以五事察其得失，以觀風雨暘陰寒燠於六切，火热也。與動植生也。夭禍祥眚所景切，災也。之變，雖萬物紜紜，乾坤廣大，各從其類，則莫不由乎此也。是以五行之變而吉凶不可勝占也，五材之變而形器不可勝用也，五辰之變而逆順不可勝計也。人受

① “目”字底本作“日”，抄本改作“目”，合於文例，兹從改録。

天地之中，得其秀氣以生，視聽食息未有離於五行者也，是以人生則有居室，終則有兆域，舉其姓氏配之於五行，因其盛衰以錯於地，五行變然後吉凶生，吉凶生然後利害明，聖人將使民就利違害，是以謀及卜筮占相焉。

東方木，其氣生，其音角，其蟲蒼龍，其王春。木王即火相、土囚、金死、水休，以火爲子，土爲妻，金爲鬼，水爲父母。

南方火，其氣榮，其音徵，其蟲朱雀，其王夏。火王即土相、金囚、水死、木休，以土爲子，金爲妻，水爲鬼，木爲父母。

中央土，其氣恩育，其音宮，其蟲勾陳，其王季夏。本無正位①，與水同行。土王即金相、水囚、木死、火休，以金爲子，水爲妻，木爲鬼，火爲父母。

西方金，其氣殺，其音商，其蟲白虎，其王秋。金王即水相、木囚、火死、土休，以水爲子，木爲妻，火爲鬼，土爲父母。

北方水，其氣收藏，其音羽，其蟲玄武，其王冬。水王即木相、火囚、土死、金休，以木爲子，火爲妻，土爲鬼，金爲父母。

亥卯未，木之位，角音，欲其廣；寅午戌，火之位，徵音，欲其厚；巳酉丑，金之位，商音，欲其强；申子辰，水之位，宫羽音，欲其高。又曰父子之位宜乎廣，兄弟之位宜乎高，妻位宜乎平，鬼鄉欲其低。

① “本”字底本作“木”，抄本校改作“本”，兹從改録。

五姓所屬

《國語》:"司商協民姓。"司商蓋官名,商,音之清者,謂吹律以定民姓也。又《史記》"六律爲萬事本",故曰自非草木之聲,則必有所合姓者,人所以自别,而先王以是類族辨物者也。發於言,形於聲,合於律,則五音隨之矣。五音有所屬,則有相生也,有相害也,有父子也,有夫婦也。古之聰明睿以芮切,聖也①。智,推其本原,察其情性,而考其動静,然後見吉凶,立占相之術,使民就利違害而納諸福也。至于十干十二支,五行分剛柔之性,及其錯而爲六旬也,則爲之納音以定之,故甲子甲爲木、子爲水,配之以金,則相生相剋,父子、夫婦,捨水、木而論金矣。

人之姓氏亦猶是焉,雖楚夏不同,宫商異律,亦各隨其聲也。五音者,木爲角,火爲徵,土爲宫,金爲商,水爲羽。其傳蓋久,惟吕才獨以爲不然。才儒者,忿時俗多拘忌而巫史罔惑,故立甚高之論以絶之。以才言爲然,則陰陽之妄而卜筮之説可癈也,其不可癈,則當詳是否而擇焉。巫史者,愚夫愚婦之耻也,若假於時日、鬼神、卜筮以疑衆者,在《王制》"殺無赦",其所談説又安能熒乱人耳目哉!其惑之者過矣,固不足與較其是非,禁其誕音但,欺也。妄,抑其太甚可也。謂姓無五音,則又不然,才既删音山,削也。除之矣,其後有孫季邕者又從而爲之説,季邕所否者,皆世俗所知辨而非實,至于言律吕則躓知利切。矣,今皆略其説云。按《風

① "也"字下底本有一代字符,蓋爲填補雙行之左行空格而作,姑不具録。

俗通》:“人得姓者九:一曰氏於號,唐、虞、商、周是也;二曰氏於謚,音示。文、武、宣、穆是也;三曰氏於國,楚、宋、齊、魯是也;四曰氏於家,孟、仲、季是也;五曰氏於爵,公、王、侯、伯是也;六曰氏於官,司空、司徒是也;七曰氏於事,青、牛、白、馬是也;八曰氏於居,城、郭、門、苑是也;九曰氏於職,巫、卜、陶、匠是也。”

黄帝時見書傳者姓氏尚少,自後賜族益多,以至於十姓八族。或謂黄帝配五姓者,蓋假託耳。或謂五姓者五帝之裔,以其繼五運而相配,如太昊音浩。以木德王天下,其後盡爲角姓歟?以類推之,則炎帝後属徵,黄帝後属宫,少昊後属商,顓頊上音專,下音勗。後属羽[①],而五帝子孫音姓交互,如吕則炎帝之裔,今爲羽音矣;李則顓頊之裔,今爲徵音矣。

若以文字止於四聲之用,以五音爲主[②],則平聲之中合口呼者爲宫,開口呼者爲商,上聲属徵,去聲属羽,入聲爲角,而朱、姚、周、毛俱是平聲,配入角音矣;蔣、耿、賈、左乃是上聲,配入商音矣。

若以五姓皆因口勢呼而配之,口勢隆穹者爲宫音,口良昌者爲商音,口撲音雹。捉者爲角音,舌抵齒者爲徵音,口僂窶上音縷,下其矩切。者爲羽音。則吴、盧平聲同韻,口勢則近於僂窶,盧乃属商,吴乃属羽矣。賈、馬俱是上聲同韻,口勢近於良昌,賈則属商,馬則属羽矣。

或以爲辨五味、定五音者非舌不决,夫五音發舌,舌居中者爲宫,土位在中也;音發而微下者爲商,金性陰沈也;音發而起曲

① “後”字底本誤作“移”,不合文例,抄本已改,兹從改録。
② “主”字底本誤作“王”,不辭,抄本已改,兹從改録。

者爲角，木性曲直也；音發而舌上者爲徵，火性炎上也；音發而舌下勾者爲羽，水性潤下也，此則舌定五音，自然之理，以音配姓則齟齬上音聚，下音語，齒不相值也。難安。至於羊則叔虞之後，合属徵音；陽則黄帝别族，合属宫音；又楊則漢太尉之後，合爲商音；又如豆則前漢之别族，有將軍代田，合属商音；竇則夏后之裔，合属角音，亦作徵音；又田、年同用舌勢，田爲徵音，年爲羽音；又有覆姓取上字者，則東方属商，東門属宫，東郭属羽，公西属商，公丘属徵，公門属宫；用下字者，則閭丘属宫，高丘属徵，毋音无。丘属羽，上下字配之，皆不相入也。

或曰音之所興，先因於律，故孔父吹律，知是商人之後；京房吹律，自知其姓所由，或因於此乎？然江南劉爲角、淮北劉爲宫，豈以南北地殊，音律異乎？徐則或羽或商，劉則或宫或角，兩呼之姓，百有餘家，雖宣父、京房，亦何爲也！

五姓非古也，今士大夫悉皆用之，蓋陰陽書非理人之法，士大夫罕知其吉凶，不免詢於巫者。

或問："夫人生則卜其所居，死則卜其宅兆，如無五姓，將何以定？"答曰："家宅，人之大事，其來久矣，若所居則有陰陽二宅、刑禍福德、歲月吉路，若宅兆則有山岡勝負、三鑑覆臨、六道抵向。三鑑者，天鑑、地鑑、人鑑也；六道者，天道、地道、人道、鬼道、死道、兵道是也。"又曰："山岡有勝負，敢問八將、六對、地法何也？"答曰："八將者，四維、四干是也；六對者，十二辰是也，假令角音青龍在卯，白虎在酉爲一對；天倉在辰，天牢在戌爲二對；功曹在巳，傳送在亥爲三對；冠帶在午，伏屍在子爲四對；大墓在未，小墓在丑爲五對；沐浴在申，胎生在寅爲六對也。丙爲官國，一將也；壬爲金匱，二將也；庚爲勾陳，三將也；甲爲穀將，四將也；坤爲死氣，五將也；艮爲生氣，六將也；巽爲朱雀，七將也；乾爲玄武，八將也。”

《拔地經》：“朱雀宜高，玄武宜下。”其地形西北低下，東南仰高，而吕才云：“乾地低下，法主短壽，官禄破敗。”郭氏説以爲水向乾逆流，子孫爲盜及吊死者、火災，何不利於角家也。又《五音經》云：“東高西下爲之角地，徵羽亦可居之；南高北下爲之徵地，角姓亦可居之。”今郭氏經及吕才並云東高西下、南高北下並主門户滅絶孤寡，何不辨於五姓哉？此蓋言逆其陽氣也，若順五音即不然。

凡五姓與禮經人事乖背者宜捨而不取，婚書云：“子午生女，利六月、十二月嫁，若商角二姓則嘉會之禮闕焉。”又若大夫三月而葬，豈緣墓月？若先期而葬，謂之不懷；後期而葬，謂之怠禮也。怠，慢也。與陰陽書協同者，協，合也。順俗可也。假令陽宅西南移入福德鄉，造陽宅者便云徵羽宫利在西南；若三鑑吉路在西北者，便云商角所宜是也。其有吴楚音從其土地所用及依上望，即禍福無疑。

以前皆用官書及經史參詳新定。

宫音

崇、弓、宫、躬、融、肜、蒙、雄、熊、馮、豐、酆、公、功、洪、紅、鴻、通、風、宗、鍾、封、雙、縻、危、斯、誾、庐、居、鈞[1]、訢、言欣切。殷、今避御諱改姓朱或商。門、尊、罇、敦、鳳、音奉[2]。恒、燕、權、拳、要、

① “鈞”字底本作“鈞”，抄本改作“鈞”，似與前後姓氏音協，姑從改録。

② 本條抄本改作“賁，音奔”，不知何據。

平聲。敖、過、戈、渦、音戈。沙、花、陽、印、音昂。京、嬴、盈、郿、營、承、仍、劉、留、遊、由、攸、牛、周、州、舟、丘、仇、求、裘、婁、樓、僂、音婁。緱、古侯切。勾、林、臨、斟、箴、針、任、陰、霒、音陰。岑、鐔、音尋。金、欽、覃、南、談、甘、閻、塩、占、嚴、董、孔、奉、鞏、音拱。隗、嵬上。閔、苑、滿、鮑、寶、保、廣、景、猛、穎、幸①、柳、鈕②、聚③、酒、苟、沈、審、鞠、音匊④。奄、范、貢、仲、衆、宋、意、計、薊、音計。桂、代、藺、遴、並音吝。訓、貫、灌、冠、觀、諫、晏、僙、就、寇、勾、去聲。念、劍、闞、苦濫切。監、卜、濮、音卜。陸、鞠、叔、郁、郰、音郁。玉、夙、壆、音夙。潚、逯、渌、暨、居乙切。欝、屈、闕、教、音孛。仂、音勒。勒、汲、給、葉、涉、聶。

覆姓：歐陽、公孫、申屠、東門、西宮、南宮、北宮、社南、千乘、東野、司徒、司空、公乘、公門、侯史、密須、閭丘、封父、無鈞、賀婁、銅鍉、音帝。邯鄲、上音寒，下音丹。屈侯、水丘、富陵、豆盧、屈突、斛斯、同蹄、吐突、麗飛、執失、拔野、素和、谷渾、吐萬、荔非、托拔。

三字姓：步六孤。

商音

鄘、容、儀、宜、司、巫、嵇、音奚。奚、西、柴、枚、梅、雷、棓、裴、申、侚、倫、綸、元、源、樊、繁、言、孫、温、韓、寒、邦、安、乾、古寒切。莞、音奸。潘、關、班、顔、山、姍、先干切。淵、蜎、音淵。鮮、然、嬿、

① “幸”字底本作“景”，抄本校改作“幸”，按“景”字前已出，故姑從抄本録定。
② “鈕”字底本作“鉏”，抄本改作，且加注云“女九切”，與前後字音協，姑從改録。
③ “聚”字所在底本作“水彭明”三字，與前後字音不協，抄本改作，姑從改録。
④ 本條抄本改作“瞫、音審”，不知何據。

便、平聲。苗、茅、何、柯、羅、和、余、視遮切。虵、楂、楊、洋、梁、良、涼、鄉、商、殤、房、章、昌、姜、萇、穰、方、張、襄、相、平聲。常、嘗、匡[①]、今避朝諱，改姓。王、强、平聲。堂、唐、棠、郎、琅、狼、倉、桑、喪、廣、康、黄、皇、光、湯、汪、藏、彭、英、平、明、鳴、卿[②]、衡、行、成、郕、程、邢、陘、秋、尋、鄩、膶、颯、音尋。隴、被、邸、洗、解、采、阮、苑、蹇、寋、展、善、單、音善。也、賈、假、夏、蔣、强、上聲。掌、仉、音掌。邴、丙、秉、郢、酉、羑、音酉。壽、冉、染、湛、異、寄、貴、度、庫、税、蔡、能、佴、並音耐。載、下、邵、召、謝、夏、一云去聲。向、暢、尚、相、亮、杭、伉、敬[③]、避廟諱，改姓文。文、或、葉、竟、盛、授、豆、郅、質、葛、滑、藥、約、駱、落、絡、雒、索、鬲、革、伯、柏、白、帛、劇、郄、釋、適、奭、音失。石、席、夕、籍、習、郜、合、北。

覆姓：軒轅、上官、皇甫、令狐、第五、東方、西門、南門、西方、東鄉、公西、成公、青陽、柳下、仲行、章仇、古成、安期、虞卿、濮陽、端木、宇文、慕容、賀蘭、赫連、萬俟、柘王、乞伏、叱羅、忽延、長孫、賀若、若干、拔略、可達、舍利、大野、迦葉、四紇。

三字姓：可足渾。

角音

龍、龔、恭、共、江、龐、逢、須、懷、槐、淮、崔、開、盤、難、先、蕭、刁、貂、雕、晁、音潮。焦、椒、姚、銚、音姚。摇、招、昭、喬、僑、橋、包、巢、曹、高、皐、陶、桃、蒿、毛、那、車、麻、家、嘉、衙、牙、荆、弘、避廟諱，改姓。嗣、郵、音尤。侯、琴、譚、音潭。聃、耽、儋、廉、項、竪、

① “匡”字底本原避宋諱缺末筆“一”。

② “卿”字底本作“鄉”，抄本同，依前後文例，疑此“鄉”字爲“卿”形訛，姑據校改。

③ “敬”字底本不缺，抄本避宋讳缺末筆“丿”。

簡、趙、肇、浩、昊、皓、沼、朗、避聖祖名，改姓。耿、雍、巷、固、艾①、賴、憲、獻、部、暴、憂、賀、孟、竇、谷、穀、伏、宓、服、澓、音伏。肅、僕、曲、角、榷、音殼。樂、卓②、朔、濯、濁、略、莫、幕、作、薄、郝、霍、郭、若、都、夌、音陵。逄、音窄。格、虢、昔、壁、辟、特、墨、國、隰、襲、蓋、夾、郟。

覆姓：高陵、澹臺、白馬、沙陁、谷會。

三字姓：侯莫陳。

徵音

東、終、支、枝、隨、岐、皮、兒、訾、音髭③。卑、施、池、馳、師、資、郗、祁、耆、伊、台、音怡。怡、時、姬、箕、兹、賁、音肥。肥、歸、諸、齊、黎、來、萊、刺、真、甄、辛、新、神、陳、秦、荀、郇、春、文、雲、云、邲、妘、原、檀、柦、音檀。干、蘭、官、冠、欒、菅、音奸。千、呑、音如去聲④。田、邊、錢、延、連、緜、宣、全、騫⑤、鄢、音焉。譙、勞、牢、乜、莫也切。巴、羊、莊、井、青、丁、寧、應、平聲。乘、平聲。徵、平聲，合避御名，改諱。曾、滕、尤、脩、鄒、騶⑥、禽、黔、郯、音談。藍、是、氏、委、骫、音委。芉、紫、紀、史、李、里、理、杞、起、士、禰、米、宰、尹、允、偃、典、左、靖、并、冷、昝、子感切。啖、噉、義、智、摯、遂、利、冀、季、至、魏、費、尉、惠、吞、音桂。丙、厲、太、信、慎、眷、晉、進、印、員、

① 此字抄本録作“殳”，二字《諸雜推五姓陰陽等宅圖經》角姓皆未收，俟考。

② “卓”字底本作“早”，抄本作“卓”，與前後音協，當是，兹從改録。

③ “髭”字底本作“午”，非是，此據抄本改録。

④ “去”字抄本同，疑爲“天”字形訛，《通志・氏族略五》：“呑氏，音天。”俟考。

⑤ “騫”字抄本作如是，底本作“譽”，與前後姓字音不協，姑從抄本改録。

⑥ “騶”字底本作“竇”，抄本作“騶”，按“竇”字前角姓已出，此似不應重出，姑從抄本改録。

運[①]、鄆、靳、萬、蔓、娩、鰻、音万。頓、論、斡、忏、爨、段、到、受、華、慶、鄭、甯、鄧、廖、繆[②]、音謬。鹿、禄、祝、竹、竺、宿、吉、栗、畢、率、乞、薛、洩、渫、音泄。悦、説、音悦。别、鐸、拓、閣、鄂、易、掖、液、驛、錫、析、酈、音歷。狄、翟、糴、戚、職、識、力、弋、翼、植、立。

覆姓：司馬、相里、叔孫、諸葛、公丘、九百、高丘、聞人、鍾離、綺里、信都、宗正、達奚、賀拔、尉遲、乙弗、叱干、紇干、紇，下没切。叱李、去斤、屈男、瞿曇、音覃。似先、綦連、契苾、毗必。呼延、牒云、鉏耳、鉏鈴。沮渠。

羽音

童、僮、桐、戎、茙、翁、韋、魚、舒、儲、余、餘、輿、胥、疎、徐、於、渠、蘧、墟、茹、如、滁、葅、側魚切。苴、音蛆。咀、虞、禺、愚、朱、邾、毋、音无。于、盂、邗、瞿、朐、衢、殳、音殊。俞、臾[③]、區、扶、符、俱、蒲、胡、壺、孤[④]、屠、塗、涂、吴、吾、梧、盧、蘆、蘇、烏、都、哀、賓、袁、爰、垣、轅、園、溒、渾、玄、今避聖祖名改姓都。縣、僚、聊、堯、饒、榮、淩、陵、牟、謀、詹、汎、音凡。凡、吕、旅、汝、褚、許、巨、楚、莒、舉、羽、禹、宇、鄅、萬、武、儛、輔、鬴、庾、主、杜、魯、古、鼓、五、仵、伍、祖、鄔、於古切。扈、音户。管、琯、矯、馬、養、減、秘、慮、樹、附、喻、孺、具、傅、路、露、潞、顧、故、步、衛、況、富、繡、繆、謬、後、秀、木、沐、睦、穆、牧、束、續、尉、越。

覆姓：夏侯、鮮于、綦毋、東郭、於丘、毌丘、淳于、宗族、南水、

---

① “運”字下底本重出一“運”字，抄本同，姑依文例删之。

② “繆”字抄本作“飂”，不知所據。

③ “臾”字底本作似“史”形，按“史”字與前後字音不協，兹從抄本録定。

④ “孤”字抄本作“狐”，不知何據。

主父、苦成、庫成、太史、空相、延陵、獨孤、爾朱、斛律、北律、叱呂、羽弗、僕固、哥舒、儁蒙、音俊。單羽、夫蒙、朱耶、烏九、烏蘭、退渾、軍汙、黑齒。

三字姓：赤小豆、都久閭。

單姓闕五音者

中、蟲、种、嵩、充、融[①]、冬、佟、彤、農、松、雍、從、功、邦、涳、移、爲、嫣、奇、義、犠、戲、離[②]、驪、禕、諱、郫、弥、時、脂、夷、飢、茨、遲、莉、屍、劦、胡頰切[③]。遺、纍、嫘、夔、騅、邳、不、之、其、期、旗、綦、鄽、祁、僖、蚩、猗、菑、鳌、慈、治、裴、非、威、希、微、衣、畿、幾、鋤、樗、虚、初、薁、芻、蔞、紆、辜、呼、虘、軤、軲、厨、犀、鮭、洼、倪、郳、姜、厓[④]、毒、蜀、亜、穴仁切。崖、下圭切。僪、浤、鞮、稽、隄、遆、柴、淮、迴、槐、臺、邰、台、棓、音倍。敱、因、鄙、時真切。仁、鄰、頻、誾、湣、豳、邠、淳、華、薰、軍、芬、筋、軒、昆、屯、盆、僤、恩、根、單、斅、音贊。端、瞞、讙、酇、環、蛮、馯、間、瞯、籛、肩、堅、弦、賢、顛、牽、涓、旃、纏、篇、專、鱄、歇、虔、船、條、調、梟、鄵、蛸、朝、超、苞、裦、蛾、娥、阿、繁、番、嫣、環[⑤]、爬、茶、諸、音遮[⑥]。差、芳、將、當、剛、荒、廊、芒、囊、彊、霜、傍、庚、横、訇、生、甥、嬰、聲、名、鯨、經、星、靈、靁、伶、零、冥、瓶、繒、鄫、稱、登、恒、今避廟諱改姓。倗、

---

① “融”字抄本作“𩰫”，不知所據。

② “離”字抄本作“雌”，疑爲形訛。

③ “胡頰切”抄本作“音黎”，非是，然亦不知何據。

④ “厓”字底本作“洼”，抄本作“厓”，按“洼”字前已出，抄本蓋有所校改，姑從改録。

⑤ “環”字抄本作“瑕”，蓋爲形訛。

⑥ “遮”字底本作“随”，恐非是，姑從抄本改録。

憂、優、樛、不、平聲。疇、巷、音乎。區、音歐。投、幽、犨、侵、郴、參、葠、堪、苫、潛、兼、鍼、咸、函、重、上聲。紙、倚、綺、蔿、薳、闖、履、壘、癸、姒、似、俟、子、梓、弭、尾、鬼、圉、處、所、叙、序、萸、緒、府、甫、柱、傴、姥、堵、虎、普、浦、圃、苦、栩、禮、澧、啓、肯、濟、去聲[①]。楷、海、亥、改、軫、隱、菌、圈、卷、付、本、渾、散、罕、緩、曼、産、楝、銑、顯、扁、衍、輦、儁、鳭、烏道切。兑、蜎、免、皖、繞、表、紹、蓼、絞、校、老、稻、棗、考、妞、我、阿、乜、堵、象、鞅、賞、蕩、莽、汻、放、上聲。省、永、否、鄘、有、奞、熄、炎、守、糗、舅、咎、臼、鯫、厚、后、郈、部、斜、耦、口、枕、品、酒[②]、覽、譚、上聲。郯、歛、儉、檢、橄、痛、用、統、頌、絡、賜、賁、騎、戲、瑞、娷[③]、樠、匱、備、稚、翠、貳、次、醴[④]、肆、器、忌、駟、既、旡、緯、御、據、庶、豫、耆、絮、沮、鑢、遇、住、逗、鑄、務、墓、瓠、布、錯、蒂、羿、繫[⑤]、系、麗、隸、毳、鋭、弊、裔、藝、堯、世、制、藹、太、貝、沛、會、兑、刈、帶、皆、鄁、載、鎮、釁、問、奮、楊[⑥]、建、翰、馯、炭、漢、粲、奐、患[⑦]、簡、先、去聲。燃、薦、鮮、去聲。單、譴、援、戀、變、練、賤、羨、戰、少、銚、校、孝、豹、嫪、秏、好、悼、淖、播、酈、音蹢[⑧]。夜、柘、舍、庫、射、霸、化、咠、斥、亮、諒、望、浪、盎、匠、儹、競、柄、邴、政、正、聖、姓、救、灸、音九。胄、晝、舊、右、就[⑨]、候、質、鄮、漏、鏤、鬬、禁、禿、幅、鬻、畜、郁、蝮、沃、督、鵠、

① "去"字底本作似"十"形,不辭,此從抄本録定。
② "酒"字抄本作"湳",不知是否别有所據。
③ "娷"字抄本作"肆",不知何據。
④ "醴"字抄本作"懿",蓋爲形訛。
⑤ "繫"字抄本作"棣",不知是否别有所據。
⑥ "楊"字抄本作"勤",疑其形訛。
⑦ "患"字底本作"急",與前後字音不協,姑從抄本改録。
⑧ 本條文字抄本改作"晋、音亞",不知所據。
⑨ "右、就"二字抄本作"副、喻",不知何據。

耨、燭、辱、褥、越、頭、粟、泗、途[①]、諸、虚、郝、干、刀、馬、密、恤、述、術、耽、鄅、屈、九勿切。茀、厥、髪、渴、骨、兀、杌、達、闥、末、秣、魃、脱、佚、察、節、頡、挈、列、裂、舌、蘖、説、決、哲、音、一、折、曷、錯、恪、佫、博、獲、窄、翟、音擇。澤、赫、鹵、射、休、古溺切。激、直、食、赤、息、式、嗇、棘、即、稷、塞、刺、入聲。欶、集、沓、納、佮、音溘。厓、音閤。歪、才盍切。頜、俠、莢、牒、接、捷、輒、甲、鄴、法。

覆姓闕五音者

申徒、東野、東間、東里、東陽、東陵、東闞、東宫、東萊、西郭、西門、西都、西周、西間、西鄉、西王、西鉏、西陵、西野、南鄉、南史、南伯、南郭、南野、北門、北唐、北野、北鄉、北郭、北人、北海、北殷、北髦、壽西、市南、社北、三烏、三苗、三間、三丘、三州、三伉、五鹿、五鳩、五參、五里、五相、第五、第八、百里、九方、臧孫、孟孫、叔孫、季孫、王孫、楊孫、士孫、顓孫、唐孫、逄孫、古孫、賈孫、室孫、利孫、經孫、牟孫、新孫、田孫、司稷、司城、司空、司鳩、司揚、宗正、司工、公冶、公祖、公羊、公良、公齊、公山、公儀、公沙、公王、公土、公正、公之、公叔、公南、公孟、公伯、公明、公文、公折、公石、公罔、公索、公慎、公翰、公賓、段干、伊祁、顓頊、孤竹、夷五、勝屠、青萍、干將、鮮虔、由余、相侯、堅侯、羅侯、白侯、侯罡、長勺、高陽、孫陽、戲陽、櫟陽、大陽、老陽、成陽、揭陽、漁陽、周陽、陵陽、十陽、菓陽、鮮陽、趙陽、經陽、梗陽、福陽、魯陽、朱陽、索陽、大庭、大心、大孤、大師、大陸、大戊、大羅、褚師、收師、馬師、偃師、子師、羌師、師宜、師延、師祈、少師、少施、少室、

① 此下至“屈”間抄本訛缺稍甚，故不贅附異文。

少正、徐盧、長盧、屈盧、尊盧、索盧、蒲盧、盧溝、於陵、安陵、鉛陵、節陵、狐丘、壺丘、桑丘、龍丘、蛇丘、苞丘、蔡丘、商丘、梁丘、陶丘、虞丘、吾丘、曹丘、渠丘、斩丘、楚丘、鉏丘、廩丘、曼丘、咸丘、浮丘、莊丘、瑕丘、安丘、淄丘、稷丘、著丘、雍丘、何丘、謝丘、余丘、耤丘、夌丘、夌，陵。北丘、獻丘、崎丘、羌丘、逄丘、厚丘、胡毋、慈毋、巨毋、毋車、富父、孔父、中父、夏父、事父、罕父、行父、王父、徒父、左人、厨人、雍人、封人、守人、子庚、子人、子旗、子家、子乾、子服、子桑、子師、子仲、子上、子州、子扁、子儀、子革、子臧、子南、子叔、子華、子獻、子占、子鞅、子士、子枋、子泉、子陽、子會、子興、子寤、子張、子沮、子襄、子千、子言、子王、王一作玉。子國、子米、米一作釆。子然、子蕩、子辛、子乘、子孔、子遊、子駟、子建、子伯、子孟、子免、子雅、子夏、子牟、子西、子尾、子我、子羽、子齊、子季、子重、子有、莒子、壬子、紇子、戌子、鳌子、福子、卷子、舒子、讎子、宣子、鬭子、多子、梁子、梁由、梁其、梁石、梁坦、梁成、梁可、十梁、十一作卜。仲梁、穀梁、將梁、諸梁、强梁、并官、王官、容成、廣成、務成、顏成、士成、柏成、析成、楊成、上成、盆成、考成、仲叔、仲長、仲顏、仲能、一作熊。蔡仲、原仲、慶仲、慶忌、慶志、慶父、將閭、椒閭、辟閭、韓餘、褐餘、庚桑、平相、平寧、安平、安國、有男、有窮、有偃、有扈、桑扈、浩星、鴟夷、目夷、辛夷、駿夷、淮夷、茅夷、黑夷、不夷、夷鼓、陽門、桐門、夷門、逄門、闞門、木門、胥門、闔門、戈門、雍門、長五、肩吾、昆吾、徐吾、鍾吾、由吾、仇吾、養由、庶其、涉其、祝其、侍其、安其、運其、運奄、商密、唐谿、枝如、蒲如、蒲圍、終葵、沐蘭、季運、運作一連。季隨、季老、季嬰、季融、季騧、齊季、大季、白季、白一作臼①。楚季、樓季、士季、士一作壬。士思、士貞、士弱、士吉、士爲、華士、始布、無圉、無塩、无弋、無庸、無婁、䕫婁、邾婁、工婁、點婁太叔、太伯、太傳、太室、太祝、中行、中梁、中央、中壘、中野、室中、路中、伯宗、伯夏、伯高、伯昏、伯夫、伯有、伯比、温伯、滑伯、葛伯、原伯、召伯、叔山、叔先、叔仲、叔達、叔傲、叔魚、叔夜、叔帶、叔風、叔服、方叔、中叔、陶叔、王叔、榮叔、廖叔、步叔、共叔、惠叔、申鮮、申章、赤章、空桑、石駘、石之、石户、茨茈、左尹、右尹、門尹、箴尹、廐尹、連尹、沈尹、陵尹、季尹、芊尹、藍尹、樂尹、占尹、清尹、尹午、彌牟、賔牟、長兒、將匠、曹牟、黑台、台一作合②。瓜田、須遂、斟尋、斟戈、意如、斟灌、立如、新垣、落姑、落下、臯落、古野、義渠、飛廉、息夫、壤駟、正令、支離、終利、終古、合博、漆雕、赤張、憤潰、沈猶、冉相、冉一作再③。京相、樗里、夏里、角里、禄里、空里、鬬耆、鬬文、鬬强、鸛鵲、馬失、馬服、馬道、乘馬、巫馬、趣馬、豢龍、御馬、擾龍、青龍、青牛、羊舌、羊角、苑羊、羺羊、奴侯切。浩羊、屠羊、脩魚、長魚④、即墨、信平、尚方、列崇、宗伯、夙沙、照沙、將吏、冠軍、正車、將鉅、内史、青女、上史、祝史、左史、右史、將史、右行、右宰、右師、右歸、左將、樂王、小王、成王、武仲、武强、武成、武羅、廣武、密弟、密革、高堂、熊卒、矍相、若敖、泠州、延州、鄧州、莞裘、夏后、揚冠、老萊、須句、爽鴻、巫咸、豕韋、顓臾、列御、匠梓、祝因、堂邑、瞻葛、堂壽、瑕吕、吕相、倚相、熊相、所相、不

① “臼”字底本作“白”，不合文例，兹從抄本改録。

② “合”字底本作“台”，不合文例，兹從抄本改録。

③ “再”字底本作“冉”，不合文例，兹從抄本改録。

④ “魚”字底本作“長”，抄本作“魚”，義長，姑從改録。

更[1]、不弟、臧文、宰民、樂正、唐杜、虢射、辛廖、赫連、鈎弋、邴意、舒蓼、舒鮑、舒堅、韓嬰、韓言、韓藉、韓褐、去病、棄疾、孟獲、庶長、吕管、坎氏、巳氏、史葉、白狄、白石、白鹿、白象、豳氏、脩氏、癸伯、蒼頡、接輿、小施、彤城、出就、丁若、白冥、俞豆、微生、周生、浩生、伶倫、冬日、陵終、屈南、西申、陸終、亞飯、三飯、四飯、太師、邑震、縣潘、屯渾、烏落、路俗、屠岸、伊秩、圍龜、越椷、嬰齊、彭祖、黑肱、巫臣、弗忌、先穀、干巳、函治、幹獻、甘十、十一作七。利作、即利、樂利、續祁、洞沐、甫爽、安是、根水、奔水、祁夜、封夜、取盧、阪上、安都、遨濮、補禄、遊辛、屠住、住一作任。精縱、邵皓、羌皓、絹濁、會虒、雅。金留、公和、西素、汾陽、同官、僇簫、布却、白威、申公、薪誾、誾一作闇[2]。邑里、北附、傳餘、伊婁、庫狄、薩狐、紇骨、丘敦、是連、叱列、狀也、乙干、屠引、賀遂、秃髮、車焜、析婁、析一作柝。佤屋、賀悦、墓輿、慕利、乙旃、呼衍、板枝、可頻、車湃、湃一作俳[3]。徒可、俟略、俟利、俟畿、俟力、俟奴、賀魯、賀葛、賀賴、賀兒、是婁、是賁、是云、是奴、叱利、叱門、叱奴、叱盧、宥連、山連、黠弗、莫盧、費連、莫與、莫者、莫侯、蓋樓、疋樓、悦力、勑力、倍利、多闌、賀述、吐奚、越勒、尔綿、温瓜、解枇、護枇、鐵代、胡掖、木易、者舌、尹遂、何奈、先賢、雄餘、呼毒、渠復、樹黎、奇斤、茄茄、吐賀、吐門、吐難、渴單、阿單、紇單、渴侯、統嵇、統一作統[4]。米雲、悉告、安遲、輾、副昌、柯枝、温盆、謐邦、蒲結。如羅、丘林、如穆、鐵弗、薄奚、紇奚、乞扶、達勃、口引、須上、可地、

① “更”字底本作“弟”,與下文重,不合文例,姑從抄本改録。
② “闇”字底本作“誾”,不合文例,兹從抄本改録。
③ “俳”字底本作“湃”,不合文例,兹從抄本改録。
④ 後一“統”字抄本同,不合文例,俟考。

沓盧、可杏、茂眷、茂一作茷[①]。莞賴、素賴、庫門、婆衍、若久、宿勤、勤一作勒[②]。地倫、武都、普七、折握、外日、達步、斯引、叱虚、都朱、鮑俎、渠金、單軍、叱雷、駱雷、吐粟、都車、生耳、薄野、骨奚、九虚、荷盧、荷訾、李蘭、點容、三種、吐火、吐和、屋南、跌阿、高車、蘇農、似和、跌跌、火拔、噬利、莫圻、圻一作折[③]。弥俎、昨和、宰井、魯少、彡且、地咥、夫食、黑齒、皃臾、胡臣、鳩摩、不象、波斯、鄯善、烏氏、且永、永一作求[④]。焉耆、照武。

三字姓闕五音[⑤]

破六韓、乙速孤、可朱渾、□□□[⑥]、步大汗、萬紐子[⑦]、丘穆陵、没鹿自、乞豆陵、莫多婁、莫胡盧、阿史德、阿史郍、那。阿伏于、乙郍婁、斛瑟羅、步鹿孤、阿鹿桓、普陋茄、阿地延、拔列蘭、白羊提、吐谷渾、烏洛蘭、宿六斤、吐伏列、庫褥官、勿切子、俟伏斤、地駱拔、郁原甄、烏郍羅、破多羅、並六如、樹六干、扈地干、嗢石蘭、烏石蘭、俟昌陵、若口引、費地鼓、破洛郍、没蹄真、曹曆長、俟力代、大洛稽、侯伏斤、紇突鄰、骨咄禄、大莫千、大利嵇、月吉口、回鶻渾、越質詰、阿逸多、壹斗春、步禄根、獨孤渾、未郍樓[⑧]、奚計藍、决蘖人。

① "茷"字底本作"茂",不合文例,兹從抄本改録。
② "勒"字底本作"勤",不合文例,兹從抄本改録。
③ "折"字底本作"圻",不合文例,兹從抄本改録。
④ "求"字底本作"永",不合文例,兹從抄本改録。
⑤ "闕"字底本作"問",不辭,兹從抄本改録。
⑥ 缺字底本留空,抄本同,蓋其所據刻本原有殘泐所致。
⑦ "子"字下底本有一"一"形字,抄本無,姑據删之。
⑧ "未"字抄本作"末"。

四字姓闕五音[①]

井强六斤、自强獨孤。

右依《元和姓纂》、《姓源韻譜》該定，以一行説及世傳《五姓括》所出參校，其姓有二三出者，考其異同，斷其一音，其字聲同而虚實異者，本科出者從其别，不别者同其音，未詳則闕。其家承上世所用之無所傳者，隨旁音所定定之。

《五姓括》所出覆姓

宫音：魴袖、郁鞠、太子、空侯、侯司、舒庸、鞠丘、父然、成西、萇邑、載首、文金、木偷、波弁、首心、象茼、茼一作凶。若晁、鄉威、遠仲、蹄挹、都射、中參、金惜。

商音：剎利、大兄、大實、爇儒、内義、烏孤、和藉、可提、可郍、那。莫折、纈郍、達薄、博耳、盂公、波吒、者非、挹帶、奴于、于或作十。丘山、儀平、三梁、毋梁、陽圭、烏山、雲蹄、辟明、斯津、德雲。

角音：高主、高盧、車郍、郁射、施新、九斤、麻俟、莫父、角北、角喆。

徵音：屈門、屈同、騏驎、禹貢、弥妮、連婁、里失、七橥、炪鄉、丑律切。氏去、結侯、費連、若門、門孫、白身、野斯、申陵、商辟、賀乙、地野、羊商、吉官、吐單、高安、思斯、司結、其索、黑寶、申弟、土地、土或作王。所白、土思。

羽音：金烏、南侯、欝鹿、温郝、白土、鄺如、□□[②]、藍都、西

---

① “闕”字底本作“問”，不辭，兹從抄本改録。

② 缺字底本留空，抄本同，蓋其所據刻本原有殘泐所致。

公、屈首、賀公、侯丘、伊樓、黎烏、避空、延公、千地、丁若、阿利、小兄。

三字姓有五音者：寄繩九、宫。子昌吉、宫。麻里叱、徵。侯建子、羽。土金湯、羽。乞据掘。羽。

皆世俗所傳，非姓氏書所出，不可考其詳。

張謙添五姓字音相近而字形及姓音不同者凡一百一十二姓

弓、宫、躬，宫。龔、恭、共，角。尋、鄩、騂、親，商。鐔，宫。終，徵。鍾[①]，宫。陽，宫。揚、洋，商。羊，徵。杲，宫。成、鄭，商。乘，徵。彤、融，宫。鄘、容，商。紅、洪、鴻，宫。弘，角。潭、談，宫。譚，商。郯，徵。浦、玉、夙、璺、宫。肅，角。宿，徵。元、源，商。原，徵。袁、爰、垣、轅、園、溒，羽。姚、銚、摇，宫。堯，羽。須，角。胥，羽。京，宫。荆，角。乾，商。干，徵。琴，角。黔、禽，徵。危，宫。韋，羽。斯，宫。司，商。茅，商。毛，角。宛，商。阮、苑，徵。桂，宫。吞、季，徵。鮑，宫。暴、哀，徵。革、鬲，宫。格，角。牛，宫。郵，角。尤，徵。壽，宫。授，商。穎，宫。郢，商。莞，商。官、冠，徵。寄，商。冀，徵。杜，羽。度，商。豆，商。竇，商。融，商。先，角。英，商。應，徵。石，商。植，角。習，商。隰、夔，角。圓，角。徽、項，羽。詩，徵。朱、邾，羽。魏，徵。衛。羽。

右並係《新書》校定姓音，非博古深通音韻莫能知其詳尔，今故纂出，欲使初亭之士不可不慎。而妄定姓例，謂如魏、衛二姓，此魏作徵音，此衛作羽音，今有一概作羽音風水

① "鍾"字底本作"鐘"，與通用字例不合，姑從抄本改録。

用者，豈不謬邪？又據經内難疑答問語句云，而朱、姚、周、毛配入角者，將耿、賈、左乃爲商用，如姚、毛作角，將賈爲商用者，苟合經旨；而朱、周作角，左耿爲商者，乃當時詠，淺不能了義，執以難疑，句度錯失，用之又謬。鐸兩呼之姓，百有餘家之文，以爲出理，今詳若從來，未有建立塋域者，可自今後宜依已校定姓音而用，庶無疑錯，不可依前執泥他書，致使傳讹誤害斯民，其有祖塋多歲於未頒此書已前而作他音葬者，欲今後裔繁昌，財禄豐衍，若再葬，當從而爲之；或葬後凶災間發，子孫衰微，慮宗祀不繼者，依經改正，不亦宜乎！

城邑地形

《國語》周大史伯陽父曰："國必依山川。"韋昭傳曰："謂依其精氣利澤也。"是以古者王侯將營都邑，必先度音鐸。可居之地，以審其吉凶，故豳邠同。公將居豳也，其詩曰："篤公劉公劉，邠公也。篤，厚也。于胥斯原。胥，相也。""陟竹力切，升也。則在巘，魚蹇切。復降在原。""逝彼百泉，瞻彼溥音普。原。巘，山也①，謂别大山也。溥，大千。降，往視之。迺陟南岡，乃覯于京。山脊曰岡，高謂之京。""既溥既長。既景音影。迺岡，考之日晷，參之高岡。相息亮切。其陰陽，觀其流泉。""度其夕陽，豳居允荒。山西曰夕陽。荒，大也。"至大音泰。王居豳之岐，其詩曰："古公亶父，古公，周太王號亶父，又字也。來朝走馬，率西水滸，音虎，岸也。至于岐下，率，循也。岐下，漆、沮之間。爰及姜女太姜，

① "山"字前當依《詩經》鄭箋補一"小"字，義乃可通，疑底本所著原書即脱之。

古公夫人。聿來胥宇，胥，相。宇，居也。周原膴膴。音武。堇荼上音謹，下音塗。如飴。音怡。膴膴，美也。堇荼，菜名，美澤而香，若飴之甘。爰始爰謀。爰契我龜。契，闓也。"至武王去豐之鎬，音浩。其詩曰："考卜維王，宅是鎬京，維龜正之，武王成之。"成王將营洛邑，書曰："召音邵。公既相宅，周公往營成周，使來告卜。""我卜河朔黎水，乃卜澗水東、瀍音廛。水西，惟洛食。我又卜瀍水東，亦惟洛食。"相而後卜，順之至也，故能歷世三十，享祚八百。在春秋時，衛文公將營楚丘，亦觀其丘山，審其高下所以依倚，乃建國焉。其詩曰："升彼虛矣，以望楚矣。望楚與堂，景山與京。景山，大山也。堂，邑名。卜云其吉，終然允臧。"及衛成公迁于帝丘，卜曰："三百年後，其滅諸侯，衛最後亡。"邾文公卜遷于繹，音亦。史曰："利於民不利於君。"邾子曰："苟利於民，孤之利也。"遂遷于繹，文公尋卒。然則相地之法，其來尚矣。

凡民受天地之中以生，而音有楚夏，性有柔獷古猛。者，由乎地氣也。唐晉儉嗇、音色。慳也。淮海輕揚，由乎土風也。處險而癭，卑濕病足者，由乎地形也。以是觀之，則形勢在於地，禍福應乎人者，蓋有憑焉。譬之草木而肥瘠音籍也。薄也。異者，亦莫不由乎地也。自邦國至于廬井，取資之用大小不同，吉凶之效所宜各異，而世無傳其説者。近世惟曾陽一、丘延翰以八卦之位通九星之氣，自云可以知都邑之利害；李筌、劉啓明亦有所述，今合而載之。曾陽一以坤一變爲艮，二變爲巽，三變爲乾，四變爲離，五變爲震，六變爲兑，七變爲坎，八變歸本宫。坤以其變動之數，然後配諸山水，配諸賤長[1]，衣九切。攸遠也。各隨其大小，以合陰陽五

① "賤長"二字底本略糊，抄本作"陵韋"，似皆不能與注音合，俟考。

行之氣用之。

艮爲生氣，上屬貪狼一木星，納甲在丙，升陽之路，萬物始生，欲遠群陰，故謂之生氣。聖人體木以類仁，故謂之一木。爲富貴，爲子孫昌盛，爲遠大，爲孝義，兼之巽、兑者，萬世無亢絶也。

巽爲天醫，上屬巨門一土星，納甲在辛，乾陽行偶合也。之位，故謂之天醫。因上而生，謂之一土。爲禄位，爲民豐富，爲寬大，爲聰明，爲信，爲順，爲旗鼓。

乾爲絶體，上屬禄存二土星，納甲在甲，天下地之氣將至于壬而亢絶其體，禍始福先，故謂之絶體。感中孚黄鐘之氣，故曰二土。爲陽，爲剛，爲君，爲父，爲龍，爲金，爲民瘠瘦，爲亢絶。

離爲遊魂，上屬文曲一水星，納甲在壬，其支寅午戌，陽極生陰，故謂之遊魂。自艮木而始感水之氣，故謂之一水。爲民淫躁，音竈。爲邪佞，爲虚詐。

震爲五鬼，上屬廉貞獨火星，納甲在庚，其支亥卯未，陽盛而惑，故謂之五鬼，陰絶而生，得盛陽之氣，故謂之獨火。爲民獷戾，爲凶惡，爲盜賊刑獄，爲淫邪，爲威武，爲誅殺。

兑爲福德，上屬武曲一金星，納甲在丁，其支巳酉丑，萬物成而利之，説言乎兑，故謂之福德。自乙土而生，感陰再偶之氣，故曰一金。爲高貴，爲富盛，爲義，爲柔順，爲端雅，爲多智。

坎爲絶命，上屬破軍二金星，納甲在癸，其支申子辰[①]，陰盡于此，故謂之絶命。自乾之金而生，故謂之二金。爲瘟疫，上音温，

① "支"字底本作"枝"，按底本"干支"用字前後不一，今皆改作通用字，後同，不再一一出校説明。

下音役。爲卑濕腫尰市腫切。足腫也。之疾，爲争訟，爲拗僻，上烏校切，下普係切。邪僻。爲蝘遊[①]。

坤爲本宫，上属左輔二木星，納甲在乙，寡陰而無陽。爲民寡獨，爲稼穡。

中央上属右弼房密切。二水星。

以卦爲陽，以納甲爲陰，坤、兑、艮、巽爲陽吉，乙、丁、丙、辛爲陰吉，坤、乙以老陰而不用，故謂之三吉，亦謂之三陽。乾、坎、震、離爲陽凶，甲、癸、庚、壬爲陰凶。甲、丙、戊、庚、壬属陽，乙、丁、己、辛、癸属陰。子、寅、坎、巽、申、癸、辛属羽，乙、丙、離、壬、午属徵，艮、震、甲、卯、巳属角，兑、亥、丁、乾、酉属商，庚、坤、辰、戌、丑、未属宫。羽爲水，徵爲火，角爲木，商爲金，宫爲土。水生木，火生土，木生火，金生水，土生金。水剋火，火剋金，木剋土，金剋木，土剋水。火以水爲衝，木以金爲衝。甲己九，乙庚八，丙辛七，丁壬六，戊癸五。

邑都州縣雖得之山，通于山之氣者水也，須以水吉凶之位隨乎八卦，次以干辰方位視其吉凶[②]。山有大小，水有長短，俱欲其來之遠也，若近而短者則易使迁也。大山必就其廣川大澤，小山則就其溪澗可也[③]。岡阜坡壠則以高下應之，五音山水缺一不可，惟利所用。山餘不可獨雄，五行相參，勿相淩也。必先尊其主山，然後取諸生王三吉山水朝迎得宜者吉[④]，若一不備者，則或一凶相形，山水違異者凶[⑤]，建鬼神之所宅與民之居處皆然。其

① “蝘”字抄本作“嬉”，不知爲改作抑是誤作。
② “干”字底本作“于”，不辭，兹從抄本改録。
③ “澗”字底本作“洞”，義有扞格，兹從抄本改録。
④ “迎得宜”三字抄本作“揖皆備”，似與下文更契。
⑤ “違”字底本作“連”，不辭，兹依文意校改。

於民則山不可異音，水不可異派，鬼不可異處。山異音則家失節，水異派則生疾疫，鬼異處則家離析，凡營建須其山與年月日及干辰所属相生吉，若年月日干辰本属五行不順則凶也。太歲在亥、子属乾，丑、未属艮，寅属震，卯属離，辰属兑，巳、午属坤，申、酉属坎，戌属巽。以其歲所属卦自上八變，得生氣、天醫、福德者吉。假令太歲在酉，属坎，則生氣在巽，天醫在艮，用艮山則效于丑、未年，他皆倣此。古長安山西來而東落，属震岡從坤起，三陽俱應，民物繁盛，多貴族，漢唐都之。震爲威武，爲誅殺，惟都邑有震則能成其大。洛陽背邙面洛，左伊右瀍，邙山在艮起于乾，龍門山在巽如仰月朝日，洛水自兑入歸坎，連接萬里，山高氣秀，乾爲山骨如盤龍，伊洛瀍澗皆來相聚，人多才美，漢唐已來都之至今。江寧蔣山來自艮[①]，水丙丁直流射城，丙陰艮也，巽山聳秀，來向如揖，自天目山分枝至此而落，又面轉于丙丁[②]，秦淮亦自巽入而出于兑，朝水入于兑出于兑，如朝朝而暮夕焉，既出流于蔣山之後，亦艮山也[③]，海門故曰虎踞龍盤，人多英雄，吴、晉、宋、齊、梁、陳都之，自隋已來爲奪。秦始皇見金陵有王氣，故東遊以厭之，塹七艷切。秦淮以斷其氣，殊不知秦淮子江，而江水日再潮，亦王水也，然隔南面朝揖之山，故六代雖雄，上于荆、揚、江、淮而已。

謹按：謙山之記建康，東起天目山，北接鍾山、覆舟、雞籠山，終于行田。又有巖山、牛頭、白持山、堂陽等山，而大

---

① “蔣”字底本作“將”，抄本同，然後文又作“蔣”，合於通用之例，故今據校改，以一其例。

② “面”字抄本同，疑或爲“回”字形訛，俟考。

③ “艮”字下底本衍抄一“也”字，抄本未校，兹依文例删之。

江横其後，淮水流其中，夾淮而爲王都。洛京東起滎陽[①]，山連熊耳，又北距終于邙山，東南又有太室、少室等，而大河横其北，洛川流其間，夾洛爲京邑，但河從北流，南入洛水，東流南注耳。舊語云：鍾山之與覆舟，似首陽之與北邙。出建陽門北望鍾山，似出上東門望首陽山；出大夏門趣雞籠山，似出北夏門趣邙山下壼苦本切。之墓。南向淮水對鍾山，似鞏、洛間。洛水在故城宣陽門，去城四里，今淮去北陽門遠近亦同。又洛邑遏穀水，爲渠於城西而流，今運瀆與潮亦類也[②]。

洪州辰、巳與丙、丁、辛山水聚于大江，西山直兑位，江自丁未而西，水出于艮，故其地多靈跡，神仙所居，亦多有道者。土山在江西，隔水，西方有庚陰辰也[③]，主威武。巽亦有山爲旗鼓，自秦漢已來至今爲大州。

吉州焦岡山在西，其地骨自坤來百餘里而落于兑，次入州城，其山或起或止，連續不斷，水自巽入，故其人多聰慧，饒商賈，貨財之所聚也，亦多衣冠之家。螺山在坎，高大迴抱，應多腫尰時冗切。殘疾而反無者，以其隔水。黄原山在震，勢亦崇峻，以其隔水，故盜賊少。又水自卯出而迴于艮，兑、丁二水抱城東北流，丙、辛爲陰，故英俊少而貨殖多，巽上有四山，亦有水自巽來，城門向辰，故爲辰向，山高水峻，水石相激，故民性褊急而多争，其他州縣大略如此。

右曾陽一説，江表傳之，中國未嘗用也，今世俗以爲有

① “滎”字底本誤作“榮”，抄本同，兹依文例校改。
② “瀆”字底本作“讀”，抄本同，不辭，姑依文意校改。
③ “辰”字抄本作“震”，與前言“辰巳”山水云云未應，恐爲形訛。

驗于事，且傅會以理，如可傳者，其詳則未聞。

丘延翰以八卦爲陽，八干爲陰[①]，八干者，甲、庚、丙、壬、乙、丁、辛、癸也。其變百二十有八，凡城邑、軍壘、官寺、祠廟及民之内外宅，皆先視水之去來、地之險易，以來山爲主，八變以辨其風水之吉凶，乾與甲同，坤與乙同，艮與丙同，兑與丁、巳酉丑同，震與庚、亥卯未同，巽與辛同，離與壬、寅午戌同，坎與癸、申子辰同。來山者，地骨所從也，水遠流所注，水吉，雖山凶尚可也；水凶，雖山吉不用也。

一變爲生氣，爲貪狼一木星，爲太陽，爲龍母，爲兵强，爲民衆，爲繁盛於家，爲良子孫，爲官荣，爲多財畜，爲多奴婢，於官爲文。

二變爲天醫，爲巨門一土星。爲天禄[②]，爲龍父，爲興盛，爲安，爲泰於家，爲富貴，爲良子孫，爲多財富。

三變爲絶體，爲禄存二土星，爲小耗，爲龍足，爲衰敗，爲休癈於家，爲離索，爲子孫不一，多疾病喪亡，爲邪淫，爲禄財退失。

四變爲遊魂，爲文曲一水星，爲大耗，爲客龍，爲離叛於家，爲破散逃亡，爲喪音桑。乱，初不利男，爲水溺，爲聲伎。

五變爲五鬼，爲廉貞獨火星，爲五害，爲龍頭，爲多疾疫，爲突火，爲多休癈，爲離背於家，爲獄訟，爲夭折，爲刑戮，若五十步水，或至誅滅。

六變爲福德，爲武曲一金星，爲建禄，爲龍腹，爲昌大於家，爲多子孫，爲富貴，爲財畜。

---

① “干”字底本作“榦”，按底本“干支”用字前後不一，今皆改作通用字，後同，不再一一出校説明。

② “天”字抄本作“福”，未知何據。

七變爲絶命，爲破軍二金星，爲敗絶，爲龍腹，爲多暴死，爲燒，爲劫於家，不利長，爲孤絶。

八變歸本宫，爲左輔二木星，爲白虎，爲龍乳，爲衰弱，爲怯懦，爲貧薄，爲子孫不令。

乾來甲向圖

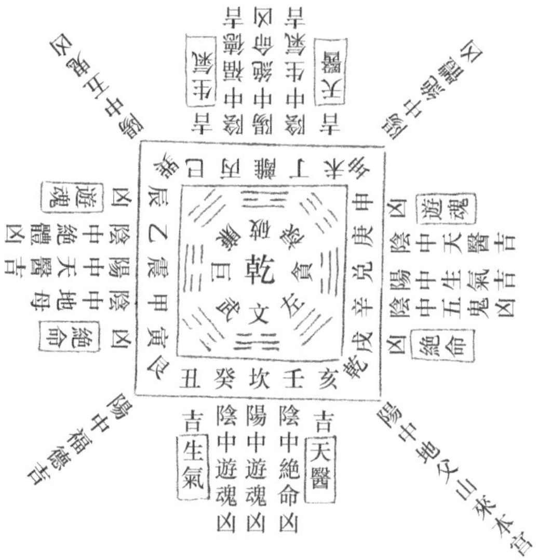

水流丙吉，爲世世之榮禄。

兑來丁向圖

若坐乾而水出離，又坤申上有水大吉，今都城近是。

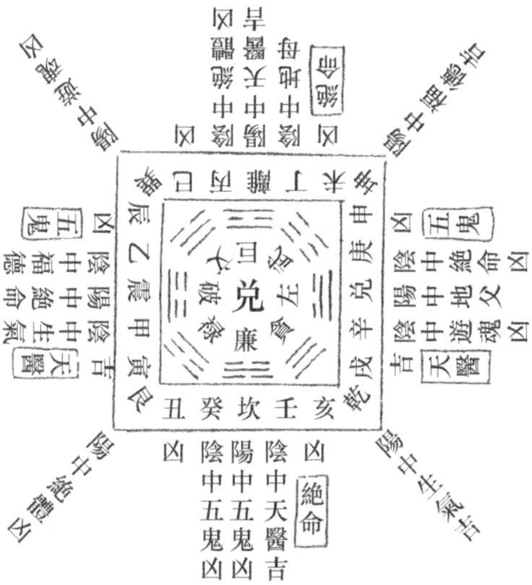

坤來乙向圖

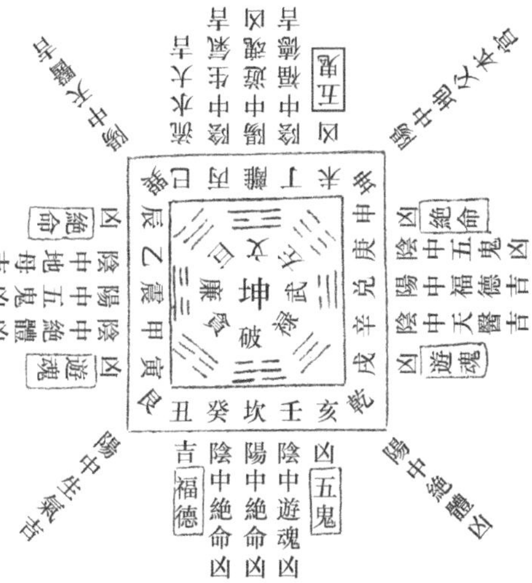

水出艮丑吉。吴興寺坤山自采石來，上今名井岡，一井汲而二井注者也。

離來壬向圖

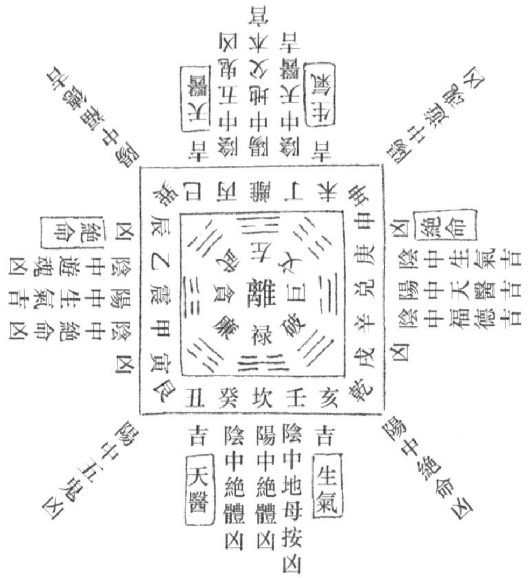

水出辛兑吉。

巽來辛向圖

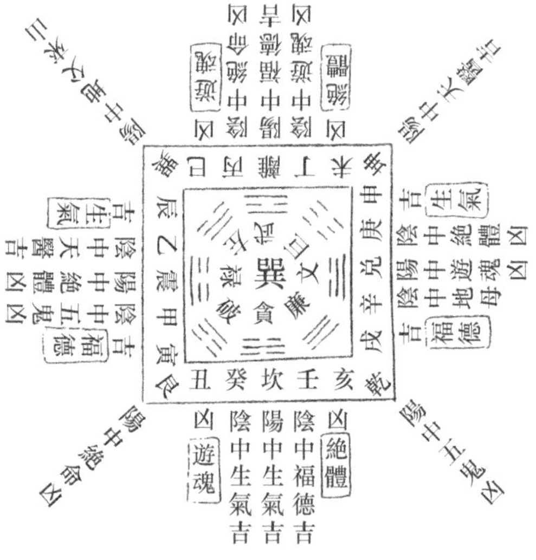

水出壬癸吉。

震來庚向圖

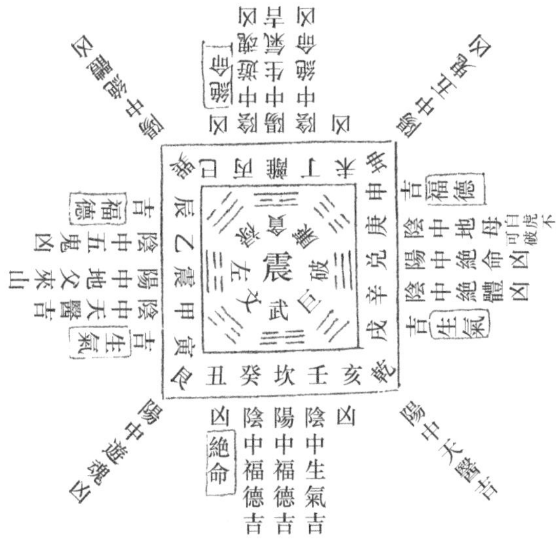

水出壬癸吉，洪州城近是。

艮來丙向圖

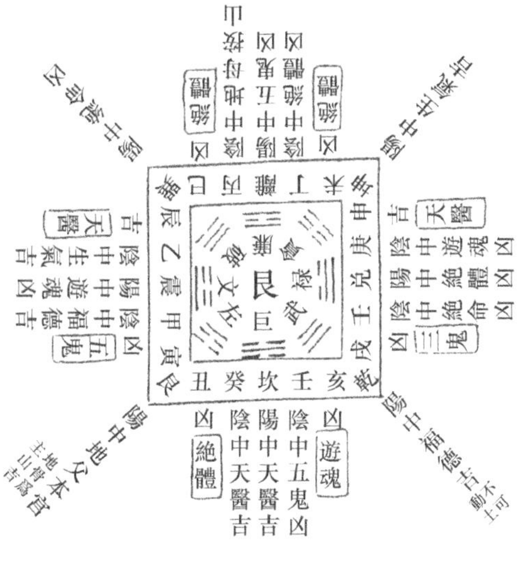

水出坤吉，昇州近是。

坎來癸向圖

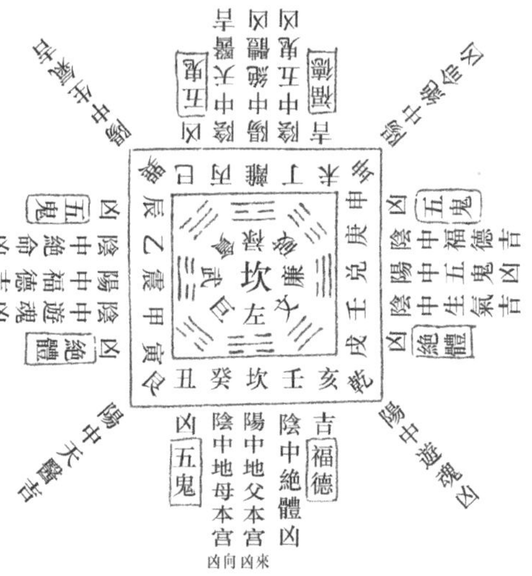

①

水出巽丙吉。

右俗傳丘延翰、左慈説，其大旨與曾陽一説同，而所用頗異者，以來山爲主而變八卦。假令山從坤來，則與曾陽一同，若山從乾來則一變爲兑，兑爲陽中生氣，丁爲陰中生氣，二變爲震，爲陽中天醫，庚爲陰中天醫，八卦八變皆倣此，然以效于事則未詳。官書有《二宅》三十篇，首載此説，以其本于地形，故采而記之于此。

劉啓明曰：九州城邑皆向生背死，左陰右陽，故城郭、官寺、祠廟、公館、市肆皆同商音，以其西北高東南下，水流出巽，如天地之勢也。故宜西山之東，西來之地南北相望，而遠東有流水吉。南爲前爲生氣，北爲背爲死氣，東爲左爲陰氣，西爲右爲陽氣，水出破巽吉。

① 圖校：坎癸山下所注“來凶”、“向凶”底本作“來陰”、“向陰”，此從抄本改録。

凡城邑見三劫山及三劫位高峻狀如樓閣臺榭，其地勢强，亦多不順，多盜賊，多風旱，民不孝友。

凡地名、人姓皆有五音：宫坤，徵離，羽坎，商兑，角震。

凡北方高大長遠，水出由未，爲羽城，属水，占一宫坎；地水出西南，未、申多堆阜，爲宫城，属土，占二宫攝提；土西高而東下，北面微高，水出巳、丙者，爲商城，属金，占七宫咸池；南方高大長遠，北方漸下，西南亦高遠，水向寅東北去者，爲徵城，属火，占九宫；東南西下水向亥西北去者，爲角城，属水，占三宫。

凡初攻賊城，其城属陽，遇霽晴必克；属陰，遇霧雨不克[①]。又地名有音，以寇來時歲月日納入中宫，配八宫，若賊從剋城方位來者，急備之，歲遊神剋我則忌在歲中，月遊神剋我則忌在月中，日遊神剋我則忌在日内，急爲備可也。

李筌曰："山有岡氣，地有形勢，鑿其岡、斷其形則氣勢歇滅。故築長城，鑿山而秦亡[②]；開淇汴，斷地形而隋亡[③]。宅伊洛者，得瀍澗之形而卜世三十；建都鄴者，得江山之勢而歷年七百。雖成敗在人不在於地，然形勝足以助於人也。故曰趙魏之地坦然平，無丘陵坂險也；吴楚之地東南傾，百川歸注也；秦韓之地龍虎形，襟山帶河也。故建都邑、營壘，非地勢不王，非山岡不勝。"

---

① "不"字抄本同，依前文例，疑此或爲"必"字形訛，俟考。

② "亡"字底本作"土"，抄本同，傳世本《太白陰經》山岡營壘篇第九十九載此條文字作："故秦築長城，鑿其山岡之氣，而咸陽丘墟。"義明。則知此"土"字當爲"亡"字形訛，兹據校改。

③ "亡"字底本作"土"，抄本同，不辭，傳世本《太白陰經》山岡營壘篇第九十九載此條文字作："隋疏汴河，斷乎土地之脉，而江都荆棘。"義明。是知其訛與前條同，兹據校改。

軍壘地形

《易》曰:"師左次,無咎。"兵法曰:右背丘陵,前左水澤,則軍壘之地也。軍壘之地,欲北據連山,南憑高岡,左右襟帶,地水東流者吉。

李筌《韻語》曰:"乾山之下過子艮,寅卯重岡來入巽。戌連申酉坤未岡,前迎山抱且朝頓。或驚或躍似盤龍,藏車隱馬若飛鴻。枝條脉散如蛇走,氣阜森聳伏雞籠。四維音起四仲平,巽水逶迤上於爲切;下以支切。水曲流皃。出自庚。天門倚伏歷壬癸,直出地户東南傾。南有污池爲朱雀,北有堆阜爲玄武。東有叢林爲青龍,西有大道爲白虎。四禽既具八卦存,立表測景音影。子午分。先從戌上起板築①,從中步至閉爲門。"

凡草木所不生,鳥獸所不集,燋石砂礫,音立。小石也。河水西流,敗軍之地。故城、古社、古窑竈、墳墓,朱雀藏頭,玄武折足,白虎銜屍,青龍悲泣,皆不可居之,將死軍覆。

凡山岡如蟠音盤。屈也。龍、如鳳凰、如飛龍、如寒狗乳子、如生蛇、如卧牛、如伏鼈、如遊龍、如雀躍、如舞鶴者,皆處其陽吉,其陰凶。

右李筌説。丘延翰以營壘山水變八卦,遇三吉則戰勝,皆與城邑同。

---

① "戌上"底本作"戌戌",《太白陰經》卷十"山岡營壘篇第九十九"載此作"戊上",其"戊"當爲"戌"字形訛,而"上"字當是,底本形訛(其中後一"戌"字疑本作代字符形,與"上"字形近),兹據校改。

重校正地理新書卷第二

宅居地形

《楚辭》有《卜居》，言卜則宅有吉凶，尚矣。晉魏舒少孤，育于外家甯氏，甯氏起宅，相者云："主有貴甥。"舒曰："當爲外家成此宅相。"舒後官至三公。豈宅能致人如是邪？將人生自有命而與物相偶會邪？不然，何其神也？

《漢書・藝文志》有《宫宅地形》二十篇，其説以度數、形容求其吉凶，猶律有長短而各取其聲，非有鬼神，數自然也，而世不傳。今官有《二宅書》，雖言地形，而多以屋宇高下、營造日時爲占；又秘閣所藏有《照幽記》，參言宅居地形，亦足以考詳。今綴集其可知者，以備一家云。

凡宅居，東高西下爲角音宅，本音居之大吉，商音居之多争訟，宫音居之大凶，徵音居之害人、病牛馬，羽音居之宜財禄。南高北下爲徵音宅，本音居之大吉，商音居之貧病，凶，角音居之小吉，宫、羽音居之大吉，宜人。西高東下爲商音宅，本音居之大吉，宫音居之平吉，角音居之大凶，徵音居之大吉，宜牛馬，羽音居之多疾病。北高南下爲宫音宅，本音居之大吉，商音居之大凶，角音居之大吉，横得財物，徵音居之富，羽音居之不宜官爵①。

宅欲得左有流水謂之青龍，右有長道謂之白虎，前有汙音烏。水不流也。池謂之朱雀，後有丘陵岡原謂之玄武，爲最貴地。若無此相，凶。不然種樹：東種桃柳，南梅棗，西梔榆，北榛杏。

凡宅東下西高，富貴雄豪；前高後下，絶無門户；後高前下，多足牛馬。

凡宅地欲平坦，名曰梁土，居之大吉；後高前下，名曰晉土，居之亦大吉，多牛馬；西高東下名曰魯土，居之亦富貴，當出賢人；前高後下，名曰楚土，居之凶，且出盲瞽；四面高中央下，名曰衛土，居之先富後貧。

凡宅不居當衝口處，不居三交道中央處，不居寺廟及祠社、炉冶處，不居草木不生處，不居故軍營戰地，不居正當水流處，不居山脊衝處，不居古城門口，不居對獄門處，不居百川口處。

凡宅東有流水達江海，吉；東有大路，貧；北有大路，凶；南有大路，富貴，子孫聰明，吉。

凡宅在山之東，富貴，多奴婢；山之南，小吉，不富即貧凶；山之脊，富貴，子孫聰明；山之西，凶，西面若更有案山，亦大吉；山之北，凶，長病眼瞎，去山三里大吉。

凡宅西及北有林木，主富貴、子孫聰明，貴人之宅也；東有林木，富貴；南有林木，子孫愚闇，凶。

凡宅地欲潤澤，吉；乾燥，主貧窮、財散，凶。

凡井竈相見，主淫泆及鬬折。西南有老桑樹，則不宜蚕。水

① 按此五音地脱羽音宅，蓋本以宫羽同形視之故也，又卷二宅居地形引劉啓明説謂“羽音地北高”、“宫音土内平”，又分宫羽爲二，《諸雜推五姓陰陽等宅圖經》所載則分座向和四方高下之别，前者宫羽有别，而後者則宫羽同形，俟考。

從門出①，則財禄不足及行人不歸。廁堈破缺，則足病。庭中有桑，則家人多死亡。申地有流水，則大畜多死亡②。水出子地，則家有喪乱及男子短命。堂東有桃樹及開門，則多憂。西家竈口向堂屋③，則多水火之災。宅西有椒樹，則家多憂迫。

凡樹木皆欲枝向宅吉④，背宅凶；有背枝，則去其背枝吉⑤。

凡宅形卯酉皆不足，居之自如。

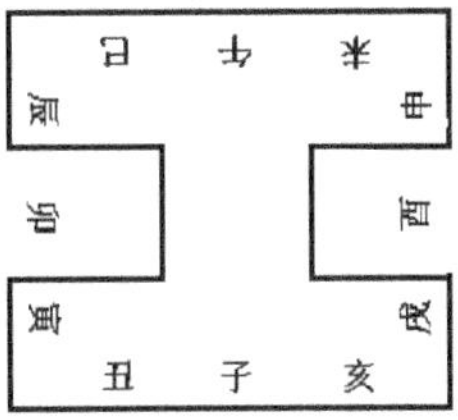

子午皆不足，居之大凶。
劉啓明云：豐財，多爭訟。

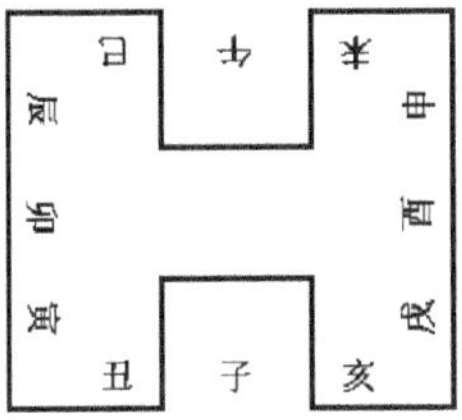

子午卯酉皆不足，居之反吉。

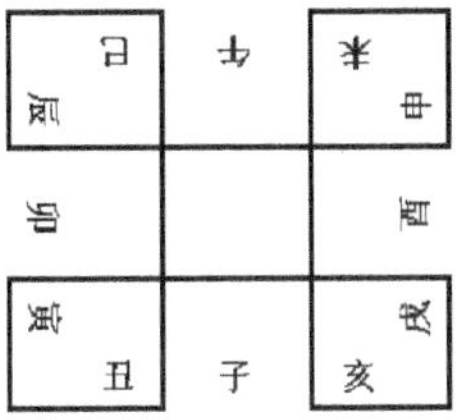

四維不足，居之大凶。

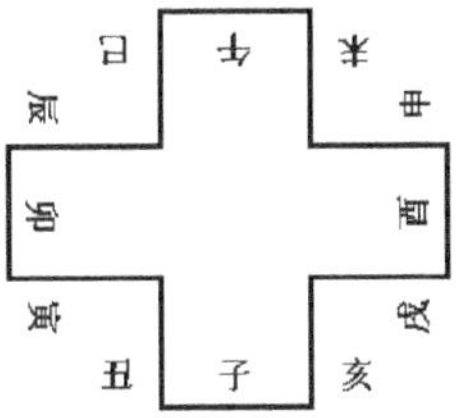

午位不足，居之富貴。

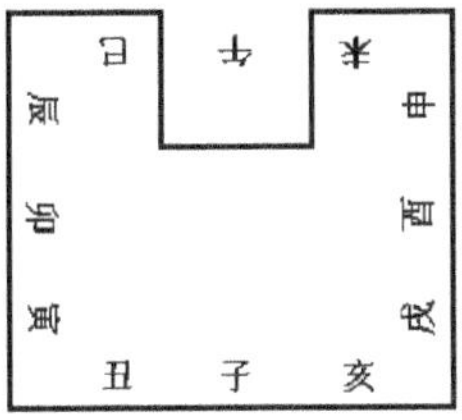

子位不足，居之口舌。

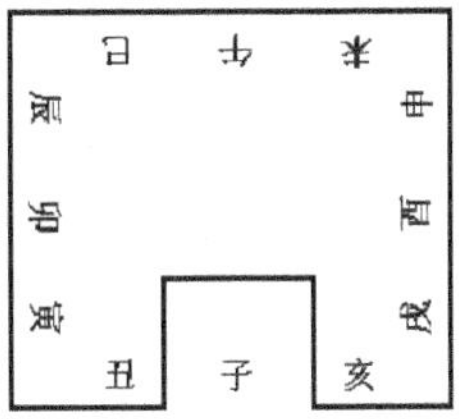

① “從”字底本作“後”，似不合常例，姑從抄本校改。

② “大”字抄本作“六”，所改或是。

③ 本句底本作“西有小口凶堂屋”，詭舛不辭，此依抄本改録。

④ “吉”字底本誤脱，抄本蓋依文例補，兹從之。

⑤ “則”字抄本改作“者”，則當屬於前句末。

酉位不足，居之凶。

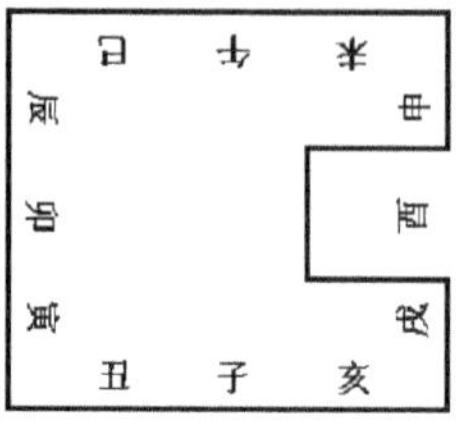

卯位不足，居之吉。

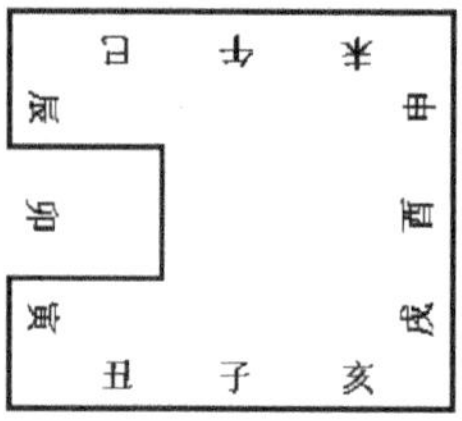

未申不足，居之宜官禄。

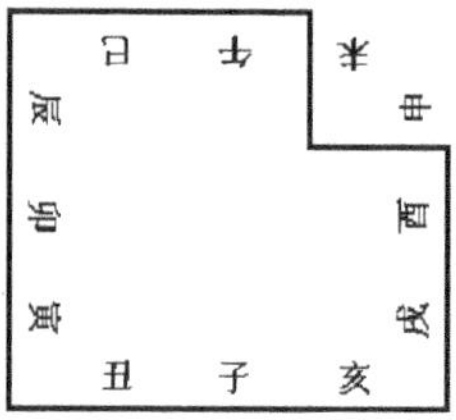

辰巳不足，居之富貴，宜子孫。

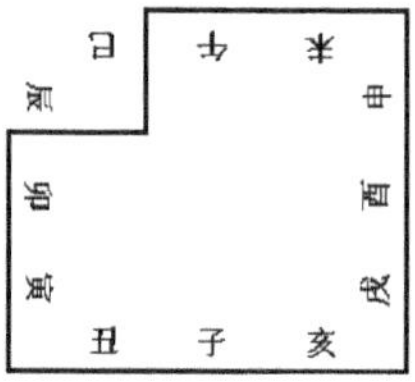

戌亥不足，居之不宜仕宦。劉啓明云：吉，有兄弟，少子孫。

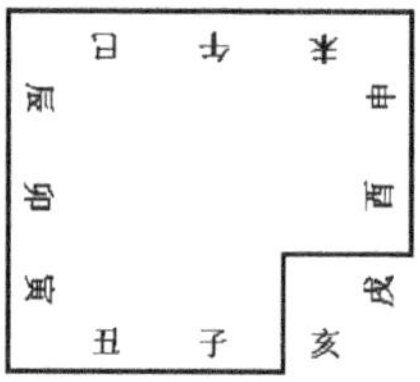

①

寅丑不足，居之富貴。

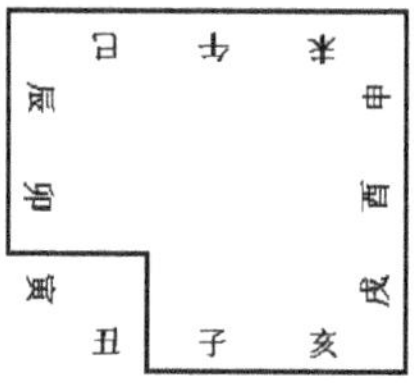

南北長、東西狹，吉，富貴，宜子孫。

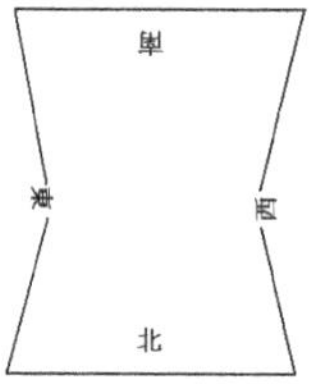

東西長、南北狹，居之初凶後吉，不益子孫。

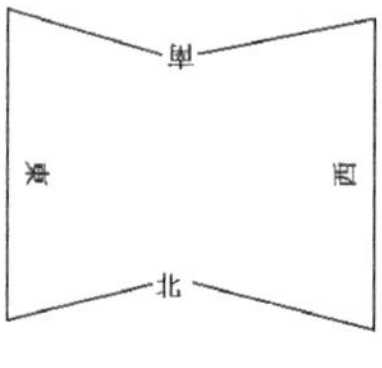

右長、左短，居之富貴。

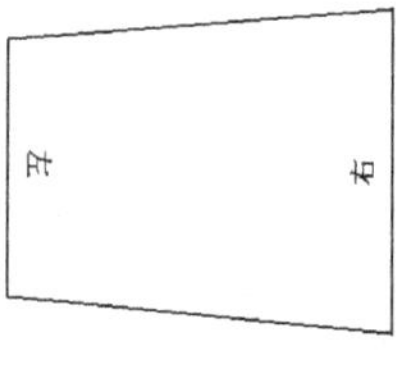

左長、右短，居之少子孫。

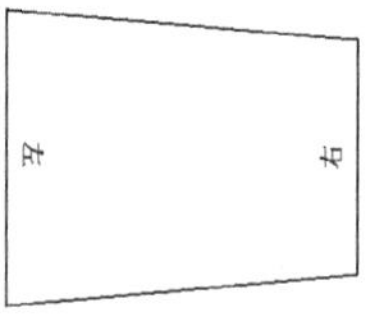

前闊、後狹，居之貧乏。

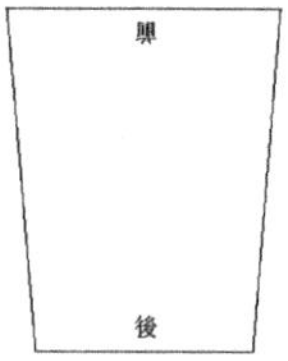

前狹、後闊，居之富貴。

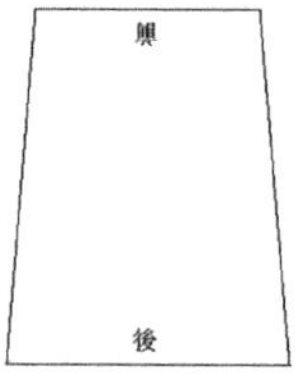

① “宦”字底本作“官”，抄本同，不辭，兹依文意校改。

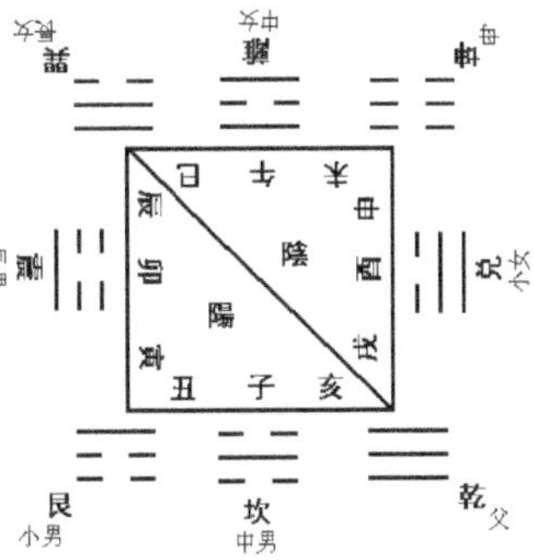

夫陰者，生化萬物之母，亦名老陰，踞西南之坤位，坤將三女巽、離、兑；陽者，生化萬物之父，亦名老陽，踞西北之乾位，乾將三男震、坎、艮。是以陽不獨王，以陰爲德；陰不獨榮，以陽爲德，德位高壯靄密即吉，重陰重陽即凶，從辰南戌北斜分一條爲之界。

凡宅居在山東及南爲陽宅，山西及北爲陰宅；水西及北爲陽宅，水東及南爲陰宅；路東及北爲陽宅，路西及南爲陰宅；地形高處爲陽宅，低處爲陰宅；見日多處爲陽宅，見日少處爲陰宅；在官府門東及南爲陽宅，門西及北爲陰宅；在城郭四通之街則逐地分以配八卦，得乾、坎、震、艮爲陽宅，坤、兑、離、巽爲陰宅。

南北街之東，北上起艮，順行，南上起巽，逆行；南北街之西，南上起坤，順行，北上起乾，逆行；東西街之北，西上起乾，順行，東上起艮，逆行；東西街之南，東上起巽，順行，西上起坤，逆行。起者皆爲第一宅。

或問："如長安城在渭水北，名陽城，豈千萬人家總爲陽宅邪？其不同者何也？"對曰："凡地一體而有二形者，據地是陽，陽中復有陰，故地氣有厚薄，形勢有勝負，阡陌有步數，善惡所以異也。"

凡新造宅者，取其居人移徙來方入路而定之；他人舊宅者，依地形川陸定之。若四面俱有山水道路，去宅近遠相似者，則水以深淺、道路以闊狹、人行以多少、山以高下，皆取高山、深水、大道，則知陰陽宅也。四方山水道路俱相似者，則水以清濁流停，取清流之水則之；山以首尾快鈍，取山之極快者則之，其山不辨首尾者，但令一人於山側近當中大呼，而聲有響應處即首也。

右《二宅書》所載如此，又丘延翰以宅居之吉凶依都邑地形，取來山去水變八卦法，以知家之禍福，大小雖異，其效一也，事見前卷。

凡宅居，宫音土内平，艮、巽、乾三隅起水出坤吉；商音地西高，坤、乾、艮三隅起水出巽吉；角音地東高，艮、巽、坤三隅起水出乾吉；羽音地北高，乾、艮、巽三隅起水出坤吉；徵音地南高，巽、坤、乾三隅起水出艮吉。

凡地形，周迴百步，内肥滿，大吉。

凡相宅，入門見灰糞、見井竈者，主貧及病寒熱；見棗柱者，有火災；見露柱不覆者，三年内小口頭瘍，婦人傷孕。

右劉啓明説。

凡人宅居，欲得鬱鬱洪潤有光澤、陽氣者吉，乾燥無潤澤者凶。東高西下、南高北下宜陰宅，西高東下、北高南下宜陽宅。西南高丘，宅在東北，近之吉；北高南下，西有小陵，東有流水，吉；北高有丘，西亦有丘，南有水東流，吉；西有双丘，北有丘，東有流水，謂之天倉，吉；東北有丘，南有池水，富貴，吉；陵阜正圓，居其西北，吉，居其中自如；前有阜，後有山，東有池，西有岡，公卿相，西有高地，吉；東西有丘，西北向水流，初富後貧；北高，前下有流水、有小丘，富貴安寧，吉。北有岡，南下，西有流水近宅，居之八十年吉，公卿相；北高，前有流水東行，東有小丘，富貴，公卿相；北有山，西有岡，東有池，南有蒲葦，富貴，公卿相；北有岡，辰巳有流水，近西居之，八年有公卿、牧守相；北高，西有丘，南有大水，吉；北有偃月岡如南擁陂，南有長流水西擁宅，富貴，多奴婢；西有岡，前有流水，小富，十年後二千石相，吉；北高，西有流水亦然；西北高，西南後下還少高，東北微下，東南流水入地户，刺史相；西方多冢墓，南方如下，水向流，主富貴，多子孫。辰、戌、丑、未有岡，謂之伏龍，居之財萬倍，公卿二千石相；東西土方，形正直，居南富，居陰貧、多女；四正平坦，中有横丘，居丘之南大富，少子孫；山東南長直，有三奇，居北富貴，居南凶。

宅西南高，東下，富貴，多奴婢、畜産；南北高，東有污池，富貴，多奴婢，資産萬倍，吉；南北有陂，中庭南流水，富而無位；西方平正，東有陂池，茂草生之，富而有官；四方平，西有池，富貴，子孫孝順；南有水四十步，北高，中央居之，富貴；西北高，有池，富貴；北有丘，南有流水，富貴，多六畜，吉；東北角有丘，南有流水，富，宜六畜，吉。

西北有山，南有東流水，名山藏地，居近水，出禄位子孫，富貴；西北有山，内有水東南流，居之北富貴，東流水，居北吉、居南凶；南有池，北有陂澤，居中央吉；東水西流、西水東流名鬬水，子孫不順，凶；四方有水，中央居之，初富後貧，傷小口，多口舌，子孫微弱，女子淫奔；水從西來，北迴又南流，吉；東南有岡、阡陌，雖有水勢，暗復明，居之十年病起，二十年奴婢害主；水從西南來，東有山，居水曲中大吉，主百口，禄二千石；水從東南來，經宅前西過東北去，累世富貴，卿相，大吉；水從東南來，東北去，後有短岡，二千石相，宜六畜、奴婢，大吉；高山峰頭横指人宅，主疾病；北高二丘，居之南吉，西北更有丘，宅之南有東流水，仕宦，大吉；北有小陵，宅北高，有東流水，大吉，若南流水，子孫盛，有案，則主有官，十年後應；東北有丘，富貴，南更有池，弥吉，西更有山高，子孫盛。

宅北高一二丘，宜田蚕、六畜，大吉；東高西下，孤寡，有南流水，宜近水大吉；南高北下，絶無門户，北有東流水，居水北富貴，吉；中高四憒，謂之天柱，大凶，居之滅族；中高東下，謂之罪地，大凶，居之後有刑人；四高中下，主貧乏、少子孫，凶；南高北下，謂之陰地，居之五年後日益衰削；南北高，中央有池，居池北凶，主漸貧；北高西下，初富後貧，孤寡相；北有流水通河若枯池，居之四五年絶嗣；宅前高後下，西有流水，先富後貧，子孫不順；水曲及隄防曲，宅在曲中，謂之龍腹，大吉；曲北謂之龍伏殺，主貧乏、絶後；水從西南來，至宅前折東北流，宅東地勢下，謂之天倉，主累世富貴，出公卿，大吉；宅西有水流通江河，凶，西有池水亦凶；宅南下西下、東高北高，西南水去，貧乏，凶，十年後子孫不順，女淫婦奔；宅子、午、卯、酉四面有丘，名鬼市，凶；南有林木，居之凶；西有流水通達江河，或有污池，凶；林墓西北，居之凶，出刑人；東高雖凶，但有東流水，居其北，出武人，若有污池，居之自如；四方有山，其内有水東南流，居水之北，出文官。

凡宅四方五十步不宜有污池傷陷者，水須東流、南流吉；前有水南流亦不可，令在五十步内吉；四方有水在一里内停不流者，居之凶；宅東百步有澤，吉；東南有澤，居之富；東北有澤，凶；宅東有污池，自如；中停，不宜長子；宅在大澤之南，有高地及樹木茂好，謂之澤藏地，居其林南吉，居其北凶；宅在村窮頭，初富後貧，九年害小口，十五年病風邪及子微弱；在山峻谷口同此。

右出《照幽記》,内外宅同占。

凡道路溝渠所衝,窮巷、陶冶,大水衝,大谷衝,及府縣臺省治所,嘗爲寺廟、刑獄、市肆、妓樂之場,南有冢墓,社之南、祀之北、獄之北、坎林隄塘之首、窮死之地,背河向山,窮阡斷陌,城缺丘陰及城四角,草木所不生,灘磧音七,水淺石見也。鹵音魯。醎,音咸。敗軍營、古戰場、隕于愍切。星之地,葱蒜穢臭所植,田場破垛,已上皆凶,不可以居。

右出《照幽記》云,冢宅同占,故先出其與《二宅書》同者參用之,其不同者察其可者用之。所以存録者,廣異聞尔。

地形吉凶

地之有丘陵川澤,猶天之有日月星辰,地則有夷險,天則有變動,皆有自然吉凶之符應乎?人者也,其吉凶安所生哉?在其象而已矣。

凡相地,坦然平易者上也,平而東南傾者次也,四水有傾而與姓音相生者又其次也。

凡地,西北高、東南下,水流出辰巳間,吉。

凡内外宅,東有流水及林木茂盛,水欲通達江河,雖小而長流及過冢者爲青龍;西有南北大道,長遠不絶及去墓稍遠,或有長岡者爲白虎,其道欲長;南有污池,中生蒲葦爲朱雀;北有岡陵長闊,又是促等岡在一里已外來者爲真武,備此四神者大吉。雖不悉備,得一二亦吉,仍地形平好不傷敗者則吉。

凡地形如偃蓋,方三百步無偏頗音坡。坑陷者大吉。

凡岡陵肥滿,狀如肥馬,草木茂盛,地色黄,大吉。

凡地形勢,東看西高、西看東高、南看北高、北看南高者名四會,大吉。

凡地,西北高、東南下,兩水出辰巳間,即是商音之地,若坐三山、三城皆大吉。一里一世,二里二世,三里三世。

凡地形者,欲如陽燧音遂。火石也。焉,陽燧如鑑而面窊,烏瓜切。窊則受陽氣,故日照而火生,故用平原地,取没人膝處。

凡東有水流而漫漫無始無末及五十步内水流,爲青龍無首;兆域在兩水之交中,爲青龍銜屍;西有大道分歧來夾及倚岡之口,名白虎銜屍;道值澗而絶斷者,名白虎折足;南有水瀉注鳴聲者,爲朱雀悲泣;凡冢所望見山岡并有大石,爲朱雀銜屍;北有斷岡坎及無枝引者,爲真武折足;有水流聲及墓所,爲真武悲泣,並凶。

凡寅卯地傷敗,主孤寡。

凡内外宅地,岡壠形勢皆須左抱右掩,盤回斜曲,首尾相就,左眄右顧,如龍如虎視望;鞅鞅掌掌,若大浪將發;裹裹娜娜,如生蛇渡水,如群羊散漫;或如龍遊戲,隱隱軫軫;或如奔牛起伏,其氣泛泛;如酥如酪,骨肉相附;如脂膏傍無缺敗,遠水不來,大吉。又曰:後有走馬岡,前有飲馬塘,岡阜形勢小頓大起,延連百里不斷者,爲上吉。又曰:白虎緣山,青龍入泉,朱雀鼓翼,真武登天,大吉。

凡四方低下,八面高巍,直岡不轉,水出不迴,或如覆磬,或如仰盂,者山乱石[1],殘岡斷山,砂礫鹹鹵,高峻射冢、低垂缺陷及

① “者”字抄本同,通“赭”。

故宇獄、陶冶、營壘、戰場、烽火、射棚、隕星并廬舍之地，神祠前後，山箭、鬼箭、水箭、道箭，大凶。山箭者，亦名賊山，山勢直來射也；鬼箭者，古貴人之冢廉路、地軸也；水箭、道箭者，爲正來衝者也。

凡土色如灰粉，氣象蒼芒無潤澤者，不生草木，雨不成泥，南高北下，東高西下，窮阡斷陌，道破溝傷，並凶。

凡地百步内有陷缺、溝澗，凶，不利後嗣。若平坦之地，去冢後三里以上無傷敗、坑陷者，吉。

古之王者葬高山①，諸侯葬連岡，大夫葬長原，庶人葬平地，各有宜也。高山者，處萬物之上，居八風之位，謂之奉天，蓋高山原之頂也，其平方千步吉；連岡者，象繼嗣無窮也，其平方五百步吉；長原者，象禄位，其平百步吉；平坦者，象無位，用其貴賤高低吉，違之凶。

凡古大冢，百步不可用，若古之陵寢，當遠避之。自卿大夫已上，葬於平地皆凶。

凡安明堂處皆須安穩，八方朝伏，客主歸投，蹲坐四平，三隅踴起，遠望即柱天，近視則入泉，皆須草木長大，土色肥潤，龍尾若牽輪曳索，形勢如抱子之狀，吉。《照幽記》曰："前有案者貴也，後有從者尊也，尊貴相揖，神道安也，故曰：'居地不朝揖，子孫常獨立。草木不過尺，官禄不盈石。'"

右因官書參定。

風水説曰：出處爲水，入處爲風，氣脉隨水流，欲皆朝於案山是也。取其氣脉攢聚之處用之，故風水出入之艱難乃禍害之

① "葬"字底本作"都"，與後文文例不合，抄本改作，兹從之。

本也。

凡地形如仰盃,風水不出,是謂之天獄地;若水流聚者、水流散者,皆主絶嗣。

凡地形不圓滿者不可用也,主子孫不完具。

凡地勢三角者亦不可用也,主生逆子孫。

凡窯竈之地,主子孫貧乏。溝㵎縱横之地,主子孫無依,骨肉分張及惡疾,凶。若遇故窯竈地,掘盡燋土用之,則吉。蓋盡棄之勿用,方可安吉。若枯井,則可填埋平滿用之。

凡小外宅下值古墓有骸骨者①,遷殯于他所,就其穴可用也。

凡山岡須百步無深谷,九里無傷折者。若山岡曾經掘斷,或古道深陷者,令氣脉絶也;百步内有坑穽者,謂之瘡痍地也。

凡地土陷缺,可填者填之,可補者補之,如人有疣音尤,瘤疾也。可去之,有病可醫之,此乃報恩之地,其後子孫安寧。

凡風水者,地勢傾處是也。出處爲水,入處爲風,形勢之中,只得一門而入、流,若兩門三向,或南或北而流不一者,爲貧賤疾厄之地。

凡飄迴之處,無有來去,名曰去境離鄉,百步而無籬障者,故曰:"交風吹冢,子孫絶種。庚上來風,脚手跛折。"此謂之甲、乙、丙、丁等向山也。外宅四面有坑坎停水者,主腫疾瘦病;風水不出者,主淋漏瘖瘂。

凡地四面形勢缺漏,風水出入無門,乃是貧賤之地,固不取也。

凡地勢者,百步内爲墻屋,百步外爲城郭,雖有城郭而無墻

① "小"字抄本同,疑爲衍文,當删。

屋者，不可居也；若有墻屋而無城郭者，粗可用也。若墻屋、城郭俱全，謂之大富貴之地；若不全及無者，貧賤之地也。山岡不全，有四神不具足①，無以來由者；山勢屈曲短弱，來處凶猛也。

凡諸侯之地，七里一城郭；大夫之地，五里一城郭。墻屋者，羅郭也。去壙十步外是福德子孫位，以三十步爲一世，得百步者及三世，即可用也。一步主一年，三十年爲一世。又以十二步爲一龍，八龍主宰相，只是本位福神上有一百步，便及八龍也。羅郭中或方百步，或方三十、五十步，或七十、八十步，至於二百步，其中地土肥實，更有小形勢來掩抱者，爲大吉地也。

凡形勢大者，發稍遲，而世數綿遠；其形勢跼斂者，勢雖小而發速。若山岡其來長遠，其形雖小，亦可用也。其掩抱中四面斗高者，不可用也。要在漸漸俯仰，以至崇峻，故斗高者難發是也。富貴之家，用其羅郭寬大者，謀子孫之長遠也。若形勢狹小，即不勝其貴，將致於破敗也。未貴之家，用其跼斂之地，以宜速也。若見在子孫氣色羸弱不自支者，雖得貴地，而亦在其子孫也。凡地平者，亦須依依取勢，倘全無掩抱，謂之去龍脉，蓋緣百步而無遮障。若地有平長千步，中可没膝者，多子孫敵國，富出公侯。坦然平，是無氣聚之中矣，陽之處者也。

右杜陽子，與舊書無相妨者，亦可參用。

凡内外宅在地縫者，主貧窮，子孫衰微，出邪疫跛折，不完具也。地縫者，有一岡或高低地頭尾自别來相近着之處，是其縫也。

凡大澤深湖當中，羽姓居之，出妃后、侯王。

---

① “有”字底本作“不”，於義扞格，抄本作“有”，亦非佳選，疑原或爲“及”字形訛，姑從抄本改録。

凡山隴、古墓東、南、北，宫姓居之，三公卿相，故曰“有壠無壠依古冢”。

凡天藏地，北有守山，西有大岡，前有溝渠，左有淵池，中有蒲葦，安家宅，公卿相。

凡天威地，如阜殿東南來、西北去，居其南，出刺史，九十年乃衰。

凡天原地，如阜從東南來，居其陽，宜子孫，資財百萬。

凡天基地，如流水至五里有大道合，居中央，富貴、州牧。

凡天厨地，如衙阜，居陽，富貴、卿相；居陰，肉食。

凡天殿地，如高山、正殿[1]、大衙，主富貴，出卿相。

凡天蓋地，阜陵正圓，居西北，大吉；中央，自如。

凡土藏地，四方高平，中央多樹木，枝葉相連，居之三公相。又地從堤南來，北過，居東，東復有流水若泉池，亦然。堤北，出市一作中。死。

凡山藏地，南有守山，北有流水，居水北，或亥有丘岡，主三公、卿相，吉。

凡水藏地，水西南來，或百里或數里有通船，折東，北有山岡，居之有禄位。水東南來，辰巳上折北行，西北有山亦是，居之出三公，無山主富。水西南來折，北流數里，南有高山亦是，居南三公相，生貴子。

凡豪翠地，如流水之處西，南回之，合西北出，居其陽，富貴；居陰，足財物。

凡連鼓地，形如阜堤，東西至七里，居在左右，主二千石。

---

① “正”字底本作“止”，此從抄本改録。

凡少肉地，形如大山之端，居左右，主大將軍。

凡地形，皆欲得隴聳前婆娑，兩枝合對，頭曲向裏[①]。

凡宅居地，風水當隴首吉，餘處凶。按龍尾以定龍頭，去尾二十四步，風吹露天，主逃去鄉土。東北有古城，西南八十步宅居，五品。

凡掘地，得生龜，不以山高下，謂之龍藏地，宅居封侯；古印、劍器，出五品；魚龍之骨，出九卿。

凡地，望千步平，其中没人膝者，謂之龍腹，亦曰五福，宅居世世封侯。

凡人宅居，遠山近水，主多死。

凡地，如覆舟，主分散、漂流；如覆鐘，主子孫凶豪[②]。

凡地，居鬼市，主貧窮，岡尤凶。

凡宅居，得直木，主子孫無禄。

凡地危絶者，主家道破散；地露骨者，主窮；墮盤石深泉，主宗族滅絶。

凡平原地，遠視如山，近視若池泉，宅居出貴人。

凡地形如大車軸，宅居其陽，富貴；其陰，貧賤死禍。

凡内外宅，後滿三里無傷敗，吉；不滿，凶。

凡内外宅，皆不得居三過之地，凶。東有南行道，一也；南有陌，二也；北有流水東下，三也。大凶，不可用。東西爲阡，南北爲陌。

凡地，四方遠平無高下者，用之平平，無官禄。

---

① “裏”字底本作“襄”，不辭，兹從抄本改作。

② “凶”字抄本同，按“凶豪”不辭，疑“凶”字爲“雄”字音訛，俟考。

凡外宅，不欲太高，而欲其連屬長遠也，狀如重臺、如蓋，大吉。

凡外宅，近水曲、丘阜，有城郭，大吉。

凡内外宅，皆欲平博有勢，三陽照處，吉。旦爲朝陽，午爲正陽，西爲夕陽，故曰三陽。從旦至暮不見日，名曰三陰，大凶。

凡大山叢、小山聚，前有岡、後有真武，須風不來，主横富；風度即凶。

凡三門一户起，周迴及六十步，主財禄立至。凡四隅皆起，八向平長，水向西流①，山連乾艮，曲抱及六十步，主貴顯，高官貴。

凡案五十步，主多牛馬奴婢，利中子。兼之羅城數重，世世無休歇。

凡地遇故廁，填滿亦可。若穿得伏屍，主家鄉遠離。

凡地有五不可：岡斷，一也；沙疆倒流，二也；迅急山巍巍似拒敵，三也；風水來往，門户交箭，主案不起，真武不翔，四也；四隅不張，八向不長，横岡傍隴，都無起伏，鈎鏁不連，五也。

凡外宅，西南高、東南傾，埏道所向之方下，大吉。

凡外宅，近大陂澤，子孫微弱；交風吹冢，子孫絶種；安墳斗峻，令人憂悶；冢墓無勢，必被戮死。

右出《照幽記》。

---

① “西”字抄本作“丙”，似與通例相近，俟考。

形氣吉凶

凡相宅有形有氣，欲其形氣備也。《漢・志》所謂："形與氣相首尾，亦有有其形而無其氣，有其氣而無其形，此精微之獨異者也。"氣者，其地之候，猶人之色，以潤澤、肥息、枯槁見于形容，而知其憂樂也。

凡宅居占氣色，陽宅以陰月十五日旦候之，陰宅以陽月朔旦候之，出龍頭刑禍之方，復没于刑禍上者，爲有災；出福德上，來入刑禍上消者，爲福勝禍消。若氣生龍尾、龍腹及從福德鄉中出，必有貴人宣詔拜官，吉；若氣生福德鄉而昇天，或從地引布墻屋者，公卿相。氣黄紫青白而明潤者，吉；黄而潤美，有君恩寵禄。若氣從刑禍方出，轉入福德鄉中，是禍勝福消，必有咎殃。若日時在歲月刑殺，則事急，若不相剋及不帶殺者，所衝之月應黄紫氣，出於刑禍上，因貴人之厄[1]。

右劉啓明説。

凡氣色與本姓音和協，潤澤相生，吉。去三里、二里看之，氣鬱鬱，上下團團，乃大吉。青氣爲印綬，爲文官，白氣爲兵戈，爲武官，黑氣爲典吏，黄氣爲封侯。枯燥多疾病，濁氣多淫邪，剋姓爲破散，相生爲榮華。氣如雨露，如山泉之涌，如霜雪，下有珠玉；沈沈見風不動，下有金；無光澤，爲枯骸；煌煌而潤澤，下有黄金；皎皎鮮明，下有白金；青氣團團，下有石黑；氣無光澤，爲鐵

① 此前二句句意有些費解，亦疑"因"爲"應"字音訛，俟考。

錫；氣如白雲，下有江河；鬱鬱金光，侯伯相；森森如林，下有寶物；白氣不斷，下有刀兵；土赤草木不生，下有磚瓦；氣蒼黑向[①]，下有盤石。常以春秋時雨新霽日初出時候之，又以甲、乙、丙、丁、庚、辛之日日未出時，去三百步，亦可一二里望之，氣鬱鬱潤澤者吉，氣枯燥濁亂者凶。青氣、赤氣皆主文人，黑氣主胥吏。氣枯燥凶，黄爲病，青爲驚，赤爲火災，白爲喪，黑爲被盜。凡氣變者，相生吉，相剋凶，從吉入吉大吉，從凶入凶大凶，從凶入吉先凶後吉，從吉入凶先吉後凶。

凡吉氣翩翩而浮動者，應速；氣垂氤氲而結者，事遲。王相者速，休癈者緩。

凡凶氣沸鬱回涌絞戾者災深，輕薄離解者災淺。

凡氣如雨露，下有泉石；地多霧起，如霜雪下不停，下有珠玉；青而澤，風不動，下有銅錢，無澤者，下有伏屍；黄而光澤者，下有金；白而光澤者，下有銀，無澤，則石也；上大下小，吉；黑而光澤者，下有鉛，音完，青金[②]。無光澤者，有伏屍或大水脉；下有寶物，則别有光過七尺，光高則淺，下則深，與餘氣有異。青氣鬱鬱，利子孫，有爲公侯者，變赤黑大吉，變白主刑，變青主貧下；赤氣主有武官持節者，變黄大吉[③]，變黑主刑，白主貧下；黄氣主印綬，變青主刑戮，變赤、白者大吉，變黑主貧下；白氣主武官持節，變黑黄主印綬，變赤主刑戮；青主貧賤；黑氣主文章智術，變青、白主官禄，變黄者主刑戮，變赤者主貧下。氣出森森如林者，下

① "向"字抄本同，不辭，疑或爲"色"字之訛，俟考。

② "完"字非音，抄本改本條注文作"音沿，錫也"。按"沿"爲"沿"之俗字，亦非"鉛"之本音，俟考。

③ "變"字底本作"亦"，抄本同，不辭，兹依文例校改，底本形訛。

有金寶。

凡紫氣氛氲，上音分，下於云反。真白澤潤，皆大吉；青黑氣者，下有石；青白者，下有伏屍；赤黑氣，下有古窯冶；赤白氣，下有兵器，或石及骨。

又法：天雨初晴旦，令人着新净彩色衣裳，然後遠望，若有色轉鮮明者大吉，若黄色暗鈍者凶。

右因官書參定。

土壤虚實吉凶

凡建城邑及營内外宅，掘地方深一尺二寸，出壤土細粉之，餘還坑内，勿按抑之，明旦起視，土盈起者吉，减下者凶。

又：土實一斗，秤之，重六、七斤凶，八、九斤居之自如[①]，重十斤已上大吉。

又法：入地深三尺，取實土方一寸，平，秤之，重三兩者凶，五兩、七兩居之自如，九兩已上大吉。

右因官書參定。

① "居"字底本作"吉"，抄本同，不辭，玆依《陰陽宅圖經》、《諸雜推五姓陰陽等宅圖經》及文例校改。

重校正地理新書卷第三

岡原吉凶上[①]

凡内外宅，南有兩岡東西相對，二百步内名俠岡；前有左右小岡相連數里，謂之導引；後復有小岡群隊相連，謂之後從，大吉。南二百步有小堆圓如倉，謂之地乳，主大富。《照幽記》曰："圓如華蓋"。西有岡相連，主印綬不絶；若陷下傷，則不利後嗣。

凡岡，皆欲得長三里已上，四面對岡之於所用岡者，大吉。似所岡南首北引二里許，欲得四肢勾曲狀如車輞音罔。勾連，所合處形如馬鞍者，大吉，引三里已外弥吉。雄龍岡，其狀遠望洪洪，平無枝引，亦曰男岡，主少子孫及少官禄；儀皃秀美者雌龍岡，有枝引，亦曰女岡，其狀如蛇渡水，盤曲有形勢，主多子孫，大吉。

凡山岡，高處爲首，下處爲尾，傍枝爲足，龍之形勢各有所宜，審而觀之矣[②]：所用之地當龍角，主病狂；龍背，主淫乱及有暴刑；龍耳、龍腋，吉；龍首，主貧；龍齒，主暴死者；龍頷，富貴而不能長久，又出吊死者；龍吭音亢。大凶；龍足，主客死者；龍乳、腹，

① "上"字底本原無，抄本補之，與後文例合，兹從補録。

② "審"字底本作"番"，不辭，抄本改作"審"，當是，兹從改。

主富貴；龍尾，不利後嗣。

凡岡曲，用向陽者吉，用向陰者凶，寬平者吉，窊烏瓜切。曲表也。凸音突。高起也。者凶，窮曲向内凶，勿當水衝，勿用倚岡之口，勿處首上尾下，勿復四足，必在腹内，若平博有形勢所照，大吉。

凡所用地，皆隨山岡長短三分之，前留一分，後留二分，大吉。若岡上更有重岡，起在後者宜近之，吉。凡岡長遠百里，名麒麟、鳳凰之地，主綿遠貴室[①]。若岡相連百里不絶，一高一下，小頓大起，大吉。若三里之岡似城郭，多枝引者，用其前大吉。《照幽記》作："無枝引者，謂其上吉。"[②]凡岡不須太高，欲得連屬長遠益佳。若山岡東西連，長嶺厚實，七八里與山相連，用其中者主子孫富貴。

凡依山者，山南、山東，近之大吉；山西、山北，遠之大吉。山東爲朝陽，承日之光，大吉；山西爲夕陽，日將隱障，初吉後凶，若無隱障，大吉。

凡其地，旦不見日光者，其後子孫病左目；暮不見日光者，病右目；巳、午、未不見日光者，主青盲；從旦至暮不見日光者，爲太陰，大凶。

凡岡如初月，葬其腹中得三陽所照者，主子孫忠孝長壽。

凡岡如重臺或如蓋象，大吉。

凡山三重連接，望之如華蓋，主豪貴，子孫侈靡；望似城郭，多枝引者，大吉。《照幽記》"三重"謂"三里"[③]。

凡岡上平，方三四百步已上者，主印綬。山岡形如覆釜而有

---

① "綿遠"二字抄本作"婚連"，二字兩兩形近，俟考。

② "謂"字抄本改作"葬"，義長。

③ "謂"字抄本改作"作"，義長。

兩岡曲引者大吉；若從後絶，無岡連接，不利後嗣，凶。

凡岡形如兩乳，用其中大吉。

凡山如卧牛角狀，用其曲中大吉；三四重，望之如樓閣大吉。岡如卧牛，用其腹内大吉；髀、脇、足皆凶。

凡岡，一面有小隴，如帶繫之形連大山，謂之繫鼊，若用在下處，四面有水處大吉。《照幽記》作："四百步有水大吉。"

凡岡形如仰船，用其腹中大吉。或如覆船，用其上大凶。凡三面岡起，南方獨闕，用其中者大吉。

凡大山下有小山，相去迥絶，用山邊者，主孤寡。若與大山連接，名續山，主子孫能守禄秩。

凡大山傍有小山，如覆笠者吉。

凡平原寬厚，如無枝引，兩水東南微流①，四面三百步已來無傷敗，地色温潤②，土厚水深，草木滋茂者，此地爲肥，肥則脉隱，瘦則脉露，脉者，兩水流跡如蛇在灰，如鱔在塵，若用山岡，即依附嫩條曲抱之處下穴。夫山岡之勢，纔能隱車馬者善。

凡前有横案，迤邐數重；後有從岡，聯綿長遠。其翼岡左迎右揖，形如連珠；或左回右抱者，皆吉。

凡岡如麒麟、獅子諸獸蹲音存。伏也。者，即當臆用之③，仍看其氣住之處吉；若如龍蟠、蛇屈、狗乳兒、卧牛形曲者，用其腹中曲處吉；若如鳳、鶴諸禽舉翼欲飛者，用身翅之間，不拘左右，氣住之處下穴吉。

凡山岡，東南傾或左迴右抱，皆欲受其陽氣吉。小岡有迴

---

① "兩"字底本作"雨"，抄本同，不辭，依文例當爲"兩"字形訛，姑據改。

② "温潤"抄本作"潤澤"。

③ "臆"字抄本同，疑爲"腹"字形訛，俟考。

抱，不可用。岡如仰硯之形，兩水出者①，已上皆水出丙地，折向巽流，爲上吉。

凡岡，有飛、蟠、遊、卧，陰陽雌雄，尊卑讎敵，起伏沈浮，接叢壁云。沈岡多近湖澤，近視則肥大高滿，遠望之則枝體不動，黯黯如重船在水中，雖將對具備，終不住也。浮者如鳧之遊水，翩翩有勢；卑下主後有輕薄趣利者，是又不然。浮沈者，水淺則浮，水深則沈，各度其土地，斷其淺深下穴，使氣住相當，用之吉。

凡岡，高下相似，混無枝引頭尾者，以二月、八月卯、酉日子時在山正中央大呼，響處是頭。

凡大山，傍有小岡屈折，如委折數十里，用其下大凶。《照幽記》作"大吉"，字誤。墓東有岡，上有石者主兵死。

凡所用地，正南望對岡，勿令在二百步内有高大於冢者，爲讎敵，後主貧窮。

凡有相對岡者，須審其形勢，若峻急强於所用岡者，凶。

凡外宅之南，近東有岡圓如垂鼓，主後爲娼妓者；若近西，主後有爲庫吏者；南有岡形如伏龍來向，或有一石正當冢門者，大凶。南有岡如虎牙相向，似交牙者，主後有虎傷死者；北有岡無枝引，小岡洪滿直連大岡腹，名曰山足，若在大山下不會領處，謂之山柄，皆大凶。

凡龜鼈岡，用其上，凶；當其口，主毒死、虎害；當其額，主出火死者；當其項，主吊死者；當其尾，主兵死者②。

凡高地無水，謂之枯鼈，主貧窮。

① "兩"字底本作"雨"，抄本同，不辭，依文例當爲"兩"字形訛，姑據改。

② "死"字底本作"飛"，抄本同，不辭，按"飛"字草寫與"死"形相近，底本蓋因此致訛，故據校改。

凡三岡相連，兩岡高大起，中岡下小，謂之兩虎争肉，用其中者，主子孫被虎傷死。前有阜者，皆爲吉；後有山陵，形勢雄高吉，不平、下者凶。南有高岡、北有東流水，用水北吉。

凡葬山西者，凶，雖然，逼山有水南流，墓在水西，而北有丘阜、山南有城郭者，大吉。

凡兆域之北，皆欲得高起，連山大吉，不連山者大凶。冢後高仰三里已上者，宜子孫，大吉。山嶺獨巍巍，卜兆域其上，主暴富貴，後必誅死。左右併山，卜兆域其口内，主貧乏。

凡大山下有小山如覆輂不相連，用其下，主子孫不孝。

凡冢在大山之下，逼山者凶。

凡五姓有大墓無小墓者，有六十壽父，無五十壽母，無継生之男，有送終之女。

右因官書參定。

凡岡南北長、東西闊，須識頭尾，高處爲首，下處爲尾，傍枝爲足，勢各有所宜。其冢居龍口，主口舌、獸厄，亦傷腫；龍首，亦主口舌，病面有痕患；龍足，主貧窮；龍尾，近於失遺，主初貧後富；居龍跨騎，澗水恶衝入，主病瘸；龍腹间，富貴吉昌。

右《照幽記》辨岡如龍形，與官書小異，今兩存之。

岡原吉凶中

凡岡長十里，三公相；五里，二千石相，吉。

凡岡每有雲霧鬱鬱，居之必富貴，無問有象無象，皆吉。

凡東西長岡，中有横岡，居之，三公相。北岡北下南高，居南吉，有橫案，五品相，又宜子孫；北高南下，北岡宅居，大吉。北岡東西狹，南北有丘，其丘東北宜置外宅，近吉。

凡西南有流水向東，北有山岡，岡南居之，將軍相。山南土方如半月形，安家宅，貧、絶嗣。

凡岡從亥左轉至丑，北有重折竿隴者①，名曰秀岡，宅居出神仙，及有文人。

凡北有兩岡東西相對，謂之風門，宅居主失官職、流移，又主病風邪，有池者謂之窮地，生子不令。

凡長岡而南有汙池，富貴；前有案、後有從岡，西有樹，上將軍、方伯相。

凡山從南至北如壠下，名地軸，宅居其上，主有不虞之禍，出自刑及風死者；宅居其陽，大吉。龍苗牙山岡從北來南，頭齊東坐，主三公相。

凡土方，堤岡從西南來如龍耳，宅居其南腹内，公卿相。

凡大山之下有岡肥滿，相連不絶，宅居大吉。

凡大山頭曲處，謂之抱子岡，宅居大吉。断岡之首，宅居主吊死。兩岡之中央不可居，主有獸死、兵死及病風、顛狂之疾，五内不安，子孫主絶。北有山方，東西曲迴如月形，宅居三公相。

凡四方五百步内皆平正，寅、卯有起伏，巳、午有微仰，戌、亥有盤曲，依依似起，此名散花岡，首宅居大富，必出貴女。

凡宅居，後有華岡似連珠形，前有重主案，四邊方五百步無缺者，世世公卿，福禄不絶。

凡岡如張弓者，謂回曲弦長而左抱右掩也，若朝伏如群羊，

① “竿”字抄本同，疑爲“阡”字之誤作，俟考。

宅居其弦内者暴貴而速傷。

凡岡東西狹、南北長,居之貧,主暴死。

凡山岡有生有順、有起有住、有鬬有走,其重疊復壯,草木滋潤,土色光澤,百獸歸之,謂之生岡,公卿相。

西高東下,北高南下,有足連延,大小不相陵,高下不相越,謂之順岡,富貴相。

如鳥飛獸行,不緩不急,望之高大,近視圯音披,覆也。小,必能興雲致雨者,謂之起岡,九卿相。

蹲音存。禽卧獸,必有所象,大頓小起,無問大小,宛轉如蟠龍,奮迅如舞鶴,不高不峻,連延相属;不鬬不背,門闕相對[①],謂之住岡,宅居神明安静。

岡從西來,起於東,次有一岡從東來,起於西,其首相向,謂之鬬岡。四面有小岡來助者,謂之强岡,無助者謂之弱岡。居其强者,爲子孫麄豪;弱者,爲多折傷、疾病、驚恐、口舌。

岡從西來,東頭高,復有一岡亦西來,東頭高,引尾在後,謂之走岡,主流徙他方,客死道路,刀兵血死,手足傷折。

凡山岡有龍蛇鳥獸之行者,取其頭以言吉凶:如蟠龍、如飛龍、如群龍、如遊龍、如伏龍、如舞鶴、如鳳凰、如仙人掌、如麒麟、如龜、如肥馬[②]、如卧牛、如伏雉、如水鼈、如伏龜、如生蛇者,皆吉;如奔馬、如伏獸、如驚鳥形者,皆凶。

如蟠龍者,謂宛轉斜曲而首尾相從也,處其腹中[③],而前有玉案者,三公相。

---

① "闕"字底本作"闓",義有扞格,此從抄本改作。

② "肥"字底本作"龍",與後文所載不合,抄本改作,兹從之。

③ "腹"字底本作"腰",與常例不合,姑從抄本改作。

如飛龍者，謂枝流遠通，若跳躍迅急而轉摺依從者，或長則枝條鬱勁，或短則舞鶴連鳴，用其腰腹，公侯相。又曰：岡勢東看即西高，西看即東起，南看即北障，北看即南仰，謂之龍蟠龜食岡，若土色潤、草木肥者，侯王相。

如群龍者，謂徘徊宛轉，八向皆通，而起伏隱隱，連曳相從，前如投算、後從數重之者，用其南，亦三公相。

如遊龍者，謂岡四角依依而起，水流行丙地，四方五百步無缺敗也①，處之二千石相。

如伏龍者，謂西北數十里有岡隱隱，小伏大起，東南有小岡應也，用其額，將軍相。

如鳳凰者，謂羽翼高張，群從千萬，帶壠倚岡也。若前如銜印綬，而後有徊翔者，用其左翼，侯王相。

如舞鶴者，謂羽翮開托而胸臆崋崒、上勒没反，下才律反。首尾盤薄也，用其左翅，台閣相。

如仙人掌者，謂後高前仰，而水流出丙，天門漸漸長也，用其中心，旌節台輔相。

如麒麟者，謂乍立乍蹲，而群從衆多也，用於胸臆，主貴仕。

如龜者，謂首低尾伏也，亦謂之生岡，用其甲，公卿相。

如肥馬者，謂草木茂盛、地色黄紫也，用鞍帶間，富貴相；居首、尾、足並凶。

如卧牛者，謂足屈首拳，腹带林壠，而兩水如乳分流也②，三光照内，用腹傍，封侯相。

---

① “方”字底本作“萬”，抄本同，不辭，金校以爲“方”字之訛，蓋“萬”字俗寫作“万”而致，故從改之。

② “兩”字底本作“雨”，抄本同，不辭，依文例當爲“兩”字形訛，姑據校改。

凡如牛形者，用其腹吉，體、足、脇並凶。

如狗卧者，謂首拳尾就，若腹内乳兒，而領連山首，用其乳邊，公卿相。又曰：無問大小高下，但成寒犬抱子形者，三公相。

如伏雉者，謂藏首隱尾，遠視隆隆而近看漸起也，若後有從山，前横玉机，用其首吉，有名譽也。

如水鼈者，四方無缺地也，若水清、春冬不竭，而三門長起、一户如缺者，用其左甲，亦世公侯相。杜陽子曰[①]："水中洲島也。"

如伏龜者[②]，五百步内皆平正，依依而起，左翔也，用之二十石相。

如生蛇者，謂或曲或斜，而勢起也，若後山前澗隱馬藏車，林麓音鹿。華茂者，用其曲内，子孫榮禄。

如奔馬者，謂其頓高頓下，勢若無依也，用其腰，凶，主多喪亡，及子孫爲僧道，宗祀不繼。

如伏獸者、如驚馬者，皆取其狀正似也，凶不可用也。

右因官書參定。

凡高山峰頭横指人宅，主疾病。

凡外宅之南三百步内有小岡，如遺笠在前而正，謂之鳳凰銜綬，大吉。南有高岡，北有東流水，外宅在水北，大吉。

凡岡前有岡阜者，皆須後有長勢，唯南高北下，冢宅皆吉。

凡對岡爲害者，須審其對之勢，若來勢微弱於所用之岡，洪滿高峻與之格，吉，不成凶。若來勢迅急，强於所用之岡者，大凶。冢北有别枝小岡，洪直連腹，名山足，用之主絶滅。

---

① "杜陽子"底本作"林子陽"，抄本作"杜子陽"，兹依文例校改。

② "龜"字底本作"鼈"，抄本同，兹依前文總述用字校改，以使一致。

凡山岡上有污池，而葬其處，子孫微弱。

凡岡上大下小如覆蓋，單不相連，生不孝子。大高岡臨外宅上，主有人癡狂。

凡岡不知原本，即以高峻山岡、斷澗堆阜、坑路岡冢以原首，爲八方，其數古之王者以千、諸侯以百、庶人以十言之，皆看山岡長短、闊狹取之。

凡山岡兩頭下闊狹、大小一種，更無分枝，難別首尾者，但於當中遠遠大呼，有響應之處爲首。又：坐穴皆看水出之向，看其山岡首尾，以八卦象之，水出甲，名乾山。

右出《照幽記》，官書不載，亦可參用之。

凡山原欲來之遠也，一起一伏，峰勢峭峻。或如蛇之渡水也[1]，或如啄木之飛也，南北相連也，東西蟠屈也，高低如揖讓也，上下如逢迎也，或洶洶起浪如水波也，或便便平聲。如人腹也，或來而如覆釜之狀也，或開而如龍蟠也，傾頓如蜂腰也，崇高如馬領也，西有道、東有水，水南有小污音烏。以捍火氣，是謂全吉。

凡山岡者，有肥瘠焉，有老嫩焉，有雌雄焉，有禍福焉。

所謂肥者，漭音莽[2]。漭湧湧，肌肉豐隆，土如脂膏，草木滋茂也。

所謂瘠者，地脈瘦薄，草木焦枯，土少地凹，烏交切。沙石見露也，或謂之餓龍，其韻語曰："岡如餓龍，卧于草中，首臨澗水，腹内虛空。土既亟音氣，遽也。急，草木或叢，雖有抱掩，用之終凶。"

所謂老者，崔嵬嵯峨，傍無掩抱，即大山是也。

① "渡"字底本作"度"，抄本改作如此，更契通用文例，兹從之。
② 注音底本原置於"漭"字下，抄本遂改"音葬"作"音莽"，不契原貌。

所謂嫩者，枝條從大山而出，盤回宛轉，形勢開張。

所謂雄者，突屼音兀，秃山皃也。無所向背，石多土少，草木無澤，凶山也。

所謂雌者，草木鬱茂，土色肥膩，枝條盤屈，一起一伏也。

所謂福者，八向之山，尊神位上及五音王處，氣勢强盛也。

所謂禍者，八向之山，卑神位上及五音弱處起岡勢，來往注射而又逼近也。

凡地理有尊卑、有朝從、有拜揖者矣，既得吉土，須尊卑有序、朝從合宜、陰賊垂伏、尊神崇峻者吉。凡八向山，前來者，謂之朝；後來者，謂之從，而皆以直來者爲貴，如臣朝君，欲其近於幽宅而旁如拜揖者貴也，不欲其頭高於尊神也。若尊神頭垂，卑神頭起，巍峨直射而來逼者，謂之賊山，其占當暫富貴，終致顛覆。若朝山頭起至百步内者，謂之下淩上，陰氣盛，凶。若相遠至一二里外，即無害。朝山欲多不欲寡，欲其如群羊、如伏猪、如投算之縱横，大貴相。一曰："巳巽朝乾亥。"又曰："偃月臨辰，天門相對起。"皆貴相。

凡陰山頭起，而來臨幽宅者，占爲女勝於男、妻勝於夫、尊卑失序、陰陽相反者也。

凡大山用麓，小山用腹，岡用抱枝，壠用其肉。麓者嫩山，謂大山足也，逼於枯老之山而無嫩條者，不可用也；深山大谷無人煙處，不聞雞犬鳴吠者，亦不可用也。

凡石山之力不如土岡之力，平地之岡不如原上之壠，土岡一尺敵石山一丈，原上一尺壠敵平地一丈岡，所謂貴地者，土厚水深也。

凡岡勢連接，大山隱隱如長突，渾渾湧湧，直來於墓，前後迴轉,吉地也。塚前有山岡斗高而又逼近者,主生瘠瘂盲人。

凡岡勢四面迴轉者,即一切倉庫之類足矣。

凡纍續之山,牧伯相;散花之岡,妃后相;昂車之嶺,公輔相;單山獨壠,名僧相;奔牛之壠,令尉相。奔牛之壠,小壠也。

凡岡有如雲起,如枯鼇,如水鼇,如青龍無足,如棱階,如牀座,如卧龍,如蟠龍,如卧牛,如卧狗,如屏障,如彎角者,四面有山巉巉相向,無尊卑之位,有鬬敵之形者,謂之鬬敵山;血肉少,不相連接,自然零落者,謂之窮賊山[①];抱枝肥嫩,峰巒圓秀者,謂之富貴山;一曰:儼然如貴人獨坐,如先生登榻而講者,皆富貴之象也。枯鼇、水鼇者,水中洲島也;青龍無足者,流水洿中地也;棱階、牀座者,山岡半腹中也。

凡相地,先察山之可否,然後求其形勢。形勢者,欲左右開張,首尾迴轉,如虯龍之蟠,或如寒犬之乳子者,如衣之領者,皆上吉。山中平陽之地,托托如紙,依依取勢,水流澁處,是吉地。又曰:遠而觀之如柱天,近而視之如入泉者,吉,此乃高原之上低處也。其迴龍深潭,地可一畝,公卿相。

凡地,欲得龍臍智智於元切。處吉。又曰:黯黯如重船在水,吉。

凡地,左右欲其藏車隱馬,而八將六對良者[②],五福之地也。

凡龍首、龍尾、龍腹者,皆以山岡之勢而名。大約以八向尊神之位及姓音本王處爲龍首;龍首之後小頓大起,或盤或屈,謂之龍尾。亦以本王之山一頓一起、綿綿長遠如續索者爲上。又

① “賊”字抄本作“賤”,義長。

② “良”字底本作“艮”,抄本同,義有扞格,姑依文意校改。

曰：龍脊主門户衰寂，龍角主貧窶，如據龍頭[1]，主封侯；龍腹，主多禄。

右集杜陽子書删定，其與官書無相害者或可用也。

岡原吉凶下

凡相地脉，不以水陸，其來去微微，就中平處若衢路，雖陷壞而脉相連注，極目望之，以突處爲住，下處爲住，一節急，二節寬，三節已上吉，五、六、七節大吉。外山還内山[2]，裏有山尖，用其頂上，主富而有官。聳山墩乳，主富，世世無殃咎。山若兩岐，開頭如走蛇，勢不相顧，可以權處，不可以久，兄弟流寓，中子受殃。

山如撲馱，形勢壠聳，如負重行，出刺史。一代發，二代榮，三代無人後，人丁還更生。

順山吉，橫山凶，乾亥山朝從，可久立，二世即安，其後凶。風還水落尤急，大山前亂壠勢，用其中央，主有伎藝、通鬼神、至三品者；來去近大勢前，出貞賢；邊偏脉惡，大劇，賊風來侵，主刑格。

山勢如釵股偏偏走，主子孫流散。

亂墩來中，獨乳前有按遮捺乃曷切。頭，取之，出令長四五。

坎拳之墩，水流交頸，主無官職及狗咬死。

三堆山、走馬嶺、抱重山，主公王近前或出鹽井。

---

① “據”字底本作“拒”，抄本同，不辭，兹依文意校改，底本當爲音訛。

② “還”，當讀爲“環”。

伏頭之山如小揖朝，本體多衙集，主七世榮貴。

孤峰之山，角頭敵是，住處如芙蓉蕊，主上柱國及僧尼、道士。

獨岡之山，出御史及貞賢、才藝，而不離貧。

山如從騎而多乳者，官不獨行，主文案煩劇。

乾、艮之岡，亥、丑之堆，坤、巽抱之，有丁、未案，主二品相，足錢穀，千步平，吉；乾、坤之山落庚、辛，艮、寅抱之，用其中，主官臺閣；坤、巽山遠而穹隆，丁、巳注而無陷空，又艮、寅抱者，主出神童，若無衝賊者，三公相。

艮、巽山重羅對中央，抱而不相背者，主有官；無乾、艮，闕巽、坤，主傷貧困，二世滅絶。

大山在離而來，仰頭如拒，而無揖者，主賊害。大水清，主貴賢；水若竭，官職絶；水中墩，主多子孫；水常流，主昌盛。

大江邊龍遊，山水映清淨①，主牧宰若寺觀神廟，人恭敬之。

山横如欄杆，獨峰突出如芙蓉，乘勢取之，若朝案重重②，主畿赤六雄長吏，至三公。

虎坐山，主封侯，得一世，終斬首。

山若快，主明書數；山若鉢，則吝嗇音色。而困。

山若蒙鼇連，見影即沈没，主狗咬及溺死。

大山前，小山中，群行如狗，其中出文武。平地綿綿勢蛇行，主簿位。

山微抱而遮，極榮華。

---

① “映”字前後文圖注有“相”字，義長，疑此處脱録。

② “案”字底本作“按”，抄本同，不辭，兹依文意校改，底本形訛。

山如飛鳥，其首纔平，主子孫萍泊。

山如注馬斜軻轉，外背而裏卷，主多仕官無傷損。

山如主，餘而低欹，安貧易富。

山如比目雙龍并頭尾，宜仕宦，男子孝順。坤、艮如仰，寅、申相侵，主貪悋字亦作悋①，音吝。而富不仁。巽主慈順，巳主忠正，丁主酒肉，癸主菜食，未主船帛，庚主庫積，卯主飽，亥、子主溺，坤、艮主庫，丑、癸主單，乙、卯主飢，酉、辛主酸，坎缺無癸，主小不主大，及主讒言，初近官，後遠貶，若風來加，主刀兵。壠止見乎無扶助，巳、酉有壠及大樹，墩若空，神在中，樹若大，神正殺，在官不進，主瘟黄、瘍音戈，疸也。癩。

山無主，有貲音資。無官，子孫世益衰。

禽頭山如側掌，旁邊居，貧寒無位。

遠來岡，主婚姻公主，榮華極即夭傷。

大山散，小山聚，前有峰，邊有乳，風不來，主富；風過，即不可用。

山如釵股跳兩脚，用其中，主移鄉，急改之。

地雖平而勢不住，左不迴、右不顧，主行而不處，若抱嚮足，主富。

艮頭曲，用其中央，足衣食。

大山前、小山首，如驚趁來散走，暫時可居，不能長久。

平地徘徊而高，主財自來；若不住，即貧窶。音縷。

山間之谷，遠澗之陰，有樹森森，傍臨溪路，傍邊居不得，住地闊平，暫時吉，雖免病，不長榮盛。

① "亦"字底本誤作"悋"，不合文例，兹從抄本改録。

詐伏山如覆掌、似人足，頭垂即主絶嗣、作客，地雖平而勢之走者是也。

山如行龍，不回顧引道，而孤脉若走者，主孤孀。

大山前、小山後，别來之岡頭鋭而對其傍者，必損其居，主凶暴泣哭。山鋭如鑽，處上聲。其畔，主奸亂，凶。山多狀而無位，則算長枝好尋，逐短幹而不能榮。

凡三陽顯照，上也；回抱入財鄉，次也；地團圓如釜，莫居口邊，主客寄服役于人。大山前小山出，低斜頭突，主鬬；背，出惡逆子。

山如毛，前如鱗向後，占右吉；失其狀，大狼藉。

八龍山亘亘走西邊，危，主貧乏、災禍，勿住，急去。

山如覆杓，有回抱，得長久。

山如筆，有人無穀食；風水相侵，主狂淫；水火相害，主顛狂；金木相剋，主兵賊。

驚群山横闌塢，遠風來吹，主貧苦、惸言無兄弟。獨。乙、辰拒辛、戌上，遠按遮，令長相，主讒疾。平地墩，十塍音丞，田畦。注，如蟹蝦，主大貧苦。寅、艮缺，坤、未穴，乾風吹，刀兵滅。四塍注，名龜鼈；三塍注，亦是；兩塍注，名穿魚；一塍注，名繫鼈；中塍注，名死鼈。

山如龜鼈，多凶敗癈絶。水欲深廣，墩欲似魚鼈、伏龜坐住，其高低則子嗣少。魚貴尾，龜貴頭，鼈貴背，虎貴前，鳳凰貴胸，馬貴脊，牛貴領，羊貴乳，皆吉，餘不可用。狀如猪鼠者，不可取也，主盜賊。其餘看體身，似好物吉，主多珍寶，益官。大墩外、小墩内名老陽，大墩内、小墩外名少陽，主三世義居，多子孫。衆山顧，一山走，主僞亂誅没。

山如張帆，主富昌，牧宰、都督，女子嫁侯王，三世富貴而夭殤。

山如舟舡，兩頭寡中央直，貴人可居，貧者不宜用，三世仕宦，多從馬。

山如瓜藤，五里而來，主仕宦京邑，雖不用求，官亦自來。

山如龍頭，聳而復高，微微下，更起聳伏，足如馬，封侯王。

山如蚕食，謂山頭亂出也，侯王用之吉，或都督、牧宰不絶。

山如虎坐龍頭者，百步斷是也，主豪富，多子孫僕馬。

山如龍趍，一曲一直，更奔去而不迴，遠即吉，主官自來，及女子嫁侯王。

山如遊龍，狀如雲對巽，大將軍相。

山如獨峨，聳柱而顛，亦大將軍相。

山如肥樓[①]，絶而復連，三峰直起對坤，王侯相。

山如聚穀，無官職；山如龍足自大山出，主被賊盜，子孫犯禮，頑嚚音銀[②]。遊乞。

山如九龍，龍頭亂出，惟侯王用之吉，餘人滅絶。

山如死蛇，如腰帶，兩頭停停，主貧絶無人聲。

山如伏龍，坐如虎，形如張弓，勢如擊箭，凶。

山如龍眠，其本直來，忽爾立三峰，並東西據者，不求官而自至。

山如新月，主賢才美秀。

山形如掌者，主富貴遷官[③]。

---

① “肥”字抄本同，疑或爲“杷”字形訛，俟考。

② “嚚音銀”底本作“嚣音梟”，金校據抄本改作，甚是，兹從之。

③ “遷”字底本作“選”，義不甚暢，此從抄本改作，底本蓋形訛。

山如活蛇勢盤桓，主邑宰、娛音愚。樂。

山從天門來，向申、酉、未，長遠。

巽水，主妃后、君相。

山忽高者，名曰目山，亦名獨峨山，東西南北並有官山合，相連三里出刺史，山東五里出令丞尉，山南亦出令丞尉。

山四頓而絶處，遠看似傘蓋，近看似虎坐，名龜子山，亦名寶帳山。

山如馬鞍，主公卿宰輔。

山如墨斗居繩間，主諫臣及女子仕宦。

山如放綵，主傷。

山如遊魚，頭伏連連而去者，無官職，有僕馬。

山如鯉魚伏者，主破，鬻音育。田産。

山如垂鼓，向面居，主音樂。

山如垂磬，居位處，主秀才、侍御。

山如垂鐘，居側邊，主秀才，或以音樂主至五品。

山如垂鈴，用其舌，主道士、伶人。

山如馬鐙匝脚下，主富貴及尚公主。

山如琵琶狀，有弦，用其項處，吉；月邊，主出四品。

山如籠檐[①]，用其促處吉，主大富貴及黄門官女。

山如鑒面，主爲宰輔。

山如玉笏，用其中央把處大吉，出郎官。

山如長苗，居上穴，主供奉官從。

山如觱篥，居其孔者，主後有人爲歌舞妓女。

① “籠”字底本作“龍”，抄本作“籠”，義長，玆從改録。

山如搗杵，向腫居，主多穀粟及女子美好，嫁宰輔爲夫人。

山如金盤，用其中央，主宰輔兼文武，連世昌盛，封邑。

山如金瓶，居其口，主賢才，及女子貴而爲妃。

山如玉匙，用其柄，封侯王及改異姓。

山如覆門，居中央者，主貴人，謂四角絶也。

山如垂囊，用其底，主富貴，多穀帛，又出名賢，曉律令。

山如覆盆，用其項上，主出文武及憲官。

山如鷄食來，謂如鷄聚食也，主去鄉土，以其飽而去也。

右出《五音地理經》，俗傳一行撰，説與官書或異及無者，今存之以廣異聞。餘見圖解。

大江邊龍游，山水相映清淨，主牧宰若寺觀神廟，人恭異之。

如游龍者，謂岡四角依依而起，水流行丙地，四方五百步無缺敗也，處之二千石相。

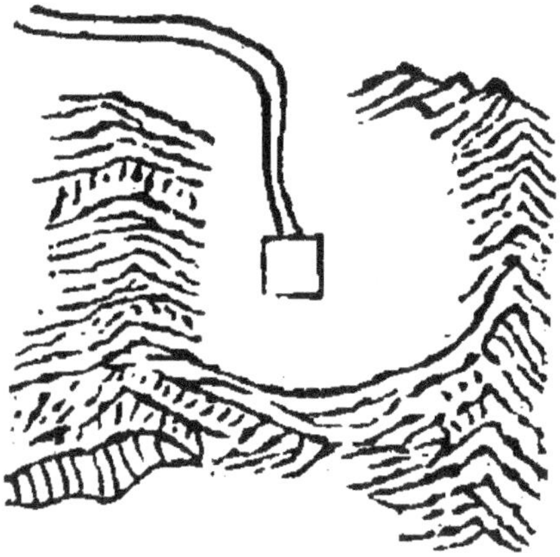

如飛龍者，謂枝流遠通，若駭躍迅急而群隊依從者，或長則枝條鬱勁，或短則無鶴連鳴，用其腰腹，公侯相。

如伏龍者，謂西北數十里有岡隱隱，小伏大起，東南有小岡應也，用其額，將軍相。

①

如蟠龍者，謂宛轉斜曲而首尾相從也，處其腹中而前有玉案者，三公相。

如群龍者，謂徊翔宛轉，八向皆通，而起伏隱隱，連曳相從，前如投算，後從數重者，用其南，亦三公相。

① 圖校："用其額"之"額"字底本作"類"，不辭，抄本校改作"額"字，與圖合，兹從改録。

山如龍眠，其本直來，忽爾立而三峰並、東西據者，不求官而官自至。

山如龍趍，一曲一直，更奔去而不去遠，即吉，主官自來及女子嫁侯王。

山如比目雙龍，並頭尾，宜仕宦，男子孝順，視見說内。

八龍山亘亘走西邊，危，主貧乏災禍，勿住，急去。

山如九龍，龍頭亂出，惟侯王用之吉，餘人滅絕。

山如龍頭，從而復高，微微下更起聳，伏足如馬，封侯王相。

山如龍足自大山出，主被賊盗，子孫犯禮、頑嚚游乞。

如麒麟者，謂乍立乍蹲而群從衆多也，用其胸臆，主貴仕。

虎坐山，主封侯，得三世，終斬首，山若快，主明書數；山若鈍，則吝嗇而困。

山如樸馱，形勢巃聳，如負重行，出刺史。一代發，二代榮，三代無人後，人丁還更生，餘見説内。

如卧牛者，謂足屈首拳，腹帶林巃，而兩水如乳分流也，三光照内，用腹傍，封侯相。

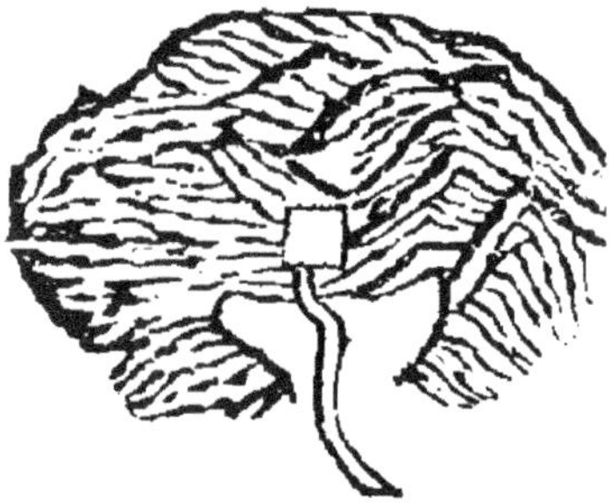

山如牛形者，用其腹吉，髀、足、脇並凶也。

大山前，小山中，群行如狗，其中出文武；平地綿綿勢蛇行，主出位；山微抱而遮，極榮華。

如卧狗者，謂首拳尾就，若腹内乳兒，而領連山首者，用其乳邊，公卿相。又曰：無問大小高下，但成寒犬抱子形者，三公相。

如伏獸者，皆取其狀正，似凶不可用也。

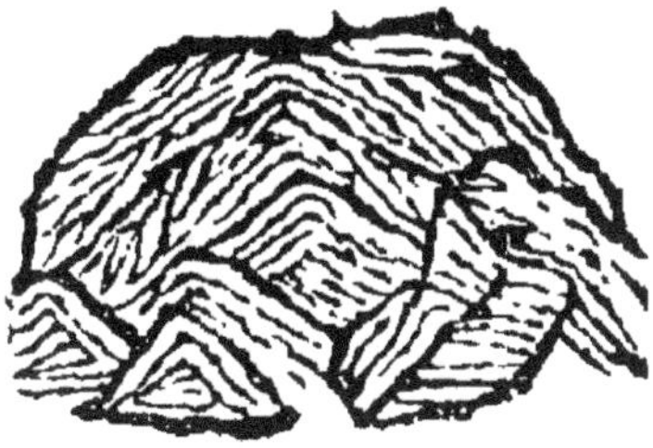

山如注馬，斜軻却轉，外背而裹卷，主多仕宦、無傷損。

如肥馬者，謂草木茂盛、地色黄紫也，用鞍帶間富貴相，居首、尾及足皆凶。

如奔馬者，謂其頓高頓下，勢若無依也，用其腰凶，主多喪亡，及子孫爲僧道，宗祀不繼。

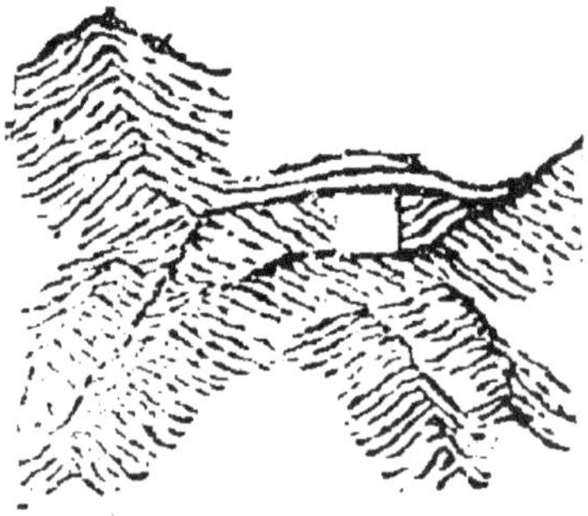

如鳳凰者，謂羽翼開張，群從千萬，帶隴倚岡也。若前如銜印綬，而後有徊翔者，用其左翼，侯王相。

如舞鶴者，謂羽翮開托而胸臆崒崪，上勒没反，下才律反。首尾盤薄也，用其左翼，臺閣相。

如伏雉者，謂藏身隱尾，遠視降降，而近看漸起也。若後有從山，前横玉几，用其首，吉，有名流譽也。

禽頭山如側掌，傍邊居，貧寒無位。遠來岡，主婚姻公主，榮華極即夭傷，詳見説内。

山如飛鳥，其首纔平，主子孫萍泊也。

山如驚鳥者，皆取其狀正似也，凶不可用，切宜詳審。

山如鯉魚伏者，主破鬻田産，凶。

如龜者，謂首低尾伏也，亦謂之生岡，用其甲，公卿相。

如水鼈者，四方無缺地也，若水清、春冬不竭，而三門長起、一户如缺者，用其左甲，亦世公侯相。杜子陽曰："水中洲島也。"

如伏鼈者，五百步内皆平正，依依而起左翔也，用之二千石相。

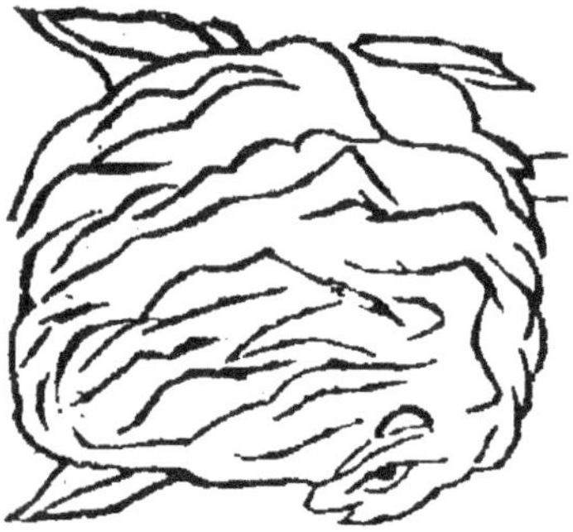

山若蒙鼈連，見影即沈没，主狗咬及溺死。

①

如生蛇者，謂或曲或斜而勢起也，若後山前澗隱馬藏車、林麓華茂者，用其曲内，子孫榮禄。

山如死蛇，如腰帶，兩頭停停，主貧絶無人聲也。

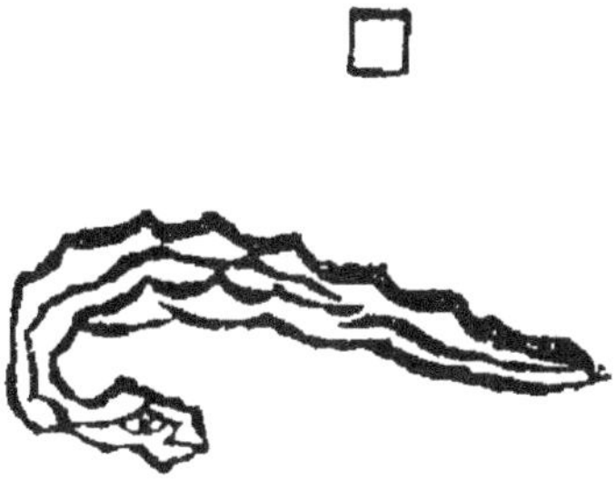

②

山如鷄食來，謂如鷄聚食也，主去鄉土，以其飽而去也。

① 圖校："狗咬"之"咬"字底本作"吸"，不辭，抄本校改作"咬"，義長，兹從改録。

② 圖校："如腰带"之"如"字底本作"始"，不辭，抄本校改作"始"，與底本前文所述同，兹從改録。

山如蚕食，謂山頭亂出也，侯王用之吉，或都督、牧宰不絶。

詐伏山如覆掌、似人足，頭垂即主絶嗣、作客。地雖平，勢走者是也。山如行龍，不回顧引道，而孤脉若走者，主孤孀，詳見説内。

如仙人掌者，謂後高前仰，而水流出丙，天門漸漸長也，用其中心，旌節臺將相。

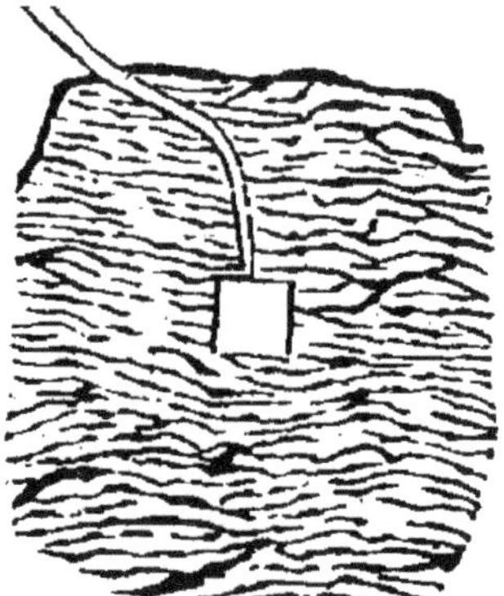

山形如掌者，主富貴，遷官吉。

山如瓜藤，五里而來，主仕宦京邑，雖不求官，亦自來也。

①

山如聚穀，無官職。

山如杷樓，絶而復連，三峰直起對坤，王侯相。

山横如闌干，獨峰突出如芙蓉，乘勢取之，若朝案重重，主畿赤六雄長至三公。

②

① 圖校："京邑"之"京"字底本作"亨"，不辭，抄本校改作"京"，與底本前文所述同，兹從改録。

② 圖校："山横如"底本作"山如横"，抄本蓋據前文所述乙正，兹從改録。

山如覆門，居中央者，主貴人，謂四角絕也。

山如鏊面，主爲宰輔。

山如釵股跳兩脚，用其中，主移鄉，急改之。地雖平而勢不住，左不回、右不顧，主行而不處；若抱回，主富足，詳見説内。

山勢如釵股偏偏走，主子孫流散也，詳見説内。

①

① 圖校："偏偏走"之"走"字底本作"之"，抄本同，不辭，兹依前文所述校改作"走"字。

山四頓而絶處，遠看似傘蓋，近看似虎坐，名龜子山，亦名寶帳山。

山如筆，有人無穀食，風水相侵主狂淫，水火相害主顛狂，金木相剋主兵賊。

山如張帆，主富昌、牧宰、都督，女子嫁侯王，三世富貴而夭殤。

山如舟船，水頭寡中央直，貴人可居，貧者不宜用，三世仕宦，多奴馬。

山如舞袖勢盤桓，主邑宰、娛樂。

山如弓，勢如激箭，主凶。

山如馬鞍，主公卿宰輔。

山如馬鐙匝脚下，主富貴及尚公主。

山如墨斗居繩間，主諫臣及子仕宦。

山如放綵，多主傷。

山如垂鼓，向面居者，主音樂。

山如垂磬，居位處，生秀才、侍御。

山如垂鐘，居側邊，主秀才，或以音樂主至五品。

山如垂鈴，用其舌，主道士、伶人。

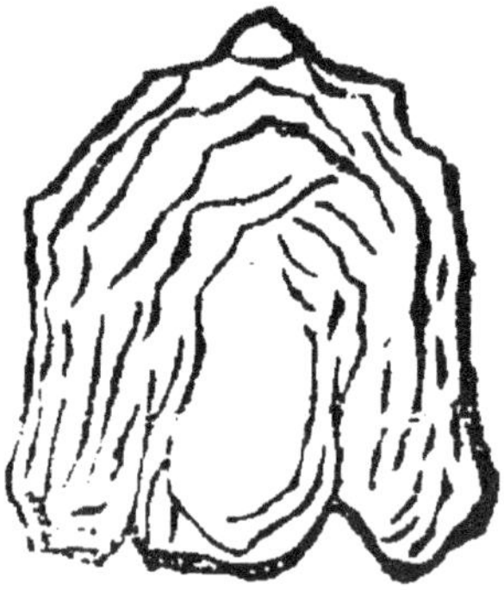

山如琵琶狀，有弦，用其項處吉，月邊主出四品。

山如箄箕，居其孔者，主後有人爲歌舞妓女。

山如玉匙，用其柄，封侯王及改異姓。

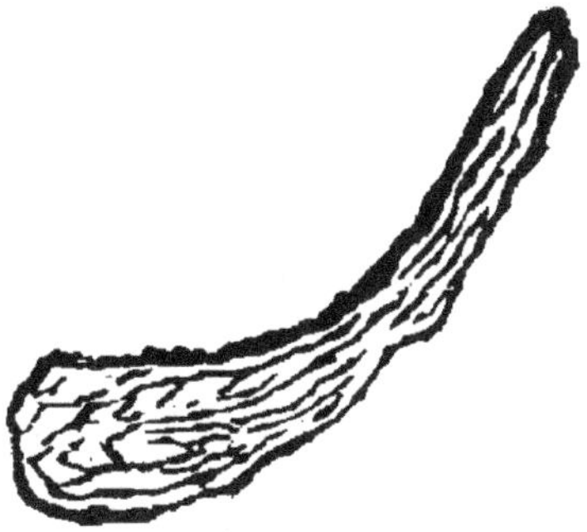

山如長笛，居上穴，主供奉官。

山如玉筯，用其中央把處，大吉，出郎官。

山如金瓶，居其口者，主賢才，及女子貴而爲妃。

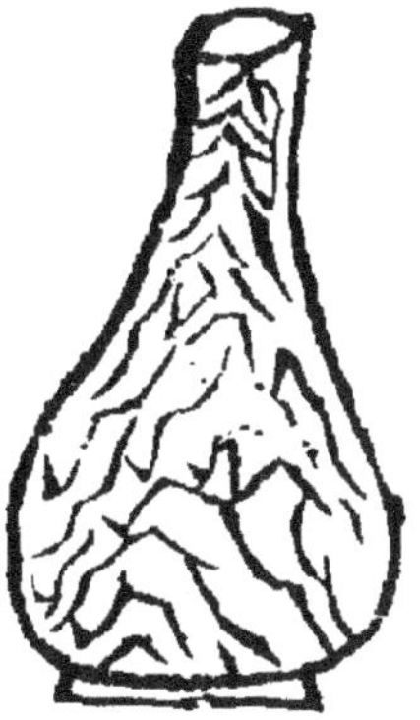

山如覆杓，有回抱者得長久。

山如金盤，用其中央，主宰輔兼文武，連世昌盛，封邑。

山如擣杵，向腰居，主多穀粟，及女子美好，嫁宰輔爲夫人。

山如覆盆，用其頂上，主出文武及憲官。

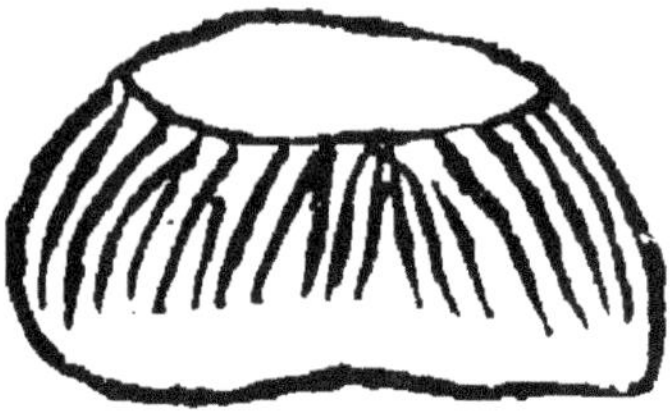

山如垂囊，用其底，主富貴多穀帛，
又出名賢曉律令。

山如初月，主賢才美秀。

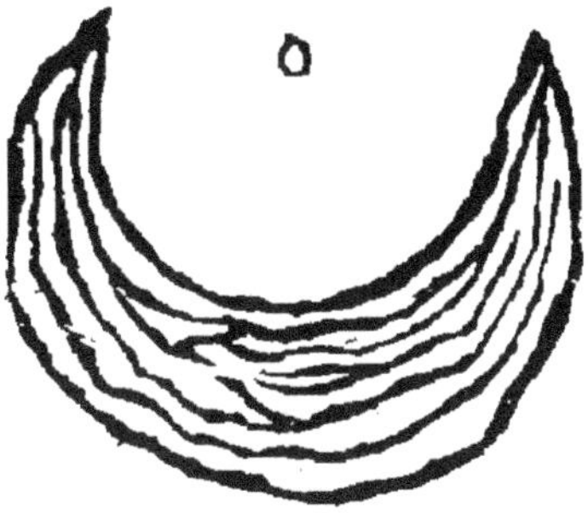

山忽高者，名曰目山，亦名獨峨山，東西南北並，
有官；山合相連三里，出刺史；山東、山南五里
並，出令丞尉。

因官書參定。

重校正地理新書卷第四

水勢吉凶

凡宅居，五音之出水各有其宜，然水從巳丙卯辰上出，則五音皆利。凡水從酉出爲奸邪，從子出爲尊長不正及非理，從午出爲家當有盲者，從丑出卑下多淫泆。凡宅門下水出，財物不聚；野水來入，主衰病。宅中水交流者，主有暴死。

右劉啓明説。

凡水名有九：一曰流水，謂流水，不以大小，與江河通者，在外宅東，相去六十步外，大吉；若在六十步内，凶。二曰潢洿，上音黄，下音烏。謂渟音亭。水環繞墓，主有心腹病人。三曰帶劒，謂水勢斜于家宅旁流，爲盜賊傷人。四曰鬬水，謂水相激音吉。觸，爲子孫相格戰死。五曰箭水，謂水直來流向者，爲子孫誅滅。六曰清血水，謂地如牛鼻汗，常浸浸生苔如蝦蟆背，或有白漫漫如雲母者，爲子孫有惡疾。七曰亂水，謂迸洿無溝脉者，爲子孫淫邪及不利母。八曰客水，謂因雨則渟[1]，無雨即乾，爲子孫客死、暴敗，亦名山血，凶。九曰逆水，發朱雀，入真武，主子孫不孝，爲臣無臣節[2]，或爲奴婢

① “渟”字底本作“停”，抄本同，不辭，兹從後附圖中文字校改。

② 後一“臣”字底本作“誠”，金校依後附圖文校改，甚是，兹改之。

所害苦，刀箭死。

凡水直來衝冢宅，皆主爲殃禍，折回者主子孫爲盜賊。

凡外宅近水者，若在水西、水北，近水吉；在水南者、東者，須遠水吉。

凡外宅在陂澤畔者，子孫微弱；在水曲頭者，子孫多死亡。凡外宅近洿池，在水東主鬬死，在東南主溺死，西南主有兵死、客死者，西北大凶，東北亦主兵死、溺死者。南有兩水流向冢[①]，西出者爲子孫不孝及殘疾；若夾埏道交流，主有傷死。南有坑陷渟水，去家二百步内，主後有盲人；二百步外無害。《照幽記》作百步内也。

凡水從西南來，百步或數里，水折東行，能勝舟船者，當水西北頭置外宅，而其後西北角有崗，大吉。

凡洿池、窮塘近冢[②]，主子孫不孝及有獄死者。凡山岡有洿池，主子孫微弱。

右因官書參定。

凡冢脊之水分頭而去，岡坑之水停滯不流，皆大不利。凡水流四散，主盲及産難死。近冢有井者，主有患心腹及病目。側近有横渠者，主患手足人。已上居陰位者婦人當之，居陽位者男子當之。

右杜陽子説，其理與官書無相害者或可用之。

凡水從西南來，東有山，冢宅在水曲中[③]，大吉，食口百人，禄二千石，大吉。水曲及堤防曲，宅居在曲中，名龍腹，大吉。曲北名龍伏殺，主貧窮、絶嗣。水從東南來，於冢宅西過[④]，東北去，宅

---

① “冢”字底本及抄本皆作“家”字，與下句“埏道”不應，兹依文意校改作“冢”字，底本形訛。

② “冢”字底本誤作“家”，抄本校改作“冢”，義長，兹從改録。

③ “冢”字底本誤作“家”，抄本校改作“冢”，義長，兹從改録。

④ “冢”字底本誤作“家”，抄本校改作“冢”，義長，兹從改録。

居累代富貴，出卿相不絶，大吉。水從西南來，東北去，後有短岡[①]，居之二千石，宜六畜、奴婢，大吉。

凡居處，其水欲得洪，春夏秋冬流不絶，吉。洪河大流，居之左右，遠即大富，不以土色輕重，水須甘美，岸必潤澤，夾岸草木皆欲秀茂，宅居富貴。凡水從西向東流，從北向南流，至順山川，名曰順水，居之大吉。凡水流浩浩汗汗，不急不慢，屈曲有節，狀如龍蛇宛轉，流必洪大，不斷不絶，居之吉。水有霖澇不溢，炎旱不涸，音鶴。皎潔澄清，他水不混，流不聞聲，居之大吉。凡東水西流，西水東流，名曰鬬水，内外宅皆凶，子孫不順。凡四方有水，冢宅居之中央，初富後貧窮，傷小口，及外來口舌，子孫微弱，女子外奔。凡流水在北而通河及枯池澗，内外宅皆凶，四十五年絶嗣。凡水從西南至冢宅前，折東北流，宅東地勢下，名天倉地，累世富貴，出三公九卿，大吉。凡西有水流通江河，冢宅皆凶；西有池水，居之亦凶。凡水來向者，大吉。子孫昌盛，官職相襲不絶。凡外宅中水出甲者，一男有四婦；出卯、巽，多孝子順孫，宜蠶、官職；出乙，爲工師；出寅、庚、丙、酉、亥，子孫兵死；出壬、癸、艮，子孫不令，奴婢背主，病惡腫、没溺、獄死；出午，失官，妨子孫；出丁、未、坤，主子孫孤寡、癃殘、乳死；出丑，主雜姓居，養他人子孫。凡水在冢墓北，主子孫短命；若二十步流水，主市死[②]。凡外宅，北有渠水直來向墓，去五六步外曲折西流，家大富、暴貴，又主有刑人；東有水南流，主子孫大富。凡水出墓口折東行者，爲人所殺；斜行者，主兵死人。凡外宅在水曲頭，亦主兵死人。凡外宅，四方皆有水相去三十步者，主子

① “短”字底本誤作“知”，不辭，抄本校改作“短”，兹從改録。

② “市”字底本誤作“吉”，不辭，抄本校改作“市”字，兹從改録。

孫有跛足者。凡外宅，西北有水，不宜家長。凡洿池窮塘，在冢後直北①，主子孫不孝及獄死人；水疊少，乏錢財。水流漫散，主有青盲、産難死。水流急，貧難立。水流繞未、坤，長子足精神；水從寅地出，長子聚田産。客水入中，男富女貧；客水衝冢②，子孫絶種；正横及直，子孫滅族。水向乾流，子孫作偷。凡外宅，水向東、向南，及在東南流，名順水，吉。向西流，名逆水，出不孝子孫。

右出《照幽記》，其理與官書無相害者或可用之。

今具圖解于後。

水名有九：流水　潢洿　帶劔　鬬水　箭水　清血　亂水　客水　逆水

一曰流水，謂流水不以大小，與江河通者，在外宅東，相去六十步外大吉，若在六十步内凶。

二曰潢洿，謂渟水聚繞墓，主有心腹病人。

① “冢”字底本誤作“家”，抄本校改作“冢”，義長，兹從改録。

② “冢”字底本誤作“家”，抄本校改作“冢”，義長，兹從改録。

三曰帶歛劍，謂水勢斜于冢宅旁流，爲盜賊傷人。

四曰鬬水，謂水相激觸，爲子孫相格戰死。

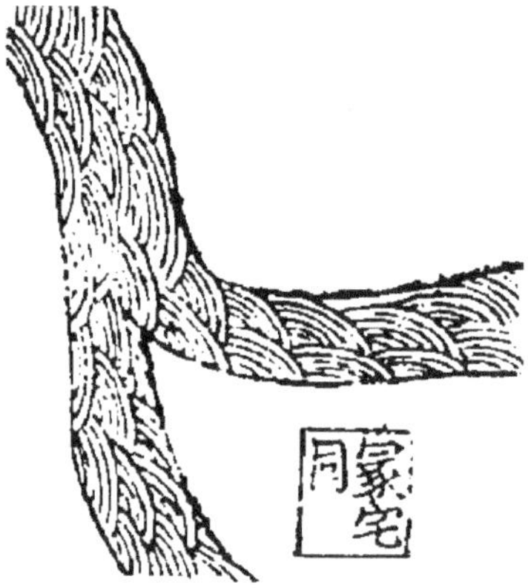

①

五曰箭水，謂水直來流向者，爲子孫誅滅。

六曰清血水，謂地如牛鼻汗，常浸浸生苔如蝦蟆背，或有白漫漫如雲母者，爲子孫有惡疾。

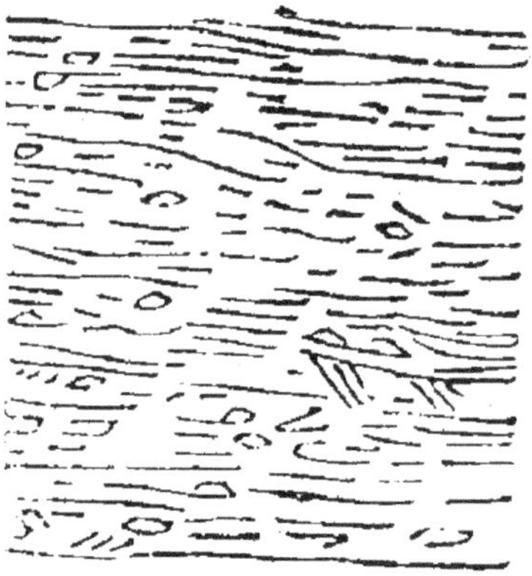

②

① 圖校：右上角有淡墨書“此若合水宜吉”六字，抄本無，蓋藏家讀時所誌，今亦不爲具録。

② 圖校：“常浸浸”之“常”字底本誤作“當”，不辭，抄本改作，兹從改録。

七曰亂水，謂迸滂無溝脉者，爲子孫滛邪，及不利母。

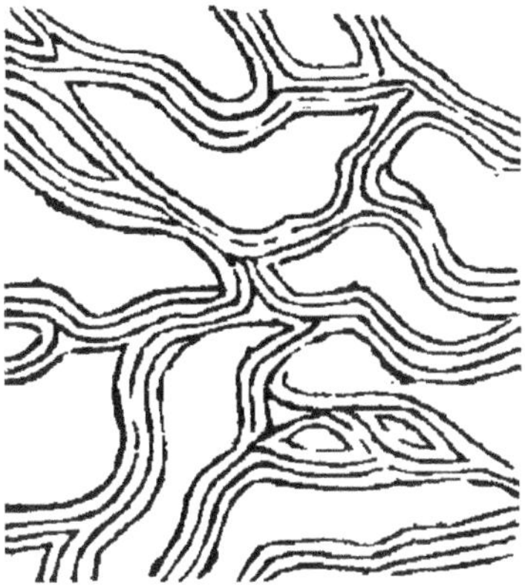

八曰客水，謂因雨則渟，無雨即乾，爲子孫客死暴敗，亦曰山血，凶。

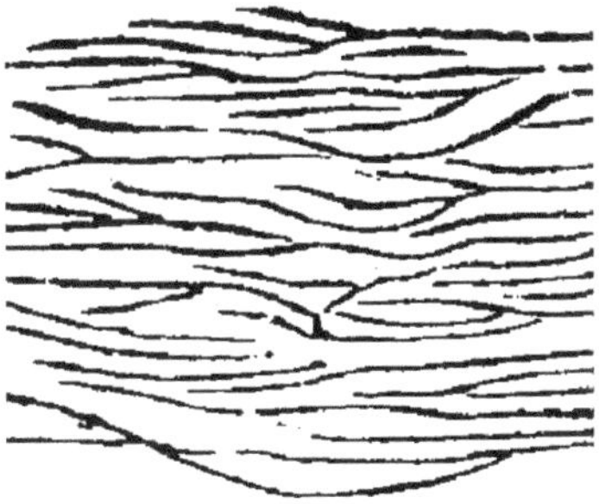

九曰逆水，發朱雀入真武，主子孫不孝，爲臣無臣節，或爲奴婢所害苦，刀箭死。

凡外宅近水者，若在水西、水北近水吉，在水南、水東須遠水吉。

①

① 圖校：右側有與第四圖相同的筆記，約十七字左右，然文字多漫漶，唯末有似“未可定爲主凶”云云之語。

凡外宅在陂澤畔者，子孫微弱；
在水曲頭者，子孫多死亡。

凡外宅近洿池，在水東，主鬭死。

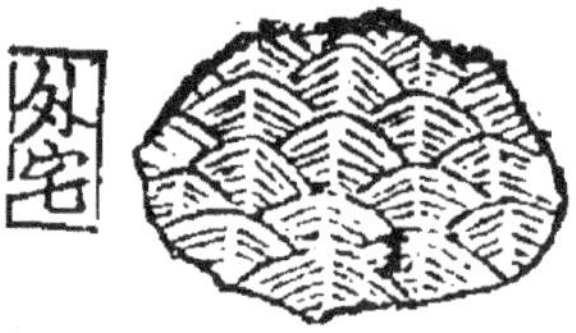

凡外宅在東南，主溺死。

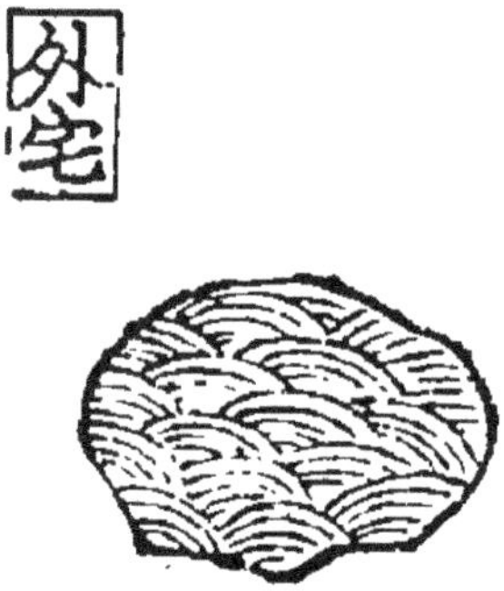

凡外宅在西南，主有兵死、客死者。

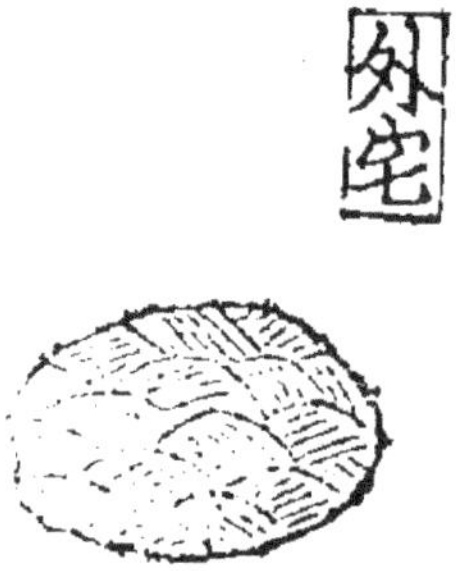

凡外宅在西北，大凶。

凡外宅在東北，亦主兵死、溺死者，凶。

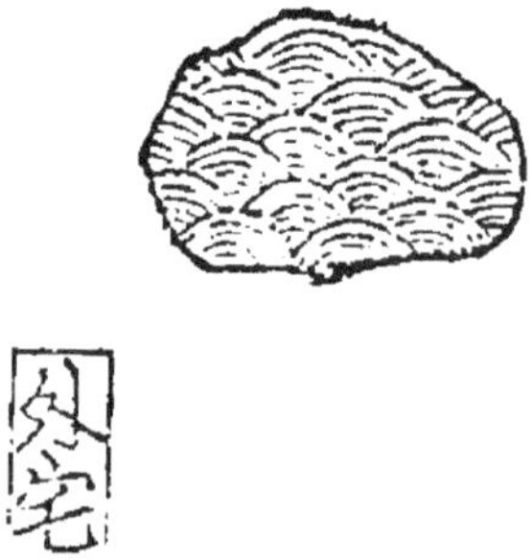

水曲及堤防曲，宅居在曲中，名龍腹，大吉。

凡水從西南來，百步或數里，水折東行，能勝舟船者，當水西北頭置外宅，而其後西北角有崗，大吉。《照幽記》"百步"作"百里"，誤也。

①

曲北名龍伏殺，主貧窮絶嗣。

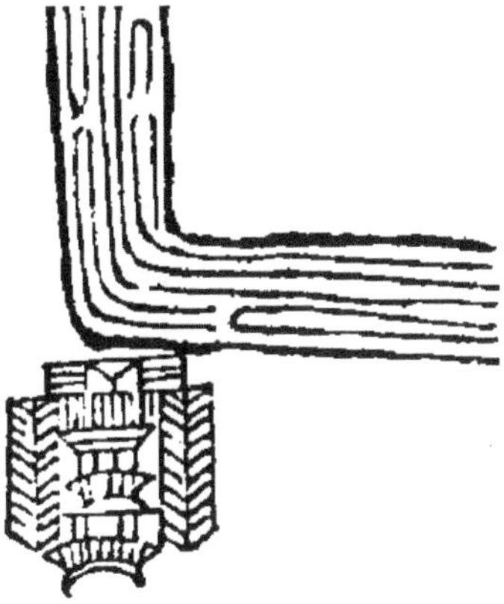

水從東南來，於冢宅西過東北去，宅居累代富貴，出卿相不絶，大吉。

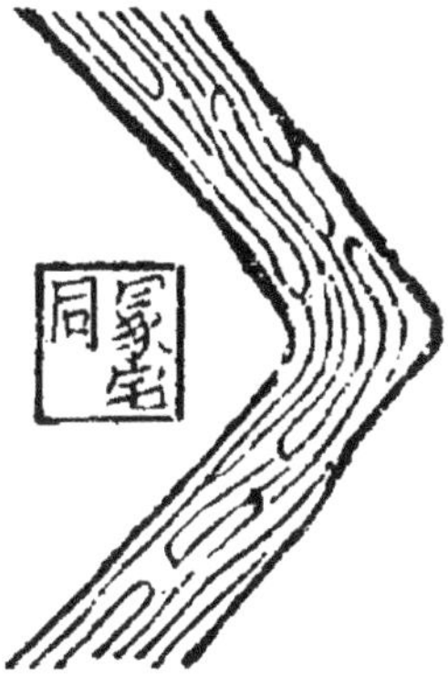

① 圖校："誤"字底本作"記"，不辭，此從抄本改録。

水從西南來，東北去，後有短岡，居之二千石，宜六畜、奴婢，大吉。

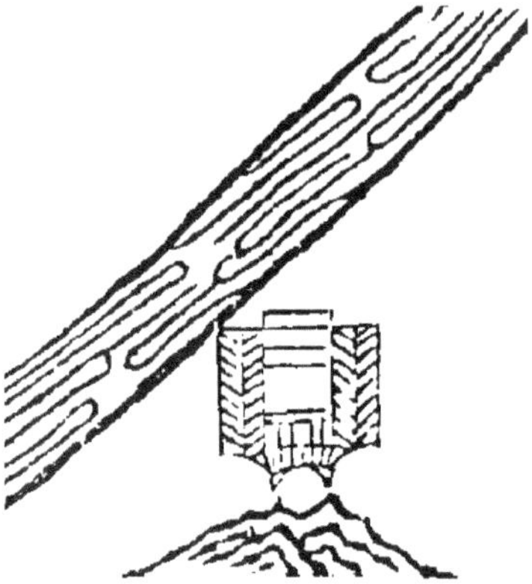

凡流水在北而通河及枯池澗，内外宅皆凶，四十五年絶嗣。

西有池水，居之亦凶。

凡水來向者大吉，子孫昌盛，官職相襲不絶。

凡外宅北有渠水直來向墓，在五六步外曲折西流，家大富、暴貴，又主有刑人。

東有水南流，主子孫大富。

凡外宅西北有水，不宜家長。

凡外宅水向東、向南及東南流，名順水，吉；向西流，名逆水，出不孝子孫。

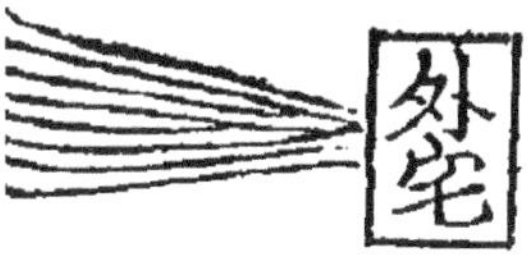

凡外宅水向南流，亦名順水，吉。

凡外宅水向東南流，名順水，吉。

凡外宅水向西流，名逆水，見上。

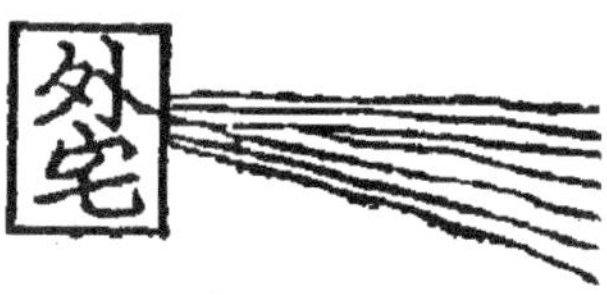

凡水直來衝冢宅，皆主爲殃禍；折回者，主子孫爲盜賊。

凡水從西南來，東有山，冢宅在水曲中大吉，食口百人，禄二千石，大吉。

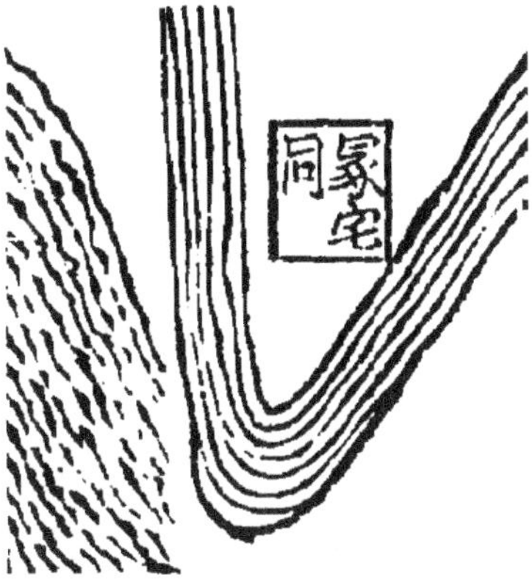

凡四方有水，冢宅居中央，初富後貧窮，傷小口，及外來口舌，子孫微弱，女子外奔。

凡水從西南來，至冢宅前折東北流，宅東地勢下，名天倉地，累世富貴，出三公九卿，大吉。

凡西有水流通江河，冢宅皆凶。

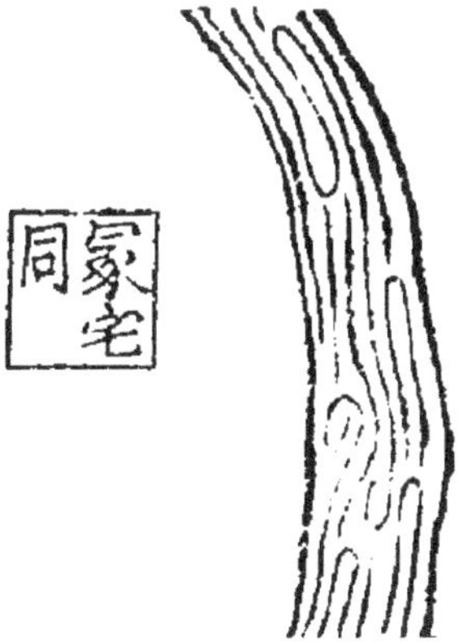

南有兩水流向冢西出者，爲子孫不孝及殘疾。

南有兩水，若夾埏道交流，主有傷死。

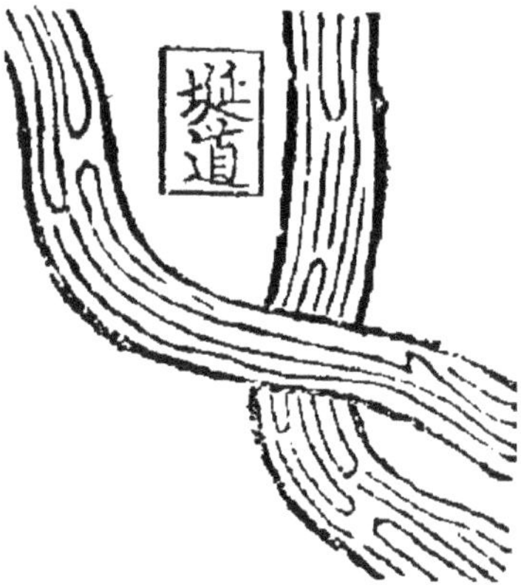

凡洿池窮塘近冢，主子孫不孝及有獄死者；
凡山岡上有洿池，主子孫微弱。

凡冢脊之水分頭而去，岡坑之水渟滯不流，
皆大不利。

岡坑之水，渟滯不流。

凡水流四散，主盲及産難死。

近冢有井者，主有患心腹及病目人。

側近有横渠者，主患手足人。已上居陰位者，婦人當之；居陽位者，男子當之。

凡水在冢墓北，主子孫短命；若二十步流水，主市死。

凡水出墓口折東行者，爲人所殺；斜行者，出兵死人。

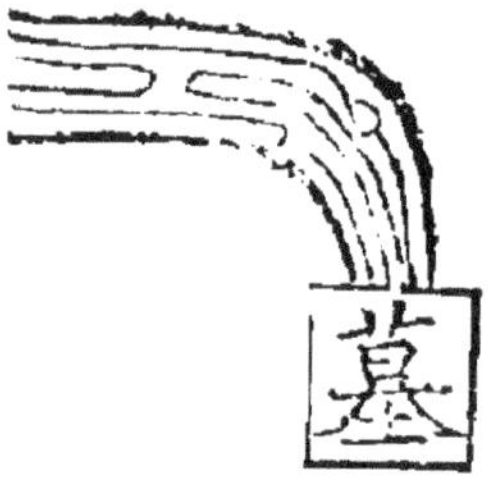

水斜行者凶，説見上。

凡洿池窮塘在冢後直北，主子孫不孝及獄死人，凶。

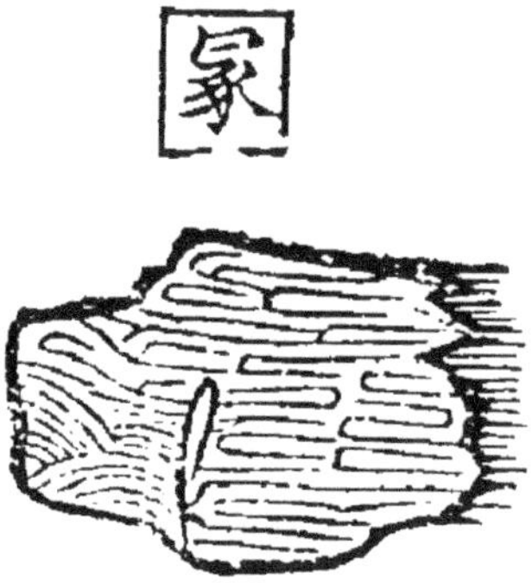

水流繞未坤，長子足精神。

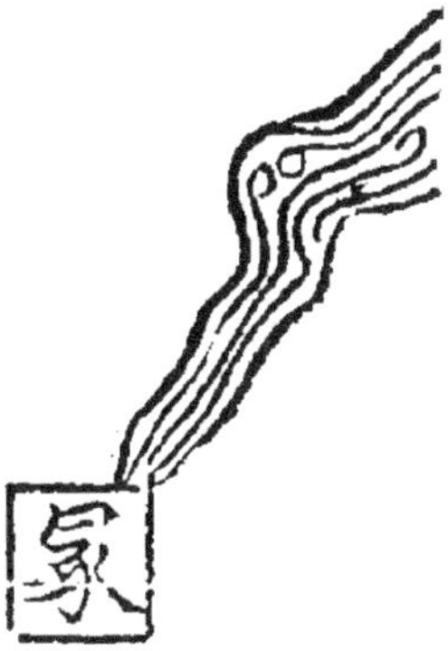

水從寅地出，長子聚田室。

客水入中，男富、女貧。

水向乾流，子孫作偷。

衢巷道路吉凶

凡宅四方有四角道，謂之天獄，貧乏，凶。道在宅北、宅東，遠之吉；道在宅西、宅南，近之吉。宅門當巷衝謂之白虎，主癃殘疾病。道從西來衝門巷，主家族衰散，或兵死、惡瘡、腫病，凶。凡外宅東北有交道，出長病人，或與鬼通；東南有交道，子孫貧窮；南有交道，大凶；北有交道，出狂顛人。凡外宅截大道者，主後有暴死人。

凡白虎爲道路，在家之西，乃本白虎之位，若在左右或前後有路直來衝家而又回曲者，謂之銜屍；斜臨家側者，謂之帶劍；左右皆有道路者，爲夾屍，宜斷之吉。

右二宅冢墓衢路吉凶，餘見下圖解，玆不重述。

凡二宅四面有道，凶，主爲淫泆風邪。

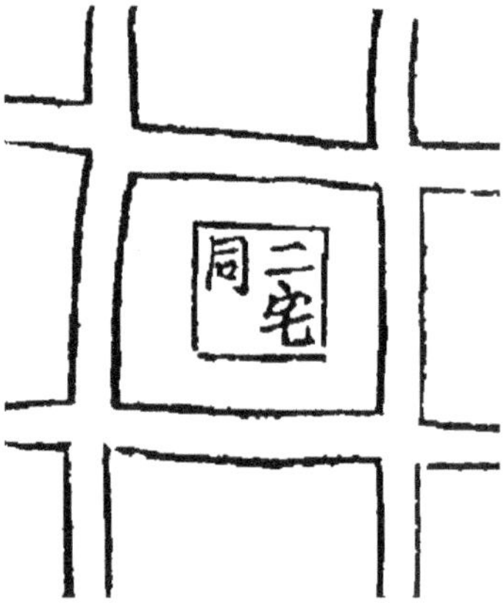

凡二宅西北有交道，主子孫狂亂、貧乏。

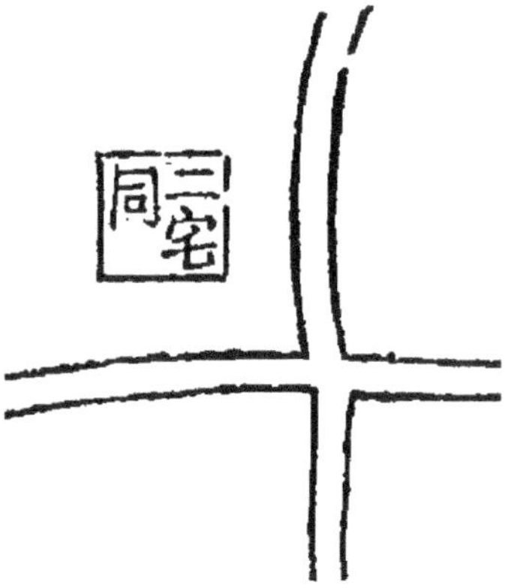

凡二宅西南有交道，主女子淫泆、恐懼。

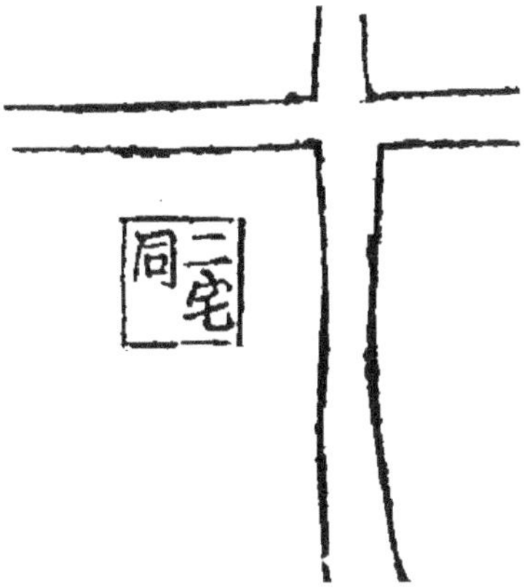

凡二宅東南有交道，争訟、亡財。

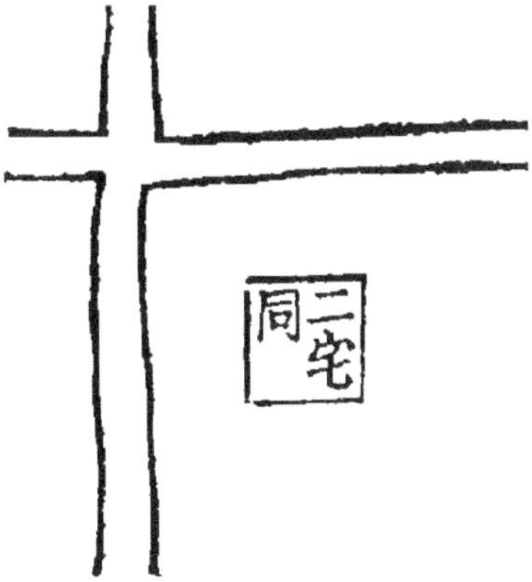

凡二宅東北有交道，鬼病連綿。

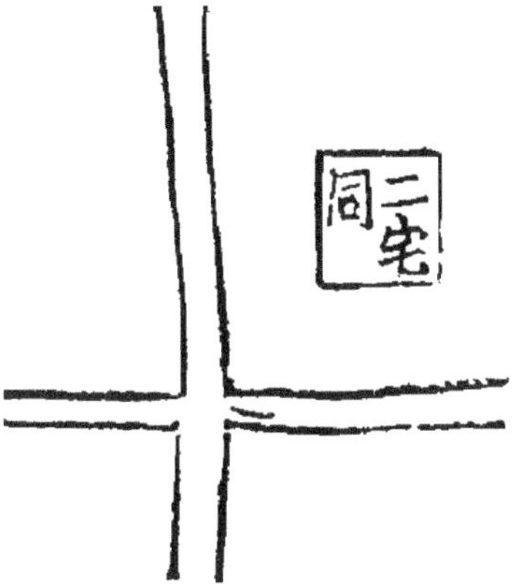

凡二宅西有道來衝者，惡疾、瘡腫、兵死。

凡二宅東有道來衝者，主神邪耗亂。

凡二宅南有道來衝者，主損目。

凡二宅北有道來衝者，主風冷久病。

凡巷衝門，爲白虎，自坤上來，主子孫嗜酒散財。

衢巷乾上來，害主人，兼不宜羊豕畜。

衢巷艮上來，主疾病、淫亂、尊卑不正。

衢巷巽上來，主婦女醜陋、小口不吉。

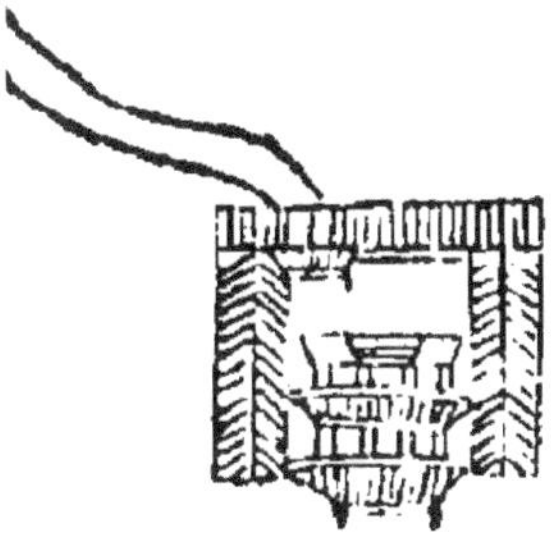

衢巷子上來，害長子，多死喪，凶。

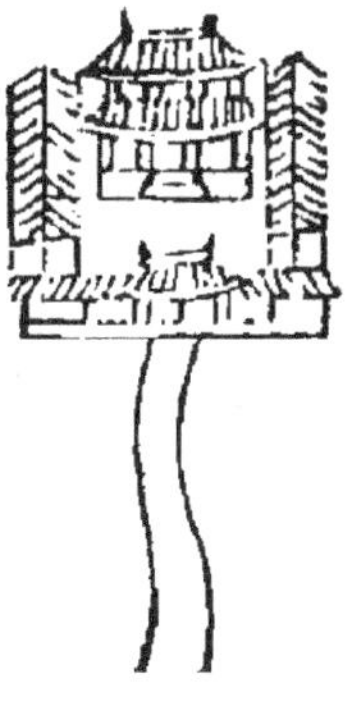

衢巷午上來，主長子不安，不宜甥婿。

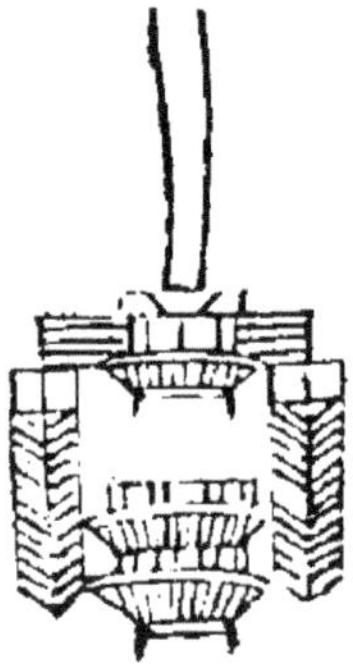

衢巷卯上來，害中子婦及長女，且有跛足者。

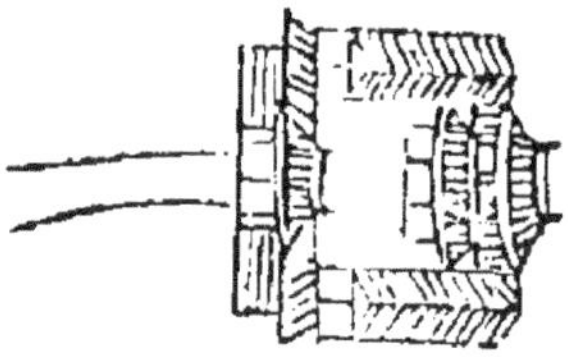

衢巷酉上來，主有哭泣、子不令，凶。

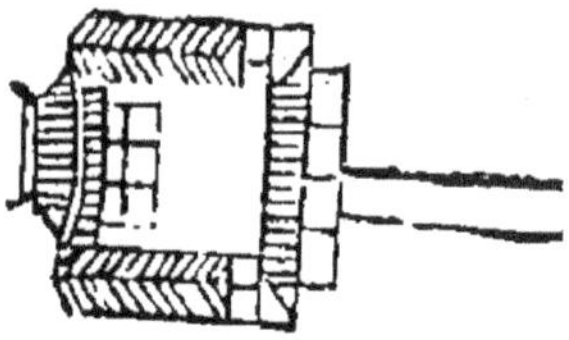

宅門在龍頭上，主盲病，凶。

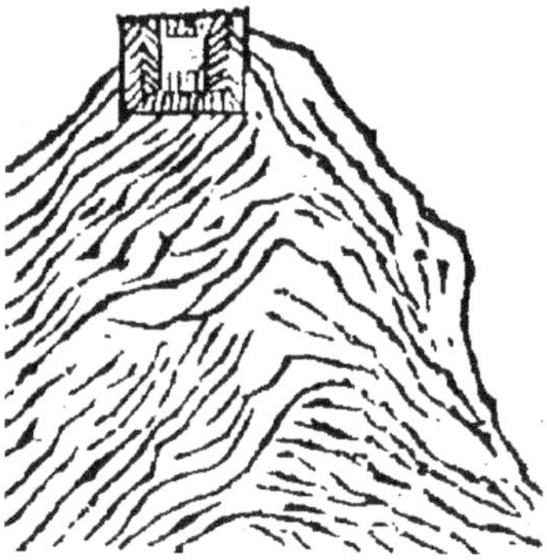

宅門在岐品，謂之白虎銜屍，主有兵死、獸死者，不利子孫，凶。

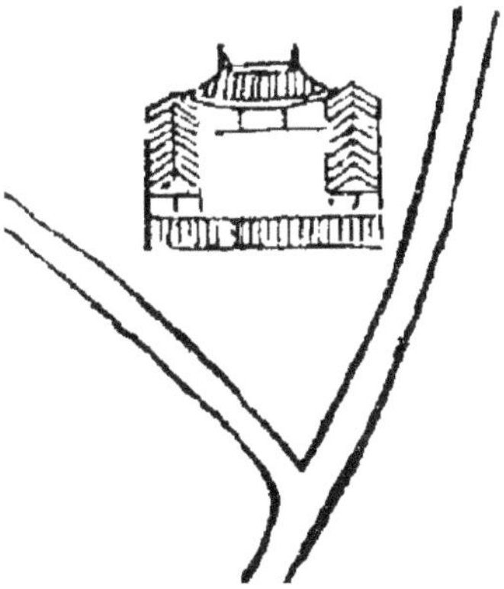

道從前來繞宅後，還向南出，主口舌、貧窮、不利。

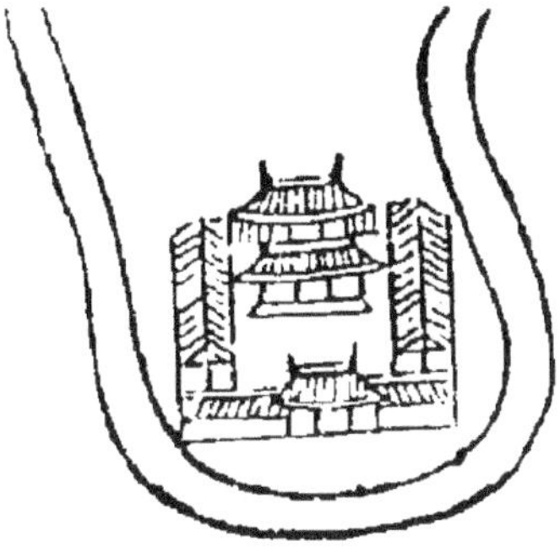

北有交道，出跛足不完者。

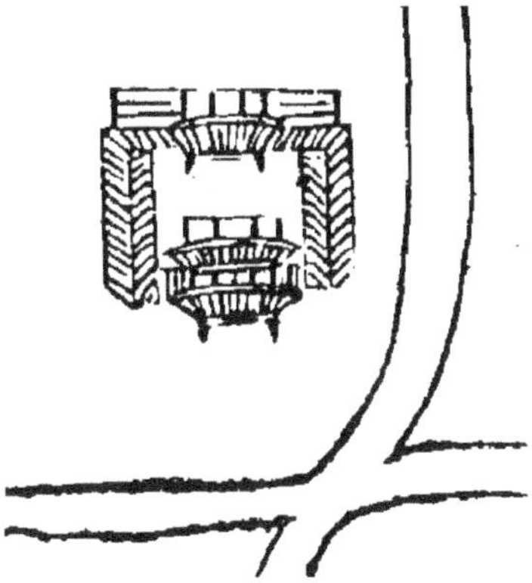

宅東有村巷道，若在道上，主癃殘，及長男病腰脚，凶。

南有交道，大凶；北有交道，出狂顛人。

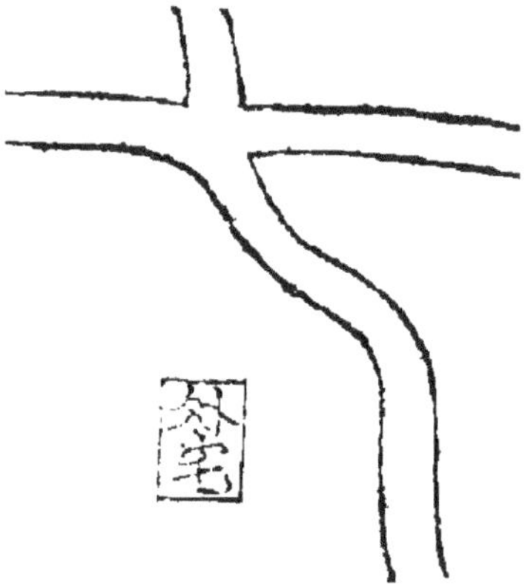

宅北道當宅，謂之白虎登墻，主家内不寧，多死亡，及損害六畜。

凡外宅截大道者，主後有暴死人。

凡大道夾冢兩邊，近逼冢者，子孫多災禍。

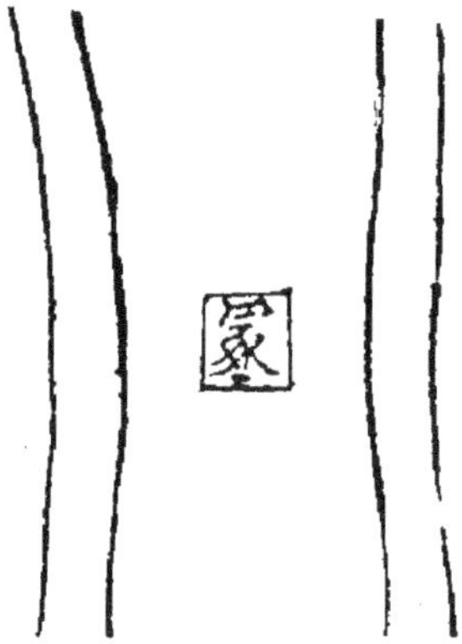

四面有道來衝，折回者，主子孫多兵死。

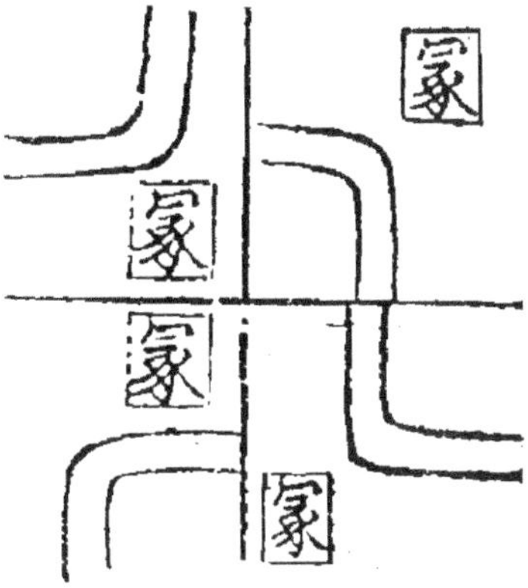

冢北有横道，亦主兵死，大凶；若四面有道繞冢，人行者，名天獄地，絶嗣。

凡道在冢東，子孫貧窮；凡道去冢六十步外者無害。

凡路斜臨冢側者，謂之帶劒，凶。

①

① 圖校："子孫"之"子"字底本作"者"，抄本校改作"子"，義長，姑從改録。

凡冢左右皆有道路者，爲夾屍，宜塞斷吉。

白虎在巽，爲病。

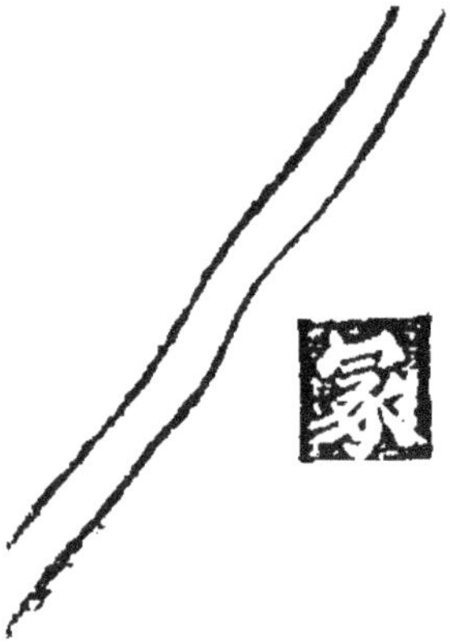

白虎在坤，乏財。

草木吉凶

凡宅巳午上，宅前後有樹木，初富後貧；大門有樹，當門不見日，凶。凡宅四方有棕樹，多風起，主疾，初富後貧；直宅東居，貧窮，不宜蚕。凡樹入人家宅，主出盲人，久居之貧窮。凡樹交生而臨門，多口舌，東向垂入庭中，凶。凡宅内有桑樹，西南角及正西有井，并宅西申、酉地棕木，主婦女淫泆邪魅。凡宅西有不流水，有桑樹，七年、九年，主有凶喪；有坑，主口舌、貧耗；及枯溝澗上有桑木，五年，出不孝子、男女無禮；九年，主水弱[①]。凡宅東有園，園中有桃，五年，病入家，八年，其家必破。

右出《照幽記》。

凡朝菌開均切。生于門者，主暴死。凡宅東有杏，凶；宅北有李，宅西有桃，皆爲淫邪；宅西有柳，爲被刑戮。凡宅東種柳，益馬；宅西種棗，益牛。中門有槐，富貴三世；宅後有榆，百鬼不敢近堂前；有榴，鬱茂吉。福德方上有檀，多粟糧。

右劉啓明説。

凡草木鬱鬱光潤者，吉；若根不深尺，大凶。下有金銅鉛，其上草木多焦枯，枝葉萎垂不自勝舉；下有玉石，草木不盛。凡黄草白莠，下有金；白莖黄莠，下有銀；青莖黑莠，下有鉛鐵。凡岡生野韭，下有金；生野葱，下有銀；生野薑，下有銅。大樹無故自死及偏枯者，下有寶，隨枝所指掘之，可得。凡草踈短莖蒼赤者，

① “弱”，通“溺”。

其下一丈有盤石磚瓦；草正黄，不及一尺有粗沙死石；草黑枯，下有泉脉。凡卜宅兆，地下有物不如無物，老精古器令魂魄不安，唯珠玉則吉。凡塋域内樹謂之華蓋，陽方茂盛者子孫興盛，陰方茂盛者宜女嫁，陽方枯者男衰，陰方枯者女衰，若凋枯大凶，滅絶。凡冢上不生草木，後有癘疾；塋内樹無故自枯，不一年内必有暴死，大凶。

　　右因官書參定。

重校正地理新書卷第五

筮宅居

《周禮》筮人九筮之名：一曰筮更，平声。更謂遷都邑也。國之有都邑，猶民之有室廬，其將更遷，必詢於卦象，蓋古者矣。今官書有筮地之目而無其占，秘閣有《杜陵賁頌》、《天門子十八章》、《易鑒》、《枯骨經》、《括地林》，流俗所傳有《轆轤關》、《元悟髓》等書，皆言筮地吉凶，合而論之，以備闕文云。筮宅居：應爲人，世爲宅，人勝宅吉，宅勝人凶。王相青龍并及子孫持世，吉；逢諸殺，凶。神動，主殘疾，後世流亡。内是墓鬼，主伏屍，爻動即無，隨卦以辨本方。

右出《杜陵賁頌》。

凡筮宅，本宅王相可居，休囚凶。内外相生，吉。世應相刑，凶。財動，憂妻病死。氣空亡，子孫必孤。白虎動，主哭泣。喪門入，爻動凶。陰化爲陽，憂女子；陽化爲陰，憂男子。木爻動而相刑，凶。内爲宅、外爲人，人剋宅吉，宅剋人凶。五世、六世卦凶。鬼爻持世，大凶。財爻持世，可居；王相，無憂；囚死，凶；子爻持世，子孫保之；兄弟持世及官鬼發，凶。

右出《周易轆轤關》。

筮宅，未住以外卦爲人，若已住即外卦爲宅，相生即吉，相剋即凶。王相休囚以定升降，青龍主喜慶，白虎主喪禍、縣官，飛伏相生宜子孫，財爲福德多奴婢，滅没主破敗，王相主成立。凡占向去存亡，以卦象推之；見在吉凶，以飛伏察之。火爻主争訟，金爻主刀兵，相剋及發動即凶；水爻主陰私賊盜，真武爻主傷財，土爻主土田，勾陳并亦爲怪夢。卦有二鬼多悲哭。鬼變鬼爻，必有怪臨門户。日辰與卦宫相剋，凶；飛伏與世應比和，吉。

右出《易鑒》。

筮買宅，以伏辰爲宅，飛爻爲買宅者，飛伏相生、王相，則可置也。凡造宅，卦王相，主富貴壽考①。其内卦所宜也：乾宜馬，坤兑宜牛羊，他皆倣此。凡宅世應相生，言内卦有氣生外卦，吉。世與殺併及内剋外，凶。凡内宅王相，居之吉；外卦有氣，徙居吉。世剋應，宜去；應剋世，不宜去。

右出《天門子十八章》。

内卦爲宅，宅見離，主口舌；坎，主盜賊；兑，主巫史；坤，宜田；乾，宜蚕；艮，吉；震、巽，宜財。一世、二世大富貴，三世、四世王侯位，遊魂、歸魂、八純卦凶。

右出《周易元悟髓》②。

筮兆域

《士喪禮》："筮宅，冢人營之，宅，葬居也。冢人，掌墓地辨兆域吉者。

① "主"字底本作"生"，抄本同，不辭，姑依文例校改。

② "元"字底本作"兀"，抄本同，兹依节首總論所載及文例校改。

營，治葬也①。《詩》云："經之營之。"掘四隅，外其壤；掘中，南其壤。爲葬將北首故也。既朝哭，主人皆往兆南，北面，免絰。既朝就哭之。兆，所營之處。翼善者求吉，不免絰者凶②。命筮者在主人之右，命筮者宜由右出也③，《少儀》曰④"贊幣贊幣，詔辭自右"也⑤。筮者東面抽上韇，音讀。兼執之，南面受命，韇，藏筴之器也，兼與筴執之。今文無"兼"。命曰：哀子某爲其父某甫筮宅，度兹幽宅兆基，無有後艱？某甫，且字也，若言山甫、孔甫矣。宅，居也。度，謀也。兹，此也。基，始也。言爲其父筮葬居，今謀此以爲幽冥居兆域之始，得無後將有艱難乎？艱難謂有非常若崩壞也。《孝經》曰："卜其宅兆而安厝之。"古文無"兆"字，"基"爲"期"⑥。筮人許諾，不述命，右還，北面，指中封而筮，卦者在左。述，循也，既受命而申言之曰述，不述者，士禮略⑦。凡筮，因會命筮爲述命⑧。中封，中央壤也⑨。卦者，取爻卦畫數者⑩。古文"述"皆作"術"。卒，子律切，盡也。筮執卦以示命筮者，命筮者受視，反之，東面，旅占，卒，進告於命筮者與主人，占之曰"從"。卒，筮卦者寫卦示主人，乃受而執之。旅，衆也。反，與其屬共占之，謂掌《連山》、《歸藏》、《周易》者。從，猶吉也。主人絰哭，不踊。音勇，踴跳於地也。若不從，筮擇如初儀。"更擇地而筮也。禮官傳之，自周已來未之癈也。今官書舊文以爲筮也、卜也皆决疑之法，而善地有神靈護之，多得不吉之象，謂神靈所吝惜

---

① "冢人"至此抄本據《儀禮》鄭注改作："有司掌以（按當作'墓'字）地兆域者。營猶度也。"

② 注文抄本據《儀禮》鄭注有改，然抄文亦或有誤，故不爲具録。又底本"翼善"二字疑爲"免絰"之訛。

③ "筮"字抄本同，《儀禮》鄭注作"尊"，義長。

④ "儀"字底本作"義"，抄本同，《儀禮》鄭注作"儀"，合於通例，兹據校改。

⑤ "贊幣"抄本同，《儀禮》鄭注作"自左"，義長。

⑥ "期"字底本誤作"斯"，抄本同，兹據《儀禮》鄭注校改。

⑦ "士"字底本作"卜"，抄本同，不辭，兹依《儀禮》鄭注校改。

⑧ "筮"字底本脱，兹依《儀禮》鄭注校補。

⑨ "壤"字底本作"筮"，抄本據《儀禮》鄭注校改，兹從之。

⑩ "取"、"數"二字抄本據《儀禮》鄭注校改作"識"、"地"。

之者，蓋未知前文已從删去。

凡筮外宅，卦有王相氣吉，一變、二變上下相生大吉，三變、四變上下相生吉，五變、遊魂有吉有凶。凡内卦爲死者，外卦爲生者，内外相生吉，相剋凶。凡動爻與太陰大殺、月殺併來剋世爻者凶。凡卦下伏神與殺併凶，來剋本宫生氣者大凶。凡伏神有氣無殺并剋世者吉，若卦内鬼爻發剋世者凶，世爻發剋鬼者爲惡鬼護地，凶。凡世爻入墓及歲月日時之墓爻發在父母、妻財、子孫、兄弟，皆凶。凡鬼化入墓及卦化爲墓者吉。

凡筮葬，内卦生外卦爲大吉。内生外是艮，其後四年得外財物，宜子孫，下有磚石，咸卦是也；一云主得牛，八年後子孫典州郡。内生外是震，其後四年得驄駇馬，大吉，下有枯骸，藏於他所，吉，噬嗑上音筮，下音盍。卦是也；一云主家有僧尼，還初服後主富貴。内生外是巽，其後四年或二年有貴人來，主得官，吉，鼎卦是也；一云四年内主有孤寡人來相近，及主鼙鼓入門，官因文進。内生外是離，其後三年或九年有牝脾忍切，畜母也。馬來，官至上佐，地下有炭瓮吉，賁卦是也；一云三年有赤雁來，宜蚕，九年大富貴。内生外是坤，其後一年主富貴，及妻將財來，地下有黄穀深一丈，萃卦是也。内生外是兑，四年後得女子，或云妾從東南來，七年後有白蛇應大富，節卦是也。内生外是乾，其後一年主貴人入宅，六年得三人成立門户，需卦是也；一云六年内三遷官。内生外是坎，其後一年得財，因之大富，三年内有道人成立，下有伏龍五種之色尤吉，解卦是也；一云一年内遭賊盜者不出，因富。

凡卦爻，在月破下爲争，十一、十二月得六月卦是也，若有來爻亦是月破下，其卦是衆姓，墓亦爲争土，不安於此。乾、坤、姤、與遘同。泰、需、恒、大過、小畜、家人、无妄、頤、噬嗑、節、屯、離、同人、賁、大畜、復、困、咸、謙、歸妹[1]、兑，凡二十四卦皆爲吉卦，有刑殺入墓，大凶，郭景純云："主有盤石、湧泉。"假令震卦庚子而遇土動是也。又云：世爻是木，卦中有火爻動，下亦有盤石；世爻是金，外卦中應爻是木，動，下有腐木。凡内卦與外卦相剋，下有沙礫。卦得遊魂，若日辰直符併者，下有伏屍，直符併者，爻與日辰同是也。若世在四而是火爻，即日辰同，大壯卦是也，時火王三即生數二也，從四至上，三爻二三六尺若三七二丈一尺，他皆倣此。凡卦伏爻與殺爻動剋下卦者，亦惡鬼護地，大凶。

凡筮葬，視内外卦，内剋外大凶，外剋内大吉。内生外主子孫强盛，外生内魂魄安，内外和無興衰，筮居宅亦如之。

占葬日，内卦爲死日，外卦爲葬日，外陽葬日吉，純陽亦吉，世應俱陽大吉，外卦雖陰，乾、兑、艮吉，巽遇風、坎有雨。

凡筮地及發引時所見，視内卦，得乾，主逢黑衣及黑色。坎，主逢白衣人將物來。艮，主逢黄衣人、牛馬黄色者。震，主黑牛馬、黑雲。巽，主赤馬、赤衣女子來。離，主青色牛馬及白衣、白馬。坤，主見白衣人及白馬。兑，主見黄衣人，或有風雲來。凡有此來應，主富貴，宜子孫，大吉。

凡卦，墓爻動及持世，皆主葬事，視其卦月在墓前，已葬；若在墓後，將葬，假令角墓在未，得七月至十二月卦爲墓後，若得正月至五月卦，爲墓前。凡葬，吉凶視卦胎養氣，外爲生者，内爲死者，若内卦正相則婦人凶，不欲月殺與鬼爻併，又忌月殺相刑破，凶；飛辰帶刑，凶；伏神被剋，吉。凡葬欲外剋應、飛剋伏、本不動者，吉；若内剋外、應剋飛、鬼爻發，不可以葬，主亡官失爵，凶。火爻動，遭火災

① "妹"字底本作"昧"，抄本改作"妹"，合於通例，兹從校改。

口舌；水爻動，賊盜、官災、口舌，凶。一世、二世主貴，三世、四世主富貴貧賤無常，絶世、遊魂主客死，歸魂、絶卦主殃凶累年。占葬後吉凶以内卦决之，内卦乾，君子吉；坤，士庶吉；震，主摧頹災禍；巽，主男女孤寡；坎，主水災、陰私、縣官、盜賊；離，主火、子孫市死者；艮，主世官；兑，主濕潤、人口平吉。

右以一行《地理》及《天門子十八章》參定。

凡筮地，八卦入墓吉，内卦死，主喜，有官則遷；内卦胎，損子；内卦没，遠去不還。内卦王[①]，損婦女；外卦王，主縣官。外卦囚，主争田。内外俱癈，凶。

凡筮地，内卦乾，主見金玉；兑，主寶器；震、巽，主草木根；離，主灰炭；坎，主魚鼈；艮，主沙石；坤，主壤。又視世應决之。

右出《天門子十八章》。

凡筮兆域，子孫持世，主後世昌盛；鬼持世，主多鬬死，大凶；父母持世，主剋害子孫；青龍及福德爻持世者，主後大吉，子孫遷官；朱雀持世，主縣官；白虎持世及與鬼併，主重喪；若鬼爻入墓，福德扶人，青龍與財爻持世，三公相。

凡卦静，有氣無刑，大吉；有殺，鬼動即凶。大殺，應變陰爲鬼，葬後大凶。鬼入墓、囚、死，爲後代大吉。内卦之入乾，主生貴子；之入坎，主口舌、官事；之入艮，主官居令長；之入坤，主安居；之入震，主墓摧陷；之入離，主遭縣官；之入巽，主生淫婦；之入兑，主自如。

凡推地形狀，詳内外之變，但據爻動，逐五行决之，若外金内水，俱動，即下有泉流，内外有此爻發動亦然。上木下火，主下有

① “王”底本作“主”，抄本同，不辭，姑依文例校改。

盤石。外金内木，爻動，主下有珍寶；表裏相剋，休囚，即有砂礫。

凡内外休囚者，凶；癈胎者，吉。内卦胎者，宜官爵；内卦死，宜速葬，不可停喪也。占安葬，得離卦及火動者，主縣官口舌；水爻發動者，主遭賊及被大水。飛伏相生者，吉；福德刑官鬼，大吉。

凡筮葬後，相生吉[1]，相剋凶。古經云：避煞皆令人向將軍上，即煞鬼不敢衝將軍，《易》卦即福德上避煞吉。假令得金宫卦，鬼在火，即向北方福德上可以回避。

推地勢，以卦世在何宫，作地形斷之。世在坤，爲平地；艮，爲連山及水；離，爲古窑側；坎，爲旁溝瀆；兑，爲平澤；乾，爲天柱；震，爲戰場之所；巽，爲赤地、丘墟、風窑。

凡欲改葬者，内卦没乃吉。占殺出否，以外卦決之。外卦王即出，囚死無氣即不出。外卦變得有氣即殃出，外變無氣即不出。前卦王，後卦休囚，伏屍不出；前休後王，伏屍即出。

右出《易鑒》。

凡占冢墓事，以上爻斷之。若螣蛇來土上，新葬，後不安；若有交木爻臨土，亦主新葬。若重木爻來臨土，主新舊喪。若有一木在土上，墓有林，二木爲大林。若白虎臨土，爲山中。玄武臨土，爲近水。

凡卦無戌亥，其地西北低，下生水，無墩岡石，主牲資散落及有濕疾，殺小口，哭家長、長子，壬午年凶，亦主寡母，本宫無氣尤凶。卦無未申，亦主哭家長、長子及出寡母，奴婢死，長子絶世，常病瘟黄，長女不絶即移鄉，多口舌，破田産，本宫無氣尤凶。卦

① "生"字底本作"主"，抄本同，不辭，兹依文例校改。

無丑寅,主大敗、貧窮,次子頑癡,長子疾病死亡,本宫無氣尤凶。卦無申酉,主無鷄;卦無寅卯,無林木;卦無巳午,南無道路;卦無未申,西南必低下。卦有戌亥,西北有山岡;卦有寅卯,東有林木。卦有辰巳午爻,主有道路。爻有氣,主相爲通塗;無氣,爲小徑。若在坎卦中,其路在冢北,在離卦中,其路在南,隨卦斷之。卦有水爻,無氣,爲小塹;王相,爲大水。爻與青龍併,可乘船來去,吉。水爻在乾卦,則西北有水。卦有木爻,有氣,爲小林。木爻在坎卦,則西北有水。凡水爻發者,葬後主損財。卦有妻財,爻動主妨財;與白虎併,主傷死。又看化鬼入墓亦是也。卦中無白虎者,主子孫温善;無大墓,婦欺夫,女强男弱。卦中有青龍,子孫有官禄。鬼爻發王,與白虎併,主傷死。卦中有土爻動,爲山地,王,爲高山;相,爲墩壠;無氣,爲平地,亦有小墩起離。卦中有火爻動者,冢邊有路。内外有木爻動,是林中墓,卦内外俱動,主移徙,鬼在何處即知移數。卦有子爻,即知有子;不見子爻,即可言絶。

凡水爻爲鬼,復與玄武爻殺併,必是溺水死。金爲鬼,與殺及白虎併,主傷死。火爲鬼,與朱雀併,及五鬼併,爻俱值胎胞,生産死。辰午酉亥,此四爻動及爲本宫鬼、併刑殺,並主淫死。木爻白虎併及殺,亦傷死。木爲鬼,與寅卯併,水火爲鬼,與亥併,又與玄武併,皆爲瘟病及溺水死。五音卦有大小墓及殺,將功曹、天倉、傳送併,皆興盛,出文官,富貴。白虎過來臨冢者,葬後子孫傷死。有乾高遠者富,白虎銜屍主凶傷。卦有兩火夾世,是青龍無頭,出不孝子孫,後至絶。卦有死木,是朱雀無足,出刑殘。離卦無氣,是玄武無足,亦主大凶。坎卦無氣是也。何以知？占父母、妻、兄弟,視本宫不是正父母、妻、兄弟,即知也。

凡卦值胎，此家向去大吉。牲資長旺本宫，主目下正長，向後衰。

右出《周易枯骨經》。

占葬，内爲喪主，外爲死者，世爻爲柩，音舊，屍在棺也。應爻爲墓，飛爻爲魂魄，伏爻爲骸骨，相生吉，相剋凶，主官事。胎相主財，没囚宜解送，休癈不利，鬼殺動主重喪。

右出《杜陵賁頌》。

凡筮葬，鬼爻持世主災怪，發動尤凶。青龍主得財，勾陳、朱雀主鬬争。内卦乾主貴子、二千石，坤主富貴善人，震主有青衣子，坎主奸盜牢獄，離主聰明，宜蚕，兑主貧窮，子孫不肖，音笑，似也。艮主令長，宜牛馬，巽主風狂。又上下王相，宜人丁；休囚，平。三陽主不孝，三陰主鬬、乏，皆爲孤惸。音煢，無兄弟也。六爻不動，世應相合，卦中無殺，主平，吉。帶殺，依爻下斷之。坎主子孫偷盜，離主聰明，艮主令長，坤主大富，乾主貴子，土爻主安静多年，震主文官，兑主貧乏無産業。

凡八純，坎、屯、師三卦，鬼入墓，以占冢宅，爲無事。大壯、夬、需、漸、復、泰、觀、大畜八卦，兄弟入墓，以占冢宅，爲合損兄弟，或兄弟有疾病、不和睦。純兑、姤、謙、歸妹四卦，父母入墓，以占冢宅，不宜父母，或父母長疾。小畜、益、家人、噬嗑、隨、豫、坎、井、大過九卦，妻財入墓，以占冢宅，内無生氣，六畜疾，凶。蒙、訟二卦，福德入墓，以占冢宅，不宜子孫。

右出《周易轆轤關》。

筮地吉凶

乾卦四月卦，飛壬戌土，伏癸酉金。乾爲老陽，爲金，爲堅實，爲宫寺。其地堅實，草無滋潤，方圓若二里，西北有古塔，西有道，岡勢微起，下有玉石如磨。葬之，三品已上可用，吉，庶人凶。其下六尺有泉，伏龍所居，勿得發，發必損人。又卦亦主無子孫，多鬬訟折傷。壬午火爲鬼，四月鬼剋之，陽爻共居純剛之卦，八卦是絶命孤寡老陽，不可犯之。

遘卦乾宫一世五月卦，飛辛丑土，伏甲子水。占：其地方圓三里内，去筮處八十步西有大道，其地多坑穴，無勢力，北一百步内有乾池，池下四尺有瓦器。宅居主子孫遠行不歸，亦主有師巫鬼魅之人；葬此地無咎，後六十年富貴。東南十步有大冢，西可下一穴，後三年生貴子。其穴土色赤，草木潤澤，下有石如玉，西南有伏屍，去穴四十步，往往損人，勿發，發必大凶。當葬日，有白頭老人從西來應之，吉。遘，遇也，一陰而遇五陽，一柔而遇五剛，甲子水爲世下伏神，辛丑土爲飛，父墓也，東北艮地勿掘動之，損長子。

遯卦

①乾宫二世六月卦，飛丙午火，伏甲寅木。其地可方圓三里，内有形勢之隆，東北漸起，土堅，可安葬立宅。東方有水清不涸，西北有冢，直三步内，深三丈有銘，可取其所。篮處直下八尺土，紫土大吉。宅居多奴婢，八年内得官禄，六年生貴子；葬吉，後四年金帛至，多得奴婢，薄福人不可用此地。山勢如龍彌吉，主官禄昌榮，世世不絶。葬日有婦人東南來，若見，勿延與食，若哭，令子孫多淫欲。剥者落也，遯者隱也，篮此卦吉。

否卦

乾宫三世七月卦，飛乙卯木，伏甲辰土。其地形勢左右不通，地東北有停水不流，東南有半枯樹，上有鳥巢，樹南十四步有水正南流其所。篮地處下有古墓、伏屍、磚板之象，西有大坑，坑北有大將軍墓。宅居，主釜鳴、刀劍、犬豕之怪，若居者男少女多，有錢帛不能自主②；安葬，主子孫貧窮絶世。其地土色乾白，不宜子孫，奴馬多死，葬後當有寡婦人入家，主有口舌争訟、縣官爲災，若有飛鳥黑色、其形大從東南來於西北上鳴，還向西南上去，殺主人，令孝子隨鳥鳴去處被髪大哭，行十步禳之。

① 圖校：九四爻“壬午火”底本誤作“壬子火”，抄本已作校改，兹從改録。
② “錢”字底本俗寫作“夕㇏”形，今徑改作通用正字形，後同，不再一一出校説明。

觀卦

乾宮四世八月卦，飛辛未土，伏壬午火。筮地大吉，其岡勢穹隆[①]，左右盤薄，西有岡，東有冢，連連不絶如驅豘，西南地平如掌，其處南二十步水流其地，大吉。其下四尺有瓦器。宅居，主三公九卿，門館食客如市；安葬亦吉，有大蛇入壙爲應，葬時有群鳥悉集，或東北有人引狗來，葬後三年有遠行人歸，四年生貴子，後有官禄不絶，奴馬自進，其地西南護之勿耕動，動則損子孫，其土青白，草木深長肥美。

剥卦

[②]乾宮五世九月卦，飛丙子水，伏壬申金也。形多坡險，高下不平，亦是丘墓之田。西有白虎岡，深八丈始及泉，中有鐵二百斤，其鐵精去筮處北七步，内有岡，上有流泉，水清如鑒。宅居主富貴，少子孫；安葬大吉，深一丈二尺有鐵金，勿發出，葬日當見一男子一老母來應，大吉，後出二千石，一子高貴。在東方水池半涸，勿令理掘，損此岡勢，主家多産厄，慎勿動之。北方有泉，亦不可損。剥雖陽消之卦，然剥“上以厚下安宅”，故吉。

① “隆”字底本作“降”，不辭，抄本校改作“隆”，茲從改録。
② 圖校：六四爻“土”、六五爻“水”底本並誤作“木”，抄本校改，茲從改録。

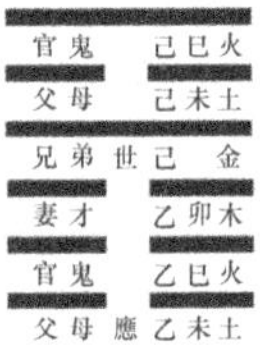

晉卦乾宮遊魂二月卦[1]，飛己酉金，伏壬午火[2]。地形多玉石，南九十步有古窑竈，西北有古城，東方可平望數里，直北高岡土地。乾有岡，可長三十步，岡北有水，其處東北高岡，土地乾碓，草木枯，地堅厚，西南有伏屍者，老母鬼，發之損人。宅居世世貧，不利遠遊，子孫不肖，男多妻，女多夫，亦主産死、獄死者；下深五尺劫殺貴人，伏屍或磚瓦之物，安葬主女奔淫，男爲軍兵、女爲軍婦，葬日有口舌、鬭訟、官厄，或有人騎赤馬來應，大凶。明出地上曰晉，於天道明照萬物，於人道爲升進之象，於地道爲暗昧之象，外明内暗，終是凶卦，故一時吉，向後凶。

大有乾宮歸魂正月卦，飛甲辰土，伏乙卯木。地勢凶，其形多坡險，所筮處西方二十步陂澤無水，下深九尺有銀精，可取之，西北六十步有塔爲應，宅居主子孫壽考；安葬世世不絶，子孫富貴，四年後生貴子，位至侯伯，掘地深六尺有石爲應，葬時赤色飛鳥來應。大有者，日在於天，無物不照，故無所憂患。

---

① “二”字底本作“三”，抄本同，非例，兹爲校改。

② “壬午火”抄本蓋據《京氏易傳》改作“丙戌土”，可參。

坎卦

八純十月卦，飛戊子水[①]，伏己巳火木[②]。地多流泉及坡險，不平之象。宅居大吉，東北有大岡，其下三丈有玉石可取，居後無文官，出將軍之職，立宅時有青衣男子從東來吉；安葬凶，二年後家破，六畜死，三年出縣官、獄死，二百日後殺葬師。掘地深一丈有泉，伏龍居之，令亡者不安，葬日有獵人執戈刃及黑色飛鳥來應，大凶。

節卦

坎宫一世十一月卦，飛丁巳火，伏戊寅木，地形肥美，方圓四里有隱伏在地。所筮地處北方一百五十步有甘泉，南一里半有大河水，西南二里有鐘鼓，寺院之象[③]，東方二十步有岡勢微起，下一丈有銀，取之可得。宅居大吉，東南二十步有伏屍，勿發之，損人，久居子孫富貴，八十年位至方伯；安葬吉，主官禄位不絶，五年生貴子，下八尺有鐵，不然是石，葬日有群牛及豕來應，大吉。

① “戊子水”底本作“甲辰土”，抄本作如此，底本蓋承前大有卦而訛，金校揭此，兹從改。

② “己巳火”底本作“乙卯木”，抄本作如此，底本蓋承前大有卦而訛，金校揭此，兹從改。

③ “院”字底本作“阮”，抄本同，不辭，兹依文義校改。

屯卦 坎宫二世六月卦，飛庚寅木，伏戊辰土。其地多震動。去東北七十步有深溝，爲美田，可以盛稼穡。宅居無益，其後子孫如群羊，常爲人所使，居之六年見自刑血光；安葬凶，當日有争鬬、損羊馬，十八年絶嗣，縱有一二子孫，常食於人，不能自活，其墓三十年爲人所劫，骸骨暴露，其後五十年爲塔寺，葬日聞似人哭及見囚徒，凶。

既濟 坎宫三世正月卦，飛己亥水，伏戊午火。其地水甘，其土色赤，直北八十步有大岡，東西横直，其下有石如磨，下七尺有磚，赤色如金，見之勿取，大吉。宅居世世爲將軍，子孫聰明，五世出賢人、名僧大德；安葬大吉，直南三十九步有伏屍，勿發，令人喧閙於此，損人，若後官職日進，宫羽姓位至侯伯，商徵角至令長，葬時有紫衣人騎馬及驢來應，大吉。

革卦 坎宫四世二月卦，飛丁亥水[1]，伏戊申金。其地乾硬剛燥，草木枯瘁，多坑穴。西去五十里有大澗或古城塹，南去七里有古窑竈。宅居大凶，有鬼魅藏樹中，居之貧窮，世世

① "丁"字底本誤作"下"，不合文例，抄本校改，茲從改録。

出惡疾人，四年後女子外奔，男子多妻；安葬世世子孫無所居，流宕他鄉，下六尺有獄死伏屍之鬼，見之勿發，損人，葬後三年主失火，葬日有貧老人來應，大凶。

豐卦

①坎宮五世九月卦，飛庚申金②，伏戊戌土。地方圓一里。去東一百步有三品墓，可百餘年，西去三十步有穴已乾，其穴下有古瓦器數十事，色青而剛堅，其水味甘，所筮地處下一丈五尺有銅器，見之勿取。宅居大吉，世世子孫有文學③，三十年主貴人來，大得物之象，八十年子孫爲方伯，百年出僧道；安葬吉，子孫昌盛，東方伏屍勿發，葬日有青衣人來應之，大吉。

明夷

坎宮遊魂八月卦，飛癸丑土，伏戊申金。明夷者，傷也。地一里内高下不平，聞流泉之聲，北方六十步有老姥墓，下有錢數千。宅居大凶，子孫主離散，十年後主跛脚女子世出，常爲下賤；安葬亦凶，其地多古冢，多骸骨及戰場，去筮處南北四十步有水坑，坑北六步掘之，下五尺有骨無數，葬後子孫爲兵死，養女漏下産死，葬時當有飛鳥銜死鼠來應，不利主人。

① 圖校：六五爻"庚申金"底本誤作"戊申金"，抄本校改，兹從改録。
② "庚"字底本誤作"丙"，抄本依例校改，兹從改録。
③ "學"字底本作俗體"斈"形，今徑作正字，後同，不再一一出校説明。

師卦坎宫歸魂七月卦，飛戊午土，伏己亥水。師者，衆也，有衆相剋伐之象。地方圓二里，平如掌，其水味甘。宅居吉，世世不絶，子孫無官，唯田産大富，不利仕宦；安葬凶，子孫多癡疾邪魅，後有老母入宅，破其家産，七年當亡損十口，有病人來爲應，後出暴死，凶。

艮卦[1]八純四月卦，飛丙寅木，伏丁未土。其地方圓三里，内有臺觀或近城郭。下一丈三尺必有玉石，大如斗，琢之明徹有光潤，得之勿出，一百五十步内主貴人。宅居世世富貴，子孫昌盛，居之四年得貴婦，從東來尤善，三十五年大吉；安葬近東北兩步下穴，當有獐鹿兔來爲應，後八年得横財，令人百年大富，子孫遠遊必得大官，吉。

賁卦艮宫一世十一月卦，飛己卯木，伏丙辰土。賁者，飾也，有文章之象。地方圓一里半，多瓦石，其土黑色，水味甘，正南流。宅居大吉，下六尺土色赤，無物藏，西北五十步有伏屍，所筮地處下八尺有闇泉通行江河，名曰龍泉之地，主子孫聰明才俊，道術聲名千里，又主婦女美好，宜奴婢；安葬吉，當有

① 圖校：六二爻“丙午火”底本誤作“丙午土”，抄本校改，兹從改録。

飛鳥碧色及紫衣騎馬人來應之,或有鵲鳴尤吉,後五年有遠方人來,得財物,子孫端麗,一百五十年,子孫官禄二千石。

大畜　艮宫二世十二月卦,飛甲寅木,伏丙午火。地方圓一里,堪立宅舍,令人世世富貴,西方七十步有陂澤①,西北有古塔,南方半里有澗水清美,東北四十步有岡微起,是伏龍之岡,下有貴物,可取之,其上草木乾焦。宅居大吉,居之八年内得財,有大赤蛇入宅爲應,子孫孝順長命,可居一百八十年;安葬凶,不利子孫,當有惡鳥野獸爲應,後五年出無圖人及不善之類,三十年憂奴婢口舌、家破滅絶。

損卦　②艮宫三世七月卦,飛丁丑土,伏丙申金,其地堅剛,去東方三十步有枯樹,根出無枝,南方二百步有古壇場,其水味甘,色青黑,西去一百步低濕,有小岡形如龜,其下九尺有玉石之物。宅居大凶,生子聾盲,女癡頑,世世貧窮,多官厄,一百年滅族;安葬吉,當有群羊來應,後三年有貴人引接,子孫官禄,二十年出令長,所筮地處下一丈五尺有泉并玉及釵環等,見之勿出,大吉。

① “西”字抄本同,疑爲“西”字形訛,俟考。

② 圖校:卦中“世”、“應”二字底本誤脱,抄本校補,合於文例,兹從補録。

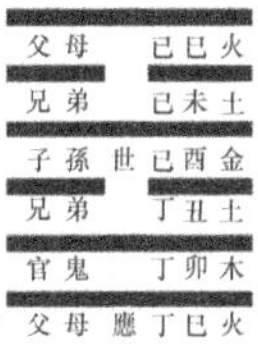

睽卦艮宮四世二月卦，飛己酉金，伏丙戌土。地多鬼神。宅居凶，主自死者，三年狗傷爲災，後世無子，養他子爲後，女多淫害夫；安葬凶，主七年内殺五人，其後百日内主重喪至，又主男女相殺，小人受其殃，掘得枯骨凶，瓦器爲應，有顛狂醉人來應，主六親離散，子孫自剄。

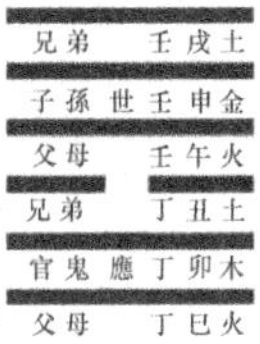

履卦艮宮五世三月卦，飛壬申金，伏丙子水。其地乾堅，赤色而實，西北六十步有大冢或岡，下三丈有古記藏金銀之器，南方四里有澗水東注，東北有伏屍，勿發，損人。宅居大富貴，子孫興盛、孝順，八十年出令長；安葬吉，當有靈禽鹿等來應，所筮地處下八尺得玉石尤善，後三年出龍馬，奴婢來，子孫興盛，爲方伯得近人君之象。

中孚艮宮遊魂八月卦，飛辛未土，伏丙戌土①。其地草木肥盛，東二里有鐘鼓，號令之象，水味甘，東流，西方四里有佛像，所筮地處下一丈有銅器，見之勿發，損人。宅居大吉，子孫昌盛，二年有赤馬來應；安葬尤善，當有紫衣人騎馬來應，不然即兔也，四年得横財，子孫世世有官，至三品。

① “丙戌土”抄本蓋據《京氏易傳》改作“壬午火”，可參。

漸卦艮宫歸魂正月卦，飛丙申金，伏癸丑土[1]。其地踈薄無形勢，水南流，其味酸，東方四十步有古冢，中有伏屍，人居之必死，其筮地處下七尺有鐵釜，若休癈爲磚瓦。宅居，子孫世世爲下吏，居之五十年出惡疾人，破散；安葬凶，當有惡風雷電爲應，葬後十年生子癡頑，女子淫奔，災怪頻起。

震卦八純十月卦，飛寅戌土，伏辛卯木。其地多林木，其形如龍馬之奔，或如龍虎曳余制切，牽引也。尾然，南五十步有水東流。宅居主三世無官，足財帛，子孫孝順，亦主僧道，其下深三尺有石獸形，有精在下，勿發；安葬凶，主子孫多自矜，一年後妻被狗傷死，東北有伏屍，鬼來家中爲祟禍，葬時有乞食人及惡鳥獸來應，凶。

豫卦震宫一世五月卦，飛乙未土，伏庚子水。地赤白色，東北有水，西南四十步下深八尺有青色石。宅居之無咎、無進益、無虚耗，平平，直北一百步多樹，樹有神來遊此宅，令人家數有怪異，養子孫多不省事，女多淫奔，六十年後東方當有火起來燒此宅，大凶；安葬則五姓皆吉，其所筮地處東北九十步

① “癸”字抄本蓋據《京氏易傳》改作“丁”，可參。

有地洞，或高或平，南有水坑，西有岡勢微起，東北有冢，其中方圓平步，安葬大吉，其下土紫色，草木美盛，世世官禄不絶，葬日有青衣男子來，吉，其地下有大磚，是古人誌地之物，直北三十步内勿損之，不然必害長子，子孫有聲譽，名播四方。

妻才		庚戌土
官鬼	應	庚申金
子孫		庚午火
子孫		戊午火
妻才	世	戊辰土
兄弟		戊寅木

解卦　震宫二世十二月卦，飛戊辰土，伏庚寅木。地方圓一里，土色潤美，草木陰潤，其處東三十步有泉水青白色，北方一百步有澗水東南流，所筮處深三尺可至泉，西南五十步有大岡，岡脚下有金，可掘之，西北一十七步有伏屍，勿發之，損人。宅居大富貴，多奴婢，子孫二世仕宦，女配宰相；安葬大吉，不擇五姓貴賤，皆宜用之，一年後有將軍禄至二千石，子孫興盛，主有異馬似龍，此麒麟之子也，葬日有人着紫衣騎馬從東方來，地深四尺得石或炭應，大吉。

妻才	應	庚戌土
官鬼		庚申金
子孫		庚午火
官鬼	世	辛酉金
父母		辛亥水
妻才		辛丑土

恒卦　震宫三世正月卦，飛辛酉金，伏庚辰土。地形方圓四里，有寺觀臺邑，東北八十步有大冢，南有坑，伏龍長居，東二百步有貴人墓，東有水流，其筮地處直下三丈五尺有銅。宅居大吉，子孫文雅孝順，長命有文學，居之二十年得官禄，其東南一里有樹，下有惡物，近八十年出三品[①]；安葬吉，神靈安，子孫獲福，世有賢儒，葬日有貴人騎赤馬來應，吉，六年後得財物，十年

① “出”字底本作“世”，有不辭之感，抄本校改，兹從改録。

後長男得官，三世後一子出家[1]。

升卦

震宮四世八月卦，飛癸丑土，伏庚午火。其地方圓一里，内高下不平，勢多坡險，足坑阱。穽同。宅居令人世世貧窮，男女不肖，常爲賊盜，骸骨他鄉棄於草野，所筮處下深四尺有古磚，或有骨物，東方三里有水，其處多精魅、古妖；安葬主滅族，後一百日内有死者，一年内主子孫牢獄，後四年出産死，七年絶煙火，葬日有女子來乞，大凶。

井卦

震宮五世三月卦，飛戊戌土，伏庚申金。其地方圓二里，内有寺舍，其地南四十步有水東流，其味甘，有古窑竈，直西二十步有大道。宅居出貴人，而無錢物，居之二年生貴子；安葬大吉，禄位世世不絶，男爲公侯，女嫁貴夫，其地下深九尺有土赤色，并有銅器，見之勿取，西北有岡，岡下有石大如牛，其中有金，下深三尺，取之不可得，葬日有衣朱紫人從西北來應之，大吉。《經》曰："井養而不窮。"君子以勞民勸相，使有成功者，非公侯而誰？

---

① "出"字底本作"世"，有不辭之感，抄本校改，兹從改録。

大過震宫遊魂二月卦，飛丁亥水，伏庚午火[①]。其地方圓一里，内無好水，形勢亦無起伏，去西北一百步，下深八尺，有石銘，上有文篆，東南神樹枯折，可去一百八十步處宅居，大吉，其土色白尤佳，主生子聰明多智，七年得官職，錢穀無數，甚吉，出端正女子益善；安葬不吉，四年後生不語女子，出惡疾人，男妨婦，女損夫，葬日有白頭老翁來應，六親鬭訟見血、縣官口舌，凶。

隨卦[②]震宫歸魂七月卦，飛庚辰土，伏丁亥水[③]。地方圓二里，四面山勢如伏龍，東南地下，西北高，東北方二百步有大冢，其下深三丈有古瓦器，東北二十步有伏屍，深五尺，勿發，發必損人。利宅居，世世富貴，出二千石，後二年牛馬日盛，四年生貴子；安葬吉，其禄日進，掘深四尺，其土紫色，有穴大可如臼，皆爲龍穴之地，出王侯。

① “庚午火”抄本蓋據《京氏易傳》改作“戊申金”，可參。

② 圖校：卦中“世”字及初九爻“水”字底本分别誤作“應”、“土”二字，不合文例，抄本已作校改，兹從改録。

③ “丁亥水”抄本蓋據《京氏易傳》改作“辛酉金”，可參。

巽卦①八純四月卦，飛辛卯水，伏庚戌土，其地枯瘠，左右無岡險，草多毒惡，下深五尺有伏屍，東南二百步有塔廟。宅居凶，殺子孫，世世多牢獄，二年後主風邪，被鬼魅，其土色青；安葬凶，出孤寡窮困，葬日當有大風起爲應，凶，害立至。

小畜巽宫一世十一月卦，飛甲子水，伏辛丑土。其地西方七十步有岡，岡有塔，西北二百步有寺舍，所筮地處下有石如磨，南三百步内有窑竈，未方有水正南流。宅居有財無官，世世生商賈，音古。男再娶，女再嫁；安葬吉，其下深六尺有瓦器，其後兄弟有文儒顯達，葬日有四飛鳥向西北來或女子來應，吉。

家人巽宫二世六月卦，飛己丑土，伏辛亥水。其地方圓四里，其處多藏古物，直北一里有乾陂澤。宅居大吉，子孫孝順，宜奴婢牛馬，土色青，利田蚕百倍；安葬大凶，爲臣不忠，爲子則悖德，以致誅戮死，奴婢則害主，先吉後凶，所筮處深一丈有伏龍居之，葬後二年妨家長，葬日有黑衣人將鷹犬南方來爲應，一曰卦得家人，不可安居，立宅多災害，父子不親，君臣相背，雖

① 圖校：六四爻"辛未土"底本誤作"辛辛土"，不合文例，抄本校改，兹從改録。

風日照明，而九三暗昧，奴婢害主，凶。

益卦巽宫三世七月卦，飛庚辰土，伏辛酉金。其地方二里，岡如龍盤，多起伏之狀。去筮處南半里，隔水南有寺，寺後有大樹，樹下深二丈有金，取之可得以供佛祠，去東方三百步有社廟神祠，犯之殺人，其所筮地下深六尺有磚瓦爲應。宅居凶，子孫逃亡，親情分散，六畜死亡；安葬吉，三世出令長，子孫興盛，直北四十步内有伏屍，勿發，發必損人，葬日當有僧爲應，或道士從東南來應，吉。《經》曰："益動而巽，日進無疆。天施地生，其益無方。"子孫之盛其可信矣。

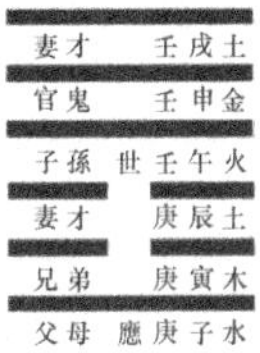

無妄巽宫四世二月卦，飛壬午火，伏辛未土，其地草木肥美，而又多剛硬，去東八十步有貴人墓，有秀氣奇異，亦近寺觀。宅居，子孫福禄隆遠，多出善人，官職不絶；安葬尤善，其下二丈有玉石，葬後三世出方伯，葬日有紫衣人騎馬來應，一百日内得財，五年生貴子，有男無女之象。

噬嗑[1]巽宫五世九月卦，飛己未土，伏辛巳火，其

① 圖校：上六爻"火"字底本誤作"木"，抄本校改，兹從改録。

地方圓二里[1]，而去其所筮地處東二里有澗水，西十步有玉石，其土色赤，草木美茂，直北五步有貴人伏屍，勿近之。宅居吉，三十年出將軍，五十年大富貴，其地東南有乾井，勿掘，伏龍所居；安葬吉，主少子孫而貴，其下一丈有古器物如獸形，慎勿取出，葬時有飛鳥或鹿來應之，大吉，其後十年出國師。

頤卦巽宮遊魂八月卦，飛丙戌土，伏辛未土[2]。其地多坑陷，方圓二百步内當有流泉，東北二里有寺觀基，西南一里有大水。宅居不吉，主子孫世世貧窮，多遭獄厄，女多淫欲妨夫，男子多妻，其地有伏屍，必爲人患，居之八年，子孫散走絶嗣；安葬凶，出病人及風瘸癲病女子，葬日有飛鳥爲怪及孤獨老母來應，大凶。

蠱卦巽宮歸魂正月卦，飛辛酉金，伏庚辰土。其地方圓一百步，内多高下。宅居不吉，必須移徙，久居必爲鬼魅所厭，妻妾多争鬭，世世有長病人厭死鬼地，西七十步有鬼魅精怪，其後養子多爲巫祝[3]；安葬凶，三年後墳遭劫發，形骸暴露，七年死人馬十口以上，或子孫棄市，大凶。葬日必見狐狸。

---

① “地”底本作“里”，抄本作“地”，於文例爲安，兹從改録。

② “辛未土”抄本蓋據《京氏易傳》改作“己酉金”，可參。

③ “子”字底本作“豖”，不辭，抄本校改作“子”，兹從改録。

離卦八純四月卦，飛己巳火，伏戊子水。其地形勢秀異，草木茂盛，土色白而水味苦，方圓八十步，形勢不平，所筮地處西四十步有陂潭，西高東下，南三十步勢起，其下一丈有土石①。宅居之，三年大富，六年生貴子，三世富貴不絶，西北二十步有伏屍，勿發，犯之主産死；安葬大吉，後世子孫興盛，九年得貴婦，三十年官不絶，葬日有飛鳥自南方來，其形甚大，或白色，鳴數聲，吉。

旅卦離宫一世五月卦，飛丙辰土，伏己卯木。其地方圓一里，内多坑礫，音歷。水色青味酸，三步内下有伏屍并瓦器，去東北有古墓，曾被開發。宅居主重病疾疫，居之十五年滅絶；安葬凶，有女人見血應，不爾，鬬訟，後三年暴富、失火、牢獄，十年後子孫流散、氣索，女子多淫遭棄逐，八十年墳墓被毁，子孫絶滅。

鼎卦離宫二世十二月卦，飛辛亥水，伏己丑土。其地方圓二百步内，而土色青白肥美，去南六十步有水，地下有伏龍，勿發之，東北有大岡，其勢甚盛。宅居凶，主子孫盲，八年當

① “土”字抄本作“玉”，義長，疑底本形訛。

地動井溢、失火爲怪，亦主夫婦相殺；安葬大吉，世世富貴，九年合得鞍馬，葬日有四大蛇來應，或有白衣老人來問路，大吉。

未濟　離宫三世七月卦，飛戊午火，伏己亥水。其占多枯瘠，高下不平，足妖魅，南有河澗，所筮地處常聞流泉聲，下七尺有朽木。宅居凶，兄弟不順，男女悖逆，三年有血光，憂長子被刑；安葬亦凶，葬日有人家鷄飛來鳴墓所爲應，後出狂魅人，三年後主縣官破家，凶。

蒙卦　離宫四世八月卦，飛丙戌土，伏己酉金。占其地必有流泉，四方高起，有異玉石之物，土色紫，去東南八十步，下三丈有石磨，可取之，其地每日平旦有白氣如霧，西南有流水，味甘。宅居，五品已上大吉，庶人凶，居之五十年出二千石，二百年禄不絶，東方有伏屍，勿動；安葬，不問貴賤并大吉，所筮地處東北可四十步有地形如掌，奇絶之地，安葬尤佳，當有獐鹿來應，十年出孝廉，二十年出將軍，世世官禄豐盛，吉。

涣卦　離宫五世三月卦，飛辛巳火，伏己未土。其地肥美，草木必多茂盛，東北二百步有流泉，出於南澗下，西北二十步有伏屍，勿發，損人，去所筮地處南七十步有水，其下一丈有

銅，可取。宅居大吉，居之十年有獐入宅，大吉，十五年出孝廉，五十年有方伯，世世吉利，直東五十步有泉水；安葬吉，葬日有車牛來應，主世世官禄不絶。

訟卦

離宫遊魂二月卦，飛壬午火，伏己酉金[①]。其地水向西流，其土白色，其地高下不均，多陂澤，方圓一里。宅居大凶，主子孫被虎傷，多縣官口舌，水火爲災，居之十年窮乏，男女流散；安葬凶，葬日有懷孕女子來應，後一年憂鬬訟死傷，三年出兵死，子孫滅絶。

同人

離宫歸魂正月卦，飛己亥水，伏戊午火。其地或多堅剛，草木必多枯瘠，土色紫，水味辛苦色白，去東南十四步有樹枯折欲盡，中有毒蛇鬼魅不善之物，所筮地下二丈有石瓮。安宅初無損益，世世少子孫，六年大破其家，凶；安葬亦凶，憂暴死，後出盲人或産死者，地下有朽木枯骨，葬日有羊豕來應，必凶禍立至。《經》曰："同人于郊，志未得也。"

坤卦

八純十月卦，飛癸酉金，伏壬戌土。其地平正，水味甘美而土色青黄，東方有岡隱隱而起，下有石東南去，所

① "己酉金"抄本蓋據《京氏易傳》改作"辛未土"，可參。

筮地處二百步下有美石藏玉，可取，又所筮處下有蟻，可深六尺，西南有牛浴之坑，勿動，下有伏龍。宅居吉，足錢帛奴婢牛馬，官禄世世不絶；安葬主富貴百年，子孫昌盛，二年得官職，葬時有子母黄牛來應。坤者地也，厚德載物，以柔順爲本，立宅安葬俱吉，雖乙卯木爲鬼，終無損害，癸酉金子孫何憂災患乎！

復卦

坤宮一世十一月卦，飛庚子水，伏乙未土。其地方圓二里内無形勢，下有伏屍，勿發，損人。宅居凶，出顛狂盲人，不宜長子，男女多欲，其地南二百步有水池，其中有蛇魅，勿近之；安葬不吉，起鬭訟，主失火殺主人，凶，葬日有囚徒枷鎖從西南來應之，大凶。

臨卦

①坤宮二世十二月卦，飛丁卯木，伏乙巳火。地方圓一里不生草木，有伏屍，其處西南有大冢。宅居主世世貧窮，子孫逃亡，井竈不安；安葬凶，子孫淫亂鬭争，其所筮地下有伏屍，葬時有風香馥。一作氣。女子從西來應，後七年家破亡，或被劫掠。丁卯木是本宫鬼，癸亥水是本宫財，又外卦生内，故主貧寒，丁巳火去，丁卯木來，故終爲不吉，火性堅剛，其氣陽熱炎上，故草木不生。

① 圖校：六三爻"土"字底本誤作"金"，抄本校改，兹從改録。

泰卦坤宫三世正月卦，飛甲辰土，伏乙卯木。《經》云：“天地交而萬物通，上下交而其志同。内陽而外陰，内健而外順。”安宅則五品已上大吉，庶人凶[①]。安葬則貴賤皆宜，其土地堅硬，東三百步有岡如龍形，下有鐵器，西有大道，北有佛祠，庶人安居則主兵死；利安葬，下深七尺有石爲應，大吉，葬後三年得官禄，葬日有人騎赤馬來應，喪事時或有兔從東方來，勿殺之，吉，後主生貴子，奴婢日進，當興工時，有群鳥來集，出子孫聰慧明敏，登科則兄弟聯榮，謂“拔茅連茹”之象也。

大壯坤宫四世二月卦[②]，飛庚午火，伏癸丑土。地形東方二百步内有大枯樹，其下有神，其處多隱伏，西方二百步内有大冢，有錢數千，可取之。宅居先吉後凶，多病疾，却宜蚕；安葬凶，世世貧困，子孫多官厄，及鬼神勾連，所筮地處下深七尺有古瓦器，其器有耳，見之勿動，西北一百五十步内有鐵竈，若安葬，其日當有雷雨或牛來爲應，凶。大壯剛長侵柔之象，陰將失所，故大凶，應來剋世，主害生人。

① “凶”字底本無，抄本同，義有扞格，兹依文例校補，底本誤脱。
② “四”字底本誤作“曰”，抄本依文例校改，兹從改録。

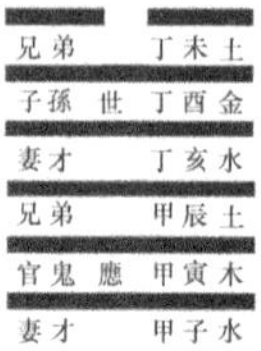

夬卦坤宮五世三月卦，飛丁酉金，伏癸亥水。其地多陂澤，草木無潤，其處西北七十步有金在岡，下五尺有伏屍，不可安居；東北行四十步，其地平，利安葬，其下有玉石，後大富貴，出將軍之位，有二貴子，葬日有獵人引狗來應，後六年逃亡奴婢自還，得官禄，七年生貴子。夫夬者，剛决柔之象，葬師與主人立當西方，勿立東方，夬絶世之卦，爲坤用事，而無絶象，内外俱是金也，金者坤宫子孫，壬申金去，癸酉金來，是子孫不絶之象也。

需卦坤宮遊魂八月卦，飛戊申金，伏癸丑土[①]。其地肥美，水味甘色黄，其地每日平旦有異氣出，西北六十步有岡起如龍形，西南有水，水下有石器，勿發，南九十步有玉石如磨，可取之，令人富貴。宅居主數失火，主少子孫，乞他人之子孫爲後；安葬吉，福禄隆遠，後出二千石，葬後六年出方伯，其下五尺見磚，赤色如金，葬日有人衣紫騎馬從北來應，大吉。内象是金，外象是水，外從内生，爲葬吉，作宅凶。

比卦坤宮歸魂七月卦，飛乙卯木，伏甲辰土。其地多流泉，而東北有大岡，其地多伏屍。宅居主兵死，子孫多劫賊，

① “癸丑土”抄本蓋據《京氏易傳》改作“丁亥水”，可參。

女亦爲賊，西北有大坑，其内有伏龍；安葬大凶，世世出惡疾人，其地下無伏屍；地土色黑有伏屍，若用此地葬，必有殘跛癩疾及六親鬬訟、縣官口舌及墓被盜發，葬一年後失火；造宅水厄。比者，鬼持世，外象是水，互體見艮，内象是主，墓剋殺故也。

兑卦八純十月卦，飛丁未土，伏丙寅木。其地土赤，水味甘，西南流二里有大河，其中多隱伏鬼魅無數，東一百步有大岡，其上有異草，其下一丈五尺有鐵器，有口，所筮地處下六尺有瓦。宅居凶，男女多下賤，爲人所使，三年出啞人及産死者；安葬凶，當有婢妾從東南來應之，葬後子孫無定居，被人刑害，見血光，凶。

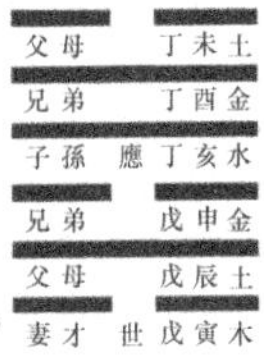

困卦[①]兑宫一世五月卦，飛戊寅木，伏丁巳火。其地或多低濕，北去一百五十步有大穴，下有伏龍居之，勿發，損人，西去六十步有枯木，惡神往來，其東有岡隱隱微起，其水北流，所筮地處下有古甕二枚。宅居凶，子孫不順，居六年有遊死不葬者；安葬凶，當有囚徒爲應，不尔見獵人，其後必男逃女奔，或有鼠鳴、血污衣爲災，後三世以奴爲役。

① 圖校：初六爻“木”、六三爻“兄弟”底本分别誤作“火”、“官鬼”，不合文例，抄本分别校改作“木”（然又誤改初六爻之“妻才”爲“官鬼”）、“兄弟”，是，兹從改録。

萃卦兌宮二世六月卦，飛乙巳火，伏丁卯木。其地方圓二里之内，草木茂盛，土堅硬，東北八十步下一丈有大石器，斑斑有文字，西南一里有大古冢，下有古器物，所筮地處下五尺有聚蟻，水味甘。宅居吉，食口八十人，居之二十年出侯伯，子孫聰明；安葬吉，有群牛羊來應，後五年錢物横至，世世當爲近臣，居清顯臺諫之任。《經》曰："利見大人，亨，利貞。"又曰："利有攸往。"順天命也。

咸卦兌宮三世正月卦，飛丙申金，伏丁丑土。其地必是山石之地，而高下不均，東南二百步有澤，水味不甘，東北一百四十步有大冢，其下二丈有金及鐵鐺釜，可取，西北一里内有伏屍，動之殺人。宅居大吉，十年有獐鹿入宅應之，必生聰明子孫，三十年後出將軍；安葬吉，葬日當有人持兵戈來應之，其下八尺必有玉石，大吉，主有貴女嫁貴夫也。

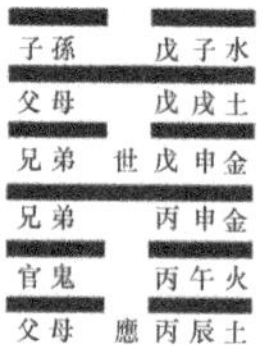

蹇卦兌宮四世八月卦，飛戊申金，伏丁亥水。其地必多險阻，其勢必多隆起，是山泉之地，東北九十步有泉聲潺潺南注，直南四十步，深六尺有器物，是絶嗣之物，取之令人貧窮。其地可以耕種，宅居凶，居之三年出子孫被禽獸傷死，常養他家子；安葬凶，葬日當有着黑衣男子及有孕婦人來應，大凶，後兄弟分散。

謙卦兑宮五世九月卦，飛癸亥水，伏丁酉金。其地方圓二里内，其形氣雄秀，東五十步有流水南注，其水清美，西北有大樹或古城爲應，所筮地處下一丈二尺有鐵器，見之勿出。宅居大吉，子孫孝順、恭謹和睦；安葬吉，葬日當有黄衣美容貌人來，不然，有人騎赤馬來，世世官禄不絶。

小過兑宮遊魂二月卦，飛庚午火，伏丁亥水。[1] 其地方圓一里之内，多坑阱險惡，多毒蛇惡草，東方有惡神鬼魅，東南有水池，所筮地處下九尺有古板枯骨之屬，勿出之。宅居凶，令人風狂邪魅，女爲師巫，六十五年絶嗣；安葬凶，葬日當有孤寡人或飛鳥從南來應之，八年後縣官、災，大凶。

歸妹兑宮歸魂七月卦，飛丁丑土，伏丙申金。歸妹，女之終也。其地方圓一里半，草木乾惡，土色踈慢，西低東高，所筮地處下有女子伏屍爲患，直北一百步，下九尺有鐵獸，形如豕，非豕即牛。宅居大凶，災怪數起，三年出啞女子，主丐食，三十年絶後；

① "丁亥水"，抄本蓋據《京氏易傳》改作"癸丑土"，可參。

安葬凶,葬日當有着青男子來應之,凶。若得此卦,速宜避之。

右本《括地林》,專筮地吉凶,參内外宅占,題云郭璞撰,似托,故書或鄙俚,文義辭惡而不協者,悉删去之。

重校正地理新書卷第六

卜　地

古者先筮後卜，筮之不吉則不卜也，筮之吉，卜之不吉，則從卜，故曰："筮短龜長，不如從長。"今卜筮之官名存而實廢，故占相之術行焉。然江淮巴蜀之民尚能知龜①，其言多中。《孝經》曰："卜其宅兆而安厝之。"《詩》曰："爾卜爾筮，體無咎言。"古人非不知占相而獨詢于蓍龜者，將占相在人情有所好惡、智有所不逮，蓍龜則無情而神者乎！今撮諸家卜法，類其事而爲經，以補今書之闕。

卜人既事靈龜，乃以鑿竅，灼而伺其裂，砉虎伯切。然有聲，視其文，直爲木，曲爲水，内向爲金，外向爲火，一横爲土，長者爲兆，附出者爲枝。據兆之長短者分爲十分，以配十干，自高處爲甲乙配之。

凡卜宅，土兆安穩，上也；金兆悦静，次也；火兆陽明，又其次也；木兆震動，凶；水兆流動，凶。凡兆頭仰吉，頭伏憂悴凶。凡兆頭輪倚吉，重身輪起輕動、足訥起吉，有力足固倚凶，足微凶，足輪正及蓍皆不動吉，足發凶。凡兆形如虎踞音句。吉，形如科

① "知"字抄本改作"灼"，可參。

斗凶。有動不如無動，有枝不如無枝，假令有枝，枝順來吉，有格枝逆來凶，内枝子孫孝順，不能久留。頭伏足落，多生憂愁，且不宜主，頭足乖違，身肉摧折，損夫，凶。兆枯暗凶，兆頭足挾白亦凶，外有格枝，夫有挾私。土兆富貴，火兆富，木兆吉，宜子孫，又主仙聖，金兆爲故，水兆淫泆行私，三角四撥，婁羅並吉。

推六神行法配入五鄉

陽月　正月　三月　五月　七月　九月　十一月

陰月　二月　四月　六月　八月　十月　十二月

陽月從上甲乙數至壬癸，陰月從下壬癸數至甲乙。青龍水神，吉慶、婚姻、酒食；朱雀火神，口舌、文書、官事；螣蛇火神，主驚恐、百怪、遠行；白虎金神，主死喪、格鬭、疾病、見血光；勾陳土神，主留連舊事、田地；真武水神，憂盗賊、婦女、陰私之事。

右六神配入五鄉，若遇凶神，相剋害深，相生害淺；若遇吉神行入，相生則福深，相剋則福淺，五兆各倣此。

甲乙：青龍用事，木爲朱雀，火爲螣蛇，土爲勾陳，金爲白虎，水爲真武。

丙丁：朱雀用事，木爲螣蛇，火爲勾陳，土爲白虎，金爲真武，水爲青龍。

戊己：勾陳用事，木爲白虎，火爲真武，土爲青龍，金爲朱雀，水爲螣蛇。

庚辛：白虎用事，木爲真武，火爲青龍，土爲朱雀，金爲螣蛇，水爲勾陳。

壬癸：真武用事，木爲青龍，火爲朱雀，土爲螣蛇，金爲勾陳，水爲白虎。

右陽月從上數下，甲乙至壬癸。

甲乙：青龍用事，水爲朱雀，金爲螣蛇，土爲勾陳，火爲白虎，木爲真武。

丙丁：朱雀用事，水爲螣蛇，金爲勾陳，土爲白虎，火爲真武，木爲青龍。

戊己：勾陳用事，水爲白虎，金爲真武，土爲青龍，火爲朱雀，木爲螣蛇。

庚辛：白虎用事，水爲真武，金爲青龍，土爲朱雀，火爲螣蛇，木爲勾陳。

壬癸：真武用事，水爲青龍，金爲朱雀，土爲螣蛇，火爲勾陳，木爲白虎。

右陰月從下數上，壬癸至甲乙。

凡卜，以六神明其事狀，吉凶之驗雖以日辰爲首，然斷事不能專了，兼以六神，彌增其妙耳。

卜家宅形勢高下闊狹：卜得木兆，木主神象，其地有神狹而長，與青龍併，其地長，多樹木；與朱雀併，其地東南角本是古路兩段之地；與螣蛇併，其宅前寬後狹，亦主新得一段就之；與勾陳併，其地本是野土，前尖後闊，其中央高；與白虎併，其宅西高東下，本是神地，常有哭聲，下有伏屍之象，或是佛寺地；與真武併，其宅狹小低下，中央有溝水，路北斜曲不直，亦幽隱，不近官路。卜得火兆，主人離其宅，必有兩段之地，及有寄住之人，與青龍併，其宅有三角之地，前有一段，後有兩段；與朱雀併，本古路橫從上度，本兩段合爲一宅，宅中主有兩姓人寄託居止，不然，一家合爲兩宅，或别姓宅主，憂火災；與螣蛇併，其宅地不安，常有妖怪，地主斷隔，如以兩段；與勾陳併，其地中央高，四面正；與白虎併，其地西高而踦，奇上聲。東下而平，本是道家或神佛地，常憂哭聲；與真武併，其低下，馬頸曲尺之地，常有女鬼作其奇怪，宅又不可久居，當有精魅妖邪之病。卜得土兆，其宅寬洪，主方正高大，可久居，吉，與青龍併，其宅中央當有隔斷，亦有井池坑坎窠突不平，本是社祠地；與朱雀併，其宅東近官路，或有市雜閙擾、火殃；與螣蛇併，其宅東闊西狹，南高北下；與勾陳併，其宅峭高，龜背之地，中央高四還下；與白虎併，其宅前闊後狹；與真武併，四面高中央下。卜得金兆，其地主三角，與青龍併，必是鈴鼓之地；與朱雀併，其宅地東西長南北狹，本是佛道之地，亦近大路，主憂災衰；與螣蛇併，其宅分割，得地兩段，低小狹下；與勾陳併，其宅必帶岡壠高下，不然，寬大；與白虎併，其宅西北角低，突小，不方正，有伏屍；與真武併，其地西高東下，南離窠突不平。卜得水兆，水主狹小斜曲，穿低不高；與青龍併，其宅幽隱，多樹木，西闊東狹，不方正；與朱雀併，其宅地必得西邊地，又云本有古路從東南角來，宅有妖魅之神；與螣蛇併，其宅北高南下，西南角必有伏屍妖魅之鬼，東西狹南北長；與勾陳併，則其地寬，四面高中央下，宅中有坑坎井池、水流溝瀆之處，不然，土下有陰井耳；與白虎併，其宅東高，崎嶇上音奇，下音區。不平，宅有哭聲；與真武併，其宅狹小低下斜曲，馬頸曲尺之勢，居之不安。

凡卜冢宅得兆，頭大足細，先富後貧；足大頭細，先貧後富。得木兆則居可以八年矣。凡卜宅得火土兆，爲城社，足住吉，餘兆足住可居，不發則吉。凡卜冢宅，不欲得支干相剋。凡卜冢，止土大吉，金土次吉，火土自如，餘兆凶，横土枝岡崚音陵，高峻①。相對向去，吉利。凡卜冢宅，不以春夏秋冬，欲得正金、土兆，頭起足住則吉利，頭伏足起，冢宅不久，主更移；二火二金，名爲陰兆，不出貴子。凡卜居宅，見子母相符合者安泰，兆欲旺相必吉，無旺相必凶，囚、死皆病之象也。凡兆條直洪澤大吉，兆身中推動則憂，兆洪直而美好者，不以旺相，皆吉。凡卜冢宅，若得金土兆，當是人故宅，都倚頭，着各旺三世，先如生兆，五世休，得三十年住，或金枝來着戊己鄉，主錢財；得金水兆，不可居，即有凶喪；得横土兆，宅故不進；得火土，大吉，有木枝見，富貴，大吉；得金土兆，爲母子，大吉。凡卜冢宅，下有土則安吉，無土，纖細則不安。宅不宜見三木，主死亡；見三水，凶；見三金，主盜賊；三土，主子孫癡啞，又云三土旺相相扶，無空亡大吉；三火，主疾病。凡卜冢宅，一陰一陽，天道之常，純陽無陰，男必鰥居；純陰無陽，女必孤孀。凡卜冢宅，見火土、金土並爲大吉，得單火凶，若三兩年居則可也。凡卜冢宅，諸兆得内枝扶身大吉，可用得財，吉，得土兆，安冢宅、造作大吉，旺、相，主生貴子孫二千石、端正及好物；得囚、死兆者，主醜陋及惡物。凡龜薄不中，銲音汗。亦不中，厚薄得所者堪，或灼久而不折，銲數極多，其兆即兆，或有兆形燋黄或驚張而不成，或穿破之形，皆是不祥之兆。凡見五兆之體，欲得形正端嚴、五鄉音向。分明、無摇頭纖抑而身貯足大立者吉，兆無動静，或横或竪，各稱其形，不問四時之休、旺及惡殺所臨，終不能爲害，或更值旺、相，與貴神相扶，爲大喜，故曰："吉兆終吉，

① 注文底本作"音高崚陵"，抄本作"音陵崚也"，蓋底本初脱"陵"字，後補於末，兹姑依文例乙正。

凶兆終凶。”凡五兆有形不正、色不分，形不正者則金内化木[①]，或足下化火，或木形藏金，又金形帶火，如五兆之中不分其體，枝兆交雜，凡事皆凶，多有驚險；色不分者，暗昧之形或燋或黄，或濛或白，不見兆形，或不聞其聲而見形微小者，皆凶。

占宅

五兆有氣，兼值陽兆，頭纖足立，大吉；若見陰兆，頭大足細者，凶。五兆無土不堪居，金火即主貧窮，金土、火土二兆大吉，正應本宅之兆，甚吉，主人口[②]、豐金帛，更值時旺、相，可累代而居。若五兆頭臨足起，或驚或張，並不可居，損人口，財帛耗散，若見鬼動，看兆形，金形值死，其宅内合有伏屍，若犯木即有棺木，若值死土即填塞，若值死火即合近古路。五兆若見白虎動，其宅合有傷死鬼，西方上合有邪神來相刑；朱雀入火，南方旺神及古竈；青龍甲乙動，其宅舍土“舍土”一作“合近”。木神爲殃祟；真武爻動，北方合有水神之位。五兆前空後貯即吉，前後全空即不中兆，若前貯後空，主先富而後貧，不空不貯，即利其居也。五兆須明浄而無暗，則富貴多士馬[③]，大吉，若值空亡，不值旺氣，而更有摧折，則必主移鄉，子孫伶仃，凶敗之兆也。

凡占城社五兆，須見土形土，以爲城社之分，金土爲城之分，金土一，火土二。凡占城池地分，見此兆則境土安寧，軍民和睦，若見兆形驚張相陵摧伏，動静皆爲大凶，必主災咎，刀兵紛亂。五兆不欲戊已動及見枝生其處，必主有災殃，兼主位頻有更易之

---

① “木”字底本作“本”，抄本同，與文例扞格，金校亦揭此意，姑據校改。

② “主”字抄本同，疑或爲“生”字形訛，俟考。

③ “士馬”抄本同，不辭，疑“士”或爲“牛”字形訛，俟考。

事。若見黄形色臨於此位，必主大災驚恐，若見水形，必有陰謀之事。凡占冢宅法，五兆以兆爲墓日，辰爲人日，辰與兆相生吉，日辰剋兆則利生人，若剋日辰則損人也。

凡兆欲休、絶并入墓，大吉。卦中不要鬼動，動即主傷害人口。商音宜金王，是本音之兆，火土之形即不中，若頭纖足大立，主進田地；若頭大足細，主貧窮。羽音不宜見土形，金土之形大吉利，鬼值衰、財居旺氣，子孫甚旺，活業長進。徵音不用見水形，火土之兆即大吉，若以兆值空亡亦不吉[1]，鬼值空亡即大利。角音不利見金形，主損人口；爲冢，刑於人，即皆凶，火土足大甚吉利，多財帛，若兆頭臨足起，亦不得。宫音見木必損子孫，金兆火土形，即大吉，主進田園，多興盛。五兆頭仰足植人安穩，摧折空亡主損人。改徙墳塋，直金木、火木兆即大吉，頭直足大，活業興旺。應時生兆，若本宫相生，吉。兆形足立，依前有横，若見真武動，其中必帶水，青龍即無憂；白虎動，其冢合帶石，不堪，主出刑傷；勾陳動，其冢合近古墳前；朱雀動，主近古路；螣蛇動，主驚恐，兼有怪異，合近神壇。五兆俱以生爲首向，占井泉，五兆須見真武動，及水鄉見泉支，即有好泉，若兆形暗黑，必有泉，金形金土兆皆吉，其下必有深泉，若是火形即無泉。五兆見鬼支生下，下有石，主用錐鑿之分；五兆但見水形，日辰相扶，則下有泉[2]。

右因秘閣所藏《龜經》參定。

卜墓就地卜者，或里土卜千家者，皆以兆爲地，日辰與德併者吉，辰爲亡人，兆與日相生吉，日來剋兆吉，兆洪潤吉，兆所屬

---

① “值”字底本作“俱”，抄本同，與後文例不合，姑據校改。

② “下”字底本作“丁”，抄本同，金校以爲當是“下”字形訛，兹從改。

五行胎、養之月吉，旬遇墓吉，兆與歲月德併者吉。

右官書舊文。

凡卜宅之法有三：見居之宅以身决之，故宅以足决之，謀新宅以頭决之。

凡卜宅，以兆身爲正宅，甲乙爲東鄰，丙丁南鄰，庚辛西鄰，壬癸北鄰，於甲乙鄉見金，主有哭泣，見火平吉，各隨相生及鬼賊决之。

凡卜宅，土兆火枝第一，火明土富，土爲財故也；土兆金枝次之，土兆水枝又次之，土兆土枝又次之，金兆土枝又次之，皆兆促頭正，旺、相吉，值鬼入鄉多妖怪，隨鬼氣衰旺、消息、有鬼無鬼及鬼所住方者，鬼之枝落及動摇，隨所動鄉，若甲乙在東方之類也。

凡卜宅，有胎養枝不相剋者，安居宜，富貴，有禄秩、子孫，若囚、死枝及小大相剋，其宅大凶，無子孫。

凡卜宅，有氣相生，時與姓合，勢歡喜潤澤恬吉，頭足正直無協殺安穩吉，若頭伏足伏，定落摧折，驚仰乖違、帶殺見刑剋，即凶。

凡卜宅，火土、金土皆吉，水土、火木凶。

凡卜宅，值金空亡者，主無宅或流離失鄉，但聞其聲，不見其形，日月不照，幽幽冥冥。

凡卜新宅，以兆爲宅，枝爲人，人剋宅吉，宅剋人凶，若日辰與宅及枝相扶，大吉；若無枝，論日辰，以日辰爲人，人勝宅吉，宅勝人凶。

凡卜宅，勿乖於土，土是正神，若卜宅不與土相關者，不可居也。

凡卜宅，木兆旺、相，東方有林木，木兆東方，不動，東方平正；見火，其地破爲兩段，不爾，害他人，或地本是道路，從西度；土入，本神地，不然，古冢伏屍；金入，必有寺觀神祠；水入，其地下，東斜曲，或有井池。又甲乙鄉動，東有林木，在六十步；丙丁動，南方叢樹茂；戊己動，中有發掘，凹烏交切。穴之象；庚辛動，西北有石；壬癸動，北方有坑水。

凡卜宅，火兆大動，必見兩段地，亦有古路，木入，其地不高；土入，其地通邪神；火入，其地低法有井池①。又甲乙動，東方有神社樹；丙丁動，在道中間；戊己動，宅有空墓；庚辛動，四方有坑；壬癸動，有流血，有土丘。

凡卜宅，土兆戊己爲正宅神，土不動，主中高，龜背之地；水入，地不平，坑坎井池，不然，西南有古冢；火入，本是大路，初隔爲兩段；金入，地高三角；水入，地四角高，中央下。又甲乙動，宅中有神樹；丙丁動，宅中有道路。又諸兆以土爲井，假令土入丙丁鄉，井在南方，若入戊己鄉，井在堂内也。

凡卜宅，金兆不動，其地西高，東北小低，下窄不妨。木入，其地狹小，有寺觀，不然，有古墓、伏屍；火入，其地四角斷隔，本有路過；土入，中央低；金入，地高；水入，低下，不然，有池井坑坎。又甲乙動，宅中多死喪，乙動，寅卯有社廟；丙己動，有道路；丁動，有窑竈；戊動，中小；庚辛動，西北方有山或水，在三十步際；壬癸動，東北有小渠水，主狹小而流曲。

凡卜宅，水兆不動，北方高，南方低闊欹下，如馬頸曲尺。木入，其地狹長平下；火入，其地本有隔斷處；土入，北方高，有路；

① “法”字抄本同，不辭，疑爲“濕”字形訛，俟考。又“池”字底本作“地”，抄本作“池”，義長，兹從改録。

水入，下有水，東北角欹。又甲乙動，亥地有坑水；丙丁動，北高南下；戊己動，東有空墓；庚辛動，西北角有流水；壬癸動，中渟水。

凡卜宅，甲乙爲林木，丙丁爲道路，戊己爲丘墳，庚辛爲窑竈，壬癸爲井池荒梗，近旺、相吉。凡諸兆中見下帶水者，不安之象。

凡卜冢，以日辰爲人，以兆爲冢，人剋冢吉，冢剋人凶。兆得休、囚吉，可葬；旺、相凶，其鬼不安。得火木兆，無摧折者吉，若得金木兆，砂礫湧泉，不宜子孫。凡卜冢，諸兆頭足不動吉也。

凡卜冢，兆與五音合，見土，無摧折敗者吉，外頭足細者，前高後下，頭中大吉。前下後高，木兆，下有土支，有故冢，冢引頭向内，土墓也；向外，甓扶歷切。墓也。土兆火支，前有瓦竈，戊己爲道路，旺、相吉。陽兆多東南，陰兆多西北。木兆頭細作水，東南有水，木兆見水亦然，或水逆流，旺、相長流，空、亡深泉，皆凶。凡兆頭足驚，亡者不安，水支治土，冢墓有敗，大動大傷，小動小傷。

凡卜冢，欲得三丘五墓，并以三丘爲地形，五墓爲冢形，三丘春丑、夏辰、秋未、冬戌，五墓春未、夏戌、秋丑、冬辰。

凡卜冢大體與卜居相類。

右出世俗所傳《龜筮正經》，詳録以廣異聞。

《史記》曰："三王不同龜，四夷各異卜。"今蠻越以鷄，羌胡以羊髀[①]，其灼吉凶信然，要其歸，以信誠通于神明，皆爾。世俗有錢筮者，其卜墓以禱於山川后土，合而擲之，視其字漫：一字十一

① "髀"字底本作"脾"，抄本同，今依文意校改。

漫，凶象，屯卦，其下三尺有炭，七尺有曲物，見水下有盤石、湧泉、伏屍；二字十漫，吉象，比卦，永吉無咎，其下三尺有灰，七尺有銅鐵物，九尺有赤色土；三字九漫，吉象，豐卦，其下三尺有赤壤、音襄。① 沙土、木根，九尺金石器，又云四尺有塼石銅錢，八尺有玉石青色物；四字八漫，吉象，豫卦，其下四尺深有金石、錢、青玉，無湧泉，六尺有曲物如蛇，一丈得金色物；五字七漫，凶象，歸妹卦，其下有伏屍；六字六漫，吉象，需卦，其下六尺有孔穴、鼠倉粟麥，四尺有黄沙；七字五漫，凶象，困卦，其下有盤石湧泉；八字四漫，吉象，晉卦，其下六尺有孔穴，九尺得黄沙，又云五尺得鼠穴，似有灰色，無盤石、湧泉；九字三漫，吉象，觀卦，其下五尺有黄沙、腐木或牛頭石、墐土、赤色物，六尺有黄沙；十字二漫，凶象，損卦，下有伏屍；十一字一漫，吉象，升卦，君子吉，卜人自如，其下深七尺有黄沙，更得圓物吉；純漫，吉象，坤卦，其地土色黄白，其下七尺有金銀古器，一丈有黄沙或紫土，有珍寶；純字，吉象，乾卦，其下四尺、九尺有白沙壇、墐土，依此。

《六壬金匱經》云：以月將加占事時，用起本姓墓。終得王、相氣，又與太陰、六合、青龍、太常、天乙、天后併者，皆可葬，吉。日爲死者，辰爲冢墓，日辰上下相生吉，日上神制辰上神大吉，日上神生辰上神亦吉，辰上神制日上神凶，日上神與辰上神比者，通三傳神將俱吉，有王、相氣或終始吉者，大利；若初凶後吉，則終利；初吉後凶，則不利；終始俱凶，大不利。以終傳神將論其事，青龍主錢財官禄，太常主束帛子孫，太乙主宣召吉慶，天后主貴人接引，六合主婚連帝戚，太陰主鬼神安寧，螣蛇主驚恐怪異，

① “壤、音讓”抄本作“墐、音覲”，蓋是，疑底本形訛。

朱雀主口舌火災，勾陳主鬬訟，真武主盜賊，白虎主死病，天空主貧破。設使商、角二姓以九月戊申日巳時占地吉凶，以月將加巳，大吉臨卯，下剋上爲用，商姓則大墓，角姓則小墓，將得天一，次傳登明；將得太陰，終見從魁；將得太常，所謂用起其墓，又與吉神併，三傳俱吉，大利。常以月將加占事時，大吉下有伏屍，小吉下有腐木，從魁下有盤石，太衝下有湧泉，餘皆無物。

右因官書舊文參定。

五音三十八將内從外從位

角音屬木

内從將位	傳送亥	伏屍子	小墓丑	穀將艮	始生申
	天倉辰	天柱巽	功曹巳	官國丙	冠帶午
	大墓未	勾陳坤	沐浴庚	天劫酉	刑劫辛
	地劫戌	地户乾			
外從將位	金匱亥	笏山子	大德子	生氣子	了戾丑
	綬山丑	玉堂丑	青龍卯	陽氣卯	朱雀巽
	天門巽	鉤鑠丙	司命午	死氣午	行痕未
	印山未	白虎酉	陰氣酉	天牢戌	真武乾
	華蓋乾				

徵音屬火

内從將位	傳送寅	伏屍卯	小墓辰	穀將巽	始生丙
	天倉未	天柱坤	功曹申	官國庚	冠帶酉
	大墓戌	勾陳乾	沐浴壬	天劫子	刑劫癸

	地劫丑	地户艮			
外從將位	金匱寅	笏山卯	大德卯	生氣卯	了戾辰
	綬山辰	玉堂辰	青龍午	陽氣午	朱雀坤
	天門坤	鈎鏁庚	司命酉	死氣酉	行痕戌
	印山戌	白虎子	陰氣子	天牢丑	真武艮
	華蓋艮				

商音屬金

内從將位	傳送巳	伏屍午	小墓未	穀將坤	始生庚
	天倉戌	天柱乾	功曹亥	官國壬	冠帶子
	大墓丑	鈎陳艮	沐浴甲	天劫卯	刑劫乙
	地劫辰	地户巽			
外從將位	金匱巳	笏山午	大德午	生氣午	了戾未
	綬山未	玉堂未	青龍酉	陽氣酉	朱雀乾
	天門乾	鈎鏁壬	司命子	死氣子	行痕丑
	印山丑	白虎卯	陰氣卯	天牢辰	真武巽
	華蓋巽				

宫音屬土、羽音屬水

内從將位	傳送申	伏屍酉	小墓戌	穀將乾	始生壬
	天倉丑	天柱艮	功曹寅	官國甲	冠帶卯
	大墓辰	勾陳巽	沐浴丙	天劫午	刑劫丁
	地劫未	地户坤			
外從將位	金匱申	笏山酉	大德酉	生氣酉	了戾戌
	綬山戌	玉堂戌	青龍子	陽氣子	朱雀艮
	天門艮	鈎鏁甲	司命卯	死氣卯	行痕辰
	印山辰	白虎午	陰氣午	天牢未	真武坤

華盡坤

五音三十八將圖

角音屬木，長生在亥，王在卯，大墓在未，絶在申，大殺在酉，小殺在戌，所謂木生亥卯未、殺在申酉戌是也。徵音屬火，長生在寅，王在午，大墓在戌，絶在亥，大殺在子，小殺在丑，所謂火生寅午戌、殺在亥子丑是也。商音屬金，長生在巳，王在酉，大墓在丑，絶在寅，大殺在卯，小殺在辰，所謂金生巳酉丑，殺在寅卯辰是也。宫音屬土，羽音屬水，俱長生在申，王在子，大墓在辰，絶在巳，大殺在午，小殺在未，所謂水土俱生申子辰、殺在巳午未是也。

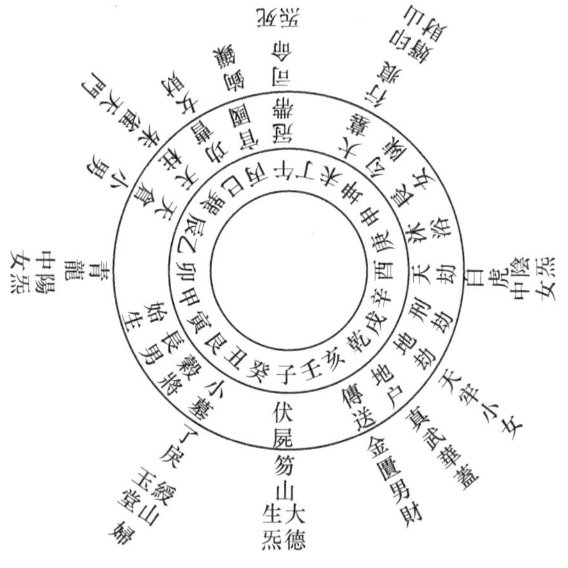

角音内外從將

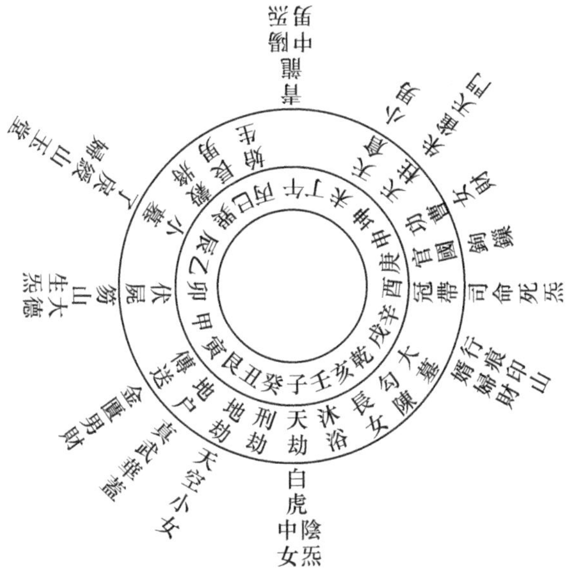

徵音内外從將

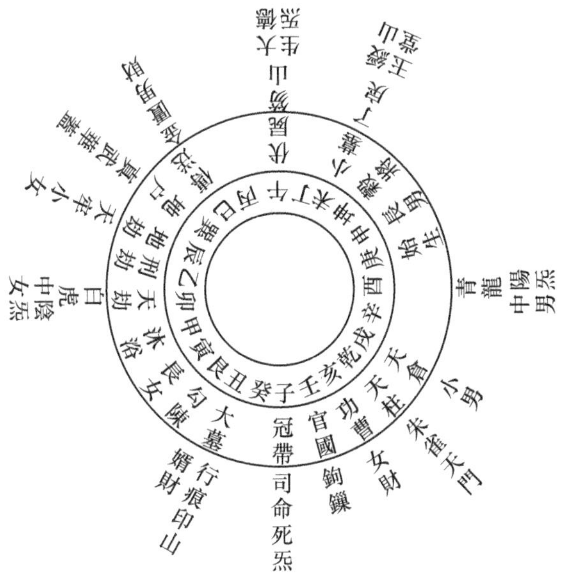

商音内外從將

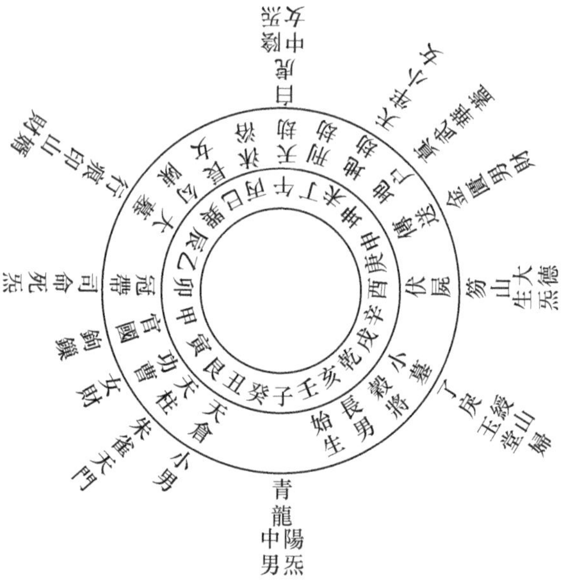

宮羽内外從將

五音長生爲傳送，其後一辰爲笏山，爲生氣，爲伏屍，爲大德、大殺，爲白虎，其對王處爲青龍或傳送①。商音白虎在午，宮、羽音白虎在卯，以其剋本音，誤矣。且宮、羽音大墓在辰，小墓在戌，官國在甲，白虎豈與官國同處乎？又如商音伏屍大德，笏山在午，復與白虎同處乎？白虎止一辰，若取剋本音，則羽音屬水，辰、戌、丑、未俱屬土，豈四辰俱爲白虎歟？當居大殺上，非論相剋也。今覈古墳，若宮、羽音地連午、未，商音地連卯，高大不斷，主有傷死。若曰對望山，《經》云："山不論五音，皆隨向取印。"山甲向在丑，丙向在辰，庚向在未，壬向在戌，若取本音大利向，則地劫與印山異處，或指墩堆爲之，妄也。印山當向本音，大墓外三重是，綬山則小墓第三重是也。

① "送"字底本脱，抄本同，兹依文例校補。

五音男女位

角音	長男寅	中男卯	小男辰	長女申①
	中女酉	小女戌	壻未	婦丑
	男財亥	女財巳	壻財未	
徵音	長男巳	中男午②	小男未③	長女亥
	中女子	小女丑	壻戌	婦辰
	男財寅	女財申	壻財戌	
商音	長男申	中男酉	小男戌	長女寅
	中女卯	小女辰	壻丑	婦未
	男財巳	女財亥	壻財丑	
宮羽音	長男亥	中男子	小男丑	長女巳
	中女午	小女未	壻辰	婦戌
	男財申	女財寅	壻財辰	

男孫依長男中男小男位、女孫依長女中女小女位列之，其地厚大，累世不衰絶，男女亦依前次序列之，如男女多者則第四男在長男位，第五男在中男位，第六男在小男位，第七男又居長男位，周而復始，女位亦然。或問孫季邕曰："山岡一也，祖考共之，子孫愚智不同，或姊醜而妹佳，或兄貧而弟富，何以使然？"季邕答曰："凡山四面，男女座各十有二，其處或高峻平博，或低垂缺敗使之然也。若子座微高而峻者，其當位子孫必雄健而男幹；若

① "申"字底本作"丑"，金校據抄本及角音内外從將圖改，兹從之。

② "午"字底本作"卯"，蓋承角音而訛，金校據抄本及徵音内外從將圖改，兹從之。

③ "未"字底本作"辰"，蓋承角音而訛，金校據抄本及徵音内外從將圖改，兹從之。

平滿而圓備者，必端麗而和穆；若卑下而垂陷者，必微弱而尪羸；若近死水洿池者，必長病而多患；若岡頭而分引者，必男走而女奔；若崎巍而向家者，必寡仁而不孝；若缺陷而容風水者，必夭逝而難住。占女及子婦同子座法。”數家若云五音八向者，並近於妄，唯用蕭吉所説，先標定當心，四面察之，山岡子座，寅爲長，卯爲二，辰爲三，巳爲四，午爲五，未爲六，申爲七，酉爲八，戌爲九，亥爲十，子爲十一，丑爲十二。其對爲女及子婦座，則申爲長，酉爲二，戌爲三，亥爲四，子爲五，丑爲六，寅爲七，卯爲八，辰爲九，巳爲十，午爲十一，未爲十二，皆周而復始。擘穴子座則寅爲長，子爲二，辰爲三，丑爲四，甲爲五，乙爲六，卯爲七，乾爲八，壬爲九，癸爲十，亥爲十一，艮爲十二。其對爲女及子婦座，則申爲長，午爲二，戌爲三，未爲四，庚爲五，辛爲六，酉爲七，巽爲八，丙爲九，丁爲十，巳爲十一，坤爲十二。今傳一行之説者，以爲蕭吉分男女位五音，同以長男位在寅，第二男在子，第三男在辰，第四男在丑，第五男在申，第六男在乙，第七男在卯，第八男在乾，第九男在壬，第十男在癸，第十一男在亥，第十二男在艮，第八女、第八婦俱在巽，第十二女及婦俱在坤，妄矣。如此則明堂中水流無出處。又云五音葬地皆欲得西北高東南低，水流從巽，若地勢如此，則第八女、第八婦皆凶，細核舊墳男女成敗，則吉之所述皆無驗也。

朝揖驛馬位

五音同以甲乙向，朝在寅，揖在辰；丙丁向，朝在巳，揖在未；庚辛向，朝在申，揖在戌；壬癸向，朝在亥，揖在丑。當向者爲驛馬，甲向在甲，乙向在乙，丙向在丙，丁向在丁，庚向在庚，辛向在辛,壬向在壬,癸向在癸是也。

孫季邕推八將六對位

五音傍通立成	宮	商	角	徵	羽
穀將位	乾	坤	艮	巽	乾
勾陳位	巽	艮	坤	乾	巽
朱雀位	辰	乾	巽	坤	艮
真武位	坤	巽	乾	艮	坤
功曹位	寅	亥	巳	申	寅
官國位	甲	壬	丙	庚	甲
冠帶位	卯	子	午	酉	卯
青龍位	子	酉	卯	午	子
天倉位	丑	戌	辰	未	丑
白虎位	午	卯	酉	子	午
傳送位	申	巳	亥	寅	申
伏屍位	酉	午	子	卯	酉
大墓位	辰	丑	未	戌	辰
小墓位	戌	未	丑	辰	戌
生氣位	酉	午	子	卯	酉
死氣位	卯	子	午	酉	卯
沐浴位	丙	甲	庚	壬	丙
始生位	壬	庚	甲	丙	壬
金匱位	申	巳	亥	寅	申
天年位	未	辰	戌	丑	未

八將者,官國一,金匱二,勾陳三,穀將四,死氣五,生氣六,

朱雀七,真武八[①]。

六對者,青龍、白虎爲一對,天倉、天牢爲二對,功曹、傳送爲三對,冠帶、伏屍爲四對,大墓、小墓爲五對,沐浴、始生爲六對。

右並因官書舊文參定。

五音三十八將吉凶

三十八將各有所主,若風水衝犯,或其地陷下,各損其類,大凶。

内從十七將:傳送主資財,若其山肥厚,連接伏屍,轉而來向,則珍寶財物豐衍,高十丈已上吉,若水破則害財。伏屍主六畜、絲蚕、奴婢等,若其山高大肥厚端正,連接小墓,則利血財,水破則損血財。小墓主容貌及四肢,若其山高大肥厚,連接穀將不斷,則主子孫美容儀、多穀食,水破則主出短陋、病腰足人。穀將主田宅倉廪,其山肥厚,連接始生,山堆大起,則粟麥盈溢,水破則損田園、倉廪。始生主人丁,其山肥厚,連接天倉相登,則其後多子孫,有勇敢之士,水破則乏人丁,又主病狂癘、喑吃,居之切。凡男子十五歲已上則占始生,已下則童子也,占伏屍,一云十歲已上。天倉主人身體,其山肥厚聳拔,與衆山相登,則後有魁梧壯大者,亦主榮顯,水破主病尪,及出病腰脚人。天柱主壽命,其山肥厚,與衆山相登,則子孫有長壽者,山彌高則壽彌長,若層聳鬱茂[②],爲仙相,水破及低下則夭折無信及病腫者。功曹主女財及髮麗,其山肥厚,與衆山相登,則女財進益,後有美貌鬒髮者,

① "八"字底本脱,抄本同,兹依文例校補。

② "若"字底本作"石",抄本改作,合於文例,兹從改録。

亦爲聰明慧智殊異之人，又主官爵，水破則無官爵，及主秃瘍。上他谷切，下音陽。官國主官職，其山高岡不斷，標出衆山，則爲一品相，大吉，若重叠高峰突起，如覆盆、如卧牛、如浮水鼈、如半月，則彌吉，若水破則無官禄，一云廣百步令長相，一里幕府相，二里刺史相，三里三公相，唯墩阜連延、山接不絶者吉。冠帶主耳目，其山遠來而高壯肥厚，與衆山相登，則子孫聰明，或如鳳髻、或如雙峰者彌吉，水破主後有聾盲鼻疾，及患四肢并孤寡人。大墓山主婿財，其山肥厚秀麗，與衆山相登，則子孫長命，婿財進益，水破缺陷，則害女及破婿財，大凶。勾陳山主桑榆，其山肥厚，連接不斷，則子孫忠孝文儒，能守桑榆，不去邑里，一云有烈女孝婦，水破則主有棄業遠遊者。沐浴主基業，其山遠與衆山連接相等，則子孫勤於稼穡，又云其山肥厚，子孫善治生，安於鄉井，水破則主遊惰。天劫主弓矢，其山肥厚，與衆山相等或連接不斷，形勢粗立，水向者，後有善射者及好畋獵，若勢緊大來射，則主被賊殺害，水破則主癃殘跛疾及患痪風之疾。刑劫主刑獄，與衆山相登，連接肥厚，粗立，則子孫曉法令案牘，若高大及緊來射者，則主將遭刑劫，水破則無巧藝，且不識法令。地劫主刀杖，其山粗立，而肥厚連接，衆山相等，則子孫有善刀斧斫刺及爲兵勇力者，若墓迫近之，則有金鐵巧工，若山勢緊急來射，即主兵死及刀索非命死者，水破則主唇口缺破。地户主妖怪，明堂小水流破之大吉，如從水口外高，則主足財，低下則主財散，其三男三女位水破，各損其人。内從十七將，唯水破地户一位，餘皆相連不斷爲佳，若水不破地户，或有離塞①，則主鬼魅之疾，或被蠱毒蝦蟹音

① “離”字抄本同，不辭，疑爲“籬”字誤省，俟考。

辰。之害，或畜蠱毒害人。

外從二十一將：金匱主外財，在傳送外第二重，其山肥滿端正來向，則主暴得珍寶，水破則傷財。笏山主官職，在伏屍外第二重，其山肥厚棱層來向，則世禄不絶，水破則凶。大德主文章，在笏山外第三重，其山肥厚來向，與衆山相登，則子孫賢智，以文才登科，若起高崗如貫珠則彌吉，水破則主愚鈍。生氣主人口，在大德外第四重，其山肥厚，主子孫衆多。了戾主婦命婚對，在小墓外第二重，其山厚大，婦壽吉，男得美婦，女得貴婿，低下則主産死及淫泆跛躄者。綬山主章服，在了戾外第三重，其山獨起，墩堆肥嫩，主子孫朱紫榮顯，怯弱則不利。玉堂主容貌、婚姻，在綬山外第四重，裹山肥厚盤鬱[①]，與衆山相登，則後有美貌人，兼男得貴妻，女得佳婿，若更氣秀如芙蓉，圓如覆笠，則子孫美秀，婚姻必連貴戚，水破則難婚姻，子孫無美容儀者。青龍主樂器，其山秀麗肥厚[②]，與衆山相連，則子孫豪强、善音律，水破則子孫吃訥。語難也。陽氣主男子命，在青龍外第二重，其山肥厚高聳，則多男，一曰不欲太高，高則主病，粗立則子孫榮美，陽氣山勢要大强於陰氣山一倍，爲陽氣陵陰，則男有奸心，陰氣山勢大强於陽氣山一倍，則爲陰氣陵陽，主下逆其上，妻不順夫，奴婢賊主，低下則男子不順。朱雀主文辭機辨，在天柱外第二重，其山肥厚，則子孫有詞辨，水破則反是。天門主信行及主家者，在朱雀外第三重，其山肥厚重叠，則子孫忠信謙謹、藝術及有壽年，若與内從相登重重，小頓大起，秀氣分明，此賢人相，水破則無信，

① “裹”字抄本改作“其”，義長。

② “秀”字底本作“始”，不辭，抄本改作“秀”，兹從改録。

及出瘿疾或喑瘂者。鈎鑠主媒媛，音爰字。在官國外第二重，其山連延厚大而高，則主子孫得貴人提挈庇蔭，更得青龍山高尤吉，水破則無媒媛。司命主五行藝術，在冠帶外第二重，其山肥厚，則子孫有善藝術者，水破則無藝術而愚癡。死氣主官蔭，在司命外第三重，其山肥厚長遠吉，子孫多承蔭補遷①，水破則無官陰，及主患黄腫而早夭②。行痕主婿年壽，在天墓外第二重，其山厚大吉，水破則女多寡。印山主印，在行痕外第三重，其山厚大獨起，堆峰分明，則子孫佩印，有秀氣彌吉，怯弱則凶。白虎主威膽，在天劫外第二重，其山不欲高大，惟肥厚與衆山相等，則子孫强豪勇猛，若峻急來射，則主死傷，水破則子孫微弱。陰氣主女命，在白虎外第三重，其山高大，即女多而壽，一云損男，又云其山肥厚，與陽氣山齊，則女有德行和睦，若緊峻來射，勢大於陽氣山者，爲陰陵陽，女勝男，子不從父，妻不順夫，奴婢害主，下陵其上，水破則損女，凡陽氣爲三男，陰氣鄉爲三女，孟爲長，仲爲中，季爲少，其位損陷及風水犯之，各妨其人，唯肥厚則吉。天牢主宅舍、服飾，在地劫外第二重，其山肥厚，與衆山相登，則子孫善修飾，卑下則無官③，不習理法。真武主氣量，在地户外第二重，不欲山來相侵，若當地户水出處，外邊遮掩墓宅之門，即子孫氣量温克，謙恭多禮樂，水破則財散，又主詐誕。華蓋主屋宅，在真武山外第三重，其山當真武外，亦當水口，若重起堆阜，掩映冢宅之門，狀如船、如覆箱者吉，主多金穀，似低則無居宅，其陰陽氣等，山須高低相登，若偏怯則病患多從此生，其重在山外者，須連

① “子”字下底本有“一”字，抄本同，不辭，姑依文例删之。

② “患”字底本誤作“愚”，不辭，抄本校改，兹從改録。

③ “卑”字底本誤作“里”字，不辭，抄本校改，兹從改録。

接不斷，不隔越陂港則吉。

内從傳送、伏屍、小墓、穀將、天倉、天柱、始生、功曹、官國、冠帶、大墓、勾陳、沐浴，已上一十三將爲吉，但連接不斷，雖高低不等，亦通，唯天劫、地劫、刑劫、地户四將皆須平下，不宜特起高陵衆山，亦不得勢來射冢宅；若天劫山高或來射，後有盗賊來傷死；若地劫山高或來射，則後有震死、兵死及自縊死者；若刑劫山高，後有横被刑獄人，若來射冢，必有刑死者；若地户山高，則後有被鬼魅及妖怪，多疾病人。

外從金匱、笏山、大德、生氣、了戾、綬山、玉堂、青龍、陽氣、朱雀、天門、鈎鏁、司命、死氣、行痕、印山、陰氣、天牢、華蓋，已上一十九將爲吉將，其山須高低不等，亦通，唯白虎、真武爲凶，但欲得其厚山相等，不可特高，若白虎高來射冢宅，名曰白虎銜屍，後有絞死者；若真武高，後有毒死者。又唯華蓋主居宅；欲得特起岡隴、不連衆山者吉，若不特起，則須連接生氣、金匱吉，若連白虎、陰氣等山不斷，則後有火厄。

凡三十八將當面來朝揖冢宅，山勢重叠，則子孫善交遊。若止有一重案山，外無朝揖，則子孫寡信義，然亦主不善於交遊也。

將從山來形勢

凡擇地，先相山之遠近年月，以步計之；其吉地先定其主次，視周回小壠，本音相生；印綬則詳高下大小，以驗尊卑及案山[①]、朱雀、明堂，若小峰墩圓厚、山石奇異者大吉，朱雀有墩圓若鑒、

① “案山”底本作“按山”，按二形底本間作不一，今皆改作常用字形，後同，不再一一出校説明。

狀貌奇異、衆峰從之如慕者貴相[1]。

凡占應效，去冢三步内一年，十步爲三年，二十步六年，三十步九年或十餘年，漸遠漸遲。又綬山上有峰，刺史令長相，官國、印山上有奇異山墩、大石、大樹，宰輔方伯相，小則刺史令長相，三五年間必應。冢側雖有印綬，且無助來，其位雖留，生氣高大，軍府將吏相；官國、印山、案山後金鷄、玉輦若高，侯王相，欲其内承迎也；官國及生氣[2]、印綬高，宰輔相；或如卧牛、如仰月、如寶鑒、如堆案，從官國、朱雀位來而大者，亦宰輔、方伯相，小則守令相。印綬既合法相，亦須明堂精嚴，四出鬱然，諸峰等量者；若明堂破敗，雖印綬崇隆，亦不善矣。若明堂端正，有内從而無外從，亦小吉；若白虎劫山巉峻勢來，大石相挨，將軍相；或朱雀上白石稍高，亦爲勇貴，其石若紫而大，特高於衆山，爲出文吏將兵征伐；劫山刑害特高，主疾病癃殘，有大石主市死。生氣山來本音沐浴位也，若小利走龍，主資財、婢僕、牛馬；若連陽氣大利回龍者，主官品，多子孫；死氣山來本音死位也，若印山、官國重疊者，主官職。冠帶出石嶢音堯。者，主聰明。笏山低陷者，主少文才，子孫易衰。穀將山來在本音冠帶、臨官之間，其高百尺爲田千頃，爲多倉囷窖藏，左連司命，右連大德，主聰明藝術、人丁。勾陳山來在本音墓、絶之間，若陵穀將水流去者，害倉庫，若自沐浴連大墓，主獄訟，始生、小墓無岡壠者，損人丁。陽氣山來本音王位也，功曹、傳送相迎望也；了戾、行痕遠相對也，主子孫富貴，若勾陳、白虎風來入者，男獰乃庚切。惡。女惡。陰氣山來本音胎位

① “之”字下底本有“一”字，抄本同，疑當爲“如”字俗寫上横加長所誤增之衍文，姑删之。

② “氣”字底本無，抄本同，不辭，姑依文例校補。

也，主婦女害夫，夫非命死及戰死，又主卑陵尊，子孫不孝。天柱山來本音衰、病位之間，主子孫多信義、辭辨足、機計，若連印綬無缺陷，又傳送、官國山相彎環者，富貴長壽地。從真武山來本音成形、長生位之間，主多財及宅舍，又主多病蛇傷、藥毒、風邪、鬼惑之事，又水陵天柱而風來入之，真武孤高則主夭壽。

凡商姓，丙向爲大利，乾上、酉上、子上山來小利。向在壬，官國、穀將酉、坤及正南巽位，唯忌辰、卯、寅三位山高大者，凶，大利在丙，水出巽，官國壬地，天柱乾、戌中，是爲生穴，及官爵癸則内連冠帶、司命，小利壬，水艮流，丁穴是伏屍位，傳送丙穴最吉。角音壬向，水出乾，辰、巽、卯上來山吉，子爲大德，丙處幽堂，在官國間，天柱辰、巳中，爲生穴，冠帶丁穴連司命，唯酉邊忌高，小利丙，水出坤地，坎、寅、丑山來壬、亥之方，爲小吉。宫、羽音庚向大利，水出坤，寅、丑、卯山來，北方爲子位，甲爲官國，艮、丑爲天柱，生穴、人穴處乙中，唯忌南方高大，小利甲，水流巽，乾上山來，小吉，酉案，庚、申金匱，辛爲伏屍。徵音甲向，水流艮，酉、申、坤至午山來，大利安墳，官國在庚，坤、未中名天柱，冠帶在辛，小利庚，來水流乾，寅金匱，卯案山，巽田疇，坐甲乙，唯忌北方山來高大，凶。

外從神將若金匱、傳送山十步已來相連不斷，名生旺峰，大吉，若有坑坎風水通流，傳送雖盛，終不强爾，子孫夭折無位。笏山外從伏屍二重遠接，峰堆美如珠玉，比笏官位臨案，一二年内禄至，相去十步間，則三年矣，若低陷風水相通，主無官，先有亦失。大德山、笏山外從相連不斷，主高貴，如隔坑澗及二百步中，三世後子孫方得禄，如三百步外，五世矣。生氣、大德山外有山，則子孫興盛，若其後巖聳重重，計之品秩益增兩重。了戾、小墓從山相去二十步,中如起如仰,主子孫端正,榮旺不絶,若險峻太高,水陵其位,主子孫不孝、貧賤,了戾若侵行痕,兼主好淫内亂。綬山、了戾外從三十步來相連,名印綬,主印信官職,綬高印低三品服,印高綬低九品服,或二位低小,通水來風,坑穴稍深則無官職。玉堂、小墓外從四重山,主男女端嚴,易婚媾,連姻帝系,若山低垂,主疾陋,風吹大墓,主難婚聘,若行痕水流,則女無夫。始生居青龍之外,起仰端嚴,相連三十步,中更有從山,最貴;或朱雀連接,長男先禄,衆山相注相登,大吉,若隔溪澗,以步計年,如遠即否,但勢來者,子孫富,亦出貴,受刑陽氣。青龍腹外更有從山三五十步接連,名曰助陽重位,主中男端正,所向易爲;斷絶不來凶,主不孝,水去亡身。天倉在青龍尾外獨處,此山用厚頓圓爲功,子榮顯,水破則主贅瘤。朱雀、天柱山外三十步内相連,或如珠玉而圓、如鷄窠、如鳳舞、如閨女徐步,主相位,累世榮禄,復朝迎相從,名曰天印,非凡庶可用,若低下相連,亦有職位,如或傷陷通水,又名碎印山,主官職卑小。天柱山外三重,名天門,二十步起朝揖連朱雀之峰,爲天印山,更來從連隊遠望,四神八將來於明堂,正案黯然,非凡庶可用,若相連低小,官亦卑下,坑坎通流,無壽。功曹女、財位,與鈎鏁相連,主美婦人,寶有珠金,又得鬢髮,多風匀之婦,若風水通流,旋婚旋殂,或焦秃荒淫。鈎鏁、官國外從相次十二步間,主有梯媒,累世官禄,若坑通風水,生不孝子孫,浩蕩逆黨,朋友凶惡,子皆不立,子婦亦多死。司命處,冠帶山三十餘步已來起仰連接前山,主子孫聰明及陰陽伎術、多伎能,低下無職位。死氣外從三重,相去三十五步,欲得平長廣遠不斷,相連如隊,品秩相登,主累世刺史。行痕、大墓外山相去十一步,連接起仰不斷者,名印峰,如鳴鷄引頸,主有官兼佳婿，或斷絶下，凶，印山此爲三重，其山欲能起仰相去五十餘步，端正更望綬山，諸位朝顧鬱然，即主貴位，或陷缺破敗斷絶，凶，山如圓月，爲卿相。沐浴位當陽干，主農桑耕耘，山來出，勤苦兒孫，不必太高陵冢，又若坑崖水去①，憂長女少亡，男即獰乃庚切。惡也。鈍庸癡，放遊客死。陰氣三重相去四十餘步連接不斷，横長，名豪徒，主多婢僕及强壯婦人，或陽位稍卑，主妻陵夫，若陷穴坑澗，僕隷不多，山勢位强，不宜子孫，主庸愚内亂，又主中女促命。天牢、地劫外邊接續五十餘步，其山高峻陵地劫，即爲鬼盜，相去鬱鬱稍降，一作隆。主冠帶服飾，若遇外低下，主子孫多官事、疾病。真武突然高聳，都無四向諸山，内從急峻而來，則忌臨湫泊，或邪鬼侵人、婦女妖言。但通水勢，群峰擁聳相登，頓伏爲大利，華蓋三十六步内左引，傳送相接，若更形如鬬鳳，如垂鑒在堂，如圓蟾，如玉顆，如張弓弦上，平正而涌起者，主有大宅，甚吉。

辨人色目論三十八將山水所與吉凶，舊題云："不曉其義，姑存之。"

夫地見而可知也，官國山厚大，伏屍、傳送、穀將低小，則有官而無財；伏屍、傳送、穀將俱高大，若水破官國，則有財而無官；若伏屍、傳送、官國高大而前後止兩重，無大德山，則雖富貴而子孫頑鈍；大德山高，重叠有秀氣，若伏屍、傳送、穀將、官國低陷小薄，則子孫有才學過人而且貧；伏屍、傳送、穀將、大德俱高大有秀氣，若水破天柱，則子孫才美、富貴而不壽；若三十八將備而地户連天劫俱高，大山勢來射，則子孫才美、富貴、年壽俱高，而有

① "又"字底本作"文"，不辭，抄本校改，兹從改録。

坐獄及刑死者。凡地勢從本音陽氣山來長遠，又陰氣山外有大水衝斷，兼三十八將俱高大分明，陰氣、陽氣相登，小水從本音地户出則吉，玉堂山高大秀異，則主有美容貌者，《白鶴望山經》云："案山連左臂，則出文官；案山連右臂，則出武官；若左右連，則文武俱備。"此説妄矣，若地從死氣山來作，凶敗，向小水破穀將，則案山雖連左右臂[①]，無大德山則無文儒；若地從生氣山來作相通，向小水破功曹，則案山連左右臂，無大德山重叠，則安得有文儒者哉？觀五音冢向與三十八將風水，財事可知矣。

朝　山

凡朝山十驛，官國山高三十丈，非臣庶之所用；朝山二百里，前有華表、捍門，官國山高二十丈者，三公相；朝山五驛，前有旌節、進奉，官國山高十八丈者，節鉞相；朝山三驛，前有排衙、文筆，官國山高十五丈者，方伯相；朝山六十里，前有銅魚、羅城，官國山高十二丈者，刺史相；朝山一驛，前有捍門、華表，官國山高十數丈者，令長相。朝山一名客山。

貴山排衙、文筆、旌節、進奉、屏障、華表、捍門、銅魚、羅成

排衙山在生氣山外，繚繞向冢宅，還如列衙仗，主子孫清貴。文筆山似方倉，在排衙山外，主子孫居方伯之任。旌節山如初生筍，在文筆山外，主子孫建旌節。進奉山形如獸頭，又如鷄將鬬，

① "雖"字底本誤作"踵"字，義有不暢，抄本校改，兹從改録。

在旌節山外，主子孫爲將相。屏障山如立案，在進奉山外，主子孫文華。華表山如毬杖，兩邊朝揖，在屏障山外，主子孫爲公卿。捍門山勢横遮冢宅，在華表山外，主子孫忠孝。銅魚山形如大鐘，在華表山外，第三重當地户，不遮塞水路，主子孫厚禄。羅成山四面都遮冢宅，朝從備足者，其地非臣庶所用，一曰凡用大利向，水流從本音地户出，内從十六將連接不斷、官國高大，則出軍府衙職，隨官國大小高低推之；若三十八將備[①]，則臺省環衛，官國相備者，謂前山四重，後及左右皆三重也，若左右前後止兩重，雖官國高大，亦爲參佐將，足爲真拜，不足爲承攝。生氣山外有排衙山者，次屏障山，次華表山，次捍門山，排衙者即生氣外第五重是也，繚繞鈎鑠相連，勢向冢宅，如人衙參；屏障第六重，有横山起，形如立案；華表第七重，兩邊朝揖，形如毬杖是也，捍門第九一作六。重，横遮冢宅，若此山備，則縣令相，即左右山兩重、前山第八重是也。如官國山高六丈至十丈，又有銅魚、羅城山，則刺史相。銅魚山在華表外，陰氣山端當水流，出鎮水口，形如大鐘有棱，不連衆山，其羅城山不以隔水及坑坎，但四面高大、圍繞不絶是也，若官國山高十三丈，又有文筆山在排衙山外，屏障山裏如方倉，則方伯相，并廉察等。若官國山高十六丈，又有旌節山在文筆山外，屏障山裏形如初生笋者，節鉞相；若氣秀則文明長壽。若官國山内高十六丈，更有進奉山、旌節山外屏障山裏勢來向墓，形如獸頭或如鷄將鬬，則爲輔臣侯伯二品相。若官國山高十七丈，兼進奉山外更有兩重捍門，則一品相。若已前諸山備足，官國山高二十丈，復有金鷄山在進奉山外，形如鳳凰，一曰如

① “三”字底本作“二”，抄本同，金校據文意改作如此，兹從之。

火珠，又有玉輦山在金鷄山外如駟馬牽車來向，又有九重華表、九重捍門，則非臣庶可用。

凡朝山，丞尉二十里，縣令三十里，刺史五十里，廉察七十里，旌節八十里，二品九十里，一品百里，王者三百里。朝山者，謂捍門山高，向外次第有山不闕，但於冢上坐看，從近至遠迤邐分明是也。若獨有案山，其外孤迥無山，直至遠處，如有此山，則地力相及也。橫案山隔水者，不主錢穀，若連接不斷，但伏屍山外至捍門山裏[①]，雖多異號，大抵盡爲外山也，如徵音甲向，有東來十重至二十重，雖有排衙、捍門之號，盡爲火姓血財之山，五音倣此。

凡平地岡高一尺，同石山一丈，亦以廣厚爲善。

凡占吉凶，諸從去墳一步主百日，十步主千日，百步主萬日，災福必至。

福山官禄、資財、田宅、壽年、人丁、奴婢、六畜

凡相冢宅，占資財多少，視傳送山高低，高一尺爲錢百緡，高一丈千緡，隨丈尺計之。

占知血財多少，以伏屍山高低計之，高一丈爲牛十頭，高十丈百頭，兼有奴婢，不及一丈，絲蚕六畜而已。

占田宅多少，以穀將山高低隨丈尺計之，俗傳李淳風云："傳送、伏屍連穀將，其後子孫大富。"又云："官從朱雀起，富爲始生高。"此皆妄也。官國山主官職，非朱雀也；始生主人丁，非錢穀也。又云："傳送山勢來，水流真武出，主多子孫。"又云："長生流水終吉。"既云"傳送山勢來，水流真武出"，安得復言"長生流水"

① "裏"字底本作"褁"，抄本同，不辭，姑依文例校改。

也？傳送者是本音，長生如水出，則爲水破，傳送安得更有山來乎？又云："乾來五音主富。"此亦妄也，既云"水流真武出"，則角音真武在乾，若水出於乾，則安得乾來山也？又云："徵音水流破乾，主子孫無田産。"且徵音勾陳在乾，勾陳不主田産，安得無田産乎？又云："勿使二墓有坑陷，則無資財。"此則以二墓主資財也，若無了戾及小墓，則有患腰脚人及損女，無大墓、行痕亦損女夫，而不占資財，俗云："小墓陵大墓，子孫多不孝。"此亦妄也，今有全無大墓，而子孫且富，唯陰氣陵陽氣，則子孫多不順。

占人丁多少，以始生山高低計之。

占壽長短，以天柱山高低計之，若更高及重叠，遠有秀氣峰巒，則當有仙者，然大利之地只是官國，宜最高大，餘内從十六將但隨傳送、伏屍、穀將算，高低相應則吉。吕才云："地坦然平，主官禄不絶。"孫季邕云："平闊一頃主百丁，十頃千丁。"此説妄也，今亦有平坦百頃，而子孫孤獨貧賤者，蓋無印山、案山而朝揖遠也。又《師曠地理》皆取五音官國爲田位，故徵音田位在庚，奴位在甲，婢位在辛；宫、羽音田位在甲，奴位在庚，婢位在乙；商音田位在壬，奴位在丙，婢位在癸；角音田位在丙，奴位在壬，婢位在丁。此皆妄謬，今有徵音甲向、宫羽音庚向、商音丙向、角音壬向，並從官國山來重叠，面前無傳送、伏屍、穀將等山，其家多破敗，如作小利向，徵音庚向，宫、羽音甲向，商音壬向，角音丙向，安墳坐傳送、伏屍，緣穀將山連接高大，面前無官國山，占爲進田地、資財、六畜，而師曠之説無驗矣。

重校正地理新書卷第七

五音山勢

坎山遠來，勢如連珠，水出坤，轉向南，又東入大川，申、酉、乾、亥及艮位山皆高壯，宫、羽音用吉。

兑山遠來，勢相掩抱，諸位無傷敗，水出巽，轉向東，北入大川，巳、午、乾、亥山皆高壯，商音用吉。

震山遠來，周回磊力罪切。落，水出乾，轉向西，南入大川，亥、寅、卯位山皆高壯，角音用吉。

離山遠來，勢如卧狗，水出艮，轉向北，西入大川，寅、卯、巳、午山皆高壯，徵音用吉。

五音尚向

凡地理，欲商音丙向，角音壬向[①]，徵音甲向，宫、羽音庚向。墓欲得坐功曹、官國爲主，其地勢欲來從官國，其山欲得最高，臨看左臂，欲大墓去連勾陳，至沐浴、接劫山便住，其右臂從功曹山發，連天柱、天倉、始生、穀將轉至小墓、伏屍、傳送山便住，其傳送山後兩辰交界是也。盡隨五音有天門、地户，而吕才及孫季邕

① “壬”字底本作“土”，抄本同，不合文例，兹據校改。

定以乾爲天門、巽爲地户，謬矣。夫水欲得從地户上出，更玄武山障轉，又須華蓋山遮塞水口，從墓前看四面十二辰三十八將，周足不闕爲善，若長男位低長男貧，中男位低中男貧，小男位低小男貧，女位亦然，外諸將坐須相連接，皆隨所闕各有損敗。

五音所宜

商姓宜西山之東，爲西來山之地，兼南北相望長遠，東有洪津北去爲妙，即以南爲前面，是生氣位；北爲後面，是死氣位；東爲左，陰氣位；西爲右，陽氣位，明堂内水出破巽爲大利向。

角姓宜東山之西，爲東來山之地，以北爲前，南爲後，西爲左，東爲右，明堂中水出破乾爲大利向。

宫、羽二姓宜北山之南，爲北來山之地，西爲前，東爲後，南爲左，北爲右，明堂内水出破坤爲大利向。

徵音宜南山之北，爲南來山之地，以東爲前，西爲後，北爲左，南爲右，明堂内水出破艮爲大利向。

凡州縣、寺觀、城邑、館驛、廟宇皆無的主，盡屬商姓，宜丙向，若立私宅、冢墓，所向及水流皆隨本音利便。

五音地脉

人或謂地有脉隔江過潭者，妄矣。凡隔坑潭江河，地勢已絶，不相連接，不爲吉地。凡尋地脉，若見從西來五里十里連接大山不絶，東有江河水南來北去，其地西南相連長遠，必有商姓地；若見地從南來五里十里連接大山不斷，北有江河水西來東去，其地東西相連長遠，必有徵音地；若見地從北來連接大山長遠，南有江河水西來東去，其地東西相連，必有宫、羽音地；若見地從東來連接大山，西有江河水北來南去，其地南北相連重疊，必有角音地。山欲落處，但中有渦烏禾切。掩與本音相合者，則吉地也。

取宅地

世俗間妄者謂宅與墓不同，墓則隨本音取向，宅則皆欲西北高東南下，水流辰、巳間出，兼同用丙向爲上，非也。凡宫寺、祠廟、郵音尤。館皆無常主，故用丙向，宅舍則各隨本音列三十八將，與外宅無異，雖有好地，或在深山，或居遠處，又三十八將多不備足，而傳送、伏屍、始生最急，若地形坡面有内從山十七將周足，流水從本音地户出，則隨本音作大利向吉；若無坡面及内從十七將不足，則作小利向，取傳送、伏屍、穀將、始生等肥滿厚大不破，又天劫、地劫、刑劫等斷絶不連大山，則自餘天柱、功曹、冠帶、大墓、勾陳等全無亦可，宅舍無男女位也。又或云不得令水破大墓、行痕，是婿位宅舍，婿位何用火墓爲之也？

地勢住否

凡墓欲知地勢住否，若大利向，先看地從官國落訖，須看右臂，從天柱、天倉、始生、穀將轉至伏屍、傳送，横遮爲案；看左臂，從勾陳、沐浴、天劫、地劫、刑劫俱連大墓分明，然右臂爲案，俱連功曹、官國不斷，其水從本音地户出，轉歸陰氣山下入大水，流歸死氣山外去。當墳處，看前如貯，後如拒，地即住。其地若只有左右臂，前無横案，諸山攢簇雖多，其地不住，此處亦無地；前雖有横案，而地且從别來，亦無地；若不違始生、穀將，前有案而隔田及坑陷，則十分中一分住；前雖有横案連接不斷，而内從一重獨高，餘外從山俱低不相登，其地半住；前有横案并内從高低相接相登，而流水不轉，則其地大半住。若地勢不住，葬之無力，其力視住之多少，若小利向，案山横連，隔水亦可權厝。江淮間有五音作大利向，前面都無案山者，亦葬；有案山而隔田隔水不相連者，亦葬。且大利向是傳送、伏屍、穀將爲案，穀將、傳送管資財、田産，伏屍主奴僕，不可使斷絶不相連接也。

新《圖解》云：此卷論八方山勢遠近，水出轉流方，道五音所宜所向，墳宅地脉盡隨地勢，山來水去，於十二辰三十八將位上高低厚薄以斷吉凶，所述雖多，其事惟一，恐學者未探其旨，便難通悟[①]，今以山勢水流、將名穴位具於五音五向説後畫作山水細圖。

五音大利向

凡五音大利向，安墳坐官國山爲主，以傳送、伏屍爲案，水流從地户出者吉，仍使勿侵地劫及傳送，令兩辰交界間出。

商音丙向[②]，坐壬穴，以巳、午爲案，水出辰、巳中間，令玄武山遮轉東，北流入大水吉，忌坤出。

角音壬向，坐丙穴，亥、子爲案，水出戌、亥中間，令玄武山遮轉西，南流入大水吉，忌艮出。

宫、羽音庚向，坐甲穴，申、酉爲案，水從未、申中間，令玄武山遮轉南流，東入大水吉，忌乾出。

徵音甲向，坐庚穴，寅、卯爲案，水出寅、丑中間，令玄武山遮

① “難”字底本作“離”，不辭，抄本校改，合於文例，兹從改録。

② “音”字底本誤作“宫”，不合文例，抄本校改，兹從改録。

轉北流，西入大水吉，忌巽出。

《圖解》云：前山爲案，後山爲主，其勢從主山分左右臂而下行，連接諸位不斷，其山勢住處復相掩抱，令兩辰交界間水出也[①]。五音大利向圖見後。

五音小利向

凡五音小利向，安墳坐伏屍、傳送爲主，官國山爲案，水流破勾陳出。

商音壬向，水流艮出，安墳在丙。

角音丙向，水流坤出，安墳在壬。

宫、羽音甲向，水流巽出，安墳在庚。

徵音庚向，水流乾出，安墳在甲。

傳送、伏屍主財畜，笏山主笏，大德主文儒，了戾、玉堂主容貌，大德、生氣主子孫故也。雖官國低遠，爲官不高，然應效甚速，亦主一方食禄。五音小利向切忌冠帶水流回歸絶位上，絶位者，宫、羽音在辰、巳，商音在丑、寅，徵音在戌、亥，角音在未、申[②]，水去風來，主流離鄉邑；若水來風去，破人門上，雖有山掩映回曲亦凶。三劫山來不堪舉事，宫羽音午、丁、未，徵音子、癸、丑，商音卯、乙、辰，角音酉、辛、戌，若取其穴，刑劫主刑獄及爲州吏縣胥[③]，歲久彌惡，天劫主血光，地劫主疾癘及痼病。五音小利向圖見後。

① "水"字底本作"來"，不辭，金校據抄本改作，兹從。

② "申"字底本作"甲"，不合文例，抄本校改，兹從改録。

③ "劫"字底本作"物"，抄本同，非例，兹爲校改。又"主"字底本作"王"，抄本同，不辭，姑依文例校改。

五音自如向

凡五音自如向安墳，坐始生爲主，天劫爲案，地從穀將來[①]，水從勾陳出。

商音甲向，水流艮出，安墳坐庚。

徵音壬向，水流乾出，安墳坐丙。

宫、羽音丙向，水流巽出，安墳坐壬。

角音庚向，水流坤出，安墳坐甲。

傳送、伏屍、穀將、官國、印綬俱不破，主財畜、官職連接。始生山重叠，主有人丁；坐龍穴，主有音聲人，天劫爲案，主有漁獵者；水破勾陳，主有去郡邑者；陽氣陵陰氣，主淫亂；女位低下，主損女，此與小利向相似，面自如向，面看天劫，惡名先來，不可用也。

《圖解》云：向名自如者，謂自得如常之語也[②]。蓋此等山水係於山平，墳地若用葬之，但可自如其舊，非上吉也，其有奸盜、淫亂惡名，故未嘗用也。五音自如向圖見後。

五音粗通向

凡五音粗通向，地從生氣上來，安墳坐刑劫，天倉爲案，水從功曹出。

商音辛向，地勢南來，一云東南來，水出亥。

角音乙向，地勢北來，一云西北來，水出巳。

---

① "穀"字底本誤作"殺"，抄本依文例校改，兹從改録。

② "如常"底本作"向當"，不辭，抄本改作，蓋形訛也，金校亦揭此，兹從改。

宫、羽音癸向，地勢西來，一云西南來，水出寅。

徵音丁向，地勢東來，一云東北來，水出申。

水不破穀將，大德山并伏屍厚大，金匱不破，亦主有財畜及文儒；官國低，主小官；地户不斷，主多疾病；近劫山，主多獄訟。然所向如此，更看落墳處在何穴上，若坐天劫穴，主死傷、盜賊；地劫，主水、火厄，不然主屠宰、工巧；刑劫，主里胥佐史①，沐浴穴爲絶穴，主絶嗣，或堅心潔行不染塵俗，爲沙門道士，餘穴則否，雖有出家，中道而癈，《華山隱士圖》云②："官地與僧尼地不同，風水臨時，隨地力大小及三十八將有無、厚薄推訣。"其粗通向遲速與小利向同，如用之，則唯大利向可矣。五音粗通向圖見後。

五音凶敗向

凡五音凶敗向安墳，坐天劫山爲主，面向始生，水出穀將。

商音庚向，地從艮來，水出坤。

角音甲向，地從坤來，水出艮。

宫、羽音壬向，地從巽來，水出乾。

徵音丙向，地從乾來，水出巽。

水破穀將，地户不斷，始生低遠，陰氣陵陽氣故也。然此向及水流如是，但所坐山平善，又案山高大，兼地從陽氣及生氣來者，可權葬三五十年。若從勾陳來，重叠不絶，白虎山猛壯來射，則後有狂賊死傷、多女少男。看落墳坐何穴，若坐天劫穴及絶穴，則縱不滅族，亦自衰絶。

① "史"字底本誤作"北"，不辭，抄本依文例校改，兹從改録。

② "華山隱士"底本作"案山低乏"，抄本改作，金校從改，兹從之。

商音絶在寅，沐浴在申；角音絶在申，沐浴在庚；宫羽音絶在巳，沐浴在丙；徵音絶在亥，沐浴在壬。五音凶敗向圖見後。

右並因官書舊文參定。

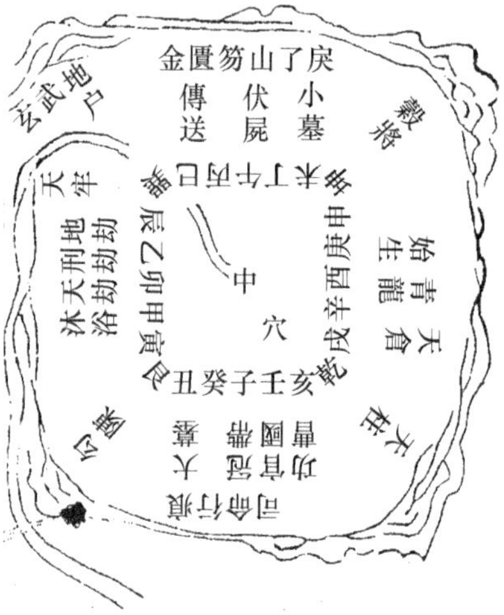

商姓大利向圖

角姓大利向圖

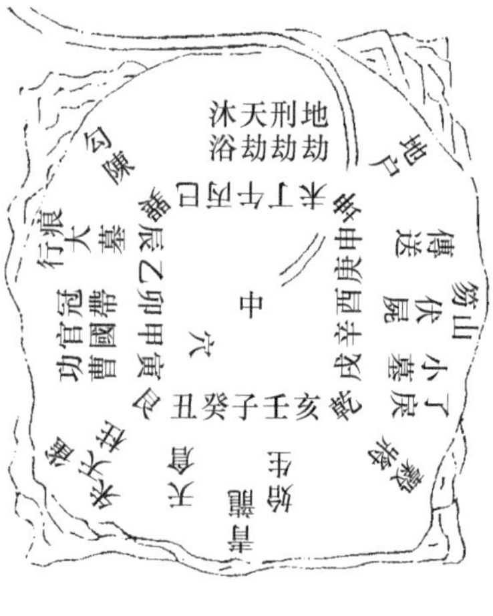

宫羽大利向圖

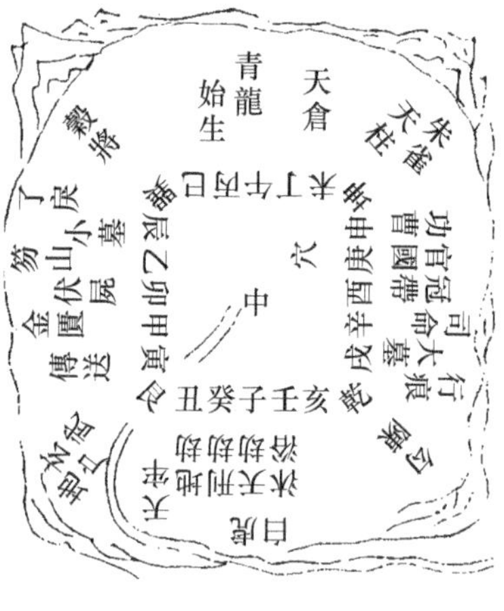

徵姓大利向圖

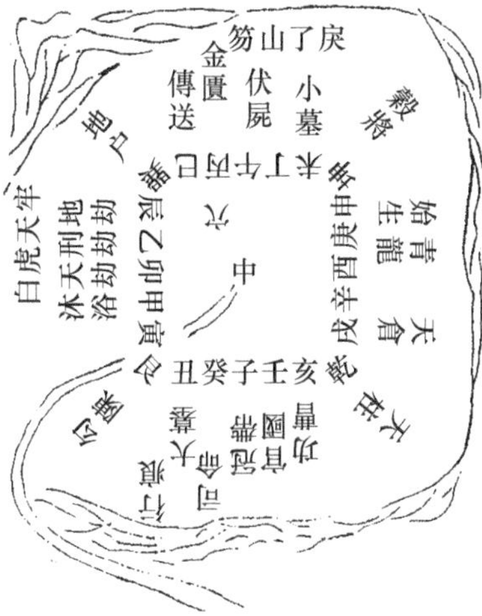

商姓小利向圖

角姓小利向圖

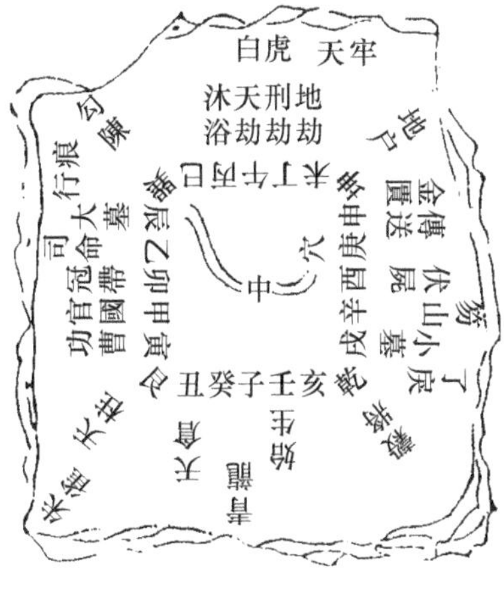

宫羽小利向圖

徵姓小利向圖

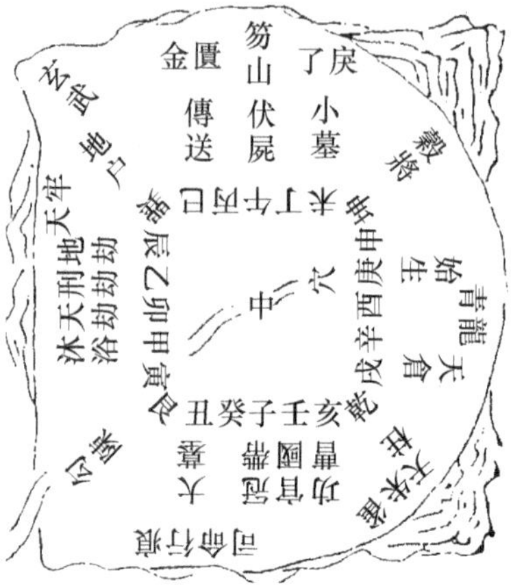

商姓自如向圖

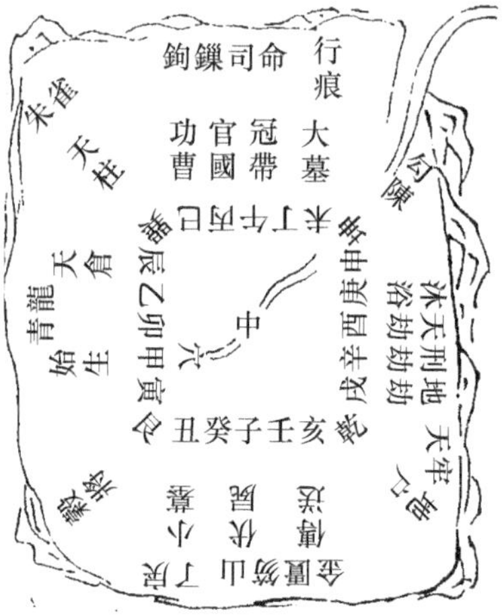

角姓自如向圖

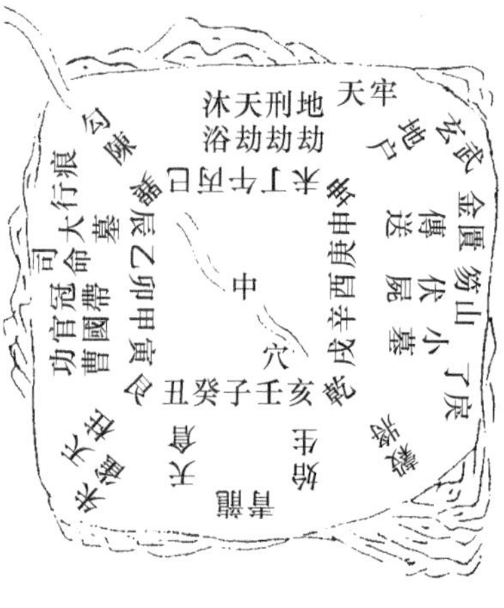

宫羽自如向圖

徵姓自如向圖

商姓粗通向圖

角姓粗通向圖

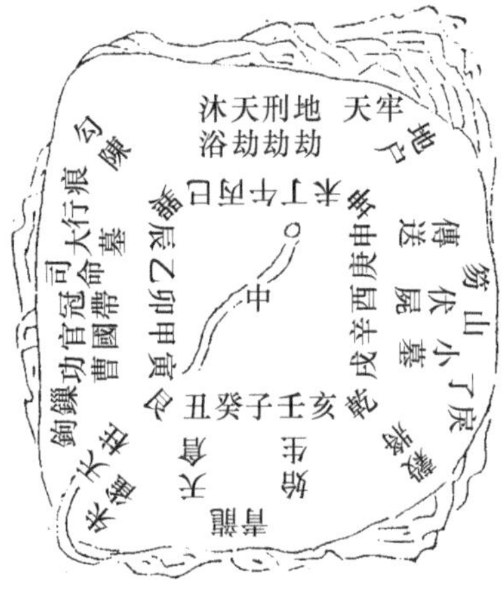

宫羽粗通向圖

徵姓粗通向圖

商姓凶敗向圖

角姓凶敗向圖

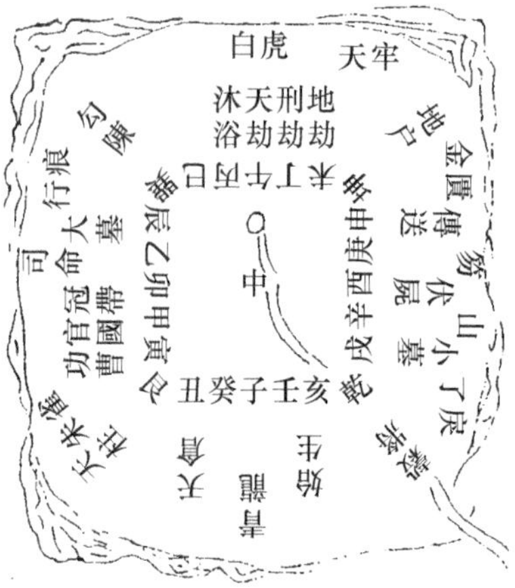

宮羽凶敗向圖

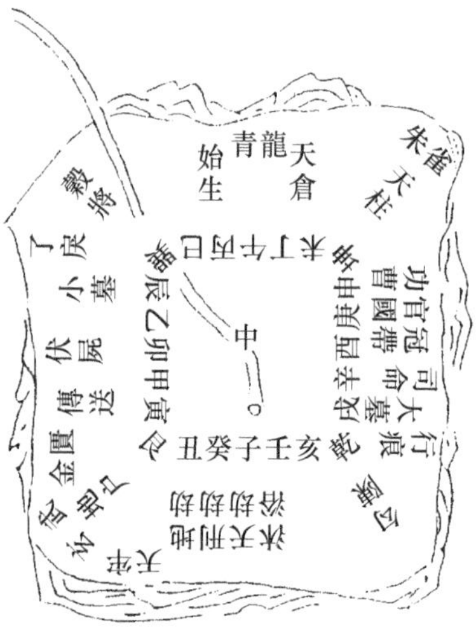

徵姓凶敗向圖

重校正地理新書卷第八

五音地來勢

徐懷玉據冢向與山來勢變卦，取生氣、天醫、福德爲吉，謂山從乾來，當以乾卦變，則兑爲生氣，震爲天醫，坤爲絶體，坎爲遊魂，巽爲五鬼，艮爲福德，离爲絶命。又泓師上烏宏切①。僧名。及《京房地理經》云：六甲屬乾，六乙屬坤，六丙屬艮，六丁屬兑，六庚屬震，六辛屬巽，六壬屬離，六癸屬坎，亦據山來勢變卦如前。若山從甲來，當以乾卦變，即丁爲生氣，丙爲福德；若山從乙來，當以坤卦變，即丙爲生氣，丁爲福德；若山從庚來，當以震卦變，即以壬爲生氣，癸爲福德，然此二書并不言姓利。假如山從甲來，作丁向，水流出坤，若商姓用，則天劫、地劫、刑劫俱來射冢，水破穀將；又庚辛來山，作癸向，水流出艮，若角姓用，則天地刑劫俱來射冢，水亦破穀將，皆非吉也。若用此法，須與本音相利者吉，不相利者，從一行五音所利。五姓山地從本音陽氣上來大吉，謂商姓西來，角東來，徵南來，宫、羽北來是也。又五音地從生氣來大吉，所利本音生氣山，商姓南來，角北來，徵東來，宫、羽西來者，非八卦中所變生氣也。與大、小利兩向皆通，但臨時視

① “宏”底本作“安”，抄本同，按“安”非“泓”韻，今據《廣韻》校改，底本形訛。

山落處，取明堂中水流勢定宜何向，若地從生氣來，作小利向，名走龍之地，其後大富，子孫賢才而衆多；若從生氣來，連接陽氣，轉至死氣處落，作大利向，面對來山，名爲回龍之地，此最吉，但得官國山高及内外諸從三十八將俱足，其後子孫有才學，富貴長世。五音有死氣來山者，則商姓北來，角姓南來，徵姓西來，宫、羽姓東來是也。若地從此來，子孫不能久盛，又官國鈎鏁重叠，則宜仕宦，傳送、伏屍、穀將山低下，則不利貲音兹。産。五音有地從四隅來者，皆隨本音地下三十八將推善惡，若不隨地勢，但衰，卦變取天醫、生氣、福德即無憑驗，又須合四獸及避絶方吉。四隅者第一從本音穀將上來，商姓坤來，徵姓巽來，宫、羽姓乾來，角姓艮來是也，用之其後大富；第二從本音天柱上來，商姓乾來，角姓巽來，徵姓坤來，宫、羽姓艮來是也，用之其後富壽；第三從本音玄武上來，商音巽來，角音乾來，徵音艮來，宫、羽音坤來是也，用之其後好鬼神，又有毒死者；第四從本音勾陳上來，商音艮來，角音坤來，徵音乾來，宫、羽音巽來是也，用之其後富有田宅，一云勾陳是敗山，主疾病。餘吉凶臨時，隨三十八將有無大小，視冢向及水流勢推之。五姓不用陰氣來山者，謂商姓不用東來山，角姓不用西來山，徵姓不用北來山，宫、羽姓不用南來山，用之大凶。

五音大水流勢

五音大利向者，小水流從本音地户出，至玄武山及華蓋山遮歸陰氣山外，轉入大水，其水初從生氣山來陰氣山外過轉去者則吉。

商姓丙向，明堂中水流巽出，轉歸大水，其水從南東過流歸北是也。

徵姓甲向，明堂中水流艮出，轉歸北入大水，其水從東來，北過流歸西是也。

角姓壬向，明堂中水流乾出，轉歸大水，其水北來，西過流歸南是也。

宫、羽姓庚向，明堂中水流坤出，轉歸大水，其水從西來，南過流歸東是也。

所謂大水從生氣山來，流歸陰氣山外、死氣山中者，欲得傳送、金匱等山勢俱來，玄武、華蓋山俱連死氣也；大水從死氣山外來，流歸生氣山外，則傳送、金匱等山勢不來，又玄武、華蓋俱連白虎。所謂明堂中小水從本音地户出者，欲得傳送、伏屍連穀將、始生山，一本無連字。不連天刼、地刼也，若伏屍連天刼、地刼，即當損財。凡家宅陰氣山外，欲得有大水或坑澗水，皆同，蓋欲天刼、地刼、白虎等山不連外山也。陽氣山外欲得有大路，亦要地形長遠厚實，通車馬行往也。

凡地形破若陷，及内外從三十八將回抱并水流勢分明，則不問山之首尾，皆可用；若地勢破陷，及内外從并諸將不足，及水流勢與本音不相合，亦不問山之首尾，并不可用。

八風來勢

乾風吹地户，憂家主促壽及瘻瘤喑吃、居乞切，語難。① 風邪魅蠱，尤忌水出其位。

坤風吹勾陳，商音凶，主盜賊，妻子逼迫分離；徵姓憂三子，

① “難”底本無，抄本同，非是，姑參文意補之。

吹了戾，害子孫。

艮風吹穀將，商姓小利，亦主内亂伶仃[①]。

巽風吹乾，商音大利，水出死氣，壓曰有山[②]，大富。

震風吹陽氣，商音憂中女，男子多淫魅，如隱軫抱窊，烏瓜切。凹也。縱通風水，不爲忌。

離風吹冠帶，徵音凶，商姓損絲蚕；吹了戾，主疾病。

坎風吹了戾，商音無位，凶，多疾病、音聾，無藝術。

兑風吹震山，主憂惶，商音不利中子，白虎及三劫高壯，主兵火、獸厄，病狂癘，若無岡隴，須有堤塘。

穿地得物吉凶

凡穿地及開故所得異物，皆有吉凶。

若得神龜、玉石光明澤潤之物，及龍蛇等，主子孫賢明，當爲侯伯。

若得古印及器物、寶劍、利刃，主子孫世爲將軍，仍醮謝吉。

若得魚龍骨及窟穴，主子孫爲九卿。

若得狐貉、下各切。蛇虺、鼠猬、音胃。瓦礫、音歷。骸骨、朽木、死沙，並凶。

若得古器、寶玉，大吉。

若得土作禽獸之形，主先富後貧。

若得草木藤蔓音万。蒙繞棺柩，音舊。如蒙着者，慎勿動之大吉，動即衰散。

① “伶”字底本作“怜”，後文亦或作“伶”，合於通例，兹爲校改。

② “壓曰”抄本同，未詳。

若有灰及穿陷孔穴、故陶冶竈者，主後有長病人。

若得五穀、金錢，主大富，子孫興盛。

若有羅網纏棺者，主有刑獄、口舌。

右官書舊文。

凡掘得盤石，出印綬，後兵死；得白石，子孫聰明、富貴；得腐棺枯骸，主流亡客死；得紫石，出印綬封侯；得黄黑光異之物，主病；得青石，出貴女；得碎石、碎炭，主離鄉死；得活物器，皆是精也。

相冢

凡冢上草頭低向東，是男冢；草頭屈向東，是老翁冢；草頭低向西，是女冢；草頭屈向西，是老婦冢；上有藤，爲自縊死；上有穿穴，患腫及痢疾死；上有土黄，瘟音温。病死；或多蟲蟻子，出顛病[①]。

冢上東有草、西無草，男富女貧；前有草、後無草，前富後貧。

墳上草散，主兄弟離析；墳上土斂，主兄弟孝順相和睦。

主人領師看墳，左脚趾是奴，右脚趾是婢；左手指是男，右手指是女。草若鬱茂，其家大富。草青色茂盛，無石；草蒼赤疏短枯焦，下有盤石；草不枯只赤，下有砂石，不然有泉；草黄赤色，下有盤石；草木枯及落，下二尺有盤石。

右並出秘閣《五姓合諸家風水地理書》。

八穴四穴吉凶

八穴者，一曰天穴，在官國下，雖少資財，主子孫强盛，富貴

① “顛”字抄本作“癲”，義明，二者古今字。

不絶。二曰地穴，在冠帶下，主子孫無疾病，富而不貴，或爲軍職。三曰人穴，在天柱下，主五行藝術，足財而寡禄。四曰龍穴，在大墓下，主有人丁，多粟麥，子孫淫亂，及爲漁獵、伶音靈。人。五曰鬼穴，在勾陳下，主有資財，多疾病、横獄，久遠絶嗣。六曰敗穴，在沐浴下，主害子孫，或至絶種。七曰絶穴，在本音絶處，雖有財物，主病瘟黄，及多獄訟，去離鄉邑，以至絶後。八曰生穴，在青龍下，主壽命，多財而寡禄，廉路主子孫眇目[①]。

地軸主沈病刑獄，天屍主偏風，龍虎、章光、鳳凰各亦隨其處所下，福祥之地，吉。

四穴者一曰龍穴，謂始生穴也，主音声淫泆；二曰絶穴，沐浴穴也，主女子頭瘍風病，并僧道。三曰鬼穴，大墓穴也，主病癲邪、鬼怪、獄訟。四曰敗穴，勾陳穴也，主損田宅，七年内凶惡。

又曰，凡大利向，風水流勢皆便，猶有八穴吉凶不同。一曰天穴，即坐本音官國山落來窮處，平臨峻嶺是也。二曰地穴，亦坐官國山前地勢落處，平地與傳送相近是也。三曰人穴，本音青龍是也。四曰生穴，本音天柱是也。五曰鬼穴，本音大墓是也。六曰敗穴，本音勾陳是也。七曰絶穴，本音沐浴是也。八曰龍穴，本音帝旺是也。天穴主富貴而進益稍遲；地穴主宜子孫、資財，官職進；人穴主藝術，亦足穀帛而無大官；生穴主長壽，足財帛而無爵秩；龍穴主解聲伎，亦有衣食、人丁；鬼穴雖有資財，久遠多疾病、刑訟；敗穴目下粗有，久遠瘟疫、疾病，一發後損人無數；絶穴暫有衣食，久遠子孫多疾而絶嗣。然天穴去伏屍、傳送稍遠，故雖長益，地穴稍低，若得官國山右即吉，去官國山遠即稍

① “目”字底本無，抄本補之，義長，兹據補録。

遲，若下兩墳，一安天穴，一安地穴，名爲牽牛穴，則官職進益，如更有四五穴依此次第，餘坐穴之屬或犯廉路[①]、地軸，多瑕玼，不得十全。凡取穴不問地來勢，亦不問所向，但隨本音推計爲定矣。

右八穴、四穴吉凶，三説大同小異，然其理不出官國、冠帶、天柱、大墓、勾陳、沐浴、帝旺、青龍、始生各位[②]，文理繁長而存録者欲廣異聞也，施於用則無害於理者，存之可也。

凶忌地形

五音冢宅雖備三十八將，若遇十凶亦不堪也。

一曰天賊，謂其地嘗經洪水，龍神已去，主後世衰敗。

二曰天敗，謂其地曾經雷霆震裂，龍神驚散，主子孫貧賤。

三曰天窮，謂其地落墳處只有孤峰如舌，左右各有坑陷，案山不相連接，其或處孤峰巇峻，傍臨大川，地勢迫窄，皆取隔水爲案山，若用之，雖富貴者亦衰破滅絶。

四曰八風，謂其地中高、四面低垂，八風來吹，主子孫離散。

五曰九苦，謂明堂中傾側不通，人倚立，主子孫貧耗，朝聚暮散。

六曰受死，謂明堂中有泉水，地面絶薄，四時長濕，主子孫有厲疾及病瘡者。

七曰天獄，謂明堂中有坑穴及天井傷斷地脈，主有病瘡腫者。

---

① “廉”字底本作“衝”，抄本改作，義長，姑從改録。

② “各”字抄本改作“等”，義長。

八曰天狗,謂其地掘深一尺,有惡石堅强,不可掘鑿,不合尺度,主子孫有惡病渴者,若是紫壇通,穿鑿則吉。

九曰天都,謂其地嘗經屯兵下營,及古獄地,并焦枯不生草茅,主子孫衰弱,有病瘦者。

十曰天魔,謂其地掘深一尺,下有細砂浮虚不堅,主有病腫及傳屍、骨蒸者。凡取地,但從驛馬山歸裏皆爲明堂[①],下壙處并須肥滿平整堅實,則後無疾病,但地有草木,及黄土潤實,則非惡地也。

賊山非左抱右施、朝揖排衙之類,而直來衝冢者

《白鶴望山經》:"冢地取地向,當以面前來者爲賊山,甲乙向在卯,丙丁向在午,庚辛向在酉,壬癸向在子。"此説誤矣,如五音大利,徵音甲向之卯,商音丙向之午,角音壬向之子,宫、羽音庚向之酉,乃伏屍、大德、笏山也;小利,徵音庚向之酉,商音壬向之子,角音丙向之午,宫、羽音甲向之卯,乃冠帶、司命也,夫如是,則豈得謂之賊山乎?所謂賊山者,則本音天劫山是也,商音在卯,角音在酉,徵音在子,宫、羽音在午,其神主惡事。山宜平,若山勢雄壯來射冢宅,則主殺傷劫盜,故曰賊山也。若取地向面前來者,則是五音自如向也,宫、羽音丙、丁向,商音甲、乙向,角音庚、辛向,徵音壬、癸向。俗傳郭璞祖墓地從西來,作丙向,木水巽流出[②],其午上山十數重,皆雄壯勢來射冢者,以爲羽音地從西來,遠有大德山,當有聰明人,又水流不破官國,子孫亦有官爵,

① "驛馬"底本作"馬驛",抄本同,並非例,姑據乙正。

② "木"字抄本作"水",並義有扞格,疑皆爲"來"字形訛,俟考。

午爲賊山，又有白虎高大重叠，勢來射冢，後必主有傷死者。璞才智無雙，仕至尚書郎，爲王敦所殺，人或省之，以爲丙向地賊山在午，殊不知羽冢天劫在午，若作大利向，當面前來者皆爲吉將，不爲賊山也。又徐懷玉《地理經》言："五音冢宅，驛馬山須低，不宜高壯，又不可有惡石，若然，子孫雖有官，終被刑戮。"凡五音大利向，則伏屍、傳送爲驛馬，若作自如向，則天劫、地劫、刑劫爲驛馬，則不得有惡石；若作小利向，即功曹、官國爲驛馬，山唯須高壯則爲福德，豈有損於人乎？

惡山

白虎高於衆山，主子孫凶豪。穴坐天獄，自縊、獸害，女位肥滿，衆山相登，高下扶同，宜子孫；若低下怯弱，風水通流，主子孫貧病、流亡。玄武高大，遠來射墳，主畜蠱害人，及墮井、被毒死者。

十吉十凶

凡地有十吉：一曰尊，二曰貴，三曰榮，四曰益，五曰强，六曰善，七曰進，八曰旺，九曰好，十曰興。八位來奔朝，五龍俱簇爲一尊。四神全，青龍、白虎、朱雀、玄武爲四神也。五官足，官國、印山、綬山、鈎鑠、死氣山爲五官。爲二貴。四隅肥，乾、坤、艮、震四位肥滿。五庫滿，官庫、財庫、墓庫、長生庫、金匱庫謂之五庫。六對强，十二支爲六對。爲三榮。穀將來，伏屍厚，傳送强，陰陽山等，陰氣山與陽氣山等。爲四益。朱雀聳[①]，白虎静，玄武掩水青龍遠，地勢如生蛇，盤回斜曲，勢如生蛇。

① "聳"字抄本作"安"，義長。

爲五强。子位無坑，白虎不高，朱雀無水，財山起伏，華蓋分明，氣脈俱全，爲六善。生氣强，天門遠，始生肥，官國近，朝山來，揖山至，案山不偏，爲七進。青龍彎轉，白虎山横，官國圓高，穀將堆堆，伏屍連連，地户微微，金匱來投，明堂寬正，爲八旺。大墓强，小墓滿，天倉厚，冠帶肥，功曹勢來，驛馬山善，鈎鑠連，行痕大，了戾正，爲九好。草木茂盛，地無沙粉，道路不傷，地户水出，八位無坑，左抱右掩，排衙來，從山多，行年利，下穴吉，爲十興。

凡地有十凶：一曰不觀，二曰禁，三曰傷，四曰敗，五曰耗，六曰絶，七曰破，八曰弱，九曰賤，十曰退。八位無山，四邊有水，兼遇十凶，爲一不觀。財穀傾，官國低，爲二禁。白虎銜屍，穀將水破，三劫獨高，爲三傷。勾陳山猛，始生水出，青龍無足，朱雀潺潺，爲四敗。金匱無山，傳送低垂，伏屍微眇，穀將深坑，華蓋傾斜，爲五耗。子位連湖，生氣無山，四水不歸，六坐偏枯，孤山特起，四面有道，爲六絶。風門直度，遠水來衝射，山原緊峻，横岡不曲，左右連坡，阡陌遠衝，畜位水傷，爲七破。面前無物，天柱無山，白虎傾陷，陽氣連坑，山原無氣，草木萎黄，虚沙粉土，死水長渟，爲八弱。官國水傷①，印綬全無，面前傾絶，陰氣陵陽，外無朝揖，司命無遮，土脉焦枯，古巷侵墳，狐狸孔穴，爲九賤。水去破財，龍虎皆傷，地無脂脉，岡盡崎嶇，上音欹，下牛河切。窑竈臨墳，取土窮坑，祠廟伽藍，缺穴來傷，行年不利，墳下惡穴，爲十退。

《經》曰："八位來奔，五龍俱簇。四聖之地，王公累續。四神皆全，女富男賢。五官俱足，宜官宜禄。四隅肥起，官禄自至。四維位肥滿，遠相連接，丙地微低則宜官禄也。五軍將滿，金錢百萬。六對來

① "官"字底本作"宫"，抄本改作，合於文例，兹從改録。

强，紫佩金章。穀將遠來，連倉不開。伏屍肥厚，血財多有。傳送高强，錢龍鎮堂。偏高頭勢向穴光。陰陽俱等，男恭女謹。朱雀偏聳，文才辯勇。白虎平静，常免法令。玄武通水，意量尊貴。玄武位絶，子孫輕薄，不相調和。青龍長遠，言端理辯。生蛇之勢，榮華意氣。解見前。子位無坑，家惟百丁。陽氣不傷，更接長岡，則宜子孫。白虎不高，免值弓刀。平平即善，如高於諸山，即應有刼傷市死。朱雀無水，延年百歲。財鄉起伏，資榮九族。華蓋分明，高堂寶盈。氣脉俱全，榮貴百年。生氣寛强，兒孫滿堂。天門闊遠，文高信善。始生更肥，人口易宜。官國相近，克時遷進。揖位來投，官職易求。揖山位來，主官職之進急。朝山直至，早生親帝。案位無偏，長爲好官。青龍彎轉，門風美顯。青龍長遠，似乎盤蛇，則其家積善而和順。白虎横身，子孫如神。官國圓高，爲官升朝。伏屍連連，牛羊百千。穀將堆堆，田産自來。地户微微，妖邪永離。金匱來投，財遍諸州。明堂寛正，千年吉慶。相人先相面，相地看明堂，有四水來投，依大利，兼寛正，大吉也。大墓要强，家宜女郎。小墓肥滿，容華豐羡。似面切。天倉寛厚，肥長益久。冠帶高原，美秀姿顔。功曹座足，注人食禄。驛馬來善，年封五縣。鈎鏁相連，媒援引牽。行痕最高，必親富豪。了戾端正，美女來聘。草木茂盛，永無疾病。地無沙粉[①]，家門通順。道路不傷，絶其非殃。地户水歸，孝義光輝。八位無風，官連職通。左抱右掩，門庭儀儼。排衙有勢，文官必至。從山多赴，資財盈庫。行年利使，轉宜興建。吉穴安墳，保無災迍。”

又曰：“八水分流，子孫當頭。財穀傾危，出物不回。朱雀低

① “地”字底本無，抄本依文例補，兹從補録。

懸，文才絶緣。白虎銜屍，刀劍傷之。水流穀將，倉無餘糧。三劫獨舉，傷男旺女。勾陳偏猛，多災足病。始生水出，風狂惡疾。青龍無足，尋常悲哭。朱雀潺潺，足患迍邅。金匱無山，財出不還。傳送低垂，鬼耗來追。伏屍微眇，資財漸少。穀將深坑，粟麥難停。華蓋傾斜，財物紛拏。女加切。子位連湖，兒孫必孤。生氣無山，養子夭殘。四水不歸，星散難追。六坐崎懸，離家十年。孤山特起，爲僧絶世。四面有道，家門不保。風門直渡，殃侵病苦。遠水來衝，子孫困窮。山原緊峻，家常非横。横岡不曲，錢財無足。左右無坡，不久蹉跎。上采何切，下達何切。阡陌遠衝，姦財必通。畜位水傷，生財耗亡。面前無物，家財散失。天柱無山，須有久患。白虎一傾，軟懦乃過切。無精[①]。陽氣遇坑，疾病伶仃。上郎丁切，下當輕切。山原無氣，逃移絶世。草木萎黄，久疾連床。虚沙粉土，疾在心腑。死水長渟，疾病瘦疔。官國水傷，空入文場。印綬俱無，男貧女孤。面前傾絶，見世貧闕。陰氣陵陽，夫弱妻强。遠無朝揖，資財難集。司命無遮，眼中生花。上脉焦枯，爲人作奴。古巷侵墳，多饒横迍。狐狸孔穴，傷殘敗缺。水去破財，牛羊損災。龍虎皆傷，男女分張。地無脂脉，子孫爲客。岡盡崎嶇，流移不歸。窑竈臨墳，非災入門。取土窮坑，招殃病生。古廟伽藍，傷妻失男。缺穴來傷，家多禍殃。行年不利，必遭殃至。墳下惡穴，傷財損折。”

擇地法

凡將擇地，唯欲慎密，人不宜多，行者勿過七人，先夜静焚

① “精”字底本作“情”，抄本作“精”，義長，姑從改録。

香,精心禱告。詰去吉切。旦而往,有官者朝服而行,無官者色衣而往,入荒梗之地,皆乘馬,兵器自衛,若山岡地勢稍雄,當以酒紙奠告,貴强之地,神靈占借,恐害人及惑人耳。又以竹竿長一丈二尺或八尺掛白席如旗,或黄幡亦佳,師與主人同行,先出官國之方求吉地,如不可,即以次轉向天社、天倉、金匱之方,至天牢上止[①],若山原從陽氣上來見,往處回轉,左右逢迎,首尾相顧,或似城郭,必有貴地,欲知地勢住處,先尋官國、死氣,次金匱,如近無吉地,乃往他所求之。丙壬上當有商、角之地,甲庚上當有宫、徵、羽之地。地從西來、北來見,地左抱右掩,起伏回顧,東接江湖,其間必有商音貴地,安墳宜大利向,宜官;安金匱,宜財食;安始生,宜子孫;地從東來十里强向西,如逢住處[②],其間必有角音貴地;若山從南來北,逢欲住處,一浮一沈,前遮後掩,必有徵音貴地;若山從北來向南,東西掩抱,南流通水,此中必有宫、羽二音貴地。

十二成

第一成曰山發於天門,重叠長遠,枝脉盤薄,小頓大起,蜂腰馬領,一見一没,生蛇截水,華蓋昂昂,當其本方,左右徘徊,望之堂堂,朝揖視顧,机案横張,鈎鏁俱備,如錡音蟻。如筐,子孫貴禄,足履紫房。

第二成曰岡壠山川皆須左抱右掩,回盤斜曲,頭尾相就,左顧右眄,四莧切[③]。如龍如虎;鞅鞅掌掌,若大浪將發;裊裊娜娜,若

① “止”字底本作“比”,抄本同,不辭,姑依文意校改。
② “往”字底本作“住”,抄本同,不辭,姑參後文例校改,底本當爲形訛。
③ “四”字非“眄”字聲紐,抄本改作“匹”,亦非是,疑爲“目”字形訛,俟考。

生蛇投水，或如群龍在波；隱隱隆隆，若奔牛起伏，或如投籌，或如群羊；其氣泛泛，如酥酪，上音蘇，下音洛。在湯，骨肉相附，若脂膏旁無缺敗，風水不背衆流，如是名富貴之地，大吉。

第三成曰四方五百步内皆平，寅卯有起伏，巳午有微昂，戌亥盤曲，依依似伏，此名散花岡，占爲妃后相，大吉。

第四成曰山岡東看之即西高，西看之即東起，南看即北障，北看即南仰，此名龍盤龜食，若更土色黄、草木肥潤，即大吉。

第五成曰尊岡如投籌，從岡如群羊，或如寒犬乳兒，或如妊母之腹，後見而壠聳，前隱而婆娑，此名窟中有突，大吉。

第六成曰岡如鳳凰翅翼開張，群隊千萬，帶壠倚岡，前銜印綬，後有回翔，用之左翼，子孫永昌。

第七成曰岡如生蛇，或曲或斜，後山前澗，隱馬藏車，勢起四季，林木茂華，葬於前曲，大吉。

第八成曰岡如卧牛，屈脚拳頭，三光照内，三光朝夕照也①。丙水出流，依附林壠，冠帶山丘，用之於腹，子孫封侯。

第九成曰岡如仙掌，前高後仰，水流涌丙，天門漸長，用之於中，大吉。

第十成曰山如盤龍，玉案數重，宛轉斜曲，首尾相從，用之於腹，大吉。

第十一成曰平地四隅起，丙位出風水，遠勢並相連，官禄自然至，此名遊龍岡，甚吉。

第十二成曰岡如水鼈，四方無缺，清水長流，春冬不歇，三門高起，三門者，天門、人門、鬼門也。一户如缺，謂地户也。用之左甲，公侯

① “朝夕”底本作“夕朝”，抄本作如此，合於常例，姑從改録。

相。孫季邕所論。

百二十敗

第一敗曰四仲陰陷，迴風不出，謂水渟不流也，主火災、病盲及離去居舍①，凶。

第二敗曰故神廟地，主災禍、淫泆、狂癡、病耳。

第三敗曰南有横岡，冢口向之，龍尾危絶，子孫分離，一曰其地前高而後低下也。

第四敗曰古冢地重用之，王子孫僕役、多哭泣及病癰腫。

第五敗曰古市墟，主獄死，雖小富，終有火災。

第六敗曰古縣墟，主有戰死、刑死者及婦女微賤。

第七敗曰陰泉，謂陸地有坑坎，主樂少悲多。

第八敗曰四城門，主子孫貧賤及兵死。

第九敗曰風水來去四散激揚，主流離異鄉。

第十敗曰埏道不長，主子孫流散、兵死。

第十一敗曰岡如聚土，主不利女子，有禄無嗣。

第十二敗曰後有長坑，名曰星風，主女爲巫及客他土，男頑女聾。

第十三敗曰仰硯坑通風，名曰四陰，主先盛後衰。

第十四敗曰寅子危絶，午申低垂，主門户無主，寅子爲大陽，午申爲少陰。

第十五敗曰冢後三十步有澗直衝來，名曰龍尾開，主遭劫，劫徙邊。

---

① "盲"字底本作似"音"形字，抄本作如此，義長，姑從改録。

第十六敗曰高峰缺開，望之如樓臺，名天門，主破敗。

第十七敗曰山岡首，主不安，子孫浮寄，多災怪。

第十八敗曰四仲位缺，損中子、中婦、中女及帷幕不脩。

第十九敗曰四孟位缺，損長子、長婦、長女。

第二十敗曰四季位缺，損少子、少婦、少女。

第二十一敗曰溪口及水衝，主流移及子孫微賤。

第二十二敗曰白虎銜墓，主有道死不歸者。

第二十三敗曰山有微泉似隱似見，名曰水箭，主子孫兵戰流亡。

第二十四敗曰前看即無頭，後看即無尾，無所係自，名曰上髓，主刑戮絶嗣。

第二十五敗曰孤獨之地荆棘不生及沙石之地唯産蒲茅，名曰絶陰，主子孫夭傷刑戮，或爲漁獵之人及遭虎死。

第二十六敗曰岡如磨齒，有隴無尾，内露沙石，主流傭他鄉，漂泊不已。

第二十七敗曰平原見大石、高峰崔嵬，名曰家賊，主子孫兵死、夫婦失德。

第二十八敗曰丑不來未不回，又曰地鋭巍巍，龍虎不顧，遠視無形，近如伏兔，而宅兆極高，主家貧絶嗣。

第二十九敗曰近於豪貴，子孫貧困，謂犯巳亥左前右後也。

第三十敗曰岡如奔馬，頓高頓下，勢如驚鳳，後無依者，主爲僧道，以斷宗祀。

第三十一敗曰交風四入，雙岡倒墜，龍尾被繞，主子孫貧苦，跛行折臂。

第三十二敗曰地多沙石，草木不生，生不盈尺，主子孫困危。

第三十三敗曰天社地，形如圓笠，主淫邪、貧乏、絶嗣。

第三十四敗曰繞冢有風，聚水不出，及多石擁之地，主盲聾病顛。

第三十五敗曰冢近湍，他端切。水，聞水聲者，直出無曲，地形似旱即涸、音鶴。有雨則渟者，主子孫零落。

第三十六敗曰後闊前狹，在其中央，名曰烏岡，主子孫弋音亦。獵，浮遊異鄉。

第三十七敗曰水去不回，主乏錢財；水流四散，主青盲損胎；水流急速，主死無衣服。

第三十八敗曰青龍無頭，水不長流；白虎折足，路有傷敗；朱雀銜屍，石當冢户；玄武悲泣，後聞水聲，四凶並見，不久滅族。

第三十九敗曰斷山之足，名鬬肉岡，主子孫死虎狼。

第四十敗曰客水逆流，來衝冢户，主憂苦。

第四十一敗曰客岡衝冢户，主子孫虎死，流寄他鄉。

第四十二敗曰故邑之側，主兄弟破散，女子淫奔。

第四十三敗曰草木不生[①]，雨不成泥，名曰天竈岡，主子孫飢乏顛狂。

第四十四敗曰在兩魁中卯酉或子午地，主淫穢流寓。

第四十五敗曰走岡去勢如激箭不止，如曳索牽輪，不傾不起，主貧窮逃死。

第四十六敗曰地平水不流，草木焦禿，筋肉枯瘁，主子孫絶敗。

第四十七敗曰土山無草木，狀如聚沙，風吹不止，名曰衰口，

① “木”字底本作“本”，不辭，兹從抄本改録。

主多災禍。

第四十八敗曰外急無毛肉，狀如甌盂，形不肥飽，名曰陰墟，主子孫微弱。

第四十九敗曰漫岡上兩旁無抱，形不飽内，狀如涸陂，名曰天獄，主子孫博弈及連賊黨。

第五十敗曰岡如燕尾，坤巽不相顧，頭尾不相連，視其狀，左右沓沓徒合切。而去，主暫富絶後。

第五十一敗曰山高肥厚危險，從對不相依，主父子離背、門户衰絶。

第五十二敗曰近谷口風門，主骨肉相憎、淫穢、顛狂、疾病。

第五十三敗曰東西下、南高北垂，帶繫斷絶，大小相陵，主父子不孝慈。

第五十四敗曰後望如高峰，前視如深谷，三光不顯，主滅族。

第五十五敗曰後有峰獨高，前有兩岡相掩，名交牙山，主刑戮，若無高峰而有交牙山者，主子孫斬首。

第五十六敗曰山來刺，音次字。冢口，去冢三十步來向，名曰伏虎岡，主戮於朝市及獄死。

第五十七敗曰三十步内有大石近冢户，主子孫虎死及貧苦。

第五十八敗曰村之西北有屍首冢，主疾病顛狂及廱腫。

第五十九敗曰地脉絶，草木異色，名曰地縫上，主斷宗祀。

第六十敗曰山岡磽确，上苦交反，下胡角切。不生，草瘠無潤澤，樹木枯槁，主貧窮。

第六十一敗曰丙水出申，危絶長流，主出穢行及遠死、兵憂。

第六十二敗曰未風迎水，主乳死及毒蛇。

第六十三敗曰寅地有溝[1]，主長子漂流；十步直指，則三代不已。

第六十四敗曰亥風吹冢，子孫僕役及斬首絶種。

第六十五敗曰岡斷子午，去冢十步，主多殘病，子孫惡逆。

第六十六敗曰酉高申、未起繞冢蔭風水者，主生子聾癡狂走。

第六十七敗曰竅泉坑坎不平，主盜賊，婦無節行，天厄、刀兵。

第六十八敗曰寅丑地坑坎相連，水出不轉，主家衰絶，多鬼魅。

第六十九敗曰申水繞冢，主病出腫或襁褓，上居兩切，下音保。不育，或爲人僕使。

第七十敗曰風吹寅午戌，主火災及徙邊，生男不利。

第七十一敗曰水流亥卯未，主帷幕不脩。

第七十二敗曰風來巳酉丑，主兵死，一曰起伏有將軍。

第七十三敗曰丑未卑陷，辰戌低垂，主家貧衰微。

第七十四敗曰子高卯酉小，兩畔無枝引，名曰龍舌，主寄瘂無後。

第七十五敗曰午高卯酉低，壬子無山，名曰六窮，亦名罪地。

第七十六敗曰酉高寅艮低，卯辰無應，主老母寡，女子陵夫及淫泆。

第七十七敗曰艮山高，無枝引，斗峻巍巍，酉上不應，主孤兒及子殺婦，并水死者。

① “三”字底本誤作“二”，不合文例，兹從抄本改録。

第七十八敗曰震山高，離坎無枝，主貧乏，子孫分散。

第七十九敗曰坤低乾亥下，主多孤寡，有樹死及喑啞者。

第八十敗曰未坤風散，主子孫無賴。

第八十一敗曰水回乾逆流，主子孫爲偷、市死，家有火災。

第八十二敗曰天門陷覆，主無官及死不歸葬者。

第八十三敗曰地户高，主遠死不歸，父子離散。

第八十四敗曰艮風吹坤，主狂邪妖魅。

第八十五敗曰震風吹兑，主貧及婦人狂病。

第八十六敗曰兑風吹震，主女亡男賤，且有鬼魅。

第八十七敗曰乾風吹巽，主去鄉邑，田宅無主。

第八十八敗曰巽風吹乾，主貧窮劫賊，不利子孫。

第八十九敗曰坤風吹艮，主諸子不安，婦人長病，外客欺主。

第九十敗曰離風吹坎，主三災逐人。

第九十一敗曰坎風吹離，主疾病貧困。

第九十二敗曰有子無午門户衰，有午無子絶嗣，有丑無未無貴勢，有未無丑奴婢害主，有寅無申男貴，有申無寅女貴，有酉無卯婦女不順，有卯無酉孤獨，有辰無戌男賤，有戌無辰女賤，有巳無亥無官，有亥無巳乏財。

第九十三敗曰乾岡轉入離，主子孫衰微、逃死、縣官、獄訟及病目。

第九十四敗曰乾岡入坤，名曰絶體，主父母殘疾，家無繼嗣，老母惸獨。惸音瓊。

第九十五敗曰乾岡來射，頭繞鬼山，如鳥無翅，主子孫連死。

第九十六敗曰乾岡入坎，名曰遊魂，主子孫爲盜、滅絶。

第九十七敗曰坎岡入離，旁無枝引，□危欲墜[①]，主子孫衰微，富亦不久。

第九十八敗曰坎山入坤，名曰絶命，主子孫刑戮。

第九十九敗曰坎山入兑，主中子災害、刑戮、刀兵、風狂、疥癩病。

第一百敗曰坎山入乾，主多縣官、獄訟及客死於路。

第一百一敗曰艮山入兑，主女子病瘟及産死或刀兵。

第一百二敗曰艮山入離，主火災、鬼魅。

第一百三敗曰艮山入震，名曰遊魂，主子孫自縊及刀兵死。

第一百四敗曰艮山入巽，主風癡、聾啞、子孫夭傷。

第一百五敗曰乾爲不周風，主父子相讎、水賊、山箭，主兵憂及子孫斬首。

第一百六敗曰坎爲廣莫風，主路死、水死、火災，内亂連，死常雙。

第一百七敗曰艮爲條風，主魅鬼及虎死者。

第一百八敗曰震爲明庶風，主奴婢陵主及樹死、兵死、絶後。

第一百九敗曰巽爲清明風，若高巍陷缺，主縣官、詞訟及樹死、顛狂。

第一百一十敗曰離爲景風，若山如伏虎射冢，主火災、子孫兵亡，若貯水則病喑啞。

第一百一十一敗曰坤爲涼風，絶户亡宗，若回環貯水，主家破。

第一百一十二敗曰兑爲閶闔，上音昌，下音盍。風，主子孫兵亡、

① 缺字底本殘泐，抄本同。

妻妾病瘟、産厄，兼害男夫及貧乏。

第一百一十三敗曰横山陌壠，盤石湧泉，主宗祀殄絶。殄，徒典切。

第一百一十四敗曰龍尾有溝，主子孫作偷；龍尾有坑，主子孫作兵。

第一百一十五敗曰山如覆舟，主漂流；山如直□[①]，主無禄。

第一百一十六敗曰殘岡鬼市，主子孫殃咎、貧窮。鬼市者，亂冢也。

第一百一十七敗曰有乾無坤，害家宅；有坤無乾，害父母。

第一百一十八敗曰風水闌戍[②]，主傷死、啾唧疾病，雖有巧人，奴婢逃失。

第一百一十九敗曰坎水還午，主孤獨。

第一百二十敗曰戌亥陷缺，主貧乏；水流闌戍，主瘟黄死疾；風從北來，主火災。孫季邕所論。

孫季邕所論一十二成、一百二十敗大體如此，其與五姓不相戾者，敗参用之可也，爲一行説者非之曰"俗傳"，吕才歌云："子山爲玄武，百里無坑注。遠看似走獐，近看如走兔。四方遠朝至，錢財當集聚。"又云："辰巳山磊力罪切。砢，水出居中著。諸子官爵榮，兄弟如花蕚。緋紫帶刀行，金魚腰下爍。"此皆欲得山從子來，百里不斷，水流辰巳出，並不問姓氏。又云："功曹、官國遠，伏屍不回轉。穀將更迢遥，沐浴、勾陳軟。若不急移墳，六年必破散。"又云："角音屬木，寅卯辰爲三男之位；商音屬金，申酉戌爲三男之位；徵音屬火，巳午未爲三男之位；宫、羽音屬水土，

① 缺字底本殘泐，抄本同。

② "戍"字底本作缺字符，抄本同，兹從下文例校補。

亥子丑爲三男之位。"據此文,各隨本音排三男位,及功曹、官國、穀將等蓋同,其餘顛倒尤甚。則所云山勢欲得子來,水流辰巳間出,穀將不得迢遥,徵音穀將在辰巳,若水流破徵音,穀將豈得謂之迢遥乎?又江淮間人或者以爲雖水流辰巳,且有辰巳山應,妄矣!且穀將是内從,徵音辰巳須連,内從外有應者,則是商音,玄武山非徵姓穀將也,只如徵音甲向葬,丑寅流水,豈無丑寅山應乎?又按墳排男女位,皆須高低相等、遠近相連,若地從子來,百里不斷,水流辰巳間出,唯宜丙向也,若作丙向,則商角二音男女各歸兩畔,高低遠近相登;若宫、羽葬,則男位高、女位低,男位近、女位遠,則宫、羽姓於男何親、於女何踈也?若徵音葬,則女位高、男位低,又女位近、男位遠,則於女何親、於男何疏乎?譎而詳之,則吕才之言失矣。孫季邕云:"地欲得西北高、東南低,水流辰巳間。"又言百二十敗、十二成,與前説不同,十二成其八成云:"岡如卧牛,屈脚拳頭,三光照内,丙水出流,葬之於腹,子孫封侯。"其十一成云:"平地四隅起,丙地出風水,所向皆相連,官禄自然至。"此皆欲水流丙出,非辰巳也。其十二成云:"岡如水鼈,四方無缺,清水長流,春冬不歇,三門高起,一户如闕,葬之左甲,公侯之相。"《經》云:"三門者,天門乾,人門坤,鬼門艮。一户者,地户巽。"此欲水流辰巳出也。百二十敗中其八十八云:"巽風吹乾,主劫賊,不利子孫。"此不欲辰巳通水也。其一百五敗云:"乾爲不周風,主父子相讎、水賊、山箭,主兵憂及子孫斬首。"此則不許乾風也。其一百六敗云:"坎爲廣莫風,主路死、水死、火災,内亂連,死常雙。"此不許坎風也。其一百七敗云:"艮爲條風,主鬼魅及虎死者。"此不許艮風也。其一百八敗云:"震爲明庶風,主奴婢陵主,及樹死、兵死、絶後。"此不許震風也。其一百九敗云："巽爲清明風，若高魏陷缺，主縣官、詞訟及樹死、顛狂。"此不許巽風也。其一百一十敗云："離爲景風，若山如伏虎射家，主火災、子孫兵亡。"此不許離風也。其一百一十一敗云："坤爲凉風，絶户亡宗。"此不許坤風也。其一百一十二敗云："兑爲閶闔風，主兵死。"此不許兑風也。蓋欲八向高仰繞冢，不通風水。其一百一十三敗云："横山陌壠，主宗祀殄絶。"此後何爲哉？有風處則嫌被風吹，若八面各不通風，則嫌横山陌壠。又有甲庚、丙壬向亦有葬後破者，亦有暫富即貧者，凡甲向者水流近寅、卯也。其六十三敗云："寅地有溝，主長子漂流。"其丁向者水流近於未也。其六十二敗云："未風迎水，主乳死及毒蛇。"其庚向者水流近於申也。其六十一敗云："丙水出申，遠死兵憂。"其壬向者水流近於亥也。其六十四敗云："亥風吹冢，子孫僕役及斬首絶種。"此又妄矣。其九十二敗云："有戌無辰女賤，有子無午門户衰，有亥無巳乏財。"此亦不許無辰戌、巳亥、子午，既嫌申向水流近寅丁向水出近未、庚向水流破申、壬向水流近亥，則丙向水流豈不近巳午哉？如季邕所論，甲庚、丙壬之向多有貧破者，推之若甲向破者必是角音矣，庚向破者必是商音矣，壬向破者必是宫、羽音矣。然則豈無丙破乎？今有徵音丙向，水流辰、巳則凶者，十有八九地從陰氣連白虎，刧山安墳坐穴。凡五姓宫、羽同用，角、商、徵都爲五音依本音列三十八將，明堂中無十凶十惡，每姓各有三十八成，四姓翻爲一百五十二成，若三十八將傾陷，又明堂中有十凶十惡，每音各有四十八敗，四姓都一百九十二敗，皆隨地下神所主推善惡，而季邕不知地下有三十八將，只言"有子無午門户衰，有午無子絶嗣"，是何言歟！

重校正地理新書卷第九

史傳事驗凡七十二事

衛成公

《春秋傳》：魯僖公三十一年冬，狄圍衛成公，遷於帝丘，避狄難也。帝丘，今東郡僕陽縣，故帝顓頊之墟，故曰帝丘。卜曰三百年，公夢康叔曰："相奪予享。相，夏后啓之孫，居帝丘，享祭也。"公命祀相，甯武子曰："不可，鬼神非其族類不歆許金切。其祀，歆猶享也。杞鄫疾陵切。何事？言杞鄫夏後，祀當祀相。相之不享於此久矣，非衛之罪也。言帝丘久不祀，非衛所絶。不可以問成王、周公之命祀，諸侯受命，各有常祀。請改祀命。改祀相之命。"

邾文公邾音誅。

《春秋傳》：魯文公十三年，邾文王卜遷於繹，邾邑，魯國鄒縣北有繹山①。史曰："利於民而不利於君。"邾子曰："苟利於民，孤之利也，天生民而樹之君，以利之也，民既利矣，孤必與焉。"左右曰："命可長也，君何弗爲？"邾子曰："命在養民，世之短長，時也，民

① "鄒"字底本作"邾"，抄本蓋據《左傳正義》改作，兹從改録。

苟利矣，遷也，吉莫如之。左右以一人之命爲言，文公以百姓之命爲主。一人之命各有短長，不可如何①；百姓之命，乃傳世無窮，故徙之。"遷於繹，五月，邾文公卒。君子曰："知命。"

武陰城

《城冢記》：周武王南祭官山，回至汝水西，宿於武丘，夜夢人曰："築城在此，可王七百年。"城在武丘北，曰："陰城陰東，汝水南流。"今在潁上縣東六十里。

丹徒縣

《建康實録》：秦始皇三十七年，東渡江，使夫赭衣三千鑿朱方京峴，户顯切。山東南壠，因名丹徒。今潤州丹徒縣東二十里有徒兒浦，即始皇將徒人過此浦，因爲名。或云鑿南坑以敗其勢云。

馬鞍山

《廣州圖經》："馬鞍山在城北五里。"按《南越志》云："秦時占氣者以南方有五色氣，發卒千人鑿斷山之岡阜，謂之鑿壠，其狀如馬鞍，因名之。"

荻蘆山荻音狄。

福州連江縣荻蘆山，在縣東南十二里，本名龍山。舊《圖經》云："秦始皇時令人掘斷，見荻蘆根長數丈，斷之見血，因以

---

① "何"字底本作"有"，抄本同，不辭，兹據《左傳正義》校改。

爲名。”

古海州城

古海州城在今城東五里，舊《圖經》云：“前接高山，後臨積水。即朐陽也，睢水而北，六河相合東流，繞郡入海。其城周回皆依山，半叠石爲城，引東南顧海，其形若龜，故耆舊謂之龜城。”

上虞井

越州上虞縣境有焦家井，舊《圖經》云：“晉郭璞卜地穿井，泉甘如乳。”

公孫舟

後漢董宣爲北海太守，大姓公孫舟起宅，卜工占之云：“宅成，當出一喪。”舟使子取行人殺之，以其應兆，宣收，考殺之。

餘姚湖

越州餘姚縣餘姚湖，在縣東北十二里，夏侯曾先《地志》云：“吴時，望氣者鑿斷此山，因名之。周回六里。”

魏舒

《晉書》：魏舒少孤，爲外家甯戚所育，甯氏起宅，相者云：“當出貴甥。”舒曰：“當爲外家成此宅相也。”舒仕至三公。

福州城

《閩武巾切。中記》：福州城在越王古城南二百五十步，因山阜置，晉太守嚴高所築。高初在白田渡，所築城向已畢工，嫌地形面勢不順，遂圖畫山形送郭璞，璞令取此處，且言五百年後益盛矣。

戴洋

《晉書》：載洋字國流，吴興長城人。丞相王導遇病，召洋問之。洋曰："君侯本命在申金，爲土使之主，而於申上石頭主治火光照天，此爲金火相爍，水火相煎，以故受苦耳。"導即移居東府，病遂差。江州刺史劉裔架府東門，洋曰："東爲天牢，牢不開門，憂天獄。"裔尋爲郭默所害。咸康三年，征西將軍庾亮鎮武昌，洋言於亮曰："武昌土地有山無林，政可圖始，不可居終。山如八字，數不及九，昔吴用壬寅來此創立官城，至己酉還下秣陵；陶公亦涉八年，土地盛衰有數，必去就有期，不可移也。公宜更擇吉處，武昌不可久住。"五年，亮令毛寶屯邾城，九月，洋言於亮曰："毛豫州今年受死，聞昨朝大霧晏風，當有怨賊報仇，攻圍諸侯，誠宜遠候邏。力佐切。"亮問當在何時，答曰："五十日内。"良久又曰："九月建戌，朱雀飛驚，征車還歸，果載火光，天示有信，災發東方，葉落歸本，慮有後患。"明日又曰："昨夜火光非國禍，今年架屋致使君病，可因燒屋，移家南渡，無嫌也。"寶即遣兒婦還武昌，尋傳賊黨來攻城，洋曰："十月丁亥夜半時得賊問，干爲君，枝爲臣，丁爲征西府，亥爲邾城，功曹爲賊，神加子時，十月水王木相，王相氣相合，賊必來，寅數九，賊高可九千人，可七千人，從魁爲貴神，加丁，下剋上，有空亡之事，不可進武昌也。"賊陷邾城而去，亮問洋曰："故當不失石城否？"洋曰："賊從安陸向石城，逆太白，當代身，無所慮。"亮曰："天何以利胡而病我？"洋曰："天符有吉凶，土地有盛衰，今年害氣三合巳亥，巳爲天下，亥爲胡戎，季龍亦當受死，合乃不憂賊，但憂公病耳。”

孔愉

《輿地志》云：會稽郡山陰縣南湖有條山，在湖中[①]，去縣九里，晉孔愉少時棲隱此山，後至車騎將軍，封侯。論者以愉致侯之兆見於山。在今縣西南四里照幽地，舊名九里山，蓋昔會稽郡之妙也。

白鶴山

建州建安縣有白鶴山，在州東南二里，舊《圖經》云：“東晉望氣者言此山有王氣，遂發工斷之，朝鑿暮合，工不能已。役夫宿於其下，聞有聲自空而告曰：‘汝何不囊土而投江中，則免矣。’役夫以告，王者遂如言，逾日斷之。有白鶴雙飛而去，因以名焉。”

解梁城

河中府臨晉縣東南十八里，故梁城，西有晉司空王卓墓。舊《圖經》：“按干寶《晉紀》云：卓仕惠帝，爲尚書令，至苻秦時，壙音曠。中有聲如雷震，太史占之，知有異兆，遂令築解梁城西門以禳之。”

直洲

潭州長沙縣直洲，在縣西湘江中四里，周迴三里，上有居人百餘家及精舍在焉，按《湖中記》云：“晉永興二年，遣使掘斷陶

① “在”字底本作“大”，不辭，抄本校改，兹從改録。

侃，苦旱切①。岡冢，晝掘夜合，終不能斷，或聞人云：‘可取青布盛土投江中。’官即依其説，即時穿透，遂成四洲，初成甚小，歲月滋久，積成大者五里，小者一里，即橘洲、警洲、直洲、積洲是也。”

五龍口

《晉書》：宋武帝圍慕容超於廣固，河間人部文説帝曰：“昔超攻曹嶷②，音宜。望氣者以爲澠音盈。水帶城，非可攻拔，若塞五龍口，城必自陷。石季龍從之，而嶷請降。胡江切，下文皆同。後慕容恪之，圍段龕，口含切。降亦如之，而龕降後無幾，又震開，今舊基猶在，可塞之。”帝從其言。至是，城中男女患脚弱病者太半，遂滅慕容氏。

徐羨之

《南史》：宋司空徐羨之少時，有人來相，謂曰：“我是爾祖，汝有貴相，而有大厄，宜以錢二十八文埋宅四角，可以免災，過此位極人臣。”後羨之暫出，而賊自後破縣，人無免者，鷄犬亦盡，唯羨之獲免。

郾城郾音偃。

《元和郡國志》：宋元嘉二年，宋將劉緬彌善切。北征郾城，曰：“此城有百年之福，君索虜保之，未可敵也。”

---

① “旱”字底本作“艮”，抄本同，非音，兹參《廣韻》校改，底本形訛。

② “超”字底本作“起”，不合文例，抄本改作，兹從改録。

破岡

《湘水記》:宋大明元年,占氣者云:"湘東有天子氣。"有謁者掘斷岡勢以厭之,因名破岡,今在衡州界。

白嵓山

《上黨記》:黎城縣東北七里有白嵓山,本名猪啄嵓,嵓有穴北入,罔知窮極①。齊武帝與宋朱榮統衆,東望北川,帝指其嵓云:"孫滕曰:'此是天蟒,莫朗切。口開則赤色殺人,可以塞之。'"使以石灰塗之令白,以厭之,故因號白嵓。

鮑瑗音媛。

《北史》:上黨鮑瑗家多喪病貧苦,或謂之曰:"淳于智,神人也,其人所學之術藝,吉凶禍福昭然,有可信之理,無不驗者,君何不試就卜知禍所在?"瑗性質直,不信卜筮,曰:"人生有命,豈卜筮所移?"會智來,應詹謂曰:"此君蹇士,每多屯虞,君有通靈之思,可爲一卦。"智乃爲卦,卦成,謂瑗曰:"君安宅失宜,故令君困,君舍東北有大桑樹,君徑至市,入門數十步,當有一人持荆馬鞭者,便就買之,以挂此樹,三年當暴得横財。"瑗承言詣市,果得鞭,挂之三年,浚私潤切。井,得錢數十萬,銅鐵器復二十餘萬,於是致贍,疾亦愈。

① "罔"字底本作"岡",不辭,抄本校改,兹從改録。

庾季子

《北史》：隋開皇元年，文帝將遷都，夜與高熲[1]、蘇威定議，通直散騎常侍庾季子旦奏曰："臣仰觀垂象，俯察圖記，龜兆允襲，必有遷都，且虞營此域，經今將八百歲，水皆鹹鹵，不甚宜人，願爲遷計。"帝愕然曰："是何神也？"遂發詔施行，賜季子絹布，進爵焉。公謂季子曰："朕自今已後，信有天道。"於是令季子與其子質撰《垂象》、《地形》等志。

泓師泓，烏宏切。

《常侍言旨》：唐泓師與張燕山買永樂東南弟一宅，有永巷者，戒之曰："此宅西北隅最是王地，慎勿於此取土。"越月，泓又至，謂燕公曰："此宅氣候忽然索寞，甚恐必有取土於西北隅者。"公與泓偕行至宅後，其西北果有取土坑三數處，皆深丈餘。泓大驚曰："禍事，令公富貴一身而已。更二十年外，諸郎君皆不得天年。"燕公大駭，曰："填之可乎？"泓曰："客土無氣，與地脉不相連，今欲填之，亦猶人有瘡痍，縱以他肉補之，終無益也。"燕公子均、垍期致切。皆爲安禄山委任賊中大官，至克復後，三司定罪，肅宗以減死論，太上皇召肅宗謂曰："張均兄弟皆爲逆賊作權要官，就中張均更與毁阿奴三哥家事，犬彘音治。之不若也，其罪無赦。"肅宗下殿叩頭再拜曰："臣比東宫，被人誣譖，三度合死，皆張説保護，得全首領，以至今日，今張説兩男一度合死，不能力争，倘死者有知，將何面目見張説於地下？"嗚咽俯伏，太上皇命

---

① "熲"字底本作"頴"，抄本同，金校據《北史》、《隋書》改，兹從之。

左右扶皇帝起，乃曰："與阿奴處置。"張垍宜長流遠惡，終於嶺表，張均宜棄市。肅宗掩泣奉詔，皆如泓言。又《盧氏雜記》：李吉甫宅，泓師謂其地形爲玉杯，牛僧孺如喻切。宅爲金杯，云玉杯一破無復全，金杯傷重可完。僧孺宅在新昌里，本將作大匠康䛒音辨。宅，䛒自辨岡阜，以其地當出宰相，每命相，䛒必引頸望之，宅卒爲僧孺所得。吉甫宅至德裕發[①]，其家滅矣[②]。

徐彦若

《耳目記》：唐相徐彦若，丞相商之子，昭宗多難之際[③]，甚見委任，居樞衡累歲，理甲弟於長安中，陰陽官陳二宅者，妙相地形，謂彦若曰："宅可遽成而廳院未宜締構。上音弟，下古候切。"彦若問其故，對曰："若聽院必起，當有新命。"彦若曰："人之所虞者災也，何乃避其恩渥乎？"對曰："臺鉉古典切。之權，復何位能愈於此乎？"彦若不從，曰："倘欲之，十旬之内必效。"是歲彦若罷相，鎮南海。天下兵亂，不能北還，遂薨呼肱切。於江西。

夏侯嬰

《西京雜記》：漢夏侯嬰以功封滕公，及死將葬，未及墓，引車馬掊薄侯切。地不前，使人掘之，得一石室，室中有銘曰："佳城鬱鬱，三千年見白日，吁嗟滕公，居此室！"遂改卜焉。

---

① "發"字抄本作"貶"，義長。

② "滅"字底本作"減"，不辭，此從抄本改録。

③ "難"字底本作"嬖"，不辭，此從抄本改録。

袁安

後漢袁安，父没，母使安以鷄酒詣卜貢問葬地，道逢三書生，問安何之，具以告書生，書生曰："吾知好地。"安以鷄酒禮之，畢，告安地處，云："當葬此，世爲貴公。"便與别，數步顧視，皆不見。安疑其神人也，因葬其地。後安位至司徒，子孫昌盛，四世三公。

孫鍾

後漢孫鍾墓在杭州富陽縣南三十里，《地理志》名陽平山。鍾幼孤，事母以純孝聞，蓺瓜爲世，忽有三少年詣鍾乞瓜，鍾陰異之，乃延與食，食訖，三人曰："奉荷豐饋，無以報德，我司命也，以爲君孝感於天，故來示子休慶。"因指山曰："此山下善，可葬之，當出天子。君下山百步許，顧見我去，即可葬處[①]。"鍾去三四十步，便反顧，三人曰："君顧太早。"於是並化成白鶴飛去。鍾意愀在久切。然，方悟其神。因記其地，鍾後死葬焉[②]。冢上常有光怪、雲氣五色，上屬天，後生堅，追謚音示。武烈皇帝，堅子權，權子休、亮、皓皆爲吴主[③]。

毌丘儉

《魏志》：管輅音路。見征東將軍毌丘儉之祖墓，嘆曰："松柏雖茂，無形可久；碑誄音壘。雖美[④]，無後可守；玄武藏頭，青龍無

① "去即"底本作"即去"，抄本同，不辭，兹依《宋書·符瑞志》所載乙正。

② "焉"字底本作"爲"，抄本改之，義長，金校從改，兹從之。

③ "亮皓"底本作"子亮"，不合文例，兹從抄本改録。

④ "美"字底本作"英"，不辭，兹從抄本改録。

足，白虎銜屍，朱雀悲哭，四危以備，法當滅族。”後儉果被害滅族。

羊祜

《晉書》：有善相墓者，言羊祜祖墓所有帝王氣，若鑿之則無，祜遂鑿之，相者見曰：“時出折臂三公。”俄而祜墮馬折臂，位至三公而無子。《幽冥録》曰：“羊公性剛魁梧，有異兒五六歲，端明可喜，羊觸之後，兒即夭卒。公時鎮襄陽，乘駿馬墮地，遂折臂，於時士林咸嘆其忠節。”

陶侃

晉太尉陶侃幼時，將葬，失牛，有老父曰：“前岡見牛眠山塢安古切。中，其地葬者位極人臣。”又指一處云：“其次地，世出二千石。”侃因葬牛眠地，而以其次與周訪，訪三世爲益州刺史。

郭璞音撲。

《晉書》：郭璞卜葬地於暨其去聲。陽，去水百步許，人以近水爲言，璞曰：“即當爲陸矣。”其後沙漲，數十里皆爲桑田。璞嘗爲人葬，明帝微服往觀之，因問主人：“何以葬龍角？此法當滅族。”主人曰：“郭璞云：‘此葬龍耳，不出三年，當致天子也。’”帝曰：“出天子邪？”答曰：“能致天子問耳。”帝甚異之。

戴熙

《異苑》：武昌戴熙家道貧陋，墓在楚山南，占者云有王氣。桓温仗鉞西下，停武昌，鑿之，得一物，大如水牛，青色無頭脚，時亦動摇，斫刺不陷，乃縱之江中，得水便有聲，如雷響發長川，熙後嗣淪棄殆絶。

會稽王道子會音膾。

《晉紀》：會稽王道子妃王氏薨，將營墓，後有大坑，相墓者以爲不祥，道子不從，使夷塞之，世子元顯累諫不納，識者有以知道之將亡，其後卒遇桓氏之禍。

謝靈運

《水經》：宋浦陽江有琵琶圻，音棋。圻有古冢墮水，甓並的切。隱起字云："筮吉龜凶，八百年落江中。"謝靈運取甓詣京，咸傳視焉。乃驗龜繇，音由。故知冢已八百年矣。

宋武帝

《南史》：宋武帝皇考墓在丹徒之侯山，其地秦史所謂曲河、丹徒間有天子氣者也。時有孫恭者[①]，妙善占墓。帝嘗與經墓，歎之曰："此墓何如？"孔恭曰："非常地也。"帝由是益自負。

齊高帝

齊高帝先塋在武進，其上常有五色雲，宋明帝使獵人以五尺鐵釘之[②]，其柱忽作龍吟，聲震山谷。

---

① "孔"字底本作"孫"，抄本同，兹據《南史·宋本紀上第一》校改。本條下同。

② "尺"字底本作"民"，抄本同，不辭，兹參《桂林風土記》桂州陳都督條所載校改。

高流之

《朝野僉載》：後魏高流之爲某州刺史，决滹沱，上音許，下音陀。河水繞城，破一古墓，得銘曰："吾死後三百年，背底生流泉。賴逢高流之，遷吾上高原。"流之爲造棺槨衣物，取其柩而改葬之。

張恩

《城冢記》：後魏天賜中，河東人張恩盜發陽冢，得誌云："我死後二千年用於恩。"恩得古鍾磬，皆投於河。

杜嶷

《南史》：梁西荆州刺史杜嶷世居襄陽，因戰損一目，時讖言："蜀梁之下有瞎天子。"元帝疑嶷其人也。會嶷改葬其祖考，陰詔圖墓者惡爲之，逾年而嶷卒，弟爲岳陽王詧察同。所殺，而誅諸杜宗族之親者，幼弱下蚕室，發其墳，焚而揚之，并以漆髐。胡亂切。

趙輔和

《北史》：趙輔和，清郡臨漳人也①。少以明易善筮②，爲齊神武帝館客，神武薨於晉陽，葬有日矣③，文襄令文宣與吴遵世等擇地，頻卜不吉。又至一所，筮遇革之咸，大凶。輔和少年，最在衆人後，進云："革卦於天下人皆凶，唯王家用之大吉。革彖辭曰：

① "也"字底本作"山"，不辭，兹從抄本改録，底本形訛。

② "少"字前底本有一"山"字，不辭，抄本未録，姑從删。

③ "有日矣"三字底本作"者曰以"，抄本校作"有田矣"，並有形訛者，兹參《北史·趙輔和傳》校改。

湯武革命，應天順人。"文宣遽登車顧云："以此地爲定。"即議平陵也。

陸法和

《北史》：梁司徒陸法和又爲人置宅圖墓以避禍求福，嘗謂人曰："勿繫馬於碓。"其人行遇鄉曲，門側有碓，因繫馬於其柱，入門中，憶法和戒，走出將解之，馬已斃矣。

蕭吉

《北史》：蕭吉字文休，梁武帝兄，長沙宣武王懿之孫也。隋獻皇后崩，文帝令吉卜原陵，歷筮山原，至一處，云："卜年三千，卜世二百。"具圖而奏之。帝曰："吉凶由人，不在於地。高緯父葬，豈不卜乎，國尋滅亡。正如我家墓田，若云不吉，朕不當爲天子；若云不凶，我弟不當戰没。"然卒從吉言。又表曰："去月十六日，皇后山陵西北，鷄未鳴前，有黑雲方圓五六百步，從地屬天，東南又有旌旗、車馬、帳幕布滿七八里，并有人往來檢校，部往甚整，日出乃滅，同見者十餘人。謹按，相書云：氣王與姓相生大吉，今黑氣當冬王，與姓是大吉利，子孫無疆之候也。"帝大悦。其後帝將親臨發殯，吉復奏曰："至尊本命辛酉，今年斗魁及天罡臨卯酉，謹按《陰陽書》，不得臨喪。"帝不納，退而告族人蕭平仲曰[①]："昔皇太子遣宇文左率深謝余云：公前稱我當爲太子，已有驗，終不忘也[②]，今卜山陵，務令我早立，我立之後，當以富貴相

① "族"字底本作"卒"，抄本同，不辭，兹據《北史·蕭吉傳》校改。

② "終"字底本作"於"，抄本同，不辭，兹據《北史·蕭吉傳》校改。

報[①]。吾語之曰：後四載，太子御天子。今山陵氣應上，又臨喪兆，益見矣。且太子得政，隋其亡乎？當有真人出也。吾前給卜年三千者，是三十字也；卜世二百者，取世二運也。吾言信矣，汝其誌之。”及煬帝嗣位，拜太府少卿，加位開府。嘗行經華陰，見楊素冢上有白氣屬天[②]，密言於帝，帝問其故。吉曰：“其候素冢當有兵禍滅門之象，改葬者庶可免乎！”帝後從容謂楊玄感曰：“公宜早改葬。”玄感亦微知其故，以爲吉祥，托以遼東未滅，不遑私門之事，未幾而玄感以反族滅，彌信之。

舒綽

《太平廣記》：隋舒綽，東陽人，稽古博聞，尤以陰陽留意，善相冢，吏部侍郎楊恭仁欲改葬觀王，求善圖墓者五六人，皆海内名手，停於宅，共論其藝，互相是非，恭仁莫知孰是，乃遣召解者馳往京師，於欲葬之原取所擬之地四處，各作曆，記其方面高下形勢，各取一斗土并曆封之，恭仁隱曆出土，令諸生相之，取殊不同[③]，言其勢與曆又乖背[④]。綽乃定一土堪葬，操筆作曆[⑤]，言其四方形勢，與恭仁之曆無尺寸之差，諸生雅相推服，各賜絹十匹遣之。綽曰：“此所擬處，深五尺之外有五穀，若得一穀即是福

① “富”字底本誤承前作“當”，抄本已改，兹從改録。

② “冢”字底本誤作“家”形，抄本同，不合文例，姑爲校改。

③ “不”字下底本衍抄一“不”字，抄本同，不辭，兹依《太平廣記》卷三八九“舒綽”條删之。

④ “與曆”二字底本作“愈”，抄本同，不辭，兹參《太平廣記》卷三八九“舒綽”條校改，底本有音訛及誤作者。

⑤ “筆”字底本作“華”，抄本同，不辭，兹據《太平廣記》卷三八九“舒綽”條校改。

地，公侯世世不絶。”恭仁即將綽如京師[1]，令人掘深七尺[2]，得一穴，如五石甕大，有粟七八斗，此地經爲粟囷，蟻運粟下入此穴。時朝野之士以綽爲聖，葬畢，賜馬一匹，物二百段。綽之妙能，今古無比。

李德林

《朝野僉載》：隋内史令李德林，深州饒陽人，使其子卜葬陽城，東遷厝其考妣，遂問之其地，奚若曰：“卜兆云葬後當出八公，其地東村、西郭、南道、北堤。”德林曰：“村名何?”答曰：“五公林。”曰：“唯有三公在此，其命也又復云何?”遂葬之。子伯榮、孫安則并襲安平公，至曾孫與徐業反，公遂絶。

温彦博

劉昫香句切。《唐書》：禮部尚書温大雅將葬其父，筮者曰[3]：“葬於此害兄而福弟。”大雅曰：“若得家弟永康，我將含笑入地。”葬訖歲餘，大雅卒。弟彦博後爲中書令，尚書左僕射。

郝處俊郝音壑。

《朝野僉載》：唐侍中郝處俊卒，葬訖，有一書生過其墓，嘆曰：“厭龍角，其棺必斫。”後其孫象賢坐不道，斵俊，焚其屍，俊髮根入胎，背皮與毛著髑髏，上徒朱切，下力侯切。亦是奇毛異骨貴相人也。

---

① “綽”字底本作“葬”，抄本改作“綽”，義長，故從改録。

② “令”字底本作“合”，不辭，抄本改之，兹從改録。

③ “曰”字底本無，抄本同，不合文例，兹據補。

李勣子亦切。

《朝野僉載》：唐英國公李勣祈卜葬，繇曰："朱雀和鳴，子孫盛榮。"張景義聞之，私謂人曰："所占者過也，此所謂朱雀悲哀，棺中見灰。"後孫恭業揚州反，弟恭直答欵曰："業初生時，於蓐下掘得一龜，云大貴象。"公令秘而不言，果有大變之象，則天怒斫英公柩，焚灰其屍。

王果

《神怪志》：唐左衛將軍王果被責，出爲雅州刺史，於江中泊船，仰見嵓腹中有一棺臨空半出，乃緣崖而觀，得銘曰："欲墮不墮逢王果，五百年中重收我。"果喟然歎曰："吾今葬此人被責雅州，固其命也。"乃收窆保驗切。而去。

姜師度

《宣室志》：衛大經，梁人，以文學聞，不狎胡甲切。俗，常閉門絶人事。生而敏悟，周知天文曆象，窮冥索隱，後以壽終，葬於解梁之野。開元中，天水姜師度奉詔鑿無鹹河以溉古代切。鹽田，剗初限切。室廬、漬疾賜切。丘墓甚多，解梁人皆病之，既至衛先生墓前，發其地，得一石，刻字爲銘曰："姜師度，更移南去三五步。"工人得之，以狀言於師度，因異其事，歎咏久矣，顧謂僚吏曰："衛先生真奇士也。"即命工人遷其河，遠先生之墓數十步。

鄔戴安古切。

《宣室志》：開元中，江南大水，溺而死者千數，郡以狀聞，明皇詔侍御史鄔戴往巡之。戴至江南，忽見道旁有古墓，水潰而穴。戴念之，命遷其骸於高原上，既發冢[1]，得一石，鑿而成文，蓋誌其墓也，誌後有銘二十言，乃卜地者之詞，詞曰："爾後一千歲，此地化爲泉。賴逢鄔侍御，移我向高原。"戴覽而異之，因較其年，果千歲矣。

韋安石

《常侍言旨》：唐神龍中，泓烏宏切[2]。師出入中書令韋安石門，最熟，一日，泓師語安石曰："貧道近於鳳栖原見一段地，約二十餘畝已來，有龍起伏形勢，葬於此者，必累世爲台座。"安石曰："老夫别墅承與切[3]。在城南，待閑時陪國師詣地所，問其價幾何，便同遊林泉。"又是高興日，安石道前約，方命駕次，安石夫人曰："公爲天下大臣，國師通陰陽術數，奈何一旦潛遊郊外，又買墓地，忽之達聖聽，恐禍生不測矣。公春秋已高，唯思安葬之所，何不祥之甚邪？二者皆人不可。"安石曰："事不諧矣。"泓潛曰："夫人識達先見[4]，非貧道之所及，公若要買地，不必躬親。"夫人曰："欲得了義，諫地不要買[5]。"安石曰："某舍弟縚音滔。有中殤男未葬，便與買取此。"泓曰："如賢弟得此地[6]，即不得至將相位，止列

① "冢"字底本作"冢"，不辭，兹從抄本改録。

② "宏"字底本誤作"先"，非是，兹從抄本改録。

③ "承"字底本作"付"，抄本同，非是，兹參《廣韻》校改，底本形訛。

④ "人"字底本誤脱，兹參《太平廣記》卷三八九載韋安石條所載校補。

⑤ "不"字底本作"亦"，不通，兹參《太平廣記》卷三八九載韋安石條所載校改。又"諫"字《太平廣記》卷三八九載韋安石條作"兼"，義長，疑底本音訛，俟考。

⑥ "地"字底本蒙下誤作"位"，不合文例，兹參《太平廣記》卷三八九載韋安石條校改。

卿而已。”縚遂買其地葬中殤男，縚後爲太常卿禮儀使[1]，卒官。

源乾曜

《常侍言旨》：泓自東洛回，言於張説曰：“缺門道左有山岡甚好，公試請假三兩日，有百僚起居到者，貧道於簾間竊窺之，閱其貌相甚貴者付此地。”説如其言，請假兩日，内三事已下畢集，泓二日於簾間視之，而言曰：“或已貴，大福不再至；或不消此地，反以爲禍。”須臾，閽音昏。者報源乾曜在門外，泓忽見之，走赴於説曰：“此人貴不可言，官位直得似令公[2]，試召之與語，方便問要葬地否。”説傳声屈之，乾曜至，坐語，遂頞蹙云：“乾曜大塋在缺門，先夫人尚未遷附，今請告歸洛，赴先遠之期，故來拜辭。”燕公具道泓之所言地，必須商量取便，與泓師同行尤佳，乾曜辭以家貧，乏錢買地，亦不敢煩泓師同行。後泓有親，又東歸洛，經缺門，潛抵源氏墓，即泓前之所言也，循環閲視，遲留久之，回謂燕公曰：“天贊源氏者，其地勢合窐烏瓜切。處本凸，他骨切。今已窐矣；合凸處本窐，今已凸矣，其點穴安墳及山門角闕之所皆作者。問其價，乃源賒買耳。問其所使陰陽人，乃土作村夫耳。問其術，乃憑下俚斗書耳，其名絶不爲人所知，其制置一一自然如此，源氏子大貴矣。”乾曜自京兆尹拜相，爲侍中近二十年。

徐堅

《大唐新語》：開元十五年，集賢院學士徐堅請假，往京兆葬

---

① “爲”字底本作“五”，抄本同，不辭，兹參《太平廣記》卷三八九載韋安石條所載校改，底本形訛。

② “似”字底本作“以”，抄本同，不辭，姑依文意校改。

其妻岑錢金切①。氏，問兆域之制於張説，説曰："墓而不墳，所以反本也。三代已降，始有墳之飾，斯孝子思之所也。禮有升隆貴賤之度，俾存殁之道各得所宜。長安、神龍之際，有黄州僧泓者，能通鬼神之意，而以事參之。僕嘗聞有言，猶記其要，墓欲深而狹，深者取其幽，狹者取其固，故平地之下一丈二尺爲土界，又一丈二尺爲水界，各有龍守之，土龍六年而一暴，水龍十二年爲一暴，當其隧者，神道不安。故深二丈四尺之下，可致窀穸。上音屯②，下音夕。墓之四維謂之折音策。壁，欲闊而上斂。其中頂謂之中焦，中焦欲俯斂而旁殺。墓中抹粉爲飾，以代石堊，音惡。不置瓴音零。瓷音次。瓦，以其近於火；不置黄金，以其久爲怪；不置朱丹、雄黄、礬石，以其氣燥而烈，使墳上草木枯而不潤；不置羽毛，以其近於屍也。鑄鐵爲牛、豕之狀，可以禦二龍；玉潤而潔，能知百神，寘之墓内，以助神道。僧泓之説如此，皆前賢所未達也。"桓魋石槨、王孫倮力果切。葬，奢儉各不得中。近大理卿徐有功持法不濫，人用賴焉，及其葬也，儉不逾制，將穿墓，役者曰："必有異應，以旌若人。"果獲石堂③，其大若釜，中空外堅，四門八牖，占曰④："此天之所以祚有德⑤。"置其墓中，其後終吉。後優詔褒贈，寵及其子。開府王仁皎以外戚之貴，墳墓逾制，襚音遂。服、明器羅列十里，墳土未乾，家毁子死，商鑒不遠，子其擇焉。

---

① "金"字底本作"替"形，非是，兹從抄本改録。

② "上"、"屯"二字底本分别誤作"下"、"終"，故從抄本改録。

③ "石"字底本作"有"，不辭，兹從抄本改録。

④ "曰"字底本無，抄本同，不合文例，兹參《大唐新語》卷十三所載補之。

⑤ "天"、"祚"二字底本作"大"、"作"，抄本同，不辭，兹參《大唐新語》卷十三所載校改。

張師覽

《廣異記》:張師覽善卜冢,弟子王景超傳其業。開元中,唐堯臣卒於鄭州,師覽使景超爲定葬地,葬後唐氏六畜等皆能言,罵云:"何物虫狗,葬我著如此地。"家人惶懼,遽移其墓,怪遂絶。

李師道

《河南記》:唐淄仄其切。清節度使李訥葬其父正已於繼子山之陽,距鄆音運。州三十里。相墓者劉常請謂訥曰:"山名繼子,子孫公卿累代不絶。"退而告人曰:"此後三十六年,非吾所知也。"訥卒,子師古立,師古卒,弟師道立,自葬至師道滅凡三十六年。

劉太真

《耳目記》:唐德宗時,侍郎劉太真以先夫人權厝在江南,未附大塋,表請暫歸,既行,桑道茂善於太真,令其門人隨往覘欶廉切。之,仍戒之曰:"吾觀劉門宇氣色方旺,常疑其先塋擇佳地,汝往看彼物色,或有異狀,即竊觀之,勿更移動①。"既至,果有紫藤盤偃如蓋,周覆於墓,因堅請太真不宜啓發,劉公云②:"表乞歸葬,不敢不開。"及開視之,則紫藤根數莖圓圍其柩,垂間於穴中,纏束壯固,不可摇動,乃悉伐之,而藤根流液色若鮮血,須臾,穴中深數寸,桑氏門人爲之撫膺,太真既北還,尋貶信州刺史。

① "更"字底本作"吏",不辭,兹從抄本改録。

② "云"字底本無,抄本同,不合文例,兹姑依文意校補。

舒元輿

《感定録》:唐李太尉在中書,舒元輿自侍御史辭歸東都遷葬[1],太尉言:"近有僧自東來,云有一地,葬之必至極位,何妨取此。"元輿辭以家貧不辦,别覓,遂歸啓護。他日,僧又經過,復謂太尉曰:"前時地已有人用之矣。"詢之,乃元輿也。元輿自刑部侍郎平章事。

王建立

五代晉韓王王建立,遼州榆社人,天福五年卒於昭義節度,謂其子曰:"榆社之地,桑梓存焉,桑以養生,梓以送死,予生爲壽宫,刻銘石室,吾死當速葬,葬必從儉,違吾所言,非孝子也。"建言先人之墳在榆社,其岡阜重復,松檜藹然,占者云:"後必出公侯。"故建立生自爲墓,恐子孫易之。子守恩後亦爲昭義節度使。

盤龍墳

《泉州圖經》:惠安縣西南十里有盤龍墳,臥東北,七峰相續而來,其勢盤屈,故號盤龍墳。

東梓

《杭州圖經》:富陽縣東梓浦,在縣西南五十一里,舊名青草浦。宋將軍孫瑶之葬此山,梓樹數株皆東靡,時人呼爲東梓。

---

① "葬"字底本作"奉",抄本同,義有扞格,按《太平廣記》卷一五六舒元輿條載此作"葬",疑底本形訛,姑據校改。

魯肅墓

潤州丹徒縣吴魯肅墓,《搜神記》云[1]:王伯陽家在京口,東有大冢,是魯肅墓,伯陽妻卒,乃平其墳以葬焉。後數年,伯陽在廳事中見一人乘肩輿,從者數十人,經廳前,怒伯陽曰:"我魯肅也,安冢在此二百餘年,何敢輒相毁壞?"因目左右牽下伯陽,以刀環築之數百而去,登時即死,良久乃蘇,其築處遂發疽,潰而卒。一説伯陽亡,其子營墓,得二人棺,移置南岡,夜夢魯肅怒云:"當殺汝父。"尋復夢伯陽云:"魯肅與吾争墓甚苦,不如復還。"後於座席上見數升血,疑魯肅之殺也。墓在今長廣橋東一里。

文將軍冢

《荆州記》:范陽粉水口有一墓,石虎石柱,號文將軍冢。晉安帝隆安中,閭丘南陽將葬父於墓側,是以從者數十人皆夢云:"何故危人以自安?"覺説之,人皆同,雖心惡之,耻爲夢同,及葬,但鳴鼓角爲聲勢,聞墓上亦有鼓角及鎧音愷。甲聲,轉近,及至墓,死於墓門者三人,即殪於計切。之。後閭丘爲楊佺此泉切。期所誅,族人皆以爲文將軍之祟。

李君碑

《真定府圖經》:獲鹿縣李君碑,在縣東南一十里,驗其文云:"真定縣線曼鄉李氏女,後漢嘉平四年生,女三歲而亡,遺言:載

① 後文見於《搜神後記》卷六,文字頗有簡省。

我西行三十里，南行一百步，車當自覆。便於其地葬[①]。”至晉魏常加享祀，其碑魏建武六年立，號横山李君之碑。

班妃山

《廣信軍圖經》：遂城縣班妃山，在縣西二三十里，云隋煬帝東征，至遂城山，見曹世叔妻於其墓前坐而不起，帝怒，令平其墓，行十里餘，回望山上有綵女十餘人，奏管弦聲，遥語帝曰：“妾是漢臣曹世叔妻，陛下何不平遼而平古人墓？”帝慚，於山上置班姬廟，後避諱，乃改爲妃。

趙冬曦

《紀聞》：華陰太守趙冬曦，先人壠在彭城縣。天寶初，將合祔焉。啓其父墓，而樹根滋蔓圍繞父棺，垂之於空，遂不敢發，以母柩置於其傍，封墓而返。宣城太守刁緬改葬二親，亦納母棺於其側。

曹王皋

《録異記》：唐天祐十一年，開封人有發曹王皋墓者，取其石人羊馬塼石之屬，見其柩宛然，而隨手灰滅，無有形骨，但有明器數事，柩前鑄銀盆，廣三丈，滿盆貯水，中坐玉嬰兒，高三尺，水無減耗[②]，則泓師所云“墓中貯玉則草木滋潤，貯金多則草木燋枯”，

① “便”字底本作“使”，抄本作“便”，義長，兹從改録。

② “減”字底本作“滅”，抄本同，與後例不合，《太平廣記》卷三九○“曹王墓”條載此亦作“減”，兹從改録。

曹王自貞元之後，歷三百歲矣[1]，盆水不減，玉之潤也。

王承檢

《玉溪編事》：僞蜀蔡州節度使王承檢築防蕃城，至上邽音圭。土山下，獲瓦棺，内無屍，唯有一片舌，肉色紅潤，堅如鐵石，其舌向上，只有髑髏，上徒木切，下刀侯切。中有一古錢，有二蠅振然飛去，片石刻篆字曰："大隋開皇二年，渭州刺史張崇妻夫人王氏，年二十五嫁于崇，三年而娠，音申。惡其妊音壬。娠，遂卒。銘曰：車道之北，邽山之陽，深深葬玉，鬱鬱埋岡，刻斯堅石，焕乎遺芳，地變陵谷，險列城隍，乾德丙年，壞者合郎。"是歲僞蜀乾德六年丙子歲也，言壞者合郎，即王承檢小字也。

熊博

《稽神録》：熊博者，本建安津吏，岸摧，得一古冢，藤蔓纏其棺，旁有石銘云："欲陷不陷被藤纜，欲落不落被沙閣，五百年後遇熊博。"時博貧，有老僧爲率錢葬之。博後至建州刺史。

廬陵彭氏

《稽神録》：廬陵人彭氏葬其先，有術士爲下地，曰："葬此世爲藩音番。牧郡守。"彭氏從之，及掘坎，術士曰："深無過九尺。"久之，術士暫憩去例切。他所，役者遂掘丈餘，倏音叔。有白鶴自地出，飛入雲中，術士歎恨而去，今彭氏子孫有爲縣令者。

---

① "歷"字底本作"整"，抄本改作，《太平廣記》卷三九〇"曹王墓"條載此亦作"歷"，兹從改録。

蹋頓墓

《異苑》:魏武帝北征蹋頓,昇嶺上,望見一岡不生百草,王粲曰:“必是古冢,此人在世服玉、礜弋庶切。石,死而石氣蒸出外,故草木焦滅。”即令鑿看,果大墓,有礜石滿塋焉。

重校正地理新書卷第十

年月吉凶

凡葬有二法,有吉葬,有凶葬。吉葬謂逾年、逾年謂改元也,周禮云:古者天子七月而葬,諸侯五月而葬,士大夫方三月而葬,庶人逾月而葬。又云:若先期而葬①,謂之不懷;後期而葬,謂之怠禮。故百日内承凶葬法,云百日之後便同吉葬。卒哭之外及有故改葬者。又云:凡葬,先擇年,年吉然後擇月;若祔葬及從葬先塋,必得蒿里、黄泉合通、閉年月②;若别卜兆域,須太歲納音與姓相生即吉。太歲在子、午、卯、酉,名大通年。又用二月、八月、五月、十一月,名大通月。六壬式以河魁加太歲月建,視甲、庚、丙、壬下臨四季,善者即四仲歲月是也。故《冢記》云:"四仲歲月鬼道通,丘丞、墓伯納其踪,爾時葬者大有功。"又《青烏子》以天剛加歲月建,功曹、傳送臨五姓大小墓,名蒿里、黄泉大通之歲月也。商、角利於卯、酉年及二月、八月,徵、羽、宫利於子、午年及五月、十一月,不離四仲也。又《龍首經》以河魁加歲月建,太乙、登明臨本姓大、小墓,名重神入墓,此年月葬者吉,據此即商、角利於子、午年五月、十一月,徵、羽音利於卯、酉年二月、八月,亦不離四仲也。《青烏》、《龍首》各相矛楯,上音牟,

① "先"字底本作"失",抄本同,不合文例,故爲校改。

② "閉"字底本作"開",不辭,兹依文意校改。

下食尹切①。不如吕氏之兼善也。太歲在寅、申、巳、亥名小通年，又用正月、七月、四月、十月名小通月，六壬式以河魁加歲月建，得大衝、從魁、勝先、神后下臨四季，吉，即四孟歲月是也。故《冢記》云："四孟歲月鬼神旺，功曹、傳送都鬼鄉，登明、太乙及鳳凰，丘丞、墓伯録鬼方，爾時葬者甚吉良。"又按《葬經》云："以天剛加歲月建，勝先、神后臨本姓大、小墓，名光明、沐浴，是小通歲月也。商、角利於巳、亥年及四月、十月，徵、羽音利於寅、申年及正月、七月。"又云："巳年及四月在商姓是龍入壙，在角姓是虎入壙；亥年及十月在角姓是龍入壙，在商姓是虎入壙。其亡人有父，忌龍入壙；亡人有母，忌虎入壙。若卒哭、内承凶及因祖宗而葬，即不忌。"

推龍虎入曠，以傳送加葬歲月建，天剛臨姓墓，名青龍入壙；河魁臨姓墓，名白虎入壙。凡孟年不用孟月，仲年不用仲月，《經》云："如大通年，用小通月；小通年，用大通月，交互用之，無不利也。"四季年月五行、墓殺鬼道不通，是以不用也。故《冢記》云："四季歲月，鬼路閉魁剛②，丑未當殺繼，爾時葬者必禍敗。"《黄帝四序經》云："四孟年月，萬物合生，利以嫁娶，言繼嗣也。四仲年月，萬物平正，故無傾覆，大吉。四季年月，唯殺萬物，五行墓故也。孟年用孟月，忌長子；仲年用仲月，忌中子；季年用季月，忌少子。"《葬記》云："歲之善不如月之善，月之善不如日之善，日之善不如時之善，時之善不如地之善。"

推魁罡，六壬式陽歲月以大吉、陰歲月以小吉加歲月建，天

① "尹"字底本作"月"，抄本同，非是，兹參《廣韻》校改，底本形訛。又按：此處"楯"乃"盾"之異體字，注文音切非是。

② "魁"字底本作"鬼"，非例，此據抄本改録。

剛所臨爲滅門，河魁所臨爲大禍。即陽歲月前三辰爲滅門，後三辰爲大禍；陰歲月前三辰爲大禍，後三辰爲滅門，皆須合支干而言之。在一旬之内，即是滅其旬者，爲單支不能爲咎。假令太歲在甲子，是陽歲，以大吉加歲建，天剛臨二月，二月建丁卯，河魁臨八月，八月建癸酉，此同在甲子旬，用之大凶。天剛主死亡，河魁主賊盜，主人年命在魁、剛下者，不可臨喪。又假令太歲在乙丑，是陰歲，以小吉加歲建，河魁臨三月，三月建庚辰，天剛臨九月，九月建丙戌，此即不同甲子旬，是名“單支不能爲咎”。

論魁剛同旬立成法

	甲己歲	乙庚歲	丙辛歲	丁壬歲	戊癸歲
正月建 巳滅門日 亥大禍日	丙寅 己巳 乙亥	戊寅 辛巳 丁亥	庚寅 癸巳 己亥	壬寅 乙巳 辛亥	甲寅 丁巳 癸亥
二月建 子滅門日 午大禍日	丁卯 丙子 庚午	己卯 戊子 壬午	辛卯 庚子 甲午	癸卯 壬子 丙午	乙卯 甲子 戊午
三月建 未滅門日 丑大禍日	戊辰 辛未 丁丑	庚辰 癸未 己丑	壬辰 乙未 辛丑	甲辰 丁未 癸丑	丙辰 己未 乙丑
四月建 寅滅門日 申大禍日	己巳 戊寅①壬申	辛巳 庚寅 甲申	癸巳 壬寅 丙申	乙巳 甲寅 戊申	丁巳 丙寅 庚申
五月建 酉滅門日 卯大禍日	庚午 癸酉 己卯	壬午 乙酉 辛卯	甲午 丁酉 癸卯	丙午 己酉 乙卯	戊午 辛酉 丁卯
六月建 辰滅門日 戌大禍日	辛未 庚辰 甲戌	癸未 壬辰 丙戌	乙未 甲辰 戊戌	丁未 丙辰 庚戌	己未 戊辰 壬戌
七月建 亥滅門日 巳大禍日	壬申 乙亥 辛巳	甲申 丁亥 癸巳	丙申 己亥 乙巳	戊申 辛亥 丁巳	庚申 癸亥 己巳
八月建 午滅門日 子大禍日	癸酉 壬午 丙子	乙酉 甲午 戊子	丁酉 丙午 庚子	己酉 戊午 壬子	辛酉 庚午 甲子
九月建 丑滅門日 未大禍日	甲戌 丁丑 癸未	甲戌 己丑 乙未	戊戌 辛丑 丁未	庚戌 癸丑 己未	壬戌 乙丑 辛未
十月建 申滅門日 寅大禍日	乙亥 甲申 戊寅	丁亥 丙申 庚寅	己亥 戊申 壬寅	辛亥 庚申 甲寅	癸亥 壬申 丙寅
十一月建 卯滅門日 酉大禍日	丙子 己卯 乙酉	戊子 辛卯 丁酉	庚子 癸卯 己酉	壬子 乙卯 辛酉	甲子 丁卯 癸酉
十二月建 戌滅門日 辰大禍日	丁丑 丙戌 庚辰	己丑 戊戌 壬辰	辛丑 庚戌 甲辰	癸丑 壬戌 丙辰	乙丑 甲戌 戊辰

① “戊”字底本作“庚”，抄本同，非例，姑爲校改如此。

推五姓大小墓受殺年月

宫姓：巳、酉、丑年月爲大墓受殺，即己巳、癸酉、乙丑爲正殺；亥、卯、未年月爲小墓受殺，即己亥、癸卯、乙未爲正殺。

商姓：寅、午、戌年月爲大墓受殺，即壬寅、甲午、戊戌爲正殺；申、子、辰年月爲小墓受殺，即壬申、甲子、戊辰爲正殺。

角姓：申、子、辰年月爲大墓受殺，即丙申、庚子、甲辰爲正殺；寅、午、戌年月爲小墓受殺，即丙寅、庚午、甲戌爲正殺。

徵姓：亥、卯、未年月爲大墓受殺，即丁亥、辛卯、乙未爲正殺；巳、酉、丑年月爲小墓受殺，即丁巳、辛酉、乙丑爲正殺。

羽姓：巳、酉、丑年月爲大墓受殺，即癸巳、乙酉、己丑爲正殺；亥、卯、未年月爲小墓受殺，即癸亥、乙卯、己未爲正殺。

凡大墓受殺年月，不得開夫墓祔妻喪；若小墓受殺年月，即不得開妻墓祔夫喪，大凶。若因凶或别卜墓葬即無忌。六壬式常以河魁加歲月建，巳、酉、丑金神，三殺臨五姓墓，名墓受殺，不可開，故合葬凶。假令宫姓以巳、酉、丑年月以河魁加歲月建，即巳年月從魁臨辰，酉年月太乙臨巳，丑年月大吉臨辰，是大墓受金神三殺也，即己巳、癸酉、乙丑爲正殺。又假令宫姓亥、卯、未年月以河魁加歲月建，即亥年月從魁臨戌，卯年月太乙臨戌，未年月大吉臨戌，是小墓受金神三殺也，即己亥、癸卯、乙未爲正殺。東方朔云："五姓葬用天覆、地載年月者吉，亡人安寧。"

五姓用天覆、地載年月葬者大吉

宫姓：用巳、午年及四、五月爲天覆，申、酉年及七、八月爲地載。

商姓：用辰、戌年及三、九月爲天覆，亥、子年及十、十一月爲地載。

角姓：用亥、子年及十、二月爲天覆，巳、午年及四、九月爲地載。

徵姓：用寅、卯年及正、二月爲天覆，丑、未年及六、十二月爲地載。

羽姓：用申、酉年及七、八月爲天覆，寅、卯年及正、二月爲地載。

五姓用五龍胎忌年月葬者大凶

宫姓：乙卯、乙未、乙亥年月。

商姓：丙午、丙寅、丙戌年月。

角姓：辛巳、辛酉、辛丑年月。

徵姓：壬辰、壬申、壬子年月。

羽姓：戊辰、戊戌、己丑、己未年月是也。

擇葬年五姓傍通立成法

	宫	商	角	徵	羽	
大墓年	戊辰	辛丑	乙未	丙戌	壬辰	此年凶，主人行年至此亦凶。
小墓年	戊戌	辛未	乙丑	丙辰	壬戌	此年凶，主人行年至此亦凶。
大吉年	子	酉	卯	午	子	此年合蒿里、黄泉路通，吉。
小吉年	午	卯	酉	子	午	此年合蒿里、黄泉路通，吉。
龍入壙	申[①]	巳	亥	寅	申	此年亡人有父凶。
虎入壙	寅	亥	巳	申	寅	此年亡人有母凶。

① “申”字底本作“甲”，不合文例，抄本改作，兹從改録。

光明沐浴	申寅	巳亥	亥巳	寅申	申寅	此年與姓相生吉。
不開夫墓之年	乙丑	壬寅	丙申	丁亥	癸巳	
	己巳	甲午	庚子	辛卯	乙酉	此年大墓受殺，不開夫墓，若别卜造墓葬之，不忌。
	癸酉	戊戌	甲辰	乙未	己丑	
不開婦墓之年	乙未	壬申	丙寅	丁巳	癸亥	
	己亥	甲子	庚午	辛酉	乙卯	此年小墓受殺，不開婦墓，若别卜造墓葬之，不忌。
	癸卯	戊辰	甲戌	乙丑	己未	
五龍胎忌之年	乙卯	丙寅	辛巳	壬子	戊戌	
	乙未	丙午	辛酉	壬辰	己丑	
	乙亥	丙戌	辛丑	壬申	戊辰	
	己未					此年害本姓，葬用之大凶。

擇葬月五姓傍通立成法

	宮	商	角	徵	羽	
大墓月	三	十二	六	九	三	此月大凶。
小墓月	九	六	十二	三	九	此月大凶。
大吉月	十一	八	二	五	十一	此月合蒿里、黄泉路通，吉。
小吉月	五	二	八	十一	五	此月合蒿里、黄泉路通，吉。
龍入壙	七	四	十	正	七	此月亡人有父凶。
虎入壙	正	十	四	七	正	此月亡人有母凶。
光明沐浴	七正	四十	十四	正七	七正	此月與姓相生，吉。
不開夫墓之月	四八	正五	三七	二六	四八	此月不開夫墓，凶，餘則吉。
	十二	九	十一	十	十二	
不開婦墓之月	二六	三七	正五	四八	二六	此月不開婦墓，凶，餘則吉。
	十	十一	九	十二	十	

五龍胎忌之月	二六 十	正五 九	四八 十二	二七 十一	三六 九十二①	此月用葬大凶②。

百日内承凶葬法

凡凶葬者，爲在卒哭之内葬也。周公七分明堂，《經》云："凡凶葬，不避凶年、惡月、天屍、地殺、月殺，墓内有殺及衆神不能爲咎。"司馬季主亦云："不避將軍、太歲、耗、墓年月，但百日内出葬，因此葬祖父母亦可，何以然也？人死在屋，來犯地祇，五服之内，皆得大葬。"又吕才云："諸因凶欲大葬者，不問忌凶年惡月，但擇吉日時。"《力牧經》云："因凶葬埋，雖孟仲季年、魁剛之月，百無所忌，唯忌死時行年魁、剛之月及凶葬忌月不可用。

推亡人凶葬忌月法：男子以大吉、女子以小吉加死時行年，天剛、河魁下月爲凶葬忌月，假令男子死年六十一歲，行年在丙寅，以大吉加寅，天剛臨巳，河魁臨亥，即四月、十月是。假令女子死年五十一歲，行年在壬午，以小吉加午，河魁臨酉，天剛臨卯，即二月、八月是。死者之行年在子、午，忌二月、八月；行年在卯、酉，忌五月、十一月；行年在辰、戌，忌六月、十二月；行年在巳、亥，忌正月、七月；行年在寅、申，忌四月、十月；行年在丑、未，忌三月、九月。

推魁、剛下月法：六壬式男子以功曹，女子以傳送加死時，天剛、河魁所臨下月日不可用，葬凶。假令男子死年三十一歲，行年至丙申，以功曹加申，天剛臨戌，河魁臨辰，即三月、九月是。

① "十二"底本作"十一"，非例，此據抄本改録。

② "用"字底本作"月"，不辭，兹據抄本改録。

假令女子死二十歲，行年在癸丑，以傳送加丑，河魁臨卯，天剛臨酉，即二月、八月是。他皆倣此。若逾年之後，不用此法。

謹按《力牧經》孫季邕奏癈不行，今世俗不知，尚或遵用，事既拘忌，又與諸家相違。古者天子七月而葬，諸侯五月而葬，鄉大夫、士、庶人三月而葬，若過期之後，便同吉葬。《冢記》曰："五音盛旺最爲良，支衝之辰無禍殃。大吉、小吉加陰陽，天剛、河魁不可當。功曹、傳送臨吉祥，蒿里、黄泉安先亡。凶神惡殺俱伏藏，年月日時共剋傷。"五音盛旺者，申子辰水之位主羽音，旺在子，子衝午也；寅午戌火之位主徵音，旺在午，午衝子也；亥卯未木之位主角音，旺在卯，卯衝酉也；巳酉丑金之位主商音，旺在酉，酉衝卯也。言正辰及旺所衝用之，無禍事也。大吉、小吉加陰陽者，謂陽歲月以大吉、陰歲月以小吉加太歲月建，視天剛、河魁所臨日大凶，故云不可當也。功曹下爲蒿里，傳送下爲黄泉，逝者爲蒿里入黄泉，故葬從功曹置九道至傳送也。又以式加臨歲月吉凶，至於擇日取時[①]，與姓相生則吉，相剋則凶，言日時共剋則傷也。擇時之法須四殺没、六神藏，四殺者辰、戌、丑、未也，六神者螣蛇、朱雀、勾陳、白虎、天空、玄武也。

主人年月避忌

主人謂祭主也，凡主人行年本命，有與葬歲月日支干同及正相衝者，並不可用，若單支則不能爲咎。假令丙寅生人，行年至

① "取"字底本作"辰"，不辭，金校據抄本改作，兹從之。

丙寅，即不用丙寅、丙申歲月日。又陽歲以大吉、陰歲以小吉加太歲，若家人行年命在魁、剛下者，不宜送喪臨壙，亦不宜爲主人，以其次代之，若不得已者，至時暫避之可也。凡行年本命有忌送喪臨壙者，但與歲月日德併者，能禳凶災，不必避之。《常陽經》："凡葬，以主人本命刑殺歲者，令主人夭壽；以主人生月者，主有分離事；以主人刑殺月者，有損折事；以主人衝破月者，令人得病難治；唯以主人元辰月葬吉。"又法：男以功曹、女以傳送加本命行年，如葬，歲月日上見魁、剛，不可用，葬大凶。又法：以月將加主人生月，如葬歲月日上見魁、剛，不可用，又不可用太歲同支干月日及衝破月日，大凶。

張謙云：舊本云"男以功曹、女以傳送加本命行年上，見正魁、剛不可用，葬大凶"，一本云"若葬，歲月上見"，今此云"如葬，歲月日上見魁、剛"，三説頗異，若各從之，尤加遠害。又"主人本命傍通立成"内歲月刑二件，丑命刑戌、寅命刑巳，歲月不可用者，似非也。今詳被刑字者，即亦合忌之由外害内也。謂如寅命申年月、巳命寅年月之類。又歲干刑歲者，謂如六甲年其年月中復有甲字，乙年月中復有乙字，由正月、七月甲庚日爲復、己亥爲重日之理也。其太歲同支干者，謂甲戌年中有甲戌月、癸亥年有癸亥也，尤宜回避。又月將加主人生月一法，若依傍通，未善，當以葬時月將加主人十二月，是爲允當。

主人本命傍通立成法

主人本命	子	丑	寅	卯	辰	巳	午	未	申	酉	戌	亥
歲刑	卯	戌	巳	子	辰	申	午	丑	寅	酉	未	亥
歲殺	未	辰	丑	戌	未	辰	丑	戌	未	辰	丑	戌
刑月	二	九	四	十一	三	七	五	十二	正	八	六	十
殺月	六	三	十二	九	六	三	十二	九	六	三	十二	九
衝破月	五	六	七	八	九	十	十一	十二	正	二	三	四
男元辰月	六	五	八	七	十	九	十二	十一	二	正	四	三
女元辰月	四	七	六	九	八	十一	十	正	十二	三	二	五
主人行年	寅	卯	辰	巳	午	未	申	酉	戌	亥	子	丑
天剛加	辰	巳	午	未	申	酉	戌	亥	子	丑	寅	卯
河魁加	戌	亥	子	丑	寅	卯	辰	巳	午	未	申	酉
主人生月	正	二	三	四	五	六	七	八	九	十	十一	十二
天剛加	未	酉	亥	丑	卯	巳	未	酉	亥	丑	卯	巳
河魁加	丑	卯	巳	未	酉	亥	丑	卯	巳	未	酉	亥
歲干到歲	甲	乙	丙	丁	戊	己	庚	辛	壬	癸		
太歲同支干	九	八	七	六	五	四	三	二	正	十		

凡一年内不可再葬,謂之重喪,凶。

新圖解云:年月吉凶,六壬加臨魁、剛,立成則不同旬;擇月傍通,五龍胎忌、二墓受殺則不言干。主人年月避忌立成,加行年,則女以傳送闕而不載;加生月,則定其月將例爲立成,聊將年月吉凶、主人避忌加臨諸法總爲一圖。

四仲大通年月:六壬式以河魁加太歲月建,視甲庚丙壬下臨四季善者,即四仲歲月是也。

四孟小通年月:六壬式以河魁加歲月建,得太衝、從魁、勝先、神后下臨四季,吉,即四孟歲月是。

四季墓殺年月:六壬式以河魁加歲月建,得天剛、河魁、小吉、大吉下臨四季，即四季歲月是也。

五姓蒿里、黄泉路通年月：《青烏子》以天剛加歲月建[1]，功曹、傳送臨五姓大小墓，名蒿里、黄泉。

五姓重神入墓年月：《龍首經》以河魁加歲月建，太乙、登明臨本姓大小墓，名重神入墓，此年月葬者吉。

五姓光明沐浴年月：《葬經》云："以天剛加歲月建，勝先、神后臨本姓大小墓，名光明沐浴。"

五姓龍虎入壙年月：《葬經》云："以傳送加歲月建，天剛臨姓墓，名青龍入壙；河魁臨姓墓，名白虎入壙。"

推魁剛月日：六壬式陽歲月以大吉、陰歲月以小吉加歲月建，天剛所臨爲滅門，河魁所臨爲大禍，皆須合支干而言之，在一旬之内即是滅其旬者，爲單支不能爲咎。又陽歲月以大吉、陰歲月以小吉加歲月建，視天剛、河魁所臨大凶。

五姓大小墓受殺年月：六壬式以河魁加歲月建，巳酉丑金神三殺臨五姓墓，名墓受殺。假令宫姓以己巳、癸酉、乙丑年月，是大墓受金神三殺正殺也；己亥、癸卯、乙未年月，是小墓受金神三殺正殺也。

加臨葬年祭主：主人避忌法云："陽歲以大吉、陰歲以小吉加太歲，若家人有年命在魁、剛下者，不宜送喪臨壙，亦不宜爲主人。"

加臨祭主行年：主人避忌法云："男以功曹、女以傳送加本命行年，如葬歲月日上見魁、剛，不可用葬。"

加臨祭主生月：主人避忌法云："以月將加主人生月，如葬歲

① "青"字底本作"音"，不辭，兹據抄本改録。

月日上見魁、剛，不可用。”

四獸覆臨吉凶

凡四獸者，麒麟、鳳凰之屬也。三覆歲月，視其吉凶，三覆二吉，即吉無不利；三覆二凶，不可轉用之。三覆者，其一覆以歲月將加天門，視太乙下爲功曹，登明下爲傳送，功曹下爲章光，傳送下爲麒麟，天剛下爲玉堂，河魁下爲鳳凰，從魁下爲福德，一名天禄。太衝下爲刑殺。第二覆以登明加月建，第三覆以河魁加歲月辰，並合四字，八干四角看所入之地，得天覆、地載與姓相生不相賊，如三覆凶吉之地得三吉者大吉，二吉者中吉，一吉者凶，三凶併之大凶。

功曹傳送通否

凡功曹下爲蒿里，傳送下爲黄泉，古法多異，量事而用之，隨要所爲。凡陽歲月以大吉、陰歲月以小吉加太歲月建，功曹下爲蒿里，傳送下爲黄泉，臨五姓墓吉。《冢記》云：“當以神后加六甲，功曹下爲蒿里，傳送下爲黄泉。”《青烏子》云：“常以功曹加歲月建，勝先下爲蒿里，神后下爲黄泉。”又以神后加死時月建，功曹下爲蒿里，傳送下爲黄泉，死者得寧；死時加蒿里、黄泉，則生者安常。以天剛加歲月建，功曹、傳送入五姓墓，即是墓隨五星照地下，黄泉、蒿里通。又以河魁加太歲，功曹下爲歲蒿里，傳送下爲歲黄泉。又常以神后加六甲，功曹下爲地中蒿里，傳送下爲地中黄泉。又角姓以小吉加卯、商姓以大吉加酉、徵姓以河魁加午、羽姓以天剛加子、宫姓以天剛加辰，功曹下爲蒿里，傳送下爲黄泉，歲月道通。

右皆因官書舊文參定，其主人歲月建忌已下三篇本别出，今移就年月吉凶，其不與年月吉凶相戾者，或可用也。所以識者，廣之云耳。

重校正地理新書卷第十一

擇日吉凶

《士喪禮》："卜日：既朝哭，皆復外位，卜人先奠龜於西塾上，南首，有席，楚焞他門切①。置於燋，在龜東，楚，荆也，荆焞，所以鑽灼龜者。燋，炬也，所以然火者也。《周禮》菙氏掌其燋炙，以待卜事。凡卜，以明火爇燋，遂灼其焌契以授卜師，遂以役之。族長莅卜，及宗人吉服立於門西，東面，南上；占者三人在其南，北上；卜人及執燋席者在塾西②。族長，有司掌族人用器者也③。涖，監也。吉服，服玄端也。占者三人，掌玉兆、瓦兆、原兆者也。仕塾西者，南面，東上。闔東扉，主婦立於其内，扉，門扉也。席於闑西閾外，爲卜者也。古文闑作槷、閾作蹙。宗人告事具，主人北面，免絰，左擁之，涖卜，即位於門東，西面，涖卜，族長也。更西面，當代主人命卜。卜人抱龜燋，先奠龜，西首，燋在北，既奠燋，又執龜以待之。宗人受卜人龜，示高，以龜腹甲高起所當灼處示涖卜也④。莅卜受視，反之。宗人還，少退，受命，受莅卜命，授龜宜近，受命宜却也。命曰：哀子某來日某卜葬其父某甫，考降無有近悔。考，登也。降，下也。言卜此日葬，魂神上下

① “他”字底本作“地”，與韻書音異，抄本改作，兹從改録。

② “人”字底本作“下”，抄本同，不辭，兹依《儀禮注疏》校改。

③ “用器”抄本據《儀禮注疏》改作“親疏”，可參。

④ “處”字底本誤作“受”，金校據抄本改作，兹從之。

得無近於悔吝者乎？許諾，不述命，還，即席，西面坐，命龜興，授卜人龜，負東扉，宗人不述命，亦士禮略，凡卜述命，命龜異，龜重威儀多也。負東扉，俟龜之兆也①。卜人坐，作龜，興，作，猶灼也，《周禮》卜人，凡卜事，示高、揚火以作龜，致其墨興起也。宗人受龜，示涖卜，涖卜受視，反之。宗人退，東面，乃旅占，卒，不釋龜，告於涖卜與主人：占曰某日從。不釋龜，復執之也。古文曰爲日。授卜人龜，告於主婦，主婦哭，不執龜者，下主人也。告於異爵者，使人告於衆賓。衆賓，僚友不來者也。卜人徹龜，宗人告事畢，主人經，入哭，如筮宅。賓出，拜送。若不從，卜宅如初儀。"

或曰：古者有卜日而無擇日，故孫季邕以爲禮王者七月、諸侯五月、大夫三月、士逾月而葬，各有定期，擇年擇月之説無傳焉。春秋之時，丁巳葬魯定公，雨，不克葬，戊午乃葬。己巳葬齊僖公，辛巳葬哀公，丁巳葬魯僖公，辛亥葬成公，癸亥葬齊姜，丁亥葬齊桓公，乙亥葬宋文公，辛亥葬定姒，癸亥葬宋襄公，辛亥葬衛穆公，己亥葬齊嫣，丁巳葬齊景公，己亥葬曹昭公，巳、亥今爲大凶之日，則擇日之説無傳焉。是又不然，陳樂産引《墨子》云："翟將北之齊，有日者曰：'上帝今日殺黑龍於北方，子面色黑，不利北行也。'墨子不從，去，遇水漲而還。"《燕丹子》云："太子得樊於期首，荆軻不擇日而發。"又《吕氏春秋》云："魏惠王葬有日矣，遇天大雪，至於牛目，太子不敢葬，犀首謂惠子曰：昔王季歷葬於隅山之尾，鑾水嚙其墓，見棺之露。文王曰：'先君豈不欲見群臣百姓乎？'出棺朝群臣三日，而後更葬。於是太子更擇日。"《禮記》云："外事用剛日，内事用柔日。"《離騷·九歌》云："日吉兮時良，穆將愉兮上皇。"然則古皆

① "俟"字底本作"後"，抄本同，不辭，兹依《儀禮注疏》校改。

擇日明矣。

凡葬，年月既吉，然後須吉日吉時。擇日之法有三甲子：天上甲子起於人中甲申，次乙酉，支干俱順行；一曰天上甲子起於人中甲辰，次癸卯，支干俱逆行者，葬也。人中甲子世所以曆日者，支干俱順行；地下甲子起於人中甲戌，次乙酉，干順而支逆，蕭氏云："祭天及章醮用天上甲子，小筮、推命壽用人中甲子，動土、祭地用地中甲子及人中甲子，通者吉。

三甲子圖

天上甲子	人中甲子	地下甲子
甲申	甲子子母相刑日	甲戌
乙酉	乙丑金墓	乙酉
丙戌	丙寅鳴吠對	丙申
丁亥	丁卯子母相刑日，鳴吠對	丁未
戊子	戊辰水土墓，陽土	戊午
己丑	己巳重日	己巳
庚寅	庚午鳴吠吉	庚辰
辛卯	辛未木墓	辛卯
壬辰	壬申鳴吠吉	壬寅
癸巳	癸酉鳴吠吉	癸丑
甲午	甲戌火墓	甲子
乙未	乙亥重日	乙亥
丙申	丙子子母相刑日，鳴吠對	丙戌
丁酉	丁丑金墓	丁酉

戊戌	戊寅陽土	戊申
己亥	己卯子母相刑日	己未
庚子	庚辰水土墓	庚午
辛丑	辛巳重日	辛巳
壬寅	壬午鳴吠吉	壬辰
癸卯	癸未木墓	癸卯
甲辰	甲申鳴吠吉	甲寅
乙巳	乙酉鳴吠吉	乙丑
丙午	丙戌火墓	丙子
丁未	丁亥重日	丁亥
戊申	戊子子母相刑日,陽土	戊戌
己酉	己丑金墓	己酉
庚戌	庚寅鳴吠吉	庚申
辛亥	辛卯子母用刑日,鳴吠對	辛未
壬子	壬辰水土墓	壬午
癸丑	癸巳重日	癸巳
甲寅	甲午鳴吠對	甲辰
乙卯	乙未木墓	乙卯
丙辰	丙申鳴吠吉	丙寅
丁巳	丁酉鳴吠吉	丁丑
戊午	戊戌火墓,陽土	戊子
己未	己亥重日	己亥
庚申	庚子子母相刑日,鳴吠對	庚戌
辛酉	辛丑金墓	辛酉
壬戌	壬寅鳴吠吉	壬申

癸亥	癸卯子母相刑日，鳴吠對	癸未
甲子	甲辰水土墓	甲午
乙丑	乙巳重日	乙巳
丙寅	丙午鳴吠吉	丙辰
丁卯	丁未木墓	丁卯
戊辰	戊申陽土	戊寅
己巳	己酉鳴吠吉	己丑
庚午	庚戌火墓	庚子
辛未	辛亥重日	辛亥
壬申	壬子子母相刑日，鳴吠對	壬戌
癸酉	癸丑金墓	癸酉
甲戌	甲寅鳴吠對	甲申
乙亥	乙卯子母相刑日，鳴吠對	乙未
丙子	丙辰水土墓	丙午
丁丑	丁巳重日	丁巳
戊寅	戊午陽土	戊辰
己卯	己未木墓	己卯
庚辰	庚申鳴吠吉	庚寅
辛巳	辛酉鳴吠吉	辛丑
壬午	壬戌火墓	壬子
癸未	癸亥重日	癸亥

庚午日合地下庚辰，正月、七月爲復日，八月爲天剛，二月爲河魁，五月爲建，十一月爲破，餘月吉。

壬申日合地下壬寅，四月、十月爲復日，十月又爲天剛，四月爲河魁，七月爲建，正月爲破，餘月吉。

癸酉日合地下癸丑，五月、十一月爲復日，五月又爲天剛，十一月又爲河魁，八月爲建，二月爲破，餘月吉。

壬午日合地下壬辰，四月、十月爲復日，八月爲天剛，二月爲河魁，五月爲建，十一月爲破，餘月吉。

甲申日合地下甲寅，正月、七月爲復日，十月爲天剛，四月爲河魁，七月爲建，正月爲破，餘月吉。

乙酉日合地下乙丑，二月、八月爲復日，五月爲天剛，十一月爲河魁，八月爲建，二月爲破，餘月吉。

庚寅日合地下庚申，正月、七月爲復日，四月爲天剛，十月爲河魁，正月爲建，七月爲破，餘月吉。

丙申日合地下丙寅，四月、十月爲復日，十月又爲天剛，四月爲河魁，七月爲建，正月爲破，餘月吉。

丁酉日合地下丁丑，五月、十一月爲復日，五月爲天剛，十一月爲河魁，八月爲建，二月爲破，餘月吉。

壬寅日合地下壬申，四月、十月爲復日，四月又爲天剛，十月爲河魁，正月爲建，七月爲破，餘月吉。

丙午日合地下丙辰，四月、十月爲復日，八月爲天剛，二月爲河魁，五月爲建，十一月爲破，餘月吉。

己酉日合地下己丑，三、九、六、十二月爲復日，五月爲天剛，十一月爲河魁，八月爲建，二月爲破，餘月吉。

庚申日合地下庚寅，正月、七月爲復日，十月爲天剛，四月爲河魁，七月爲建，正月爲破，餘月吉。

辛酉日合地下辛丑，二月、八月爲復日，五月爲天剛，十一月爲河魁，八月爲建，二月爲破，餘月吉。

右一十四日，金鷄鳴、玉犬吠，上下不相呼，大吉。

丙子日合地下丙戌,四月、十月爲復日,二月爲天剛,八月爲河魁,十一月爲建,五月爲破,餘月吉。

庚子日合地下庚戌,正月、七月爲復日,二月爲天剛,八月爲河魁,十一月爲建,五月爲破,餘月吉。

壬子日合地下壬戌,四月、十月爲復日,二月爲天剛,八月爲河魁,十一月爲建,五月爲破,餘月吉。

乙卯日合地下乙未,二月、八月爲復日,十一月爲天剛,五月爲河魁,二月爲建,八月爲破,餘月吉。

辛卯日合地下辛未,二月、八月爲復日,十一月爲天剛,五月爲河魁,二月爲建,八月爲破,餘月吉。

丁卯日合地下丁未,五月、十一月爲復日,十一月爲天剛,五月爲河魁,二月爲建,八月爲破,餘月吉。

癸卯日合地下癸未,五月、十一月爲復日,十一月爲天剛,五月爲河魁,二月爲建,八月爲破,餘月吉。

丙寅日合地下丙申,四月、十月爲復日,四月爲天剛,十月爲河魁,正月爲建,七月爲破,餘月吉。

甲午日合地下甲辰,正月、七月爲復日,八月爲天剛,二月爲河魁,五月爲建,十一月爲破,餘月吉。

甲寅日合地下甲申,正月、七月爲復日,四月爲天剛,十月爲河魁,正月爲建,七月爲破,餘月吉。

右十日,吕才以爲雖金鷄不鳴、玉犬不吠,而與鳴吠之辰相對,故可用斬草、啓故,或與月便用之,殮殯、權厝吉。

金鷄鳴、玉犬吠,上下不呼。

凡鳴吠日、鳴吠對日,若遇主人本命日、本命正衝日、行年

日、行年正衝日，並不可用。或遇同旬衝日，亦宜忌之。

舊説金鷄鳴、玉犬吠，上下不相呼，或以爲桃都山有大桃樹，盤屈三千里，上有金鷄，下有二神，一名鬱、一名壘，並執葦索，呵不祥之鬼，及天將旦，日照金鷄，則大鳴，天下衆鷄悉從而鳴，金鷄鳴訖，下食惡鬼，金鷄鳴，百鬼皆走避，故吉。按孫季邕曰："若言金鷄日照則鳴，無不鳴之日；若言鬼畏金鷄，所葬之靈亦同鬼道，此言妄矣。凡十二辰中鳴吠者四，惟寅、午、申、酉是也；不鳴吠者八，丑、未、辰、戌、巳、亥、子、卯是也。辰、戌、丑、未者，五行之墓，巳、亥者，爲人中甲子，左行地下，甲子右行而會於巳、亥之上，爲重月凶事，重凶子卯相刑，母子無恩，惟與鳴吠之辰相對，可用斬草，或與月便者，兼得殯殯、啓故。言金鷄鳴、玉犬吠者，乃先賢假飾其名耳。陽德比金之光輝，陰德象玉之潤澤，故稱金玉焉。寅午者，火之位，陽之精，象日，日出天將曙，鷄能先知，故鳴而告人也，故曰金鷄鳴，金鷄主陽，陽唱即陰和，故云犬吠；申酉者金之位，陰之精，象月，月明則非人伏匿，犬性警，遇非人即吠，故云玉犬吠，玉犬主陰，陰呼即陽應，故金鷄鳴。又言上下不相呼者，上言呼父母，下言呼子孫，其日陰陽相應，凶神即伏，何更得上下相呼邪！"

加臨吉凶

由吾氏云[①]："歲月中不得良日，以天柱加月建。天柱者，登明也，得功曹、傳送、太衝、從魁、大吉、小吉下日爲月中良日，五

① "由"字底本作"田"，抄本同，按此當爲由吾公裕之省稱，故依文例校改，底本形訛。

姓用葬，得天上、地下、人中三六十八善神助之大吉。戊寅、戊申、戊午、戊子、己卯、甲子雖不合鳴吠，如遇月内德神及吉日，可用斬草、啓故、權厝、殯殮、破服、成服，吉。又六壬式陽歲以大吉、陰歲以小吉加太歲，得功曹、傳送、太衝、從魁、大吉、小吉下日，用之大吉；天剛、河魁、神后、勝先、太乙、登明下日，大凶。又陽月以大吉、陰月以小吉加月建，得功曹、傳送、大吉、小吉、太衝、從魁下日，五姓用之大吉，皆合天上、人中、地下三六十八善神護助，五姓用之葬埋、斬草、立帳、除服，皆大吉。"

由吾氏云："歲月中不得良日，以天柱加月建，天柱者，登明也。得功曹、傳送、太衝、從魁、大吉、小吉下日，爲月中良日。又六壬式陽歲月以大吉、陰歲月以小吉加歲月建，得功曹、傳送、太衝、從魁、大吉、小吉下日，皆合天上、人中、地下三六十八善神護助，吉。"十二支圓圖與前卷同。

雜吉凶日凡七條

推五姓功曹、傳送吉日，角姓甲寅爲功曹，甲申爲傳送；商姓庚寅爲功曹，庚申爲傳送；徵姓丙寅爲功曹，丙申爲傳送；羽姓壬寅爲功曹，壬申爲傳送；宫姓戊寅爲功曹，戊申爲傳送。

《陰陽别録竹簡漆書》云："凡葬，用歲德、月德、日德、天德合日大吉，但遇一事用之亦吉，雖有衆忌，不能爲害。"

凡擇日皆取月節氣應爲正，氣應時刻隨曆日用之。宫姓乙亥、乙卯、乙未，商姓丙寅、丙午、丙戌，角姓辛巳、辛酉、辛丑，徵姓壬申、壬子、壬辰，羽姓己未、己丑、戊辰、戊戌，名五龍胎忌日，不可用。

己巳、辛巳、癸巳、乙巳、丁巳、丁亥、乙亥、己亥、辛亥、癸亥，名天地重復日，不宜舉凶事，值此日死者犯重復。若值太陽星直，名蜜日，亦不宜舉凶事。正月、七月甲、庚日，二月、八月乙、辛日，三月、六月、九月、十二月戊、己日，四月、十月丙、壬日，五月、十一月丁、癸日，已上名月干重復日，不宜舉凶事。

年命衝破吉凶推主人年命及同旬衝破并地下相衝日立成法

庚午日地下庚辰，主人本命行年至庚午衝甲子。

壬申日地下壬寅，主人本命行年至壬申衝丙寅。

癸酉日地下癸丑，主人本命行年至癸酉衝丁卯。

壬午日地下壬辰，主人本命行年至壬午衝丙子。

甲申日地下甲寅，主人本命行年至甲申衝庚寅。

乙酉日地下乙丑，主人本命行年至乙酉衝辛卯。

庚寅日地下庚申，主人本命行年至庚寅衝甲申。

丙申日地下丙寅，主人本命行年至丙申衝壬寅。

丁酉日地下丁丑，主人本命行年至丁酉衝癸卯。

壬寅日地下壬申，主人本命行年至壬寅衝丙申。

丙午日地下丙辰，主人本命行年至丙午衝壬子。

庚申日地下庚寅，主人本命行年至庚申衝甲寅。

辛酉日地下辛丑，主人本命行年至辛酉衝乙卯。

己酉日地下己丑無衝。

丙寅日地下丙申，主人本命行年至丙寅衝壬申。

丁卯日地下丁未，主人本命行年至丁卯衝癸酉。

丙子日地下丙戌，主人本命行年至丙子衝壬午。

辛卯日地下辛未，主人本命行年至辛卯衝乙酉。

庚子日地下庚戌，主人本命行年至庚子衝甲午。

癸卯日地下癸未,主人本命行年至癸卯衝丁酉。

壬子日地下壬戌,主人本命行年至壬子衝丙午。

甲寅日地下甲申,主人本命行年至甲寅衝庚申。

乙卯日地下乙未,主人本命行年至乙卯衝辛酉。

甲午日地下甲辰,主人本命行年至甲午衝庚子。

右鳴吠日及鳴吠對日,遇主人本命行年之日及正衝之日與同旬衝日,皆忌之。假令主人行年在丙寅,即不用丙寅、丙申歲月日,凡言主人皆謂祭主也。

推諸土禁

正月寅,二月巳,三月申,四月亥,五月卯,六月午,七月酉,八月子,九月辰,十月未,十一月戌,十二月丑。

右土府日[①],不宜動土。

正月丑,二月巳,三月酉,四月寅,五月午,六月戌,七月卯,八月未,九月亥,十月辰,十一月申,十二月子。

右土府日,不宜動土。

正月庚子、庚午,二月癸未、癸丑,三月甲子、甲寅,四月己丑、己卯,五月戊午、戊辰,六月癸巳、癸未,七月丙申、丙寅,八月丁卯、丁巳,九月戊辰、戊子,十月庚戌、庚子,十一月辛酉、辛未,十二月乙酉、乙未。

右地囊日,不宜动土。

春子日,夏卯日,秋午日,冬酉日。

① 按此土府与下重,檢敦煌《葬經》(敦煌本二)地矩日與此合,疑此"土府"爲"地矩"或"土矩"誤作。

右天禍日，不宜破土、斬草。

正月、五月、九月子日，二月、六月、十月卯日，三月、七月、十一月午日，四月、八月、十二月酉日。

右天火狼藉日，不宜斬草及大葬。

正月寅，二月丑，三月子，四月亥，五月戌，六月酉，七月申，八月未，九月午，十月巳，十一月辰，十二月卯。

右地下忌日，不宜斬草、葬埋。

春巳日，夏申日，秋亥日，冬寅日。

右天赫日，不宜斬草、動土。

春丑日，夏辰日，秋未日，冬戌日。

右地赫日，不宜斬草、動土。

正月、五月、九月辰日，二月、六月、十月丑日，三月、七月、十一月戌日，四月、八月、十二月未日。

右九坎日，不宜斬草、破土。

正月戌，二月巳，三月午，四月未，五月寅，六月卯，七月辰，八月亥①，九月子，十月丑，十一月申，十二月酉。

右十殺日，不宜斬草、破土。

右並因官書舊文參定，前既以鳴吠爲吉，後復以加臨擇日及土禁等日繼之者，俗傳既多，難使删奪尔，或可避者避之，其不可避者，則校量吉多處用之，不然，則無十全吉日也。

① “亥”字底本作“未”，非例，兹從抄本改録。

擇時吉凶

三代之禮，用時各有定法，或以日出，或以日入，或以日中，其詳蓋不可得而聞。歲月日時大小雖異，所以歷十干、十二支一也。既有吉日，宜有吉時，擇時之法，推加臨蓋古説者，四殺有凶時六，五行有墓支四，其所臨皆凶，故善用時者，使六神受制四殺，没於四維。所謂六神者，螣蛇火[①]，朱雀火，勾陳土，真武水，白虎金，天空土也。假令二月河魁爲月將，庚申之日時加坤，天一治大吉而臨乾，則前一螣蛇火神臨壬水，前二朱雀火神臨癸水，前四勾陳土神臨甲木，後三真武水神臨坤土，後五白虎金神臨丙火，後六天空土神臨巽木，皆受制於所不勝，故曰藏，此時百事吉。天一甲、戊、庚日，晝治大吉，夜治小吉[②]；乙、己之日，晝治神后，夜治傳送；丙、丁之日，晝治登明，夜治從魁；六辛之日，晝治勝先，夜治功曹；壬、癸之日，晝治太一，夜治太衝。

凡月將加時，視天一所治，前一螣蛇火，凶將，前二朱雀火，凶將，前三六合木，吉將，前四勾陳土，凶將，前五青龍木，吉將，後一天后水，吉將，後二太陰金，吉將，後三真武水，凶將，後四太常土，吉將，後五白虎金，凶將，後六天空土，凶將。天一臨乾，則六神皆藏矣。

所謂四殺者，寅午戌火之位，殺在丑，丑爲大吉，金墓也；亥卯未木之位，殺在戌，戌爲河魁，火墓也；申子辰水之位，殺在未，未爲小吉，木墓也；巳酉丑金之位，殺在辰，辰爲天剛，水、土墓也。其所臨十

---

① “火”字底本作“木”，抄本作“火”，合於通例，金校據改，兹從之。

② “小”字底本作“水”，抄本同，非例，兹依文例校改。

二辰，非人生之歲則行年也。若月將加臨時在乾、坤、艮、巽之上，皆不見人，則四殺没於四維矣。舊説四殺没有常時，孟月甲、丙、庚、壬，仲月乾、坤、艮、巽，季月乙、辛、丁、癸是也。彼撰論者據當時以言也，酌其時，蓋出於秦漢間，當是時，冬至日在牽牛，適當星紀之中，三十日行一次，而斗建與節氣合於十二次，日至其初爲節，日至其中爲氣，以日次爲月將加時，然則數百年間未甚差也[①]，故後人相承用之，是不知太陽每歲漸差，將謂後世常然則非耳。大率日行，歲不及周天，八十五年則退一度，以至於今日，不及天益多，斗建與節氣不合，當據曆步日躔所在辰次爲月將，則與天道合矣[②]。今雨水前一日日在娵訾，於辰在亥，月將登明；小滿後五日日在實沈，於辰在申，月將傳送；處暑後三日日在鶉尾，於辰在巳，月將太一；小雪後七日日在析木，於辰在寅，月將功曹，則甲、丙、庚、壬爲四殺没時。春分後二日日在降婁，於辰在戌，月將河魁；夏至後四日日在鶉尾，於辰在未[③]，月將小吉；秋分後七日日在壽星，於辰在辰，月將天剛；冬至後四日日在星紀，於辰在丑，月將大吉，則乾、艮、巽、坤爲四殺没時。谷雨後四日日在大梁，於辰在酉，月將從魁；大暑後二日日在鶉火，於辰在午，月將勝先；霜降後九日日在大火，於辰在卯，月將太衝；大寒前一日日在玄枵，於辰在子，月將神后，則乙[④]、丁、辛、癸爲四殺没時。其稱甲、丙、庚、壬、艮、巽、坤、乾、癸、乙、丁、辛者，據日在十二次正中時論之耳，大約三日百分日之六十五而移一刻，一歲而百刻周。

---

① “數”字底本作“教”，不辭，抄本改作，兹從改録。

② “合”字底本作“命”，不辭，抄本改作，兹從改録。

③ “未”字底本作“木”，抄本同，非例，兹依文例校改。

④ “乙”字底本作“子”，抄本同，非例，兹依文例校改。

擇時吉凶之圖

新圖解云：凡月將加用事時，視天一旦暮所治，不臨辰、戌，背天門、向地户，故曰天門向右行至地户爲順，向左行至地户爲逆，其餘神將隨天一逆順分前後，以取加臨吉凶。

太陽入十二次擇時百刻立成

星紀斗九度九十三分，用四孟初四刻後。

斗十度四十七分，用四孟初四刻。

斗十三度八十三分，用四孟初三刻。

斗十七度一十八分，用四孟初二刻。

斗二十度五十四分，用四孟初一刻。

牛初度一十五分，用四季正四刻後。用艮、巽、坤、乾時。

牛初度七十分，用四季正四刻。

牛四度六分，用四季正三刻。

牛七度四十分，用四季正二刻。

女三度二十七分，用四季正一刻。

玄枵女六度六十三分，用四季初四刻後。

女七度二十四分，用四季初四刻。

女十度九十分，用四季初三刻。

虚三度七分，用四季初二刻。

虚六度七十四分,用四季初一刻。

危初度四十分,用四仲正四刻後。用乙、丁、辛、癸時。

危一度一分,用四仲正四刻。

危四度六十八分,用四仲正三刻。

危八度三十五分,用四仲正二刻。

危十二度二分,用四仲正一刻。

娵訾危十五度六十九分,用四仲初四刻後。

危十六度三十五分,用四仲初四刻。

室二度六十二分,用四仲初三刻。

室六度六十三分,用四仲初二刻。

室十度六十五分,用四仲初一刻。

室十四度六十七分,用四孟正四刻後。用申、丙、庚、壬時。

室十五度三十三分,用四孟正四刻。

壁二度一十分,用四孟正三刻。

壁六度一十一分,用四孟正二刻。

奎初度三十八分,用四孟正一刻。

降婁奎四度四十分,用四孟初四刻。

奎五度四分,用四孟初四刻。

奎八度九十分,用四孟初三刻。

奎十二度七十六分,用四孟初二刻。

奎十六度六十二分,用四孟初一刻。

婁二度九十八分,用四季正四刻後。用艮、巽、坤、乾時。

婁三度六十二分,用四季正四刻。

婁七度四十八分,用四季正三刻。

婁十一度三十四分,用四季正二刻。

胃二度四十五分，用四季正一刻。

大梁胃六度三十一分，用四季初四刻後。

胃六度九十分，用四季初四刻。

胃十度四十九分，用四季初三刻。

胃十四度八分，用四季初二刻。

昴二度九十二分，用四季初一刻。

昴六度五十一分，用四仲正四刻後。用乙、丁、辛、癸時。

昴七度一十分，用四仲正四刻。

昴十度六十九分，用四仲正二刻。

畢三度二十八分，用四仲正二刻。

畢六度八十七分，用四仲正一刻。

實沈畢十度四十六分，用四仲初四刻後。

畢十一度二分，用四仲初四刻。

畢十四度四十四分，用四仲初三刻。

參初度八十五分，用四仲初二刻。

參四度二十六分，用四仲初一刻。

參七度六十七分，用四孟正四刻後。用甲、丙、庚、壬時。

參八度二十四分，用四孟正四刻。

井二度四十分，用四孟正三刻。

井五度八十一分，用四孟正二刻。

井九度二十二分，用四孟正一刻。

鶉首井十二度六十四分，用四孟初四刻後。

井十三度十九分，用四孟初四刻。

井十六度五十一分，用四孟初三刻。

井十九度八十三分，用四孟初二刻。

井二十三度十五分,用四孟初一刻。

井二十六度四十七分,用四季正四刻後。用艮、巽、坤、乾時。

井二十七度二分,用四季正四刻。

鬼初度三十四分,用四季正三刻。

柳初度九十一分,用四季正二刻。

柳四度二十三分,用四季正一刻。

鶉火柳七度五十六分,用四季初四刻後。

柳八度十六分,用四季初四刻。

柳十一度八十一分,用四季初三刻。

星一度二十一分,用四季初二刻

星四度八十六分,用四季初一刻

張一度五十一分,用四仲正四刻後。用乙、丁、辛、癸時。

張二度十一分,用四仲正四刻。

張五度七十六分,用四仲正三刻。

張九度四十一分,用四仲正二刻。

張十三度六分,用四仲正一刻。

鶉尾張十六度七十一分,用四仲初四刻後。

張十七度三十七分,用四仲初四刻。

翼二度六十三分,用四仲初三刻。

翼六度六十三分,用四仲初二刻。

翼十度六十四分,用四仲初一刻。

翼十四度六十五分,用四孟正四刻後。用甲、丙、庚、壬時。

翼十五度三十一分,用四孟正四刻。

軫初度七分,用四孟正三刻。

軫四度七分，用四孟正二刻。

軫八度八分，用四孟正一刻。

壽星軫十二度九分，用四孟初四刻後。

軫十二度七十五分，用四孟初四刻。

軫十六度七十六分，用四孟初三刻。

角一度一分，用四孟初二刻。

角六度一分，用四孟初一刻。

角十度二分，用四季正四刻後。用艮、巽、坤、乾時。

角十度六十八分，用四季正四刻。

亢一度六十九分[①]，用四季正三刻。

亢五度六十九分，用四季正二刻。

氐初度十九分，用四季正一刻。

大火氐四度二十分，用四季初四刻後。

氐四度七十九分，用四季初四刻。

氐八度三十四分，用四季初三刻。

氐十一度八十九分，用四季初二刻。

氐十五度四十四分，用四季初一刻。

房三度四十九分，用四仲正四刻後。用乙、丁、辛、癸時。

房四度八分，用四仲正四刻。

心二度六十三分，用四仲正三刻。

尾一度四十三分，用四仲正二刻。

尾四度九十八分，用四仲正一刻。

析木尾八度五十三分，用四仲初四刻後。

① "亢"字底本作"角"，抄本同，非例，金校改作如此，與後附圖合，兹從改。

尾九度九分，用四仲初四刻。

尾十二度五十分，用四仲初三刻。

尾十五度九十一分，用四仲初二刻。

箕二度三十一分，用四仲初一刻。

箕五度七十二分，用四孟正四刻後。用甲、丙、庚、壬時。

箕六度二十九分，用四孟正四刻。

箕九度六十九分，用四孟正三刻。

斗三度一十分，用四孟正二刻。

斗六度五十一分，用四孟正一刻。

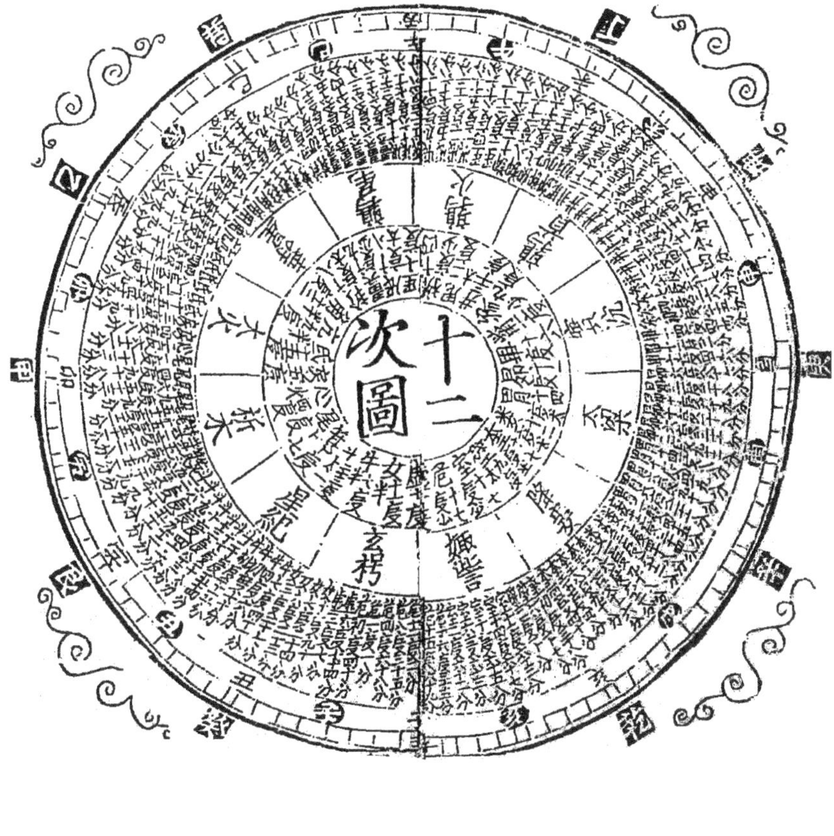

右太陽入十二次擇時百刻之圖①

喬道用添插每日太陽纏度

冬至日日躔黄道斗宿斗初度五十六分,用四孟正二刻。

斗一度六十一分,用四孟正二刻。

斗二度六十六分,用四孟正二刻。

斗三度七十二分,用四孟正二刻。

斗四度七十五分,用四孟正一刻。

斗五度七十七分,用四孟正一刻。

斗六度八十六分,用四孟正一刻。

斗七度八十六分,用四孟初四刻。

斗八度九十六分,用四孟初四刻。

斗十度一分,用四孟初四刻。

斗十一度四分,用四孟初三刻。

斗十二度一十分,用四孟初三刻。

斗十三度十三分,用四孟初三刻。

斗十四度十六分,用四孟初二刻。

斗十五度二十二分,用四孟初二刻。

斗十六度二十七分,用四孟初二刻。

小寒日日躔斗十七度二十二分,用四孟初二刻。

斗十八度二十八分,用四孟初一刻。

斗十九度三十八分,用四孟初一刻。

斗二十度三十九分,用四孟初一刻。

---

① 此下底本有"十一卷十三"五字,蓋插圖之排序所用,與文本無關,今徑删之。

斗二十一度四十六分,用四孟初一刻。

斗二十二度五十一分,用四孟初一刻。

牛初度五十三分,用四季正四刻。

牛一度六十一分,用四季正三刻。

牛二度五十四分,用四季正三刻。

牛三度六十八分,用四季正三刻。

牛四度七十二分,用四季正三刻。

牛五度七十六分,用四季正二刻。

牛六度八十分,用四季正二刻。

女初度八十三分,用四季正一刻。

女一度七十六分,用四季正一刻。

大寒日日躔女二度八十七分,用四季正一刻。

女三度九十四分,用四季正一刻。

女四度九十七分,用四季初四刻。

女六度三分,用四季初四刻。

女七度四分,用四季初四刻。

女八度七分,用四季初三刻。

女九度十一分,用四季初三刻。

女十度一十二分,用四季初三刻。

虛初度一十五分,用四季初二刻。

虛一度一十分,用四季初二刻。

虛二度二十三分,用四季初二刻。

虛三度二十五分,用四季初二刻。

虛四度二十八分,用四季初一刻。

虛五度二十八分,用四季初一刻。

虚六度六十分,用四季初一刻。

立春日日躔虚七度二十二分,用四季初一刻。

虚八度六十四分,用四季初一刻。

危初度四十分,用四仲正四刻。

危一度三十六分,用四仲正四刻。

危二度四十五分,用四仲正三刻。

危三度四十二分,用四仲正三刻。

危四度五十二分,用四仲正三刻。

危五度五十五分,用四仲正二刻。

危六度四十八分,用四仲正二刻。

危七度五十分,用四仲正二刻[1]。

危八度六十分,用四仲正二刻。

危九度五十四分,用四仲正一刻。

危十度一十五分,用四仲正一刻。

危十一度六十七分,用四仲正一刻。

危十二度六十分,用四仲正一刻。

雨水日日躔危十三度六十三分,用四仲初四刻。

危十四度六十四分,用四仲初四刻。

危十五度七十六分,用四仲初四刻。

室初度七十二分半,用四仲初三刻。

室一度七十六分,用四仲初三刻。

室二度七十二分,用四仲初三刻。

① “刻”字底本漫滅,此從抄本録定。

室三度七十三分，用四仲初二刻[①]。

室四度八十一分，用四仲初二刻。

室五度七十五分，用四仲初二刻。

室六度八十四分，用四仲初二刻。

室七度七十九分，用四仲初一刻。

室八度八十八分，用四仲初一刻。

室九度八十分，用四仲初一刻。

室十度九十分，用四仲初一刻。

室十一度九十一分，用四孟正四刻。

驚蟄日日躔室十二度八十七分，用四孟正四刻。

室十三度九十三分，用四孟正四刻。

室十四度八十六分，用四孟正四刻。

室十五度九十四分，用四孟正四刻。

室十六度九十六分，用四孟正四刻。

室十七度八十八分，用四孟正四刻。

壁初度九十八分，用四孟正三刻。

壁一度九十九分，用四孟正三刻。

壁二度九十九分，用四孟正三刻。

壁四度三分，用四孟正二刻。

壁五度三分，用四孟正二刻。

壁六度一分，用四孟正二刻。

壁七度一分[②]，用四孟正二刻。

---

① “刻”字底本作“度”，抄本同，非例，兹依文例校改。

② “七”字底本作“十”，抄本同，非例，金校改作，姑從之。

壁八度一分,用四孟正二刻。

壁九度一分,用四孟正二刻。

春分日日躔奎初度四十八分,用四孟初一刻。

奎一度五十分,用四孟正一刻。

奎二度五十一分,用四孟初四刻。

奎三度五十一分,用四孟初四刻。

奎四度五十一分,用四孟初四刻。

奎五度五十一分,用四孟初四刻。

奎六度五十一分,用四孟初三刻。

奎七度五十分,用四孟初三刻。

奎八度五十分,用四孟初三刻。

奎九度四十九分,用四孟初二刻。

奎十度四十九分,用四孟初二刻。

奎十一度四十八分,用四孟初二刻。

奎十二度三十九分,用四孟初二刻。

奎十三度四十五分,用四孟初一刻。

奎十四度四十五分,用四孟初一刻。

奎十五度四十五分,用四孟初一刻。

清明日日躔奎十六度四十五分,用四孟初一刻。

奎十七度四十四分,用四孟初一刻。

婁初度四十三分,用四季正四刻。

婁一度四十一分,用四季正四刻。

婁二度四十分,用四季正四刻。

婁三度三十八分,用四季正四刻。

婁四度三十七分,用四季正三刻。

婁五度三十七分,用四季正三刻。

婁六度三十五分,用四季正三刻。

婁七度三十三分,用四季正三刻。

婁八度三十二分,用四季正二刻。

婁九度二十一分,用四季正二刻。

婁十度二十八分,用四季正二刻。

婁十一度二十七分,用四季正二刻。

婁十二度二十六分,用四季正二刻。

穀雨日日躔胃初度四十九分[1],用四季正一刻。

胃一度四十七分,用四季正一刻。

胃二度四十三分半,用四季正一刻。

胃三度四十三分,用四季初四刻。

胃四度三十一分,用四季初四刻。

胃五度三十九分,用四季初四刻。

胃六度三十七分,用四季初四刻。

胃七度三十五分,用四季初三刻。

胃八度三十二分,用四季初三刻。

胃九度二十八分,用四季初三刻。

胃十度二十七分,用四季初三刻。

胃十一度二十五分,用四季初二刻。

胃十二度二十二分,用四季初二刻。

胃十三度二十分,用四季初二刻。

---

① 本句底本作"穀雨日日躔胃",换行後録下文,與它例不合,兹依文例接録,并删"初度"前之"胃"字。

胃十四度一十八分,用四季初二刻。

立夏日日躔昴十五度一十五分,用四季初二刻。

昴初度五十六分,用四季初一刻。

昴一度六十分,用四季初一刻。

昴二度四十六分,用四季初一刻。

昴三度五十三分,用四仲正四刻。

昴四度四十三分,用四仲正四刻。

昴五度三十六分,用四仲正四刻。

昴六度四十三分,用四仲正四刻。

昴七度四十分,用四仲正四刻。

昴八度四十三分,用四仲正三刻。

昴九度三十三分,用四仲正三刻。

昴十度二十三分,用四仲正三刻。

畢初度二十六分,用四仲正二刻。

畢一度二十六分,用四仲正二刻。

畢二度二十二分,用四仲正二刻。

小滿日日躔畢三度九分,用四仲正二刻。

畢四度一十七分,用四仲正一刻。

畢五度一十二分,用四仲正一刻。

畢六度九分,用四仲正一刻。

畢七度五分,用四仲初四刻。

畢八度一分半,用四仲初四刻。

畢八度九十八分,用四仲初四刻。

畢九度九十四分,用四仲初四刻。

畢十度九分,用四仲初四刻。

畢十一度八十六分,用四仲初四刻。

畢十二度八十二分,用四仲初三刻。

畢十三度七十三分,用四仲初三刻。

畢十四度六十一分,用四仲初三刻。

畢十五度七十分,用四仲初三刻。

觜初度一十六分,用四仲初三刻。

參初度六十二分,用四仲初二刻。

芒種日日躔參一度五十六分,用四仲初一刻。

參二度五十二分,用四仲初一刻。

參三度四十七分,用四仲初一刻。

參四度四十五分,用四仲初一刻。

參五度四十分,用四孟正四刻。

參六度三十六分,用四孟正四刻。

參七度三十一分,用四孟正四刻。

參八度二十六分,用四孟正四刻。

參九度二十二分,用四孟正三刻。

井初度四十一分,用四孟正三刻。

井一度三十八分,用四孟正三刻。

井二度三十二分,用四孟正三刻。

井三度二十六分,用四孟正二刻。

井四度二十三分,用四孟正二刻。

井五度一十六分,用四孟正二刻。

夏至日日躔井六度一十三分,用四孟正一刻。

井七度八分,用四孟正一刻。

井八度三分,用四孟正一刻。

井八度九十八分,用四孟正一刻。

井九度九十四分,用四孟正一刻。

井十度八十九分,用四孟初四刻。

井十二度七十九分,用四孟初四刻。

井十三度七十四分,用四孟初四刻。

井十四度六十八分,用四孟初三刻。

井十五度六十七分,用四孟初三刻。

井十六度六十一分,用四孟初三刻。

井十七度五十六分,用四孟初二刻。

井十八度五十一分,用四孟初二刻。

井十九度四十八分,用四孟初二刻。

小暑日日躔井二十度四十三分,用四孟初一刻。

井二十一度三十八分,用四孟初一刻。

井二十二度三十五分,用四孟初一刻。

井二十三度三十一分,用四孟初一刻。

井二十四度二十二分,用四季正四刻。

井二十五度一十八分,用四季正四刻。

井二十六度一十五分[1],用四季正四刻。

井二十七度一十二分,用四季正四刻。

井二十八度一十三分,用四季正四刻。

井二十九度七分,用四季正四刻。

井三十度三分,用四季正四刻。

鬼初度四十九分,用四季正三刻。

---

① "二十六"底本作"一十六",抄本同,非例,金校改作,兹從之。

鬼一度四十六分,用四季正三刻。

鬼二度四十二分,用四季正三刻。

柳初度八十八分,用四季正二刻。

大暑日日躔柳一度八十五分,用四季正一刻。

柳二度八十分,用四季正二刻。

柳三度七十五分,用四季正一刻。

柳四度七十三分,用四季正一刻。

柳五度七十一分,用四季初四刻。

柳六度六十八分,用四季初四刻。

柳七度六十四分,用四季初四刻。

柳八度五十六分,用四季初四刻。

柳九度五十七分,用四季初三刻。

柳十度五十五分,用四季初三刻。

柳十一度五十二分,用四季初三刻。

柳十二度四十六分,用四季初三刻。

星初度二十分,用四季初二刻。

星一度一十七分,用四季初二刻。

星二度一十五分,用四季初一刻。

立秋日日躔星三度一十二分,用四季初一刻。

星四度一十一分,用四季初一刻。

星五度七分,用四季初一刻。

星六度五分,用四季初一刻。

張初度二十七分,用四仲正四刻。

張一度二十五分,用四仲正四刻。

張二度一十二分,用四仲正四刻。

張三度二十分，用四仲正三刻。

張四度一十八分，用四仲正三刻。

張五度一十三分，用四仲正三刻。

張六度一十三分，用四仲正二刻。

張七度一十二分，用四仲正二刻。

張八度一十分，用四仲正一刻[①]。

張九度七分，用四仲正二刻。

張十度五分，用四仲正一刻。

張十一度三分，用四仲正一刻。

處暑日日躔張十二度一分，用四仲正一刻。

張十二度九十九分[②]，用四仲正一刻。

張十三度九十七分，用四仲正二刻。

張十四度九十五分，用四仲初四刻。

張十五度九十四分，用四仲初四刻。

張十六度九十二分，用四仲初四刻。

翼初度一十六分，用四仲初三刻。

翼一度一十三分，用四仲初三刻。

翼二度一十二分，用四仲初三刻。

翼三度一十一分，用四仲初二刻。

翼四度一十分，用四仲初二刻。

翼五度九分，用四仲初二刻。

翼六度八分，用四仲初二刻。

---

① "一"字抄本作"二"，俟考。

② "二"字底本作"三"，抄本同，非例，兹依文例校改。

翼七度七分，用四仲初一刻。

翼八度六分，用四仲初一刻。

白露日日躔翼九度一十六分，用四仲初一刻。

翼十度四分，用四仲初一刻。

翼十一度三分，用四孟正四刻。

翼十二度三分，用四孟正四刻。

翼十三度一分，用四孟正四刻。

翼十四度一分，用四孟正四刻。

翼十五度一分，用四孟正四刻。

翼十五度九十九分，用四孟正四刻。

翼十六度九十九分[①]，用四孟正四刻。

翼十七度九十八分，用四孟正四刻。

翼十八度九十八分，用四孟正四刻。

翼十九度九十八分，用四孟正四刻。

軫初度九十七分，用四孟正三刻。

軫一度九十六分，用四孟正二刻。

軫二度九十八分，用四孟正二刻。

秋分日日躔軫三度九十六分，用四孟正二刻。

軫四度九十七分，用四孟正二刻。

軫五度八十七分，用四孟正一刻。

軫六度九十六分，用四孟正一刻。

軫七度九十五分，用四孟正一刻。

軫八度九十七分，用四孟正一刻。

① “分”字底本脱，抄本補録，玆從録。

軫九度八十八分，用四孟初四刻。

軫十度八十九分，用四孟初四刻[①]。

軫十一度九十九分，用四孟初四刻。

軫十三度九十九分，用四孟初三刻。

軫十四度一分，用四孟初三刻。

軫十五度一分，用四孟初三刻。

軫十六度一分，用四孟初二刻。

軫十七度一十分，用四孟初三刻。

軫十八度三分，用四孟初三刻。

寒露日日躔角初度五十二分，用四孟初二刻。

角一度五十四分，用四孟初二刻。

角二度五十五分，用四孟初二刻。

角三度五十七分，用四孟初一刻。

角四度五十八分，用四孟初一刻。

角五度五十九分，用四孟初一刻。

角六度六十分，用四孟初一刻。

角七度六十一分，用四季正四刻。

角八度六十三分，用四季正四刻。

角九度六十三分，用四孟正四刻。

角十度六十五分，用四孟正四刻。

角十一度六十七分，用四孟正四刻。

角十二度六十九分，用四孟正四刻。

亢初度九十六分，用四季正三刻。

① "初"字底本作"四"，不辭，抄本改作，兹從改録。

亢一度九十九分，用四季正三刻。

亢二度九十七分，用四季正二刻。

霜降日日躔亢四度，用四季正二刻。

亢五度二分，用四季正二刻。

亢六度四分，用四季正二刻。

亢七度六分，用四季正二刻。

亢八度八分，用四季正四刻。

亢九度十分，用四季正一刻。

氐初度三十七分，用四季正一刻。

氐一度五分，用四季初四刻。

氐二度四十二分，用四季初四刻。

氐三度三十五分，用四季初四刻。

氐四度四十七分，用四季初四刻。

氐五度四十八分，用四季初三刻。

氐六度五十二分，用四季初三刻。

氐七度五十四分，用四季初三刻①。

氐八度五十六分，用四季初三刻。

立冬日日躔氐九度五十九分，用四季初二刻。

氐十度六十二分，用四季初二刻。

氐十一度六十五分，用四季初二刻。

氐十二度五十八分，用四季初一刻。

氐十三度七十一分，用四季初一刻。

氐十四度七十二分，用四季初一刻。

① “三”字底本作“二”，抄本改作“三”，合於文例，兹從改録。

氐十五度七十六分，用四季初一刻。

房初度五十四分，用四仲正四刻。

房一度五十七分，用四仲正四刻。

房二度六十一分，用四仲正四刻。

房三度六十三分，用四仲正四刻。

房四度六十七分，用四仲正四刻。

房五度六十分，用四仲正四刻。

心初度九十九分，用四仲正三刻。

心二度二分，用四仲正三刻。

小雪日日躔心三度五分，用四仲正三刻。

心四度九分，用四仲正三刻。

心五度一十三分，用四仲正三刻。

尾初度十六分，用四仲正二刻。

尾一度二十分，用四仲正二刻。

尾二度二十四分，用四仲正一刻。

尾三度二十七分，用四仲正一刻。

尾四度三十一分，用四仲正一刻。

尾五度二十五分，用四仲初四刻。

尾六度二十九分，用四仲初四刻。

尾七度四十二分，用四仲初四刻。

尾八度四十六分，用四仲初四刻。

尾九度五十分，用四仲初四刻。

尾十度五十四分，用四仲初三刻。

尾十一度六十分，用四仲初三刻。

大雪日日躔尾十二度六十三分，用四仲初二刻。

尾十三度六十八分,用四仲初二刻。

尾十四度七十一分,用四仲初二刻。

尾十五度七十八分,用四仲初二刻。

尾十六度八十分,用四仲初二刻。

尾十七度八十五分,用四仲初二刻。

箕初度六十四分,用四仲初一刻。

箕一度六十八分,用四仲初一刻。

箕二度七十二分,用四仲初一刻。

箕三度七十八分,用四孟正四刻。

箕四度八十三分,用四孟正四刻。

箕五度七十八分,用四孟正四刻。

箕六度九十二分,用四孟正四刻。

箕七度九十七分,用四孟正三刻。

箕九度三分,用四孟正三刻。

二十四氣晝夜日出入辰刻

立春正月節,後五日,晝四十四刻,夜五十六刻;後十二日,晝四十五刻,夜五十五刻;後十三日,日出卯正二刻,日入酉初二刻。

雨水正月中,後四日,晝四十六刻,夜五十四刻;後十日,晝四十七刻,夜五十三刻;後十一日,日出卯正一刻,日入酉初二刻①。

驚蟄二月節,後一日,晝四十八刻,夜五十二刻;後七日,晝

① "二"抄本作"三",俟考。

四十九刻,夜五十一刻;後八日,日出卯正初刻,日入酉初四刻;後十三日,晝五十刻,夜五十刻。

春分二月中,當日日出卯正初刻,日入酉正初刻;後一日,日出卯初四刻,日入酉正初刻;後四日,晝五十一刻,夜四十九刻。後八日[①],日出卯初三刻,日入酉正一刻;後九日晝五十二刻,夜四十八刻;後十四日,晝五十三刻,夜四十七刻。

清明三月節,後五日,日出卯初二刻,日入酉正二刻;後六日,晝五十四刻,夜四十六刻;後十二日,晝五十五刻,夜四十五刻。

穀雨三月中,後三日,日出卯初一刻,日入酉正三刻;後四日,晝五十六刻,夜四十四刻;後十一日,晝五十七刻,夜四十三刻。

立夏四月節,後三日,日出寅正四刻,日入酉正四刻;後四日,晝五十八刻,夜四十二刻;後十四日,晝五十九刻,夜四十一刻。

小滿四月中,後十日,日出寅正三刻,日入戌初一刻;後十二日,晝六十刻,夜四十刻。

芒種五月節,夏至五月中。

小暑六月節,後四日,晝五十九刻,夜四十一刻;後七日,日出寅正四刻,日入酉正四刻。

大暑六月中,後三日,晝五十八刻,夜四十二刻;後十二日,晝五十七刻,夜四十三刻;後十四日,日出卯初一刻,日入酉正三刻。

① 此句以下至"大雪十一月節"前底本缺一頁,此並從抄本補録。

立秋七月節，後五日，晝五十六刻，夜四十四刻；後十二日，晝五十五刻，夜四十五刻；後十三日，日出卯初二刻，日入酉正二刻。

處暑七月中，後四日，晝五十四刻，夜四十六刻；後十日晝五十三刻，夜四十七刻；後十一日，日出卯初三刻，日入酉正一刻。

白露八月節，後一日，晝五十二刻，夜四十八刻；後七日，晝五十一刻，夜四十九刻；後七日，日出卯初四刻，日入酉正初刻；後十三日，晝五十刻，夜五十刻。

秋分八月中，當日日出卯正初刻，日入酉正初刻；後一日，日出卯正一刻，日入酉初四刻；後三日，晝四十九刻，夜五十一刻；後八日，日出卯正一刻，日入酉初三刻；後九日，晝四十八刻，夜五十二刻；後十四日，晝四十七刻，夜五十三刻。

寒露九月節，後五日，日出卯正二刻，日入酉初二刻；後六日，晝四十六刻，夜五十四刻；第十三日，晝四十五刻，夜五十五刻。

霜降九月中，後三日，日出卯正三刻，日入酉初一刻；後四日，晝四十四刻，夜五十六刻；後十一日，晝四十三刻，夜五十七刻。

立冬十月節，後三日，日出卯正四刻，日入申正四刻；後四日，晝四十二刻，夜五十八刻；後十四日，晝四十一刻，夜五十九刻。

小雪十月中，後九日，日出辰初一刻，日入申正三刻；後十二日，晝四十刻，夜六十刻。

大雪十一月節[①]。

冬至十一月中。

小寒十二月節，後四日，晝四十一刻，夜五十九刻；後七日，日出卯正四刻，日入申正四刻。

大寒十二月中，後三日，晝四十二刻，夜五十八刻；後十二日，晝四十三刻，夜五十七刻；後十五日，日出卯正三刻，日入酉初一刻。

雜忌

雜忌云：安冢穴日時，極忌大時，寅午戌在卯，亥卯未在子，巳酉丑在午，申子辰在酉是也。又云：凡定時，螣蛇、白虎臨日不利，生者臨辰不利，死者見天一、天后、天常、青龍、六合、功曹、傳送臨日辰，生者利，死者寧，常以傳送加五姓墓，神后下爲守墓神，犯之殺主人及長子，宫在申，商在巳，角在亥，徵在寅，羽在申。

吉時應候

正月將用甲時，若有二男子衣青衣或白衣乘青馬、婦人衣黄衣駕黄牛從東方來應，大吉。用丙時，南方若有白衣人乘赤馬或飛鳥來臨壙應，吉；又云：西方有男子衣青衣駕黄牛及婦人來見之，大吉。用庚時，西方有白衣人乘白馬或駕白牛從北來應之，吉。用壬時，北方有衣黑衣人執弓牽黑牛從東方來應，吉。

二月將用巽時，若東南方有乘馬少年人將猪酒來應，吉。用

① 此與下條疑原文皆有缺泐，故並未載晝夜時長。

坤時,若西方有白衣人乘赤馬從西來,或飄風來應遠壙,吉。用乾時,西北方有白衣人乘赤馬或猛獸來應,大吉。用艮時,若東方有黑衣人乘黄牛來應,大吉。

三月將用乙時,若東方有人駕黄駿牛將犂具或見婦人着彩衣推車來應,大吉。用丁時,若南方有衣白衣人乘騮馬或黑衣人乘白馬、黑牛或有風繞壙來應,大吉。用辛時,若西方或南方有人衣白衣或紫衣乘驄馬或有角獸來應,子孫榮吉。用癸時,若四隅有人衣黑衣乘黑馬或牽牛來,或有黑雲臨壙上應,大吉。

四月將用甲時,若東南方有二婦人衣赤衣或黄衣乘白馬將駒來應,大吉。用丙時,若西方有二婦人衣赤衣駕赤牛或乘白馬、騮馬或駒來應,大吉。用庚時,若西方有衣白衣人駕赤牛或男子乘白馬來應,大吉。用壬時,若西北方有黑雲、白雲相雜來應,子孫大吉。

五月將用巽時,若東方有雙飛鳥或有一男子衣黑衣乘赤馬或婦人赤衣駕車來應,大吉。用坤時,若西南方有雙飛鳥來臨壙上,大吉。用乾時,若西北方有人冠蓋乘紫馬執弓來應,大吉。用艮時,若東北方有男子衣黑衣、婦人衣黄衣牽牛若將犢來應,吉。

六月將用乙時,若東方、西方有男子衣黄衣乘馬着黄或有青衣二人相隨東南來應,大吉。用丁時,若南方或北方有人衣青衣駕赤牛年四十乘黄馬而來應,大吉。用辛時,若西方、南方有二男子或二婦人衣赤白衣駕赤白牛或乘黄馬將駒來應,大吉。用癸時,若西北方四隅有黑雲臨曠上①,大吉。

七月將用甲時,若東方有人衣白衣或黑衣乘赤馬將兵仗來應,大吉。用丙時,若南方有男子衣黑衣乘黑馬或有官吏將兵刃來應,大吉。用庚時,若西方有人衣黑衣乘赤馬將兵刃從行來應,大吉。用壬時,若北方有黑雲臨壙變爲雨若雷行,大吉。

八月將用巽時,若東南方有人衣赤衣或青衣乘赤馬或赤牛或駕車來應,大吉。用坤時,若西南方有人衣黄衣駕黄牛將犢來應,大吉。用乾時,若西北方有風雨及有人紫衣冠蓋乘馬執兵刃來應,大吉。用艮時,若東方②、北方有雲變成風雨臨壙,大吉。

九月將用乙時,若西方、東方有飛鳥或走獸、老人衣白衣或故單衣來應,大吉。用丁時,若南方或北方有人衣赤衣或飛鳥走獸來臨壙,大吉。用辛時,西方若有白衣人負物或有雲雨來應,大吉。用癸時,若北方或西方有黄雲狀如金色來臨壙變爲雨應,大吉。

十月將用甲時,若東方有飛鳥及黥刺人或黑衣人將文書來應,或有人驅馬牛或有黑雲來臨壙,大吉。用丙時,若南方或北方有赤雲來臨壙上,或飛鳥或行人將文書來,或有人驅馬牛來應,大吉。用庚時,若西方有飛鳥臨壙應之大吉。用壬時,若北方有飛鳥、黑雲臨壙變成風應,大吉。

十一月將用巽時,若東南方有黑牛或飛鳥及驢馬來臨壙,大吉。用坤時,若西南方有人衣赤黄衣或東南方有人驅牛或有黑、黄飛鳥來應,大吉。用乾時,若西北方有人驅牛或飛鳥或有男子

① “若”字底本作“或”,抄本同,非例,俗寫“若”、“或”形或近似,蓋刻工未察而致訛,茲依文例校改。

② “東”字底本作“來”,非例,抄本校改,茲從改録。

及婦人乘騮馬并駒來應，大吉。用艮時，若東北方有黄鳥、黄衣人將笙簧來應，大吉。

十二月將用乙時，若東方或西方有白衣黥刺人駕車或東北有黑雲及飛鳥來應，大吉。用丁時，若南方、北方有白衣人驅牛或黄雲及飛鳥來應，大吉。用辛時，若西方①、南方有白衣人及黥刺人驅牛羊或西方、北方有飛鳥來應，大吉。用癸時，若北方或四隅有黄衣人牽牛或黄雲起而成雨應之，大吉。

右以前並因官書舊文參定，其四殺没刻太涉繁細，非有漏刻不可定之，臨時斟酌難以取信，據此所定之刻，是四殺正没之中，呼吸之間即已移動，其前後四刻之内亦可附近通融用之，於事理亦無害也。應候之説或適值有之，巫史所以粉澤其術。

① "若"字底本作"或"，抄本同，非例，俗寫"若"、"或"形或近似，蓋刻工未察而致訛，兹依文例校改。

重校正地理新書卷第十二

六甲置喪庭冢穴法

古者推六甲冢，以天甲神后加冢體，以功曹、傳送下置冢穴喪庭，八卦冢以天甲加門陌，太衝、從魁下置喪庭。冢穴甲子、甲午不得允合，艮冢丙穴又非門陌，今詳事理，亦辯析加臨，艮冢丙穴與門陌不和，乃以勝先加甲安門陌①，太衝加壬安喪庭，從魁加丙安冢穴，庚門與門陌剋也。

甲子、甲午冢以天甲神后加冢體衝，衝者，甲子冢體在子，衝午；甲午冢體在午，衝子。功曹下置喪庭，傳送下爲冢穴，功曹爲蒿里，傳送爲黄泉，從蒿里入黄泉神道吉。

甲戌、甲辰冢以斗陰加冢陰，甲戌冢陰在未，甲辰冢陰在丑。斗陰者，河魁是也，以河魁加未，功曹下安喪庭，傳送下安冢穴；甲戌冢穴在丙，甲辰冢穴在壬，其穴上俱見傳送，故黄泉開喪庭上，俱見功曹，故蒿里通甲寅；甲申冢穴在乙，辛無德，衆所不用。

八卦冢法，乾冢壬穴，乾冢甲穴，震冢庚穴，艮冢丙穴，皆以天甲神后加門陌，太衝下置喪庭，太衝在卯，上有房星爲明堂故

①　“先”字底本作“光”，抄本同，按“勝先”、“勝光”二詞混用已久，而“先”、“光”二字又形近易訛，底本所作即前後不一，宋沈括《夢溪筆談》卷七象數載有“勝先”名義二解，今姑從統一作“勝先”，後同，不再一一出校説明。

也。從魁下置冢穴，從魁在酉，上有積屍、太陵之星故也。乾冢甲穴門陌出丙，震冢庚穴門陌出壬，乾冢壬穴門陌出甲，艮冢丙穴門陌出庚，若以天甲神后加門陌，甲、庚、壬三穴並在從魁下，喪庭並在太衝下，唯艮一冢門陌與穴不和，喪庭並與冢藏乖戾，喪事必趍吉，但地甲在午，即以勝先加門陌，還得太衝下置喪庭、從魁下安冢穴也。

孫季邕説：凡六甲八卦冢法，曉之者寡，甲子冢爲一字，數甲至於子上，爲甲穴；甲午冢爲七字，數庚至於子上，爲庚穴；甲戌冢爲三字，數丙至於子上，爲丙穴；甲辰冢爲九字，數壬至於子上，爲壬穴。甲寅旬中無子，甲申有戊子而戊無穴位，故不用也。或問：冢穴因子上而名者何也？答曰：由吾公裕以爲，子者上合虚宿，旁有墳墓、哭泣之星，幽魂所好，故葬憑焉。所以古者葬於北方，北首是也。其墓田頃畝合於一、三、七、九之數者，即是六甲冢也。若餘步合一、三、七、九之數者，即是八卦冢也。若一步即爲乾冢甲穴，餘三步者即爲艮冢丙穴，餘七步者即爲震冢庚穴，餘九步者即爲乾冢壬穴也。或問：八卦冢其實三卦四冢，獨乾甲、壬二冢，餘五卦無冢者何也？答曰：干有十，卦有八，卦配甲屬乾，配乙屬坤，配丙屬艮，配丁屬兑，配戊屬坎，配己屬離，配庚屬震[①]，配辛屬巽。又配壬屬乾，配癸屬坤，其戊雖爲陽，無穴位亦不用也，故由吾公裕云“陽干四名，陰干五諱”，此之謂歟。

甲子冢甲穴：喪庭在庚，近去墓六十步，遠一百二十步，門陌出丙，子爲冢體，乙爲冢名，己爲冢影，伏吟[②]，乾爲冢象。常以神

① “屬”字底本作“配”，抄本同，非例，蓋承前訛，兹依文例校改。

② 依下文甲午冢例，疑此“伏吟”下脱一“冢”字，俟考。

后加子[①]，子爲冢體，於易得大畜卦☶，以冢穴爲下象，以門陌爲上象，門出丙，六丙主艮；穴在甲，六甲主乾，乾下艮上，故曰大畜。乾主君父，艮爲門闕，子孫富貴，官禄不絶。於式得功曹爲前二，六合下安冢穴[②]，門陌出丙，以登明爲天一，立亥，故六合臨冢穴；傳送爲後三，真武臨喪庭庚，庚主金，金、水子母相生，安穩，吉。後六太一爲天空，臨門陌丙，丙主火，火土相生，雖是凶神，故無害。甲子冢有二名，四路之名在甲子，吉冢之名在丁，以天甲加吉冢之名，取開三閉九之道。甲子旬有丙寅，寅近於甲，丙配於寅，辛德在丙，婦隨夫德；甲子旬辛在未，未近於丁。凡葬，遠凶近吉，以神后加丁，取開三閉九之道，神后加丁爲第一道，大吉加坤爲第二道，功曹加庚爲第三道，可置喪庭也，太衝加辛爲第四道，天剛加乾爲第五道，太一加壬爲第六道，勝先加癸爲第七道，小吉加艮爲第八道，傳送加甲爲第九道，置冢穴也，故曰開功曹閉傳送，從蒿里入黄泉，是以開三閉九，神道備矣。其在冢車道出子、出巳、出乙、出乾，已上路名爲内冢，每以勝先加太歲月建、功曹、傳送，甲庚、丙壬、坤艮下名爲三鑒吉路。向墓至喪庭，取四折曲路，從朱入蒼，富貴吉昌，乘丙門入，下柩於甲穴，名爲外冢，内外俱吉，生人得天心，死者得地理，内冢爲生人冢，外冢爲死人室，合此葬者大吉。

甲午冢庚穴：門陌出壬，喪庭在申，近去墓六十步，遠一百二十步，午爲冢體，巽爲冢象，辛爲冢名，亥爲冢影。反吟冢。常以天甲神后加午，午爲冢體，於易得無妄卦☰，以冢穴爲下象，以門

① "加"字底本誤作"坤"字，非例，抄本校改，蓋底本初音訛作"甲"，再訛作而致，兹從改録。

② "合"字底本作"食"，不辭，兹從抄本改録。

陌爲上象，門出壬，壬屬乾，穴在庚，庚屬震，震下乾上，故曰無妄。乾主君父，震主號令，主富貴二千石，子孫代代不絶。於式得功曹爲後三，真武下安冢穴，門陌出壬，故以太一爲天一，立亥，故得真武臨冢穴；傳送爲前三，六合臨喪庭，吉神相加，故無害。太一爲天一臨門陌，雖是水火，爲是天一貴神，故有福德，吉慶安樂。甲午冢有二名，四路之名在甲午，吉冢之名在癸，以天甲加吉冢之名，取開三閉九之道。甲午旬中有丙申，申近於庚，丙配於申，辛德在丙；甲午旬中辛配丑，丑近於癸。凡行喪事，遠凶近吉，故以神后加癸爲第一道，大吉加艮爲第二道，功曹加甲爲第三道，安喪庭，太衝加乙爲第四道，天剛加巽爲第五道，太一加丙爲第六道，勝先加丁爲第七道，小吉加坤爲第八道，傳送加庚爲第九道，置冢穴，故曰開功曹、閉傳送，從蒿里入黄泉，是以開三閉九，神道備矣。其在冢車道出午、出巽、出辛、出亥，此内冢四路之道，每以勝先加歲月建、功曹、傳送，甲庚、丙壬、坤艮下臨三鑒吉路。從冢向墓至喪庭，取四折曲路，從黑入白，富貴赫赫，入壬門，下柩於庚穴，名爲外冢，外冢死者冢，内冢生人室，内外俱吉，生人得天心，死者得地理，合此葬者大吉。

甲戌冢丙穴：門陌出甲，喪庭在壬，近去墓六十步，遠一百二十步。冢體在戌，冢名在艮，冢影在卯，冢象在庚。常以天甲神后加戌，戌爲冢體，於易得遯卦䷠，以冢穴爲下象，以門陌爲上象，門陌出甲，甲屬乾，穴在丙，丙屬艮，艮下乾上，故曰遯卦，主富貴、公侯、卿相、賢人、君子。於式得傳送爲後五，白虎臨冢穴，門陌出甲，大吉爲天一，立亥，丙上見凶神，雖凶無咎也。功曹爲前一，螣蛇臨喪庭壬，母子相見，無驚有喜，吉；天剛爲前三，六合臨甲門，雖是凶神，有吉將，故用吉。甲戌冢以斗陰加冢陰，甲戌陰加癸未，以河魁加未、神后加辛爲第一道，大吉加乾爲第二道，功曹加壬爲第三道，安喪庭，太衝加癸爲第四道，天剛加艮爲第五道，太一加甲爲第六道，勝先加乙爲第七道，小吉加巽爲第八道，傳送加丙爲第九道，置冢穴，故曰開功曹、閉傳送，從蒿里入黄泉，是以開三閉九，神道備矣。其在冢車道出戌、出艮、出卯、出庚，已上四路名内冢，每以勝先加歲月建、功曹、傳送，坤艮、甲庚、丙壬下名三鑒吉路，向墓至喪庭，取四折曲路，出蒼入朱，富貴運，如入甲門，下柩於丙穴，名爲外冢，外冢死者家，内冢生人室，内外俱吉，生人得天心，死者得地理，依此葬者大吉。

甲辰冢壬穴：門陌出庚，喪庭有丙，近去墓六十步，遠一百二十步，冢體在辰，冢名在坤，冢象在甲，冢影在酉。常以天甲加辰，辰爲冢體，於易得大壯卦☳。以冢穴爲下象，以門陌爲上象，門出庚，庚屬震，穴在壬，壬主乾，乾下震上，名曰大壯，主富貴、公卿二千石，貲貨万計，宜子孫。於式得傳送爲前五，青龍臨冢穴，公卿、方伯，宜子孫；天剛爲後三，真武加門陌，在庚，大吉爲天一，加喪庭丙，且貴人引接，吉。甲辰冢以斗陰加冢陰，甲辰陰加癸丑，辰爲陽，癸爲陰，神后加乙爲第一道，大吉加巽爲第二道，功曹加丙爲第三道，故以功曹下置喪庭，太衝加丁爲第四道，天剛加坤爲第五道，太一加庚爲第六道，勝先加辛爲第七道，小吉加乾爲第八道，傳送加壬爲第九道，置冢穴，故曰開功曹、閉傳送，從蒿里入黄泉，是以開三閉九，神道備矣。其在冢車道出辰、出坤、出酉、出甲，已上四路名内冢，每以勝先加歲月建、功曹、傳送，臨坤艮、甲庚、丙壬下，名三鑒吉路。向墓至喪庭，取四折曲路，乘白虎入真武，入庚門，下柩於壬穴，名外冢，外冢死者家，内冢生人室，内外俱吉，生人得天心，死者得地理，以此葬者大吉。

甲寅、甲申二冢穴在乙、辛，時所不用，故名六甲冢。

地下明鑒二十四路法横看，常以神后加太歲月建之辰。

神后下爲地下辛，癸下爲地下殺，

大吉下爲地下河魁，艮下爲地下壬，

功曹下爲地下戌，甲下爲地下功曹，

太衝下爲地下從魁，乙下爲地下登明，

天剛下爲地下大吉，巽下爲地下癸，

太一下爲地下勝先，丙下爲地下甲，

勝先下爲地下乙，丁下爲地下天德，

小吉下爲地下天剛，申下爲地下丙，

傳送下爲地下巳，庚下爲地下傳送，

從魁下爲地下太衝，辛下爲地下太乙，

河魁下爲地下小吉，乾下爲地下丁，

登明下爲地下神后，壬下爲地下庚。

凡功曹、傳送、甲、壬、丙、天德①、庚七路爲吉道，餘十七路並

① "天"字底本原無，抄本同，非例，姑爲校補。

凶,不可犯之,主殺[①]。凡葬合地下辛,六年出自縊死者,及淫泆損財[②]。合地下殺,主當年凶喪。合地下河魁,五年禍至,九年殺孕婦,二十五年家破,害父母,離鄉。合地下壬,富貴吉昌,慶及後世。合地下戊,四年出腹痛、兵死,六年絶後。合地下功曹,十八年無喪禍,資財千萬,福及後世,宜子孫。合地下從魁,六年出[③],至八年客死,十年後漸衰敗[④]。合地下登明,七年出市死、暴亡,二十年大凶。合地下大吉,六年有喪,十八年長婦傷折。合地下癸,主當年劫財、溺死,年年喪災不絶也。合地下勝先,出荒死者,五年殺九人,十三年當出刑死者。合地下甲,四年吉昌,九年出令長,世世富貴,畐延後嗣。合地下乙,年年凶破。合地下天德,富貴宜子孫,吉。合地下天剛,二年三喪,十二年滅門,害母及小男等。合地下丙,主出青紫,富貴延年。合地下巳,年殺一口,十六年絶世無嗣,婦女主淫。合地下傳送,宜子孫,富貴不絶,吉。合地下太衝,主連喪六年内,大凶。合地下太一,四年殺小女,絶後嗣,大凶。合地下小吉,主因刑獄死,當須凶敗[⑤],先損婦女,六年中絶後。合地下丁,九年出顛狂死者,八年内大凶。合地下神后,九年出胎死者,十六年大敗,三十年絶世,凶。合地下庚。主富貴卿相,福延後世,吉。

① “主”字底本作“壬”,抄本同,不辭,姑依文義校改。

② “泆”字底本作似“之”形,不辭,此依抄本改録。

③ “出”字抄本改作“禍”,則後“至”當屬前讀。

④ “十”字底本作“一”,似於時間銜接非例,姑據抄本改録。

⑤ “須”字底本有殘泐,抄本作如此,義似略有扞格,姑從録。

張謙新添地下明鑒二十四路歲月傍通立成

	子	丑	寅	卯	辰	巳	午	未	申	酉	戌	亥
子	辛	神后	小吉	太衝	巳	天剛	乙	勝先	大吉	從魁	戊	河魁
癸	殺	庚	丁	太一	傳送	丙	天德	甲	癸	登明	功曹	壬
丑	河魁	辛	神后	小吉	太衝	巳	天剛	乙	勝先	大吉	從魁	戊
艮	壬	殺	庚	丁	太一	傳送	丙	天德	甲	癸	登明	功曹
寅	戊	河魁	辛	神后	小吉	太衝	巳	天剛	乙	勝先	大吉	從魁
甲	功曹	壬	殺	庚	丁	太一	傳送	丙	天德	甲	癸	登明
卯	從魁	戊	河魁	辛	神后	小吉	太衝	巳	天剛	乙	勝先	大吉
乙	登明	功曹	壬	殺	庚	丁	太一	傳送	丙	天德	甲	癸
辰	大吉	從魁	戊	河魁	辛	神后	小吉	太衝	巳	天剛	乙	勝先
巽①	癸	登明	功曹	壬	殺	庚	丁	太一	傳送	丙	天德	甲
巳	勝先	大吉	從魁	戊	河魁	辛	神后	小吉	太衝	巳	天剛	乙
丙	甲	癸	登明	功曹	壬	殺	庚	丁	太一	傳送	丙	天德
午	乙	勝先	大吉	從魁	戊	河魁	辛	神后	小吉	太衝	巳	天剛
丁	天德	甲	癸	登明	功曹	壬	殺	庚	丁	太一	傳送	丙
未	天剛	乙	勝先	大吉	從魁	戊	河魁	辛	神后	小吉	太衝	巳
坤	丙	天德	甲	癸	登明	功曹	壬	殺	庚	丁	太一	傳送
申	巳	天剛	乙	勝先	大吉	從魁	戊	河魁	辛	神后	小吉	太衝
庚	傳送	丙	天德	甲	癸	登明	功曹	壬	殺	庚	丁	太一
酉	太衝	巳	天剛	乙	勝先	大吉	從魁	戊	河魁	辛	神后	小吉
辛	太一	傳送	丙	天德	甲	癸	登明	功曹	壬	殺	庚	丁
戌	小吉	太衝	巳	天剛	乙	勝先	大吉	從魁	戊	河魁	辛	神后
乾	丁	太一	傳送	丙	天德	甲	癸	登明	功曹	壬	殺	庚
亥	神后	小吉	太衝	巳	天剛	乙	勝先	大吉	從魁	戊	河魁	辛
壬	庚	丁	太一	傳送	丙	天德	甲	癸	登明	功曹	壬	殺

右地下明鑒，以子加歲月建辰②，天上甲、丙、庚、壬、坤、艮、丁下七路爲吉；餘天鑒以午加，丁下即凶，只六路。地鑒亦以子加，丁、癸下亦吉，共八路。人鑒以亥加，乾、艮、巽、

① “巽”底本作“壬”，非例，抄本改作，兹從改録。
② “加”字底本作“如”，不辭，兹依抄本改録。

坤、丁、癸、丙下亦七路。其六道抵向，陽歲月以丑加，陰歲月以未加，歲月建皆以甲、庚、乙、丁、辛、癸下吉。大抵五法殊途同歸，而六道之吉俱吉，仍參五姓并歲月禁忌用之，今立傍通并輪圖，庶學者易曉焉。三鑒六道法事見第十五卷，故於此先述之。

二十四路内外冢穴法

凡葬，先以冢中道路所出爲生者之利，然後以所葬之墓爲死者之冢，内冢欲得功曹、傳送、大吉，外冢欲得天一、天后、青龍、六合、太常，皆吉，若有外冢無内冢者，死者雖吉生者不利；若有内冢無外冢者，生者雖吉死者不寧，多使冢墓摧壞。凡言無内冢、外冢，不必元無，但外冢得功曹、傳送，内冢無功曹、傳送，名有外無内；外冢無功曹、傳送，内冢得功曹、傳送，名有内無外。俱得功曹、傳送、天一、天后、太常、六合、青龍，大吉。《冢記》云："往六來四。"即是四路之法。假令甲子冢從子數至巳六辰，故以巳爲冢影，巳與申合故也，從巳却數至乙四辰爲冢名[①]，從子却數至乾四辰爲冢象，從乾數至子四辰爲冢體，主從本月四路冢中喪出[②]，車道出子、出乙、出巳、出乾，故名内冢四路；外冢九道，即依開三閉九之法是也。甲午、甲戌、甲辰冢亦如之。力牧云："常以天甲自加其陰，前數得未下爲冢名，即以太一加冢名，前數得勝先下爲冢影，大吉下爲冢體，即以大吉加冢影，前數得丁下爲冢象，六甲皆然。"舊説云："六甲自加其陰，未下爲冢名，即以地户

① "乙"字底本作"○"，抄本則作"㉃"形，蓋原文有殘泐故也，今據徑録本字。

② "從"字底本作"之"，抄本同，不辭，疑爲"從"字俗訛，姑據校改。

加冢名，大吉下爲冢體，又以登明加冢體，天剛下爲冢影，又以小吉加冢影，大吉下爲冢象。”東方朔云：“常以勝先加冢名，小吉下爲冢影，大吉下爲冢象，功曹下爲冢體。”司馬季主云：“常以功曹加冢體，癸下爲冢象，小吉下爲冢影，丙下爲冢名。”四説不同，名、體、影、象一也，惟司馬季主爲得其妙。

二十四路内外冢穴，内冢四路，體、影、名、象是也；外冢九道，開三閉九是也。《冢記》云：“往六來四。”即是四路之法。司馬季主云：“常以功曹加冢體，癸下爲冢象，小吉下爲冢影，丙下爲冢名。”

開三閉九法

凡柩出入皆合神道，神道必乘功曹向傳送[①]，從蒿里入黄泉，大吉。若乘傳送向功曹，從黄泉入蒿里，此即乖戾不合吉道。故有開三閉九之路，每以神后下爲第一道，大吉下爲第二道，功曹下爲第三道，可以置喪庭也；太衝下爲第四道，天剛下爲第五道，太一下爲第六道，勝先下爲第七道，小吉下爲第八道，傳送下爲第九道，可以安冢穴也。故曰開一閉七，凶；開二閉八，凶，主子孫微賤；開三閉九吉；開四閉十，凶，多哭泣；開五閉十一，凶，男刑女私；開六閉十二，凶，百事不利。凡葬，須四德交會即吉，陽干四名者，甲爲天堂，庚爲華蓋，丙爲合珠，壬爲玉堂。陽干有五而稱四德，戊是陽干，屬於中宫，無定位，故不名穴。陰干五諱者，乙爲伏害，丁爲反音，己爲禍衝，辛爲鬼牢，癸爲重刑，五干爲

① “乘”字底本作“致”，似於文義有扞格之感，且與下文文例不合，故從抄本改録。

陰，陰干無德，不入穴，故曰陰冢。甲、丙、庚、壬皆有三穴，是陽干，乙、辛、丁、癸是陰干，故不入穴。六甲冢穴皆曰在子上名，甲子旬在甲子，其數一，故曰一畝、十一畝、二十一畝皆爲甲子冢；甲戌旬有丙子，從甲戌至丙子其數有三，故曰三畝、十三畝、二十三畝皆爲甲戌冢；甲午旬有庚子，從甲午至庚子其數有七，故七畝、十七畝、二十七畝皆爲甲午冢；甲辰旬有壬子，從甲辰至壬子其數有九，故曰九畝、十九畝、二十九畝皆爲甲辰冢，所以用子爲冢穴者，子在北方，鬼神所居，如士庶之葬，止依四穴數立步亦可。

新圖解云：前置喪庭冢穴法稱孫氏説，六甲八卦冢法曉之者寡，其墓田頃畝合一、三、七、九之數者，即是六甲冢，若餘步合一、三、七、九之數者，即是八卦冢也。故此有至二十九畝爲甲辰冢者，是不惟世亦難行，兼於法不得，若依此論，則百姓之家無用六甲冢者，又且不然，此蓋不知有如士庶之葬止依四穴數立步亦可之語，小亦合孫氏頃畝大數之説也。今將一、三、七、九之步取合六甲、八卦之冢，其長闊百二十步，下至七步，略算齊之，幾於百數，使學者據地長闊檢照使用，庶無疑錯，書之於左。

宫羽姓甲子冢甲穴

積三百六十一步，長二十步，闊一十八步五釐；又方一十九步。

積三百一步，長二十步，闊一十五步五釐；又長十九步二分六釐四毫，闊十五步六分二釐五毫；又長十八步八分一釐二毫五絲，闊一十六步。

積二百四十一步,長一十六步,闊十五步六釐二毫五絲;又長十五步六分二釐五毫,闊十五步四分二釐四毫。

積一百八十一步,長十四步四分八釐,闊一十二步五分。

積一百二十一步,長一十二步一分,闊一十步;又長十二步五分,闊九步六分八釐;又長十二步一尺九寸五分二釐,闊九步二尺八寸一分八釐一毫二絲五忽;又方十一步。

積六十一步,長八步,闊七步六分二釐五毫;又長七步八分一釐一毫五絲,闊七步八分八毫。

宫羽姓乾家甲穴

積四百一步,長二十步五釐,闊二十步。

積三百四十一步,長二十步,闊一十七步五釐;又長一十九步八分四釐,闊十七步一分八釐七毫五絲;又長十九步五分三釐一毫二絲五忽,闊一十七步四分五釐九毫二絲;又長十九步三分七釐五毫,闊一十七步六分。

積二百八十一步,長十七步九分八釐四毫,闊一十五步六分二釐五毫;又長一十七步五分六釐二毫五絲,闊一十六步。

積二百二十一步,長一十七步,闊一十三步;又長一十六步,闊一十三步八分一釐二毫五絲;又長一十六步六分四釐,闊一十三步二分八釐一毫二絲五忽;又長一十六步二分五釐,闊一十三步六分;又長一十五步六分二釐五毫,闊一十四步一分四釐四毫。

積一百六十一步,長一十四步三分七釐五毫,闊一十一步二分;又長一十四步,闊一十一步五分;又長十三步三尺三寸五分九釐三毫七絲半,闊一十一步三尺八寸八分;又長一十二步八分八釐，闊一十二步五分；又長一十二步四尺，闊十二步二尺八寸九分六毫二絲五忽。

積一百一步，長一十步一尺七寸一分二釐，闊九步三尺八寸二分八釐一毫二絲五忽；又長一十步一分，闊一十步。

商姓甲辰冢辛穴

積三百四十九步，長二十步，闊一十七步四分五釐；又長十九步五分三釐一毫二絲五忽，闊一十七步八分六釐八毫八絲。

積四百九步，長二十步四分五釐，闊二十步。

積二百八十九步，長十九步五分三釐一毫二絲五忽，闊一十四步七分九釐六毫八絲；又長一十八步四分九釐六毫，闊一十五步六分二釐五毫；又長一十八步六釐二毫五絲，闊一十六步；又方一十七步。

積二百二十九步，長一十六步，闊一十四步三分一釐二毫五絲；又長一十五步六分二釐五毫，闊一十四步六分五釐六毫。

積一百六十九步，長一十三步五分二釐，闊一十二步五分；又長十三步一尺一分五釐六毫二絲五忽，闊一十二步四尺；又方一十三步。

積一百九步，長一十一步八寸八釐，闊九步三尺八寸二分八釐一毫二絲五忽；又長一十步九分，闊一十步。

積四十九步，方七步。

商姓乾冢辛穴

積三百五十九步，長二十步，闊十七步九分五釐；又長十九步五分三釐一毫二絲五忽，闊一十八步三分八釐八絲。

積二百九十九步，長十九步五分三釐一毫二絲五忽，闊一十五步三分八毫八絲；又長一十九步一分三釐六毫，闊一十五步六分二釐五毫；又長十八步六分八釐七毫五絲，闊一十六步；又長一十八步四分，闊一十六步二分五釐；又長十七步九分六釐八毫七絲五忽，闊一十六步六分四釐。

積二百三十九步，長一十六步，闊十四步九分三釐七毫五絲；又長一十五步六分二釐五毫，闊一十五步二分九釐六毫。

積二百七十九步，長一十四步三分二釐，闊一十二步五分；又長十三步四尺九寸二分一釐八毫一絲半，闊一十二步四尺。

積一百一十九步，長一十二步五分，闊九步五分二釐；又長一十三步九寸二分八釐，闊九步三尺八寸二分八釐七毫二絲五忽；又長十一步九分，闊一十步；又長一十一步二分，闊一十步六分二釐五毫；又長一十步九分三釐七毫五絲，闊一十步八分八釐。

積五十九步，長八步，闊七步三分七釐五毫；又長七步八分一釐二毫五絲[1]，闊七步五分五釐二毫。

角姓甲戌冢丙穴

積三百七十三步，長二十步，闊十八步六分五釐；又長十九步五分三釐一毫二絲五忽，闊一十九步九釐七毫五絲[2]。

積三百一十三步，長二十步，闊十五步六分五釐；又長十九步五分六釐二毫五絲，闊十六步；又長十九步五分三釐一毫二絲

① “二”字底本作“一”，抄本同，非是，兹據算例校改。

② “五”字抄本同，依算例當作“六”，俟考。

五忽，闊一十六步二釐五毫六絲[①]。

積二百五十三步，長十七步九分六釐八毫七絲五忽，闊一十四步八釐；又長一十七步六分，闊一十四步三分七釐五毫；又長十七步一分八釐七毫五絲，闊一十四步七分二釐；又長十六步一分九釐二毫，闊十五步六分二釐五毫；又長十六步，闊十五步八分一釐二毫五絲。

積一百九十三步，長一十六步，闊十二步六釐二毫五絲；又長十五步六分二釐五毫，闊十二步三分五釐二毫；又長十五步四分四釐，闊十二步五分；又長十五步三寸九分六毫二絲五忽，闊十二步四尺。

積一百三十三步，長一十三步三分，闊一十步；又長一十二步四尺，闊一十步一尺九寸五分三釐一毫二絲五忽；又長一十二步五分，闊一十步六分四釐；又長一十二步一分六釐，闊一十步九分三釐七毫五絲；又長一十一步八分七釐五毫，闊一十一步二分。

積七十三步，長九步三尺八寸二分八釐二毫二絲五忽，闊七步二尺三寸七分六釐；又長九步三分四釐四毫，闊七步八分一釐二毫五絲；又長九步一分二釐五毫，闊八步。

角姓艮冢丙穴

積三百六十三步，長二十步，闊一十八步一分五釐；又長十九步五分三釐一毫二絲五忽，闊一十八步五分八釐五毫六絲；又長一十九步三分六釐，闊一十八步七分五釐；又長一十九步二

① “二”字底本作“三”，非是，兹依算例校改。

分,闊一十八步九分六毫二絲五忽。

積二百三步,長二十步,闊一十五步一分五釐;又長十九步五分三釐一毫二絲五忽,闊一十五步五分一釐二毫六絲;又長一十九步三分九釐二毫,闊一十五步六分二釐五毫;又長一十九步二分,闊一十五步七分八釐一毫二絲五忽;又長十八步九分二釐七毫五絲,闊一十六步;又長一十八步七分五釐,闊一十六步一分六釐。

積二百四十三步,長一十八步,闊一十三步五分;又長十七步二尺八寸九分六毫二絲五忽,闊一十三步四尺一寸二分;又長一十六步八分七釐五毫,闊一十四步四分;又長一十六步二分,闊一十五步;又長一十六步,闊一十五步一分八釐七毫五絲;又長一十五步六分二釐五毫,闊一十五步五分五釐二毫;又長一十七步二分八釐,闊一十四步六釐二毫五絲。

積一百八十三步,長一十五步六分二釐五毫,闊一十一步七分一釐二毫;又長一十五步六分一釐六毫,闊一十一步七分一釐八毫七絲五忽;又長一十五步二分五釐,闊一十二步[①];又長一十五步,闊一十二步二分;又長一十四步六分四釐,闊一十二步五分;又長十四步一尺四寸八分四釐三毫七絲五忽,闊一十二步四尺。

積一百二十三步,長一十二步四尺,闊九步三尺四分六釐八毫七絲五忽;又長十二步二尺九寸七分六釐,闊九步三尺八寸二分八釐一毫二絲五忽;又長一十二步五分,闊九步八分四釐;又長一十二步三分,闊一十步;又長一十二步,闊一十步三分五釐;

① “二”字底本作“一”,非是,兹依算例校改。

又長十一步七分一釐八毫七絲五忽，闊一十步四分九釐六毫。

積六十三步，長九步，闊七步；又長八步九分六釐，闊七步三釐一毫二絲五忽；又長八步七分五釐，闊七步二分；又長八步四分，闊七步五分；又長八步一尺一分五釐六毫二絲五忽，闊七步三尺四寸；又長八步六釐四毫，闊七步八分一釐二毫五絲；又長八步，闊七步八分七釐五毫。

徵姓甲午冢庚穴

積三百九十七步，長二十步，闊一十九步八分五釐。

積三百三十七步，長二十步，闊一十六步八分五釐；又長十九步五分三釐一毫二絲五忽，闊一十七步二分五釐四毫四絲。

積二百七十七步，長十七步七分二釐八毫，闊一十五步六分二釐五毫；又長十七步三分一釐二毫五絲，闊一十六步。

積二百一十七步，長十六步四尺七寸六分五釐六毫一絲五忽，闊一十二步四尺；又長一十六步，闊一十三步五分六釐二毫五絲；又長一十五步四尺三寸六分，闊十三步三尺三寸五分九釐二毫六絲三忽；又長一十五步六分二釐五毫，闊一十三步八分八釐八毫；又長一十五步五分，闊一十四步。

積一百五十七步，長一十二步四尺，闊十二步一尺三寸二分八釐一毫二絲五忽；又長二十二步五分六釐，闊一十二步五分。

積九十七步，長一十步[1]，闊九步七分；又長九步四尺六寸六分四釐，闊九步三尺八寸二分八釐一毫二絲五忽。

① “步”字下底本衍刻一“步”字，抄本删之，兹從删。

徵姓震冢庚穴

積三百四十七步，長二十步，闊一十七步三分五釐；又長十九步五分三釐一毫二絲五忽，闊一十七步七分六釐六毫四絲。

積二百八十七步，長十九步五分三釐一毫二絲五忽，闊一十四步六分九釐四毫四絲；又長一十八步三分六釐八毫，闊一十五步六分二釐五毫；又長十七步九分三釐七毫五絲，闊一十六步；又長一十七步四尺六寸，闊一十六步七分八釐八毫二絲五忽；又長一十七步五分，闊一十六步四分。

積二百二十七步，長二十六步，闊一十四步一分八釐七毫五絲；又長一十五步六分二釐五毫，闊一十四步五分二釐八毫。

積一百六十七步，長十三步三分六釐，闊一十二步五分；又長十三步二寸二分四釐三毫七絲五忽，闊一十二步四分。

積一百七步，長一十步四尺七寸八分四釐，闊九步三尺八寸二分八釐一毫二絲五忽；又長一十步七分，闊一十步。

積四十七步，長七步三分四釐三毫七絲五忽，闊六步四分。

右新添甲、丙、庚、壬步數，合六甲八卦冢法，依式校定。

張謙竊詳：前項立定二十步以下六甲八卦冢穴步數，是爲允當，切見士庶之家，可於塋百步之内皆得營葬。今輒自積四百二十一步，終於八百九十九步，依式再行定立，聊補遺闕，具列於後。

宫羽姓甲子冢甲穴

積四百二十一步，長二十一步五釐，闊二十步。

積四百八十一步，長二十四步五釐，闊二十步。

積五百四十一步,長二十五步,闊二十一步六分四釐。

積六百一步,長二十五步,闊二十四步四釐。

積六百六十一步,長二十六步四分四釐,闊二十五步。

積七百二十一步,長二十八步八分四釐,闊二十五步。

積七百八十一步,長三十一步二分四釐,闊二十五步。

積八百四十一步,自方二十九步;又長三十二步,闊二十六步二分八釐一毫二絲五忽;又長三十三步六分四釐,闊二十五步。

乾冢甲穴

積四百六十一步,長二十三步五釐,闊二十步。

積五百二十一步,長二十六步五釐,闊二十步;又長二十五步,闊二十步八分四釐。

積五百八十一步,長二十五步,闊二十三步二分四釐。

積六百四十一步,長二十五步六分四釐,闊二十五步。

積七百一步,長二十八步四釐,闊二十五步。

積七百六十一步,長三十步四分四釐,闊二十五步。

積八百二十一步,長三十二步八分四釐,闊二十五步;又長三十二步,闊二十五步六分五釐六毫二絲五忽。

積八百八十一步,長三十二步,闊二十七步五分三釐一毫二絲五忽①。

角姓甲戌冢丙穴

積四百三十三步,長二十三步六分五釐,闊二十步。

---

① “五忽”底本作“三忽”,不合算例,兹依抄本改録。

積四百九十三步，長二十四步六分五釐，闊二十步。

積五百五十三步，長二十五步，闊二十二步一分一釐。

積六百一十三步，長二十五步，闊二十四步五分二釐。

積六百七十三步，長二十六步九分二釐，闊二十五步。

積七百二十三步，長二十九步三分二釐，闊二十五步。

積七百九十三步，長三十二步，闊二十四步七分八釐一毫二絲五忽；又長三十二步七分二釐，闊二十五步。

積八百五十三步，長三十二步，闊二十六步六分五釐六毫二絲五忽；又長三十四步一分二釐，闊二十五步。

艮冢丙穴

積四百二十三步，長二十一步一分五釐，闊二十步。

積四百八十三步，長二十四步一分半，闊二十步；又長二十三步，闊二十一步。

積五百四十三步，長二十五步，闊二十一步七分二釐。

積六百三步，長二十五步，闊二十四步一分二釐。

積六百六十三步，長二十六步五分二釐，闊二十五步。

積七百二十三步，長二十八步九分二釐，闊二十五步。

積七百八十三步，長三十一步三分二釐，闊二十五步；又長二十九步，闊二十七步。

積八百四十三步，長三十二步，闊二十六步三分四釐三毫七絲五忽[①]；又長三十三步七分二釐，闊二十五步。

① “七”字底本作“一”，抄本作“二”，並非是，兹依算例校改。

徵姓甲午家庚穴

積四百五十七步，長二十二步八分五釐，闊二十步。

積五百一十七步，長二十五步八分五釐①，闊二十步。

積五百七十七步，長二十五步，闊二十三步四釐。

積六百三十七步，長二十五步四分八釐，闊二十五步。

積六百九十七步，長二十七步八分八釐，闊二十五步。

積七百五十七步，長三十步二分八釐，闊二十五步。

積八百一十七步，長三十二步六分八釐，闊二十五步；又長三十二步，闊二十五步五分三釐一毫二絲五忽②。

積八百七十七步，長三十二步，闊二十七步四分六釐二毫五絲③。

震家庚穴

積四百六十七步，長二十三步三分五釐，闊二十步。

積五百二十七步，長二十六步三分五釐，闊二十步；又長二十五步，闊二十一步八釐。

積五百八十七步，長二十五步，闊二十三步四分八釐。

積六百四十七步，長二十五步八分八釐，闊二十五步。

積七百七步，長二十八步二分八釐，闊二十五步。

積七百六十七步，長三十步六分八釐，闊二十五步。

積八百二十七步，長三十二步，闊二十五步八分四釐三毫七

① “八分”二字底本原脱，抄本同，並非是，兹依算例校補。

② “一毫二絲”底本作“七毫五絲”，抄本同，非是，兹依算例校補。

③ “六釐二毫五絲”依算例當作“六毫二絲五忽”，底本當有誤作，俟考。

絲五忽[①];又長三十三步八釐,闊二十五步。

積八百八十七步,長三十二步,闊二十七步七分一釐八毫七絲五忽。

商姓甲辰冢辛穴

積四百六十九步,長二十三步四分五釐,闊二十步。

積五百二十九步[②],自方二十三步;又長二十六步四分五釐,闊二十步。

積五百八十九步,長二十五步,闊二十三步五分六釐。

積六百四十九步,長二十五步九分六釐,闊二十五步。

積七百九步,長二十八步三分六釐,闊二十五步。

積七百六十九步[③],長三十步七分六釐,闊二十五步。

積八百二十九步,長三十二步,闊二十五步九分六毫二絲五忽;又長三十三步一分六釐,闊三十五步。

積八百八十九步[④],長三十二步[⑤],闊二十七步七分八釐一毫二絲五忽。

乾冢壬穴

積四百一十九步,長二十步九分五釐,闊二十步。

積四百七十九步,長二十三步九分五釐,闊二十步。

積五百三十九步,長二十六步九分半,闊二十步;又長二十

① "三"字底本作"二",抄本同,非是,茲依算例校改。
② "九"字底本誤作"五",非是,茲依文例校改。
③ "九"字底本誤作"五",非是,茲依文例校改。
④ "九"字底本誤作"五",非是,茲依文例校改。
⑤ "三十二步"下底本衍録"一步"二字,抄本删之,茲從删。

五步，闊二十一步五分六釐。

積五百九十九步，長二十五步，闊二十三步九分六釐。

積六百五十九步，長二十六步三分六釐，闊二十五步。

積七百一十九步，長二十八步七分六釐，闊二十五步。

積七百七十九步，長三十一步一分六釐，闊二十五步。

積八百三十九步①，長三十二步，闊二十六步二分一釐八毫七絲五忽；又長三十三步五分六釐，闊二十五步。

積八百九十九步，長三十一步，闊二十九步；又長三十二步，闊二十八步九分三釐七毫五絲②。

右此積步中間若合禽交者尤妙，其有官者各量品從，正文内已有該定之數，當細詳山骨地勢大小相宜，譎而用之，略具列於前，恐文繁不悉備述，量事制宜，巧於算數者觸類而長之。

喬道用新添

宫羽二姓：以神后加癸，登明爲天一，前三六合臨鬼穴，後三

① “步”字底本蓋脱，抄本有之，兹從録定。

② “九分三釐七毫五絲”抄本同，依算例似當作“九釐三毫七絲五忽”，俟考。

真武臨喪庭，後六天空臨門陌，子母上相生，雖是凶神，故無害。

甲下艮上，《易》得山天大畜。

商姓：以天甲神后加乙，大吉爲天乙[①]，合後得五青龍臨冢穴，後三太常爲門陌，後三天后臨喪庭丙，《易》得雷天大壯。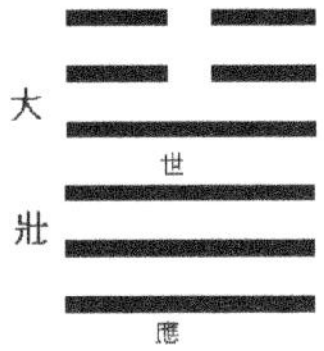

角姓：以天甲神后加辛[②]，大吉爲天一，後五白虎臨冢穴，功曹爲前一螣蛇，臨喪庭壬，母子相見，吉。前三六合臨艮[③]，門雖

① “乙”字底本作“空”，抄本同，與圖示不合，兹依圖示改作。
② “神后”二字底本無，抄本同，與例不合，兹依文例校補。
③ “艮”字底本作“甲”，抄本同，與圖示不合，蓋蒙下圖而訛，兹依圖示改作。

凶，神有吉將，《易》得天山遯。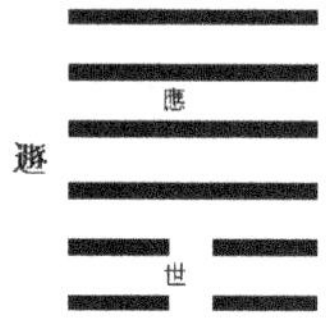

徵姓：以天甲神后加丁，太乙爲貴神，式得功曹爲後三真武，臨冢穴，傳送爲前三六合，臨喪庭，吉神相加，故無害，太乙爲天乙，臨門一，門雖是水，火是貴神，故有福德。《易》得天雷無妄。

乾冢甲穴：以天甲神后加丙門，從魁爲貴神，式得前三六合臨門，後六天空臨喪庭，天一貴神臨甲穴，長、闊步相乘得數六十，去之零四十一步爲乾冢甲穴。

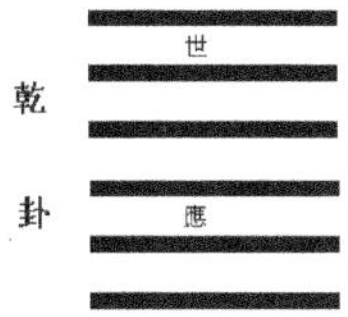

乾冢壬穴：以天甲神后加甲，大吉爲貴神，式得後四太常臨冢穴，前二朱雀太衝臨喪庭，後一天后臨甲門，《易》得雷天大壯，

長、闊步相乘得數六十，去之零五十九步爲乾冢壬穴①。

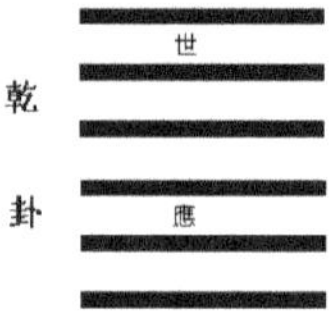

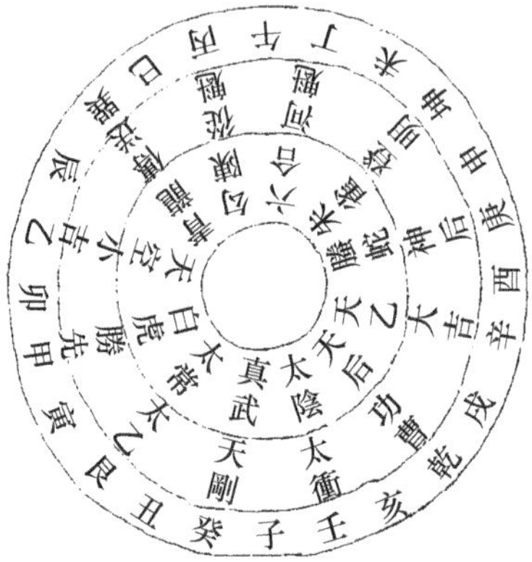

艮冢丙穴：以勝先加甲門，大吉爲貴神，式得後二太衝爲太陰，臨喪庭，前四勾陳爲從魁，臨冢穴，雖是凶神，母子相臨，故有喜慶，《易》得天山遯卦，長、闊相乘得數六十②，去之零三爲艮冢丙穴③。

震冢庚穴：以天甲神后加壬門，太衝爲貴神，式得後三真武臨壬門，天一臨喪庭，後六天空爲從魁，臨冢穴，上下相生比和，無咎也，《易》得天雷無妄④，長、闊步相乘得數六十，去之零四十

① “爲”字底本無，抄本同，兹依文例校補。

② “得數六十”底本原無，抄本同，與例不合，兹姑依文例校補之。

③ “三”字底本作“二”，“爲艮冢丙穴”五字底本無，抄本並同，兹依文例校改“二”作“三”并補五字。

④ “《易》”、“天雷”三字底本原無，抄本同，兹依文例校補。

七步爲震冢庚穴。

孫季邕説八卦冢開三閉九法，當以神后加冢穴，即神后下爲第一道，以次可知也。

乾冢穴在甲，喪庭在庚，門陌出丙，近六十步，遠一百二十步，常以天甲神后加門陌，太衝臨庚爲喪庭，太衝是卯，卯上有房星爲明堂，又爲駟馬車乘，故太衝下置喪庭，相生吉，從魁下安冢穴，從魁是酉，酉近大陵積屍之星，故死者歸於大陵，以從魁下安冢穴，以門陌爲上象，以冢穴爲下象，門陌出丙，丙屬艮，冢穴在甲，甲屬乾，乾下艮上，於《易》得大畜卦䷙，宜子孫，富貴吉。門陌出陰辰暮治，故以從魁爲天一，下臨甲穴，福德吉慶，貴人接引，太衝臨天空爲喪庭，庚前三神后爲六合，臨門陌丙，乾主壬午，以天甲加午，即功曹下爲第三道，傳送下爲第九道，故得開三閉九之路，乘朱入蒼，富貴吉昌。

乾冢壬穴，喪庭在丙，冢穴在壬，門陌在甲，以天甲神后加門陌，太衝臨丙，丙地置喪庭，從魁臨壬，壬地安冢穴，以門陌爲上象，以冢穴爲下象，門出甲，甲屬乾，穴在壬，壬屬乾[①]，乾上乾下，故曰純乾，於《易》得純乾卦☰。門陌出陽辰，大吉爲天一，旦治，立卯，前二得太衝爲朱雀，臨喪庭丙，雖是凶神，子母相見，故有吉也；後四從魁爲太常，臨壬穴，衣服吉慶，子孫富貴。神后爲後一天后，臨甲門陌，吉慶及婦人榮寵，乾壬午陰在卯，以天甲加卯，功曹下爲第三道，傳送下爲第九道，故得開三閉九之路，乘蒼入黑，富貴赫赫。

艮冢丙穴，喪庭在壬，門陌出庚，門與穴相剋，故不置用，改取甲門，以天甲神后加門陌庚[②]，喪庭在壬太衝下，冢穴在丙從魁下，門陌出庚，冢穴是丙，丙火剋金門，與穴不和合，凡葬趍吉，故以天甲神后所衝勝先加門陌，甲丙相生，故以門陌爲上象，冢穴爲下象，乾主六甲，艮主六丙，乾上艮下，於《易》得遯卦䷠。門出陽辰，以大吉旦治，立酉，後二太衝爲太陰，臨喪庭壬，上下相生，故曰吉；前四從魁爲勾陳，丙爲冢穴，雖是凶神，故無咎也；後五勝先爲白虎，臨門陌甲，雖是凶神，子母相臨，故有喜吉，艮主丙辰，合在酉，以天甲加酉，功曹下爲第三道，傳送下爲第九道，故得開三閉九之道，合從蒼入朱，富貴連如。

震冢庚穴，喪庭在甲，門陌出壬，以天甲神后加門陌壬，太衝臨甲爲喪庭，從魁臨庚爲冢穴，以門陌爲上象，以冢穴爲下象，門陌在壬，六壬屬乾，冢穴在庚，六庚屬震，乾上震下，於《易》得無妄卦䷘。門出陰辰暮治，太衝爲天一，立寅，喪庭上得天一，福德

---

① “壬”字下底本衍録一“壬”字，抄本同，非例，姑爲删去。

② “加”底本脱，非例，抄本補之，兹從録。

吉慶,後六從魁爲天空,臨冢穴,庚雖是凶神,上下純和,故無咎也;後三神后爲玄武,臨門陌,雖是凶神,子母相臨,爲吉,震主庚子,以天甲加子,功曹下爲第三道,傳送下爲第九道,故得開三閉九之道,合出玄入白,世世方伯。

開三閉九,以天甲神后加門陌,乾冢甲穴,門陌出丙;乾冢壬穴,門陌出甲,震冢庚穴,門陌出壬;惟艮冢丙穴,門陌出庚,門與穴相衝,改取甲門,以所衝地甲勝先加門陌甲。太衝下置喪庭,從魁下安冢穴,以天一加臨門陌,出陽辰旦治,出陰辰暮治,甲庚近寅申,爲陽;丙壬近巳亥,爲陰。視冢穴、喪庭、門陌神將所臨。又内乾壬午,震主庚子,外乾壬午,陰在卯,艮主丙辰,合在酉,皆以天甲神后加,即神后下爲第一道,功曹下爲第三道,置喪庭,傳送下爲第九道,安冢穴。

天覆、地載法

由吾公裕云:“五姓年月若得天覆地載,大吉。”皆六甲首尾、陰陽互相加臨,以取天覆地載。上生下爲天覆,下生上爲地載,上生下、下生上者,爲甲、庚、丙、壬四穴相臨,看上下相生爲吉。假令一畝之地屬甲子,先以陰加陽,即以從魁加子,甲上見壬,上生下,得天覆,壬上見庚,亦得天覆,丙上見甲,亦名天覆,惟庚上見丙不得天覆;又以陽加陰,即以神后加酉,甲上見丙,得地載,壬上見甲,得地載,庚上見壬,得地載,無天覆,丙上見庚,無地載,得天覆。二畝之地屬乙丑,先以陽加陰丑之陽,即天剛加丑,甲穴上見丙,下生上,得地載,壬上見甲,下生上,亦得地載,庚上見壬,亦得地載,丙上見庚,無地載;又以陰加陽辰之陰,即以大吉加辰,甲上見壬,上生下,得天覆,壬上見庚,上生下,得天覆,丙上見甲，得天覆，無地載，庚上見丙，得地載，無天覆，他皆仿此[1]。又云：假令一畝之地屬甲子，即陰在酉；二畝之地屬乙丑，即陽在辰。他皆仿此，宜詳之。

蒿里、黄泉法

凡喪庭、冢穴，天甲加而取之，甲戌、甲辰自然符會，甲子、甲午稍有乖戾，爲是伏吟、反吟，所以别加冢穴。甲子冢以神后加丁，甲午冢以神后加癸，功曹下爲蒿里，安喪庭，傳送下爲黄泉，安冢穴。甲戌、甲辰冢以神后加戌、辰，功曹下爲蒿里，安喪庭，傳送下爲黄泉，安冢穴。甲寅庭在丙，穴在壬，甲申庭在壬，穴在丙，二冢以神后加寅、申，喪庭、冢穴甲辰[2]、甲戌冢同。又以神后爲天甲，其甲寅、甲申、甲辰、甲戌冢加體，以功曹爲蒿里，傳送爲黄泉，故喪庭在功曹下，冢穴在傳送下，是爲蒿里、黄泉路，其甲子、甲午爲伏吟、反吟，冢皆以天甲加冢穴合德之辰，以取喪庭，冢穴開三閉九之路方通。甲子旬丙配於寅，丙與辛合德，寅與未合德，故天甲加未，以近於丁；甲午旬丙配於申，丙與辛合德，申與丑合德，天甲加丑，以近於癸，凡喪事皆遠凶就吉，故天甲加丁癸也。

建、破、刑、衝及冢藏法

凡營造冢墓，月日不可犯六甲建、破、刑、衝，常以天剛加六甲冢名，天剛下爲冢建，用之害二親，河魁下爲冢破，用之害長

---

① “他”、“仿”底本作“地”、“做”，抄本作“地”、“仿”，金校依文例改作“他”、“仿”二字，兹從之。

② “甲辰”前似當有一“與”字爲安，疑底本脱録，俟考。

男，大吉下爲冢刑，用之害中男，小吉下爲冢衝，用之害小男。

凡造墓，不可犯冢墓首尾及左右足，皆凶。常視六甲冢，以神后加之爲首，勝先爲尾，大吉爲前左足，登明爲前右足，太一爲後左足，小吉爲後右足。故甲子冢首在子，尾在午，前左足在丑，前右足在亥，後左足在巳，後右足在未；甲辰冢首在辰，尾在戌，前左足在巳，前右足在卯，後左足在酉，後右足在亥；甲午冢首在午，尾在子，前左足在未，前右足在巳，後左足在亥，後右足在丑；甲戌冢首在戌，尾在辰，前左足在亥，前右足在酉，後左足在卯，後右足在巳。

六甲爲陽，六己爲陰，陽主生，陰主死。凡萬物之體生受天氣，死歸於地，故六甲下爲冢體，六己下爲冢穴，言甲與己合，夫婦之義也。凡六甲冢皆有首尾陰陽，故甲子爲旬首，陽也；癸酉爲旬尾，陰也。甲午爲旬首，陽也；癸卯爲旬尾，陰也。又甲子、甲午冢以旬首加旬尾，順數至六己下；甲辰、甲戌冢以旬尾加旬首，逆數至六己下，皆爲冢藏。甲子冢以甲子加旬尾癸酉，從甲子順數至己巳，臨甲，故甲子以甲爲冢藏也；甲午冢以甲午加旬尾癸卯，從甲午順數至己亥，臨庚，故甲午以庚爲冢藏也；甲戌冢以旬尾癸未加旬首甲戌，從癸未逆數至己卯，臨丙，故甲戌以丙爲冢藏也；甲辰冢以旬尾癸丑加旬首甲辰，從癸丑逆數至己酉，臨壬，故甲辰以壬爲冢藏也。其甲寅、甲申皆以旬首加尾，亦用六己爲冢藏，甲寅在乙，甲申在辛，爲是陰冢，衆所不用。甲寅旬中無子，甲申旬中雖有戊子，而戊無正位故也。

張謙添營造冢墓月日吉凶立成

	宫羽音	徵音	商音	角音	
	甲子冢	甲午冢	甲辰冢	甲戌冢	
建首	子	午	辰	戌	用之害二親
破尾	午	子	戌	辰	用之害長男
刑	酉	卯	丑	未	用之害中男
衝	卯	酉	未	丑	用之害小男
前左足	丑	未	巳	亥	用之凶
前右足	亥	巳	卯	酉	用之凶
後左足	巳	亥	酉	卯	用之凶
後右足	未	丑	亥	巳	用之凶
	寅申	寅申	寅申	寅申	已上月日用之大凶
	辰戌	辰戌	子午	子午	

右造六甲冢墓月日吉凶。八卦冢即未詳。

門陌衝阡法

陽歲以神后加冢名，天剛下爲門，太一下爲陌，功曹下爲棺椁，大吉下爲墓田，勝先下爲衝，神后下爲阡，小吉下爲徑，亦喪庭門也；陰歲以勝先加冢名，河魁下爲門，登明下爲陌，傳送下爲棺椁，小吉下爲墓田，神后下爲衝。勝先下爲阡，大吉下爲徑，亦喪庭門也。

又云：西葬無門，東葬無陌，南葬無阡，北葬無衝。西葬無門有陌者，主甲午冢，天甲加冢名，河魁爲門，加戌；登明爲陌，加亥；天剛不加，故知西葬有陌無門。東葬無陌有門者，主甲子冢，天甲加冢名，天剛爲門，辰；太一爲陌，巳，所以加此者，有門無陌。南葬無阡者，主甲辰冢也，天甲加冢名，神后爲阡，在辰，故知無阡。北葬無衝者，主甲戌冢也，天甲加冢名，勝先下爲衝，在辰，故知北葬無衝也。甲戌冢天甲加冢名，左挾衝，在辰；右挾阡，在戌，門陌並備有之。甲辰冢天甲加冢名[①]，左挾阡，在辰；右挾衝，在戌，門陌並備有之。甲午冢天甲加冢名，前有阡，後有衝，有門無陌。甲子冢天甲加冢名，前有衝，後有阡，有陌無門。

陰陽門陌法

凡五姓墓，皆立門陌，冢名云起，或亦由斯說，說既不同，終起一理，欲存其事，必須多聞，故述數家，以明妙義。

《葬經》云："人生於寅，死於丑，故以寅丑之間爲鬼門，若門出陽辰，以大吉加門；甲庚爲陽門，甲北近寅，庚南近申[②]。門出陰神，以功曹加門，丙壬爲陰門，丙東近巳，壬西近亥[③]。寅丑夾鬼門，故以功曹、大吉加門陌也，從魁爲天户，故從魁下爲冢名。此名來鬼宅也。甲子冢門陌出丙，陰門，以功曹加丙，從魁加子，爲甲子冢，穴在甲。甲辰冢門陌出庚，陽門，以大吉加庚，從魁臨辰，即爲甲辰冢，冢穴在壬。甲午冢門陌出壬，陰門，以功曹加壬，從魁臨午，即爲甲午冢，冢穴在庚。甲戌冢門陌出甲，陽門，以大吉加甲，從魁加戌，名爲甲戌冢，冢穴在丙。甲寅冢門陌出丁，陰門，以功曹加丁，從魁加寅，名爲甲寅冢，冢穴在乙。甲申冢門陌出癸，陰門，以功曹加癸，從魁臨甲，名爲甲申冢，冢穴在辛。"

東方朔曰："人死魂魄上歸於天，骨肉下歸於地。巽爲地户，凡所出入，其誰不由門户而去？巽居庚、巳之間，破。門出陽辰，以天剛加門陌，甲庚爲陽門也。門出陰辰，以太一加門陌，丙壬爲陰門也。即神后下爲冢名。神后是子，子主北方幽暗之位，日月不達，

---

① "甲辰"下"冢"字底本原無，抄本同，蓋脱，兹依文例校補。

② "庚"字底本作"未"，非例，兹依抄本改録。

③ "西"字底本作"酉"，非例，抄本改作，兹從改録。

鬼神向幽[①]，故取神后下爲冢名。”

司馬季主云：“人死魂遊上天，故乾爲天門。誰能出入不由門户？乾在戌亥之間，故河魁、登明加門陌，每得喪庭、冢穴常在功曹、傳送下，蒿里通、黄泉開，亡人安寧，生人福利。門出陽辰，以河魁加門陌；出陰辰，以登明加門陌，勝先下爲冢名。勝先是午，午爲陰之始，人生爲陽，死爲陰，故勝先爲午，午與未合，未上有鬼星，故以鬼合辰，勝先下爲冢名，故甲子冢門陌出丙，陰門，以登明加丙，勝先臨子，故甲子冢喪庭在庚，庚上得功曹；冢穴在甲，甲上得傳送[②]，故名蒿里黄泉。”

《力牧經》云：“人稟天氣以生，死歸於地。乾爲天，坤爲地，坤在未申之間，故以傳送小吉加門陌也。門出陽辰，以小吉加門甲庚爲陽，門出陰辰，以傳送加門，内壬爲陰。每以太衝下爲冢名，太衝是卯，上有房尾，房爲明堂布政之宫，主震位號令之首，故以太衝爲冢名。”

右以前四家之説雖若不同，至於六甲冢名及喪庭、冢穴實非殊途，其理一也，故俱詳之，可爲備也。

凡門陌出甲庚，近寅申，爲陽；出丙壬，近巳亥，爲陰。《葬經》云：“若門出陽辰，以大吉加門；門出陰辰，以功曹加門，從魁下爲冢名。”東方朔云：“門出陽辰，以天剛加門陌；門出陰辰，以太一加門陌，即神后下爲冢名。”司馬季主云：“門出陽辰，以河魁加門陌；出陰辰，以登明加門陌，以勝先下爲冢名。”《力牧經》云：“門出陽辰，以小吉加門；門出陰

① “神”字底本誤作“坤”，不辭，兹依抄本改録。

② “甲”字底本作“申”，抄本同，非例，兹據文例校改。

辰，以傳送加門，以太衝下爲冢名。”四家之説雖若不同，至於六甲冢名一也，故詳備之。

右並因官書舊文參定，坐穴次序今用之，餘皆繁碎，以其傳之自古，故詳録之。

重校正地理新書卷第十三

步地取吉穴凡八條

凡葬有八法，步地亦有八焉。

一曰阡陌，謂平原法，從丘陵、坑坎、溝澗、大道因之起步，然後十步一呼甲子及建除等，得甲、庚、丙、壬與滿、定、成、開等合者大吉。

二曰金車龍影，謂東西千步，南北二百四十步，當千步之中向東行十步起甲子，二十步乙丑，盡五百步癸丑至東阡，向南十步起甲寅，二十步起乙卯，盡二百四十步丁丑南陌，向西行十步起戊寅，二十步起己卯，盡五百步丁卯即南中陌，向西行十步起甲午，二十步乙未，盡五百步終癸未，從西阡南頭向北行十步起甲申，二十步乙酉，盡二百四十步終丁未至北陌，向東行十步起戊申，二十步己酉，盡五百步終丁酉。向東步，從西起建；向西步，從東起建；向南步，從北起建；向北步，從南起建，次除滿等，此法雖有，世多不用。

三曰窟，謂在山岡腹脅中回抱之處，即定龍乳頭，譎其陰陽，即四向依内禽交命步，故郭氏云："葬山用窟。"

四曰突，謂或因山有嫩條蹙氣突然而來，欲向平地住者，或平地有突形而起者，下穴近上即枯燥，近下即踈，當頭復絶，譎而取之，勿失須臾。亦依内禽命步，故郭氏云："地平用突。"此雖暫吉，不久敗也，若能用，即窟中看突、突中看窟，方可長久。

五曰壠，謂平地微有小壠，細而長，雖不成生蛇蟠龍之勢，急亦可用，亦依内禽交命步法安之。

六曰墩，謂地土窄狹，不得已，依古墩而葬，即向八干命步，假如後來擬向古墩西南庚地下穴者，即從古墩向西南望庚行，一步呼甲申建，二步呼乙酉除，次可知也，六甲屬乾，福德在丙，天醫在庚，須合丙、庚二字，兼滿、定、成、開者，他皆倣此，故郭氏云："有壠無壠依古冢。"

七曰卧馬，謂舊墓是一穴之地，後喪擬相近葬者，即向後斜行，如雁行之勢[①]，即依血脉命步，如墩葬法。

八曰昭穆，亦名貫魚，入先塋内葬者，即左昭右穆，如貫魚之形，仍避廉路、地軸、陰屍、陽屍、雄轅、雌轅，惟河南、河北、關中、壠外並用此法。

張謙新圖解云：步地取穴葬法有八，於内唯卧馬一項世常用之，蓋以培靈之多而然也。且不知卧馬之法亦有步數，謂如舊有一冢，若冢後望西南行，則以東方爲主，其冢名爲甲，甲屬於乾[②]，乾冢以丙爲福德，庚爲天醫，惟此丙、庚二字吉。若於舊冢望東北行，則以西方爲主，其冢名爲庚，庚屬於震，震冢以壬爲生氣，甲爲天醫，惟此壬、甲二字吉。若於舊冢向東南行，則以北方爲主，其冢名爲壬，壬屬於離，離冢以庚爲生氣，惟合庚字吉。若於舊冢向西北行，則以南方爲

① "如"字底本作"加"，抄本同，不辭，底本形訛，兹依文例校改。

② "甲"字底本作"申"，抄本改作"甲"，與後文例合，兹從改録。

主，其冢名爲丙，丙屬於艮，艮冢以甲爲福德，惟合甲字吉。此上四冢所合甲、丙、庚、壬雖吉，又合滿、定、成、開方可使用。陰穴不取其起步，或隔於三步、五步以至於十餘步者，方值吉穴，又須隨其山勢水流，依順血脉命步，或東或西，或南或北，亦無墓田長岡，不立明堂，不犯廉路[①]、地軸等忌，但依古墩法行墩堆也。從一土堆假立山名，權爲卦主，取穴而用也。今之庸師不聞經説，便以臆裁，將謂卧馬之名如作繫馬之象，不間步數密密細排，若屍陀林寄骨地，以至於排遍一行，復起一行，却有中宫，豈不犯陰陽忌諱？其用事之家自不解陰陽，但知省地以便一時，將謂術者必從依據，故其然也，予恐相襲而成弊，特示斯圖，俾捨昨非焉。

① “廉”字底本作“無”，抄本改作，合於文例，兹從改録，底本形訛。

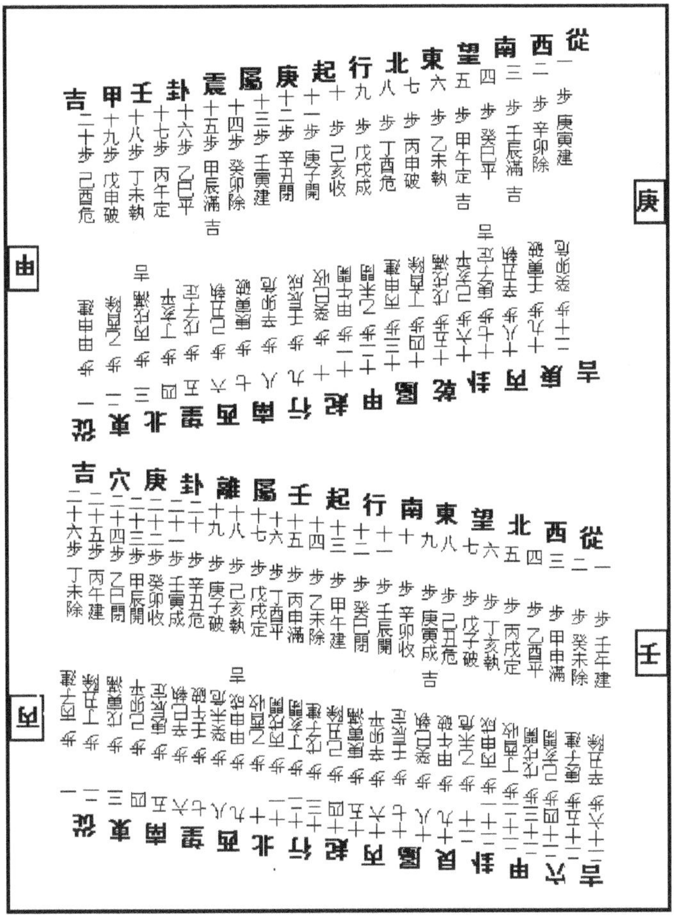
庚
從西南望東北行起庚屬震卦壬甲吉
一步 庚寅建
二步 辛卯除
三步 壬辰滿 吉
四步 癸巳平
五步 甲午定 吉
六步 乙未執
七步 丙申破
八步 丁酉危
九步 戊戌成
十步 己亥收
十一步 庚子開
十二步 辛丑閉
十三步 壬寅建
十四步 癸卯除
十五步 甲辰滿 吉
十六步 乙巳平
十七步 丙午定
十八步 丁未執
十九步 戊申破
二十步 己酉危
甲
從東北望西南行起甲屬乾卦丙庚吉
一步 甲申建
二步 乙酉除
三步 丙戌滿 吉
四步 丁亥平
五步 戊子定
六步 己丑執
七步 庚寅破
八步 辛卯危
九步 壬辰成
十步 癸巳收
十一步 甲午開
十二步 乙未閉
十三步 丙申建
十四步 丁酉除
十五步 戊戌滿
十六步 己亥平
十七步 庚子定 吉
十八步 辛丑執
十九步 壬寅破
二十步 癸卯危
壬
從西北望東南行起壬屬離卦庚穴吉
一步 壬午建
二步 癸未除
三步 甲申滿
四步 乙酉平
五步 丙戌定
六步 丁亥執
七步 戊子破
八步 己丑危
九步 庚寅成 吉
十步 辛卯收
十一步 壬辰開
十二步 癸巳閉
十三步 甲午建
十四步 乙未除
十五步 丙申滿
十六步 丁酉平
十七步 戊戌定
十八步 己亥執
十九步 庚子破
二十步 辛丑危
二十一步 壬寅成
二十二步 癸卯收
二十三步 甲辰開
二十四步 乙巳閉
二十五步 丙午建
二十六步 丁未除
丙
從東南望西北行起丙屬艮卦甲穴吉
一步 丙子建
二步 丁丑除
三步 戊寅滿
四步 己卯平
五步 庚辰定
六步 辛巳執
七步 壬午破
八步 癸未危
九步 甲申成 吉
十步 乙酉收
十一步 丙戌開
十二步 丁亥閉
十三步 戊子建
十四步 己丑除
十五步 庚寅滿
十六步 辛卯平
十七步 壬辰定
十八步 癸巳執
十九步 甲午破
二十步 乙未危
二十一步 丙申成
二十二步 丁酉收
二十三步 戊戌開
二十四步 己亥閉
二十五步 庚子建
二十六步 辛丑除

墩葬卧馬取吉穴圖

商角昭穆葬

舊道用添：

商姓祖墳壬、丙、庚三穴葬畢，再向正東偏南乙地作一墳，名昭穆葬，不得過卯地，分位倣此。

角姓祖墳下丙、壬、甲三穴葬畢，再向正西偏北辛地作一墳，謂之昭穆葬，不得過酉地，分位倣此。

徵羽宫昭穆葬

徵姓祖墳下庚、甲、丙三穴葬畢，再向正北偏東癸地作一墳，謂之昭穆葬，不得過於子地，分位倣此。

宫羽姓祖墳下甲、庚、壬三穴葬畢，再於正南偏西丁地作一墳，謂之昭穆葬，不得過於午地，分位倣此。

商角貫魚葬

喬道用添：

商姓祖墳下壬、丙、庚三穴葬畢，再於正南偏東丙地作墳一座，謂之貫魚葬，不得過於午地，分位倣此。

角姓祖墳下丙、壬、甲三穴葬畢，再於正北偏西壬地作一墳，謂之貫魚葬，不得過於子地，分位倣此。

徵羽宮貫魚葬

徵姓祖墳下庚、甲、丙三穴葬畢，再向正東偏北甲地作一墳，名曰貫魚葬，不得過卯地，分位倣此。

宮羽姓祖墳下甲、庚、壬三穴葬畢，再向正西偏南庚地作墳一座，名曰貫魚葬，不得過酉地，分位倣此。

昭穆亦名貫魚者，謂左穴在前，右穴在後，斜而次之，如條穿魚之狀也。又《禮》曰：冢人奉圖，先君之葬，君居其中，昭穆居左右也。

上下利方

凡人便喪權厝，上下利方及年中神殺空方抵向吉，不可犯太歲、將軍、金神、凶殺等，推上下利方，河魁加五音墓①，惟商加艮、角加坤、徵加乾、宫羽加巽，視功曹所臨爲上利，傳送所臨爲下利，葬送乘之往來，大吉。

取地合四獸法

《冢記》云："内交外交辨利害，麒麟、鳳凰來相對，章光、玉堂互相配，棺下六尺方合會。"内交外交者，阡陌交直，死者下安，甲爲麒麟，丙爲鳳凰，庚爲章光，壬爲玉堂，四禽交會，偶其冢穴，然可安葬也。既得四禽交，須位直神合滿定成開②、合棺下六尺乃吉。權厝

① "五"字底本作"三"，抄本改作，合於文例，玆從改録，底本形訛。
② "位"字底本作"值"，抄本改作，合於文例，玆從改録，底本形訛。

者亦然,凡下穴,先持一標,審觀天然吉穴處插定,然後四面插地,任爲六甲八卦冢,凡塋交取步,從東界西向行,一步呼甲申建,爲麒麟,二步呼乙酉除,爲天獄,三步呼丙戌滿,爲鳳凰,四步呼丁亥平,爲禍殃,五步呼戊子定,爲龍煞,六步呼己丑執,爲虎煞,七步呼庚寅破,爲章光,八步呼辛卯危,爲地禍,九步呼壬辰成,爲玉堂,十步呼癸巳收,爲死喪,十一步呼甲午開,十二步呼乙未閉,周而復始,步至點穴處止。從西向東步[①],即起一步呼庚寅建,二步呼辛卯除。從南向北,起一步呼丙子建,二步呼丁丑除。從北向南,起一步呼壬午建,二步呼癸未除,次可知也,周而復始。皆合滿定成開、合甲丙庚壬,交於所用之穴上。故曰棺下六尺,寸七寶壁。六尺者,中人之身,故葬此上大吉也。甲爲麒麟,丙爲鳳凰,庚爲章光,壬爲玉堂。《冢記》云:"麒麟爲守狗,使我知人來;鳳凰爲鳴鷄,使我知天時;章光爲奴婢,給使我錢財;玉堂爲廬宅、倉廩及高堂,四神皆備魂魄寧。"

冢穴三會四福法

凡大葬之法,皆須三會四福。

何名三會?一者從阡陌四交地合甲、丙、庚、壬,爲阡陌穴,亦可立東西阡、南北陌取吉穴,故名阡陌穴。二者得地已後,安穴在三靈七分之中,名曰冢穴。三者塋内取禽交,直步棺下六尺,名曰孔穴。得上吉穴,然後安葬,雖山川形勢龍脅獸腹,左青龍、右白虎、前朱雀、後真武吉地,不合三會四福之中,棺下六尺,名曰有穴無地,死者不寧;雖禽交直步棺下六尺,不在四福之中,

① "從"字底本作"後",抄本作"從",義長,兹從改録,底本形訛。

名曰有地無穴，不利子孫。若三會者，阡陌吉，冢穴吉，交直吉也。

四福者，甲、丙、庚、壬皆在人穴之中也。立阡陌法，東西千步，南北二百四十步爲法，南北六十步爲一隱，四六二十四，即二百四十步四隱，以六十步爲法，凡四條，四六二十四，還得二百四十步。東西千步，以五百步爲陰陽，從南入北，丙子起陽，從南入北，丁丑起陰；從北入南，壬午起陽，從北入南，癸未起陰，皆十步以取甲、丙、庚、壬、寅、申地。甲爲麒麟，庚爲章光，丙爲鳳凰，壬爲玉堂，寅爲功曹，申爲傳送。又取滿、定、成、開之地，十步建，二十步除，他皆倣此，周而復始。又以五音取相生，東十步起角，西十步起商，南十步起徵，北十步起羽，周而復始也。

便喪取地立成法

凡便喪取吉穴，禽交棺下六尺者，丙穴東西七步、南北一十九步，計得一百三十三步，合丙穴，東入二步半丙戌滿，西入四步半甲午定，南北四步二尺五寸庚辰定，北入十四步二尺五寸丙申滿。

庚穴東西七步、南北一十一步，計得七十七步，合庚穴，東入四步二尺五寸戊子定，西入二步二尺五寸壬辰滿，北入六步二尺五寸戊子破，南入四步二尺五寸庚辰定。又庚穴東西十七步、南北二十一步，計三百五十七步，合庚穴，當一畝餘一百一十七步，東入十二步半丙申建，西入四步半甲午定，北入十二步半甲午建，南入八步半甲申成。

壬穴東西南北各七步，計四十九步，合壬穴，從西入二步半壬辰滿，從東入四步半戊子定，從南入四步半庚辰定，從北入二步二尺五寸甲申滿。又壬穴東西七步、南北一十七步，計一百一十九步，合壬穴，從西向東二步半壬辰滿，從東向西四步半戊子定，從南向北十四步二尺庚寅滿，從北向南二步三尺甲申滿，又壬穴東西南北各一十七步，計二百八十九步，合壬穴，從東向西入十步半甲午開，從西向東入六步半丙申破，從南向北入十四步二尺庚寅滿，從北向南入二步三尺甲申滿。凡棺下六尺立成，甲、庚、丙、壬皆除壖塹在外，若内合禽交者吉。

甲穴東西七步、南北一十三步，計九十一步，合甲穴，從東向西入二步二尺五寸丙戌滿，從西向東入四步半甲午定，從北向南入四步半丙戌定，從南向北入八步半甲申成。又甲穴東西、南北各一十一步，計一百二十一步，合甲穴，東入二步半丙戌滿，西入八步半戊戌成，南入六步半壬午破，北入四步半丙戌定。又甲穴東西、南北各一十九步，計三百六十一步，當一畝半餘一步，合甲穴，東入二步四尺丙戌滿，西入十六步一尺丙午定，南入十四步半庚寅滿，北入四步半丙戌定。一云：南入十步九分丙戌開，北入八步一分庚寅成。又甲穴東西、南北各二十一步，計四百四十一步，當一畝半餘八十一步，合甲穴，西入十六步半丙午定，東入四步半戊子定，南入十四步半庚寅滿，北入六步半戊子破。

丙穴東西七步、南北九步，計六十三步，合丙穴，南入三尺丙子建，北入八步二尺庚寅成，東入二步半丙戌滿，西入四步半甲午定。又丙穴東西十一步、南北十三步，計一百四十三步，合丙穴，東入四步一尺戊子定，西入六步四尺丙申破，南入二步半戊寅滿，北入十步半壬辰開。

壬穴東西、南北各一十三步，計一百六十九步，合壬穴，西向東入四步半甲午定，東向西入八步半壬辰成，南向北入十步二尺丙戌開,北向南入二步三尺甲申滿。又壬穴東西六步一尺三寸五分、南北一十一步,計六十九步欠一寸五分,合壬穴,西入二步一尺壬辰滿,東入四步三寸五分戊子定,南入八步半甲申成,北入二步半甲申滿。

野外權厝吉地法

凡權厝取地,隨近便之處,若地從本音生氣、陽氣上來,有坡面,内從周足,水流依地圖形様[①],則隨本音作大利向爲善;若無坡面,及内從十七將不相連接,或獨山頭,或田洲上,則隨本音作小利向,取傳送、伏屍、穀將、始生等肥滿,又天劫、地劫、刑劫、白虎等低善不連高山,則吉,餘功曹、官國、天柱、冠帶、勾陳、大墓全無亦可。

凡葬禮未備,權寄他所,或爲屋宇,或爲丘藏[②],皆須合甲、丙、庚、壬三才尺步即吉,而無禽交六尺之忌也。東西兩步、南北兩步半,周回九步,合壬三才,吉。東西一步半、南北三步[③],周回九步,合壬三才,吉。東西三步、南北三步半,周回一十三步,合丙三才,吉。東西五步、南北六步半,周回二十三步,合丙二儀,吉。又東西七尺、南北八尺五寸,周回三十一尺,合甲三才,吉。東西六尺五寸、南北九尺,周回三十一尺,合甲三才,吉。東西九尺五寸,南北一丈七尺,周回五十三尺,合丙二儀,吉。東西一丈,南北一丈八尺五寸,周回五十七尺,合庚二儀,吉。

右步尺皆合甲、庚、丙、壬三才、二儀,吉。凡尺用今尺

① "様"字底本作"權",不辭,抄本改作,兹從改録。
② "或"字底本作"取",抄本作"或",義長,兹從改録。
③ "三"字底本作"二",非例,兹從抄本改録。

不用古尺，蚕吐絲爲忽，十忽爲一絲，十絲爲一毫，十毫爲一氂，十氂爲一分，十分爲一寸，十寸爲一尺，其殯埋卑賤不拘禮制，只用一穴之地，唯忌太歲、將軍、黄幡、豹尾，其餘無忌。

禽交六尺立成法

甲子冢甲穴方十九步，右計得三百六十一步，當一畝，餘一百二十一步，合天覆地載，四方各七分，分之得二步三尺五寸七分，餘一分不計，從東向西四步三尺合定戊子，從西向東十四步三尺合滿甲辰，從南向北十步三尺合開丙戌，從北向南八步三尺合成庚寅，右雖得棺下六尺，禽交不吉，無穴，故不可用。又甲子冢甲穴南北七十三步，七分分之，得十步二尺一寸四分，餘一分不計；東西三十七步七分，分之得五步一尺四寸二分，餘六分不計，右計得二千七百零一步，當十一畝，餘六十一步，合甲穴，得天覆地載，吉。從東向西一十步三尺得甲午合開，從西向東二十六步三尺得丙辰合滿，從南向北五十步三尺得丙寅合開[①]，從北向南二十二步三尺得甲辰合開，右此甲穴中禽交得二麒麟、二鳳凰、二滿、兩開，皆得合棺下六尺，大吉。又甲子冢甲穴東西七十一步七分，分之得十步七寸一分，餘三分不計；南北七十一步，分之如前，右計得五千四十一步，得二十一畝，餘一步，合甲穴，得天覆地載，吉。從東向西二十步一尺得甲辰合成，從西向東五十步四尺得庚辰合滿，從南入北五十步一尺得丙寅合滿，從北入南二十步四尺合壬寅成，右此甲穴中四禽交得一玉堂、一章光、一

① "開"字底本作"滿"，非例，抄本校改，茲從改録，底本承前誤作。

鳳凰、一麒麟、二滿、二成，合棺下六尺，吉。

甲午冢庚穴東西三十七步，七分分之，各得五步一尺四寸一分，餘六分不計；南北五十一步，七分分之，各得七步一尺四寸二分，餘六分不計，右計得一千八百八十一步，當十畝，餘二百七步，合庚穴，無天覆得地載，從西向東十步二尺得庚子合開，從東向西二十六步三尺得庚戌合滿，從南向北十六步三尺得壬辰合定[①]，從北向南三十四步三尺得丙辰合開，右此中禽交得一玉堂、二章光、一鳳凰、一定、二開[②]、一滿，合棺下六尺，大吉。又甲午冢庚穴東西六十一步，七分分之，各得八步三尺五寸七分，餘一分不計；南北六十七步七分，分之各得九步二尺八寸五分，餘五分不計[③]，右計得四千八十七步，當十七畝，餘七步合庚穴[④]，無天覆得地載，吉。從西向東十步三尺得庚子合開，十四步三尺得甲辰合滿，從東向西五十步三尺得甲戌合滿，四十六步三尺得庚午合開，從南向北二十六步三尺得壬寅合滿，二十八步三尺得甲辰合定，從北向南四十步三尺得壬戌合定，三十八步三尺得庚申合滿，右得四禽交兩會。又甲午冢庚穴東西七十九步[⑤]，七分分之，各得十一步一尺四寸二分，餘六分不計；南北八十三步，以七分分之，各得一十一步四尺二寸八分，餘四分不計，右計得六千五百五十七步[⑥]，計二十七畝，餘七十七步，合庚穴，得地載無天覆。

① “合”字底本原無，抄本同，兹依文例校補。

② “二”字底本作“一”，非例，抄本改作“二”，兹從改録。

③ “計”字底本作“皆”，不辭，兹依抄本改録。

④ “七”字底本作“十”，抄本同，非是，兹依文例校改。

⑤ “穴東”二字底本作“寅未”，抄本同，非是，兹依文例校改，底本形訛。

⑥ “六千”二字底本誤合作一“步”字，抄本改作“六十”字，並有訛誤，兹因算例校改。

從西向東十六步三尺得丙午合定,從東向西六十二步三尺得丙戌合滿,從南向北二十六步三尺得壬寅合滿,從北向南五十六步三尺得戊寅合成,雖得棺下六尺,不合四神交,無吉穴。

甲戌冢丙穴東西二十七步,七分分之,各得三步四尺二寸八分,餘四分不計;南北二十九步,七分分之,各得四步七寸一分,餘三分不計,右計得七百八十三步,當三畝,餘六十三步,合丙穴,得天覆無地載。從南向北八步一尺得甲申合成,從北向南二十步四尺得壬寅合成,從東向西十步三尺得甲午合開,從西向東十六步三尺得丙午合定,右此中禽交得二麒麟、一鳳凰、一玉堂、一定、一開、二成合棺下六尺,大吉。又甲戌冢丙穴東西六十三步,七分分之,各得九步;南北九十一步七分,分之各得一十三步,右計得五千七百三十三步,當二十三畝,餘二百一十三步,合丙穴,得天覆無地載,從南向北二十步三尺得丙申合成,從北向南七十步三尺得壬辰合開,從東向西二十二步三尺得丙午合開,從西向東四十步三尺得庚午合定,右此中禽交得二鳳凰、一章光、一玉堂、兩開、一定、一成合棺下六尺,吉。

甲辰冢壬穴自方四十七步,七分分之,各得六步三尺五寸七分,餘一分不計,右計得二千二百九步,當九畝,餘四十九步,合壬穴,得天覆地載。從北向南八步三尺得庚寅合成,從南向北三十八步三尺得甲寅合滿,從西向東十四步三尺得甲辰合滿,從東向西三十二步三尺得丙辰合成,右此中禽交得二麒麟、一鳳凰、一章光、兩滿、二成合棺下六尺,吉。又甲辰冢壬穴東西六十三步,七分分之,各得九步;南北七十三步,七分分之,各得十步二尺一寸四分,餘二分不計,右計四千五百九十九步,得一十九畝,餘三十九步,合壬穴,得天覆地載。從北向南十四步三尺得丙申合滿,從南向北五十八步三尺得甲戌合開，從西向東二十二步三尺得壬子合開，從東向西四十步三尺得甲子合定，右此中禽交得二麒麟、一鳳凰、一玉堂、一滿、一定、二開合棺下六尺，吉。又甲辰冢壬穴東西七十九步，七分分之，得一十一步一尺四寸二分，餘六分不計；南北九十一步，七分分之，各得一十三步，右計得七千一百八十九步，當二十九畝，餘二百二十九步，合壬穴，得天覆地載，吉。從北向南十四步三尺丙申合滿，從南向北七十六步三尺壬辰合定，從東向西五十六步三尺庚辰合成，從西向東二十二步三尺壬子合開，右此中禽交得二玉堂、一章光、一鳳凰、一滿、一定、一成、一開合棺下六尺，吉已前係六甲吉凶已合禽交尺步立成。

乾冢甲穴東西三十一步，七分分之，各得四步二尺一寸四分，餘二分不計；南北四十一步，七分分之，得五步四尺二寸八分，餘四分不計，右計得一千二百七十一步，當五畝，餘七十一步，合甲穴，得天覆地載，吉。從東向西八步半得壬辰合成，從西向東二十二步半得壬子合開，從北向南十四步半得丙申合滿，從南向北二十六步半得壬寅合滿，右此中禽交得三玉堂、一鳳凰、兩滿、一成、一開合棺下六尺，吉。又乾冢甲穴自方三十一步，七分分之，各得四步二尺一寸四分，餘二分不計，右計得九百六十一步，當四畝，餘一步，合甲穴，得天覆地載，吉。從北向南十步半得壬辰合開，從南向北二十步半得丙申合成，從東向西八步半得壬辰合成，從西向東二十二步半得壬子合開，右此中禽交得三玉堂、一鳳凰、二成、二開合棺下六尺，吉。又乾冢甲穴東西四十一步，七分分之，各得五步四尺二寸八分，餘四分不計；南北六十一步，七分分之，各得八步三尺五寸七分，餘一分不計，右計得二千五百一步，當一十畝，餘一百一步，合甲穴，得天覆地載。從東向西八步半壬辰合成，從西向東三十二步半壬戌合成，從北向南二十步半壬寅合成，從南向北四十步半丙辰合定，右此中禽交得三玉堂、一鳳凰、二成、一定合棺下六尺[①]，吉。又乾冢壬穴東西三十一步，七分分之，各得四步二尺一寸四分，餘二分不計；南北三十九步，七分分之，各得五步二尺八寸五分，餘五分不計[②]，右計得一千二百九步，當五畝，餘九步，合壬穴，得天覆地載，吉。從南向北二十八步半甲辰合定，從北向南十步半得壬辰合開，從西向東十步半得庚子合開，從東向西二十步半得甲辰合成，右此中禽交得二麒麟、一章光、一玉堂、二開、一定、一成合棺下六尺，吉。又乾冢壬穴東西三十一步，七分分之，各得四步二尺一寸四分，餘二分不計；南北四十九步，七分分之，各得七步，右計得一千五百一十九步，當六畝，餘七十九步，合壬穴，得天覆地載，吉。從北向南十步半得壬辰合開，從南向北三十八步半得甲寅合滿，從西向東十步半得庚子合開，從東向西二十步半得甲辰合成，右此中禽交得二麒麟、一章光、一玉堂、一成、二開、一滿合棺下六尺，吉。又乾冢壬穴東西三十七步，七分分之，各得五步一尺四十二分，餘六分不計；南北四十七步，七分分之，各得六步三尺五寸七分，餘一分不計，右計得一千七百三十九步，當七畝，餘五十九步，合壬穴，得天覆地載，吉。從北向南八步半得庚寅合成，從南向北三十八步半得甲寅合滿，從西向東十四步半得甲辰合滿，從東向西二十二步半得丙午合開，右此中禽交得二麒麟、一鳳凰、一章光、二滿、一成、一開合棺下六尺，吉。又乾冢壬穴東西

---

① "下"字底本作"十"，非是，抄本校改，玆從改録。

② "計"字底本作"皆"，不辭，玆依抄本改録。

三十九步，七分分之，各得五步二尺八寸五分，餘五分不計；南北五十一步，七分分之，各得七步一尺四寸二分，餘六分不計，右計得一千九百八十九步，當八畝，餘六十九步，合壬穴，得天覆地載，吉。從北向南十步半得壬辰合開，從南向北四十步半得丙辰合定，從西向東十六步半得丙午合定，從東向西二十二步半得丙午合開，右此中禽交得三鳳凰、一玉堂、二定、二開合棺下六尺，吉。

震冢庚穴東西二十七步，七分分之，各得三步四尺二寸八分，餘四分不計；南北三十一步，七分分之，各得四步二尺一寸四分，餘二分不計，右計得八百三十七步，當三畝，餘一百一十七步，合庚穴，無天覆得地載。從西向東四步半得甲午合定，從東向西二十二步半得丙午合開，從南向北十步半得丙戌合開，從北向南二十步半得壬寅合成，右此中禽交得一麒麟、二鳳凰、一玉堂、二開、一定、一成合棺下六尺，吉。又震冢庚穴東西四十七步，七分分之，各得六步三尺五寸七分，餘一分不計；南北五十一步，七分分之，各得七步一尺四寸二分，餘六分不計，右計得二千三百九十七步，當九畝，餘二百三十七步，合庚穴，無天覆得地載。從西向東十四步半得甲辰合滿，從東向西三十二步半得丙辰合成，雖吉不入吉穴，從南向北十六步半得壬辰合定，從北向南三十四步半得丙辰合開，右此中禽交得二鳳凰、一麒麟、一玉堂、一滿、一定、一開、一成合棺下六尺，吉。又震冢庚穴東西三十一步，七分分之，各得四步二尺一寸四分，餘二分不計；南北三十七步，七分分之，各得五步一尺四寸二分，餘六分不計，右計得一千一百四十七步，當四畝，餘一百八十七步，合庚穴，無天覆得地載。從西向東八步半得戊戌合成，從東向西二十二步半得丙午合開，從南向北十四步半得庚寅合滿，從北向南二十二步半得甲辰合開，右此中禽交得一麒麟、一鳳凰、一章光、一龍殺、一成、二開、一滿，雖得棺下六尺，三吉一凶，不用。又震冢庚穴東西四十一步，七分分之，各得五步四尺二寸八分，餘四分不計；南北四十七步，七分分之，各得六步三尺五寸七分，餘一分不計，右計一千九百二十七步，當八畝，餘七步，合庚穴，無天覆得地載。從西向東八步半得戊戌合成，從東向西三十二步半得丙辰合成，從南向北十四步半得庚寅合滿，從北向南三十二步半得甲寅合成，右此中禽交得一龍殺、一麒麟、一鳳凰、一章光、三成、一滿，雖得棺下六尺，三吉一凶，若急可通用。

艮冢丙穴東西二十三步，七分分之，各得三步一尺四寸二分，餘六分不計；南北三十一步，七分分之，各得四步二尺一寸四分，餘二分不計，右計得七百一十三步，當二畝，餘二百三十三步，合丙穴。從南向北八步半得甲申合成，從北向南二十二步半得甲辰合開，從東向西八步半得壬辰合成，從西向東十四步半得甲辰合滿，右此中禽交得三麒麟、一玉堂會二成、二開、一滿合棺下六尺，吉。又艮冢丙穴東西三十一步，七分分之，各得四步二尺一寸四分，餘二分不計；南北四十三步，七分分之，各得六步七寸一分，餘三分不計，右計得一千三百三十三步，當五畝，餘一百三十二步，合丙穴。從南向北十步半得丙戌合開，從北向南三十二步半得甲寅合成，從東向西十步半得甲午合開，從西向東二十步半得庚戌合成，右此中禽交得一鳳凰、一章光、二麒麟會二成、二開合棺下六尺，吉。又艮冢丙穴東西四十三步，七分分之，各得六步七寸一分，餘三分不計；南北五十一步，七分分之，各得七步一尺四寸二分，餘六分不計，右計得二千一百九十三步，當九畝，餘三十三步，合丙穴，吉。從南向北十步半得丙戌合開，從北向南四十步半得壬戌合定，從東向西十六步半得庚子合定，從西向東一十六步半得丙辰合滿，右此中禽交得二鳳凰、一章光、一玉堂、二定、一滿、一開合棺下六尺，吉。又艮冢丙穴東西三十一步，七分分之，各得四步二尺一寸四分，餘二分不計，南北三十三步，七分分之，各得四步三尺五寸七分，餘一分不計，右計得一千二十三步，當四畝，餘六十三步，合丙穴。從南向北四步四尺得庚辰合定，從北向南二十八步一尺得庚戌合定，從東向西十步半得甲午合開，從西向東二十步半得庚戌合成，右此中禽交得三章光、一麒麟、二定、一成、一開合棺下六尺，吉。又艮冢丙穴東西三十七步，七分分之，各得五步一尺四寸二分，餘六分不計；南北三十九步，七分分之，各得五步二尺八寸五分，餘五分不計，右計得一千四百四十三步，當六畝，餘三步，合丙穴。從南向北十步半得丙戌合開，從北向南二十八步半得庚辰合定，從東向西十步四尺得甲午合開，從西向東二十六步一尺得丙辰合滿，右此中禽交得二鳳凰、一麒麟、一章光、二開、一滿、一定合棺下六尺，吉。

已前係八卦吉凶已合禽交尺步立成①。

已前論六甲、八卦吉凶已合禽交尺步，各具如前，用古尺寸，若用今時尺寸步等，禽不交其立成吉穴，詳而用之，交得本音墓最吉，亡人安寧，生人受福，若不用立明堂，謂之便喪，但甲庚丙壬、滿定成開、一三七九之數，隨步多少，合三才安之，更無他忌②。

① “凶”字底本留空，蓋所據本有殘泐所致，抄本此處有誤，兹依文例校補。

② “他”字底本作“地”，不辭，兹依抄本改録。

右并因官書舊文参定，皆以步尺折吉，其能用之。

論四禽四獸古尺今尺之異

新圖解云：前取地合四獸法曰："四禽交會，偶其冢穴，然可安葬也。"且先言四獸後言四禽者，非有異義，蓋變其文耳，若分而言之，禽獸非一也。《爾雅》云："二足而羽謂之禽，四足而毛謂之獸。"若總而言之，皆得稱禽。《易》比卦曰："王用三驅，失前禽。"前驅乃走者，而亦曰禽也。又《周禮》司馬職云："大獸公之，小禽私之。"以此言之，則禽未必皆鳥也。又鄭康成注云："鳥獸未孕曰禽。"又《周禮》以禽作六贄，卿羔，大夫雁。則羔豈飛鳥也？《白虎通》云："禽者，鳥獸之總名。"是也。

又有野外權厝云：尺用今尺不用古尺，禽交立成云用古尺寸，若用今尺禽不交其吉穴。據此二法，經營步尺則同，而用古尺今尺有異，復無明文證辯，深致後學生疑。謹按《漢·律曆志》云：一黍之廣爲分，十分爲寸，十寸爲尺。此起自黄鍾之管，尺度斗量稱衡之始法也，今之繩墨營造、頃畝經量皆用此尺，今猶古也，未諳今尺其制如何？俟博學者問而補之。今據禽交，或安葬或權厝，依式書圖於左。

禽交六尺立成法

墨界者是步數，細點者是穴分，假此一圖，餘依式推之，地方一十三步，計積一百六十九步，合禽交法。本法只起壬一穴禽交，今全起四穴者，欲後學易識也。又《經》云："若不立明堂，謂之便喪。"但隨步數安之，無忌。

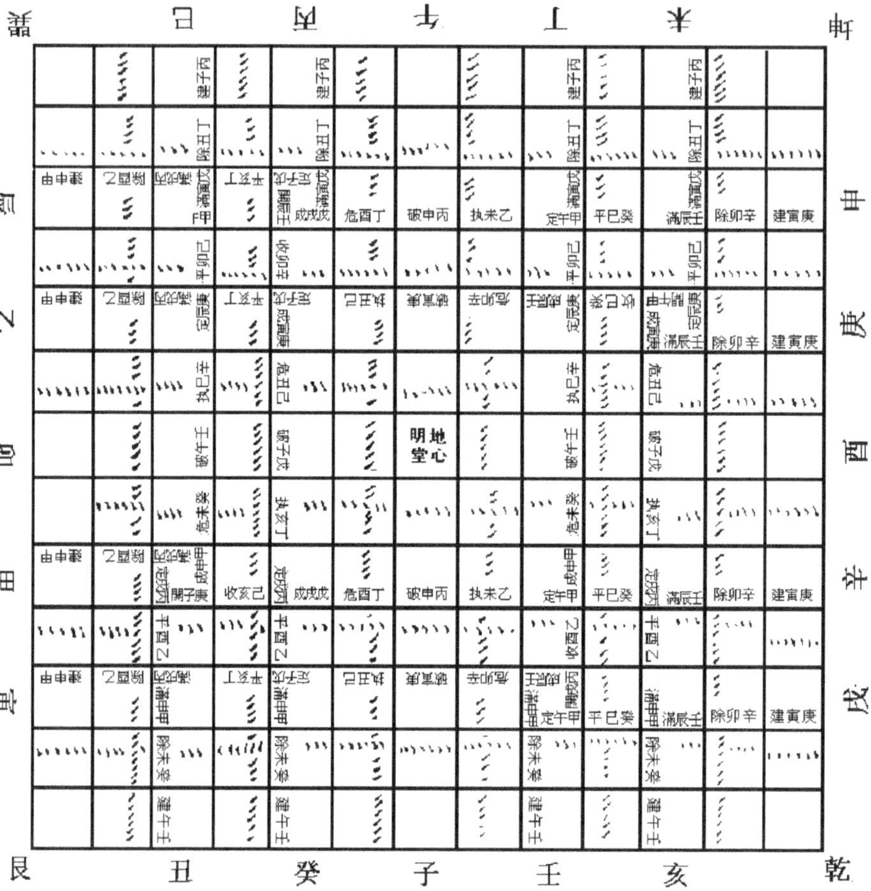

禽交吉穴之圖

張謙論六甲八卦冢法今特改正新述三條

謹按孫季邕説:“六甲八卦冢縱是非,人曉之者寡矣。”余亦不隱,舉其端緒。其甲子者爲一字數,謂甲至子即爲甲穴也;其甲午者爲七字數,謂庚至子即爲庚穴也;其甲戌者爲三字數,謂丙至子即爲丙穴也;其甲辰者爲九字數,謂壬至子即爲壬穴也。其甲寅旬中無子,甲申旬中有戊子,其戊無穴位也,故甲寅洎甲申冢皆不用也。章玄子問冢:“穴皆以子立爲名者何也?”闡幽答曰："按由吾公裕云：'子者上合虚宿，傍有墳墓、哭泣之星，幽魂所好，故葬憑焉，以古人葬於北，主北首者是也。'又《禮》曰：'欲葬北首，故南其壤。'此皆取北而言之，是達禮也。"又按孫季邕說："凡墓田頃畝合一、三、七、九之數，則是六甲冢。"若得一畝、十一畝，二十一畝[1]，皆爲甲子冢甲穴；若得三畝、十三畝、二十三畝，皆爲甲戌冢丙穴；若得七畝、十七畝、二十七畝，皆爲甲午冢庚穴；若得九畝、十九畝、二十九畝，皆爲甲辰冢壬穴，已上是頃畝合一、三、七、九之數，名曰六甲冢也。若不合頃畝，惟取計積零步，得一、三、七、九之數者，是爲八卦也。遂使野俗巫人之流，因茲狂妄虚稱卦甲之說，誤失禽神立棺下六尺之名，亂爲穴法，眩惑後人。今將《新書》並季邕《葬範》測隱纖微，舊有繁僞者改之，補立新術；驗正者增之，貴便閲尋，庶入法之士通知其理，可無惑云[2]。

甲子冢甲穴，今准《新書》内說：自方一十九步，長闊各以七分分之，各得二步三尺五寸七分，計積三百六十一步，當一畝，餘一百二十一步，合甲穴，得天覆地載。東入四步三尺戊子定，西入十四步三尺甲辰滿，南入十步三尺丙戌開，北入八步三尺庚寅成。說曰：雖合棺下六尺，言禽交不吉，謂内有一戊子號爲龍殺，稱不可用也。據此，南北交尺步豈不越過庚界？其東交更宜詳之。

改正：據自方一十九步，長闊各以七分分之，得二步七分一釐。東入二步八分丙戌滿，西入十六步二分丙午定，南

① "十"字底本作"分"，抄本同，非例，茲依文例校改。

② "惑"字底本作"成"，不辭，茲從抄本所校改録。

入十步九分丙戌開，北入八步一分庚寅成。

新述：南北長二十三步，以七分分之，各得三步二分八釐；東西闊十七步，以七分分之，各得二步四分二釐八毫，計積三百九十一步，當一畝，餘一百五十一步，合甲穴，得天覆地載，吉。東入三步八分丙戌滿，西入十四步二分甲辰滿，南入十四步庚寅滿，北入八步半庚寅成。

今准《新書》内説：甲子冢甲穴南北長七十三步，以七分分之，各得十步四分二釐；東西闊四十七步，以七分分之，各得六步七分一釐，計積三千四百三十一步，當十四畝，餘七十一步，合甲穴，得天覆地載。東入十步三尺甲午開，西入二十六步三尺丙辰滿，南入五十步三尺丙寅滿，北入二十二步三尺甲辰開。謹按孫季邕説：凡墓田頃畝合一、三、七、九之數爲六甲冢，今十四畝有零，是頃畝不合邪？又於元初東西闊本是四十七，却東西交盡數得三十七步，豈不少了十步，此法反訛也。

新述：南北長七十三步，以七分分之，各得十步四分二釐；東西闊三十七步，以七分分之，各得五步二分五釐，計積二千七百一步，當十一畝，餘六十一步，合甲穴，得天覆地載，吉。東入十步半甲午開，西入二十六步半丙辰滿，南入四十四步半庚申成，北入二十八步半庚戌定。

今准《新書》内説：甲子冢甲穴自方七十一步，長闊以七分分之，各得十步七寸，計積五千四十一步，當二十一畝，餘一步，合甲穴，得天覆地載，吉。東入十六步三尺庚子定，西入五十二步三尺壬午定，南入四十六步三尺壬戌開，北入二十二步三尺甲辰開[①]。謹按東西交步共視之，得六十九步，若比元闊東西却是七十一步，是知少了二步；謹按南北交步共視併之，亦得六十九步，若比元長南北却是七十一步，亦知少了二步。

改正：據自方七十一步，長闊以七分分之，各得十步一分四釐，東入二十步二分甲辰成，西入五十步八分庚辰滿，南入五十步半丙寅滿，北入二十步半壬寅成。

新述：南北長八十九步，以七分分之，各得十二步七分一釐；東西闊五十九步，以七分分之，各得八步四分二釐，計積五千二百五十一步，當二十一畝，餘二百一十一步，合甲穴，得天覆地載，吉。東入八步八分壬辰成，西入五十步二分庚辰滿，南入五十六步半壬申成，北入三十二步半甲寅成。

甲午冢庚穴，今准《新書》内説：東西三十七步，以七分分之，各得五步二分八釐；南北長五十一步，以七分分之，各得七步二分八釐，計得一千八百八十七步，當七畝，餘二百七步，合庚穴，得天覆地載，吉。東入二十八步三尺壬子定，西入八步三尺戊戌成，南入十步三尺丙戌滿，北入四十三步三尺壬戌定。謹按東西闊前言三十步，詳得合是三十七步，却云三十步，此不合相乘積步，若添入七步即合，乃是漏了七步。謹按正交言入四十三步三尺稱壬戌定，詳得合是四十步三尺爲壬戌定，豈不是多了三步；其南入十步三尺積合滿字亦誤。謹按南北交尺步共視之，以顯五十四步，若比元長却長五十一步，顯知多了三步，其四交戊戌未盡其詳，又南交不入庚分。

---

① "尺"字底本誤承前作"步"，兹從抄本所校改録。

改正：據東西闊三十七步，以七分分之，各得五步二分八釐；南北長五十一步，以七分分之，各得七步二分八釐，計積一千八百八十七步，當七畝，餘二百步，合庚穴，得地載，吉。東入二十六步六分庚戌滿，西入十步四分庚子開，南入十六步半壬戌定，北入三十四步半丙辰開[①]。

新述：南北長五十七步，以七分分之，各得八步一分四釐，東西闊三十一步，以七分分之，各得四步四分二釐，計積一千七百六十七步，當七畝，餘八十七步，合庚穴，得地載，吉。東入二十六步三分庚戌滿，西入四步七分甲午定，南入十六步五分壬辰定，北入四十步半壬戌定。

今准《新書》内説：甲午冢庚穴南北長六十七步，以七分分之，各得九步五分七釐；東西闊六十一步，以七分分之，各得八步七分一釐，計積四千八十七步，當十七畝，餘七步，合庚穴，得地載，吉。此法《新書》内更出，兩會禽交，東入五十步三尺甲戌满，西入十步三尺庚子開，南入十四步三尺壬寅滿，北入五十二步三尺甲戌定。謹按南交言壬寅是爲字誤，詳得合作庚寅是也。東入三十六步三尺庚午開，西入十四步三尺甲辰滿，南入十六步三尺壬辰定，北入五十四步三尺丙子滿。謹按從東入合是四十六步三尺即爲庚午開，却云三十六步三尺，是知少了十步，其闊步元是六十一步[②]，今視東西交共併之，只得五十一步，顯知少了十步。謹按北入言五十四步三尺稱丙子滿，其滿字亦誤，合作破是也。其南北長元是六十七步，以七分分之[③]，各得九步五分七釐。

① “丙”字底本誤作“西”，非例，兹從抄本所校改録。

② “闊”字底本作“開”，抄本改作，合於文例，金校據改，兹從之。

③ “七”字底本誤作“十”，非例，兹從抄本所校改録。

謹按南交言入十六步三尺合壬辰定，前每分所管九步有零，今十六步三尺正在從南入第二科分内，此南交不入庚界。

改正：據南北長六十七步，以七分分之，各得九步五分七釐；東西闊六十一步，以七分分之，各得八步七分二釐，東入四十六步半庚午開，西入十四步半甲辰滿，南入二十六步半壬寅滿，北入四十步半壬戌定。

新述：南北長七十九步，以七分分之，各得十一步二分八釐；東西闊五十三步，以七分分之，各得七步五分七釐，計積四千一百八十七步，當十七畝，餘一百七步，合庚穴，得地載，吉。東入三十八步半壬戌滿，西入十四步半甲辰滿，南入二十八步半甲辰定，北入五十步半壬申滿。

今准《新書》内説：甲午冢庚穴南北長八十三步，以七分分之，各得十一步八分五釐；東西闊七十九步，以七分分之，各得十一步二分八釐，計積六千五百五十七步，當二十七畝，餘七十七步，合庚穴，得地載，吉。東入六十三步三尺丙戌滿，西入十六步三尺丙午，漏了“定”字，南入二十六步三尺壬寅滿，北入五十六步三尺戊寅成。謹按東交言入六十三步三尺合丙戌滿，豈不多了一步？以將東西交相併，比元闊顯知多了也，即合六十二步三尺爲丙戌滿。説曰：准《新書》言，此法雖合棺下六尺，而不合四神交，謂有一戊寅，是無吉神，穴不可用。

新述：南北長八十九步，以七分分之，各得十二步七分一釐；東西闊七十三步，以七分分之，各得十步四分二釐，計積六千四百九十七步，當二十七畝，餘一十七步，合庚穴，得地載，吉。東入五十六步半庚辰成，西入十六步半丙午定，南入二十六步半壬寅滿，北入六十二步半甲申滿。

甲戌冢丙穴，今准《新書》内説：南北長二十九步，以七分分之，各得四步一分四釐；東西闊二十七步，以七分分之，各得三步八分五釐，計積七百八十三步，當三畝，餘六十三步，合丙穴，得天覆，吉。東入十步三尺甲午開，西入十六步三尺丙午定，南入八步三尺甲申成，北入二十三步三尺壬寅成。謹按從北言二十三步三尺稱合壬寅成，詳得合是二十步三尺爲壬寅成[①]，以知多了三步，其南北元長二十九步，每分合管四步一分四釐，視南交言入八步三尺，已過了丙穴界，却入從南第三科分，豈不爲誤也？

改正：據南北長二十九步，以七分分之，各得四步一分四釐；東西闊二十七步，以七分分之，各得三步八分五釐，東入十步半甲午開，西入十六步半丙午定，南入八步二分甲申成，北入二十步八分壬寅成。

新述：南北長四十一步，以七分分之，各得五步八分三釐；東西闊二十三步，以七分分之，各得三步二分八釐，計積九百四十三步，當三畝，餘二百二十三步，合丙穴，得天覆，吉。東入八步半壬辰成，西入十四步半甲辰滿，南入八步半甲申成，北入三十二步半甲寅成。又云：南北長六十一步，以七分分之，各得八步七分一釐；東西闊五十三步，以七分分之，各得七步五分七釐，計積三千三百三十三步，當十三畝，餘一百一十三步，合丙穴，得天覆，吉。東入二十步半甲辰成，西入三十二步半壬戌成，南入十步半丙戌開，北入五十步半壬申滿。

今准《新書》内説：甲戌冢丙穴南北長九十一步，以七分分

① “二”字底本作“三”，非例，兹從抄本改録。

之，各得十三步；東西闊六十三步，以七分分之，各得九步，計積五千七百三十三步，當二十三畝，餘一百一十三步，合丙穴，得天覆，吉。東入二十三步三尺丙午開，西入四十步三尺庚午定，南入二十步三尺丙申定，北入七十步三尺壬辰開。謹按東交言二十三步三尺丙午開，詳得合是二十二步三尺即爲丙午開，是知多了一步。謹按南交言入二十步三尺稱丙申定，今詳得合爲丙申成，是知定字誤也。

改正：據南北長九十一步，以七分分之，各得十三步；東西闊六十三步，以七分分之，各得九步，東入二十三步半丙午開，西入四十步半庚午定，南入二十步半丙申成，北入七十步半壬辰開。

新述：南北長九十九步，以七分分之，各得十四步一分四氂；東西闊五十七步，以七分分之，各得八步一分四氂，計積五千六百四十三步，當二十三畝，餘一百二十三步，合丙穴，得天覆，吉。東入十六步半庚子定，西入四十步半庚午定，南入十六步半壬辰定，北入八十二步半甲辰開。

甲辰冢壬穴，今准《新書》内説：南北長四十七步，東西闊四十七步，以七分分之，各得六步七分一氂，計積二千二百九步，當九畝，餘四十九步，合壬穴，得天覆地載，吉。東入三十二步半丙辰成，西入十四步半甲辰滿，南入三十八步半甲寅滿，北入八步半庚寅成。

新述：南北長五十三步，以七分分之，各得七步五分七氂；東西闊四十三步，以七分分之，各得六步一分四氂，計積二千二百七十九步，當九畝，餘一百一十九步，合壬穴，得天覆地載，吉。東入二十六步半庚戌滿，西入十六步半丙午定，南入三十八步半甲寅滿，北入十四步半丙申滿。

今准《新書》内説：甲辰冢壬穴東西闊六十三步，以七分分之，各得九步；南北長七十三步，以七分分之，各得十步四分二釐[①]，計積四千五百九十九步，當十九畝，餘三十九步，合壬穴，得天覆地載，吉。東入四十步三尺甲子定，西入十二步三尺丙午定，南入五十八步三尺甲戌開，北入十四步三尺丙申滿。謹按西交言入十二步三尺，却每分管九步，其十二步三尺正在從西第二科内，正入亥地，猶去壬穴界尚不到五步有零，更稱合丙午定，倍加誤也，其西交與東交併[②]，累之共得五十三步，若比元闊東西却是六十三步，顯少了十步[③]。

改正：據東西闊六十三步，以七分分之，各得九步；南北長七十三步，以七分分之，各得十步四分二釐，東入四十步半甲子定，西入二十二步半壬子開，南入五十八步半甲戌開，北入十四步半丙申滿。

新述：南北長八十一步，以七分分之，各得十一步五分七釐；東西闊五十九步，以七分分之，各得八步二尺一寸，計積四千七百七十九步，當十九畝，餘二百一十九步，合壬穴，得天覆地載，吉。東入三十八步半壬戌滿，西入二十步半庚戌成，南入五十八步半甲戌開，北入二十二步半甲辰開。

今准《新書》内説：甲辰冢壬穴東西闊七十九步，以七分分之，各得十一步二分八釐；南北長九十一步，以七分分之，各得十

① “二”字抄本作“三”，按七十三除以七餘數較多，爲十點四二八五七云云，未能確定二者所取孰是，然據後文“改正”中數字抄本亦作“二”看，似當以底本所作爲是。

② “西”字底本作“酉”，抄本同，非例，兹依文例校改。

③ “了”字底本誤作“子”，不辭，兹從抄本所校改録。

三步，計積七千一百八十九步，當二十九畝，餘二百二十九步，合壬穴，得天覆地載，吉。東入五十六步三尺庚辰成，西入二十二步三尺壬子開，南入七十六步三尺壬辰定，北入十四步三尺丙申滿。其西交言入二十二步三尺，雖是妙要，古今皆合，更於西交上加入五寸，却於東交上減去五寸，理亦無害也。

改正：據東西闊七十九步，以七分分之，各得十一步二分八釐，東入四十六步半庚午開，西入三十二步壬戌成。

新述：南北長一百一步，以七分分之，各得十四步四分二釐；東西闊六十九步，以七分分之，各得九步八分五釐，計積六千九百六十九步，當二十九畝，餘九步，合壬穴，得天覆地載，吉。東入四十六步半庚午開，西入二十二步半壬子開，南入八十六步二分壬寅滿，北入十四步八分丙申滿。

八卦冢禽交棺下六尺法

已前冢穴，依《經》契合墓田頃畝零數，是爲六甲冢之法，唯論官品，大夫已下貴族之冢始可用也。今八卦冢不拘頃畝[①]，但取零步得合一、三、七、九之數，亦可用也，此稱貴賤之度。禮有升降，故云塋内穴占之地不可過大[②]，俾存殁之道各得其宜，奢儉不能逾制，此皆達禮之説，亦宜擇之。

乾冢甲穴，今准《新書》内説：東西闊三十一步，以七分分之，各得四步四分二釐；南北長四十一步，以七分分之，各得五步八分五釐，計積一千二百七十一步，當五畝，餘七十一步，合甲穴，

① “拘”字底本誤作“損”，不辭，兹從抄本所校改録。

② “内”字底本作“丙”，不辭，兹從抄本所校改録。

得天覆地載，吉。東入八步半壬辰成，西入二十二步半壬子開，南入二十六步半壬寅滿，北入十四步半丙申滿。

新述：南北長四十三步，以七分分之，各得六步一分四釐；東西闊三十七步，以七分分之，各得五步二分八釐，計積一千五百九十一步，當六畝，餘一百五十一步，合甲穴，得天覆地載，吉。東入十步二分甲午開，西入二十六步八分丙辰滿，南入二十八步半甲辰定，北入十四步半丙申滿。

今准《新書》内説：乾冢甲穴自方三十一步，以七分分之，各得四步四分二釐，計積九百六十一步，當四畝，餘一步，合甲穴，得天覆地載，吉。東入八步半壬辰成，西入二十二步半壬子開，南入二十步半丙申成，北入十步半壬辰開。

新述：自方二十九步，以七分分之，各得四步一分四釐，計積八百四十一步，當三畝，餘一百二十一步，合甲穴，得天覆地載，吉。東入八步一分壬辰成，西入二十步九分庚戌成，南入二十步半丙申成，北入八步半庚寅成。

今准《新書》内説：乾冢甲穴東西闊十一步[1]，以七分分之，各得五步八分五釐。謹按東西闊言十一步，却言每分得五步四尺二寸，豈不漏了"四"字也？今詳得合是四十一步爲東西闊也；南北長六十一步，以七分分之，各得八步七分一釐，計積二千五百一步，當十畝，餘一百一步，合甲穴，得天覆地載，吉。東入八步半壬辰成，西入三十二步半壬戌成，南入四十步半丙辰定，北入二十步半壬寅成。

新述：自方四十九步，以七分分之，各得七步，計積二千

① "西"字底本誤作"丙"，非例，兹從抄本所校改録。

四百一步，當十畝，餘一步，合甲穴，得天覆地載，吉。東入八步半壬辰成，西入四十步半庚午定，南入三十四步半庚戌開，北入十四步半丙申滿。

乾冡壬穴，今准《新書》内説：東西闊三十一步，以七分分之，各得四步四分二釐；南北長三十九步，以七分分之，各得五步五分七釐，計積一千二百九步，當五畝，餘九步，合壬穴，得天覆地載，吉。東入二十步半甲辰成，西入十步半庚子開，南入二十八步半甲辰定，北入十步半壬辰開。

新述：自方三十七步，以七分分之，各得五步二分八釐，計積一千三百六十九步，當五畝，餘一百六十九步，合壬穴，得天覆地載，吉。東入二十二步半丙午開，西入十四步半甲辰滿，南入二十八步半甲辰定，北入八步半庚寅成。

今准《新書》内説：乾冡壬穴東西闊三十一步[①]，以七分分之，各得四步四分二釐；南北長四十九步，以七分分之，各得七步，計積一千五百一十九步，當六畝，餘七十九步，合壬穴，得天覆地載，吉。東入二十步半甲辰成，西入十步半庚子開，南入二十八步半甲寅滿，北入十步半壬辰開[②]。

新述：南北四十七步，以七分分之，各得六步七分一釐；東西闊三十七步，以七分分之，各得五步二分八釐，計積一千七百二十九步，當七畝，餘五十九步，合壬穴，得天覆地載，吉。東入二十二步半丙午開，西入十四步半甲辰滿，南入五十八步半甲庚滿，北入八步半庚寅成。

① "闊"字底本誤作"開"，非例，兹從抄本所校改録。

② "開"字底本脱録，抄本同，兹依文例校補。

今准《新書》内説：乾冢壬穴南北長五十一步，以七分分之，各得七步二分八釐；東西闊三十九步，以七分分之，各得五步五分七釐，計積一千九百八十九步，當八畝，餘六十九步[①]，合壬穴，得天覆地載，吉。東入二十二步半丙午開，西入十六步半丙午定，南入四十步半丙辰定，北入八步半庚寅成。謹按南北交共得四十九步，比元初長却是五十一步，是少二步。

改正：據南北長五十一步，以七分分之，各得七步二分八釐，南入四十步半丙辰定，北入十步半壬辰開。

新述：自方四十三步，以七分分之，各得六步一分四釐，計積一千八百四十九步，當七畝，餘一百六十九步，合壬穴，得天覆地載，吉。東入二十六步半庚戌滿，西入十六步半丙午定，南入三十四步半庚戌開，北入八步半庚寅成。

震冢庚穴，今准《新書》内説：東西闊二十七步，以七分分之，各得三步八分五釐；南北長三十一步，以七分分之，各得四步四分二釐，計積八百三十七步，當三畝，餘一百一十七步，合庚穴，得天覆地載，吉。東入二十三步半丙午開，西入四步半甲午定，南入十步丙戌開，北入二十步半壬寅成。謹按南交言入十步稱丙戌開，此少了半步，合是十步半爲丙戌開。又言三畝之數，稱有天覆即非。

新述：南北長三十九步，以七分分之，各得五步五分七釐；東西闊三十三步，以七分分之，各得四步七分一釐，計積一千二百八十七步，當五畝，餘八十七步，合庚穴，得地載，吉。東入二十八步一分壬子定，西入四步九分甲午定，南入

① “步”字底本承前誤作“畝”，抄本同，並非例，兹依文例校改。

十六步半壬辰定，北入二十二步半甲寅開。

今准《新書》内説：震冢庚穴東西闊四十七步，以七分分之，各得六步七分一釐；南北長三十一步，以七分分之，各得四步四分二釐，計積一千四百五十七步，當六畝，餘一十七步，合庚穴，得天覆地載，吉。東入二十二步半壬寅成，西入四步半甲午定。謹按東交言入二十二步半稱壬寅成，今詳得合是丙午開。謹按東西交步數共視之，顯得二十七步，若比元闊却是四十七步，豈不知少了二十步？其南交并北交並無尺步禽，此是漏了東入二十二步半丙午開，西入四步半甲午定，南入十步半丙戌開，北入二十步半成，如此是北交又漏了禽神。

改正：據東西闊四十七步，以七分分之，各得六步七分一釐；南北長三十一步，以七分分之，各得四步四分二釐，東入三十六步半庚申建，西入十步半庚子開，南入十步半丙戌開，北入二十步半壬寅成。

新述：南北長四十七步，以七分分之，各得六步七分一釐；東西闊三十一步，以七分分之，各得四步四分二釐，計積一千四百五十七步，當六畝，餘一十七步，合庚穴，得地載，吉。東入二十六步二分庚戌滿，西入四步八分甲午定，南入十四步半庚寅滿，北入三十二步半甲寅成。

今准《新書》内説：震冢庚穴東西闊四十七步，以七分分之，各得六步七分一釐；南北長五十一步，以七分分之，各得七步二分八釐，計積二千三百九十七步，當九畝，餘二百三十七步，合庚穴[①]，得天覆記載，吉。東入三十三步半丙辰成，西入十四步半甲

① "穴"字底本作"戌"，抄本同，非例，兹依文例校改，底本音訛。

辰滿，南入十六步半壬辰定，北入三十四步半丙辰開。謹按東西闊元是四十七步，每分六步七分一釐，其庚穴正在從西第二科内，今西交言入十四步半，豈不入從西第三科分内？

改正：據南北長五十一步，以七分分之，各得七步二分八釐；東西闊四十七步，以七分分之，各得六步七分一釐，東入三十六步半庚申建，西入十步半庚子開，南入十六步半壬辰定，北入三十四步半丙辰開。

新述：南北長四十九步，以七分分之，各得七步；東西闊四十三步，以七分分之，各得六步一分四釐，計積二千一百七步，當八畝，餘一百八十七步，合庚穴，得地載，吉。東入三十二步半丙辰成，西入十步半庚子開，南入十四步半庚寅滿，北入三十四步半丙辰開。

今准《新書》内説：震冢庚穴東西闊三十一步，以七分分之，各得四步四分二釐；南北長三十七步，以七分分之，各得五步二分八釐，計積一千一百四十七步，當四畝，餘一百八十七步，合庚穴，得地載，吉。東入三十二步半丙辰成，西入八步半戊寅成，南入十四步半庚寅滿，北入三十二步半庚寅成。謹按西交言入八步半稱戊寅，今詳得合是戊戌成，其東交言二十二步半合丙辰，此禽神維合步尺，比於元初闊却是三十一步，將東西交去視之，却得四十一步，是知多了十步。謹按北交言入三十二步半稱庚寅，今詳得合是甲寅成，將南北交步共併之，得四十七步，比元長步南北却是三十七步，又知多了十步。

改正：據南北長三十七步，以七分分之，各得五步二分八釐；東西闊三十一步，以七分分之，各得四步四分二釐，東入二十六步一分庚戌滿，西入四步九分甲午定，南入十四步半庚寅滿，北入二十二步半甲辰開。

新述：南北長四十三步，以七分分之，各得六步一分四釐；東西闊三十九步，以七分分之，各得五步五分七釐，計積一千六百七十七步，當六畝，餘二百三十七步，合庚穴，得地載，吉。東入二十八步半壬子定，西入十步半庚子開，南入十四步半庚寅滿，北入二十八步半庚戌定。

今准《新書》内説：震冢庚穴東西闊四十一步，以七分分之，各得五步八分五釐；南北長四十七步，以七分分之，各得六步七分一釐，計積一千九百二十七步[1]，當八畝，餘七步，合庚穴，吉，得天覆無地載。此亦辨得是有地載無天覆。東入三十二步半丙辰成，西入八步半戊戌成，南入十四步庚寅滿，北入三十二步半庚寅成。謹按南交言入十四步稱合庚寅滿，此豈不漏了“半”步字也？其北交言入三十二步半稱合庚寅，今詳得合是甲寅成。

新述：南北長二十三步，以七分分之，各得三步二分八釐；東西闊一十九步，以七分分之，各得二步七分一釐，計積四百三十七步，當一畝，餘一百九十七步，合庚穴，得地載，吉。東入十六步一分庚子定，西入二步九分壬辰滿，南入八步半甲申成，北入十四步半丙申滿。

艮冢丙穴，今准《新書》内説：東西闊二十三步，以七分分之，各得三步三分八釐；南北長三十一步，以七分分之，各得四分二釐，計積七百一十三步，當二畝，餘二百三十三步，合丙穴，東入八步半壬辰成，西入十四步半甲辰滿，南入八步半甲申成，北入二十二步半甲辰開。

---

① “一”字底本作“二”，不合算例，兹從抄本所校改録。

新述:南北長二十九步,以七分分之,各得四步一分四釐;東西闊二十七步,以七分分之,各得三步八分五釐,計積七百八十三步,當三畝,餘六十三步,合丙穴,得天覆,吉。東入十步半甲午開,西入十六步半丙午定,南入八步二分甲申成,北入二十步八分壬寅成。

今准《新書》内説:艮冢丙穴東西闊三十一步,以七分分之,各得四步四分二釐;南北長四十三步,以七分分之,各得六步一分四釐,計積一千三百三十三步,當五畝,餘一百三十三步,合丙穴,吉。東入十步半甲午開,西入二十步半庚戌成,南入十步半丙戌開,北入三十二步半甲寅成。

新述:南北長四十七步,以七分分之,各得五步七分一釐;東西闊三十九步,以七分分之,各得五步五分七釐,計積一千八百三十三步,當七畝,餘一百五十三步,合丙穴,得天覆,吉。東入十六步半庚子定,西入二十二步半壬子開,南入八步半甲申成,北入三十八步半庚申滿。

今准《新書》内説:艮冢丙穴東西闊四十三步,以七分分之,各得六步一分四釐,其南北長步《新書》内漏了不出,却有計積又顯出每分中所管之步。謹按南北長步失了,今將東西闊兼置[①],計積以除之,算得南北長合是五十一步,爲長步也,以七分分之,各得七步二分八釐,計積二千一百九十三步,當九畝,餘三十三步,合丙穴。東入十六步半庚子定,西入二十六步半丙辰滿,南入十步半丙戌開,北入四十步半壬戌定。

新述:南北長四十一步,以七分分之,各得五步八分五

① "兼"字底本作"冢",不辭,金校據抄本改作,兹從之。

釐;東西闊三十三步,以七分分之[①],各得四步七分一釐,計積一千三百五十三步,當五畝,餘一百五十三步[②],合丙穴,得天覆,吉。東入十步半甲午開[③],西入二十二步半壬子開,南入八步半甲申成[④],北入三十二步半甲寅成。

喬道用添中焦折壁之法

諸家葬經内不載此術,今以《新書》史傳内言墓之四維謂折壁,欲闊而上斂,其中頂謂之中焦,折壁之法,各以六甲八卦冢墓田長闊步内求之,見甲、庚、丙、壬與滿、定、成、開據合者吉。今詳此八卦冢,中焦、折壁皆可合滿、定、成、開,據六甲冢取滿、定、成、開者相違,難可得合此法。在下曰陰陽從戊起,但甲、丙、庚、壬與滿、定、成、開合者吉,今立六甲八卦冢中焦、折壁於後:

宫羽姓乾冢甲穴[⑤]:堂深八尺四寸,底闊五尺六寸,折壁四尺五寸[⑥],中焦一尺九寸,合甲辰定。

商姓乾冢壬穴:堂深六尺四寸,底闊四尺九寸,折壁三尺一寸,中焦一尺八寸,合壬戌開。

角姓艮冢丙穴:堂深八尺四寸,底闊五尺九寸,折壁四尺一寸,中焦一尺七寸,合丙寅滿。

徵姓震冢庚穴:堂深八尺六寸,底闊六尺四寸,折壁四尺八寸,中焦一尺五寸,合庚戌開。

---

① "七"字底本誤作"十",非例,兹從抄本所校改録。
② "步"字底本誤承前文作"畝",抄本同,非例,兹依文例校改。
③ "開"字底本誤作"闊",兹從抄本所校改録。
④ "申"字底本作"辰",非例,兹從抄本所校改録。
⑤ "穴"字底本作"戌",非例,兹從抄本所校改録。
⑥ "寸"字底本無,抄本同,非例,兹依文例校補。

宫羽姓宜六甲冢中焦、折壁：堂深七尺八寸，底闊五尺四寸，折壁四尺五寸，中焦一尺八寸，合甲子穴。堂深八尺四寸，底闊五尺九寸，折壁四尺一寸，中焦二尺，合甲申成。

商姓宜六甲冢中焦、折壁：堂深八尺四寸，底闊五尺九寸，折壁四尺一寸，中焦一尺八寸，合壬子穴。堂深六尺四寸，底闊四尺八寸，折壁三尺八寸，中焦一尺四寸，合壬辰定。

角姓宜用六甲冢中焦、折壁：堂深八尺四寸，底闊五尺一寸，折壁四尺四寸，中焦一尺八寸，合丙子穴。堂深八尺四寸，底闊四尺九寸，折壁五尺一寸，中焦一尺七寸，合丙戌開。

徵姓宜用六甲冢中焦、折壁：堂深八尺四寸，底闊五尺二寸，折壁四尺一寸，中焦一尺二寸，合庚子穴。堂深六尺四寸，底闊四尺八寸，折壁三尺八寸，中焦一尺一寸，合庚申成。

重校正地理新書卷第十四

阡陌取三合法

凡兆域用川原、山岡者，皆依山岡、堆阜、溝澗、阡陌、道路爲元步，取吉地，十步爲建，二十步爲除，三十步爲滿，四十步爲平，五十步爲定，六十步爲執，七十步爲破，八十步爲危，九十步爲成，一百步爲收，一百一十步爲開，一百二十步爲閉，終而復始，取滿、定、成、開之地安穴，大吉，餘步皆凶；若無四交，止得兩交，亦大吉，仍與姓相生者吉，相剋者凶。

從東起角十步，徵二十步，宫三十步，商四十步，羽五十步，還角六十步，周而復始。角利水、木、火，商利金、土、水，徵利土、火、木，宫利土、火、金，羽利水、金、木，角、羽、徵相生，餘姓但取本位相生處吉。從南起徵十步，從西起商十步，從北起羽十步。

若無取甲、庚、丙、壬之地者，皆從宫起十步，順行取相生，百步、千步以此爲例，每十步甲，二十步乙，三十步丙，四十步丁，五十步戊，六十步己，七十步庚，八十步辛，九十步壬，一百步癸，周而復始，此名三合吉凶。步得甲、庚、丙、壬步爲吉，乙、丁、戊、癸、己、辛步皆凶。寬地以十步論之①，窄地以一步起建，二步起

① "地"字底本作"步"，抄本同，非例，兹依後文例校改。

除，東起一步角，一步徵，十干步一步甲，二步乙，推此可知，各以甲庚丙壬、滿定成開爲法，大吉。

四折曲路立成圖法

凡六甲冢法與八卦冢法，四折之路，向背之徑不同。背音倍。凡四折曲路者，死者之神道也，神明道路。不犯幽祇，故吉。凡第一折曰乘天梁，從蒿里，第二折曰乘地梁，自九天，第三折曰乘人梁，降十地，第四折曰乘鬼梁，入黄泉，皆謂甲、庚、丙、壬也。甲爲麒麟，丙爲鳳凰，庚爲章光，壬爲玉堂，一折見之曰麒麟引道，二折見之曰鳳凰躍途，三折見之曰玉堂回車。甲子冢爲伏吟冢，甲午冢爲反吟冢，皆不合開三閉九之道，是以用天甲神后加冢體吉。冢名者，衝合辰是也，甲子冢在丁，甲午冢在癸，用會開三閉九之道，至於門陌亦不合，所以逆取神道角出，斜入乘四獸路。

喬道用：今將《新書》内舊有六甲八卦四折曲路勾股圖，爲不明其步法，再行一編立成，步數、勾股長短逐一仔細開具，爲後學檢閲之便云。

甲子冢：冢體在子，冢影在巳，冢名在乙，冢象在乾，喪庭在庚，門陌在丙，冢穴在甲，喪庭門向丙開，故曰出朱入蒼，柩出喪庭門，東南望丙行，以壬呼午起步，得甲、庚、丙、壬爲第一折；又東北望甲行，以庚呼寅起步，得甲、庚、丙、壬爲第二折；又東南望丙行，以壬呼午起步，得甲、庚、丙[1]、壬爲第三折；又東北望甲行，以庚呼寅起步，得甲、庚、丙、壬爲第四折也。從丙門入[2]，牽牛頭抵地心，回車

① “丙”字底本作“酉”，非例，兹依抄本所校改録。

② “從丙”二字底本作“其四”，非例，兹依抄本所校改録，底本形訛。

向甲穴下柩，車從甲門出，此甲子冢四折曲路也。其四折曲路亦臨時隨地寬窄遠近，但合甲、庚、丙、壬於四折之處者吉。即從冢穴向喪庭回步，到甲子一出便成，今具於後。

甲午冢：冢體在午，冢影在亥，冢名在辛，冢象在巽，喪庭在甲，門陌出壬，冢穴在庚，喪庭門向壬開，故曰出黑入白也。柩出喪庭門，西北望壬行，以丙呼子起步，得甲、庚、丙、壬爲第一折；又西南望庚行，以甲呼申起步，得甲、庚、丙、壬爲第二折；又西北望壬行，以丙呼子起步，得甲、庚、丙、壬爲第三折；又西南望庚行，以甲呼申起步，得甲、庚、丙、壬爲第四折。從壬門入，牽牛頭抵地心，回車向庚穴下柩，車從庚門出，此甲午冢四折曲路也。

甲戌冢：冢體在戌，冢影在卯，冢名在艮，冢象在庚，喪庭在壬，門陌出甲，冢穴在丙，喪庭門向甲開，故曰出蒼入朱。柩出喪庭門，西北望壬行，以丙呼子起步，取甲、庚、丙、壬爲第一折；又東北望甲行，以庚呼寅起步，取甲、庚、丙、壬爲第二折；又東南望丙行，以壬呼午起步，取甲、庚、丙、壬爲第三折；又西南望庚行，以甲呼申起步，取甲、庚、丙、壬爲第四折。車從甲門入，牽牛頭抵地心，回車向丙穴下柩，車從丙門出，此甲戌冢四折曲路也。

甲辰冢：冢體在辰，冢影在酉，冢名在坤，冢象在甲，喪庭在丙，門陌出庚，冢穴在壬，喪庭門向庚開，故曰出白入黑。柩出喪庭門，東南望丙行，以壬呼午起步，取甲、庚、丙、壬爲第一折；又西南望庚行，以甲呼申起步，取甲、庚、丙、壬爲第二折；又西北望壬行，以丙呼子起步，取甲、庚、丙、壬爲第三折；又東北望甲行，以庚呼寅起步，取甲、庚、丙、壬爲第四折。車從庚門入，牽牛頭抵地心，回車向壬穴下柩，車從壬門出，此甲辰冢四折曲路也。已上六甲冢皆背冢行事，起步又合滿、定、成、開者吉，圖見於後。

乾冢甲穴：喪庭在庚，門陌出丙，喪庭門向丙開。柩出喪庭門，回車向冢東北望甲行，從甲子起步，周而復始，得甲、庚、丙、壬爲第一折；次東南望丙行，乘甲子起步，得甲、庚、丙、壬爲第二折；又東北望甲行，乘甲子起步，得甲、庚、丙、壬爲第三折；又西北望壬行，乘甲子起步，得甲、庚、丙、壬爲第四折。車從丙門入，牽牛頭抵地心，回車向甲穴下柩，車從甲門而出。

乾冢壬穴：喪庭在丙，門陌出甲，喪庭門向甲開。柩出喪庭門，向冢西北望壬行，從甲子起步，取甲、庚、丙、壬爲第一折；又東北向甲行，乘甲子起步，取甲、庚、丙、壬爲第二折；又西北向壬行，乘甲子起步，得甲、庚、丙、壬爲第三折；又西南向庚行，乘甲子起步，得甲、庚、丙、壬爲第四折。車從甲門入，牽牛頭抵地心，回車向壬穴下柩，車從壬門出。

震冢庚穴[①]：喪庭在甲，門陌出壬，喪庭門向壬開。柩出喪庭門，向冢西南望庚行，從甲子起步，取甲、庚、丙、壬爲第一折；又西北望壬行，乘甲子起步，取甲、庚、丙、壬爲第二折；又西南望庚行，乘甲子起步，取甲、庚、丙、壬爲第三折；又東南望丙行，乘甲子起步，取甲、庚、丙、壬爲第四折。車從壬門入，牽牛頭抵地心，回車向庚穴下柩，車從庚門而出。

艮冢丙穴[②]：喪庭在壬，門陌出甲，元合在庚，與丙不和，所以取甲，甲丙相生，陌與冢穴相和。喪庭門向甲開。柩出喪庭門，向冢東南望丙行，從甲子起步，得甲、庚、丙、壬爲第一折；又東北望甲行，從甲子起步，得甲、庚、丙、壬爲第二折；又東南望丙行，乘甲子起步，

① "震"字底本承前二穴作"乾"字，非例，兹依抄本所校改録。

② "艮"字底本承首二穴作"乾"字，非例，兹依抄本所校改録。

得甲、庚、丙、壬爲第三折；又西南望庚行，乘甲子起步，得甲、庚、丙、壬爲第四折。車從甲門入，牽牛頭抵地心，回車向丙穴下柩，車從丙門而出。已上八卦冢四折皆從甲子起步，與六甲冢異，並向冢行事乘甲子。圖見後類。

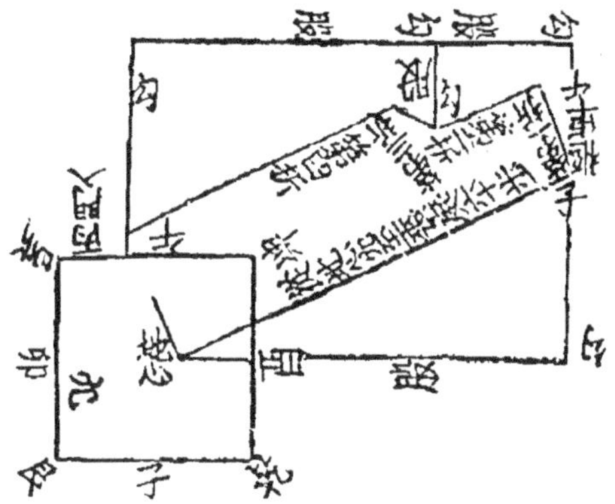

甲子冢角出斜入勾股曲路圖

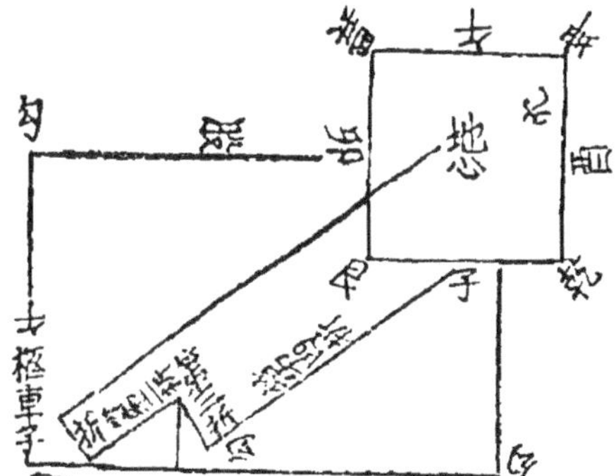

甲午冢角出斜入勾股曲路圖

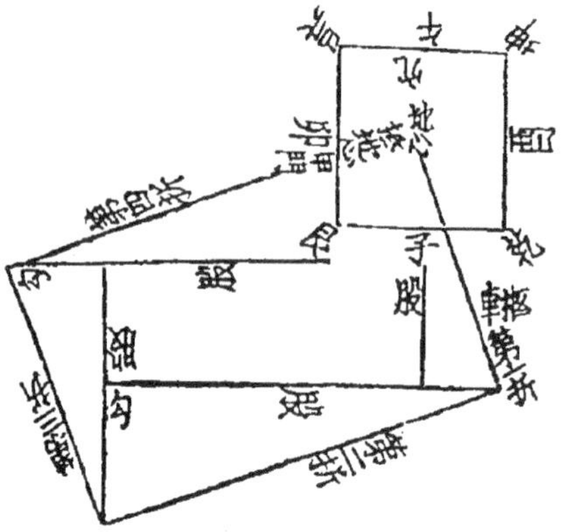

甲戌冢勾股曲路圖

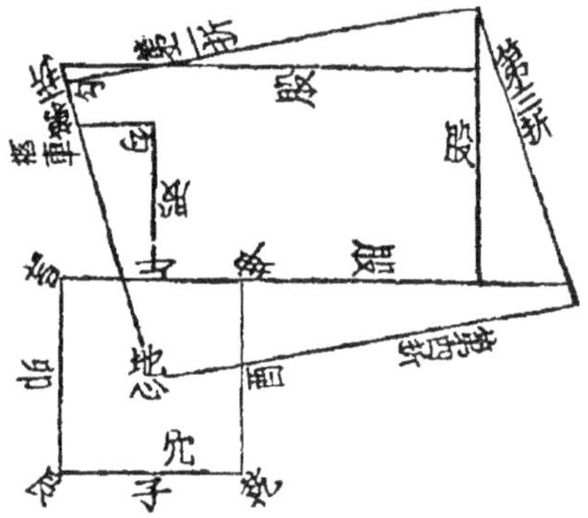

甲辰冢勾股曲路圖

已上六甲冢，圖説見前類。

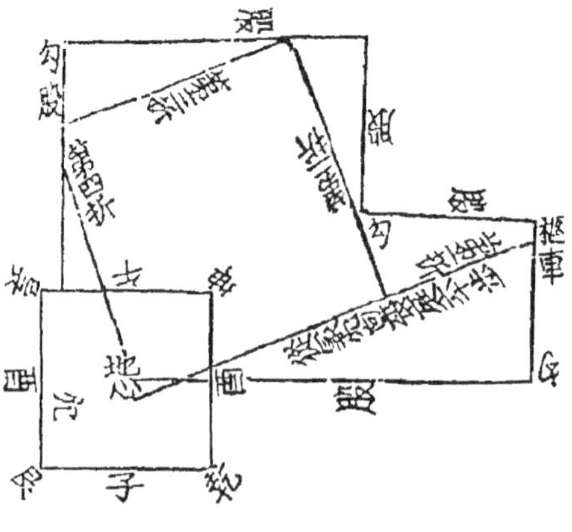

乾冢甲穴勾股曲路圖

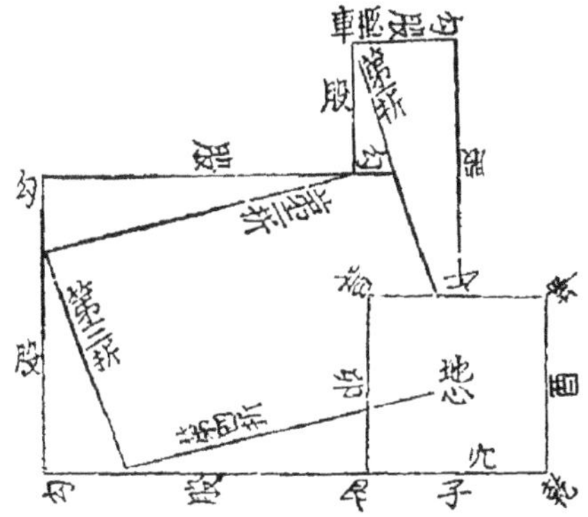

乾冢壬穴勾股曲路圖

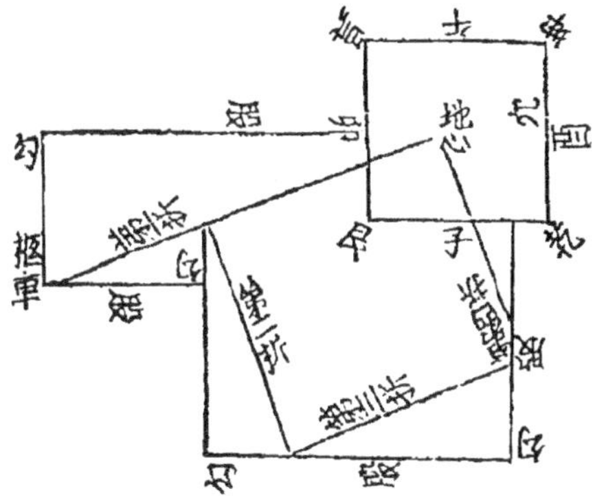

震冢庚穴勾股曲路圖

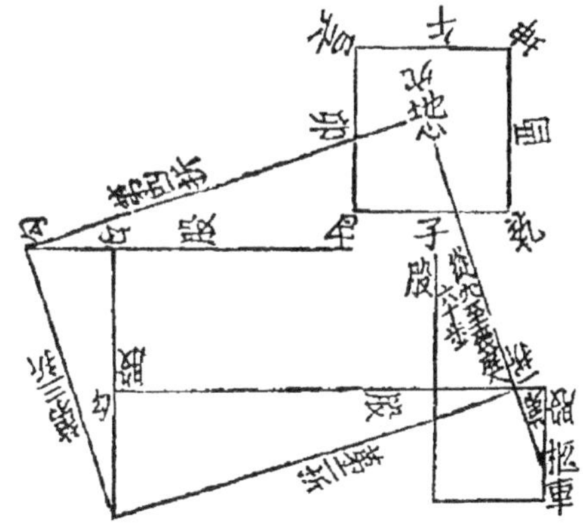

艮冢丙穴勾股曲路圖

已上八卦冢，圖説見前類。

封樹高下法

吕才云：在上曰陽，陽從甲起數，高一尺爲甲，二尺爲乙，三尺爲丙，四尺爲丁，五尺爲戊，六尺爲己，七尺爲庚，八尺爲辛，九尺爲壬，一丈爲癸，右終而復始用之；一尺爲建，二尺爲除，三尺爲滿，四尺爲平，五尺爲定，六尺爲執，七尺爲破，八尺爲危，九尺爲成，一丈爲收，丈一爲開，丈二爲閉，右終而復始用之，但甲、庚、丙、壬與滿、定、成、開合者吉。

高三尺合鳳凰滿吉	高九尺合玉堂成吉
高一丈一尺合麒麟開吉	高一丈七尺合章光定吉
高二丈一尺合麒麟成吉	高二丈三尺合鳳凰開吉

右量其山岡形勢回抱處，勿使與山勢相淩越，用之合宜者，大吉。帝王陵高百二十尺，法十二月；諸侯王墳高一百尺，法十干；公侯高九十尺，法九宫；侯伯高七十尺，法七星；子男高二十四尺，法二十四氣。又《經》云"天子坐明堂地心"者，謂八風暢、四時一統，爲天下之尊，故居中授外也，司馬季主云："凡便喪、白埋，只取一穴之地，合禽交吉神柩下六尺吉。"

幽穴淺深法

凡幽穴淺深，皆有丈尺，依附山原，須憑規矩①，遇甲庚丙壬②、合滿定成開吉。古先帝王入地下深九十尺，通三泉，梓宫下

① "憑"字底本作"患"，不辭，茲依抄本所校改録。

② "遇"字底本作"過"，非例，茲依抄本所校改録。

達三龜九龍吉;諸侯王入地下深八十尺,通二泉,柩下六龜八龍,又云入地下深八十一尺,應陽九之數吉。

吕才云:在下曰陰,陰從戊起,入地一尺得戊,二尺得己,三尺得庚,四尺得辛,五尺得壬,六尺得癸,七尺得甲,八尺得乙,九尺得丙,一丈得丁,右周而復始。入地一尺爲建,二尺爲除,三尺爲滿,四尺爲平,五尺爲定,六尺爲執,七尺爲破,八尺爲危,九尺爲成,一丈爲收,丈一爲開,丈二爲閉。建爲天宫,除爲天庭,滿爲天倉[①],平爲天府,定爲天符,執爲地獄,破爲天殺,危爲天害,又云天毒。成爲三會,收爲天倉,開爲天啓,閉爲勾陳。

入地三尺合章光滿吉,五尺合玉堂定吉,九尺合鳳凰成吉,一丈五尺合玉堂滿吉,一丈七尺合麒麟定吉[②],二丈三尺合章光開吉,二丈七尺合麒麟滿吉,二丈九尺合鳳凰定吉,三丈三尺合章光成吉,三丈五尺合玉堂開吉。

又法[③]:入地八十九尺,丙定。九十三尺,庚成。九十五尺,壬開。九十九尺,丙滿。一百五尺,壬成。一百七尺,甲開。百十三尺,庚定。百十七尺,甲成。百十九尺。丙開。

右古先帝王用之吉。

八十七尺,甲滿。八十三尺,庚開。七十七尺。甲定。

右公侯王用之吉。

七十五尺,壬滿。六十九尺,丙成。六十五尺,壬定。六十三尺,

① "天倉"抄本同,按此亦爲後之收的配神,恐二者當有一誤,檢《六壬大占》之建除配黄黑道中以滿配天刑,而《協紀辨方書》卷六義例四"天倉"下明言"天倉者,太陽之收日也,建後四辰爲收日……"則疑此以滿爲天倉或有訛誤,由三鑒六道諸神名目視之,疑此滿下所配或爲"地倉",俟考。

② "尺"字底本作"步",非例,兹依抄本所校改録。

③ "法"字底本誤作"去",此依抄本所校改録。

庚滿。五十九尺，丙開。五十七尺。甲成。

右九卿伯子男用之吉。

五十三尺，庚定。四十七尺，甲開。四十五尺。壬成。

右將軍大夫用之吉。

三十九尺，丙滿。三十五尺，壬開。三十三尺，庚成。二十九尺，丙定。二十七尺，甲滿。二十三尺。庚開。

右令長用之吉。

一丈七尺，甲定。一丈五尺，壬滿。九尺。丙成。一本有“五尺壬定，三尺庚滿”，多兩條。

右庶人用之吉。

埏道命祇法

埏道十二祇神者，大約五品以上爲之，若六品已下至庶人，不足爲也。其埏道長十二步，更欲其長，又增十二步，又欲其長，又增十二步，增減長短皆以十二步爲法。堂内南北通鹿項，長不可過六步，短不可過五步，其大小埏道長短皆依此。至窆被驗切。時，於埏道户前五步内安之。入埏户口一步爲閉，二步爲建，三步爲除，四步爲滿，五步爲平，六步爲定，七步爲執，八步爲破，九步爲危，十步爲成，十一步爲收，十二步爲開，還從閉起。

令一人前持香火，一人步之於後，命步埏道，一步即云閉祇下，二步建祇下，三步除祇下，四步滿祇下，次十二步便云開祇下，使開祇通冢口。入冢口鹿項内，一步云閉祇下，二步建祇下，三步除祇下，四步滿祇下，使滿祇當冢心；五步云平祇下，定祇着幽堂北壁，即祝云：“開祇在冢前，閉祇居冢户，滿祇安冢心，定祇安冢後。得開目、閉口、滿腹、定足自相守護①，歲月日辰良，功曹、傳送啓康莊，蒿里、黄泉處幽堂，保護亡者大吉良，急急如律令。”若恐忽遽者，事前一日命祇可也。

頃畆合吉穴法

凡頃畆皆以甲子起步，一畆甲子，二畆乙丑，倣此。

地方十一步，甲戌火穴。七分，各得七尺八寸五分七毫一釐。半畆，餘一步。甲子金穴。

地長十七步，庚辰金穴。七分，各得一丈二尺一寸四分二毫八釐②。闊九步，壬申金穴。七分，各得六尺四寸二分八毫五釐。半畆，餘三十三步。丙申火穴。

地長二十一步，甲申木穴。七分，各得一丈五尺。闊十三步，丙子水穴。七分，各得一步四尺二寸八分五毫七釐。一畆，餘三十三步。丙申火穴。

地長二十三步，丙戌火穴。七分，各得一丈六尺四寸二分八毫五釐。闊十七步，庚辰金穴。七分，各得一丈二尺一寸四分二毫八釐。一畆，餘一百五十一步。甲午金穴。

地長二十一步，甲申水穴。七分，各得一丈五尺。闊十九步，壬辰木穴。七分，各得一丈三尺五寸七分一毫四釐③。一畆，餘一百五十九步。壬寅金穴。

地長二十七步，庚寅木穴。七分，各得一丈九尺二寸八分五毫七釐。闊十七步，庚辰金穴。七分，各得一丈二尺一寸四分二毫八釐。一畆，餘二百一十九步。壬寅金穴。

① “護”字底本作“謹”，抄本改作“護”，義長，兹從改録，底本當爲形訛。
② “一寸”底本作“三寸”，抄本“一”所在位置文字漫滅，兹依算例校改。
③ “一丈”底本作“二丈”，抄本同，不合算例，兹爲改作。

地長二十九步，壬辰木穴。七分，各得二丈七寸一分四毫二釐①。闊二十一步，甲申水穴。七分，各得一丈五尺。二畝，餘一百二十九步。壬申金穴。

地長三十三步，丙申火穴。七分，各得二丈三尺五寸七分一毫四釐②。闊二十一步，甲申水穴。七分，各得一丈五尺③。二畝，餘二百一十三步。丙申火穴。

地方二十七步，庚寅木穴。七分，各得一丈九尺二寸八分五毫七釐。三畝，餘九步。壬申金穴。

地長三十三步，丙申火穴。七分，各得二丈三尺五寸七分一毫四釐。闊二十三步，丙戌土穴。七分，各得一丈六尺四寸二分八毫五釐。三畝，餘三十九步。壬寅金穴。地方二十九步，壬辰水穴。七分，各得二丈七寸一分四毫二釐。三畝，餘一百二十一步。甲子金穴。地方三十三步，丙申火穴。七分，各得二丈三尺五寸七分一毫四釐④。四畝，餘一百二十九步。壬申金穴。

地長三十七步，庚子土穴。七分，各得二丈六尺四寸二分八毫五釐。闊二十七步，庚寅木穴。七分，各得一丈九尺二寸八分五毫七釐。四畝，餘三十九步⑤。壬寅土穴。

地長三十九步，壬寅金穴。七分，各得二丈七尺八寸五分七毫一釐。闊三十一步，甲午金穴。七分，各得二丈二尺一寸四分二毫八釐⑥。五畝，餘九步。壬申金穴。

---

① “一分四毫二釐”底本作“八分四毫一釐”，抄本同，不合算例，兹爲改作。

② “三”字底本作“二”，抄本同，不合算例，兹爲改作。

③ “一”字底本作“二”，抄本同，不合算例，兹爲校改。

④ “丈”字底本作“千”，非例，兹依文例校改。

⑤ “十”字底本誤作“寸”，非例，兹依文例校改。

⑥ “二丈二尺”底本前一“二”字殘泐，後一“二”字作“一”，抄本作“一丈二尺”，並不合算例，兹爲校改。

地長三十一步，甲午金穴。七分，各得二丈二尺一寸四分二毫八釐①。闊二十九步②，壬辰水穴。七分，各得二丈七寸一分四毫二釐。三畝，餘一百七十九步。壬戌水穴。

地長五十三步，丙辰土穴。七分，各得三丈七尺八寸五分七毫一釐③。闊三十三步，丙申火穴。七分，各得一丈二尺五寸七分一毫四釐。七畝，餘六十九步。壬申金穴。

地長五十三步，丙辰土穴。七分，各得二丈七尺八寸五分七毫一釐。闊四十一步，甲辰火穴。七分，各得二丈九尺二寸八分五毫七釐④。九畝，餘十三步⑤。丙子水穴。

地長六十一步，甲子金穴。七分，各得四丈三尺五寸七分一毫四釐。闊四十三步，丙午水穴。七分，各得三丈七寸一分四毫二釐⑥。十畝，餘二百二十三步。丙午水穴。

凡用地無多少，皆須合甲、庚、丙、壬，與三才天地人俱合位，大吉。《葬律》云：“凡塋域過大於居宅者凶，欲其寬大者，内方四面可種松柏令其狹小者，吉。”

龍虎章光

龍以大明堂爲主，從水際而步之，七步爲一龍，三龍則豐穀帛，多子孫，二龍則貧困，四龍則掾佐相，五龍令長相，七龍刺史相，九龍方伯相，十龍旌節相，十一龍公卿相。虎者，九步爲一

---

① “一”字底本作“二”，抄本同，不合算例，兹爲校改。
② “二”字底本作“一”，抄本改作，合於算例，兹從改録。
③ “一”字底本作“二”，抄本同，不合算例，兹爲校改。
④ “二丈”底本作“一丈”，抄本同，不合算例，兹爲校改。
⑤ “餘”字底本無，非例，兹依文例校補。
⑥ “三”字底本作“一”，抄本同，不合算例，兹爲校改。

虎，從官國山頂步來，分水下至明堂，須至十七將位，二虎一龍分定，勿令相交。

小明堂者，九步爲一龍，十步爲一虎，龍在上而虎在下，十七將位皆周，内有官國位微高，使二龍一虎左步章光，右步鳳凰，龍、虎、章光、鳳凰隨明堂大小切宜分别。必有不到正神，其神不寧，止可侵龍，不可侵虎，虎主虎狼傷害，一二年發動，災釁凶會；若是誤犯龍虎[①]，葬後百日主獄訟、亡失；犯鳳凰、章光，六十日聾喑，鳥獸或火光怪。

右並因官書舊文參定，其取步命神繁碎難用，傳之既久，因存録之，有能用之者，用之可也。

坐穴次序

凡兆域既作七分，則有八禍四福。凡甲、庚、丙、壬冢各有三穴，甲有天穴、地穴、人穴，丙有天穴、地穴、人穴，庚有天穴、地穴、人穴，壬有天穴、地穴、人穴，天有四禍，地有四禍，人有四福，故曰八禍四福也。先王能伏天禍，故用天穴；諸侯能消地禍，故用地穴；大夫已下，求福而已，故用人穴。

宫、羽音，人分甲穴爲尊，庚穴爲次，壬穴爲卑；商音，人分壬穴爲尊，丙穴爲次，庚穴爲卑；角音，人分丙穴爲尊，壬穴爲次，甲穴爲卑；徵音，人分庚穴爲尊，甲穴爲次，丙穴爲卑。

凡諸侯有土之君，合坐地分中甲、庚、丙、壬穴位，其卿大夫與士庶已下合坐人分中甲、庚、丙、壬穴位，須用此尊卑次序，否則神道不寧。凡五音二十四穴，寅、申、巳、亥爲天喪，子、午爲天

① 犯虎之害前句已及，疑此句中“虎”字爲衍文，俟考。

關，卯、酉爲地軸，辰、戌、丑、未爲刑禍，乾、坤、艮、巽爲廉路，關、軸皆不得安冢，隨地寬窄皆以角斜正方爲道，闊六尺爲定。凡冢宅，皆占日月星辰以辨四方，然後定其冢向，使各得其正。甲向正甲，寅後卯前。乙向正乙，卯後辰前。丙向正丙，巳後午前。丁向正丁，午後未前。庚向正庚，申後酉前。辛向正辛，酉後戌前。壬向正壬，亥後子前。癸向正癸，子後丑前。勿使乖錯，若犯廉路，後有眇者；犯刑禍，主疾病獄訟；犯地軸，後有無知者；犯天關，後有偏風者。又不可使犯左前右後，徐懷玉《經》云：“葬若犯左前右後則凶何？謂左前右後若同坡面，有古墳在中，若安新墳，其穴則左穴不得侵前，右穴不得侵後；若無古墳，今葬兩墳，左墳不得侵前，右墳不得侵後也。”此並妄矣，凡欲葬同坡面，有古墳在中，但臨時看地來勢及水流勢合宜如何，向若宜本音大利向，新墳安左前吉；若宜本音小利向，新墳安右後吉。若無古墳，今欲安兩墳，則不可參差，但依八穴圖安之，自然左前右後。

八向裝卦法，六甲屬乾，六乙屬坤，六丙屬艮，六丁屬兑，六庚屬震，六辛屬巽，六壬屬离，六癸屬坎。世傳泓師及京房取地，皆隨向裝卦變，取生氣、天醫、福德穴爲吉。若壬向則裝离卦，以庚穴爲生氣、丁穴爲天醫、辛穴爲福德、丙穴爲五鬼；若丙向則裝艮卦，以乙穴爲生氣、癸穴爲天醫、甲穴爲福德、壬穴爲五鬼。此則謬矣，如壬向是角音大利，角絶在庚、刑殺在辛，安得庚爲生氣、辛爲福德？丙向是商音大利，商絶在甲、刑殺在乙，安得甲爲福德、乙爲生氣？如此取穴，唯見凶敗。凡取穴須識地理，與推行年本命並不同，若人與去遠行，則從年命排九宫八卦，取生氣、福德定善惡，安墳則須隨本音自有地下三十八將，每將各有地下之神，每神各有所屬，與九宫八卦不相通涉。安八穴善惡，但於明堂豎標，均定東西南北，看下穴處，臨吉將則吉，臨凶將則凶。冢宅用法不同，角音不用未、申、酉通，徵音不用戌、亥、子通，商音不用丑[①]、寅、卯通，宮羽音不用辰、巳、午通等，已上爲凶敗。至於年月利便，尚可改移，而地理終無遷易，若徵音用戌、亥、子穴地，從北來；商音用丑、寅、卯穴地，從東來；角音用未、申、酉穴地，從西來；宮、羽音用辰、巳、午穴地，從南來，則終世爲凶敗。

三靈七分擘四十九穴圖

南

東　　　　西

巽	巳	丙	午	丁	未	坤
辰	廉路	人分	天關	死喪	廉路	申
乙	天獄	天分	天戶	天分	人分	庚
卯	地軸	雄轅	地心明堂	雌轅	地軸	酉
甲	人分	天分	地戶	天分	地禍	辛
寅	廉路	死喪	天關	人分	廉路	戌
艮	丑	癸	子	壬	亥	乾

北

凡葬，不立三靈七分四十九穴，名曰闇葬，凶亡不寧。既得吉

① “丑”字底本作“五”，非例，兹據抄本所校改録。

地,多少皆以七分分之,令作四十九分,用標六十四枚[①]。正中一分名曰地心明堂,祭神之所;中八穴爲天分,古先帝王用之吉;次十六穴爲人分,卿大夫已下用之;外二十四穴爲地分,有茅土者用之。古先帝王感天而生,用天分;諸侯有土之君,感山嶽而生,故用地分;大夫已下感中和之氣而生,唯福是就,故用人分。寅、申、巳、亥爲天喪,子、午爲天關及天屍、地屍,卯、酉爲地軸及雄轅、雌轅,辰、戌、丑、未爲刑禍,艮、巽、坤、乾爲廉路,乙爲天獄,丁爲殃禍,辛爲地禍,癸爲死喪,已上二十位皆不可用。

明堂祭壇法

《遁甲經》云:"丙爲明堂。丙者明也,炳然明照,從外視内,神無隱塞,納於至誠,故曰明堂。又丙屬艮,艮,鬼門也,丙數七,以七盡七,爲四十九穴。丙,冢穴之門也,冢神居之,故曰明堂,其中不以葬。自王侯至於庶人,若不祭明堂者,皆大凶。葬必置明堂,祭后土諸神,則亡魂安。"《青烏子》云:"不立明堂,名曰盜葬,大凶。"凡葬法,二十四路七十二標,三靈七分六十四標,明堂八標。標,諸侯長一丈八尺,卿大夫至於庶人長一丈五尺。其地心爲明堂,取土爲壇,壇方先王方三丈六尺,公侯已下方二丈四尺,開四門,縛茅爲基,壇上設五方上帝位次,外設十二辰位,坤維設土金帝從官位,巽維設火帝從官位,乾維設水帝從官位,艮維設木帝從官位次。外設墓内神一十九位,埏道口設幽堂神位,

① "標"字底本作"槱",非例,兹據抄本所校改録。

壇外西南隅設阡陌將軍位,其太歲、月建各隨歲月日辰爲位。

《新圖解》云:封土曰壇,除地曰墠,皆謂祭神之處也。今世俗斬草往往不能取土起壇,但以灰界三級平除其地,爲墠祭之,亦通用也。事既從易,故立標取穴者又直遠矣。今將五姓祭壇立標作圖於後。

五姓明堂祭壇,縛茅爲基,取土爲壇,外開四門,壇方二丈四尺,其甲、壬、丙、庚四穴各於埏道口設幽堂亭長位,壇外西南隅設阡陌將軍位,其太歲、月建、日時直符,隨所在位上設之。

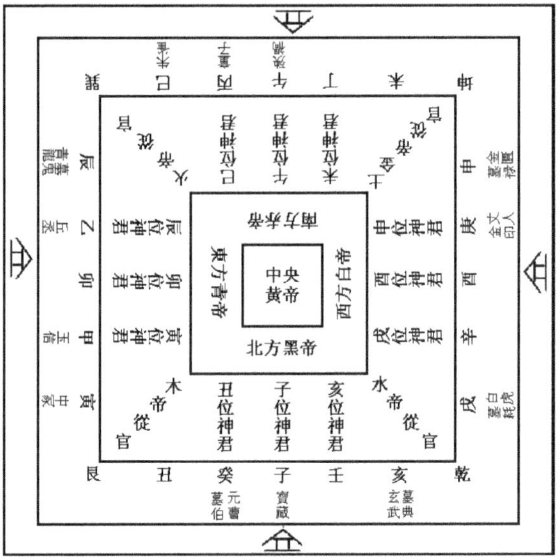

宮羽姓甲穴　①

---

① 圖注:辛下"元曹"底本原作"元元",非例,此據抄本徑改。

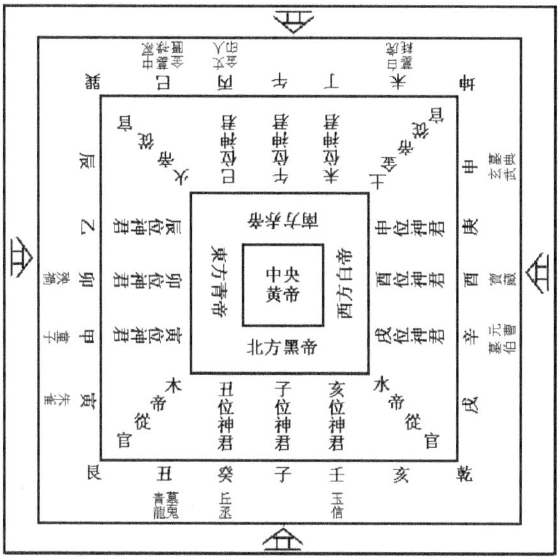

商姓壬穴

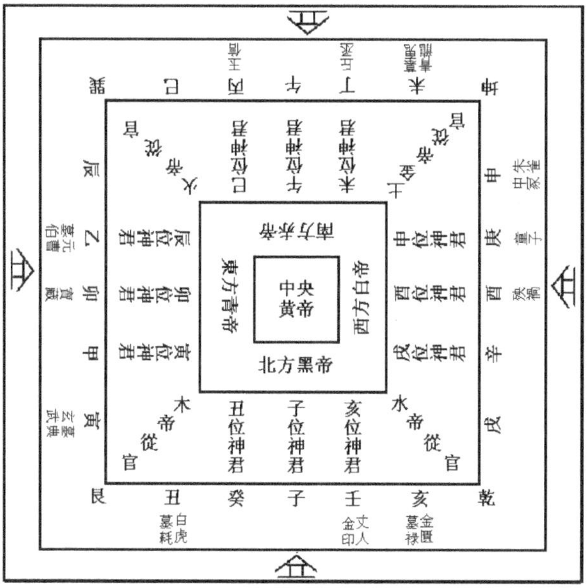

角姓丙穴

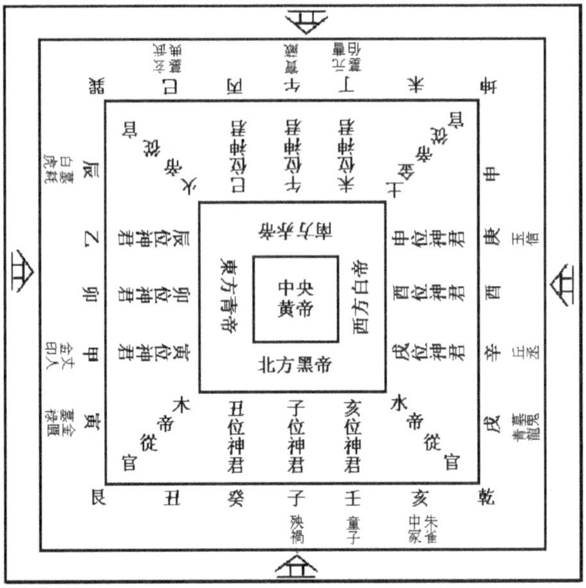

徵姓庚穴

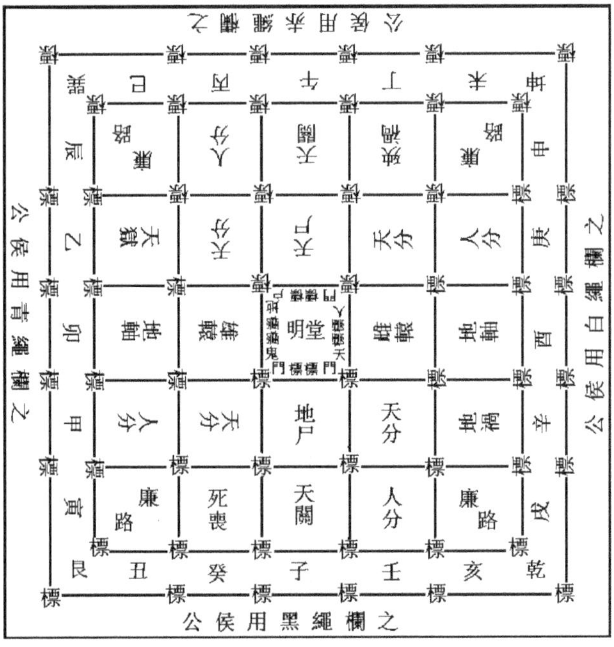

祭壇立標之圖

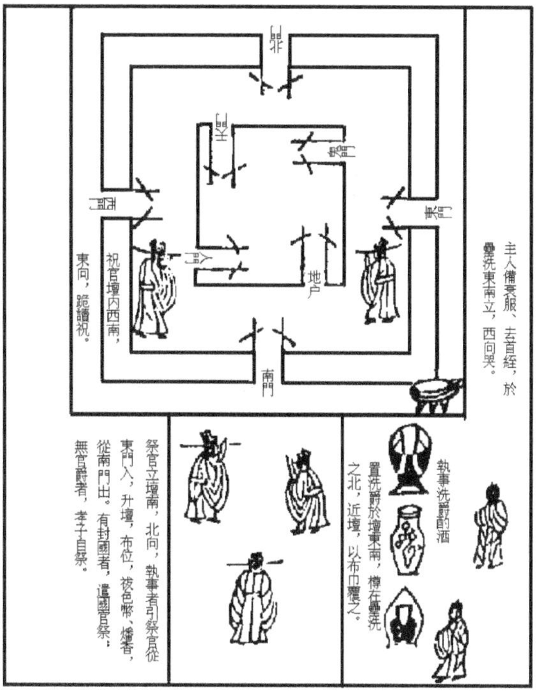

祭壇開天門、地户、人門、鬼門、主人、祭官、祝生及執事者位列之圖

明堂祭壇前斬草一日立標，取土於地心明堂爲壇，公侯已下方二丈四尺，開四門，縛茅爲基，開天門、地户、人門、鬼門，標公侯已上，加繩欄之，繩以方色，壇上設五帝等神位，壇外西南隅設阡陌將軍神位，冢穴埏道口設幽堂亭長神位。

斬草忌龍虎符入墓年月

人生蓐音辱。以草，男女嘉會薦以草，死者藉慈夜切。以草。草者地之毛，生則遊於地上，死則歸於地下，三者皆人之始終，不離於草也，故云斬草。又曰：古者葬於幽遠，草木深荒，故云斬草也，斬草者，斷音短。惡鬼、安亡魂也。《鬼律》云："葬不斬草、買地不立券者，名曰盜葬，大凶。”

凡造墓斬草，太歲在寅、申以小吉，太歲在巳、亥以登明，太歲在子、午以大吉，太歲在卯、酉以傳送，太歲在辰、戌以神后，太歲在丑、未以從魁，皆加太歲所在，視河魁臨冢穴爲虎符入墓，天剛臨冢穴爲龍符入墓，若造六甲冢，忌之。龍符損財畜，虎符殺主人，年月皆同。此龍虎符入墓，舊本交錯極甚，今依式改正，宜從此用。

太歲在寅、卯。龍符入甲辰冢，虎符入甲戌冢。

太歲在辰、丑。龍符入甲午冢，虎符入甲子冢。

太歲在巳、午。龍符入甲申冢，虎符入甲寅冢。

太歲在申、酉。龍符入甲戌冢，虎符入甲辰冢。

太歲在亥、子。龍符入甲寅冢，虎符入甲申冢。

太歲在戌、未。龍符入甲子冢，虎符入甲午冢。

右加臨用二十四位圓圖同前。

凡破地斬草，按五行剋我者爲鬼，斬草者，斷其凶惡，使納魂氣，故用五音被剋日吉。宫姓用甲、乙日吉，商姓用丙、丁日吉，徵姓用壬、癸日吉，角姓用庚、辛日吉，羽姓用戊、己日吉。若與鳴吠日、鳴吠對日合者大吉，或更合十干王相日尤吉，死囚休癈皆凶。其王相惟論四時而不述土王，若用本音日，殺主人及兄弟；用生我日，大人驚怖，葬父害母，葬母害父；用我生日，害子孫；我剋日，害妻財；若用死、囚、休、癈日，大凶。

子、午、卯、酉時死者，寅、申、巳、亥人忌之。

辰、戌、丑、未時死者，子、午、卯、酉人忌之。

寅、申、巳、亥時死者，辰、戌、丑、未人忌之。

右以功曹加死時，視辰、戌、丑、未所臨主人年命者，不宜見斬草。加臨十二支圓圖同前。

凡斬草，祭祀唯宜稱善，不可語惡事，必沐浴潔净，不食葷呼云切。雜，若不潔不謹，或未訖而怒，或刀杖相加，大凶。一云斬草日不齋潔恭謹，死者不安。

凡斬草日出門，逢吉事則吉，逢凶事則凶。

凡斬草日不宜與葬月同。

凡斬草日必丹書鐵券埋地心。

凡斬草，取茅或稈草九莖，三三之數也，斬三下者，斷三殃害也。更有衆子，各加三莖，用五色綫三道束之，置於黄帝位前。先王用誓板，長一尺闊七寸；公侯已下用祭板，長一尺闊七寸，位板十九，各方五寸，已上各書神位，公侯已下皆須鐵券二、長闊如祭板，朱書其文，置於黄帝位前，其一埋於明堂位心，其一置穴中柩前埋之。净席十九領，五帝座用綵各依本方色及數，東方青，生數三，成數八；西方白，生數四，成數九；南方赤，生數二，成數七；北方黑，生數一，成數六；中央黄，生數五，成數十。十二辰座綵用所屬五行方色子座黑，數九；丑座黄，數八；寅座青，數七；卯座青，數六；辰座黄，數五；巳座赤，數四；午座赤，數九；未座黄，數八；申座白，數七；酉座白，數六；戌座黄，數五；亥座黑，數四。公侯已上用束，大夫用疋，士庶人已下用丈，或人各以尊卑升降，亦稱家之有無。其埏道布如埏道長短，貴者加以璧玉，東方蒼玉，西方白玉，南方赤玉，中央黄玉，北方黑玉。無璧玉以五精石代之。東方用真青，南方用朱砂，中央用雄黄，西方用白石，北方用磁石。其斤或兩亦依本方生成數，令長已下用五色石代之，斬草訖，依方埋之。座各有焚香、祭酒，設紙錢、紙絹獻神，信幣、絹布、絲綿鞋、銅錢、紙筆硯墨等，以尊卑爲之等差。糈先吕切。米、馬穀、清酒、鹿脯、乾魚、黍稷、飯、餅餌、葅菜、三牲肉、五色綫，劒一、弓一，射鬼門箭三。前斬草一日，於明堂上爲壇，立十二標，四角各一標，開天門、地户、人門、鬼門。其八標，若公侯已上加繩攔之，繩以方色；大夫已下勿攔也。壇上設神位五行十二辰，及壇外設阡陌將軍，埏道口設幽堂神座。祭官沐浴宿齋，有封國者遣國官祭，無官爵者孝子自祭。時至，置洗爵之器於壇東南，樽在罍音雷。洗先禮切。之北，近壇，皆以布巾覆之，主人備衰音催。服，去首絰，徒結切。於罍洗東南位西向哭，祭官整容服立於壇南，北向再拜，執事者引祭官從東門入，升壇，布位板及五色綵幣等訖，燔香，祭官從南門出，面北向立，執事進食，隨位數下之[1]，訖，執事洗爵酌酒，與祭官從南門入奠於諸座，訖，祭官出於壇南，北向立，再拜訖，祝生於壇内西南東跪讀祝，其祭官、執事及祝生并吉服，祝曰：

維年月日，祭主某乙致告於五方五帝、山川百靈、后土陰官、丘丞墓伯、阡陌諸神，某親以某年月日奄逝，伏惟永往，五内分割，禮制有期，龜筮襲吉，宜於某州某縣某鄉某山之原宅兆[2]，以某年月日遷坐幽室，用今吉辰斬草，謹以信幣、柔毛、酒禮之儀，致告於山川百靈主，恭奠於后土神，既葬之後，永無咎艱，尚饗。

再拜上酒，祭官入就黄帝位前，跪讀兩券，背上書合同字，置於舊處，俛伏而起，出南門外，北向再拜，行酒上香，用鐵爲地券，文曰：

某年月日，具官封姓名以某年月日歿，故龜筮葉從，相地襲吉，宜於某州某縣某鄉某原安厝宅兆，謹用錢九萬九千九百九十九貫文，兼五綵信幣，買地一段，東西若干步，南北

① “數”字底本作“取”，抄本作“數”，金校據改，兹從之。

② “宅兆”前抄本補“安厝”二字，義長。

若干步，東至青龍，西至白虎，南至朱雀，北至玄武，內方勾陳分擘四域，丘丞、墓伯封部界畔道路，將軍齊整阡陌，千秋萬歲，永無殃咎。若輒干犯呵禁者，將軍、亭長收付河伯。今以牲牢酒飯、百味香新共爲信契，財地交相分付，工匠修營安厝已後，永保休吉。知見人歲月主、保人今日直符，故氣邪精不得忓古安切。怯，音客。先有居者永避萬里，若違此約，地府主吏自當其禍，主人內外存亡悉皆安吉。急急如五帝使者女青律令。

次至西南阡陌座三酌，祝曰：

某人今於阡陌之內安厝宅兆，謹以酒醴信幣仰勞降祐，使無後艱，尚饗。

以酒洒散，再拜。次於黃帝座前取斬者茅置於幽堂穴前，三酌，祝曰：

謹啓幽堂亭長、丘墓諸神，今以吉日造立幽堂，謹以酒醴信幣仰勞保佑，使幽堂清浄，故氣消除，來者安寧，尚饗。

再拜奠酒，祝生引孝子於幽堂茅束跪坐，祝生執劍祝曰：

上啓九天，下及十地，今日斬草，殃去福至。

祝訖，授刀於孝子，祝曰：

一斬斬天殃，去天咎，除天重，去天伏，除百惡，來萬福。

下金刀斬之。

二斬斬地殃，去地咎，除地重，去地伏，滅妨破，來萬福。

下金刀斬之。

三斬斬人殃，去人咎，除人重，去人伏，絶鬼路，來萬福。

下金刀斬之。三斬訖，反向外擲刀於五步外吉。還來於壇，復位，祭官入於黃帝座前，取酒出於壇南，面北向，跪奠酒，祝曰：

三爵之禮，周流已遍，所獻雖微，保佑深重，惟諸明靈，各安本部，保佑後嗣。

再拜，執事者取所斬之茅兼信幣各一段、紙錢少許、肉一脚、酒一爵、果餅等、鐵券一枚埋地心，餘紙錢信幣少許焚之。執事者引孝子於幽堂天井前立，授鍬於孝子發其壤，葬欲北首，故南其壤，若貴人，則斬草、發土並執事者代之，其祭物等，祭官與祝生等分散之；其糈米、烏穀，四方撒之，餘食於西南上分散食之，其祭祀之餘，主人勿以將歸，凶。其一券葬時埋於墓中柩前。

建旒旐吉凶旒音流，旐音兆。

喪禮建旒旐，古之王者十二旒，法十二月。公侯九旒，法九州。卿大夫伯子男七旒，法七星。令長五旒，法五行。士三旒，法三才。庶人一旒。法一命。建旒之時，必有三神來應，三神者，直符吏、功曹使者、大陰殺是也，避凶就吉，存亡悉安。

凡建旒旐，絶惡日，正月、七月，申子辰日。二月、八月，寅午戌日。四月、十月，亥卯未日①。五月、十一月，己辛癸日。三月、六月、九月、十二月，巳酉丑日。三月、八月、十二月。忌甲庚丙壬日。

又太歲在寅卯甲乙，忌庚辛申酉日。太歲在丙丁巳午，忌壬癸亥子日。太歲在庚辛申酉，忌丙丁巳午日。太歲在戊己辰戌丑未，忌甲乙寅卯日。太歲在壬癸亥子，忌戊己辰戌丑未日。假令甲乙寅卯歲，壬癸亥子日上吉，丙丁巳午日中吉，辰戌丑未日次吉，庚辛申酉日凶，餘

① “亥”字底本誤承前作“寅”，非三合文例，兹據抄本所校改録。

皆倣此。

凡旒旐勿使放引從風,大凶;總結之,吉。未殯不得從風引喪,亦不宜放引。

鎮墓法

鎮墓,古法有以竹爲六尺弓度之者,亦有用尺量者,今但以五色石鎮之於冢堂内,東北角安青石,東南角安赤石,西南角安白石,西北角安黑石,中央安黄石,皆須完淨,大小等,不限輕重。置訖,當中央黄石南祝之,曰:

五星入地,神精保佑,歲星居左,太白居右,熒惑在前,辰星其後,鎮星守中,辟除殃咎,妖異災變,五星攝授,亡人安寧,生者福壽。急急如律令。

泓師云:"凡葬,墓中用豆黄完淨者一㪷及錢紙五百張安於墓内吉,更多此數尤佳。"

右並因官書舊文參定,皆世俗所用者。

重校正地理新書卷第十五

三鑒六道吉凶

推天德空地，以勝先加太歲月建，功曹、傳送臨甲庚、丙壬、坤艮下，合天地人三鑒吉路，乘之往來，大吉。又以天剛加太歲月建，陽月甲下、陰月丙下爲吉路，乘之往來亦吉。又以河魁加太歲月建，孟、仲月甲下、季月丙下爲天德，往來大吉。又以河魁加歲支，陽月以大吉、陰月以小吉加月建，甲庚、丙壬下爲吉道，功曹、傳送下爲天道，太一、登明下爲地道，勝先、神后下爲人道，從魁、大衝下爲兵道，天剛、河魁下爲鬼道，大吉、小吉下爲死道。凡舉百事，天道大吉，地道、人道次之，兵道、鬼道、死道凶。又孟月以功曹、仲月以神后、季月以天剛加月建，天上丙壬下爲空道，乘之往來吉。

推天鑒，以勝先加歲月建，甲庚、丙壬、坤艮下爲吉地。太一、登明、功曹、傳送下皆主忌害，勝先、神后下害二人，大吉、小吉下害小口，太衝、從魁下害三人及害奴婢、六畜，天剛、河魁下爲大凶；乾巽下耗財物、殺六畜，乙辛、丁癸下亦惡凶，大吉下害男子及資財，小吉下傷女子、不利後嗣，太衝下女子不利，勝先下主灼爛、熱病不止，神后下亦不利後嗣。

推人鑒，以登明加歲月建，登明下爲辛，太一下爲乙，壬下爲殺，丙下爲德，神后下爲河魁，勝先下爲天剛，癸下爲壬，大吉下爲戊，丁下爲丙，小吉下爲巳，艮下爲功曹，坤下爲傳送，功曹下爲從魁，傳送下爲太衝，太衝下爲大吉，甲下爲登明，庚下爲太一，從魁下爲小吉，乙下爲癸，辛下爲丁，天剛下爲勝先，河魁下爲神后，巽下爲甲，乾下爲庚。凡葬得功曹、傳送下地，宜子孫，大吉；甲庚、丙壬下地，死者安，生者利；福德下，主福壽；天剛、河魁、登明下，大凶；太一下，不利生者，陽年害男，陰年害女。

推地鑒法，常以神后加歲月建，甲下爲天倉，庚下爲地倉，艮下爲天府，坤下爲地府，丙下爲天對，壬下爲地對，丁下爲天禍，癸下爲地刑，辛下爲陽屍，乙下爲陰屍，乾下爲天刑，巽下爲地喪，太一下爲河魁，登明下爲地魁，神后下爲殃禍，勝先下爲天獄，大吉下爲天殺，小吉下爲地殺，功曹下爲虎殺，傳送下爲龍殺，太衝下爲天福，從魁下爲地福，天剛下爲天吞，河魁下爲地吞。葬得天倉、天府、地倉、地府、天對、地對、天福、地福等地吉，餘皆凶。

六道抵向

凡從家向葬所，須乘天道、地道、鬼道往來吉，若乘人道、兵道、死道往來凶。又推六道法，陽歲月以大吉、陰歲月以小吉加歲月建，甲庚下爲天道，乙辛下爲地道，乾巽下爲兵道，丙壬下爲人道，丁癸下爲鬼道，坤艮下爲死道。抵天道宜官禄，地道宜子孫，鬼道死者安寧，並吉；抵兵道主刑殘、兵死，人道不利生者，死道主死喪。已上合看所用歲月，依吉方往墓吉①，若去宅三百六十步死者，並不用

① “墓”字抄本改作“來”，可參。

此法。

三姦六伏及諸避忌方位

凡三姦神臨六伏神，五音以葬皆大凶。三姦神者，大吉、從魁、太一是也；六伏神者，地下太歲、歲殺、大殺、遊殺、辰星、歲星是也。常以太歲加卯上，視天剛下爲地下太歲，河魁下爲地下歲殺，大吉下爲地下大殺，小吉下爲地下遊殺，太衝下爲地下辰星，從魁下爲地下歲星，所謂六伏神也。

又太一下爲地下白虎，神后下爲地下太陰，傳送下爲地下大將軍，不可葬其上也。

又以河魁加月建，功曹下爲蒿里，傳送下爲黄泉，勝先下爲墓伯，神后下爲丘丞，太一下爲二千石，登明下爲大吉，大吉下爲陽梟，小吉下爲陰梟，天剛下爲青龍，河魁下爲白虎，太衝下爲朱雀，從魁下爲玄武，惟蒿里、黄泉吉，餘神皆凶。

又以勝先加五音墓，甲下爲青龍，丙下爲太常，庚下爲太陰，壬下爲玉堂，天剛下爲螣蛇，河魁下爲白虎，功曹下爲六合，勝先下爲天刑，傳送下爲天后，從魁下爲天空，太一下爲朱雀，登明下爲玄武，太衝下爲勾陳，大吉下爲龍殺，小吉下爲虎殺，神后下爲大禍。

又常以小吉加月建，神后下爲鬼魁，斗牛下爲内史，井鬼下爲外干，抵鬼門上大吉。

又以天剛加月建，神后下爲喪門，勝先下爲天門，角亢下爲地户，五音不可抵以葬也。

又常以神后爲遊都，葬時神后臨相生吉，臨相剋凶，相生謂神后臨庚、辛、申、酉、乾、巽、壬、癸、亥、子、甲、乙、寅、卯也。

又葬皆避凶地，牽牛、織女二星皆凶，常以天剛加月建，大吉下爲牽牛，小吉下爲織女。

又以月將加月建，河魁下爲墓主，不可送葬；小吉下爲哭星，不可弔死；天剛下爲死地，不可安喪庭；月建下爲喪車，不可隨車。

又不可犯白虎，推之法常以天剛加太歲月建之辰，勝先下是。

又陽歲以大吉、陰歲以小吉加太歲，視天剛下爲龍首，太一下爲前右足，太衝下爲前左足，登明下爲後左足，從魁下爲後右足，河魁下爲龍尾，傳送下爲龍腹，功曹下爲龍背，抵背、腹吉，抵首、尾、手、足震動不安。

又以河魁加月建，功曹下爲蒿里，傳送下爲黄泉，加歲月得蒿里黄泉，用之大吉。

又以神后加太歲，功曹下爲地下蒿里，傳送下爲地下黄泉。

推歲月道通法，角以小吉加卯，商以大吉加酉，徵以河魁加午，宫、羽以天剛加子，各以本墓臨辰吉。功曹下爲蒿里，傳送下爲黄泉，常以河魁加月建，功曹、傳送臨五姓墓大吉，乘之往來亦同。

又以太歲加神后，歲星下爲天呼，奎婁下爲地呼，斗牛下爲月呼，井鬼下爲日呼，角亢下爲時呼，白虎下爲歲呼，五姓開墓皆凶。凡此諸呼，值王、相害人尤甚，休、癈次之，囚、死又次之。忌送葬，歲呼不出歲，月呼不出月，日呼不出日，時呼不出時，犯者必凶。

凡送葬，先須知喪庭、受弔、師座、行來、臨棺、墓田，不妨害，吉。常以登明加歲月建，甲庚下爲喪庭，功曹下爲受弔，傳送下爲師座，大吉下爲行來，小吉下爲臨棺，壬丙下爲墓田。

凡葬，以神后臨車道，生人年命在吉將下吉，在凶將下凶，立應也。

張謙：詳前件白虎等十一位神祇，係葬時塋内行立禁忌，各有損害，竊見前後書内差互不同，今依前後經書具注下項。

宫姓：白虎在寅，《金車訣》、《醒疑經》並在丁。青龍在申，《金車訣》、《醒疑經》並在子。朱雀在亥，舊本《金車訣》、《醒疑經》並在卯。玄武在巳，《金車訣》、《醒疑經》並在酉。大禍在辛，舊本《金車訣》並在巳①、《醒疑經》在乙。廉軸在巳。舊本在亥。

商姓：白虎在巳，青龍在亥，朱雀在寅，玄武在申，大禍在子，《醒疑經》在癸。廉軸在申。

角姓：白虎在亥，青龍在巳，朱雀在申，玄武在寅，大禍在午，舊本在申，《金車訣》、《醒疑經》並在丁。廉軸在寅。

徵姓：白虎在寅，青龍在申，朱雀在亥，玄武在巳，大禍在辛，廉軸在巳。

羽姓：白虎在申，青龍在寅，朱雀在巳，玄武在亥，大禍在乙，廉軸在亥。舊本在子。

犯白虎，害家母；去明堂舊本云券臺。七步，方三尺，《金車訣》云入地五尺半。犯青龍，害家主；去明堂二十一步，方三尺，《醒疑經》云方一丈三尺，《金車訣》方二丈入地九尺半。犯玄武，害財；《新書》元無步數方圓，《醒疑經》云明堂一十二步，方一十九尺，《金車訣》云去明堂一十三步，亦方一丈九尺，入地八尺。犯朱雀，火光、口舌；去明堂舊本云券臺。一十五步，方一丈

---

① 此"並"字依文例可删。

四尺，《金車訣》云入地五尺。犯大禍，大凶；去明堂四步，方五尺，《金車訣》、《醒疑經》並云去明堂一十四步，《金車訣》入地三尺。犯廉軸，主貧破。

右白虎已下禁忌葬時孝子於此位上立。

雄轅去明堂東一丈，犯之害男夫；雌轅去明堂舊本云券臺。西一丈，犯之害婦女；天屍去明堂舊本云券臺。南一丈，犯之害父；地屍去明堂舊本云券臺。北一丈，犯之害母。《金車訣》云九尺入地。

右孝子及喪車勿履其上。

右前件白虎等十一神，舊本與今並《金車訣》及《醒疑經》四説稍有不同，其《醒疑經》，前宋熙寧十年丁巳歲焦介集撰；《金車訣》在哲宗元祐八年癸酉歲不知何人編修，二書並在頒行《新書》之後，雖不經進用，而神殺去明堂遠近步數、方圍所占丈尺并入地淺深，比之《新書》内似或詳備，明見《新書》内漏玄武一神去明堂遠近、占地方圍，又詳商、角、徵、羽四姓皆以長生位爲白虎、病鄉爲青龍、受氣爲朱雀、臨官爲玄武，死、墓之間爲朱雀，地軸與玄武同。其宫音一姓屬土，今既不與羽音水行同位，而從徵音，未詳。其舊本朱雀一位在卯，與《金車訣》、《醒疑經》同，況《醒疑》係録出五姓葬忌要略曆，且土無正位，分旺四季，一説四土各有生死，似與其他四音有異①，當從此二説行用。今故集録以廣異聞，詳而擇焉。

① “他”字底本作“地”，不辭，兹從抄本所校改録。

送葬避忌

凡親鄰送葬者，亦有避忌，陽歲以大吉、陰歲以小吉加太歲，若主人行年本命在魁剛下，不宜送葬。又以河魁加太歲，神后下爲喪門，若人行年本命在其下，送葬亦凶。

魁、剛、喪門所加曆

太歲	子	丑	寅	卯	辰	巳	午	未	申	酉	戌	亥
剛加	卯	辰	巳	午	未	申	酉	戌	亥	子	丑	寅
魁加	酉	戌	亥	子	丑	寅	卯	辰	巳	午	未	申
喪门	寅	卯	辰	巳	午	未	申	酉	戌	亥	子	丑

東方朔云：以月將加月建，魁剛下爲墓主，大吉、小吉下爲哭星，建下爲喪車。又以河魁加葬月，三殺所加人年命，不可送葬。

墓主、哭星、喪車、三殺所加曆

	正月	二月	三月	四月	五月	六月	七月	八月	九月	十月	十一月	十二月
墓主	丑未	卯酉	巳亥	丑未	卯酉	巳亥	丑未	卯酉	巳亥	丑未	卯酉	巳亥
哭星	辰戌	子午	寅申	辰戌	子午	寅申	辰戌	子午	寅申	辰戌	子午	寅申
喪車	巳	申	亥	寅	巳	申	亥	寅	巳	申	亥	寅
三殺	巳酉丑	寅午戌	亥卯未	申子辰	巳酉丑	寅午戌	亥卯未	申子辰	巳酉丑	寅午戌	亥卯未	申子辰

五姓男女行年入本姓大小墓，名魂魄入墓，忌至墓所。

宫姓男三歲、戊辰大墓。三十三、戊戌小墓。六十三。戊辰大墓。女五歲、戊辰大墓。三十五、戊戌小墓。六十五。戊辰大墓。三月大墓，九月小墓。

商姓男六歲、辛未小墓。三十六、辛丑大墓。六十六。辛未小墓。女二歲、辛未小墓。三十二、辛丑大墓。六十二。辛未小墓。六月小墓，十二月大墓。

角姓男三十歲、乙未大墓。六十歲、乙丑小墓。九十歲。乙未大墓。女八歲、乙丑小墓。三十八、乙未大墓。六十八。乙丑小墓。六月大墓，十二月小墓。

徵姓男二十一歲、丙戌大墓。五十一、丙辰小墓。八十一。丙戌大墓。女十七、丙辰小墓。四十七、丙戌大墓。七十七。丙辰小墓。九月大墓，三月小墓。

羽姓男二十七歲、壬辰大墓。五十七、壬戌小墓。八十七。壬辰大墓。女十一、壬戌小墓。四十一、壬辰大墓。七十一。壬戌小墓。三月大墓，九月小墓。

右凡向墓道引安輀車，去大門五步或十七步、二十九步吉。

推五姓墓内神祇方位傍通

	宫	商	角	徵	羽
青龍	辰	丑	未	戌	辰
朱雀	巳	寅	申	亥	巳
白虎	戌	未	丑	辰	戌
玄武	亥	申	寅	巳	亥
寶藏	子	酉	卯	午	子
中冢	寅	巳	申	亥	寅
金匱	申	巳	亥	寅	申
金印	庚	丙	壬	甲	庚
玉信	甲	壬	丙	庚	甲
丈人	庚	丙	壬	甲	庚
丘丞	乙	癸	丁	辛	乙
墓伯	癸	辛	乙	丁	癸
童子	丙	甲	庚	壬	丙
元曹	癸	辛	乙	丁	癸
墓録	申	巳	亥	寅	申
墓典	亥	申	寅	巳	亥
墓秏	戌	未	丑	辰	戌
殃禍	午	卯	酉	子	午
墓鬼	辰	丑	未	戌	辰

右青龍，犯之三年内害家長及子孫；朱雀，犯之主縣官、文書、公訟、争鬬；白虎，犯之主年内害子孫；玄武，犯之散失錢財，盜賊，凶；寶藏，去墓九尺，主横得他財物[①]，吉；中冢，犯之大凶；金匱，向而祭之，得財帛，進益，吉；金印，去墓九尺，主富貴，向而祭之，吉；玉信，去墓九尺，主富貴，向而祭之，吉；丈人，去墓十二丈，犯之主貧困，少子息；丘丞，犯之令人顛狂，暴死；墓伯，犯之

① “他”字抄本改作“錢”，義長。

令人暴死，後代不利；童子，犯之主多病、無子；元曹，犯之主暴死；墓録，犯之主縣官、鬬訟；墓典，犯之主多病；墓耗，犯之呼人口，大凶；殃禍，犯之主百日外害人口；墓鬼，犯之大凶。

雜　忌

喪葬、治喪、送葬、初葬①。壙塋、取土。祭祀

五姓墓位法：宫羽在辰，商在丑，角在未，徵在戌。

凡孝子至塋墓，勿於大殺上立，凶。大殺正月在戌，二月在巳，三月在午，四月在未，五月在寅，六月在卯，七月在辰，八月在亥，九月在子，十月在丑，十一月在申，十二月在酉。

凡孝子至墓，勿向姓墓上坐立，向大凶。

凡有婦人妊娠及産未滿百日者，不可送葬、臨壙及斬草。

《葬律》云："凡人乘駱馬、駁牛馬送喪，孝子不出三年凶至。"

又輀車去冢六十步内，主人勿反顧，犯者凶。

《地甲經》云："凡柩出，避宅龍。宅龍者，商在丑，角在未，徵在戌，宫羽同在辰。"

凡柩初出，觸突門户及回棺上車，主有喪，忌之。

凡柩不得撞北壁，大凶，相去五尺或五寸，合建、除、滿、平、定吉。

凡柩木，用豫、樟、楸、柏吉，楊、柳凶。柩中置金一斤，或上

① "初"字前附監本目録作"祔"，義長，金校從改，可參。

衣五色綵滿抱[①]，或色綵一束以上，或銅刀三尺以上，或赤棗一斗，或鹽并豉各一升，或大豆一升，或亂絲五兩，或以葫蘆着兩腋下，或膠一斤，或雄黄五兩，皆主魂魄安寧。又死者沐浴吉，不沐浴凶。

凡喪家制招魂衣，爲亡靈再有傷動，故合招之，貴魂魄復安也。

雜忌云：安冢穴日，極忌大時。寅午戌在卯，亥卯未在子，巳酉丑在午，申子辰在酉[②]。

凡安冢，望見本宅，不利生人，三百步外吉，遠者彌吉。

凡墓，地心作冢或作道，皆大凶。

凡墓田不宜大於生人宅，凶。欲得寬大者，内及塋域可種松柏，令狹小，吉。

凡造墓取土，於利方須去墓三十步外，勿傷地形，六十步外彌吉[③]。

凡取他墓上土培墳者，凶。

凡造墓違禮、作服飾美麗過度，凶。

凡墓内勿種樫丑貞切。柳、桋、黄櫨木，凶。

凡墓園外壍[④]，深、闊不得過三尺，過則傷地脉、墳墓氣[⑤]，凶。

凡築山門、角闕并域墻，並須合甲、庚、丙、壬，吉，不依甲、庚、丙、壬者大凶。

凡五姓大小墓地，不可取土作坑坎溝渠。

---

① “滿”字抄本作“備”，義長。

② “申”字底本作“甲”，抄本同，並非例，茲依三合例校改，底本形訛。

③ “步”字底本作“墓”，不辭，茲依文例校改。

④ “壍”字底本作“漸”，抄本同，不辭，茲依文意校改。

⑤ “墳”字抄本改作“損”，義長。

凡五姓墳墓營造取土，皆有利方，若犯刑禍，凶。以大吉加月建，功曹、傳送所臨，下爲福德之地。

凡吉事用生氣上土吉，墳冢用死氣上土吉，死氣春在西方，夏在北方，秋在東方，冬在南方。

凡取土，須去墳一百步外平取之，六十步外亦可，勿作坑坎，掘深則損於墓勢，傷害地氣，凶。若堀深二尺四寸外，即犯地祇，大凶。己土尤甚。又有三白九宮取土法，用之吉。

凡葬後一年冢墓崩毀，大凶，必祭謝之，仍擇月日修之，吉。

凡葬後一年冢墓陷壞者，不可修，修之三年後大凶，若因葬而修者無咎。

凡葬墓取土，不得犯墓神耗、殺及刑，凶。

凡地心之内一步，勿穿鑿，大凶。

凡一年内不可再葬，主重喪。凡葬時輀車歷他墓過，大凶。

凡過時不葬凶。凡葬，皆犯后土、山川，後須信幣謝之，不謝凶。

凡葬時主人嗔怒、鬭争、傷事皆凶。

凡葬時見吉事則吉，見凶事則凶。

凡葬值日蝕、大風雨、雷電震怒、豺狼惡獸來過，皆爲大凶，速謝北帝，可免災咎。

凡葬，輀車發，卑喪在前，尊長在後；及下事，卑者前入，尊者後入，吉。

凡斬草及葬前一日，主人不潔浄齋肅者，後生不孝子孫，大凶。

凡斬草日不齋潔恭謹，死者不安，凶。

凡男女十歲已下死者，不擇用葬月日；過已上者，擇月日如法。

凡孩子未滿月死者，無屍；百日已上死者，有屍，無殃注，故未别親疏也。

凡妻亡後娶，其後子孫葬則二妻隨夫同穴，先者在左[1]，後者在右，吉。

凡人新死，葬後未滿百日，不得開故墓入新喪，鬼神不安，大凶。

凡葬埋卑賤人等，不拘禮制，只用一穴之地，惟忌抵太歲、將軍、黄幡、豹尾等神，自餘無忌，不避凶月惡日，但擇吉時而已。

凡葬刑傷非命者，不得入墳域，當於他所利便方位自爲墳冢，若入墳域，大凶。

凡棄市者無屍注。

凡柩至埏道留不下車，柩下車留不入堂，入不即閉，閉不即覆者，主主人病水腫、折足。掩壙畢不還家，至家不虞，凶。

凡祭祀不謹潔，或未訖主人嗔怒，令幽魂驚怖，大凶。

凡祭祀之餘，皆埋焚或分散之，主人不可復持以歸。

凡祭祀祈禱，唯宜稱善，若論惡事，不利主人。

凡非時祭祀，凶。

凡明器衣服，人或盜取者，凶，主多疾病。

右並因官書舊文參定，其抵向避忌或涉拘忌，須可行者用之，雜忌法皆世俗所用者。

男女行年

《五行論》云："子爲一陽生，丑爲二陽生，寅爲三陽生，三陽

① "先"字底本承前作"穴"，不辭，兹從抄本所校改録。

既至，乾道乃成，男體亦備，故男從丙寅起；午爲一陰生，未爲二陰生，申爲三陰生，三陰既至，坤象乃生，女體亦備，故女從壬申起。”

男行年

一岁丙寅，二岁丁卯，三岁戊辰，四岁己巳，五岁庚午，六岁辛未，七岁壬申，八岁癸酉，九岁甲戌，十岁乙亥，十一岁丙子，十二岁丁丑，十三岁戊寅，十四岁己卯，十五岁庚辰，十六岁辛巳，十七岁壬午，十八岁癸未，十九岁甲申，二十岁乙酉，二十一岁丙戌，二十二岁丁亥，二十三岁戊子，二十四岁己丑，二十五岁庚寅，二十六岁辛卯，二十七岁壬辰，二十八岁癸巳，二十九岁甲午，三十岁乙未，三十一岁丙申，三十二岁丁酉，三十三岁戊戌，三十四岁己亥，三十五岁庚子，三十六岁辛丑，三十七岁壬寅，三十八岁癸卯，三十九岁甲辰，四十岁乙巳，四十一岁丙午，四十二岁丁未，四十三岁戊申，四十四岁己酉，四十五岁庚戌，四十六岁辛亥，四十七岁壬子，四十八岁癸丑，四十九岁甲寅，五十岁乙卯，五十一岁丙辰，五十二岁丁巳，五十三岁戊午，五十四岁己未，五十五岁庚申，五十六岁辛酉，五十七岁壬戌，五十八岁癸亥，五十九岁甲子，六十岁乙丑。

女行年

一岁壬申，二岁辛未，三岁庚午，四岁己巳，五岁戊辰，六岁丁卯，七岁丙寅，八岁乙丑，九岁甲子，十岁癸亥，十一岁壬戌，十二岁辛酉，十三岁庚申，十四岁己未，十五岁戊午，十六岁丁巳，十七岁丙辰，十八岁乙卯，十九岁甲寅，二十岁癸丑，二十一岁壬子，二十二岁辛亥，二十三岁庚戌，二十四岁己酉，二十五岁戊申，二十六岁丁未，二十七岁丙午，二十八岁乙巳，二十九岁甲辰，三十岁癸卯，三十一岁壬寅，三十二岁辛丑，三十三岁庚子，三十四岁己亥，三十五岁戊戌，三十六岁丁酉，三十七岁丙申，三十八岁乙未，三十九岁甲午，四十岁癸巳，四十一岁壬辰，四十二岁辛卯，四十三岁庚寅，四十四岁己丑，四十五岁戊子，四十六岁丁亥，四十七岁丙戌，四十八岁乙酉，四十九岁甲申，五十岁癸未，五十一岁壬午，五十二岁辛巳，五十三岁庚辰，五十四岁己卯，五十五岁戊寅，五十六岁丁丑，五十七岁丙子，五十八岁乙亥，五十九岁甲戌，六十岁癸酉①。

右並因官書舊文參定。蓋以爲死生有命，理無論須禳除之説，近出巫祝。至於疾病傳染，當由沴音殄。氣使然，或者荐音存②。癯力之切。喪禍，亦非爲癘可致。何當《春秋傳》説鄭伯既死，其後數年，或夢伯有介而行曰：壬子余將殺帶也；明年壬寅，余又將殺段也。及壬子駟帶卒，壬寅公孫段卒。帶也、段也，其爲伯有之怨久矣，不能即殺，而待數十年之後，又更期以壬子、壬寅，其非鬼之能爲决矣。是人將死，物或能知之，假鬼神以見夢於人矣，既非鬼之能爲，又何禳除之有？今存録者，以世人心危而或且懼者，使巫祝者以安之耳。

論五姓十二月呼龍法

正月：宫、羽二姓呼龍上天，開舊墓納新喪入墳，大富貴，宜子

① “癸酉”下底本有一“下”字，未明其義，兹依抄本删之。
② 此音非是，故抄本改作音“濺”。

孫,葬後必出九卿、丞相不斷,大吉。商姓呼龍在冢口左廂[1],其形白頭黄尾,犯之杀父及六畜,官事口舌,錢財散失,貧困,大凶。角姓呼龍在墓外,去墓一百步,送葬開舊墓納新喪,大富貴,宜子孫,出三公、二千石。徵姓呼龍在墓外東廂,去冢一百步,開墓納喪,大富貴,宜子孫,田蚕百倍,大吉。

二月:徵姓呼龍在墓中庭,開墓納喪、送葬,杀人口,大凶,子孫乏弱、貧困,亡官失財。角姓呼龍在墓陌七十步,送葬開墓納新喪,大吉,宜子孫,一百二十年大富貴。商姓呼龍在墓外,去墓二十三步,伏地不起,葬送,三年小吉,七十年大富,宜子孫,三公、二千石。宫、羽二姓呼龍在墓中,開故納新合葬,先杀家長,三年内殺五口,十年内家破滅絶,凶。

三月:宫、羽二姓呼龍在墓中,若葬送開墓,先殺父母,次傷人口,損財,子孫乏弱,大凶。商姓呼龍在墓伸併[2],葬送初死,損客三人,八年後復得富貴,子孫久遠。角姓呼龍在墓中,其身青頭黄,開故墓納新喪,先殺七人,後失財産,口舌,大凶。徵姓舊本闕。

四月:徵姓呼龍在墓左廂,相去七步,開故墓納新喪者,出三公九卿,宜子孫,富貴,大吉利。角姓呼龍在墓外,開故納新喪,大富貴,宜子孫,錢財併集,代代皆興矣。商姓呼龍在墓外三丈七尺,入地七尺,如開故納新喪葬者,一年生貴子,七十年内大富貴,吉。宫、羽二姓呼龍在墓冢前一尺,若葬送納新喪合葬,犯之先殺二人,失財,口舌,大凶。

① “冢”字底本作“家”,不辭,兹從抄本所校改録。

② “伸併”二字不辭,抄本同,疑爲“左廂”或“外遊”等字之形訛,俟考。

五月：宫、羽二姓呼龍在墓圍左廂，入地七尺，開故納新合葬者，大富貴，宜子孫，世世印綬不絶，大吉。商姓呼龍在墓圍左廂七十步，若葬送開故納新，必出三公、九卿、丞相，大吉。角姓呼龍在墓中，頭赤身黄尾斑[①]，若葬送開故納新，杀七人，破散失財，口舌，大凶。徵姓呼龍在墓中，伏地眠睡不起，若開故納新合祔，大富貴，宜子孫不絶。

六月：徵姓呼龍在墓下，若開故納新，先殺十人，注奴婢，後多官災、口舌，凶。角姓呼龍在墓埏道户口，若葬送開故納新喪，先殺人口，後多官事，久注滅絶。商姓呼龍在冢穴左右，守墓，若開故納新，先殺父，後剋母，十年内家破滅絶，大凶。宫、羽二姓呼龍在埏道户口，若開故納新喪，先殺三人，一年後田蚕不收，子孫孤獨，大凶。

七月：宫、羽二姓呼龍在墓左廂遊，去墓三丈，若開故納新喪合葬，大吉，出公卿、富貴子孫。商姓呼龍在墓中，伏地七尺，開故納新喪，杀三人，七年後方得富盛，稍宜人口。徵姓呼龍在墓前，伏地守墓，若葬埋開故納新，破家，大凶。角姓呼龍在墓外東南，去墓一百二十步，若葬埋開故納新者，多有資財百倍，宜子孫，大吉。

八月：徵姓呼龍在墓左廂蛇身，若開墓納新喪者，二年内殺人口，七年内出十喪，二十年滅絶，凶。商姓呼龍在墓外遊，去墓七十步，若開故納新者，不經七年[②]，一子食禄，七十年大富，宜人口。宫、羽二姓呼龍在墓埏道口，若開墓合葬，先殺一人，三年内

① “斑”字底本作“班”，抄本校改，義明，茲從改録。

② “經七”抄本作“數十”，俟考。

殺十人，後六年絶嗣，凶。角姓呼龍在墓，迎接生人，若開故納新喪，先殺七人，葬後七年失財，口舌，大凶。

九月：宫、羽二姓呼龍在墓外後遊[①]，去冢七步，如開舊墓納新喪，富貴，宜子孫，大吉。商姓呼龍在墓中，若開故納新，殺七人，次注破家滅絶，大凶。角姓呼龍在墓前，迎接生人魂魄，若開故納新，先損生財奴婢，後傷人口，大凶。徵姓呼龍在外後，或來冢口，若開故納新喪合祔，先殺八人，三十年後滅絶，凶。

十月：徵姓呼龍在墓外，若開故納新合葬者，出刺史、二千石、公卿、侯伯、縣令，富貴，大吉。角姓呼龍在墓内左廂，伏地，若開故納新合祔，大富貴，宜子孫，出三公七十年，大吉。商姓呼龍在墓中，貪睡不起，若開墓納新喪合葬，出三公、丞相、侯伯，大吉。宫、羽二姓呼龍在墓外遊，去冢八十步，伏地眠睡不起，若開故納新喪，久注富貴，宜子孫，大吉。

十一月：宫、羽二姓呼龍在墓左廂，不害人，若開故納新喪，八十年大富貴，宜子孫，官禄不絶，代代興旺。商姓呼龍在墓外，去冢一百二十步，若開故納新喪合祔，宜田蚕、子孫、食禄人口，大吉。角姓呼龍在墓中，若開故納新合葬，殺人口，三年内出九喪，二十年滅絶，凶。徵姓呼龍在墓冢前[②]，若開故納新喪，先殺七人，次損生財、奴婢，出乞食人。

十二月：徵姓呼龍在墓中，與朱雀併，若開故納新喪合祔，不經十年，大敗滅絶，大凶。角姓呼龍在墓中，若開故納新喪合祔，先殺家母，後妨子孫，十年内滅絶，大凶。商姓呼龍在墓埏道口，

---

① “遊”底本無，抄本校補，金校從補，兹從之。

② “在”字底本訛作“王”，不辭，此從抄本所校改録。

若開故納新喪合祔，殺人口，後注絶嗣，大凶。宫、羽二姓呼龍在墓後，去冢三十步，若開故納新喪合祔，大富貴，宜子孫，代代不絶，吉。

右件呼龍殺者，如開舊墓合葬，即一一細詳用之，逐月各有凶吉，所注在前，如是取出骨殖移於他處，創置墳圍新造冢墓合葬者，無忌，即不用此法。

開故祔新法

開故祔新法，從來舊本但有篇名而無其説，此蓋傳寫誤也。竊見《新書》篇目，一一盡是依孫氏《葬範》篇目編撰，今《葬範》中亦無此名，明知誤矣。況開故意是承凶合葬，在承凶葬法内又别無選擇避忌，近有以地書補綴其後者，今從俗存之。此篇《新書》諸本唯存其目，而遺其文，今檢到《乾坤寶典》内得卯一法，其説詳備，因書補於右[①]。且《乾坤寶典》者，乃《地理新書》之始名也。

論開故墓合祔新喪五姓五音、五行五墓、正墓不可受殺

凡開故合葬，其事不輕，必須新故無殺，存亡安吉，墓有受殺及呼龍，明解之者，始得無殃[②]，今詳述如後。

凡五姓葬埋，先知其墓，視其無害方剋歲時。五音之中，宫有四墓，商、角、徵、羽各只一墓，何以言之？宫是土音，寄於四季，所以四處生、四處旺、四處入墓也。故丑土生於丙子，王於丁丑，墓於戊寅，宫之墓也，戊寅、己丑在鬼；辰土生於丁卯，王於戊

① “右”字底本作“后”，與他處“後”形不合，且與文例扞格，兹從抄本改録，底本形訛。

② “始”字底本作“如”，不辭，兹從抄本所校改録。

辰，墓於己巳，即己巳宫之墓也，戊辰、己巳在地；未土生於丙午，王於丁未，墓於戊申，即戊申宫之墓也，戊申、己未在人；戌土生於丁酉，王於戊戌，墓於己亥，即己亥宫之墓也，戊戌、己亥在天，故名宫有四墓，雖四處爲墓，各有七日半，共三十日，都爲土墓，與四行生、王、入墓辰之間合得三十日無差别故也。

商爲金音，生於巳，王於酉，墓於丑，故辛丑爲墓。

角爲木音，生於亥，王於卯，墓於未，即乙未爲墓。

徵爲火音，生於寅，王於午，墓於戌，即丙戌爲墓。

羽爲水音，生於申，王於子，墓於辰，即壬辰爲墓。

宫、商、角、徵、羽各有一墓，所以五行有五墓，凡墓受殺，不可開故合新，妨害深重，非其宜。墓受殺，開故合葬無妨，巳酉丑歲月殺在辰，故羽姓墓受殺，不可開；申子辰歲月殺在未，故角姓墓受殺，不可開；寅午戌歲月殺在丑，故商姓受殺，不可開；亥卯未歲月殺在戌，故徵姓受殺，不可開；子、午、卯、酉之歲月，宫姓墓受殺，不可開葬，何者？宫音是土位，在四季，故與四姓受殺不同，子殺在己，卯殺在甲，午殺在亥，酉殺在寅，爲墓在四孟，故與劫殺並是爲墓受殺。

改葬開墓法

開舊墓者，爲改葬所冢藏①，於歲月德掘地方、深三尺，着水於坑内，墓左設席五領，香火各一座，隨方色，信幣數用生數，尊用疋，卑用尺，東方青三，南方赤二，西方白四，北方黑一，中央黄

① “冢”字底本作“家”，抄本同，非例，兹依文義校改。

五[1]，清酒三，牲肉、餅飯、果實、豉食方各一盤，焚香奠酒，再拜，祝曰：

維某年月朔日，孤哀子某官姓名，敢昭告於某氏墓内諸神、丘丞墓伯、幽堂亭長，府公某舊居此宅，今以吉辰啓此幽室，謹以制幣清酌之奠[2]，薦於諸神，唯諸明靈留恩降祐，永保寧吉。尚饗。

三奠而徹，取幣帛一段埋之，訖，於月德上三鍬發土，向南翻，訖，則開之，若改葬棄舊墓者，以五穀置坑内，復其土令平。

葬後謝墓法

凡葬，皆犯山川、土地神祇及諸禁忌，事畢爲祭謝之。擇日於埏道左治地爲方壇，壇上設五方神座，席如斬草之祭，布置次，外設二十四神座，用一席。墓左設丈人座，席一；塋域西南垣下設阡陌將軍座，席一；又於壇南設幽堂亭長座，席一。列尊卑綵幣、糈米、馬穀、豆黄、亂絲等，各依五方二十四位色數布之，東方青八，南方赤七，西方白九，北方黑六，中央黄五，香、劒各一，香一兩，祭板一枚，浄巾一條，酒飯、乾魚、鹿脯、三牲肉、棗栗果實、餅屬別一盤，錢帛、繒綵等物隨時豐儉，合當二十四位等，加於紙錢、絹，皆須潔浄。前一日，祭官及執事者沐浴，宿齋，掃治壇中及開四角，皆起封，其日向墓，執事設罍洗於壇東南，置樽於罍洗先典切。之北，舒神席。時至，祭官吉服立於壇東，面西向，拜訖，跪讀祝文曰：

① "中"字底本作"申"，非例，兹依抄本所校改録。
② "酌"字底本作"的"，非例，兹依抄本所校改録。

維年月朔日，某官姓名，敢昭告於后土陰官，某州某縣境山川百靈、丘墓神祇、阡陌道路之神，府公某官，以某年月日此州縣某鄉之原安厝宅兆，某日畢事，懼營造之日有所驚恐，觸犯幽祇，謹卜吉辰，敬獻酒醴，并信幣七種之綵，庶薦備具獻之至誠，請后土及丘墓之神[①]、二十四路神祇、功曹、傳送、蒿里、阡陌、道路諸神並率所部降臨其位，次第而坐，受其所獻。

再拜，進酒上香，又曰：

謹重上白所獻禮物，蒙恩受納，願亡者神魂寧於幽室，子孫長保。

再拜，進酒，三謝曰：

向來至誠，殷勤奉謝，馨香已薦，恭謹無忘，禮雖輕微，意且歆重，既蒙洪澤，降臨饗納，上下諸神，盡情欣喜。三爵既畢，福祐深厚。主人奉承餘祚，才故切[②]。再拜受恩，酌酒壇前跪奠，今蒙恩祐，願安厝已後，幽顯安寧，内外休吉。

再拜，奠酒，又再拜曰：

三爵之禮既已周遍，鎮信之物既蒙受納，願神嚴駕各還所止，謹白道路將軍瞻察前後浮遊魑魅，驅令萬里，某公丘墓永附山原，千秋萬歲，久長吉慶。

又謝墓必當五姓本音元曹祭之，商音用白黑幡，白羊、白脚豚，從丙向辛，去基三丈已下有元曹墓神[③]，祭之吉；羽音用青黑幡，白羊、白脚豚，從丁向癸，去墓四丈二尺已下有元曹墓神，祭

---

① “請”字底本作“謂”，不合文義，兹依抄本所校改録。

② “才”字底本作“未”，非是，兹從抄本所校改録，底本形訛。

③ “基”字抄本作“墓”，俟考。

之吉；角音用青黑幡，白羊、白豚、黄粱飯，從庚向壬，去墓四丈二尺已下有元曹墓神，祭之吉；徵音用青赤幡，白羊、白脚豚，從丁向甲，去墓三丈已下有元曹墓神，祭之吉；宫音用白幡，白羊、白脚豚，從庚向丙，又從辛向丙，去墓三丈已下有元曹墓神，祭之吉。若不當元曹上祭者，墓神不饗，大凶。凡五姓所用物數，古今不易，唯羊、豚二色任隨風土，庶民以白鵝、白鴨、白鷄代之亦可。

右舊刊有謝墓祭神圖，云於壇之四面開四門，祭官及執事者設罍洗，置樽[①]，五姓各隨本音祭本墓元曹神，其式詳見前説，兹得以略。

五音姓氏憑驗

孫季邕以“五音同用，丙向爲上”，引《禮記》“葬於北方，北首，三代之達禮也”。又云：“五音所屬無憑。”按地從乾來丙向，水流巽出，商音與徵音同葬，商音則吉，徵音則凶；地從艮來作庚向，水流坤出，宫、羽音與商音同葬，宫、羽音則吉，商音則凶；地從巽來作壬向，水流乾出，角音與宫、羽音同葬，角音則吉，宫、羽音則凶；地從坤來作甲向，水流艮出，徵音與角音同葬，徵音則吉，角音則凶。又有人同日時生者，角音則富貴，商音則貧賤者，不由日時與本音異乎？北方北首者，蓋三代之禮也，非論吉凶，當細詳山骨地勢，分別支體，然後各隨本音利便[②]，豈得五音同用丙向乎？

---

① “樽”字底本作“壇”，非例，兹從抄本所校改録，底本形訛。

② “便”字底本作“使”，不辭，金校據抄本改録，兹從之。

擇師法[①]

將葬，必先擇師，師必得其人，不得其人，不可以葬。故雖巫史，必擇其德行忠信、術通古今、狀貌完具、識量分明者，勿使僧道行事，以其絶嗣之象，且悉受戒籙，鬼神畏之，不享其祀。又工商雜類、流貶碑檢切。失官、刑傷凶惡之人，蠻夷戎狄、樂事部曲并醜陋殘疾、酗許具切。酒凶服者，亦不宜用。凡葬師若不知六壬式者，名曰冒術，必受其咎，主人獲殃。凡式以大吉加師行年，主人年命上見河魁、天剛，此師不可用也。

右並因官書舊文參定。

師禁忌

由吾公裕説：以月將加用事時，神后所臨之下爲華蓋，葬師當在此處坐立吉。假令十月庚申日巳時用事，以月將功曹加巳，神后臨卯，是爲華蓋地，師向此地坐立吉，他皆倣此。以月將加葬時，功曹、傳送所臨之下爲師請，師宜於此坐立吉。

師禁，在師命前二辰；師禍，在師命後二辰，並不可犯。師獄，春在丑，夏在辰，秋在未，冬在戌，師須忌之，犯之必有牢獄，及不可於上倚立，慎之吉。

諸歲月及建辰上不可犯之，大凶。師又勿居死氣之地，凶。

師請，常在太歲後五辰，犯之令師貧病。

---

① 卷首目録以“諸殺雜曆”置此前，而正文中則置於此節之后，未詳。

師録，在師命前一辰是也，不可犯之，凶。

師入喪家，不可先坐日辰上，傷師，每居，月合辰上坐吉。以月將加葬日，男在功曹、女在傳送上坐立，惡神不近，大吉。寅午戌日向南坐，亥卯未日向東坐，巳酉丑日向西坐，申子辰日向北坐。

又勿犯大時、滅世之地，寅午戌月卯地，亥卯未月子地，申子辰月酉地，巳酉丑月午地。

凡師立忌：正月出喪太衝下，師立午；二月出功曹下，師立卯；三月出傳送下，師立子；四月出辛下，師立酉；五月出丙下，師立午；六月出丁下，師立卯；七月出癸下，師立子；八月出甲下，師立酉；九月出丙下，師立午；十月出庚下，師立卯；十一月出壬下，師立子；十二月出甲下，師立酉。

諸殺

歲殺曆

太歲	子	丑	寅	卯	辰	巳	午	未	申	酉	戌	亥
太陰	戌	亥	子	丑	寅	卯	辰	巳	午	未	申	酉
大耗	午	未	申	酉	戌	亥	子	丑	寅	卯	辰	巳
小耗	巳	午	未	申	酉	戌	亥	子	丑	寅	卯	辰
勾	卯	戌	巳	子	未	寅	酉	辰	亥	午	丑	申
絞	酉	辰	亥	午	丑	申	卯	戌	巳	子	未	寅

雌雄殺曆

	正	二	三	四	五	六	七	八	九	十	十一	十二
平旦	未	申	酉	戌	亥	子	丑	寅	卯	辰	巳	午
日出	申	酉	戌	亥	子	丑	寅	卯	辰	巳	午	未
食時	酉	戌	亥	子	丑	寅	卯	辰	巳	午	未	申
禺中	戌	亥	子	丑	寅	卯	辰	巳	午	未	申	酉
日南	亥	子	丑	寅	卯	辰	巳	午	未	申	酉	戌
日昳	子	丑	寅	卯	辰	巳	午	未	申	酉	戌	亥
晡時	丑	寅	卯	辰	巳	午	未	申	酉	戌	亥	子
日入	寅	卯	辰	巳	午	未	申	酉	戌	亥	子	丑
黄昏	卯	辰	巳	午	未	申	酉	戌	亥	子	丑	寅
人定	辰	巳	午	未	申	酉	戌	亥	子	丑	寅	卯
夜半	巳	午	未	申	酉	戌	亥	子	丑	寅	卯	辰
鷄鳴	午	未	申	酉	戌	亥	子	丑	寅	卯	辰	巳

右孫季邕説，假令正月日昳時亡者，雄殺在子，十一月子日向北去；雌殺在午，五月午日向南去①，凡雄殺相衝對者，雌殺也。

推屍殺法

由吾公裕説：常以月將加死時，天剛下爲斗，加亥爲重喪，加歲屍不出，加孟亦不出，加仲十日出，加季六日出。

推傳符法

孫季邕説：常以人死日加月建之辰，春、夏天剛下妨男，從死

① "午"字底本作"五"，非例，兹依文例校改。

日辰順行數，一辰爲一家；秋、冬河魁下妨女，從死日辰逆行數，一辰爲一家。假令正月甲子日死，即以子加月建寅，當從地上子順行數，七辰至午上見天剛，當隔七家害男子，他皆倣此。凡天剛加寅、卯者，去積新下[1]，害青色、細長人、大耳露睛或缺唇人；天剛加巳、午，去垣墻下及竈傍，害赤色人、小頭、長面、小耳、大口等人；天剛加申、酉，去鷄栖下及道路傍，害白色、高口、方面、眼深、多聲音人；天剛加亥、子，去廁中及水井傍，害黑色、小頭、狹面、曲腰、小目人；天剛加辰、戌、丑、未，去庭園中，害黄色、團面、少語等人。天剛加孟，害家中長老人；天剛加仲，害里中壯年人；天剛加季，害野外少小人。加陽，害男子；加陰，害女人。

張謙添：右傳符一法，常以人死日加月建之辰，春、夏天剛下爲男，從死日辰順行；秋、冬河魁下爲女，從死日辰逆行，皆數一辰爲一家，今此以“爲”音謂。字作“妨”字，是定以春、夏天剛下妨男，秋、冬河魁下妨女，其秋冬天剛下、春夏河魁下，唯復是合無妨害也！又本《經》云“天剛加陽害男子，加陰害女人”，明此“妨”字者非也。今詳春、夏天剛下，若男子亡，合從以死日順行，女人亡，當以死日逆行；秋冬河魁下，若女人亡，合從以死日逆行，男子亡，亦當以順行數至魁剛下，看是第幾家，陰陽辰臨何處，即見妨第幾家，於何處妨害老幼、壯年、男女人矣。假令正月甲寅日死，即以寅加月建寅，天剛臨辰，若男子亡，即當隔東南辰地第三家；若女人亡，當隔第十一家，皆去庭園中害黄色、團面、少語等人，野外少小男子，他例皆然。如此推之，可得完矣。將來君子

[1] “新”當爲“薪”之借字。

更冀詳之,如未盡善,幸黜削焉。

殃殺出方

孫季邕説:男亡以日墓下去,女亡以辰墓下去,見干爲日、支爲辰。假令甲乙日亡者,甲乙屬木,木墓在未,殃殺合當西南未地去;女亡以辰墓下去,假令申酉日亡者,申酉屬金,金墓在丑,殃殺合當東北丑地去。欲知殃殺何日時出,以月將加死時,視天剛、河魁所臨爲出日時。假令五月甲子日巳時有男子死,以月將小吉加巳,天剛臨寅,殃殺當寅日寅時出,他皆倣此;假令五月己酉日卯時有女子死,以月將小吉加卯,河魁臨午①,殃殺當午日午時出②,他皆倣此。

由吾公裕云:以月將加死時,雄殺從天剛下去,雌殺從河魁下去,若遇太歲、太陰、大耗、小耗、勾、絞之辰,即不出家,有重喪,宜禳除。

孫氏説:雄殺加子,十一月子日向北去;則雌殺加午,五月午日向南去。由吾公裕云"若遇太歲、太陰、大耗、小耗、勾、絞之辰,即不出家",此言雌、雄殺從魁、剛所加爲向去地,遇歲殺之方即不出。其孫氏説:殃殺男亡以日墓下去,女亡以辰墓下去,然視魁、剛所臨爲殃出日時,非謂與歲殺同辰而殃不出也。

---

① "午"字底本作"干",抄本同,非例,兹依文例校改,底本形訛。

② "殃"字底本作"殁",抄本同,不辭,兹依文例校改,底本形訛。

禳除鎮厭[①]

孫季邕説：西家厭東家及西北家厭東南家，用鐵二七枚着墻上，舉刀斫之。東家厭西家、東南家厭西北家，用赤炭三七枚着墻上，舉火向之。南家厭北家，用盆甑盛土着北墻上，向之。北家厭南家，用猪頭骨、瓦瓶盛火着南墻上，舉水沃之。東北家厭西南家，用桃木東南枝九枚，各長七寸，垂向之，大吉。西南家厭東北家，用桃李木如前、炭七枚垂向之，大吉。

凡一日死者，用黄土一斗埋庭内；二日死者，用黄砂石一斗埋庭内；三日死者，用清酒一升埋之東北角；四日死者，用五木炭各一斤埋東北角；五日死者，用黄土一斗埋舍北子地；六日死者，用井花水五升埋舍北；七日死者，用七升；八日死者，用五木炭一斤埋舍南；九日死者，并用黄土一升；十日死者，用五木炭各一斤、長七寸埋舍西；十一日死者，用水銀二兩埋舍北[②]；十二日死者，并用黄粮米一升；十三日死者，用黄粮米二升作飯食散之；十四日死者，用生鐵一斤納在停喪處；十五日、十六日死者，用木瓜三枚埋停喪處；十七日死者，用桃木東南枝九寸埋停喪處；十八日死者，用赤桐木七寸、木瓜七枚埋舍南；十九日死者，用門上土三升埋舍北；二十日死者，用五木炭一斤埋舍西南角；二十一日死者，用生鐵一斤埋舍西；二十二日死者，用生鐵、銅各一斤埋舍

① “除”字底本作“險”，金校據首附監本目録改，兹從之。
② “二”字抄本作“一”，俟考。

北；二十三日死者，用生鐵一斤埋舍北；二十四日、二十五日死者，用五木炭各一斤埋舍南；二十六日死者，用生、熟鐵各一斤埋舍北；二十七日死者，用五木炭各一斤埋舍南；二十八日死者，用五木炭各一斤、黄土一升埋舍北；二十九日、三十日死者，用井花水五升埋舍北。

凡人家有死者，銅鑒一面着停喪處壁上，面向外，妖鬼祟避走。甲、乙日死者，用甘草一兩、芍藥一兩、兔頭一枚，黑絹袋子盛之，吊南門上；丙、丁日死者，用朱砂、苦參、防風各一兩，青絹袋子盛之，吊堂門上；戊、己日死者，用細辛、遠志各一兩、驢蹄一枚，緋絹袋子盛之，吊門上；庚、辛日死者，用黄芩一兩、牛蹄一枚，埋於停喪處；壬、癸日死者，用艾二兩、藜芦二兩、黄耆一兩，白布袋子盛之，吊北門上。

太歲在子死者，埋鼠骨於停没處；太歲在丑死者，埋牛骨於子地；太歲在寅死者，埋虎骨於停喪處；太歲在卯死者，埋兔頭於停喪處；太歲在辰死者，埋龍骨於東方；太歲在巳死者，埋蛇骨、皮於停喪處；太歲在午死者，埋馬骨於南方；太歲在未死者，埋羊頭於停喪處；太歲在申死者，埋猴頭於停喪處；太歲在酉死者，埋鷄頭於停喪處；太歲在戌死者，埋狗頭尾於停喪處；太歲在亥死者，埋猪骨於停喪處。

《師曠要述》：凡人家頻遭喪禍，以新瓦瓶受一斗者，先以麵五升、五穀各二升，用柏葉蓋口，喪未出之時，埋安門内，生者獲安。

由吾公裕説：凡厭墓呼人，以柏木板厚一分，刻作人形四枚，可長七寸，背書曰："東方柏人呼，西方柏人應之，墓内東廂安；西方柏人呼，東方柏人應之，墓内西廂安；南方柏人呼，北方柏人應之，墓内南廂安；北方柏人呼，南方柏人應之，墓内北廂安。”

厭呼龍，以生鐵五斤安墓内。

厭季喪，用馬蹄四枚、楸木人四枚安墓内。

厭人呼，用生鐵一斤、銅錢四十九文安柩中。

厭小墓受殺，用猪肉一斤安柩中。

厭天殺，以白鷄一隻安墓中，生閉之。

厭地杀，以錫人五枚、土人五枚、白木人五枚安墓中。

厭歲杀，用牛皮一張安柩中。

厭月殺，用鹽豉五升着埏中。

厭日殺，用白鹽五斤安柩底。

厭時杀，用牛、豹皮一片安墓中。

厭重復，用機根木一段安墓中。

厭日忌，作土牛一枚安埏道。

厭天翼，以地黄五斤安墓中。

厭天呑，用人參五兩安墓中。

厭天陷地，用桂心一斤着埏户中。

厭天赫地，以河水五升、焦穀豆黄五升、柳木人五枚、土雀三隻安墓中。

厭虎殺，用虎皮一張安墓中。

厭九坎，用熟小豆一升、柏子一兩安墓中。

厭墓左右九坎，用黍穀一升、麵一斤安墓中。

厭偏日，用猪脂一片安墓中。

厭白虎、獅子、鳳凰、朱雀、玄武、青龍、勾陳諸獸入墓，用桃仁三十顆、麵鷄三隻、石三十斤安墓中。

厭天不覆地不載，用柏人三十枚安墓中。

厭六戊、六己日，用銅錢一百文、豆黄一升、脯一斤安墓中。

厭重復日，用歲德上土作人五枚、甘草一兩安柩下。

由吾公裕《周公六屍禳鎮法》：凡葬埋不利，後有災禍，但書六屍姓名着墓上四角，亦可書門户上、井竈上、羊猪屋廁上。天屍姓庚申字金頭，地屍姓庚午字入市，歲屍姓庚寅字老烏，月屍姓庚子字揚威，日屍姓庚戌字敬慎，時屍姓庚辰字水忠。

由吾公裕説大葬厭禍司馬季主法：凡葬，恐犯歲月禁忌，厭之，向亥、子、壬、癸方，當使二童子着黄衣夾路兩廂，在魁車後、魂車前，一持香火、一持土囊，用一素盤上盛，行置水中；向甲、乙、寅、卯方，以二童子着白衣，一持香火、一持長刃七尺，輪而行之，值木斫斷；向丙、丁、巳、午方，以二童子着黑衣，一持香火、一持水器，行途中遺火，一童子以水沃杀而去；向庚、辛、申、酉方，以二童子着赤衣，一持香火、一持竹竿長八尺，竪擎至墓[①]，值土堆阜處，刺之而過。《力牧經》云："亦用此法厭凶殺、妨害，除禍殃。"

吕才論《宅經》、《葬書》之弊

《唐書》曰[②]：太宗以《陰陽書》近代以來漸致訛僞，穿鑿既甚，拘忌亦多，遂命太常博士吕才與學者十餘人共加刊正，削其淺

① "竪"字底本作"堅"，抄本改作，義長，故從改録。

② 此下内容出於《舊唐書·吕才傳》，其文字除個别字詞外，基本相同，但中間有删節，故除文意不通者據校外，不一一指示異同。

俗，存其可用者，集成五十三卷，并舊書四十七卷[①]，貞觀十五年書成，詔頒行之。才多以典故質正其理[②]，雖爲術者所短，然頗合經義。

其叙《宅經》曰[③]：

《易》云："上古穴居野處，後世聖人易之以宫室，蓋取諸大壯。"迨於商周之際，乃有卜宅之文，故《詩》稱"相其陰陽"，《書》曰"卜惟洛邑"，此則卜宅吉凶，其來尚矣。至於近代師巫更加五姓之説，言五姓者，謂宫、商、角、徵、羽等，天下萬物悉配屬之，行事吉凶依此爲法。至於張、王等爲商，武、庾作庚誤。等爲羽[④]，欲以同韵相求；及其以柳爲宫、以趙爲角，又以四聲相管，其間亦有同是一姓，分屬宫、商，復有覆姓數字，徵、羽不别，驗之經典，本無斯説，諸《陰陽書》亦無此語，直是野俗口傳，卒無所出之處。惟《堪輿經》黄帝對天老，乃有五姓之言，且黄帝之時不過姬、姜數姓，暨於後代，賜族者多。至於管、蔡、郕、霍、魯、衛、毛、聃、郜、雍、曹、滕、畢、原、酆[⑤]、郇，並是姬姓子孫；孔、商、宋、華[⑥]、向、蕭、亳、皇甫，並是子姓苗裔，自餘諸國，准例皆然。因邑因官，分枝布葉，未知此等諸姓是誰配屬？又檢《春秋》以陳、衛及秦並同水姓，齊、鄭及宋皆爲火姓，或承所出之祖，或繫所屬之星，或取所居之地，亦非宫、商、角、徵、羽共相管攝，此則事不稽古、義理

① "四"字底本作"二"，抄本同，非是，兹據《舊唐書·吕才傳》校改。

② "其"字底本無，遂使文義扞格，兹據《舊唐書·吕才傳》校補。

③ "經"字底本脱，不辭，兹據《舊唐書·吕才傳》校補。

④ "庾"字底本作"更"形，抄本同，兹據《舊唐書·吕才傳》校改。

⑤ "酆"字底本作"置"，抄本同，蓋並"酆"之省作"豐"之形訛，兹據《舊唐書·吕才傳》校改。

⑥ "華"字《舊唐書·吕才傳》作"殷"，後者出自子姓無誤，前者則有子、姒二源，故不能決其是非，俟考。

乖僻者也[1]。

叙《葬書》曰：

《易》云："古之葬者衣之以薪，不樹不封，喪期無數，後世聖人易之以棺椁，蓋取諸大過。"《禮》云："葬者藏也，欲使人不復見之。"然《孝經》云："卜其宅兆而安厝之。"以其復土事畢，長爲感慕之所；窀穸禮終，永作魂神之宅。朝市遷變，不能豫測於將來；泉石交侵，不可先知於地下。是以謀及龜筮，庶無後艱。乃備慎終之禮，曾無吉凶之義。暨乎近代以來，加之陰陽葬法，或選年月便利，或量墓田遠近，一事失所，則云禍及死生[2]。巫者利其貨財，莫不擅加妨害，遂使《葬書》一術，乃有百家[3]，各説吉凶，拘而多忌。且天覆地載，乾坤之理備焉；一剛一柔，消息之義詳矣，或成於晝夜之道，感於男女之化，三光運於上，一氣通於下，斯乃陰陽之大經，不可失於斯須也。至於喪葬之吉凶[4]，乃附此爲妖妄。

《傳》云[5]：王者七月而葬，諸侯五月而葬，士庶人逾月而葬。此則貴賤不同[6]，禮亦異數，欲使同盟、同軌赴弔及期，量事制宜，遂成常式。法既一定，不可違之，故先期而葬，謂之不懷；後期而不葬，譏之怠禮。此則葬有定期，不擇年月一也。

---

① "乖"字底本誤脱，遂致文意扞格，兹據《舊唐書·吕才傳》校補。

② "死"字底本承前誤作"禍"，不辭，兹據《舊唐書·吕才傳》校改。

③ "百"字下《舊唐書·吕才傳》有"二十"字，與辭氣合節，疑底本脱録。

④ "葬"字底本作"庭"，文意突兀，兹從《舊唐書·吕才傳》校改。

⑤ 此段引文蓋出於《左傳·隱公元年》："天子七月而葬，同軌畢至；諸侯五月，同盟至；大夫三月，同位至；士踰月，外姻至。"而有所節删，《舊唐書·吕才傳》則作"王者七日而殯，七月而葬；諸侯五日而殯，五月而葬；大夫經時而葬；士及庶人逾月而已。"蓋又攙糅《禮記·王制》之文，其文云："天子七日而殯，七月而葬；諸侯五日而殯，五月而葬；大夫、士、庶人三日而殯，三月而葬。"

⑥ "貴"字底本作"其"，不辭，兹據《舊唐書·吕才傳》校改，底本形訛。

《春秋》又云：丁巳葬定公[①]，雨，不克葬，於戊午用事，公經善之[②]。禮記云"卜葬先遠日"者[③]，蓋選月終之日也，所以避不懷也。今檢《葬書》，以己亥之日用葬最凶，謹按春秋之際，此日葬者凡有二十餘件，此則葬不擇日二也。

《禮記》又云：周尚赤[④]，大事用平旦；商尚白，大事用日中；夏尚黑，大事用昏時。鄭康成注云：大事者何？謂喪葬也。此則直取當代所尚，不擇時之早晚。《春秋》云[⑤]：鄭子産及子太叔葬鄭簡公[⑥]，於時司墓大夫室當葬路[⑦]，若壞其室，即平旦而堋，補鄧切。避其室，則日中而堋，子産不欲壞其室，欲待日中[⑧]，子太叔云："若至日午時堋，恐久勞諸侯、大夫來會葬者。"然子産既云博物君子，太叔乃爲諸侯之避[⑨]。國之大事，無過喪葬[⑩]，必是義有吉凶，此等豈得不用？今乃不問時之得失，唯論人事可否，《曾子問》云："葬逢日蝕，舍於路左，待明而行，所以備非常也。"若依《葬書》多用乾、艮二時，並是近半夜，此即文與禮違，今檢《禮》、《傳》，葬不擇時三也。

---

① "丁"字底本作"下"，不辭，兹據《舊唐書・吕才傳》校改，底本形訛。

② "公"字《舊唐書・吕才傳》作"禮"，考《左傳・定公十五年》所載《春秋》經文作"葬定公，雨，不克襄事，禮也"，無及《禮經》之論，唯"公經"之説亦未聞耳，未審孰是。

③ "卜"字底本作"下"，《舊唐書・吕才傳》作"卜"，與《左傳・宣公八年》所載禮説合，底本形訛。

④ "周"字底本作"殷"，與後句"商"重，非是，兹從《舊唐書・吕才傳》所載校改。

⑤ "云"字底本誤作"二"，兹據《舊唐書・吕才傳》校改，底本形訛。

⑥ "鄭簡公"底本誤作"也簡公"，不辭，兹據《舊唐書・吕才傳》校改，底本蓋承前行"喪葬也"而訛。

⑦ "司墓"二字底本誤作"周基"，不辭，兹據《舊唐書・吕才傳》校改，底本形訛。

⑧ "待"字底本作"得"，義有不暢，故從《舊唐書・吕才傳》所載校改。

⑨ "避"字《舊唐書・吕才傳》所載作"選"，義長。

⑩ "過"字底本作"通"，不辭，抄本改作，與《舊唐書・吕才傳》合，兹從改録。

《葬書》云:"富貴官品,皆由安葬所致;年命延促[①],亦由墳壠所招。"今按《孝經》云:"立身行道,揚名於後世,以顯父母。"《易》曰:"聖人之大寶曰位,何以守位曰仁。"是以日慎一日,則澤及於無疆,若德不逮,則而人無咎[②],此則非由安葬吉凶而論福祚延促[③]。藏孫有後於魯,不關葬得吉日;叔敖絶嗣於荆,不由遷厝失所,則安葬吉凶不可信用,其義四也。

今之喪葬,吉凶皆依五姓便利,古之葬者,並在國都之北,兆域既有常所[④],何取姓墓之義? 趙氏之葬並在九原,漢之山陵散在諸處,上利、下利,蔑爾不論;大墓、小墓,其義安在? 及其子孫富貴不絶,或與三代同風,或分六國而王,則五姓之義大無稽古,吉凶之理何從而生? 其義五也。

且人臣名位進退何常[⑤]? 亦有初賤而後貴,亦有始泰而終否,是以子文三已令尹,展禽三黜士師,卜葬一定,更不回改,冢墓既成,曾不改易,則何因名位無時暫安? 故知官爵爲之在人,不由安葬所致,其義六也。

野俗無識,皆信葬書,巫者詐其吉凶,愚人因而徼倖[⑥],遂使擗踊之際,擇葬地而希官品;荼毒之秋,選葬時以規財禄[⑦]。或云辰日不宜哭泣,遂莞爾而對賓客受弔問;或云同屬忌於臨壙,乃

① "促"字底本作"保",不辭,兹據《舊唐書・吕才傳》所載校改。

② 此句文意有扞格,抄本作"則而人無援",《舊唐書・吕才傳》作"則人而無後",義略長,俟考。

③ "促"字底本作"保",不辭,兹據《舊唐書・吕才傳》校改。

④ "常"字底本作"當",抄本改作,與《舊唐書・吕才傳》合,兹從改録。

⑤ "常"字底本作"當",抄本改作,與《舊唐書・吕才傳》合,兹從改録。

⑥ "愚人"二字底本無,義有扞格,兹據《舊唐書・吕才傳》校補。

⑦ "以"字底本作"而",與前句重字,非駢語常法,兹據《舊唐書・吕才傳》校改。

吉服不送其親。聖人設教[①]，豈其然也？葬書敗俗，一至於斯！其義七也。

右吕才論説最合經義，今略取一篇附於此，以開後人之惑者。張謙云：詳吕才論説，雖以典故質正理，而爲術者所短，理亦有在。按《桂林風土記》曰：吕才博涉群書，通衆藝，深爲太宗所知，著《陰陽書》五十餘卷，今之古刻多用其言，又别著《駁陰陽書》數千言[②]，以爲行年、冢宅[③]、五音皆不可信[④]，前論是也。然爲吕才多學，博古辨今，不欲世人曉達陰陽，輒恃其命，罔拘敬慎，多持前知[⑤]，遂立斯言，以節逾僭。

孫季邕奏癈僞書名件

孫季邕撰《葬範》，引吕才《葬書》所論僞濫者一百二十家，奏請停癈，其《力牧》等一二可用之説，已行編用，外亦無傳者。

《黄帝五姓葬經》、《黄帝八神曆》、《黄帝金匱經》、《黄帝金車轉曆》、《黄帝八冢曆》、《黄帝玄白曆》、《黄帝六甲呼經》、《黄帝金栖曆》、《黄帝攢曆》、《黄帝五元經》、《岐伯曆》、《岐伯五行志》、《司馬遷曆》、《太史公玉穴》、《黄石公下元遷葬五行玄關玉穴經》、《黄石公補氣三元神龜序》、《三光宅經》、《水公七十二覆

① “教”字底本作“敬”，不辭，兹據《舊唐書・吕才傳》校改。

② “千”字底本誤作“于”形，不辭，兹據《桂林風土記・桂林陳都督》條所載校改。

③ “冢”字底本作“家”，義亦非當，兹據《桂林風土記・桂林陳都督》條所載校改。

④ “不”字底本形訛作“小”，不辭，兹據《桂林風土記・桂林陳都督》條所載校改。

⑤ “持”字底本作“侍”，不辭，按本句《桂林風土記・桂林陳都督》條所載作“博士前知”，然今姑依句意校改如此。

經》、《黄庭義贊》、《玄女小記經》、《青烏子葬經》、《孔子葬經》、《子夏金門訣》、《師曠曆》、《東方朔三元經》、《馬融葬經》、《管子葬經》、《孟子葬經》、《嚴君平葬經》、《鄭康成葬經》、《譚子秘書》、《荀氏五姓葬經》、《鍾會十二神論》、《焦延壽地訣》、《樊仲季經》、《玄英先生葬經》、《孔林先生葬經》、《華岳隱士圖》、《吴章葬曆》、《邵公葬經》、《唐生葬經》、《京房禁曆》、《八元八凱曆》、《十二賢曆》、《七賢曆》、《二十四賢曆》、《力牧地户開曆》、《力牧四明經》、《元命包通經》、《白虎通經》、《天老六甲藏圖》、《五星出入圖》、《三鑒葬圖》、《風后穴記》、《中黄子隱化》、《擇日篇經》、《元曹葬經》、《四季歲八家曆》、《太山呼鬼曆》、《三元斬草曆》、《四龍飛曆》、《玄靈宿曆》、《天地通曆》、《金鷄鳴曆》、《玉犬吠曆》、《七宿曆》、《五音曆》、《人中曆》、《五醜呼曆》、《十二月呼曆》、《穿地曆》、《陰陽漏曆》、《地府曆》、《天上曆》、《地中曆》、《七順曆》、《星宿曆》、《反翹曆》、《軀靈葬經》、《葬死曆》、《四良曆》、《可曆》、《衆開可曆》、《士禄起合雜曆》、《明鑒曆》、《葬衆曆》、《祀曆》、《雷公曆》、《食曆》、《匱匱曆》、《五氣曆》、《龍藏曆》、《六甲天元序》、《五岳曆》、《初祀曆》、《七梟曆》、《玉闕葬經》、《條曆》、《木曆》、《内秘曆》、《七府曆》、《五善曆》、《天候曆》、《啓殯曆》、《四時斬草曆》、《海龍曆》、《明堂曆》、《九天曆》、《九地曆》、《神仙曆》、《三師呼曆》、《傍通曆》、《九屍曆》、《王曆》、《三壙支干曆》、《五行曆》、《千歲曆》、《郭君衆曆》[①]、《倉林八柱覆庭曆》、《逐日三星遊方冤讎報殺》[②]。

① "君"字底本作"居",抄本改作如此,姑從改録。

② 此書名依文意當亦爲曆譜類書,故疑其書名脱"曆"字,俟考。

圖書在版編目(CIP)數據

堪輿之屬. 第1册 / 關長龍點校. —杭州:浙江大學出版社, 2016. 9(2024. 11 重印)
(中華禮藏. 禮術卷)
ISBN 978-7-308-11589-6

Ⅰ. ①堪… Ⅱ. ①關… Ⅲ. ①風水—中國—古代 Ⅳ. ①B992. 4

中國版本圖書館 CIP 數據核字(2013)第 115093 號

中華禮藏·禮術卷·堪輿之屬　第一册

關長龍 點校

出 品 人	鲁東明
總 編 輯	袁亞春
項目統籌	黄寶忠　宋旭華
責任編輯	宋旭華　胡　畔　張小苹
封面設計	張志偉
出版發行	浙江大學出版社 (杭州市天目山路 148 號　郵政編碼 310007) (網址:http://www. zjupress. com)
排　　版	浙江時代出版服務有限公司
印　　刷	廣東虎彩雲印刷有限公司紹興分公司
開　　本	710mm × 1000mm　1/16
印　　張	50. 5
字　　數	550 千
版 印 次	2016 年 9 月第 1 版　2024 年 11 月第 2 次印刷
書　　號	ISBN 978-7-308-11589-6
定　　價	300. 00 圓

浙江大学出版社发行中心联繫方式:(0571)88925591;http://zjdxcbs. tmall. com